中国日本学研究优秀硕士论文“卡西欧杯”获奖论文选

（三）

北京日本学研究中心　编

學苑出版社

图书在版编目（CIP）数据

中国日本学研究优秀硕士论文“卡西欧杯”获奖论文集.3/北京日本学研究中心编.—北京：学苑出版社，2011.9

ISBN 978-7-5077-3857-5

Ⅰ.①中…　Ⅱ.①北…　Ⅲ.①日本—研究—文集　Ⅳ.①K313.07-53

中国版本图书馆 CIP 数据核字（2011）第 190912 号

责任编辑：韩继忠

出版发行：学苑出版社

社　　址：北京市丰台区南方庄 2 号院 1 号楼

邮政编码：100079

网　　址：www.book001.com

电子信箱：xueyuan@public.bta.net.cn

销售电话：010-67675512、67678944、67601101（邮购）

经　　销：新华书店

印 刷 厂：永恒印刷有限公司

开本尺寸：787×1092　1/16

印　　张：24.5

字　　数：500 千字

版　　次：2011 年 9 月第 1 版

印　　次：2011 年 9 月第 1 次印刷

定　　价：50.00 元

此论文集的出版得到

卡西欧（上海）贸易有限公司的资助

主　　编　　徐一平

执行主编　　潘　蕾

目　次

社会文化研究部門

前書き

中国日本語教学研究会、教育部高等教育外国語専攻教育指導委員会日本語部会、北京日本学研究センターの共同主催による『第三回中国日本学研究「カシオ杯」修士論文コンテスト』は、カシオ上海貿易株式会社の多大なご支援と全国各大学の日本語日本文学専攻修士課程の先生たちや学生たちのご協力のもとで、2010年の秋、「北京日本学研究センター成立25周年記念シンポジウム」開催期間中に行われました。

この修士論文コンテストが初めて行われた2008年には、全国の29大学から33篇の優秀な修士論文が推薦され、二年目の2009年には、全国の34大学から41篇の優秀な修士論文が推薦されましたが、そして、第三回目の2010年には、更に参加大学が増え、全国の39大学から47篇の優秀修士論文が推薦されました。これらの推薦優秀修士論文は、いずれも各大学の教育成果であり、各大学の先生たちが丁寧に指導された研究成果であります。これらの論文に対して、巻末に掲げられた全国各大学や研究所の日本学研究の専門家による厳しい予備審査と最終審査を通して、一等賞、二等賞、三等賞の論文が決定されたのであります。そして、ここに二等賞以上に選ばれた論文を集め、『中国日本学研究優秀修士論文「カシオ杯」入賞論文集(三)』を上梓することになりました。

特に嬉しいことは、今回の参加大学には、今まで参加された大陸の各大学だけでなく、台湾地域の台湾政治大学と輔仁大学からも論文が推薦され、しかも優秀な成績が収められました。このようにより多くの大学がこのコンテストを通して、修士課程の指導経験を交流し、中国の日本学研究のレベルを一層高め、より多くの優秀な若手研究者を育てていくことは、正に我々がこのコンテストを企画した初心でありますので、このような喜ばしい局面が迎えられたことに対して、改めて心から関係者の皆様に感謝の意を表したいと思います。

ここ一年の中日関係を振り返ってみれ、一番大きなことはやはり東日本大地震が起きてから、中国の日本に対する支援活動が挙げられるのではないかと思います。中国の言葉には「患難見眞情(苦難に会った時に始めて眞心が分かる)」という言い方があります。2008年、中国で四川大地震が起きた時も、日本からはいち早くレスキュー隊が派遣され、その隊員たちの活動ぶりに中国人民が感動したのであります。中日両国は、隣り合った引越しのできない隣国であり、友好的に付き合っていれば、両国ともに発展できますが、敵対的な関係になっていれば、両国ともに損をするような関係にあります。そのような意味で、我々が養成する若手日本研究者は、まだまだ数が少なく、決して多いとは言えません。

ここに掲載する優秀な修士論文は、いずれも中日相互理解を深めるために大きな参考になる素晴らしい作品です。このコンテストが今後継続されていくことは、きっと中日両国の若者の相互理解、ひいては国民全体の相互理解を促進していくに違いありません。

北京日本学研究センター

主任　徐　一平

2011年6月

贺　词

在北京外国语大学成立70周年之际,《中国日本学研究优秀硕士论文"卡西欧杯"获奖论文选(三)》与读者见面了,可喜可贺。论文集展示了我国硕士阶段日本学研究的新成果,体现了为本届论文评审、编辑、出版组织付出辛勤劳动的徐一平、谭晶华等教授等以及日本学研究中心工作人员的辛勤劳动。同时,论文集的出版也是向北京外国语大学成立70周年奉献的一部值得骄傲的厚礼。在此,谨代表中国日语教学研究会向北外70年校庆表示衷心祝贺,向各位评审专家、日本学研究中心的各位,向给予论文评审和文集出版巨大支持的卡西欧上海有限公司,以及积极参与的各参赛学校表示诚挚的感谢!

随着中国日语教育和日本学研究的不断深入,硕士阶段的学习与研究越来越受到瞩目。我国日语、日本文学专业的硕士阶段的教育在最近十年又有了长足的发展,已经有61所学校设有硕士课程,硕士生人数迅猛增长。各专业在发扬传统、重视提高硕士生运用日语进行跨文化交际能力的同时,高度重视提高研究日本语言、日本文学,日本社会文化的研究能力,努力在硕士生课程设置、教学改革的基础上,鼓励研究生围绕日本学研究的重要选题开展好研究,写出高质量的论文,机遇喜人。同时,我国的日语、日本文学专业研究生阶段的教育又即将迎来一个新的转型期。其标志之一是随着新一批一级学科博士授予学科和硕士授予学科的增加,从明年开始,硕士和博士招生学校和专业将有大幅度增加;其二是随着高等教育的发展,高等学校录用硕士生作为教学人员的人数剧减,而硕士生人数激增,硕士生的就业问题越来越凸显,挑战严峻。培养学术型硕士和专业应用型硕士是解决问题的尝试之一,但从根本上讲,提高研究生(学术型)的研究水平和创新能力是关键所在。在新的机遇和挑战到来之际,审视各专业的日本语言文学专业的发展,总结经验、提出规范是至关重要的课题。

为此,我格外高度评价《中国日本学研究优秀硕士论文"卡西欧杯"获奖论文选(三)》的出版。因为论文集提供了目前硕士研究生阶段日本学研究的典范论文,体现了硕士阶段教学科研的新的方向,为广大导师指导和研究生撰写论文提供了宝贵的借鉴,会进一步促进硕士阶段研究生论文的写作的规范化,提高论文的学术水准,进而使我国研究生阶段的教育与研究迈向新的台阶。同时,我也高度评价每届"卡西欧杯"全国日本学研究优秀硕士论文大赛的举办。这是我国专业日语教学历史上具有重要意义的一件大事,是我国日本学硕士研究生教育逐步走向成熟的重要标志。这项赛事也日趋成为中国日语教育界重要而且具有权威的大赛之一。

如前所说，中国的硕士阶段日本学教育与研究面临巨大的机遇，也即将面对严峻的挑战。如何抓住机遇，迎接挑战是每一位导师和研究生必须直面的重要课题。衷心希望本论文集的出版，能为关心、参与硕士阶段中国日本学研究的每一位提供一份珍贵的参考，发挥出不可多得的重要作用。

中国日语教学研究会会长　修　刚

2011年7月

寄语(2011)

祝贺《中国日本学研究优秀硕士论文"卡西欧杯"获奖论文选(三)》的诞生!

这本论文集再次展现了我国日语语言文学专业硕士研究生的最新研究成果。语言、文学、文化几个方向的研究既说明了研究生们独立研究和思考的能力,也呈现出他们对于专业现实问题的敏锐性及运用日语表达思想和创见的水平。

当前我们所处的是信息和交通高度发达的时代,随着科技的进步,空间的距离大大缩小,各种文化的融和、交流正日益频繁,但空间距离的缩小并不意味着人们的文化距离和心理距离可在瞬间缩短,在多元文化并存的时代,个人、社会之间,民族乃至国家之间,无不存在着文化差异甚至沟壑,因此,培养研究生们对于专业对象语言国的语言、文学、文化差异的敏锐性,缩短中日文化的距离,发展跨文化交际的能力已成为当今日语研究生教育的迫切需求。

其实,在研究生能力培养考核体系中最具有可度量性的就是学位论文,因为只有通过论文的撰写,研究生们才能深切地体会到创新的含义,从而更有效地锻炼创新的能力。

由衷地希望我国日语专业研究生们在已有成果的基础上,以创新务实的态度、扎实的学风、先进的研究方法、良好的学术道德水准锐意进取,创作出更多的符合专业现实需求的优秀研究成果来!

教育部高等学校外语专业教学指导委员会日语分委员会主任
中国日本文学研究会会长
谭晶华

言語研究部門

トコロヲの文法化

陳燕青

目　次

第1章　はじめに

1.1　文法化

「文法化」(grammaticalization)とは、もともと内容語だったものが,次第に機能語としての文法的特質,役割を担うようになる、あるいは文法的項目がより文法的になる現象をいう(Hopper & Traugott1993/2003 pp. 3、5－6,河上誓作 1996 pp. 179－180,大堀壽夫 2005,三宅知宏 2005)。文法化するのは、単一語の内容語ではなく、その語を含む構造全体である場合が多い(Hopper & Traugott1993/2003 pp. 6)。

文法化は典型的には、実質的な意味が抽象化・希薄化、あるいは消失する意味的な側面である「漂白化」(bleaching)と、自立性を失い、専ら文法機能を担う要素になる形態・統語的な側面である「脱範疇化」(decategorization)という二つの異なった側面を合わせ持つ現象である(河上誓作 1996 pp. 182－183,三宅知宏 2005)。変化の過程を研究する文法化においては、形式はある範疇から別の範疇へ突然変るのではなく、どの言語にも共通して過渡的段階を経て次第に変わっていく、いわゆる「漸次変容(cline)」という概念がある(Hopper & Traugott1993/2003 pp. 9)。漸次変容とは、“A＞A/B＞B”という式において、新しい形式Bが現れる場合、古い形式Aがすぐに消えるのではなく、常にA/Bという中間的な段階が存在するということである(Hopper & Traugott1993/2003 pp. 47)。

再分析(reanalysis)と類推(analogy)は文法化の2つのメカニズムである。再分析は意味であれ文章であれ形態であれ深層構造(underlying representations)を変化させ、規則の変化をもたらす。類推は、言語体系そのものや言語社会における規則の広がりを起こし、表層構造(surface manifestations)を変化させるが,規則変化はもたらさない(Hopper & Traugott1993/2003 pp. 43)。

1.2　意味拡張モード

認知意味論では最も重要の観点の一つは、意味がネットワークの形として現れることである(東定芳 2008 pp. 76)。このようなネットワークモデルの基本構造は図1のように示すことができる(Langacker 1987、1991,山梨正明 1995 pp. 181,河上誓作 1996 pp. 51)。

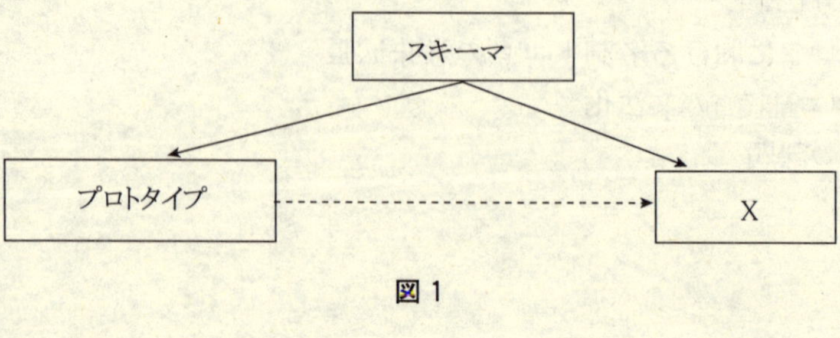

図1

図1が示すように、意味拡張モードはスキーマ、プロトタイプと拡張事例Xという3つの要素で構成される。スキーマとは、世界内の個々の事例から抽出された概念である。プロトタイプはスキーマを具体化した事例の1つで、中でも「典型性」の高いものである。

しかし、意味拡張が発生する時、図1のように単純に行かないことが多い。特に、周辺的な意味がメタファーやシネクドキーによって拡張すると、もっと複雑になる。故に、于康(2005a,b)は意味拡張モデルを図2のように纏めた。

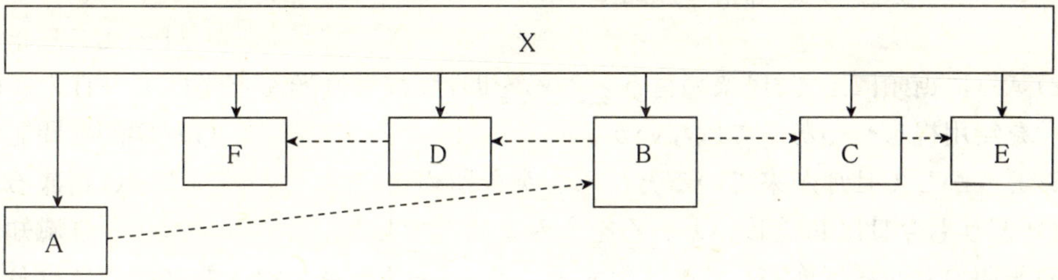

図2

XはA、B、C、D、E、Fという6つの意味があり、この6つの意味は図2のように拡張するとしよう。家族的類似性①の原理によれば、各意味は中心的意味がそれぞれ独立しているが、周辺的意味が他の意味とある類似性を持っていて、Xの家族成員を構成する。意味連続体の関係から見れば、意味Bは意味A、意味C、意味Dとは直接的意味連続体であるが、意味E、意味Fとは間接的意味連続体である。ある語や構文は複数の意味を有する場合、意味の齟齬は直接的な意味連続関係にある意味項の間には起こるが、間接的な意味連続関係の意味項の間には起こりにくい(于康2005a,b)。

1.3 格

格は深層格と表層格と二種類に分けられる。深層格とは深層構造において、ある一定の意味的な役割を表す格のことである(菲尔墨1968/2002 pp. 28－32,フィルモア1975 pp. 300)。深層格にいろいろな変形規則が適用されて表層構造に生じた要素に付与される標示が、表層格と呼ばれる(フィルモア1975 pp. 300)。したがって、深層格はあらゆる言語に共通して存在すると考えられるのに対し、表層格はいかなる言語についても同じような形で存在するとはかぎらない(フィルモア1975 pp. 300)。日本語の表層格は助詞(すなわち後置詞)で標示される(フィルモア1975 pp. 300)。本論で言う格は表層格のことを指す。

しかし、このような表層格に関して、全く違う2つの立場がある。一つは、日本語における格関係(格の意味)は格助詞と呼ばれる単語によって表現されている、言い換え

① 「家族的類似性」(family resemblance)は维特根斯坦(1953/2001)が提唱した概念である。

れば格を構文論的範疇とする立場である②。もう一つは、格を名詞（またはそれに準ずる語句）の語形変化による形態論的なカテゴリーとする立場である③。本論では前者に賛成し、格は構文論的範疇であるという立場を取る。

1.4　研究対象と研究目的

トコロが空間を表すということはもう通念になっている言える。故に、トコロヲは空間を表す格成分④と見て問題はなかろう。果たしてそうだろうか。

(1)ひろ子の実際的な、感情の流露しない大人びたところを思うとあわれ。

（『一九二三年冬』）

(2)試みに街頭に出て、民衆の言うところを聞け、彼等は殆んど挙げて今日の新聞紙を無用視しつつあるではないか。（『科学的新聞記者』）

(3)どうかして旦那が来ているところを突き留めたい。（『霜凍る宵』）

(4)「どうも今日はお忙しいところをすみませんでした」（『風知草』）

(5)普通の女ならば怖がって逃げ出すところを、おまきさんは大胆に沈着に自分の役割を果たしました。（『一商人として一所信と体験』）

(1)～(5)では、トコロはもはや空間という意味では抑えきれないだろう。また、(1)と(2)では、トコロヲは他動詞「思う」と「聞く」の目的語と解せるが、(4)と(5)のトコロヲは動作の目的語とは言い難い。(4)では、述語である「すみませんでした」は謝りの表現であって、ヲ格を取ることが出来ない。(5)では、述語である「果たす」の動作対象は明らかに「自分の役割を」であり、トコロヲ節ではない。(3)のトコロヲが目的語と言えるかどか、判断は微妙である。このように、(1)と(2)、(3)、(4)と(5)ではトコロヲが統語的には同じ機能を果たしていないようである。それでは、(1)～(5)のトコロヲは統語的レベルにおいてそれぞれどんな働きをするのか、またそれぞれ全く独立したものなのか、それとも連続性を有するものなのか。本論では、現代日本語におけるトコロヲを研究対象とし、これらの問題を明らかにしたいと思う。

1.5　本論の基本的な構想

本論は共時的な立場から、文法化理論と意味拡張モードを利用し、現代日本語におけるトコロヲの内容語的な用法と機能語的な用法との有機的な関連性を捉え、その文法化過程における再分析を促す統語的な要因を明らかにする。その内容は次の2つに絞られる。(i)トコロヲにおける名詞トコロの意味特徴を考察し、その意味拡張モードを明らかにする。(ii)「トコロ＋ヲ」という構造の文法化とヲ格の性質の変化により、

---

② 奥津敬一郎（1986 pp. 10）は「格助詞は名詞に後接して連用成分をつくり、用言にかかる。（中略）名詞がそれ自体で本来、主語・目的語などとしての性質を持っているわけではない。そして格としての働きは、むしろ格助詞によって明示されるのであって、名詞単独では文の中では働き得ないのである」としている。

③ 彭広陸（1998，2009）は「格」を「名詞（またはそれに準ずる語句）が連語や文の中で他の対語に対して取る意味的な関係を表現するための、語形変化による形態論的なカテゴリーである。広義では、名詞の、他の対語に対する関係だけを指すこともあり、多くの言語に適用される」としている。

④ 格助詞は名詞と組み合わせれば、いわゆる「格成分」をなす（陳訪澤 2003）。

トコロヲ節は名詞句から、副詞句へ、さらに従属節へと脱範疇化する過程を考察する。最後に、トコロヲの文法化過程を纏め、今後の課題を提示する。

第2章　トコロヲに関する先行研究

2.1　名詞トコロに関する先行研究

2.1では名詞トコロに関する先行研究を概観するが、次のような文法的な用法は対象から外す。

(6)a. 見たところ、異常なさそうですね。

b. 今、勉強しているところです。　　　　　　　　　（以上は青木三郎 2000）

(6a)のトコロは接続詞的用法で、(6b)は助動詞的用法である（青木三郎 2000）。いずれも文法的用法であって、名詞的用法ではない。

2.1.1　名詞トコロについて

名詞トコロについて、主として「場所」と「部分」と二つの意味があると論じられてきた。寺村秀夫(1978b/1993 pp. 327)はトコロの実質名詞的用法として、次のような例を挙げた。

(7)a. ここはコピーをとるところです。　　　　　　　　　　（『紫苑物語』）

b. 何かあったら、私のところへ来なさい。　　　　　　　（『紫苑物語』）

c. わたしはこの本から読みとったもの，わからないところを告げて，ケルケの教えを求めた。　　　　　　　　　　　　　　　　　（『事故のてんまつ』）

d. あたしはね，そそっかしい忘れっぽい男だよ，でもね，今までに嘘は，ひとかけらもついたことがない。ここがわたしのいいところだ。　　　（『落語』）

（以上は寺村秀夫 1978b/1993 pp. 327；下線部は筆者）

(7)ではトコロの意味は、「場所」「位置」つまり空間のある一点を指すが、もう少し詳細に見ると、このようなトコロにも、具体性の高いものからかなり抽象的なものまで色合いが微妙にことなっている（寺村秀夫 1978b/1993 pp. 327 - 328）。(7a)、(7b)のトコロは空間を表している。(7c)のトコロはなお「空間」の一点といえるが、(7d)のトコロは、人間の性格の一部という意味で使われている。両者に共通するのは「全体の中の一部」ということである（寺村秀夫 1978b/1993 pp. 329）。「全体の中の一部」というのは,「いわば全体の情景の中のある一点にスポットライトを当てることである。観客はそのライトの当たったところに注目するが,同時にライトの当たらない暗がりも視野に入れているであろう。これを表現効果の面からいうと,XをYだと全面的にきめつけてしまわず,『Yでない』という反論にも応えられる用心深い表現だということもいえる」（寺村秀夫 1978b/1993 pp. 330）。

寺村秀夫(1978b/1993)が実質名詞とする(7b)のような例については、村木新次郎(1983)は形式名詞だとしている。青木三郎(2000)もトコロの名詞的用法として、場所と部分という用法を指摘したが、トコロの基本的特徴を「全体の枠付けと部分の特定化」と位置づけている。他に、日野資成(2001:32)は文法化の立場から、トコロが「空

間」から「こと」へ抽象化すると指摘した。例えば、

(8)a. いざかぐや姫，きたなきところにいかでか久しくおはせん。 (『竹取』)

b. …老ひたるも若きも，知あるもおろかなるも変はるところなしと見ゆる。 (『徒然』)

(以上は日野資成 2001 pp. 32)

(8a)ではトコロは特定の空間を指すが、(8b)ではトコロは「こと」に属し、形式名詞である(日野資成 2001 pp. 32)。

2.1.2 名詞トコロに関する先行研究のまとめと分析

2.1.1で名詞トコロに関する先行研究を概観し、名詞トコロは場所と部分という意味があることが分った。しかし、上述の先行研究には幾つかの問題点が存在する。

まず、実質名詞と形式名詞を如何に判断するかということである。寺村秀夫(1978a,b/1993)は(7a-d)のようなトコロをすべて実質名詞だと考えているが、村木新次郎(1983)は(7b)のようなトコロを形式名詞だとしている。また、日野資成(2001)は(8b)のトコロを形式名詞としている。そこで、トコロは実質名詞的用法だけ持っているのか、それとも両方を合わせ持つのかという疑問が生じる。もし両方あるとすれば、どこに線を引いたらいいのだろうか。

次に、「場所」と「部分」という2つの意味では果たして名詞トコロの意味をカバーできるかどうかということである。1.4では、(1)のトコロヲは部分を表すとは一応言えるが、(2)と(3)も部分と解釈したら、抵抗が生じるだろう。

以上の先行研究の状況と問題点を鑑み、第3章では、プロトタイプ理論と意味拡張モードを取り入れて、トコロヲにおける名詞トコロの意味を考察する。

2.2 ヲ格に関する先行研究

2.2.1 ヲ格の分類

ヲ格には他動詞の目的語をマークするものと、移動動詞の「経路」や「起点」をマークするものという2種類がある⑤。

奥田靖雄(1983 pp. 145)はヲ格の名詞と動詞の組み合わせを検討し、以上の2種類のヲ格名詞句と動詞の関係をそれぞれ「対象的なむすびつき」と「空間的なむすびつき」と呼び、空間的なむすびつきは狭い意味での「状況的なむすびつき」へずれていくのを指摘した。例えば、

(9)a. 三吉は曾根にわかれをつげて，霧のなかを停車場の方へいそいだ。

b. 僕はこの本屋の店をうしろに人ごみのなかをあるいていった。

(以上は奥田靖雄 1983；下線部は筆者)

(9)が示すように、「霧」と「人ごみ」のような名詞が場所をしめす名詞にかわって、か

⑤ 前者は「対格」「対象格」などと呼ばれることがあるが、後者は「移動格」「場所格」などと呼ばれることがある。また、後者の下位分類としては、「出どころ」「経過域」や「起点」「道筋」、または「離格」「経路格」と呼ばれたりすることがある(城田俊 1993，庵功雄 2001 pp. 67，加藤重広 2006bなどを参照)。本稿では呼び方の違いよりも、中身を重視するという立場を取る。

ざりの位置にくるなら、狭い意味での状況的なむすびつきを表す(奥田靖雄 1983 pp. 145)。

杉本武(1986)は奥田靖雄(1983)の研究を踏まえ、ヲ格名詞句には「目的語」、「移動補語」と「状況補語」が3種類あると提示し、状況補語をマークするヲを「状況格」と呼ぶ。例えば、

(10)a. 109便は嵐の中を強行着陸した。

　　b. そのパーティーの一行は吹雪のなかを尾根をさまよった。

(以上は杉本武 1986)

のように、「嵐の中を」と「吹雪の中を」は「移動に関わる場所」ではなく、「動作の行われる状況」を示すので、状況補語の用法である(杉本武 1986)。

「〜なかを」が「動作の行われる状況」を表すという点では、杉本武(1986)と奥田靖雄(1983)は共通している。しかし、奥田靖雄(1983)はナカヲが「かざられ動詞は原則的には移動性の自動詞である」ので、状況補語と移動補語を区別する必要がないと主張するのに対し、杉本武(1986)は状況補語が目的語、移動補語と違うのを主張する。その根拠として、次の3点がある。(i)状況補語は移動動詞と意味が違う。(ii)状況補語は移動補語と異なり、移動動詞以外の動詞とも共起できる。(iii)状況補語が目的語、移動補語と同一単文中に現れ得る。

目的語、移動補語と状況補語は以上のような性格の違いを持っていながらも、連続性も有している。移動補語は目的語と状況補語の中間的存在であり、状況補語と連続的である(杉本武 1986)。例えば、

(11)a. その男達は大勢の人々が遠巻きにする中を殴り合いのけんかをしていた。

　　b. *その男達は大勢の人々が遠巻きにする中を口げんかをしていた。

(以上は杉本武 1986;下線部は筆者)

(11a)が文法的であるのは「殴り合いの喧嘩をする」は移動動詞(句)ではないながらも、移動を伴っているためである。それに対して、(11b)が非文であるのは「口げんかをする」は移動を伴わないからである。つまり、状況補語は移動動詞以外の動詞と共起できても、やはり動詞によって示される動作が何らかの移動を伴う場合に限られる。よって、状況補語は移動補語と連続的である(杉本武 1986)。

杉本武(1986)の状況格について、加藤重広(2006a)は「背景状況格」と呼び、格助詞としてのヲを対象格、場所格[⑥]と背景状況格に分けている。対象格と場所格は必須格となる項を導くが、状況格が導く要素は後続の動詞に対して必須項とはならない、背景的状況を付加的に述べるものであるとしている。状況格が導く状況補語は副詞句に近く、ヲは格助詞の用法から遠ざかっている(加藤重広 2006a)。ヲの用法は表1のように纏められる。

⑥　加藤重広(2006a)で言う場所格としてのヲは述部が意味的に移動動詞であることを前提条件としている。

表 1　ヲの用法

<table>
<tr><td rowspan="4">ヲの用法</td><td colspan="3">接続助詞的⑦</td></tr>
<tr><td rowspan="3">格助詞的
（ヲ格）</td><td>非必須格</td><td>背景状況格</td></tr>
<tr><td rowspan="2">必須格</td><td>対象格</td></tr>
<tr><td>場所格</td></tr>
</table>

対象格を必須格としていることは一向に問題はないが、場所格も同じく必須格として扱ってよいのかという疑問が生じるかもしれない。これに関する検討はここでは省き、2.2.3へ回すことにする。

2.2.2　二重ヲ格の使用規則

日本語には、単文中に二つ（以上）のヲ格でマークする目的語が現れることができない、いわゆる「二重目的語制約」⑧というものがある（井上和子 1976 pp. 158，柴谷方良 1978 pp. 262）。この制約はよく使役文における被使役者のヲ格による非文法性を解釈するのに用いられる。

他には、「二重ヲ格制約（The Double-O Constraint）」という制約もある。この制約も、使役文の被使役者のヲ格による非文法性が解釈できる。なら、「二重目的語制約」と「二重ヲ格制約」は同じようであるが、果たしてそうだろうか。

「二重ヲ格制約」について、Harada（1973）は次のように定義している。

“A derivation is marked as ill-formed if it terminates in a surface structure which contains two occurrence of NPs marked with o both of which are immediately dominated by the same VP-node.”

上記の定義から、「二重ヲ格制約」は表層的制約であることが分かる。既に2.2.1で紹介したように、ヲ格は意味的に3種類ある。「二重目的語制約」は目的語をマークするヲ格、即ち「対象格」だけ対象とする制限である。一方、「二重ヲ格制約」は表層的制約なので、3種の意味格を取り扱うので、より広い範囲で機能し、より有効的に見える。が、そうではなさそうである。

（12）a. ？ 太郎は次郎を門を通した。

　　b. 太郎は次郎を、無理矢理、門を通した。　（杉本武 1986）

（13）a. 吹雪の中を遭難者を捜索した。　（＝（11b））

　　b. 土砂降りの雨の中を、グランドを走った。　（＝（11c））

　　c. 彼はジープを、自暴自棄になって、嵐の中を埠頭を走らせた。　（＝（11d））

（12a）はそのままでは不自然であるが、（12b）になると自然な文になる。（13）はそのままで十分自然である。このような違いが生じるのは理由について、杉本武（1986）は

---

⑦　加藤重広（2006b）では、「いわゆる接続助詞としてのヲは『のを』『ところを』のヲを指すが、このヲは逆接という機能を持ち、節と節の関係を示すという点では、接続助詞とみることができるが、体言に承接しなければならないという点では、一般的な接続助詞と異なっているので、現時点では『のを』『ところを』のような複合辞として接続助詞の数えるのが穏当なところだろう」としている。

⑧　柴谷方良（1978 pp. 262）では「二重対格目的語制約」と呼んでいる。

「もし、『を』格名詞句の連続を嫌うという、単なる形態上の制約であれば、このような違いは生じないはずである。これは…(中略)…形態上の制約ではなく、名詞句の機能上の制約である…(中略)…つまり、目的語と移動補語は、機能的に近いので、反発力が強いが、目的語と状況補語、移動補語と状況補語は、機能的に遠いので、反発力が弱い(あるいはない)」と説明している。

以上のような理由から、杉本武(1986,1994)は制約の強い「二重目的語制約」と弱い「ヲ格名詞句連続制約」に区分している。杉本武(1994)は「二重目的語制約は、目的語のヲ格名詞句が2つ以上存在する場合、その文が非文になるものであり、ヲ格名詞句連続制約は、(目的語であるかどうかにかかわらず)ヲ格名詞句が2つ以上連続する場合、その文が非文とまでならず、不自然になるものである」と説明している。このように、杉本武(1986,1994)で言う「ヲ格名詞句連続制約」は実は違う意味格の二重ヲ格連続を対象とする制約なのである。

二重ヲ格に関して、加藤重広(2006a,b)は同一の動詞句で同一の意味格が複数個存在することは、論理的に妥当性を欠くので、統語構造のレベルでは、二重ヲ格制約は存在しないと指摘した。よく取り上げられる使役文では、対象格と被使動主格は近似する意味格であるため、意味論的な制約として、二重ヲ格制約の実質部分になりうるが、それでも構造上可能なものに意味のレベルで制約をかけるに過ぎない。

2.2.3　ヲ格に関する先行研究のまとめと分析

2.2.1では、ヲ格には対象格、場所格、状況格という3つの意味格があり、他動詞の目的語をマークする対象格が必須格で、副詞句的な状況補語をマークする状況格が非必須格であることが分かった。しかし、場所格も表1が示すように必須格と見てよいだろうか。これはいわゆる移動自動詞、またそれが取るヲ格名詞句をどのように位置づけるかという問題に関わる。まず次のような例を見てみよう。

(14)a. 子供達ガ吊リ橋ヲ渡ツタ。

b. 子供達ガ運動場ヲ走ツテイル。　　　　(以上は仁田義雄1993)

(14a)と(14b)は「Nヲ」はいずれも移動自動詞の経過域であるが、両者は異なっている。(14a)では「吊リ橋を」を抜いたら、意味的に不充足さを招来するが、(14b)では「運動場ヲ」を抜いても意味的には充足している。よって、仁田義雄(1993)は(14a)の「Nヲ」を「主要共演成分」と、(14b)の「Nヲ」を「副次的共演成分」としている。

本論では、(14a)のような場所格のヲを必須格と認めるべきであるが、(14b)のように「運動場を」は「走る」の必須項と言えないことから、全ての移動自動詞が取る場所格を必須格とするのは問題があるように思う。しかし、場所格にも必須格があるという点から見れば、場所格は対象格と近似していると言えよう。この点では、本論は杉本武(1986)の主張に同調する。

2.2.2では、二重ヲ格の使用規則として「二重目的語制約」、「二重ヲ格制約」と「ヲ格名詞句連続制約」を紹介した。

まず、ヲ格名詞句連続制約について、杉本武(1994)は、「(目的語であるかどうかにかかわらず)ヲ格名詞句が2つ以上連続する場合、その文が非文とまでならず、不自然になる」と定義している。これによれば、対象格と状況格、また場所格と状況格が連続する(13)のような例は、非文か不自然かと判断すべきなのに、杉本武(1986)では十分自然な文としている。この点から、ヲ格名詞句連続制約に関する定義自身に問題があることが分かる。

次に、「二重目的語制約」と「二重ヲ格制約」を見てみよう。「二重目的語制約」は対象格にのみ適用するため、場所格と状況格のヲも考慮に入れたければ、「二重ヲ格制約」が必要となろう。しかし、2.2.2で見たように、「二重ヲ格制約」を表層的制約とすれば、問題が生じる。本論では、加藤重広(2006b)が言うように、「二重ヲ格制約」は表層的制約ではなく、意味レベルの制約という立場を取る。つまり、1つ動詞(句)は同じ意味のヲ格を取れないが、違う意味格のヲを取ることはできる。また、対象格と場所格は意味的に同じではないが、機能的に近似しているので、(12a)のように同一動詞(句)の前に来るのが不自然な文となる。但し、(12b)のように「無理矢理に」という成分を挿入すれば、両者の隣接度が低くなり、受容度が高まる。一方、対象格と状況格、場所格と状況格が違う意味格なので、(13)のように自然に共起できる。このように、本稿では「二重ヲ格制約」を意味レベルの制約とする加藤重広(2006b)の主張を基本的に認めながらも、幾つかの修正も加えた。

2.3　トコロヲに関する先行研究

トコロヲを検討する際、よく取り上げられるのが次のような例である。

(14)警官が泥棒が逃げていくところを逮捕した。　　　　　　(黒田成幸 1999a)

(14)のようなトコロヲ節の統語的性格をめぐって、従来数々の議論が闘わされてきたが、主に副詞句説と名詞句説[⑨]という2つの説に分けられる。以下では、(14)のようなトコロヲ節を境とし、副詞句説と名詞句説を概観する。

2.3.1　副詞句説

副詞句説として、Harada(1973)、寺村秀夫(1978a，b /1993：314－317、321－336)[⑩]、杉本武(1986)、渡辺学(1995)、黒田成幸(1999a)、菊田千春(2009)の研究がある。

2.3.1.1　構造的解釈

副詞句説の根拠の1つは、(14)で「逮捕する」の目的語として機能するのが「泥棒」であって、トコロヲ節ではないということである。

Harada(1973)はトコロヲ節を基定において動詞句に付加された副詞句として生成するとし、(15)のような基底形を提案した。

(15)警官　泥棒　(泥棒　逃げていく　ところ)逮捕した

(15)のような表層形式は(16)ではなく、(14)として生成したのは、逆行同一名詞句削除則 Counter-equi noun phrase deletionの作用によるためである。主文の名詞句が補

---

⑨　学者によっては、「副詞句」を「副詞節」と、「名詞句」を「目的語」や「関係節」という言い方をすることもある。

⑩　寺村秀夫(1978a/1993 pp. 315)はトコロヲ節が副詞句だと明言しないが、「(ところは)ニ、デ、ヲ、その他の助詞を使って全体を『副詞節』化する」としているので、寺村秀夫(1978a)の主張も副詞句説と見なす。

文の主語と同一である場合、補文の主語を省略するのが普通である(井上和子 1976 pp. 159)。しかし、このような通常の同一名詞句消去が適用されると、二重ヲ格制約によって非文が生じてしまう場合、補文の主語ではなく、主文の名詞句を省略する逆行同一名詞句削除則が適用される(Harada1973)。

(16)＊ 警官は泥棒を(彼が)逃げていくところを逮捕した。

黒田成幸(1999a)はHarada(1973)の論旨を本質的に認めつつも、それと違った分析を提唱した。トコロ節は動詞の付加節ではなく、基定では項の位置を占める名詞節内部の付加節として生成し、その項に要求される格を付与した後に、それを動詞句の付加部へ移動する(黒田成幸 1999a)。

一方、黒田成幸(1999a)は自動詞文におけるトコロヲ節は目的語に由来するのではなく、単純に副詞句であるとしている。副詞句として生成されたトコロ節はいわば「無為」の格としてのヲ格を受けるのである(黒田成幸 1999a)。

また、菊田千春(2009)は二重ヲ格文におけるトコロヲ節を副詞節とし、このような副詞節としてのトコロヲ節が成立する一方、目的語が明示されない場合には((14)のように)、それを関係節と再分析するようになっていたと論じている。

2.3.1.2 意味的機能

(14)のようなトコロヲの意味に関しては、寺村秀夫(1978a, b/1993 pp. 315、332－334)は、「事態の自然な進展があるできごとによってさえぎられる。あるいは、ある一定の軌跡をえがいてきたもの(あるいはこと)の進行が何かでさえぎられる」という含みを持っていると論じている。このような含みを少し延長すると、普通なら当然にこうであるべき状況の中で、それに反するできごとが起こるということにもなる(寺村秀夫 1978b/1993 pp. 333)。

杉本武(1986)は(14)のようなトコロヲ節が動作の行われる状況を表す副詞句的状況補語だとしているが、渡辺学(1995)は時間成分的な副詞要素だと論じている。

また、田中寛(2004a)はトコロヲ節をトコロヲ①とトコロヲ②に分けて検討した。トコロヲ①は話し手が新事態の具体的発生の現場、環境を聞き手にそのまま再現し、提供するといったもくろみから発せられ、ある特定の場面における対象事実の"捕獲"、"拘束"をあらわす表現である(田中寛 2004a)。トコロヲ②は構文上はトコロヲ①と基本的に同じであるが、その前には本来意図されるべき行為・現象として「～べき」「はずの」などの意味を含意している点でトコロヲ①と異なっている。田中寛(2004a)はトコロヲ②が＜XをYにする＞という付帯状況を表すフレーズの一部だと考えているが、田中寛(2004b)はさらに＜XがYになる＞という構造を付け加えた。例えば、(17)のようである。

(17)a. 7時にセットするハズのところを9時にセットする(ことにする)

(田中寛 2004a)

b. 課長で定年になるところが定年にならない(ことになった)。

(田中寛 2004b)

2.3.1.3 トコロヲにおけるヲの性格

寺村秀夫(1978b/1993 pp. 332－334)は(14)のような文におけるヲは「格」の概念で抑

えきれないと指摘している。状況補語という杉本武(1986)の主張によれば、ヲ格はいわゆる状況格である。

田中寛(2004a)はトコロヲ①のヲ格について、ヲ格は広範な現場的な視野から状況の核心的事態をピンポイントとして焦点化する特徴があり、通常の格のふるまいと異なり、格の希薄化をしめすものであると指摘している。他方、トコロヲ②のヲ格は状況が当初意図したものとは異なって移転するということから、移転格、あるいは屈折格と称してよい。トコロヲ②のヲ格はもはや格助詞としての機能が薄れ、接続助詞的な成分となっている(田中寛 2004b)。

2.3.2 名詞句説

名詞句説の代表は杉本武(1994)の説である。

杉本武(1994)は、「捕捉タイプ」、「救助タイプ」、「攻撃タイプ」、「停止タイプ」の動詞が取るトコロヲ節を「トコロ補部」と呼び、「トコロ補部目的語分析」という立場を取る。トコロ構文においてはトコロ補部が目的語になっているが、実際には動作の働きかけの直接的対象(意味上の目的語)は、トコロ補部が示す状況ではなく、補文の主語である(杉本武 1994)。杉本武(1994)は副詞句説に対して、以下の反駁を行った。

第一に、仮に「トコロ補部」が状況を表す副詞句であるのならば意味的な条件にさえ合致すれば、自由に動詞と共起できるはずである。とすれば、(18)のような文が存在してはならない理由はないが、非文になる。

(18)a. ＊太郎は次郎が金に困っているところを援助した。

b. ＊太郎は子供がゴミを拾ったところを褒めた。　　　　(以上は杉本武 1994)

第二に、副詞句説では、(16)のような表層レベルの二重ヲ格文を避けるため、逆行同一名詞句削除則を提示した。このような考え方に従うと、(19)は(20)のような構造を持つことになる。

(19)太郎は次郎がひるんだところを殴りかかった。　　　　(杉本武 1994)

(20)[太郎が　次郎に[次郎が　ひるんだ　ところ]を　殴りかかった]

しかし、(20)では、二重ヲ格制約には違反しないため、逆行同一名詞句削除則が適用される理由はなく、(19)のような文が派生される可能性はない。逆に、この構造から派生されるのは、通常の同一名詞句消去が適用された、(21)のような文になるはずなのに、これは非文になる。

(21)＊太郎が次郎にひるんだところを殴りかかった。　　　　(杉本武 1994)

第三に、副詞句説として有力な根拠として、トコロヲ節は自動詞と共起できるという現象である。トコロヲ節とよく共起する「捕まる」、「見つかる」のような自動詞について、杉本武(1991)は「受動詞」と呼んでいる。このような動詞は対応する他動詞を受動化したという性質の強い動詞であるので、自動詞でありながら、他動詞の性質を残している(杉本武 1991)。故に、トコロ補文動詞の中には、自動詞であるにも関わらず、「〜ところを」という形の「トコロ補部」をとることができる(杉本武 1994)。

第四に、「トコロ補部」は状況補語と異なった性質を持つ。その理由として、以下の5つがある。(i)トコロ補部と状況補語とでは、形式名詞が異なる点である。(ii)トコロ補部の補文の主語は、トコロ補部副詞句分析の立場では主文の名詞句と同一指示でなければならないが、状況補語の補文の主語は、同一指示であってはならない。(iii)トコロ補部の補文の動詞は、テンスに関して自由であるが、状況補語の補文の動詞は、未完了形しか取ることができない。(iv)トコロ補文の主文の動詞は、瞬間的な動作、あるいは比較的短い持続の動作を表す動詞でなければならないが、状況補語をとる動詞は、持続的な動作を表す動詞でなければならない。(v)状況補語は本質的には「場所」を表すが、トコロ補部は「時」を表す(杉本武 1994)。

2.3.3 トコロヲに関する先行研究のまとめと分析

2.3.1と2.3.2では、副詞句説と名詞句説を概観した。両説とも(14)のような文では、主文の動作の働きかけの対象はトコロヲ節の主語(あるいは主語と同一の名詞)であって、状況を表すトコロヲ節ではないと指摘しているが、違う立場から異なった分析を提唱している。副詞句説では、動作の対象である主文のヲ格名詞句は逆行同一名詞句削除則によって消去され、副詞句であるトコロヲ節が保留されると分析している。それに対して、名詞句説では、主文の動作は高い「他動性」を持つので、状況に働きかけることによって、トコロヲ節の主語に影響を及ぼすと分析している。しかし、これらの先行研究には次のような問題点が存在している。

先ず、副詞句説で用いられる逆行同一名詞句削除則は表層レベルの二重ヲ格による非文法性を避けるのに適用される。すでに2.2.3で論じたように、二重ヲ格制約を表層的制約とするのが不適切なので、この逆行同一名詞句削除則も成り立たなくなる。これは2.3.2で論じた杉本武(1994)による反駁の第二点からも分かる。

次に、田中寛(2004a,b)ではトコロヲ①とトコロヲ②が構文上基本的に同じだとするのが適切であるかどうかは、第4章で検討する。田中寛(2004a,b)はトコロヲ②を＜XヲY 二スル＞というフレーズの省略形だとしているが、そもそも村木新次郎(1983)で言う＜XヲY 二スル＞は付帯状況を表すものであって、トコロヲ②のように逆接の意味合いを表していない。そして、述語が無意志動詞である場合、＜XヲY 二スル＞の一部と見なし難いためか、田中寛(2004b)ではさらに＜XガY 二ナル＞を付け加えたのだろう。しかし、この＜XガY 二ナル＞という構成では、(17b)のように「トコロガ」を対象としていて、(4)と(5)のような「トコロヲ」の例を解釈できない。このように、トコロヲ②を＜XヲY 二スル＞や＜XヲY 二ナル＞の省略形だと考えるのに無理がある。

なお、副詞句説におけるヲ格の性格である。寺村秀夫(1978b/1993)はトコロヲのヲが格でないという指摘に止まり、具体的な解釈を施していない。田中寛(2004a,b)はトコロヲ①とトコロヲ②のヲをそれぞれ焦点化の特徴がある希薄化した格と、屈折格・移転格としているが、このような解釈はあくまで文全体の意味を考えてからの位置づけであり、ヲ格そのものの本質を捉えるものとは考えにくい。

最後に、杉本武(1994)が副詞句説に対して幾つかの反駁を行ったが、第一と第二の反駁は説得力があると思うが、第三と第四については納得がいかない点がある。まず、「捕まる」「見つかる」のような「受動詞」と呼ばれる自動詞はトコロヲ節を目的語として取るとすれば、このような自動詞はなぜ通常の目的語を取ることができないのかは問題として残る。次は、第四で論じられたトコロヲと状況補語であるナカヲとの異なりである。杉本武(1986)によれば、ナカヲと共起する動詞は、移動動詞や移動を伴う表現でなければならない。しかし、いわゆる典型的な状況補語であるナカヲでも、主文の動詞は必ずしも移動動詞やある移動を伴う表現とは限らない。例えば、

(22)a. 美禰子は答えなかった。雨のなかをぬれながら、博物館前の広い原のなかに立った。（『三四郎』）

b. しとしとと降る雨の中を、かすかに匂つてゐる菜種のやうで、げにやさしくも濃やかな情緒がそこにある。（『宿命』）

また、状況補語をとるのが持続的な動作を表す動詞でなければならないという杉本武(1994)の指摘に対して、以下の反例が見られる。(23)ではナカヲは状況を表すが、述語は持続的な動作ではない。

(23)それは小野道風といった名高い書家が、まだ修業盛りの頃、どうも一向芸が上達しないので、すっかり嫌気がさして、雨の降るなかを、ぶらぶら散歩に出かけました。（『艸木虫魚』）

このように、いわゆる典型的な状況補語であるナカヲは移動を伴っていない表現や非持続的動詞と共起できる。一歩譲ってナカヲの述語動詞がこのような制約を受けるとしたら、むしろ状況補語の副詞句的性格と矛盾する。なぜなら、副詞句は「意味的条件にさえ合致すれば、自由に動詞と共起できる」からである。従って、本論では、ナカヲが典型的な状況補語ということに賛成しつつも、下位にあるナカヲを以って上位である状況補語の統語的特徴を推論するのは適当ではないと考える。状況補語はナカヲ特有の使い方ではなく、「動作の行われる状況」がその根本的な特徴である。

2.4　先行研究のまとめと解決すべき問題

2.1～2.3では名詞トコロ、ヲ格とトコロヲに関する先行研究を概観し、幾つかの問題点も指摘した。

名詞トコロについて、「場所」と「部分」という2つの意味だけでは不十分な点が残る。また、2.3ではトコロヲ節について副詞句か名詞句かという説に分かれているが、副詞句説でも全てのトコロヲ節を副詞句と認めるわけではないし、名詞句説でも副詞句的用法を認めている。では、副詞句的用法と名詞句的用法とはどういう関係なのだろうか。また副詞句のトコロヲ節におけるヲ格をどのように捉えてよいのか、そして2.3で論じられたトコロヲ節は実質名詞の用法とどのように結び付くのかについて、先行研究ではまだ言及されていない。

従って、本論では文法化という視点からトコロヲの用法を把握し、各意味用法と意味間の相関性、また文法化を引き起こす統語的要因を明らかにしたい。

第3章　トコロヲにおける空間名詞トコロの意味拡張

本章では共時的な面から、トコロヲにおける空間名詞トコロの意味拡張を考察す

る。考察する用例は先行研究や青空文庫から収集したもののほか、インターネットからのもの、また作例もある。インターネット上で検索して収集する用例と作例はすでにネーテイブスピーカーにより確認済みで、正しい文とされる例文である。

まず、例文の記号について説明しておく。

(i)"#"の記号がついている文はその文が原文の意味とは変わっていることを表す。

(ii)"?"の記号がついている文はその文が不自然であることを表す。

(iii)"*"の記号がついている文はその文が非文法的であることを表す。

以下、名詞トコロの意味に関しては、実質名詞と形式名詞と2部分に分けて考察を試みる。実質名詞は一定の実質的意味を持ち、修飾要素なしでも用いられるのであるが、形式名詞は語彙的意味が抽象化し、形式化して、修飾要素なしでは使えない名詞のことである(益岡隆志・田窪行則 1992 pp. 36,高橋太郎 1996 pp. 56)。意味拡張は常に具体的な意味から抽象的な意味へと変わるので、実質名詞としての用法は形式名詞としての用法に先立つと。以下は、3.1と3.2で実質名詞トコロと形式名詞トコロの意味を考察し、3.3でトコロの意味拡張モードを纏める。

3.1 実質名詞としてのトコロ

3.1.1 具象的空間

上述のように、形式名詞は抽象的意味を持ち、修飾要素がなければならない。それに対し、実質名詞は実質的意味を持ち、修飾要素があるものとないものがある。修飾要素がなくても成り立つものは、修飾要素を必要とするものに比べて、統語的制限が弱い。

実質名詞の用法では統語的制限が弱いほど、認知度が高くなり、「典型性」も高まる。故に、名詞トコロにおいては、修飾要素なしで使われる意味が実質名詞として最も認知度の高い意味、つまりプロトタイプなのである。では、トコロのプロトタイプはどんな意味を表すのだろうか。

(24)a. 午前十一時ごろ電話がかかって来て、友ちゃん出たら、どちらにいらっしゃいます? 川へ行ってです(お母さんのことよ)、一寸およびして来ますからと云っているの。何だろうと思って私が立って行ったら、びっくり間誤ついた顔で、広島からですの、というの。まあ、といそいで出てきいたら、外の民家へ泊っていて、会えるというので、すっかりところをきいてかきつけたところへ、おかあさんがあたふたおかえりで、そこで達ちゃんはいろんな注文をしたらしいの。(『獄中への手紙一九四一年(昭和十六年)』)

b. インガは息をころしたが、ドミトリーは呻いて一つところを低徊した。(『インガ』)

(24)では、名詞トコロは具象的な空間という意味を表す。統語的には、ここのトコロは修飾成分なしで用いられる。意味的には、具象的空間は認知度が高く、中性的な環境で最も引き出されやすい意味である。よって、具象的空間という意味は名詞トコロのプロトタイプである。

プロトタイプである具象的空間は人間の目で観察できる、広がりのある静止している地理的な存在を指す。故に、[＋空間的]、[＋有形]、[＋静的]という意味特徴を持っている。また、具象的空間は数えることもできる。次の例を見てみよう。

(25)「お金さん、まだお嫁の口は極りませんか。まだなら一つ好いところを周旋しましょうか」お金さんはえへへと人の好さそうに笑いながら少し顔を赤らめて、彼のために座蒲団を縁側へ持って来ようとした。(『明暗』)

(25)においては、具象的空間を表すトコロは「一つ」という数詞の修飾を受けているので、[＋可算性]という意味特徴を持つと言える。[可算性]という意味特徴は日野資成(2001 pp. 16)を援用したものであるが、「数えることができる」かどうかという性質を指す。但し、[可算性]について、次のようなことを断わっておきたい。[可算性]は数えられるかどうかを問題としているので、単数でも複数でもかまわないが、それ以外に無く、ただそれだけという唯一性を特定する場合、数えられるかどうかは問題ではないため、[＋可算性]を有するとは言えない。

従って、具象的空間という意味はトコロのプロトタイプであり、[＋空間的]、[＋有形]、[＋可算性]、[＋静的]という意味特徴を有している。統語的的には、トコロヲを支配する動詞は(24a)と(25)のような他動詞もあれば、(24b)のような移動動詞も現れうる。

3.1.2　生活や仕事を営む場

具象的空間という意味には次のような周辺的存在がある。

(26)a. それから彼の女は今週の末は、私のところを去りますので、私は馬車を用意しました。(『自転車嬢の危難』)

b. 昨日は、朝、日比谷へゆきがけに、お話の弁護士のところを訪ねました。(『獄中への手紙一九三九年(昭和十四年)』)

(26)では、トコロはそれぞれ話し手の家、弁護士の家や事務所を指している。(26)のトコロも具象的な空間の一種であるが、人名詞に修飾され、その人が生活や仕事を営む場である家、勤め先や組織を表す。3.1.1と同じように、ここのトコロも[＋空間的]、[＋有形]、[＋静的]という意味特徴を有している。

次に、生活や仕事を営む場を表すトコロは数詞に修飾され得るので、[＋可算性]を持っている。例えば、

(27)クラスメートのところを3軒回ってきた。(作例)

3.1.1の具象的空間は修飾要素がある場合とない場合がある。生活や仕事を営む場という意味は修飾要素がある場合の中で、人名詞の修飾を受ける部分を占めている。言い換えれば、生活や仕事を営む場という意味はプロトタイプの周辺的存在である。では、このような周辺的存在は典型的な具象的空間と何か違いはなかろうか。(26)に対して以下のテストを行う。

(28)a. ＊それから彼の女は今週の末は、私を去りますので、私は馬車を用意しました。

b. ＃ 昨日は、朝、日比谷へゆきがけに、お話の弁護士を訪ねました。

c. ＃ この方——つまりかくいうヴァレイ氏——はお前が「今まで聞いていたと

おり」言葉をつくしてお前をすすめてくれるけれど、残念でたまらないのは、お前の家に電話のない一事だ。

テストの結果として、(28a)は非文になり、(28b,c)は文法的になる。(28a)の非文法性は離脱を表す「去る」という動詞の場合、「LMが人間のとき、人間が他の人間から離れる《過程》をプロファイル⑪する解釈が困難であるため…(中略)…容認されるのは一定の広がりを付加することで離脱の《過程》をプロファイルすることが容易にな」るためである(菅井三実 1999)。一方、(28b,c)は文法的であるが、(26b,c)と意味が違う。(26b,c)では、「弁護士」と「お前」にトコロを付加することで、その人を直接的に取り出すのを避けて、柔らかい表現となる。それに対して、トコロがない(28b,c)では、動作の対象をはっきり言い切る直接的な表現である。このように、トコロは人間を表す名詞を場所化するだけではなく、一定の広がりを付加することで、主体が居る空間の境界をぼかすという機能を果たしている。この含みは3.1.2ではまだ中心的意味の背景にあるが、3.1.3では前景化するようになる⑫。

従って、生活や仕事と営む場は具象的空間という意味の周辺的存在で、同じく[+空間的]、[+有形]、[+可算的]、[+静的]という意味特徴を有している。トコロヲを支配する動詞の位置には他動詞も移動自動詞も現れうる。

3.1.3　場所や準場所のぼかし表現

トコロの意味は3.1.2から、さらに次のような意味に拡張できる。

(29)a. 甚作新田の権が、昨日夕方裏の畑のところを、うろうろしていたけに、あいつかも知れんぞ。(『義民甚兵衛』)

b. 愛美は良く見てくださいといわんばかりに、保志宮に身体を向けて、胸のところを手のひらで二度叩いた。(『シンデレラになれなくて』)

(29)のトコロは[+場所性]のある名詞に修飾されている。(29a)の「畑」は場所名詞で、(29b)の「胸」は準場所⑬名詞である。

修飾成分の構造から見れば、3.1.2でも3.1.3でも、「NP+の+ところ」という形をしている。但し、3.1.2では、NPはトコロと所属関係にあるが、3.1.3ではNPはトコロと同格関係にある。通常、同格関係にある2つの名詞はその一方が無くても意味が整っているはずであるが、トコロの場合はそうではない。次の(30)と(31)の例を見てみよう。

(30)a. 甚作新田の権が、昨日夕方裏の畑を、うろうろしていたけに、あいつかも知れんぞ。

b. 愛美は良く見てくださいといわんばかりに、保志宮に身体を向けて、胸を手のひらで二度叩いた。

(31)a. *甚作新田の権が、昨日夕方ところを、うろうろしていたけに、あいつかも知

---

⑪ プロファイルは、認知のドメインのなかの焦点化されている部分である。LMはランドマークのことを指す。認知のドメインにおいてプロファイルされる存在のうち、相対的により際立って認知される対象はトラジェクター、これを背景的に位置づける対象はランドマークである(山梨正明 2000 pp. 20、23)。

⑫ 前景、背景、また前景化、背景化について、山梨正明(2000 pp. 70-75)を参照。

⑬ 「《準場所》とは、本体表面の一部を占めているものである。鼻、傷、額の類」などである(久島茂 2001 pp. 23)。

れんぞ。

b. ＊ 愛美は良く見てくださいといわんばかりに、保志宮に身体を向けて、ところを手のひらで二度叩いた。

(30)と(31)の受容度の違いは、NPとトコロの意味機能の違いによる。(30)では、トコロが無くても、文として成り立つための最低限の情報が備わっているので、適格である。しかし、(31)では、NPが無ければ、文として成り立つための最低限の情報が欠けているので、不適格である。文の情報を完備させるために、二者択一の場合、具体的意味を担うNPは残すが、より抽象的なトコロは省略する。このように、「NP＋の＋ところ」という修飾構造では、具体的な場所や準場所を表すNPと比べて、トコロの実質的意味は薄くなる。

では、トコロはどういう意味を表すのだろうか。(29)と(30)を比べれば、トコロが場所や準場所の境界をぼかし、直接で露骨な表現を避ける言い回しだということが分かる。このぼかしの効果は3.1.2で言う一定の広がりを付加することで、はっきり言い切るのを避ける含みを引き受けるものと思われる。ただ、3.1.2ではその含みは中心的意味の背景にあるが、3.1.3では名詞の実質的意味が薄まると同時に、ぼかしという含みは活性化し、1つの意味特徴として際立てられるようになった。それが[＋漠然性]という意味特徴である。

次に、トコロは[＋可算性]を持つかどうかについて見てみよう。筆者が収集した用例には、この意味に用いられるトコロが数詞に修飾されるものは(32)の一例以外、殆ど見当たらない。

(32)と叔父は、例の二つの凹みのところを微かに脈搏たせながら、言った。

(『二都物語上巻』)

(32)では、トコロは数詞「二つ」に修飾されているように見えながらも、実はそうではない。ここの「凹み」とは何かというと、人間の側頭部の目尻と耳の間にある「こめかみ」のことを指す。頭の左右にあるので、「二つの」は「凹み」を修飾し、「二つの凹み」が一つになってトコロを修飾している。言い換えれば、トコロを修飾しているのは、「凹みの」であって、「二つの」ではない。(32)の名詞修飾成分の構造を示せば、(33a)ではなく、(33b)のようになる。

(33)a. [二つの [凹みのところ]]

b. [[二つの凹みの] ところ]

仮に(29)のトコロに数詞を付け加えようとしても、やはり無理である。場所や準場所のぼかし表現は数えるかどうかが問題ではなく、[＋可算性]がないわけである。

従って、場所や準場所のぼかし表現は3.1.2から拡張される意味であり、[＋空間的]、[＋有形]、[－可算的]、[＋静的]、[＋漠然性]という意味特徴を持つ。トコロを支配する動詞には(29a)のような移動動詞もあれば、(29b)のような他動詞もある。

3.1.4 具象的部分

3.1.1～3.1.3は具体的な意味を持つ実質名詞の枠で、空間を表すトコロの用法を検討した。ところが、同じ具体的意味でも、空間とは解釈できない用法もある。例えば、

(34)のようである。

(34)ふところから、新刊の文芸雑誌を出して、パラパラ頁を繰って、その、僕の名前の出ているところを捜している様子である。（『眉山』）

(34)では、トコロは雑誌の一部を指す。ここのトコロが表すのは地理的な存在ではなく、具体的な物の一部である。よって、トコロは[＋空間的]という意味特徴が脱落している。(34)のトコロは空間とは関係なく、具象的部分という意味を表す。具象的部分は[＋静的]と[＋有形]という意味特徴を保っている。

次に、(34)に対して、トコロに「2つ」という数詞を付け加えれば、(35)のようになる。

(35)ふところから、新刊の文芸雑誌を出して、パラパラ頁を繰って、その、僕の名前の出ている2つのところを捜している様子である。

(35)では、トコロが数詞「2つ」に修飾されうるということから、具象的部分を表すトコロは[＋可算性]という意味特徴を持つことが窺える。

具象的部分という意味は具象的空間から拡張した意味である。具象的空間もそもそも全体の中の一点であって、全体ではない。ただ、空間という意味では「XをYだと全面的にきめつけてしまわず、Yではないという反論にも応えられる」という含みを背景に持っているが、部分という意味では、このような含みは活性化し、前景化するようになる。(34)では「名前の出ているところ」に焦点を当てると同時に、「名前の出ていないところ」という反論も常に念頭に置いている。よって、部分という意味には[＋対比的]という新しい意味特徴が付与される。

従って、具象的部分を表すトコロは具象的空間という意味から拡張され、[－空間的]、[＋有形]、[＋可算性]、[＋静的]、[＋対比的]という意味特徴を持っている。[－空間的]という意味特徴を持たないので、移動の起点や経路となることはできない。故に、それを支配する動詞は他動詞に限られる。

3.2 形式名詞としてのトコロ

3.2.1 抽象的空間

具象的空間から、さらに次のような新しい意味に拡張する。

(36)a. 思いすぎのところも、その原因のよって来るところを考えれば、ね。

（『獄中への手紙一九三九年(昭和十四年)』）

b. 京子は会社の女事務員で、まあ私と相愛の仲である。熱烈な恋愛をしたわけではなく、いつとなく情交を結んだという、甚だ平穏な関係なのだ。この話についても、私は程好いところを歩いたことになる。（『程よい人』）

(36)では、「原因のよって来るところ」、「程好いところ」のトコロも空間と解釈できよう。しかし、3.1.1で言う具象的空間と違って、ここのトコロは実在する地理的存在に喩えられる観念的空間、即ち抽象的空間を表すのである。このような意味は、メタファー[14]

---

[14] メタファーとは、類似性の連想に基づいて、ある対象を、全く異なる領域の事物にたとえて理解する能力およびそのプロセスをいう（河上誓作 1996 pp. 45）。。

というメカニズムにより、具体的意味から抽象化した結果である。

抽象的空間は［＋空間的］、［＋静的］という意味特徴を持っているが、［＋有形］という意味特徴を持ってない。次に、［＋可算性］があるかどうかを究明するために、(36a)を例として、テストを行う。

(37)思いすぎのところも、その原因のよって来るところをあれこれ考えれば、ね。

(36a)に「あれこれ」を挿入すれば、(37)は適格な文になる。「あれこれ」は数詞でないながらも、［＋可算性］を持つ名詞にしか掛かることができないため、抽象的空間を表すトコロは［＋可算性］という意味特徴を持つことが分かる。

従って、抽象的空間を表すトコロはメタファーによって、具象的空間から拡張される意味である。［＋空間的］、［－有形］、［＋静的］、［＋可算性］という意味特徴を持っている。それを支配する動詞は他動詞もあれば移動動詞もある。

3.2.2 抽象的部分

すでに3.1.4で論じたように、空間はそもそも全体の中である広がりを持つ一点であり、全体ではない。空間という意味では［＋対比的］という含みを背景に持っているが、対比性が強調されると、今まで背景に隠れていた含みが前景化してくる。同じように、抽象的空間からも次のような抽象的部分という意味に拡張できる。

(38)a. それでさえ彼はどこかに煙たいところをもっていた。　（『明暗』）

b. この男なら私も二つ三つ痛いところを知っていますし、裏切るような心配はありません。　（『シャーロック・ホームズの冒険』）

(38)のトコロはいずれも地理的存在である空間とは異なり、人間や物の性格や属性の一側面を指している。ここのトコロは［＋空間的］という意味特徴が脱落し、抽象的部分を表している。これに対して、「煙たいところ」と「痛いところ」が目で見える具体性のあるものだという反論が出るかもしれない。確かに人間や事物の性格や属性の一側面はある行為を通して外に現れることは可能である。しかし、このような性格や属性自体はあくまでも内的なものであり、人間の目で直接観察するのは不可能である。よって、抽象的意味を表すトコロは［＋有形］という意味特徴も脱落している。

抽象的部分を表すとき、関心のある側面や属性を前景として目立たせながら、それ以外の部分も常に念頭に置いている。このように、トコロは抽象的部分を表し、［＋対比的］という意味特徴を持っている。また、(38b)でトコロは「二つ三つ」という数詞に修飾され得るということから、抽象的部分を表すトコロは［＋可算性］を持っている。

このように、抽象的部分を表すトコロは抽象的空間の持つ［＋空間的］［＋有形］という意味特徴が脱落し、［＋静的］、［＋可算性］、［＋対比的］という意味特徴を残しているものである。一方、別のルートとして、具象的部分を表すトコロは［＋有形］という意味特徴が脱落した結果とも言える。換言すれば、抽象的空間からも具象的部分からも抽象的部分という意味に拡張される。

抽象的部分という意味では、［＋空間的］という意味特徴が脱落しているため、移動の起点や経路となることができず、それを支配する動詞は他動詞に限られる。

3.2.3 内容

抽象的部分という意味は、さらに内容という意味へ拡張していく。例えば、次のような例である。

(39)a. 大将この時分は何をしていたんだろうと、読めそうにないところを無理によむと大蔵卿とある。（『吾輩は猫である』）

b. この資料3の運輸部門につきましては、ここに書かれていることを総合的にやらなければいけないと、全くそのとおりだと思いますので、これからも官民一緒にやらせていただきたいと思っているんですが、きょうは、石谷部会長、自由にとおっしゃっていただいたので、思うところを2つ発言させていただきたいと思います。

（総合資源エネルギー調査会省エネルギー部会第10回議事録⑮）

(39)のトコロが空間と解釈できないのは明らかである。それでは部分という意味で解釈できるだろうか。(39a)のトコロは部分と解釈しても差し支えなかろうが、(39b)のトコロはもはや部分という意味で抑えきれない。(39a)では、「読めそうにないところ」に焦点を当てると同時に、「読めそうなところ」も念頭に置いている。しかし、(39b)では「思うところ」を取り出しているが、「思っていないところ」といった反論にも応えているとは思えない。換言すれば、(39a)では[＋対比的]という含みが感じられるが、(39b)では[＋対比的]という含みは殆ど感じられない。

(39b)のトコロは部分というよりも、中身のある事柄や出来事と解釈した方が適切である。つまり、内容という意味を表しているのである。(39a)は部分から内容へ拡張する過程で意味の齟齬が生じる段階であり、いわゆるA/Bという中間的状態である。(39b)では、専ら内容という意味を表し、[＋対比的]という意味特徴が弱まり、ついに脱落するようになった。と同時に、内容という意味には[＋コト性]という新しい意味特徴が付加される。また、(39b)ではトコロは「2つ」という数詞に修飾されているので、[＋可算性]という意味特徴を持っている。

従って、内容という意味は抽象的部分という意味から拡張され、[－空間的]、[－有形]、[＋静的]、[＋可算性]]、[－対比的]、[＋コト性]という意味特徴を有している。トコロヲを支配するのは他動詞に限られる。

3.2.4 場面

まず、次の例を見てみよう。

(40)a. ターファはなんだかうれしそうに、マリコがテナスを直したところを細かく説明した。（『リュパージュ』）

b. 「出来たら見せるよ。小説をかいているんだ。そのうちの一章に女が花園のなかに立って、小さな赤い花を余念なく見詰めていると、その赤い花がだんだん薄くなってしまいに真白になってしまうと云うところを書いて見たいと思うんだがね」（『野分』）

(40)のトコロに[＋空間的][＋対比的][＋有形]という意味特徴が見られず、空間と

⑮ 2010年2月7日にhttp://www.mcti.go.jp/committee/summary/0002015/gijiroku10.htmlからダウンロードしたものである。

も部分とも解釈できない。「テナスを直した」、「赤い花が薄くなって真っ白になってしまう」という修飾成分から、このトコロは[＋コト性]という意味特徴を持つと窺える。しかし、(40)のトコロを内容と解釈するのは無理がある。何故かと言えば、内容という意味の場合、トコロは[＋静的]であるが、(40)のトコロは静的ではなく、むしろ動的な事態であるからである。ここのトコロは場面という意味を表している。

場面を表すトコロは内容という意味から拡張したものである。その意味拡張の過程で、内容という意味の[＋コト性]を引き受けているが、[＋静的]という意味特徴が脱落している。

場面という意味にはもう一つの特徴がある。それは述語の動作主体が常にトコロが表す場面の中に臨場するということである。仮に(40a)のトコロを「の」に置き換えてみよう。

(41)ターファはなんだかうれしそうに、マリコがテナスを直したのを細かく説明した。

(40a)と(41)を比較すれば以下の違いが分かる。トコロの場合は、動作主がトコロヲ節に描かれる場面に臨場しなければならないが、「の」の場合は、必ずしもその場に臨まなくともよい。つまり、場面という意味には[＋臨場性]という意味特徴が付加される。

場面を表すトコロは[＋可算性]を持たない。また、このトコロは内容という意味の[－空間的]を引き受け、移動自動詞の起点や経路となり得ない。

従って、場面という意味は内容という意味から拡張され、[－空間的]、[－有形]、[－静的]、[－可算性]、[－対比的]、[＋コト性]、[＋臨場性]という意味特徴を持っている。トコロを支配する動詞は他動詞に限られる。

3.2.5　範囲・程度

形式名詞的用法においては、3.2.1～3.2.4で検討した意味のほかに、次のように範囲や程度を表す用法がある。

(42)a. それから、リスク増分でございますけれども、大気の方も10－5ということを一つのメルクマールにしておりますし、また水の方も、これまで発がん性に着目して設定した場合、10－5というのを一つのメルクマールとしておりますので、大気、水については、大体これぐらいのところをねらっているのではないかと思います。

(中央環境審議会水環境部会環境基準健康項目専門委員会(第2回)議事録)[16]

b. 昨年度の売り上げが8億円そこそこで、2008年度は9億数千万円というところを見込んでいます。　(インターネット[17])

(42)のトコロは[＋空間的][＋有形]という意味特徴が見られないが、[＋漠然性]を

[16] 2009年10月17日にhttp://www.env.go.jp/council/09water/y095－02a.htmlからダウンロードしたものである。

[17] 2010年2月7日にhttp://digiper.asia/interview/articles/2008/07/16_2130.shtmlからダウンロードしたものである。

持っている。ここのトコロは範囲や程度を表す。この意味は場所や準場所のぼかし表現が[＋空間的][＋有形]という意味特徴を脱落させて、抽象化したものである。

(42b)では、トコロの前に「9億数千万円」という数詞が現れている。しかし、この数詞はあくまでも範囲や程度を限定するものであって、トコロ自身を数えるものではない。そもそも範囲や程度が幾つあるかは数えられるものではない。故に、範囲や程度という意味は[＋可算性]を持っていない。

従って、範囲や程度を表すトコロは場所や準場所のぼかし表現から拡張したものであり、その意味特徴を纏めると、[－空間的]、[－有形]、[＋静的]、[－可算性]、[＋漠然性]のようになる。また、この意味ではトコロは[－空間的]なので、それを支配する動詞は他動詞に限られる。

3.3 本章のまとめ

以上、実質名詞と形式名詞としてのトコロの意味を検討してきた。前者は実質的意味を持っているが、後者は実質的意味を持っておらず、抽象化した意味を表す。実質名詞としては、具象的空間、生活や仕事を営む場、場所や準場所のぼかし表現と具象的部分という意味がある。形式名詞としては、抽象的空間、抽象的部分、内容、場面と範囲・程度という意味がある。

上述のトコロの各意味の意味特徴と統語的特徴を纏めると、表2のようになる。

表2　トコロの各意味の意味・統語的特徴

意味用法 ＼ 意味・統語特徴		実質名詞				形式名詞				
		具象的空間	生活や仕事を営む場	場所や準場所のぼかし表現	具象的部分	抽象的空間	抽象的部分	内容	場面	範囲・程度
トコロの意味特徴	空間的	＋	＋	＋	－	＋	－	－	－	－
	有形	＋	＋	＋	＋	－	－	－	－	－
	可算性	＋	＋	－	＋	＋	＋	＋	－	－
	静的	＋	＋	＋	＋	＋	＋	＋	－	＋
	漠然性			＋						＋
	対比的				＋		＋	－	－	
	コト性							＋	＋	
	臨場性								＋	
動詞	他動詞	＋	＋	＋	＋	＋	＋	＋	＋	＋
	移動動詞	＋	＋	＋	－	＋	－	－	－	－

表2では、"＋"はその意味や統語的特徴を有することを、"－"はそもそも持っていた意味特徴が意味拡張の過程で脱落することを、斜線はその意味特徴がある意味項では活性化していないことを示す。

上記で纏めた意味特徴を踏まえ、トコロヲにおける空間名詞トコロの意味拡張モードは次のように図示できる。

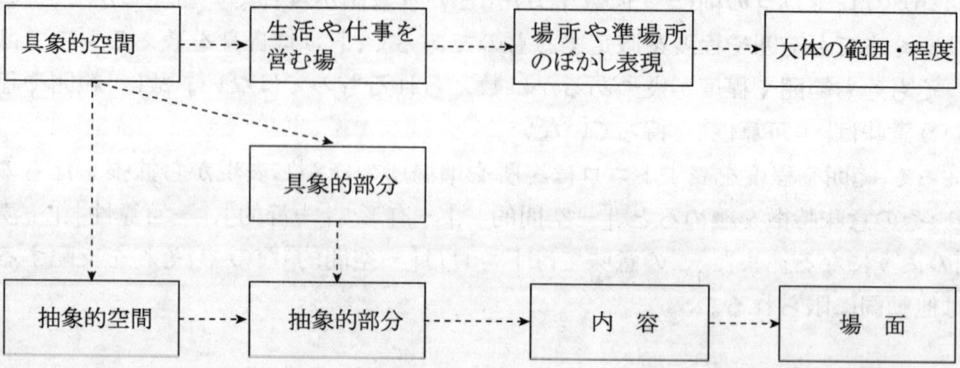

図 3

表 2と図 3が示すように、トコロヲにおける名詞トコロは実質名詞と形式名詞の用法があり、具象的空間というプロトタイプからその意味拡張を始めるのである。実質名詞的用法においては、プロトタイプである具象的空間から、生活や仕事を営む場、さらに場所や準場所のぼかし表現という意味用法に拡張する。また、具象的空間から具象的部分という意味に拡張できる。他方、形式名詞的用法においては、抽象的空間から抽象的部分、さらに内容、場面という意味に拡張する。一方、場所や準場所のぼかし表現から大体の範囲・程度という意味に拡張する。

上記の分析を踏まえて、先行研究で論じた問題を振り返ってみよう。(7b)の「私のところ」は具体的な場所を指すので、実質名詞である。また、部分には具象的部分と抽象的部分があるので、一概に実質名詞か形式名詞かとは言えない。(7c)の「わからないところ」は本そのものの一部とも、本の内容の一部とも解釈できるので、具象的部分から抽象的部分へ変わる中間的存在であり、換言すれば実質名詞と形式名詞との中間的存在である。しかし、(7d)の「わたしのいいところ」は目で見ることができない性格の一側面を指し、抽象的部分であるので、(7d)のトコロは形式名詞である。

第 4 章　「トコロ＋ヲ」の文法化

本章では「トコロ＋ヲ」の文法化過程を考察し、第 2 章の先行研究の名詞説と副詞説の論争について本論の立場を述べる。トコロヲ節は名詞句や副詞句のどちらかだけに属するものではなく、両方としての用法を合わせ持つのである。名詞句の場合、トコロヲ節は動詞の必須項であり、ヲは目的語をマークする対象格である。副詞句の場合、トコロヲ節は動詞の非必須項であり、ヲは状況補語をマークする状況格である。統語的条件を満たすと、トコロヲ節は名詞句から副詞句へ、つまり動詞の必須項から非必須項へと脱範疇化する。さらに、副詞句から従属節への脱範疇化が生じる。名詞句、副詞句と従属節は漸次的かつ連続性を持つので、その認定に関しては、明確に区別する絶対的な基準を求めるのは難しいが、本章では指標となるような基準を幾つか設定し[18]、トコロヲの文法化過程を明らかにしたいと思う。

考察する用例の出所と記号の使い方は第3章と同じである。

4.1 名詞句としてのトコロヲ節

4.1.1 記録を表す他動詞の場合

第3章ではトコロの場面という意味について考察したが、以下では場面という用法に注目して論を展開する。まず、(43)のような例を見てみよう。

(43)a. 自分がインタビューしているところを記録し、それを見ることによって、よいところ、直した方がよいところなどを客観的に振り返ることができました。 (インターネット[19])

b. ターファはなんだかうれしそうに、マリコがテナスを直したところを細かく説明した。 ((=56b))

c. この間書いた手紙で、私はここに落付けず閉口しているところを書きました。 (『獄中への手紙一九三六年(昭和十一年』)

(43)では、トコロはいずれも場面を表している。また、述語である「記録する」、「説明する」と「書く」に共通するのはその場面や状況を書面や口頭といった形で残す、つまり記録するという意味を表す。

(43)では、記録するのは場面を表すトコロヲ節である。このように、記録を表す他動詞が述語である場合、トコロヲは場面を表す名詞であるトコロと対象格であるヲ格からなる格成分であり、トコロヲ節は他動詞が支配する目的語である。つまり、トコロヲ節は名詞句で、動作が成立するためになくてはならない必須項である。文の構造を図示すれば、(44)のようになる。

(44)[S2 [[S1……トコロ]ヲ] VP]

(44)では、S1はトコロの前に来る連体修飾節を示すが、S2は主節を表している。場面を表すトコロは連体修飾成分の修飾を受けながら、対象格であるヲ格とVPの目的語をなしている。

4.1.2 描写を表す他動詞の場合

次に、描写を表す他動詞がトコロヲ節を取る例を見てみよう。

(45)a. 彼は夕日が沈むところを描いている。 (作例)

b. 小川をかいて、草をもじゃもじゃはやして、その縁に羊を二匹寝かして、その向こう側に大きな男がステッキを持って立っているところを写したものである。 (『三四郎』)

(45)の「描く」、「写す」に共通するのは描写という意味である。描写動詞と4.1.1の

---

⑱ 三宅知宏(2005)は「文法化はその変化の過程において、漸次的かつ連続性を持つものであるため、文法化の認定に関しては、このような連続性を認めつつ、明確に区別する絶対的な基準を求めるのは難しいが、指標となるような基準を複数、設定する方策が妥当であろう」としている。

⑲ 2009年12月29日にhttp://www2.g－tak.gsn.ed.jp/ict/ict_jugyo/jugyo/0502.pptからダウンロードしたものである。

記録動詞とは次のような違いがある。記録動詞の場合、記録するのは＜事物（人、動物や物）＞より、＜事態＞の方が普通である。そのため、(43)の「記録する」、「説明する」と「書く」が支配するのはトコロヲ節に描かれる場面であって、トコロ節の主語に当たる「自分」、「マリコ」、「強盗」、「私」といった人間ではありえない。それに対して、描写を表す他動詞は＜事物＞と＜事態＞の両方を目的語として取れる。(45a)では「描く」のは夕日が沈む場面と、夕日との2通りの解釈ができる。(45b)についても、同じことが言える。即ち、記録を表す他動詞の場合、その目的語はトコロヲ節であって、トコロヲ節の主語ではないが、描写を表す他動詞の場合、その目的語はトコロヲ節に描かれる場面と、トコロヲ節の主語と2通りの解釈ができる。両者の橋渡しとして存在するのは記録と描写の意味を合わせ持つ「書く」のような動詞である。

しかし、このような両義的解釈の可能性を持っていながらも、(45)では、「夕日」、「男」のような＜事物＞に注目するというより、「夕日」、「男」を取り込む場面に注目して、「描く」、「写す」という動作を行うといった方が適切であろう。換言すれば、描写を表す他動詞になると、両義的解釈が可能にはなるが、やはり場面という解釈に偏っているのである。

それでは、両義性を持つと、トコロヲ節の統語的性格は変わるのだろうか。以下では、描写動詞の代表的な例である(45a)に対してテストを行う。まず、それを受身文に換えたら、トコロヲ節は対格成分から主格成分に昇格化[20]するかどうかというテストである。もしトコロヲ節が名詞句であれば、ヲは受身文で主格のガに昇格化するが、もし副詞句であれば、もはや動作の目的語ではなく、昇格化するかどうかが問題外であるので、受身文に換えても、ヲ格はそのまま変わらないはずである。テストの結果は(46)のようになる。

(46)夕日が沈むところが彼によって描かれている。

(46)の適格性は(45a)のトコロヲ節が名詞句であることを裏付けている。さらに、トコロヲの構造を考察するために、(45a)に対し、場面を表すトコロをもう1つ付け加えて、並列助詞で結びつけることができるかどうかというテストを行う。その結果は(47)のようになる。

(47)彼は夕日が沈むところと月が昇るところを描いた。

(47)では「と」で「夕日が沈むところ」と「月が昇るところ」という2つの名詞句をつなぎ、さらに対象格ヲを付与し、トコロヲ節全体は「描く」という動作が支配する目的語として機能する。

従って、記録を表す他動詞が述語である場合、意味的に両義的解釈を持つようになるが、実際に目的語として機能するのはやはり場面を表すトコロヲ節である。つまり、トコロヲ節は動作の必須項であり、中ではトコロヲは場面を表す名詞であるトコロと対象格であるヲ格からなる格成分である。文の構造を図示すれば、(48)のようで

⑳ 仁田義雄(1997 pp. 40)では、能動文の非ガ格成分がガ格に転換するのを＜昇格化＞とし、それに応じて、ガ格成分が非ガ格から外したのを＜降格化＞としている。

ある。

(48)[S2 [[S1……トコロ]ヲ] VP]

4.1.3 知覚・発見を表す他動詞の場合

次に、知覚と発見[21]を表す他動詞の場合を見てみよう。

(49)a.「小泉君の酔ったところを見たことが無い——一つ酔わせなけりゃ不可」と榊が盃を差した。(『家(下巻)』)

b. あるいは高木と僕と戦うところを眺めて面白かったというつもりか。(『彼岸過迄』)

c. それから屋上でマリーが倒れているところを発見するまでの一連の流れ。(『崩壊ー私たちの青春ー』)

d. 垣内は小夜子の夫がこのコートを着ているところを目撃したことがあった。(『クロスチェック』)

(49a,b)は知覚を表す他動詞の例であり、(49c,d)は発見を表す他動詞の例である。描写動詞と同じように、知覚・発見を表す他動詞は<事物>と<事態>の両方を目的語として取ることができる。そのため、(49)もトコロヲ節に描かれる場面とトコロヲ節の主語という解釈の両義性が可能である。ただ、描写動詞の場合はやはり場面という意味に偏っているが、知覚・発見動詞の場合は、このような両義性が一層目立っている。菊田千春(2009)も「述語が直接知覚を表現する場合にはそのような両義性は広く観察される」と指摘している。そのため、4.1.3は4.1.2から拡張した用法と考えられる。

では、ここのトコロヲ節は4.1.2と同じ統語的性格なのだろうか。以下では、知覚動詞の例である(49a)と発見動詞の例である(49c)に対して、テストを行う。

(50)a. 小泉君の酔ったところや騒いだところを見たことがない。

b. それから屋上でマリーが倒れているところや立ち上がったところを発見した。

(51)a. ?「小泉君の酔ったところが見られたことは無い——一つ酔わせなけりゃ不可」と榊が盃を差した。

b. それから屋上でマリーが倒れているところが発見された。

(49a)と(49c)は場面を表すトコロをもう一つ付け加えれば、(50)のようになる。(50)が適格であるのは、トコロヲがトコロ名詞とヲ格からなることを示している。また、(49a)と(49c)を受身文に変えると、(51)のようになる。(51a)はやや不自然であるが、(51b)は自然な文である。これは発見を表す他動詞が取るトコロヲ節の名詞性を示すものであるが、「見る」のような知覚動詞の場合はそうではなさそうである。

しかし、知覚・発見動詞の場合、受身文に換えればトコロヲ節は昇格化しない例は決して珍しくはない。

---

[21] ここで言う「知覚」と「発見」は杉本武(1994)の「知覚タイプ」と「発見タイプ」と同じ意味を指すが、工藤真由美(1995 pp.77)で言う「あじがする、かんじる、きこえる、ざらざらする」のような「知覚動詞」と区別されたい。

(52)a. 劇団ひとりと大沢あかねが、焼肉デートしているところを目撃され、交際発覚と報道された。（インターネット㉒）

b. 捜査関係者によると、酒井容疑者は3日未明に都内の量販店で下着や化粧水などを購入しているところやATMから多額の現金を引き出しているところを目撃されているという。（インターネット㉓）

(52)は上述の名詞句という主張への反論のように見える。しかし、(52b)が示すように、「目撃する」のは「下着や化粧水などを購入しているところ」と「ATMから多額の現金を引き出しているところ」という2つの場面であり、両者が並列助詞「や」で繋いでいる。「と」と同じように、「や」で繋げるのは名詞でしかありえない。よって、ここのトコロヲはやはり場面を表す名詞トコロと対象格ヲからなる格成分である。文の構造は4.1.1、4.1.2と同じように、次のように示すことができる。

(53)［S2［［S1……トコロ］ヲ］　VP］

では、受身文に変えたら、昇格が起こるものと起こらないものとの間にどんな違いがあるのだろうか。(52)を次の(54)と比較してみよう。

(54)a. ハリセンボン春菜が彼氏とデートしているところが目撃されているらしいのですが、本当でしょうか?（インターネット㉔）

b. リズの耳元で揺れ、輝きを放っていたイヤリングは、まさに最新のトレンドそのものであり、ここ数か月の間、サラ・ジェシカ・パーカーやアン・ハサウェイ、アンジェリーナ・ジョリー、そしてシャーリーズ・セロンらセレブ達も、このようなドラマチックなプラチナ・イヤリングで優美に着飾っているところが目撃されている。（インターネット㉕）

(52)と(54)を比べてみれば、(52)は被害の意味が感じ取られるが、(54)はその意味が感じ取られず、単に事実を述べているように思われる。同じデート中誰かが見たという意味を表す(52a)と(54a)はニュアンスが異なっている。(52a)の「交際発覚と報道された」というところから、他人に見られたのが動作主体にとって決して望ましいことではないことが分かる。それに対して、(54a)は単に事実を述べているに過ぎない。さらに、(54b)のようにプラス的意味に用いられることもある。

このような意味的違いは根本的に言えば、直接受身文と間接受身文の違いによるものである。(52)のような受身文は「迷惑・被害」を表す間接受身文であり、(54)のような受身文は直接受身文であり、「中立」の意味を表す㉖。しかし、間接受身文において

㉒ 2009年11月13日 http://blog.manabiyahonpo.com/archives/category_geinou/post_490/からダウンロードしたものである。

㉓ 2009年11月13日にhttp://blog.goo.ne.jp/c2020z/e/e45f5ed46228389de49cbc75dcc7ca00からダウンロードしたものである。

㉔ 2009年11月14日にhttp://oshiete1.goo.ne.jp/qa3980174.htmlからダウンロードしたものである。

㉕ 2009年11月13日にhttp://www.e—tkb.com/imbord5/tkb_f.cgi? page＝11からダウンロードしたものである。

㉖ 「間接受身文は…(中略)…対応する能動文を持たず、動詞が自動詞であれ他動詞であれ項がひとつふえた文」である。また、「直接受身文は『中立』を、間接受身文は『迷惑・被害』を表す」のである(門和沙日娜 2007)。

も、動詞のタイプによってまた違ってくる。描写動詞の場合は、間接受身文よりも直接受身文の方が優勢的であるが㉗、知覚・発見動詞の場合、直接受身文より間接受身文の方が圧倒的に多い。知覚・発見動詞の間接受身文は他人に見られるのが不本意だ、あるいは被害を被ることになるという含みを持っている。このような含みは4.1.4で受け継がれ、さらに新しい含みへと展開する。

4.1.4　捕捉・攻撃・停止を表す他動詞の場合

以下では、捕捉・攻撃・停止を表す他動詞がトコロヲ節を取る場合について見てみよう。捕捉・攻撃・停止を表す動詞には「捕まえる」、「逮捕する」、「襲う」、「攻撃する」、「掴む」、「殴る」、「突き止める」などがある。例えば、

(55)a. 警官が泥棒が逃げていくところを逮捕した。　　(＝(14))

b. 山辺雄吾が買い物に出かけ、垣内暁美１人になったところをすぐに襲った。（『クロスチェック』）

c. どうかして旦那が来ているところを突き留めたい。　　（『霜凍る宵』）

「逮捕する」、「襲う」、「突き止める」のような動詞は＜事態＞を目的語として取れず、＜事物＞しか目的語として取れない。(55)では「逮捕する」、「襲う」、「突き止める」という動作の働きかけの対象はトコロヲ節ではなく、トコロヲ節の主語である「泥棒」、「垣内暁美」、「旦那」である。つまり、捕捉・攻撃・停止を表す他動詞は両義的解釈ができないのである。

捕捉・攻撃・停止を表す他動詞がトコロヲ節を取る文は次のような特徴がある。「述語は他動詞で下位範疇化した情報として個体解釈の(ヲ格)目的語を要求するが、表面的に目的語となっているのは、出来事解釈の構文であり、しかも、その不整合性にもかかわらず、(典型的に)その補文の中の項を主節述語の目的語として解釈することが許される。つまりこれらの節は、形の上では明らかに状況全体を表すのに、意味はその中の任意の項を指示するという形と意味の不整合」㉘が存するのである。このような形と意味の不整合性が生じるトコロヲ節は「主要部内在型関係節」と呼ばれている㉙。これに対して、4.1.1のような形と意味の不整合性がない、通常の名詞修飾成分はいわゆる「主要部外在型関係節」㉚と呼ばれている。主要部内在型関係節は描写、特

㉗　筆者は2009年11月16日13:30～14:00にgoogleで、「書く」「描写する」「描く」といった描写動詞に対して、「ているところがVれ/られ」という形で検索したところ、それぞれ10,100件、656件、53,000件の検索例が得られるが、「ているところをVれ/られ」という形で検索したところ、それぞれ7件、4件、548,000件の検索例が得られる。そして、「見る」「見つける」「目撃する」「発見する」といった知覚・発見動詞に対して、「ているところがVれ/られ」という形で検索したところ、それぞれ368,000件、32,200件、1,240,000件、60,000件の検索例が得られるが、「ているところをVれ/られ」という形で検索したところ、それぞれ34,700,000件、4,940,000件、1,240,000件、4,680,000件の検索例が得られる。こうした検索の結果から、描写を表す他動詞の場合には、直接受身文の方が優勢的であるのに対し、知覚・発見を表す他動詞の場合には、間接受身文の方が優勢であるという傾向が明らかになった。

㉘　菊田千春(2009)を参照。

㉙　「主要部内在型関係節」については、黒田成幸(1999a,b)、菊田千春(2001、2004、2009)、坪本篤朗(2005)、堀川智也(2000)を参照。黒田成幸(1999a,b)では「主辞内在関係節」と呼んでいる。

㉚　黒田成幸(1999b)、菊田千春(2004)を参照。黒田成幸(1999b)では「主辞外在関係節」と呼んでいる。

に知覚・発見のような両義的解釈の可能な文脈を通して、主要部外在型関係節から拡張したものである。いわゆる主要部内在型関係節は、一次的にはコトである句が二次的には名詞句相当としてモノ的に機能するという性質をもったものであるため、主要部内在型関係節を名詞句としてとらえる議論と副詞句としてとらえる議論の両方が出ている（堀川智弥 2000）。

では、トコロヲ節が主要内在型関係節として用いられる場合は、一体名詞句なのかそれとも副詞句なのだろうか。(55a)を例として、見てみよう。

(56)＊警官は泥棒が塀を越えるところと逃げていくところを逮捕した。

(57)＊泥棒が逃げていくところが警官によって逮捕された。

(55a)に場面を表す「塀を越えるところと」を挿入すれば、(56)のように非文になる。これはトコロヲは「トコロ＋ヲ」という組み合わせではないことを示している。また、(55a)を直接受身文に換えたら、(57)のように非文になる。このようなテストの結果から、捕捉・攻撃・停止を表す他動詞の場合、トコロヲ節が名詞句ではないと言えよう。ではトコロヲ節は副詞句になるだろうか。次の例を見てみよう。

(58)＊ 警官は泥棒を(彼が)逃げていくところを逮捕した。

もし(55a)の「泥棒が逃げていくところを」を副詞句とすれば、ヲ格は文法性の高い対象格ではなく、副詞格の状況格ということになる㉛。トコロヲのヲが状況格であれば、機能的に遠い対象格、即ち「泥棒を」のヲ格と共起できるはずであるが、(58)は非文になる。(58)の非文法性は、同じ意味格のヲが連続し、意味レベルの「二重ヲ格制約」に違反するからと考えられる。よって、(58)のトコロヲ節ののヲは「泥棒を」のヲと同じく対象格である。これは捕捉・攻撃・停止を表す他動詞が取るトコロヲ節がやはり名詞句に属するのを裏付ける。しかし、(56)、(57)のようなテストを通らないということから、トコロヲ節は名詞句に属しながらも、かなり名詞性が低いと窺えよう。主要部内在型関係節は両義的解釈を橋渡しとして、典型的名詞句である主要部外在型関係節から生まれるものである㉜。そのため、4.1.4の用法は4.1.2と4.1.3の用法を橋渡しとして、4.1.1から生まれたと言える。

上記で論じたように、捕捉・攻撃・停止を表す他動詞が取るトコロヲ節は名詞句といっても、かなり周辺的存在である。トコロヲは「トコロ＋ヲ」の組み合わせではなく、一纏りに再分析された。文の構造は次のようである。

(59)［S2［S1……トコロヲ］ VP］

(59)では、S1はトコロヲの前に来る連体修飾節を示すが、S2は主文を示す。ヲは対象格である。

一方、意味的な面から見ると、(55)では、トコロヲ節に描かれる場面や状況の自然な進展が捕捉・攻撃・停止動詞によって遮られるという意味を含んでいる。これは受身

㉛ 城田俊(1993)では格を一次機能の「文法格」と二次機能の「副詞格」に分けている。文法格は文法的な意味を表すが、副詞格は文法的意味がなく、意味論的意味を表す。

㉜ 菊田千春(2009)を参照。

文に多用される4.1.3の被害の意味を引き受けていると考えられる。但し、知覚・発見動詞に見られる被害の意味は主体の心理的感情への影響に止まるが、場面や状況にまで影響を及ぼしていない。しかし、捕捉・攻撃・停止動詞の場合、このような影響は内的影響から外に現れ、場面や状況の自然な進展を本来の軌道から外すという実質的な影響をもたらしている。このように、意味的な面からも、4.1.4は4.1.3からの延長と言える。

4.1.5　救助を表す他動詞の場合

トコロヲ節を取る他動詞には次のようなタイプもある。

(60)a. いつか、あんたがいじめられているところを助けてあげたわね。

(『オリヴァ・ツィスト』)

b. 6月の陽光を照り返して眩しすぎる地中海を眺めつつ、トロトロと走る各駅電車に何時間も揺られ、やっとタオルミーナ駅に着いて、ベンチに座ってラップトップを開いていたら、"Excuse me, do you know any cheap hotels around here?"、と言われたような気がして顔を上げると、さっき、おそろしく重たいスーツケースを電車から降ろしているところを手伝ってあげた女性だった。

(インターネット[33])

(60)の「助ける」、「手伝う」は救助を表すという点で共通している。捕捉・攻撃・停止を表す他動詞の場合と同じ、救助を表す他動詞が取るトコロヲ節も主要部内在型関係節である。

救助動詞が取るトコロヲ節の統語的性格を考察するために、以下では、(60a)を例として、(61)のようなテストを行う。

(61) ＊いつか、あんたをいじめられているところを助けてあげたわね。

(61)が非文であることはヲ格が対象格であることを示している。よって、トコロヲ節は名詞句ということになる。しかし、このような名詞句は主要部内在型関係節であり、副詞句へと展開する途上にあるので、名詞句といってもかなり名詞性が低いものである。その証拠として、救助動詞が取るトコロヲ節は受身文の主語になれず、また並列助詞で他の場面を表すトコロと並べ挙げることができないということである。

(62)a. ＊いつか、あんたがいじめられているところが助けられたわね。

b. ＊いつか、あんたがいじめられているところと泣いているところを助けたわね。よって、救助を表す他動詞が取るトコロヲ節は名詞句であり、トコロヲは「トコロ＋ヲ」の組み合わせではなく、一纏りである。文の構造は4.1.4と同じ、次のように示すことができる。

(63)［ S2［S1……トコロヲ］ VP］

意味的に見れば、救助動詞もある場面や状況の自然な流れは誰かの「救助」という行為によって遮られ、本来の軌道から外れていくという含みを持っている。この点では

---

[33] 2009年11月15日16:33にhttp://www.isas.ac.jp/j/mailmaga/backnumber/2009/back226.shtmlからダウンロードしたものである。

捕捉・攻撃・停止動詞の場合と共通している。但し、捕捉・攻撃・停止動詞の場合は、知覚・発見動詞から引き受けた被害の意味を微かながら含んでいるが、救助動詞の場合は、このような含みは消えてしまう。

4.2 副詞句としてのトコロヲ節

4.2.1 他動詞の場合

まず、次のような例を見てみよう。

(64)a. 黒ちゃんが逃げ出そうとしたところを首根っこを捕まえられて引き摺り回されたのに誰も助けてくれなかった。（インターネット[34]）

b. 肱掛椅子に腰かけたまま眠っているところをモリで一刺しに心臓を刺しぬかれたらしい。（『明治開化安吾捕物その六』）

(64)は二重ヲ格文である。「捕まえる」、「刺し抜く」は捕捉・攻撃・停止を表す他動詞に属し、それぞれ「首根っこを」、「心臓を」を目的語としている。第２章で述べたように、同一の動詞句は同じ意味や近似した意味を表すヲ格を取ることはできない。よって、トコロヲのヲ格は対象格でも場所格でもない。動作の行われる状況を表す状況格である。ヲが状況格であれば、トコロヲ節は副詞句の状況補語となる。

このような副詞句としての用法は4.1.4と4.1.5の主要部内在型関係節から生まれてきたものである。主要部内在型関係節は形と意味の不整合性が存在するため、名詞句でありながら、かなり名詞性が低い。故に、場面を表すトコロヲ節より、述語の動作対象になりやすい成分を挿入すると、トコロヲ節は直ちに名詞句から斥けられ、副詞句へと脱範疇化する。

救助を表す他動詞にも副詞句への脱範疇化が見られる。例えば、

(65)a. その霧彦がミック＝スミドロン・ドーパントに襲われているところを若菜を助けましたが、これは今後の伏線になると思います。（インターネット[35]）

(65)では「助ける」の対象は場面を表すトコロヲ節ではなくて若菜である。このような二重ヲ格文が成り立つのは、トコロヲのヲ格は対象格ではなく、副詞句の状況格であるからに他ならない。

名詞句と比べれば、副詞句の方は述語の制限が緩くなる。捕捉・攻撃・停止や救助動詞から、他のタイプの動詞にも類推できる。例えば、

(66)a. だからあなたが何か用事をこしらえて、かみさんを穴倉へやり、はいっているところを外から錠をかってくださると、ことが非常に容易になる わけです。（『シャーロック・ホームズの冒険』）

b. よもやこの人々が余の詩想を洞見しはしまいが、たださえ人の注視をわれ一人に集めて往来を練って行くのはきまりが悪るいのに、犬に喰い残された者

---

[34] 2010年2月16日21:42にhttp://tv.2ch.net/voice/kako/1035/10359/1035978250.htmlからダウンロードしたものである。

[35] 2010年2月16日21:20にhttp://knighthawk7801.livedoor.biz/archives/51374124.htmlからダウンロードしたものである。

の家族と聞いたら定めし怒る事であろうと思うと、一層調子が狂うところを何でもない顔をして、急ぎ足に停車場の石段の上まで漕ぎつけたのは少し苦しかった。（『趣味の遺伝』）

(66)では、「かう」、「する」という動詞は捕捉・攻撃・停止や救助の意味とは無関係で、「錠をかう」と「顔をする」は場面や状況の自然な流れを遮るとは言えず、場面という意味が際立っている。

従って、他動詞を述語とする二重ヲ格文においては、動詞の目的語がすでに存在するので、トコロヲ節は副詞句に再分析され、動詞の必須項から非必須項へ脱範疇化する。文の構造を(67)のようである。

(67)［ S2［S1……トコロヲ］ VP］

(67)は(59)と(63)のような構造とは異なっている。(59)と(63)のVPは統語的にトコロヲ節を目的語として取っているのに対して、(67)のVPはトコロヲ節以外のヲ格名詞句を目的語として取っており、トコロヲ節はVPの背景状況を表す副詞句である。ヲは状況格である。

4.2.2 自動詞の場合

トコロヲ節は目的語としての名詞句から副詞句に変わると、述語の位置に他動詞が来るという制限がなくなり、自動詞も現れ得るようになる。自動詞には非能格動詞(unergative verb)と非対格動詞(unaccusative verb)がある[36]。以下では、非能格動詞と非対格動詞に分けて論を進める。

4.2.2.1 非能格動詞の場合

非能格動詞がトコロヲ節を取る例として、次のようなものがある。

(68)a. 残る一人がちょっと狼狽したところを、飛びかかって、肩を抑えて二三度こづき廻したら、あっけに取られて、眼をぱちぱちさせた。（『坊っちゃん』）

b. そのもったいぶるところを見物がわっと喝采するのである。（『明治座の所感を虚子君に問れて』）

c. 「そんな卑しい人間と思われちゃ、急がしいところをわざわざ来た甲斐がない。君だって教育のある事理の分った男だ。僕をそう云う男と見て取ったが最後、僕の云う事は君に対して全然無効になる訳だ」（『虞美人草』）

(68)の「飛びかかる」、「喝采する」、「来る」は非能格動詞である。このような自動詞は本来ヲ格を取ることはできない。(68a)では「狼狽したところを」を「飛びかかる」が支配する目的語とは解釈できない。(68b,c)についても同じである。しかし、自動詞を述語とするのが許されるのは、やはりトコロヲ節が副詞句であるからにほかならない。文の構造は次のように示すことができる。

(69)［ S2［S1……トコロヲ］ VP］

(69)では、VPは非能格動詞であり、トコロヲ節はVPの行われる背景状況を表す副詞句である。ヲは状況格である。

---

[36] 高見健一・久野暲(2006 pp. 12－14)を参照。

非能格動詞は主語指示物の意図的な動作、行為を表す動詞で、いわゆる「スル型」の表現である[37]ので、他動詞の場合と連続的である。意味的には、(68a)はトコロヲ節に描かれる場面や状況の自然な進展は「飛びかかる」という動作によって遮られ、本来の軌道から外れていくという含みを持っている。(68b)ではこのような含みが薄まり、場面や状況という意味が前景として際立っている。(68c)では、「急がしいところを」という状況から「来なくてもよい」と予想するのが普通であるが、後接する「わざわざ来た」という出来事はこのような予想に反している。即ち、トコロヲ節に後接するのはある場面や状況から普通なら当然なるという予想に反する事態である。これは場面や状況の自然な進展がある動作によって本来の軌道から外れるという含みの延長と言えよう。

4.2.2.2 非対格動詞の場合

次に、非対格動詞がトコロヲ節を取る例を見てみよう。

(70)a. 彼は、本を読んでいるところを主人に見つかってひっぱたかれないように燈火を毛布でかくして読み、机の下にもぐり込んで読み、誰一人いない風呂場の月明りで読んだ。(『逝けるマクシム・ゴーリキイ』)

b. 行衛の分らなかった雑夫が、二日前にボイラーの側から出てきたところをつかまった。(『蟹工船』)

c. 「私は、白と申します、私の家は白三班で、私は白直殿の妹で張と云う家へ嫁いておりましたが、主人が歿くなりましたので、今日はその墓参をいたしましたが、こんな雨になって、困っているところを、お蔭さまでたすかりました」。(『蛇性の婬雷峯怪蹟』)

d. 「なに自然に押して行けば世話はない」と挟まった人をやり過ごして、苦しいところを娘といっしょになる。(『虞美人草』)

(70)の「見つかる」、「つかまる」、「たすかる」、「なる」は非対格動詞である。非対格動詞は主語指示物が被る自然な変化を表し、いわゆる「ナル型」の表現である[38]。非能格動詞と比べれば、非対格動詞が意図性を失い、他動詞からさらに遠ざかっていく。そのため、非能格動詞が取るトコロヲ節は文法化のレベルがより高い。

非対格動詞の場合に、ヲは状況格で、トコロヲ節は背景状況を表す副詞句である。文の構造は次のようである。

(71)［ S2［S1……トコロヲ］　VP］

(70a)の「見つかる」は発見動詞なので、主体が受ける影響は感情に止まるが、(70b, c)では、「つまかる」が捕捉動詞で、「たすかる」が救助動詞で、主体が受ける影響は場面や状況に及ぼし、その自然な進展を遮るのである。(70d)の「娘といっしょになる」は「苦しいところを」という状況を遮ったり変えたりする意味を表してはいないが、後続するのは苦しい状況から生じる一般的な予想に反している事態である。この点から、

---

[37] 高見健一・久野暲(2006 pp.14)を参照。

[38] 高見健一・久野暲(2006 pp.14)を参照。

非対格動詞の場合、意味的にも4.2.1と連続性を有していることが分かる。

4.2.3　非動詞述語文の場合

4.2.2の用法はさらに文法化が進むと、次のような用法が見られる。

(72)a. 御作さんは、本当に、御忙がしいところを御気の毒さまでしたねえと、長い煙管を出して髪結に煙草を呑ました。（『永日小品』）

b. 「ああそうですか、おやすみのところをすみませんでした」と、「タイメイ」さんはいやに叮嚀に言って引き返してきた。（『石ころ路』）

(72a)のようなコピュラー文と、(72b)の「すみませんでした」のような評価表現を述語とする文では、トコロヲ節を支配する動詞は存在しておらず、トコロヲ節は名詞句ではなく、背景状況を表す副詞句的存在である。文の構造は次のようである。

(73)［ S2［S1……トコロヲ］ VP］

非動詞述語文の場合、トコロヲ節は副詞句である。但し、述語が動詞であるという制限がなくなり、トコロヲ節は副詞句から、従属節へと展開する途中にある。

意味的に見れば、非動詞述語文の場合、トコロヲ節もやはり場面を表すが、後続するものがトコロヲ節に描かれる場面や状況から生まれる予想に反する、いわゆる常識や一般的予想に違反するという含みが前景化してくる。

4.3　従属節としてのトコロヲ節

4.2ではトコロヲ節の副詞句的用法を考察した。トコロヲ節は動作が行われる背景状況を表す副詞句である。背景状況は後接する動作や事態にとってすでに存在している、言い換えれば已然の事態でなければならない。しかし、次のような例はどうだろうか。

(74)二人で行けば済むところを、なんで無愛想のおれへ口を掛けたんだろう。（『坊っちゃん』）

(74)では「掛ける」という動詞が支配する目的語は「口を」であって、トコロヲ節ではない。よって、(74)のトコロヲ節は動詞の目的語ではない。が、ここのトコロヲ節も背景状況を表す副詞句かと言えば、そうではない。(74)の「二人で行けば済むところを」は已然の事態ではなくて、背景状況とは解釈できない。

(74)のようなトコロヲ節は動詞の必須項でないという点では4.2で論じた副詞句と共通しているが、トコロヲ節が表すのは未然の事態であるという点では副詞句的用法と異なっている。また、副詞句は単文において、述語にかかっているものであるが、このトコロヲ節は述語の付加成分である副詞句から逸脱した、従属節的用法である。従属節的用法においては、トコロヲは接続助詞であり、ヲは文法的機能も意味的機能も失うので、格ではなく、接続助詞の一部となっている。文の構造も副詞句の場合と違って、次のようである。

(75)［S1……トコロヲ］［S2……］

(75)では、S1とS2は接続助詞トコロヲで繋いでいる。

従属節的用法においては、トコロヲは逆接的意味を表す。このような逆接的意味は

4.2.3で論じた含みの延長である。

4.4　本章のまとめ

本章では、トコロヲは名詞トコロと対象格ヲの組み合わせから一纏りに再分析されることにより、典型的な名詞句である主要部外在型関係節から、名詞句の周辺的存在である主要部内在型関係節に変わり、そして主要部内在型関係節を橋渡しとして副詞句へ脱範疇化し、さらに従属節に文法化する過程を考察した。トコロヲの文法化過程は、次のように図示できる。

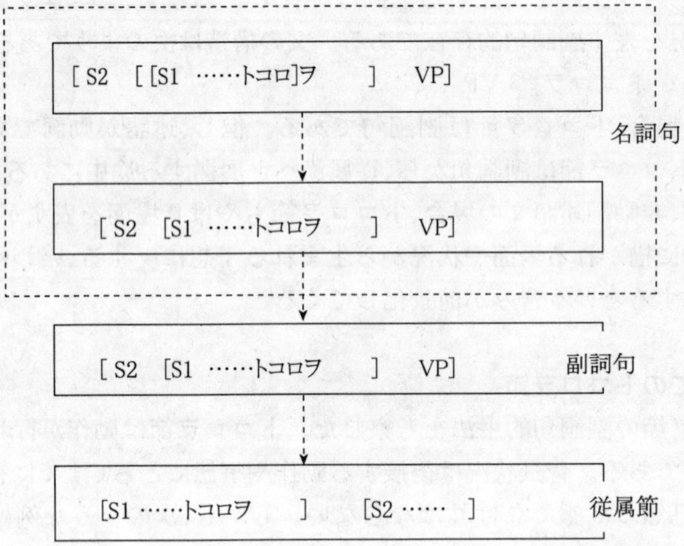

図4

このように、トコロヲの文法化によって、トコロヲ節は名詞句から副詞句へ、さらに従属節へと脱範疇化する。名詞句においては、トコロヲは「トコロ＋ヲ」の組み合わせから、一纏りに再分析される。副詞句の場合、トコロヲは一纏りである。従属節の場合、トコロヲは接続助詞であり、ヲ格は接続助詞の一部である。

ここで先行研究を振り返ってみよう。菊田千春(2009)はトコロヲ節と主節の事態が同時に起こっていなければならないと指摘しているが、このような性質は根本的に言えば、場面を表す名詞トコロの[＋臨場性]という意味特徴によるものである。また、田中寛(2004a,b)で論じるトコロヲ①は4.1.4、4.1.5で論じた用法に当たるが、トコロヲ②は4.3の用法に当たる。上述のように、4.1.4、4.1.5でのトコロヲ節は名詞句で、4.3のトコロヲ節は従属節であるので、トコロヲ①とトコロヲ②は、田中寛(2004a,b)の言うように構文上同じものであるというのではなく、全く異なっている。

第5章　おわりに

本論では共時的な面からトコロヲの文法化過程を考察した。第3章ではトコロヲにおける空間名詞トコロの意味の漂白化を考察し、第4章では「トコロ＋ヲ」の文法化及びトコロヲ節の脱範疇化を検討してきた。

5.1 トコロヲにおける名詞トコロの意味拡張

トコロヲにおける名詞トコロは具象的空間というプロトタイプからその意味拡張を始めるのである。プロトタイプは修飾成分があってもなくても成り立つ。人名詞の修飾要素を受ける場合、ある人が生活や仕事を営む場という意味を表す。生活や仕事を営む場という意味は[＋可算性]という意味特徴が脱落すると、[＋場所性]という意味特徴を持つ限定的名詞修飾を受け、場所や準場所のぼかし表現という意味に拡張する。さらに場所や準場所のぼかし表現は[＋空間的]、[＋有形]という意味特徴が脱落し、範囲・程度という意味に拡張する。一方、具象的空間という意味は[＋空間的]という意味特徴を脱落させ、[＋対比的]という意味特徴を付加されると、具象的部分という意味を担うようになる。

他方では、具象的空間という意味はメタファーにより、[＋有形]という意味特徴を脱落させ、[＋空間的]、[＋静的]、[＋可算性]という意味特徴を引き受けながら、抽象的空間という意味に拡張する。また、抽象的空間は[＋空間的]という意味特徴が脱落し、[＋対比的]という新しい意味特徴が付加されて、抽象的部分という意味に拡張する。さらに、抽象的部分は[＋対比的]という意味特徴を失い、[＋コト性]という意味特徴が付加され、内容という意味へと拡張する。内容の[＋静的]という意味特徴を脱落させ、[＋コト性]を引き受けながら、さらに[＋臨場性]という意味特徴が付加されると、場面という意味が生まれてくる。

5.2 「トコロ＋ヲ」の文法化

トコロヲは場面を表すトコロと対象格のヲからなる格成分であれば、トコロヲ節は動詞が支配する名詞句であり、いわゆる主要部外在型関係節である。このような典型的な名詞句を支配するのは述語が記録を表す他動詞である。述語が描写、知覚・発見を表す他動詞である場合、両義的な解釈が可能になり、知覚・発見動詞を橋渡しとして、トコロヲ節は主要部内在型関係節としての用法に拡張する。主要部内在型関係節であるトコロヲ節を取るのは捕捉・攻撃・停止、救助を表す他動詞である。主要部内在型関係節としてのトコロヲ節は名詞句の周辺的存在である。それにより動作対象になりやすい成分を挿入すると、トコロヲ節は名詞句から副詞句へと脱範疇化する。副詞句の場合、述語の制限が緩くなり、非能格動詞、非対格動詞、さらに非動詞述語文を述語とすることが可能である。非動詞述語文における副詞句としてのトコロヲ節はさらに従属節としての用法に展開する。

トコロヲにおけるヲの性格に関しては、名詞句である場合は、ヲは文法的機能を果たす対象格であり、副詞句である場合は、ヲは意味的機能を果たす状況格であり、従属節である場合は、ヲは格ではなく、接続助詞の一部である。

5.3 今後の課題

これまで、副詞句としてのトコロヲ節が動作の行われる状況、いわゆる「状況補語」

であることを検討してきた。つまり、トコロヲもナカヲも背景状況を表す副詞句としての用法を持っているのである。背景状況を表す場合、トコロヲは副詞句の他に、動詞の項となる名詞句にも用いられるが、ナカヲは副詞句にのみ用いられる。例えば、(76a)、(77a)のような名詞句におけるトコロヲ節は、ナカヲと置き換えられない。

(76)a. 醜態にも酒を吐き出しているところを見つけられたと、眼が霞むほど赧くなってしまった。（『青春の逆説』）

b. ＊ 醜態にも酒を吐き出しているなかを見つけられたと、眼が霞むほど赧くなってしまった。

(77)a. 勝子が男の児に倒された。起きたところをまた倒された。（『虞美人草』）

b. ＊ 勝子が男の児に倒された。起きたなかをまた倒された。

また、ナカヲはトコロヲのような接続助詞としての用法も持っていない。例えば、(78a)のような接続助詞としてのトコロヲをナカヲと置き換えたら、(78b)のように非文になる。

(78)a. 「…そうすると、あの時あれほど堅く約束した言葉がまるで嘘になります。私はやむを得ず、口でいうべきところを、筆で申し上げる事にしました」。（『こころ』）

b. ＊「…そうすると、あの時あれほど堅く約束した言葉がまるで嘘になります。私はやむを得ず、口でいうべきなかを、筆で申し上げる事にしました」。

よって、以下では、名詞句と従属節としての用法を対象から外し、同じ背景状況を表す副詞句としてのトコロヲとナカヲの相違について見てみよう。

(79)a. 激しい雪が降っているところを、出かけた。（作例）

b. 激しい雪が降っているなかを、出かけた。（作例）

(80)a. 「なに自然に押して行けば世話はない」と挟まった人をやり過ごして、苦しいところを娘といっしょになる。（＝(70d)）

b. 「なに自然に押して行けば世話はない」と挟まった人をやり過ごして、苦しいなかを娘といっしょになる。

(81)a. 「どうも御苦労さま、暑いところを」（『医師高間房一氏』）

b. 「どうも御苦労さま、暑いなかを」

(82)a. 美禰子は答えなかった。雨のなかをぬれながら、博物館前の広い原のなかに立った。（＝(22a)）

b. 美禰子は答えなかった。雨のところをぬれながら、博物館前の広い原のなかに立った。

(83)a. また病後の静養のなかを、瀧口修造氏には、今回もまた私の本のために文章を書いていただいた。（『音、沈黙と測りあえるほどに』）

b. また病後の静養のところを、瀧口修造氏には、今回もまた私の本のために文章を書いていただいた。

(79)—(83)では、トコロヲとナカヲは置き換えられる。トコロヲ節は副詞句的状況補語である。ところが、同じ状況補語でも、トコロヲとナカヲは言い換えられない場合もある。

(84)a. 声がようやく弾んだことに、喜びを覚えるほどには、私も親身になっていた。さっきはこちらが食べ終えたところを、いきなり微笑まれた。(田中寛 2004)

b. * 声がようやく弾んだことに、喜びを覚えるほどには、私も親身になっていた。さっきはこちらが食べ終えたなかを、いきなり微笑まれた。

それでは、副詞句的な状況補語としてのトコロヲとナカヲはどんな条件で置き換えられるのだろうか。両者にはどのような違いがあるのか。(84b)のような非文法性を引き起こす要因は何か。これらの問題は今後の課題としたい。

参考文献

菲尔墨,胡明杨译(1968/2002)《"格"辨》商务印书馆

束定芳(2008)认知语义学　上海外语教育出版社

维特根斯坦,陈嘉映译(1953/2001)《哲学研究》上海世纪出版集团

彭广陆(2009)〈从语言类型学看日语"格助词"的特点〉第 82 次汉日对比语言学研习会发言稿

于康(2005a)〈语义扩展模式与汉日语对比研究〉《语言科学》总第 14 期 pp. 17 – 30

于康(2005b)〈～てやる的语义扩展机制与论元角色〉《日语研究》第三辑 pp. 51 – 68

青木三郎(2000)「ところの文法化」『空間表現と文法』くろしお出版

庵功雄(2001)『新しい日本語学入門　ことばのしくみを考える』スリーエーネットワーク

井上和子(1976)『変形文法と日本語(上)』大修館書店

大堀壽夫(2005)「日本語の文法化研究にあたって——概観と理論的課題」『日本語の研究』第 1 巻 3 号 pp. 1 – 16

奥田靖雄(1983)「を格の名詞と動詞とのくみあわせ」『日本語文法・連語論(資料編)』むぎ書房

奥津敬一郎(1986)格助詞,『いわゆる日本語助詞の研究』序章　にほんごの凡人社

加藤重広(2006a)「対象格と場所格の連続性」『北海道大学文学研究紀要』118 pp. 135 – 182

加藤重広(2006b)「二重ヲ格制約論」『北海道大学文学研究科紀要』119 pp. 19 – 41

河上誓作(1996)『認知言語学の基礎』研究社

菊田千春(2001)「制約に基づく句構造文法での「構文の不安定性」の分析の可能性:主要部内在型関係節をめぐって」『同志社大学英語英文学研究』73 号 pp. 79 – 114

菊田千春(2004)語彙意味論と語用論的推論の境界-主要部内在型関係節からみた生成語彙論の限界と拡張,『同志社大学英語英文学研究』76 号 pp. 21 – 52

菊田千春(2009)「文法化としてのトコロ関係節の成立——主要部内在型関係節との比較からみえるもの」『同志社大学英語英文学研究』84 号 pp. 71 – 106

久島茂(2001)『<物>と<場所>の対立』くろしお出版

工藤真由美(1995)『アスペクト・テンス体系とテクスト』ひつじ書房

黒田成幸(1999a)トコロ節『ことばの核と周辺——日本語と英語の間』くろしお出版

黒田成幸(1999b)主部内在型関係節『ことばの核と周辺——日本語と英語の間』くろしお出版

柴谷方良(1978)『日本語の分析』大修館書店

城田俊(1993)「文法格と副詞格」『日本語の格をめぐって』くろしお出版

菅井三実(1999)「日本語における空間の対格標示について」『名古屋大學文學部研究論集』文學 45 pp. 75 – 92

杉本武(1986)格助詞『いわゆる日本語助詞の研究』にほんごの凡人社

杉本武(1991)「に格をとる自動詞——準他動詞と受動詞」『日本語のヴォイスと他動性』くろしお出版

杉本武(1994)「警察はその泥棒が逃げていくところを捕まえた」再考『九州工業大学情報工学部紀要』社会科学篇 7 pp. 109 - 132

高橋太郎ほか(1996)『日本語の文法』講義テキスト

高見健一・久野暲(2006)『日本語機能的構文』大修館書店

田中寛(2004a)「＜トコロ節＞における意味の連続性」『日本語複文表現の研究』白帝社

田中寛(2004b)「『を』格の意味論的考察——『に』格との対照をかねて」『語学教育フォーラム』第 2 号 pp. 21 - 50

陳訪澤(2003)「日本語の格成分の類型について」『神戸女学院大学論集』第 49 卷第 3 号 pp. 2 - 17

坪本篤郎(2005)「付加詞句の中の主要部内在型関係節」『ことばと文化』8 pp. 31 - 54

寺村秀夫(1978a)「連体修飾のシンタクスと意味——その4」『日本語・日本文化』7 号，大阪外国語大学留学生別科『寺村秀夫論文集 1』1993 再録　くろしお出版

寺村秀夫(1978b)「『トコロ』の意味と機能」『語文』34　大阪大学文学部国文科『寺村秀夫論文集 1』1993 再録　くろしお出版

仁田義雄(1993)「日本語の格を求めて」『日本語の格をめぐって』くろしお出版

仁田義雄(1997)『日本語文法研究序説』くろしお出版

門和沙日娜(2007)「日中受身表現の対照——間接受身文に焦点を当てて」昭和女子大学大学院言語教育・コミュニケーション研究 pp. 51 - 66

日野資成(2001)『形式語の研究——文法化の理論と応用』九州大学出版会

フィルモア，田中春美・船木道雄訳(1975)「格文法概説」『格文法の原理』三省堂

彭広陸(1998)〈日本語の格について〉『日本学研究 7』世界知识出版社 pp. 26 - 45

堀川智也(2000)「いわゆる主要部内在型関係節の名詞性と副詞性」『日本語　意味と文法の風景——国広哲弥教授古稀記念論文集』ひつじ書房

益岡隆志・田窪行則(1992)『基礎日本語文法——改定版』くろしお出版

益岡隆志(1997)『複文』くろしお出版

三宅知宏(2005)「現代日本語における文法化——内容語と機能語の連続をめぐって」,『日本語の研究』第 1 巻 3 号 pp. 61 - 76

村木新次郎(1983)「『地図をたよりに、人をたずねる』という言い方」『副用語の研究』明治書院

籾山洋介(1989)「現代日本語『トコロ』の意味的・統語的・文体的特徴」『Litteratura(名古屋工業大学外国語教室)』10 号 pp. 1 - 25

森山新(2008)「認知的言語学的観点からの格助詞ヲ、ニ、デの意味構造とその習得-中国語を母語とする日本語学習者を中心として」2008 年 10 月 29 日下载于 http://jsl - server. li. ocha. ac. jp/morishin1003/joint2008tw. pdf

山梨正明(1995)『認知文法論』ひつじ書房

渡辺学(1995)「形式名詞と格助詞の相関-単文と複文をめぐって」『複文の研究(上)』くろしお出版

Harada　Shin-Ichi(1973)*Counter Equi NP Delition*, Annual Bulletin, Research Institute of Logopedics and PhoniatricsUniversity of Tokyo8 pp. 133 - 143。

Hopper & Traugott，日野資成訳(1993/2003)*Grammaticalizaiton* 文法化　九州大学出版会

Langacker, R. W(1987)*Foundations of Cognitive Grammar* Vol I Stanford University Press

Langacker, R. W(1991)*Foundations of Cognitive Grammar* Vol 2, Descriptive ApplicationStanford University Press

資料

【用例出典】

武満徹『音、沈黙と測りあえるほどに』新潮社
織田作之助『青春の逆説』青空文庫
梶井基次郎『冬の日』青空文庫
菊池寛『義民甚兵衛』青空文庫
桐生悠々『科学的新聞記者』青空文庫
桑原一世『Cross Road』青空文庫
小酒井不木『メデューサの首』青空文庫
小林多喜二『蟹工船』青空文庫
斎藤茂吉『念珠集』青空文庫
坂口安吾『明治開化　安吾捕物その六』青空文庫
坂口安吾『明治開化　安吾捕物その十二』青空文庫
佐々木味津三『右門捕物帖毒色のくちびる』青空文庫
佐々木味津三『旗本退屈男第十一話千代田城へ乗り込んだ退屈男』青空文庫
島崎藤村『家（下巻）』青空文庫
相馬愛蔵、相馬黒光『一商人として一所信と体験』青空文庫
太宰治『眉山』青空文庫
太宰治『鬱屈禍』青空文庫
田中貢太郎『蛇性の婬雷峯怪蹟』青空文庫
谷譲次『踊る地平線黄と白の群像』青空文庫
谷譲次『踊る地平線虹を渡る』青空文庫
田畑修一郎『石ころ路』青空文庫
田畑 修一郎『医師高間房一氏』青空文庫
近松秋江『霜凍る宵』青空文庫
ディケンズ チャールズ『二都物語上巻』青空文庫
ディケンズ チャールズ『オリヴァ・ツィスト』青空文庫
徳田秋声『あらくれ』青空文庫
豊島与志雄『程よい人』青空文庫
豊島与志雄『長彦と丸彦』青空文庫
夏目漱石『彼岸過迄』，青空文庫
夏目漱石『『明暗』青空文庫
夏目漱石『吾輩は猫である』青空文庫
夏目漱石『行人』，青空文庫
夏目漱石『道楽と職業』青空文庫
夏目漱石『野分』青空文庫
夏目漱石『文芸の哲学的基礎』青空文庫
夏目漱石『三四郎』青空文庫
夏目漱石『こころ』青空文庫
夏目漱石『坑夫』青空文庫
夏目漱石『趣味の遺伝』青空文庫

夏目漱石『坊っちゃん』青空文庫
夏目漱石『明治座の所感を虚子君に問れて』青空文庫
夏目漱石『『虞美人草』青空文庫
夏目漱石『永日小品』青空文庫
マロ エクトール・アンリ楠山正雄訳『家なき子 SANS FAMILLE(上)』青空文庫
宮本百合子『二つの庭』青空文庫
宮本百合子『播州平野』青空文庫
宮本百合子『一九二三年冬』青空文庫
宮本百合子『インガ』青空文庫
宮本百合子『石油の都バクーへ』青空文庫
宮本百合子『二つの庭』青空文庫
宮本百合子『舗道』青空文庫
宮本百合子『風知草』青空文庫
宮本百合子『獄中への手紙一九三六年(昭和十一年』青空文庫
宮本百合子『獄中への手紙一九三九年(昭和十四年)』青空文庫
宮本百合子『獄中への手紙一九四一年(昭和十六年)』青空文庫
宮本百合子作者の言葉『貧しき人々の群』青空文庫
宮本百合子『労働戦線』小説選後評　青空文庫
宮本百合子『逝けるマクシム・ゴーリキイ』青空文庫
ドイル アーサー・コナン『自転車嬢の危難』青空文庫
横光利一『夜の靴』青空文庫
緋天『シンデレラになれなくて』青空文庫
越路遼介『天地燃ゆ』青空文庫
『クロスチェック』青空文庫
『simple life』青空文庫
『緒方夫婦』青空文庫
『リュパージュ』青空文庫
『崩壊』青空文庫
『シャーロック・ホームズの冒険』新潮文庫 100 冊
『シャーロック・ホームズの冒険』新潮文庫 100 冊

中日翻訳における対等不能に関する一考察
——受容言語による喚起力の分析を中心に

叶栩邑

目　次

第1章　はじめに

中日両語の対照研究、また翻訳に関する研究は、日本語研究の中でホットなテーマの一つである。中国全土で唯一の日本語研究の専門誌『日本語の学習と研究』を見ると、ここ五年では、対照研究、対訳に関する論文は71本、全516本のうち13.8%も占めることがわかる。これは、対照研究、翻訳研究の重要性を語るものだけでなく、日本語教育、中国語、日本語表現論の立場からの研究の必要性も示すものだと思われる。しかし、これまでの研究には、助詞の訳し方、動詞の意味の捉え方、誤訳現象というように、具体的なものを考察するものが多く、理論的に掘り下げて分析したものが少なく、翻訳論と似て非なるものが存在していることも否定できない。

最新の翻訳理論研究全体の現状を見ると、翻訳研究は、20世紀の50、60年代に入ってから、かつての理論が扱ってきたテーマや方法論を乗り越え、翻訳の基本的なメカニズム、方法論、翻訳評価、翻訳と文化の関係などに関する研究分野においては、かなり大きな進歩を遂げ、発展してきた。特に、近年、ドイツで新しい翻訳理論の方向性が提起され、これについてSnell-Hornby(2006)は以下の三点に要約している。

第一に翻訳は言語の転換よりも文化に重きを置く方向性を持つこと。

第二に翻訳は記号変換の過程ではなくコミュニケーション行為であること。

第三に重要なのは目標言語の機能（期待される翻訳）であって起点言語の規範（起点言語を振り返りながらの翻訳）ではないこと、である。（“The Turns of Translation Studies” p127）

現に日英、中英などの翻訳研究もその動向を十分に反映している。たとえば、中国の翻訳研究の専門誌『中国科学技術翻訳』のここ五年の論文のうち、中英を対象とする最新の翻訳理論に関するものは156本、全259本のうち60.2%も示している。これと比べれば、中日の翻訳研究となると、まだまだ質的にも量的にも不十分だと言わざるを得ない。

本稿は最新の翻訳研究の立場から、中日両語間の翻訳を凝視し、翻訳理論研究のうち、古き新しきテーマの一つ翻訳対等不能をとりあげ、これからの中日翻訳研究の方向性を一つ提起しようと、試みるものである。

翻訳対等不能の現象は、中日翻訳にも実に数多く存在している。次はその一例である。

(1)立ち分かれいなばの山の峯に生ふ

　　松とし聞かば今　帰り来む　　　　　　　　　　　　　（『古今和歌集・離別』）

この和歌を中国語に訳すとき、その形式はともかく、内容を訳すことだけでも極めて難しいと言える。例(1)の「いなば」は動詞「往ぬ」の未然形と接続助詞「ば」との組み合わせによるものであり、また、「稲羽」という地名を指しているのである。そして、「松」と「待つ」も同じ発音で、掛詞になっている。このような全ての情報を同時に中国語に訳すことは、ほとんど不可能である。

もちろん、翻訳対等不能は短歌や詩のような極端的な文体のみならず、普通の文体にも多く見られる。

（2）依你说，当初那些法律手续都是糊鬼不成？

訳文　兄さんの言うとおりなら、あのときの法的な手続きはまったく意味がないってわけ？　（『中日対訳コーパス・傾城の恋』）

ここで、音声・構文など言語的な制限による翻訳対等不能が発生していないが、“糊鬼”を「まったく意味がない」と訳すことから何らかなものを失ったようである。中国独自の文化背景から生み出したこのような言葉は、異文化にある日本語に転換するとき、表現力の差が現れ、両言語の文化的な溝によって数多くのものが落ちてしまう。

（3）他们一不小心，一松手，阿呀，阿弥陀佛，她就一头撞在香案角上，头上碰了一个大窟窿，鲜血直流，用了两把香灰，包上两块红布还止不住血呢。

訳文　連中がちょっと気をゆるして、手をゆるめたら、まあ、どうでしょう、いきなり頭を祭壇の角にぶつけましてね。頭に大きな穴があいて、まっ赤な血がドクドク流れだして、線香の灰を二つかみ塗って、赤い布を二枚巻いても、まだ血が止まらなかったんですよ。　（『中日対訳コーパス・彷徨』）

“阿弥陀佛”は東洋の宗教習慣や社会文化と関わるものであり、中日両語はそのままの表現があるが、会話表現としては中国の庶民の日常生活によく見られるが、日本人のそれには見られない。例（3）の訳文では、“阿弥陀佛”を「阿弥陀仏」に訳さず、原文と対応しようとする同時に、言語の交流機能、翻訳の文化受容、さらに訳文の効果、読み手の反応に注目し、受容言語に自然な姿で表現した。

本稿は最新の翻訳研究を踏まえ、起点言語の規範から目標言語の効果に、言語転換から文化受容に、記号変換から機能重視に切り替え、中日両語間の翻訳を対象に、訳文による効果や喚起力①の分析を中心に考察することとした。

言うまでもなく、中日翻訳における対等不能についての考察は、それを一律に論ずることは極めて難しい。そして、具体的な対象言語を抜きに対策論も持たぬ翻訳理論は空論にとどまるに過ぎないため、本稿では、一般論としてより、具体的なケースに即して一つ一つ考察を行い、情報の消極喪失をそのまま受けるのではなく、積極的に喚起力で補うようにし、伝達率が高い翻訳対策を求めている。考察実例の選定について、本稿は北京日本学研究センターが開発した「中日対訳コーパス」の中の文学作品を資料として、中日両語間の翻訳対等不能の問題を中心に、原語と受容言語を対照しながら、意味上の調整による翻訳対等不能な問題に重点を置き、翻訳されたあとの受容言語による喚起力の変化をめぐり、詳しく分析を行うことにする。

本稿はこのような中日翻訳における対等不能に迫ることによって、中日両語間の翻訳において、対等不能なものと対等可能なものの間に架橋をしようという努力の中から、異文化理解や異文化交流のあり方を探り、中日両語間に存在する翻訳障壁の一隅を窺知し、両語間の翻訳研究の活発化に少しでも力を添えたらと思う。

本稿の構成は次のようになる。第二章では、「等価」と「動的等価」の翻訳評価論、翻

① 「喚起力」の定義などについては本稿の第2章pp. 6で述べる。

訳の限界になるその障壁など本稿と関係のある先行研究を紹介し、さらに、意味論範疇における「喚起力」の理論を導入した。第三章では、『坊っちゃん』の中の実例を、(1)意味領域による対等不能、(2)言葉の諸次元、内包的な意味による対等不能、(3)音声・意味・形式など同時に転移できないことによる対等不能、(4)文化的な障壁による対等不能、それに(5)表現価の対等不能という五つ面から考察し、詳しく分析する。第四章では、さらに、各種類の翻訳対等不能の訳文による喚起力の変動へアプローチし、喚起力の「ずれ、削弱、未達、近寄り」という四種類に分け、喚起力が変動する段階と原語に近寄る方法を解明する。最後の第五章では、本稿のまとめ、残された課題について述べる。

第2章　先行研究について

翻訳対等不能に関する研究は原点に遡って見ると、完全な「等価」翻訳モデルが実現できないことから発端したものである。完全に等価できないゆえ、必ず情報喪失が発生する、その際翻訳の対等不能や翻訳不可能が問題が生じる。これをめぐってドイツをはじめ西洋では、さまざまな角度から考察し、成果も上がってきたが、しかし、西欧はその翻訳理論の発祥地であり、また発展のメイン・ステージでもあるがゆえに、これまでの研究の対象は自然に英語に集中している。

本稿は翻訳対等不能の問題を探究するために、まずCatfordの②「等価」説とNidaの「動態的等価」(「等効果」)説を挙げ、最初の発端を紹介するとともに、やむをえず翻訳対等不能による喪失が発生するとき、いかに取捨を決めるかの翻訳対等不能に向かう姿勢をとることにする。その次、中日、中英における翻訳不可能に関する代表的な観点を紹介し、翻訳対等不能の問題へ直往する。さらに、翻訳の段階を経て生じた変動を具象化して突き止めるために、意味論の分野における「喚起力」の理論を導入し、表の言語変化と受容者の心象変化を繋げようとしている。

以下は、本稿と関係がある主な研究を見てみたい。

2.1　翻訳の評価「等価」と「動的等価」(等効果)

よい翻訳とはどんな翻訳であろうか、という翻訳評価をめぐる論争は、翻訳理論が発端して以来絶えたことなくずっと続いてきた。中国では、翻訳評価論全ての起点になったのは、1898年に厳復③が提起した「信達雅」の概念である。厳復は『天演論』④の

---

② 1965年Catfordは「等価翻訳」モデルを打ち出し、後にその限界が知られ、翻訳対等不能も注目が集まりはじめた。

Wittgenstein［1］1889年4月26日～1951年4月29日)はオーストリア・ウィーン出身の哲学者。言語哲学、分析哲学に強い影響を与えた。

③ 厳復(Yan Fu，1854～1921)：清朝末期の啓蒙思想家。翻訳理論の面では中国で最初に翻訳の基準を提起した。1915年以降、儒教文化の尊重と復古主義を唱え、新たに勢力を得つつあった民主・科学・口語を提唱する文学運動に反対の立場をとった。翻訳書は『法の精神』、『国富論』等多数。

④ ハクスリー(Huxley，Thomas Henry)『進化論と倫理学』(1893年)の中国語翻訳。この翻訳書の序文である『天演論・譯例言』において厳復は翻訳論を展開した。

序文で「翻訳をするうえで難しいことは、「偽らぬこと」「意を尽くすこと」「文章表現の美しさ」の三つである。偽らぬことだけでも非常に難しいが、原文への忠誠を求めることで訳文が分かりにくくなるなら、翻訳しても訳さなかったのと同じだ」と記し、翻訳行為における矛盾を初めて剥き出した。

20世紀50、60年代に入り、現代言語学が大きく発展し、これによって翻訳の科学的な研究が促進されることにもなったのである。特に、翻訳評価論をめぐり、欧米の「等価」や「動的等価」などの学説が注目を集めるようになってきた。そして、「動的等価」に含まれている効果重視と受容言語重視の思想はまさに翻訳研究界の新しい方向性と一致している。

2.1.1 Catfordの等価翻訳

西欧および東欧の翻訳理論研究者はかなり早い時期に「等価翻訳」モデルを打ち出している。Catford(1965)は翻訳理論の代表的な研究者で、「等価翻訳」の最初の提唱者でもある。20世紀50年代、Catfordは翻訳活動の中心的な目標は訳語の中に「同じ価値を持つものを探し出す」ことにあると考え、翻訳理論の根幹をなすのは等価翻訳のメカニズム(等価の条件と本質)を記述することにあるとした。

Catfordの等価翻訳モデルの前提となる等価メカニズムの基本的条件は目標言語の等価な文法と語彙でもって起点言語の文法と語彙を置き換えるということである。つまり、言語の相互転換において、双方が同じ価値の文法や語彙を持たない場合、「等価」はただ単に語義上の対応で実現されるのみであり、「等価」とはいえない。

しかし、実際には、同じ語系の言語間においても、語彙、節、句、文のレベルで全て等価値に置き換えることも不可能である。そして、文化や社会背景などの面から見れば、言語は一種の多機能な記号体系であり、様々な行動モデルを有して文化的情報、美的情報、文体情報(文の構造と風格)を担うことができる。同じ言語であったとしても、民族の文化、歴史の変遷により、語義機能の変化を引き起こすことが充分に起こりうるために、完全な「等価」を実現するのが極めて難しい。

したがって、Catford自身も言語文化、文字形式および叙述のスタイルなど相互に参照する枠組みにおける語義的な等価の実現は、極めて達成が困難な目標であることを認め、翻訳対等不能の問題を言語上の制限から更に文化上受容まで深めている。

2.1.2 Nidaの動的等価(等効果)

Nida (1969)は「形式的等価」formal equivalence(起点言語と目標言語の形式と内容をできるだけ近づけようとする)と「動的等価」dynamic equivalence(目標言語の読者にも起点言語の読者に与えたのと同じ効果を与えようとする)を区別し、「現在の動向はますます動的な等価の強調へ向かっている」と述べている。

また、NidaとTaber(1969)は、翻訳の受容者とメッセージの関係は、オリジナルの受容者とメッセージの間に存在した関係と実質的に同一でなければならないと指摘、動的等価の目標は起点言語のメッセージに対して最も密接で自然な等価を追求することであると提起している。

Nidaは形式のみの対応より内容重視の対応を優先することにし、訳された文章の内

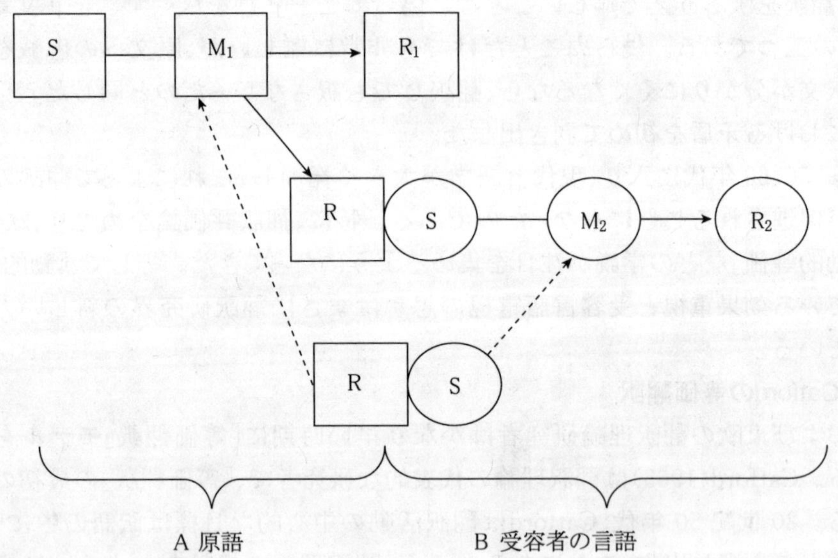

図１　Nidaによる翻訳された文に対する評価図

容が読者にどのように受け取られるかという角度から受容言語を評価すべきだと強調している。以下は、翻訳された文に対する評価図である。

これはA言語からB言語への翻訳を図示したものであるが、SはA言語の発話者であり、M_1という伝達内容をR_1（A言語の読者）に伝える。翻訳者というのはA言語の受容者RでもありB言語の発話者Sでもある。そして、自らR_1になったつもりでM_1を受けとり、歴史的文化的脈絡の全く異なるB言語の中で、R_2というB言語の受容者に理解してもらえるような形で、M_2という伝達内容を作り出す。AB二つの言語の差や、文化的背景の差は、□と○という形の違いによって表してある。翻訳者も、翻訳の評価をする学者も、上の二つの言語の諸要素を組み合わせて一つにする。

過去においては、翻訳を評価する際、普通は原文のM_1と訳文のM_2とを調べ、その形式と意味内容の構成を比較し、その検討に基づいて忠実な訳であるかどうかを決めるというやり方であったが、Nidaは、ここでもう一つ加えておきたい大切なことがあると指摘した。それは、原語のまま理解できるR_1と、受容言語の読者R_2とがそれぞれ同じ内容をどう受け取ったかによって生じた動的等価指向、目標言語効果に注目する翻訳評価の傾向である。

Nidaによる動的等価は、翻訳の4つの要件を求めている。即ち、(1)意味が通じる(2)原文の精神を伝える(3)自然で簡単な表現を使う(4)原文が与える反応に似た反応を引き出す、ということである。

2.2　翻訳の限界とその対策論

両語間の翻訳に完全な等価が実現できないのは、翻訳の通路には障壁が存在するからと劉宓慶が主張している。異なる言語の間にも基本的または広範的な意味転換の条件と手段が存在している。劉宓慶はこれを「情報転換の通路」(channel for message transferring)と呼んでいる。この「情報転換の通路」があるからこそ、異なる言語間の翻訳が可能になり、逆に、通路が存在していない、もしくは一部が存在していない場合は、「翻訳の障壁」いわゆるその限界が生じる。また、中英両語を研究対象として、その障壁になるものを以下の五種類に分けて論述している。

(1)文体上と構文手段による障壁

例えば、近い発音を利用する構文の例。

“Odds and ends” →“零零星星的东西”(こまごましたもの)

原語構文の巧みな表現は目標言語で実現できなく、図で示すと、以下の通りである。

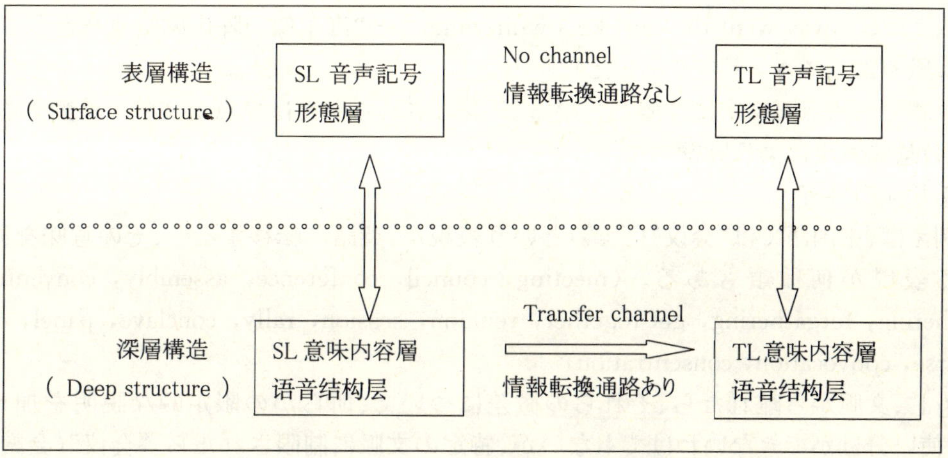

図 2　劉宓慶による両語間情報転換通路図

(2)定型表現による障壁

①定着している組み合わせの崩し

例えば、“树大招风”(木が大きければ風当たりが増す)→ “ A tall tree catches the wind”

②四字熟語と慣用語の構造変化

例えば、“瓜田李下”(人から嫌疑を受けやすい情況)→ “ liable to lay oneself open to suspicion”

(3)表現法による障壁

①肯定表現と否定表現

例えば、シェイクスピアの有名なフレーズ “to be or not to be”、否定形によって折り返しの効果を引き出し、“to die or to live”より美しく響く。しかし、訳される時“生或不生”(生きるか生きないか)とすると、不自然さが出てくるために、普通は“生或死”(生きるか死ぬか)と訳すしかない。

②能動態と受動態

例えば、“ I had the letter Xeroxed. ”→“我已将这封信复印了。”(私は、手紙を複写しておきました。)

英文からは他人にやってもらったという情報が読み取れるが、訳文からはこの動作の施行者がわからない状態のままである。

③表現力の差

例えば、"接踵而来"（次から次へとやってくる）→"to come one after another"

④形態による意味表出と語彙による意味表出

The child jumped for joy.（動作は一回だけ）

The child was jumping for joy.（何回もある）

しかし、中国語に訳す際には"孩子高兴得跳了起来"（子供は嬉しくて跳び上がった）となって、動作の回数には及ばない。

⑤文の焦点と構造

例えば、"Away went the car like a whirlwind." →"汽车像一阵疾风似地开走了。"（車は疾風のようにさっと走り出した）

原語では焦点が文末に位置しているが、翻訳されたあとは焦点が文中に移動する。

(4)意味表現による障壁

①意味の共有

例えば、中国語では"会议"（会議）という表現が、英語に転移すると、その意味を共有する表現が何種類もある。（meeting，council，conference，assembly，convention，gathering，forgathering，get-together，reunion，session，rally，conclave，panel，concourse，convocation，consentration）

もし、文脈から離れたら、それらの微差について、何らかの限定的な説明を加えれば、使い分けができないわけでもないが、特定の文脈に制限されたら、"会议"（会議）という包括的な表現しか使えないこともある。その結果、各語の示差的な部分も、表出できなくなる。

②多義語

例えば、"有意见你可以再来"と"他对这件事很有意见"における"意见"の意味が違い、中国語表現すると両者でも"意见"ですぐに済ませるが、英語においては見れば、"different，views，complaints，reservation，objection，dissatisfaction，challenge，criticisms，criticisms，disagreement，not of the same mind"から"意见"の訳語を選ぶのはかなり難儀な作業になる。

③意味表出手段の限界

中国語の"诗"と"词"は異なるものであるが、英語に移し替えると "poetry"しか訳せない。

(5)文化的障壁

①言語の中で民族意識化された記号

例えば、"天诛地灭"（天罰を受ける）→"judgment of God"

前者は中国の天道観を反映しているのに対して、後者は神の絶対的な存在を反映している。

②言語の中で民族「声象」[⑤]化された記号

例えば、"一只碗不响，两只碗叮当"(茶碗一つは響かないが、二つになればがちゃがちゃ音を立てる)

③言語の中で民族社会化された記号

例えば、"play knife and fork"。(食事をする)

④言語の中で民族地域化された記号

例えば、"When Dover and Calaise meet"。

"Dover"「イギリスの港」と"Calaise"「フランスの港」がかなり離れているので、ここで、絶対不可能なことを意味している。

⑤言語の中で民族物質化された記号

例えば、"motel"(街道沿いの自動車旅行者用ホテル)

劉宓慶は中英両語を対象とし、翻訳の限界になる障壁について、細かく分類しているが、現状分析が多く、理論的には深く掘り下げていないようである。

一方、中日両語を対象とする先行研究としては、扈炎の「翻訳可能と翻訳不可能の対立統一」、また林璋の「受容性＋最大対応関係」があげられる。

扈炎は翻訳可能と翻訳不可能の関係をとりあげ、翻訳不可能は絶対的な不可能というより、原語の芸術性や文化特徴などがどのぐらい伝達できるかの問題だと提唱している。また、中日両語間における翻訳作業で多く現れる翻訳不可能の種類を列挙し、そのうち、言語意味の差異、社会文化の背景に強く関わっている文章、定型表現、掛詞などが含まれている。また、その対策として、一律に論ずるより、それぞれの状況に応じて、注釈・意訳・などの対策案を挙げている。

その最適な対策案を取るための一つの基準は、目標言語に転換したあとの受容度と原文との対応度である。この点について、林璋の研究に詳しく語られている。林璋は厳復の「信達雅」の概念とNidaの「動的等価」説を踏まえ、翻訳結果となる訳文は必ず同時に、受容可能と最大対応関係という二つの指標に満たさなければならず、言語には翻訳できない部分があるため、それを前提とし翻訳可能の最高限度を追及するべきだと唱えている。

最新の翻訳理論を中日翻訳に生かそうとする両氏の研究は本研究の励みとなるものであるが、具体的な考察はいま一つ不足のようである。

2.3 意味論における「喚起力」の導入

本稿での実例分析は動的等価指向で、つまり翻訳対等不能により受容言語の効果変動を中心として分析を行う仕方である。文章自体より、受け手の反応を重視する。そこで、本稿では意味論の「喚起力」という理論を導入し、文化社会の脈絡から言語になり、さらに心象まで届き、理解や誤解になるという流れに、翻訳を省視し、原語と受容言語を対照しながら、喚起力の変動を突き止め、効果変化の真因を捉えようと思う。

---

⑤　言語の中で定着し、それなりの象徴性を持つ音声的な表現。

成瀬武史(1989)は、言葉により情報の伝達と情念の喚起が起こると指摘し、『意味の文脈—通じる世界の言葉と心—』の中で、次のように述べている。

ある表現に受け手が読み取ったり聞き取ったりする意味は、それが有意のものであるかぎり、心に何らかの概念を喚起せずにはおかない。その概念には観念のみならず心象(image)も含まれる。その喚起の力はすなわち喚起力そのものである。(p99)図で表現すれば、以下の通りである。

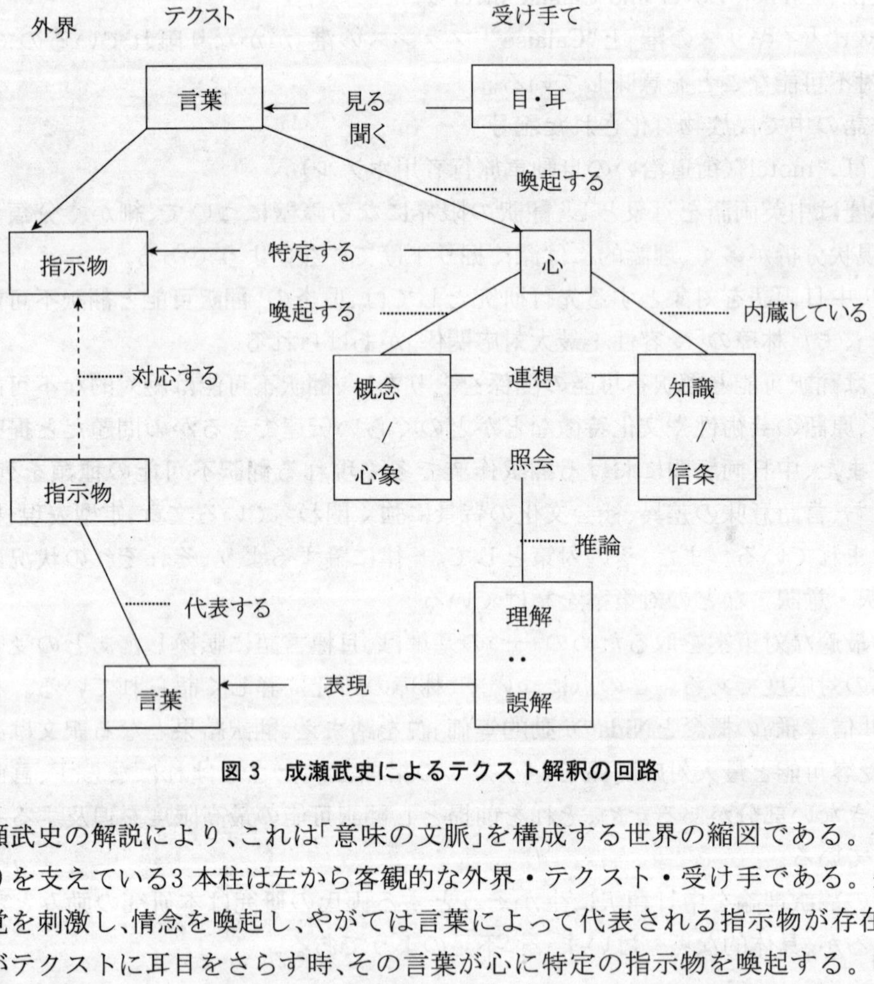

図3　成瀬武史によるテクスト解釈の回路

成瀬武史の解説により、これは「意味の文脈」を構成する世界の縮図である。このまとまりを支えている3本柱は左から客観的な外界・テクスト・受け手である。外界には知覚を刺激し、情念を喚起し、やがては言葉によって代表される指示物が存在する。個人がテクストに耳目をさらす時、その言葉が心に特定の指示物を喚起する。喚起された指示物は心のなかで概念ないしは心象となり、それらはすでに内蔵されている個人の知識や信条を連想させるか、それらと照合される。その結果、たとえテクストの指示内容が全くの新情報に属するものであっても、その概要を心は推論して理解に、もしくは誤解に至る。

外界の刺激から、言葉を経由して、心象に届き受け手の反応がでるまでのこの回路は、訳文を見て受容者の反応が出るまでの過程に非常に近い、これを利用して、表の言語変化と心の心象連動を繋げられ、受容言語の効果変動を具体化することが可能になる。

第3章　翻訳対等不能の実例分析

翻訳はある意味で「解釈」であると言ってよいが、その際、「解釈」は、ある文脈における何ものかを別の文脈のうちに「適用」すること、もしくは、別の文脈のうちに「受容」することを意味する。「解釈」という翻訳のいわゆる変換機能を通じて文化転移や文化受容が行なわれるが、この変換機能の根底にある「フレーム・ワーク」のずれこそが、意味上また構造上の調整を起こし、翻訳対等不能の原因を創りだし、誤訳と誤解を生みだす元凶である。

3.1　本稿の考察対象について

翻訳対等不能をめぐる研究の大半は、その具体的な考察対象を取り上げる際、翻訳対等不能の典型的且つ極端な表現式——詩歌や古文などを選定するケースが比較的多い。原文に用いられているある特殊な表現形式が、非常に重要な意味を持っている場合、その特殊性を、翻訳のなかで再現することには明らかな限界がある。この種の「意味」を翻訳することは、普通は不可能である。たとえば、日本の詩歌にみられる「枕詞」は、音声的な類似性や連想によって、ある雰囲気を作り出す働きをしたり、原意が薄らいで、ただ次の語を導く働きをしたりする表現形式であるが、これと同じ効果を中国語で表わすことは、至難のわざである。

本稿は詩歌・古文など翻訳対等不能の代表的な文学ジャンルより、小説に目を向け、あたりまえに受け止められた著名な訳文に潜んでいる翻訳対等不能を、原作との照合を通し、その深層の変動を追跡し、ひいてはその中にこらした工夫について吟味する。

本稿は考察対象を選定する際、コーパスに収録された各翻訳家による名作から更に訳文バージョンが最も多くある『坊っちゃん』に限定し、三つの訳文バージョンを原文と照し合わせながら、対等不能の度合が比較的高くしかも喚起力が大いに変動すると考えられる文を選出し、これを考察する対象にした。

3.2　『坊っちゃん』における翻訳対等不能の実例の考察

第二章の先行研究で、劉宓慶は中英両語間の翻訳可能性の限界について、(1)構文手段また文体上による障壁(2)定型表現による障壁(3)表現法による障壁(4)意味表現による障壁(5)文化的障壁という五つの種類に分けている。一方、本章での分類は、「翻訳の障壁」から、更に「翻訳対等不能」に転換し、中日両語を研究対象とし、『坊っちゃん』における翻訳対等不能の例を(1)意味領域による対等不能、(2)言葉の諸次元、内包的な意味による対等不能、(3)音声・意味・形式など同時に転移できないことによる対等不能、(4)文化的な障壁による対等不能、それに(5)表現価の対等不能という五つの面から考察し、詳しく分析する。その分類は先行研究の分類と重なる部分もあれば、喚起力の変動に着目し新たなまとめによって独自な特徴を持つ部分もある。

3.2.1　意味領域による対等不能

日本語から中国語にコード化する際、十全な等価性は通常存在しない。二つの異なった個別言語の内容は単に1対1の関係で対応しないだけではなく、1対2(ないし1対3、1対4等々)、そして逆に複数対一、さらに複数の意味が共通すると同時に示差性が存在することもある。こうして、翻訳行為を行う時、原語と近い意味領域でさえも見当たらず、原語と較べ訳語の意味領域がかなり変化が出る場合、情報量の変化は勿論、受容言語による喚起力も変容せざるを得なくなる。

(1)甥こそいい面の皮だ。 (『坊っちゃん』)

訳文一　这下子，那外甥就要丢丑了。

訳文二　她的这个侄儿才活倒霉哩。

訳文三　这样，外甥可就吃亏了。

ここで、「甥」は「兄弟姉妹の息子」という意味である。しかし、それと対応する同じ意味領域を持つ中国語の訳語は見当たらない。その代わりに、中国語では、「甥」の意味を具体化し、“外甥”(姉あるいは妹の息子)、“侄儿”(兄あるいは弟の息子)になる。日本語から中国語に訳す場合、この二語のいずれかに絞って、意味領域を縮小しなければならない。言うまでもなく、縮小することに伴って、情報の喪失も生じる。

文脈の強制力が強い場合には、下位語⑥の推測が可能になり、意味領域は縮小するが、原語は対応する指示物とずれが生じない。しかし、例(1)のように文脈により推測不能の場合、「甥」の訳語選びはリスクを負わなければならない。“外甥”と“侄儿”が両方とも訳文に表れ、しかし必ず事実とずれがある訳語が現れる。この場合、図三の「テクスト解釈の回路」に置いて見ると、「甥」という言葉が原語の受け手の心に特定の指示物を喚起し、やがて「解釈」という翻訳のいわゆる変換機能を通じて“外甥”や“侄儿”に転換される。しかし、この変換機能の根底にある「フレーム・ワーク」の変容で、喚起力指示性のずれも生じる危険性が出てくる。違う方向に向け喚起すると、心の連動を経て導いた結果は、必ず原語が指示するものと離れる。

例(1)はではキーワードになる原語と訳語の語彙がそれぞれ違う言語に属しながらも上位関係が明確になっており、その喚起力変動の経緯も読み取れられやすい。それに較べ、例(2)の場合はやや複雑である。

そもそも一つの言語システムのなかでさえ尚複数な語彙関係を持つことがあるが、それを中日両語のスケールに置くと、意味領域に関する問題は一層複雑になる。客観的な世界では、言語が異なれば主観的に異なる世界になる。言語が異なれば、自分の経験を細分化したり、身の回りの世界を分割したりする仕方も変わる。そしてその主観が極端なものであればあるほど、その言葉の翻訳のむつかしさも難度が高くなる。「妙」という言葉は「甥」という言葉より明らかに訳し難いのは、その主観性が高いからである。

(2)あとから真面目になって、君あまり学校の不平を云うと、いかんぜ。云うなら僕だけに話せ、随分妙な人も居るからなと忠告がましい事を云った。

---

⑥　ある語の意味がほかの語の意味を包括するような二つの語の関係を上下関係という。二語の間で、より包括的な概念をもつ語を上位語、より個別的な語を下位語と呼ぶ。

（『坊っちゃん』）

訳文一　接着一本正经地忠告我："你可不能老是报怨学校，要讲，就对我一个人讲，学校里有好多不三不四的人啊。"

訳文二　然后收起了笑脸说："过分地发学校的牢骚，可不好咯！要说，就只朝我说，要提防那些别有用心的人啊！"

訳文三　接着，他又忠告似地对我说："老弟，可不要总说学校的坏话啊，要说只能对我说，因为这里可有非常奇怪的人啊！"

「妙」という言葉から切り込んでみると、その意味領域がある範囲内に限定していることが分かるが、それと同時にその領域が明確に特定していないことも認めなければならない。つまり、それが主観性と包括性が強い曖昧な一語であり、想像の余地が広く、捉え方もいろいろ持つ語でもある。「妙な人」は「変な人」、「碌なやつでない」など、似て非なる意味解釈があり、意味連想の空間が極めて広い。こういう特性はは日本語を母語とする読者にとってそのまま受け入られるが、それを受容言語に移し替えるとき、それと相当する特性を持つ中国語の訳語が見当たらなく、そして、ぼんやりとしている部分がある程度明確化しなければならないため、変容された訳文の受け手が感銘したものは原語とずれが生じる。

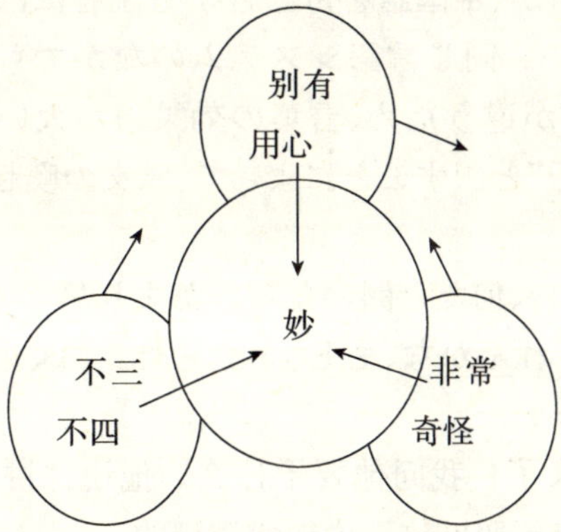

図 4　「妙」と訳語の意味領域対照図

図 4のように、「妙」と"不三不四""别有用心""非常奇怪"の間には明らかに共通する意味成分があり、翻訳可能はまさにここにある。しかし、それぞれ示差的な意味成分を持つことも見逃してはならない。それらの示差的な部分はそれぞれの方向へ発散するとともに、これによる喚起力も異なる方向へ導く。

3.2.2　言葉の諸次元、内包的な意味による対等不能

人間は普通語が指示するものを理解するだけでなく、情緒の上からも反応する。それは、時には強く、時には弱く、また、ある時は肯定的になったり否定的になったりする。語に対して、このように情緒的に反応する時の意味を、Nidaは内包的意味と呼ぶ。また、その発生する要因について、以下の三種類にまとめた。(1)その語が使われる時、連想されるのはどんな話し手か(2)その語が実際にどんな状況で使われるか(3)その語が特にどんな語と一緒に使われるか。

内包的な意味だけでなく、言葉には諸次元があるとNidaは指摘し、それにそれらの次元を以下の四種類に分類した。(1)話し言葉と書き言葉の用法の対比、(2)種々の社会学的要因(要因:年齢、性別、教育の程度、職業、社会的階層や身分制、所属宗教など)、(3)使われる場面を反映した文体のレベルと話者・聞き手の関係、(4)地理的方言。

中日両語間で翻訳行為を行う時、訳者は言語が直接に指示するものに注意が集まることが多い。一方、表面化されていない言葉の諸次元や内包的な意味が見逃されやすい。しかし、このような裏に隠している言葉の諸次元や内包的な意味でも、重要な情報を担い、心象を大きく喚起するときもある。

(3)町内では乱暴者の悪太郎と爪弾きをする。　　　　　　　　　　　　(『坊っちゃん』)

訳文一　街上的人都把我当成招惹是非的祸根。

訳文二　左右街坊都不搭理俺，将俺看作是胡打乱闹的坏孩子。

訳文三　街坊邻里人人讨厌的闯祸闹事的坏孩子。

悪太郎は「いたずらっ子」の擬人名の表現である。「いたずらっ子」から「悪太郎」に変化する過程のなかで、言葉の表情の変わり、作者の遊び心も絡み合っている。しかし、訳されるのは「いたずらっ子」の部分だけで、変化の終点にはとうとう辿り着くことができない。日本語を母語とする読者は「悪太郎」から、この言葉の時代差、背景、作文の遊び心が容易に喚起できるが、中国語を母語とする読者には残念ながらこれらの情報を読み取ることができない。同じ言語システムのなかでも、「悪太郎」と「いたずらっ子」が情緒的な反応と次元が違うため、言葉の効果力が大いに変わるが、「いたずらっ子」にとどまり"……坏孩子"と訳すことによって、原文の喚起力と差が表れるのは当然である。

(4)そら来たと思いながら、何だと聞いたら、「あまり早くて分からんけれ、もちっと、ゆるゆる遣って、おくれんかな、もし」と云った。おくれんかな、もしは生温るい言葉だ。　　　　　　　　　　　　(『坊っちゃん』)

訳文一　我想，这回来了！我问他要干什么。他说："讲得太快，听不懂，请慢一点行吗?"什么"请慢一点行吗?"这话说得酸溜溜的。

訳文二　他说："讲得太快了，听不懂。再稍微来慢点，可中不中哦?"什么可中不中哦，真是一种不干脆的说法！

訳文三　他说："讲得太快，听不懂，您稍微讲慢点行呗。""行呗"是当地人说话一种拖泥带水的调子。

Nida(1969)の『翻訳——理論と実際』には、「話が、いつもある特定の話し手を連想させるようであると、この連想からそれらの語は、自然に内包的意味を持つようになるが、それは受けとり手のほうが、話し手に好悪いずれの態度をとるかにかかっている。例えば子供が使ったり、子供に呼びかけたりする言葉は、子供らしい響きをもつから、大人用の言葉としては、適当ではない。同様に、社会のある階層の人々は、その階層に特有の語を話すようになる。また、教育のレベル、男性語と女性語や、地域による言葉の差も、この問題に含まれる。」(pp. 110)とある。

例(4)での「一な、もし」という語尾表現は、四国地方や北陸地方、特に愛媛県ではよく話されている日本語の方言で、『坊っちゃん』の中で何度も言及されている。この表現が頻繁に使用することにより、人物像設定の地域要素・時代要素と性格要素が浮き彫りになり、話し手への連想も自然に誘い出す。「一な、もし」という語尾表現から、日本語を母語とする読者が地域の想定、田舎的、不快感、作者の揶揄の気持ちなどいろいろな情報を読み取れることは瞭然である。残念ながら、中国語の訳文では、“请慢一点行吗?”のように普通の言い方に訳すか、“再稍微来慢点,可中不中哦?”のように中国語の方言表現を使って近寄るか、または“您稍微讲慢点行呗”のようにほかの言葉の表現方に転換するかになるが、どんな工夫をしようとしても、原文に含まれるすべての情報を表現しきれず、同じ喚起力を引き起こせない。これは、いわゆる翻訳の限界である。

(5)然しこんな田舎者に弱身を見せると癖になると思ったから、なるべく大きな声をして、少々<u>巻き舌</u>で講釈してやった。　(『坊っちゃん』)

訳文一　可转念一想,要是在这帮野小子跟前示弱,往后就难办了,所以尽量提高嗓门,用<u>又快又重的语调</u>讲课。

訳文二　可是俺又想,如果俺向这些乡巴佬示弱,那就会惯了他们的毛病,于是俺尽量放大了声音,稍微带上点<u>卷舌音</u>,给他们讲起课来。

訳文三　可我心里想:在这些乡下佬面前示弱,会惯出他们的毛病来。所以尽可能提高嗓门,带点<u>卷舌音</u>给他们讲课。

「巻き舌」は音声学的には「有声舌尖歯茎ふるえ音」と言う。日本語において、感情が高ぶった時に喋ると、「ら」行の音が震えることが多く、また、江戸っ子口調や浜言葉、喧嘩口調などで使われてきたため、聞き手によっては汚い言葉遣いと受け止められる場合があると見られている。

日本語を母語とする読者は「巻き舌」という言葉を見た途端、すぐに連想できるキーワードは「感情的に強い、やや乱暴、声がデカイ」などである一方、中国語を母語とする読者にとっては、これらのイメージに導く通路が異文化の塊に詰め込まれ、塞がっている状態である。

そういう状況に置かれている訳文は二つの傾向がある。一つは原語そのままに訳し、“卷舌音”になる。その結果、異文化間の隔たりがあるため、内蔵している「知識、信条」も異なり、秘められている原語のメッセージが受容言語に喚起できず、「推論」に至るまで途中で折れている。一方、もう一つの訳し方は「巻き舌」の内包的な意味に焦点を絞って、原文から引き起こす効果を前提として設定し、近い効果を喚起するようとして、原文と少し離れる表現“又快又重的语调”と訳している。少し物足りない訳し方であるが、漢字をそのまま移し要領が得られず、読者に混乱を招く訳し方より滑らかな表現方である。

上記三例と同様、翻訳されたあと、地理的な情報、社会背景、話し手への連想など表出できなくある同類の中国語例文もある。

(6)按照从前的规矩,晚上绝对不<u>作兴</u>出去拜客。晚上来了客,或是平空里接到一个电报,那除非是天字第一号的紧急大事,多半是死了人。　(『傾城の恋』)

訳文　昔ながらのしきたりに、夜は決して人を訪ねてはならぬという。夜の来客あるいは突然の電報を受けたなら、真っ先に知らせるべき緊急事件をのぞいては、おおかた人が死んだという知らせ。

“作兴”は中国の南方、特に上海でよく使われる言葉で、物語の登場する場所とも一致する。しかし、ほかの文化社会において、その地理的な特徴を表現するのはほぼ不可能である。

(7)我早就跟我们老四说过——我说：老四，你去劝劝三爷，你们做金子，做股票，不能用六奶奶的钱哪，没的沾上了晦气！（『傾城の恋』）

訳文　あたしはとうの昔にうちの四旦那に言ったのよーあんた、三旦那に言っておあげなさい。金を買ったり株をやるとき、六妹のお金を使っちゃいけないって。そんなことすれば疫病神にとりつかれちゃう。

“老四”“三爷”“六奶奶”という単語だけから、作品の時代背景、話し手が属する社会の階層や身分まで読み取れる。しかし、日本語に転換すると、呼び方の不自然感が仄めくことにとどまらず、原文に含まれている数々の情報も喪失する。

前述のように、人間は普通語が指示するものを理解するだけではなく、語に対して、情緒的な反応もする。この情緒的な反応を引き起こすものは語の内包的な意味である。翻訳をする際、その指示的意味が同じだと思われるのに、翻訳者は多くの類似した語句から、ある一つの語句を特に選ぶことがある。これはまさに、語に対してどんな感じを持っているかによって、同義語の中から一つを選んで他を捨てるわけである。しかし、異なる言語の間に、指示物が完全に対応する言葉でさえもないことが多くので、同じ内包的な意味を持つ訳語が見当たらないのは当然である。

『坊っちゃん』のなかで、内包的な意味による対等不能の代表的な例は、そのもっとも有名な冒頭にある。

(8)親譲りの無鉄砲で小供の時から損ばかりしている。小学校に居る時分学校の二階から飛び降りて一週間程腰を抜かした事がある。なぜそんな無闇をしたと聞く人があるかも知れぬ。別段深い理由でもない。新築の二階から首を出していたら、同級生の一人が冗談に、いくら威張っても、そこから飛び降りる事は出来まい。弱虫やーい。と囃したからである。小使に負ぶさって帰って来た時、おやじが大きな眼をして二階位から飛び降りて腰を抜かす奴があるかと云ったから、この次は抜かさずに飛んで見せますと答えた。

訳文一　由于亲娘老子传给自己的鲁莽性子，打小时候起就净吃亏。读小学时，曾经从学校的楼上跳下来，摔伤了腰，躺了一个星期。也许有人问：“干吗要那样胡来?”没有什么特别的因由，当我从新建的二层楼上向下探头探脑的时候，同班一个学生开玩笑地喊着：“别那么飞扬跋扈，谅你不敢从那儿跳下来。胆小鬼！”校工把我背回家时，老子瞪起大眼，骂道：“傻瓜，哪有从楼上跳下来摔伤腰的！”我回答：“好吧，下回跳个不摔伤腰的给你看。”

訳文二　俺爹传给俺的蛮干脾气，使俺从小就没少吃亏。上小学的时候，有一次俺从学校的二楼上跳下来，挫伤了腰，足足躺了一个星期。也许有人会问：“为啥干那种傻事儿?”其实,也没啥了不起的理由。当时俺从新盖的二楼向外探头,一个同班同学便逗弄俺说:“不管你怎样吹牛,总不敢从那儿跳下来吧,你这个窝囊废——!”当学校的工友将俺背回家来,俺爹瞪大了眼睛说:“天下哪有这样不争气的东西,大不了从二楼跳下来就挫伤了腰的?”俺回答说:“下次,俺再跳一回给你看,保证伤不了腰!”

訳文三　爹妈给的卤莽性子,使我从小就尽是吃亏。上小学时,一次我从学校的二楼跳下来,闪了腰,约莫一个星期直不起来。也许有人要问:“为什么要那么胡来?”我也说不上有什么特别的理由。只是我从新盖的二楼刚探出头去,同班的一个同学就起哄说:“任你怎么逞能,也不敢从那里跳下来,胆小鬼!”当校工把我背回家的时候,父亲瞪大眼睛说:“从二楼跳下来就闪了腰,有这么笨的吗?”既然他这么说,我就回敬了一句:“那好吧,下次跳一个不闪腰的给你瞧瞧!”

さて、「おれ」は原作で477カ所、中国語に訳したあと、訳文一では“我”が1407カ所、訳文三では“我”が1346カ所、訳文二では“俺”が1733カ所あり、頻出度が最も高い語と見られている。一見すると、特に変わったものとは見えないが、実はここにかなりの問題が潜んでいる。まず、訳文“我”を分析すると、それと対応する真っ先に浮かべる日本語は「私」である。無論、「私」と「俺」は異なる語彙である。しかし、三つの訳文のうちに二つの訳文は「おれ」と漢字でも一緒である中国語の“俺”という訳語ではなく、“我”という訳語を選んでいる。それは、中国語の“俺”には行き過ぎるイメージが押し詰まっているからと推測できる。

確かに、ここで“我”という訳語は物足りない訳文にとどまってしまう可能性があるが、“俺”という訳語はまた行き過ぎってしまう危険に陥ってしまう可能性も抱えている。そして、「おれ」について、“我”という訳語より“俺”の意味がもっと近いという考えもあるが、語の内包的な意味を思考に入れると、訳語選びの選択方向が多少変化するだろう。

語の内包的な意味の正確な数量の測定については、残念ながら、真に充分と言えるほどの方法論は見つかっていない。しかし、現在まで利用可能の方法としては、オブグッド、スーチ、タンネンバウムたちが示唆した方法であろう(Charles E. Osgood, George J. Suci and Pery H. Tannenbaum, The Measurement of Meaning, 1964)。彼らは、あるマトリックス(matrix)⑦を使って多くの反応を調べた。このマトリックスでは、良い——悪い、明るい——暗い、暖かい——冷たいなど一組の対立する形容詞を両極において結び、その目盛りに1から10までの番号をつけておく。そして被験者は、それぞれ語表を渡され、組になっている形容詞すべてについて、目盛りに評価をつける。以下の図5にその要領を示している。

これを参考にし、中国と日本の母国語話者あわせて60人について、「おれ」と“俺”に関する反応を調べ、次のようなデータ⑧結果をまとめた。

---

⑦　縦と横の目盛りを使って、数量的測定をする数学の一分野。

⑧　アンケート調査表は付録に添付している。

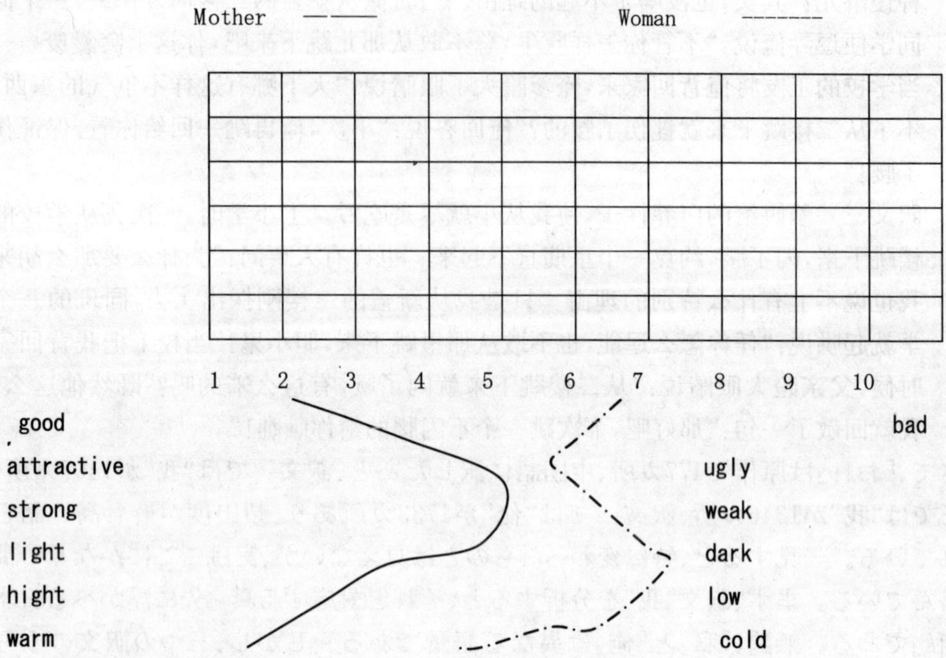

图5 オブグッド、スーチ、タンネンバウムによる内包的な意味の測定図

図6をよく分析すると、おもしろい結果が浮き彫りになってくる。ここで注目したいところは3カ所ある。一つは「都市——田舎」の一組であるが、中国語の"俺"は田舎で使われることが多い一方、「おれ」は都市と田舎を問わず、地域的な制限より、この語を使う年齢層がもっと特徴的である。それは、「若者用語」の一欄を見ると、すぐに分かるのであるが、「おれ」は若者用語に寄っているのにたいし、"俺"はほぼ真ん中あたりで、やや「若者用語ではない」ほうに位置している。そして、もう一カ所、言葉づかいの乱暴さに目を向けると、「おれ」の場合は「乱暴」度と「下品」度はほぼ一致し、やや「乱暴」やや「下品」のイメージという結果を表しているのかわりに、"俺"の場合は下品や卑俗のイメージであるが、それほど乱暴なイメージがないこともデータから読み取れる。これは、"俺"という訳語の話し手への連想が田舎に住んでいる素朴な農民のほうが多いということであろう。

ほかには、最後の「面白さ」の一組にも、両語の差が大きいが、その原因は恐らく、方言の口調で言うと、ギャップが感じられ意外に面白く聞こえることにあるのだろう。

つまり、坊っちゃんは直情径行で、考えるより行動、曲がったことが嫌い、単純でわかりやすい性格であるゆえに、「おれ」という自称はその性格にぴったりし、東京という都市出身の設定にも支障がない。しかし、それを中国語の"俺"にすると、性格的の描出は近いかもしれないが、田舎っぽい、下品なイメージとつながりかねなく、東京出身で地方赴任という設定にもずれが生じうる。二つの訳文には「我」を採用するのもおそらくその理由であろうが、訳文二の"俺"にも、その訳文全体の風格と煽りあい、言葉の面白さと主人公性格の特徴をうまく誘い出す役割があるので完全には否定できない。

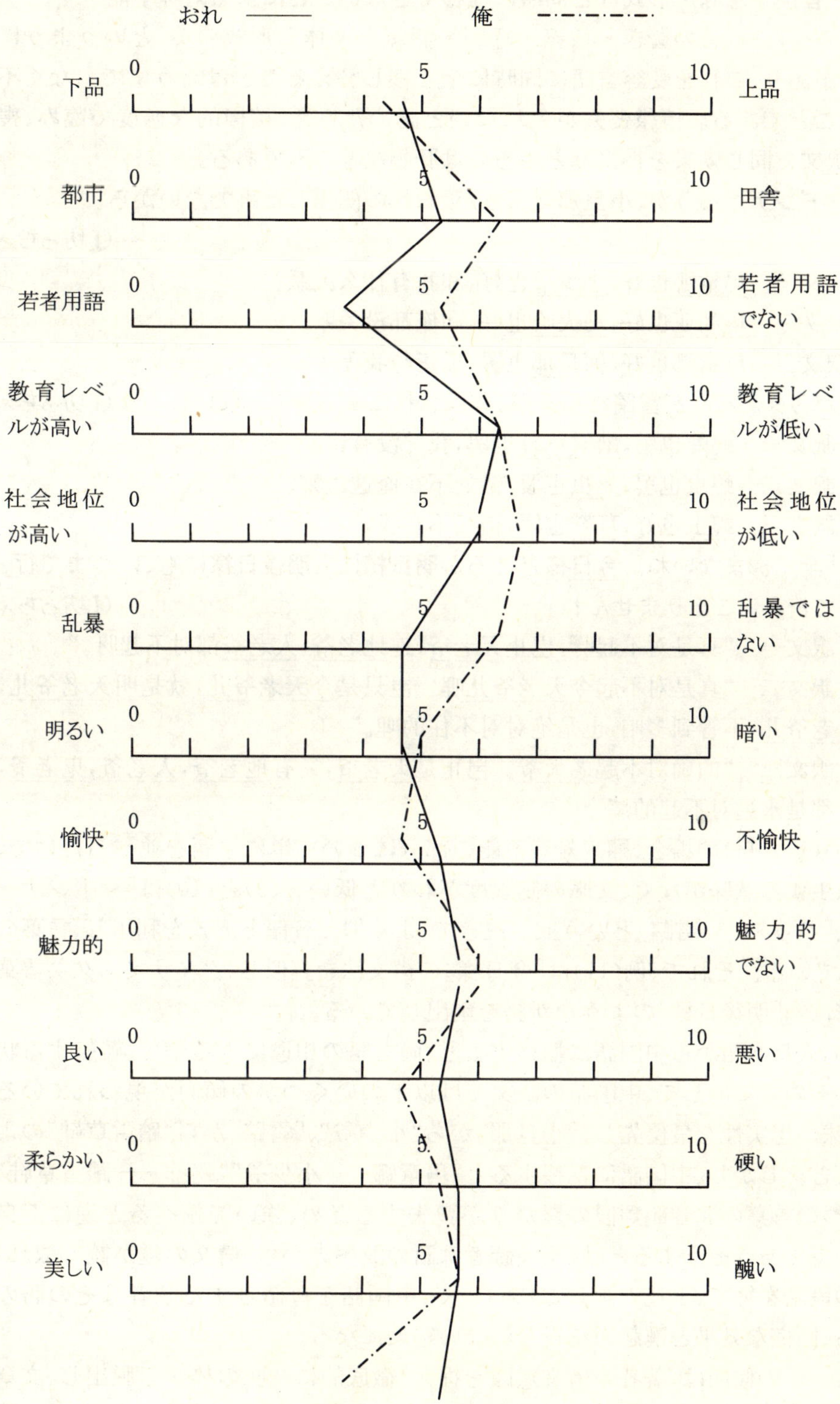

図6 「おれ」と"俺"についての内包的な意味測定

3.2.3　音声・意味・形式など同時に転移できないことによる対等不能

文章の美には、音の響き・意義・意図・語気と文体と形式の美、というように様々な側面があり、これを受容言語に同時に全て移し替えることは言うまでもなく不可能に近いことである。情報喪失が免れないと認めたうえ、積極的な態度で臨み、喪失しても、訳文で同じ効果を得ようとするのは肝心なところである。

(9)**マドンナ**だろうが、**小旦那**だろうが、おれの関係した事でないから。

（『坊っちゃん』）

訳文一　玛童娜也好，小少爷也好，和我有什么关系？

訳文二　玛利亚也好，马大哈也好，和俺都没关系。

訳文三　玛童娜也好，柯旦那也罢，反正与我无关。

(10)**バッタ**だろうが**雪踏**だろうが、非はおれにある事じゃない。（『坊っちゃん』）

訳文一　蚂蚱也罢，踏雪草鞋也罢，我并没有错。

訳文二　蝗虫也罢，臭虫也罢，错处不在俺这边嘛。

訳文三　蝗虫也好，草鞋也罢，错又不在我，

(11)「全く済まないね。**今日様**どころか**明日様**にも**明後日様**にも、いつまで行ったって済みっこありませんね」（『坊っちゃん』）

訳文一　“真是对不起呀，岂止天老爷，连地老爷、人老爷都对不起呀。”

訳文二　“真是对不起今天老爷儿哩。岂只是今天老爷儿，就是明天老爷儿，后天老爷儿，不管到多咱，也是绝对对不住的哩。”

訳文三　“的确对不起老天爷。岂止是天老爷，还有地老爷，人老爷，鬼老爷，对谁都是永远对不起的。”

例(9)(10)(11)の場合、翻訳対等不能の部分について単に単語を並べるだけで、そこから派生する意味がなく、文脈の制限度がわりと低い。(9)と(10)は「マドンナ——小旦那」、「バッタ——雪踏」という並べ置きで、よく似た音韻と形式を利用し、言葉の洒落を作っている。それで、例(11)は「今日様」の構文法を真似し、ダイナミックな言葉遣いで「明日様」「明後日様」のような新語を創出している。

しかし、日本語から中国語に転移すると、両言語の相違による壁で、難航する状態に陥る。その壁に面して、中国語の訳文では以下のいくつかの傾向が現われている。一つ、意味の忠実性を最優先し、「小旦那」から“小少爷”、「雪踏」から“踏雪草鞋”のように訳すこと。しかし、中国語に転移すると“玛童娜——小少爷”“蚂蚱——踏雪草鞋”になり、二つの言葉の間音韻類似の繋がりが喪失するため、強いて並べると逆に不自然感が湧いてくる。そうすると、原語の読者は語の並べ方から、構文の趣が読み取れるが、翻訳の段階を経て、上述の訳し方において、中国語を母語とする読者はその語の並べ方から、同様な効果と喚起力を得られない結果になる。

もう一つの傾向は、著者の構文意図を捉え、徹底的に意味の枠から脱出し、文章の意味よりその構文法だけを取りいれ、中国語の音韻環境におき、前の語の発音と近い訳語を選び、“玛利亚——马大哈”“蝗虫——臭虫”のように訳すこと。その結果、言葉の意味と離れるが、原文と近い効果と喚起力が得られ、訳文の可読性もアップできる。そ

れで、残りの訳文二は、どちらにも徹底的にすることができず、意味の枠から抜けようとしても、未練があり、やや中途半端の状態になっている。"玛童娜——柯旦那"の一組では、「小旦那」を音訳し、実際の意味を持っていない"柯旦那"と訳すのに対して、"蝗虫——草鞋"の一組では"踏雪草鞋"の意訳より、"草鞋"という訳語を選び、形式的に前の語と同様に二文字にし、折衷案を取り上げている。

さて、例(11)の場合では「明日様」と「明後日様」がいずれも造語で、それなりの意味がそもそも存在しないゆえ、中国語に転移する時ほとんど変容し、原文の構文法をもとにして、相似する訳文を作り成す。

上述の三例は、音声・意味・形式など同時に転移できない時、意味の忠実から効果力の忠実に転換する方法を取り上げているが、もし文脈の強制が強い場合、そう簡単に意味の枠を超えられない例もある。

(12)ゴルキが露西亜の文学者で、丸木が芝の写真師で、米のなる木が命の親だろう。

(『坊っちゃん』)

訳文一　高尔基是俄国文豪，丸木是东京芝区的摄影师，可以吃的树是生命的保障。

訳文二　高尔基是俄国的文学家，丸木是芝区的照像师，产米的植物是人的命根子，这谁都知道，还用说嘛。

訳文三　哥尔基是俄罗斯文学家，丸木是芝区的摄影师，可吃的树是活命的恩人喽！

このようなどうしようもなく、抵抗できない翻訳対等不能でも、もし上手く取り扱えば、転機が現れることもある。例(13)では、起点言語と目標言語の運用能力また相当な翻訳技術を身につけた翻訳者により、翻訳対等不能の度合いが高い文章を伝達可能性が高く、喚起力が近い訳文に転換させられる。

(13)一番左の方に居た顔の丸い奴が「そりゃ、イナゴぞな、もし」と生意気におれを遣り込めた。「篦棒め、イナゴもバッタも同じもんだ。第一先生を捕まえてなもした何だ。菜飯は田楽の時より外に食うもんじゃない」とあべこべに遣り込めてやったら「なもしと菜飯とは違うぞな、もし」と云った。いつまで行ってもなもしを使う奴だ。(『坊っちゃん』)

訳文一　站在最左首的一个圆脸的家伙说："这是蝗虫那摩西。"他傲慢地将了我一军，"混蛋！蝗虫和蚂蚱还不都一样！你当着老师的面说什么那摩西？你不知道只有吃烤豆腐串时才吃青菜饭的吗？"我来个反戈一击。于是他说："那摩西和青菜饭不同。"那摩西。这家伙不管什么都是"那摩西"。

訳文二　站在最左边的一个圆脸的家伙，傲然地顶了俺一句，说："那，是蚂蚱哦。"俺立刻反驳他们说："真混蛋，蝗虫也好，蚂蚱也好，不是一个东西吗？甭说别的，你们向老师说话，总是'哦"，'哦'的，这是怎么回事？又不是吃饭打嗝，老是'哦'、'哦'的作什么？"对方说："'哦'和打嗝可不是一码事儿哦。"看来，这是个说话就离不开"哦"的家伙！

訳文三　最左边的一个圆脸的家伙，装腔作势地反问起我来："这是蚂蚱纳摩西？"

我反驳说：“糊涂蛋！蚂蚱也好，蝗虫也好，都是一样的东西。特别是你们不该在老师面前开口就说什么纳摩西，这叫什么话。烩饭只是在插秧时吃的嘛！”“是不是和豆腐音相同，是不？”这些家伙一开口总要说“是不”。

前述の例(4)では、原文の「な、もし」という語尾表現に含まれた言語の地域的要素、話し手への連想などの情報をうまく伝達できないが、そこで訳さなくても文章全体への理解に大いに差支えがないために、無理に訳さずそのまま置いておくといった訳文もある。しかし、例(13)では、「な、もし」は単なる方言表現ではなく、また次の文と掛詞になっている。そうすると、一見巧み満載、面白さがあふれる夏目漱石の言葉が、訳す際にはより難しくなる。

例(13)で登場する生徒はややもすれば「な、もし」という語尾を使い、訛りで主人公の先生と会話する。それを聞きあきた主人公は近い発音を持つ「なめし」とかけ、「菜飯(なめし)は田楽の時より外に食うもんじゃない」という言葉を投げ出した。そもそも菜飯(なめし)は、葉野菜を米飯に炊き込んだ料理で、田楽とセットにして食べることによく知られている。例(13)の文脈において、なめしは田楽と一緒にしか食べないと同様に、「な、もし」は何かにつけ口にするものではないと示唆し、これ以上「な、もし」という語尾を使うなと一種の間接発話行為⑨と見られてもよいだろう。言語というものは情報伝達機能、感情表出機能、そして行動を引き起こす機能などを持っていることである。例(13)ではまさにそれらの機能が満載する一文と言っても過言ではない。

しかし、この文章を中国語に訳す際、伝えたいものが余りにも多く、しかもいろいろな情報と機能が絡み合っているため、逆に高い翻訳の壁になっている。三つの訳文のうち、訳文一と訳文三の翻訳技法はほぼ一緒で、「な、もし」そのものは意味がないため、訳者は音だけを取り出し“那摩西”や“纳摩西”と訳している。しかし、「菜飯は田楽の時より外に食うもんじゃない」という文章の中の「菜飯」を音訳すれば、文章全体は意味になれないので、“青菜饭”“烩饭”と訳している。そうすると、二つの言葉の間発音の繋がりが消え、掛詞になる要素もともになくなる。もともと「菜飯は田楽の時より外に食うもんじゃない」という面白い表現は、訳文一と訳文三の登場で唐突的になり、不自然感を与えざるを得ない。

一方、訳文二を見ると、訳者の奇抜な発想と絶妙な言葉の組み合わせに感心せざるを得なくなる。訳者は最初から意味の枠から脱出し、効果だけに注意力を注ぎ、逆に広い意味世界を切り開いている。「翻訳は裏切りのようなものである」というイタリアの古い言い伝えは、まさにこのことを指しているだろう。訳文三は「な、もし」を“哦”にすり替え、さらにげっぷを出す時の音とリンクし、“总是‘哦’，‘哦’的，这是怎么回事？又不是吃饭打嗝，老是‘哦’、‘哦’的作什么”と訳し、原文の構文仕方と一致させたうえ、無理せず、すべてのキーワードをうまく繋げ、上述の言語機能も満たしているのである。

---

⑨　文字どおりの意味とはことなった内容を間接的に伝達する言語行為。

翻訳について、「剥製の鷲より生きた雀の方がまし」とイギリスの翻訳家エドワード・フィッツジェラルド[⑩]が言った。確かに、訳文三の訳し方によって原文の意味と味が薄らいだが、要領が得られないほどの無理感と唐突さが消え、原文が読者に伝えたい構文の匠や言葉の表情をきちんと届け、もとの喚起力に近寄る効果的な訳文の一例と言ってもよいだろう。

3.2.4 文化的な障壁による対等不能

言葉というものは、それがどのような事物を指しているかで、何とつながりを持っているかで、どの社会的、心理学的領域で反応を見せるかによって互いに異なっている。どの言葉も、それぞれの文化の流れのなかで自分の歴史を持っており、この文化の流れから離脱できない。

頻出度がわりと高い文化的な障壁は、その言語を操る自民族の特有な物質や社会文化現象などから発生する。原語に出てくる事物と、それに対応する受容言語の事物との間に、概念上または機能上、はっきりした相異がある場合、ある程度補足説明を付け加えたり、読者をいたずらに混乱させるのを避けるため省略したり、変形したりすることはよく使われる翻訳手段である。また、特定な単語の場合、意訳、音訳、転用などの手段を取り、特に中国語と日本語はともに漢字を使用するため、漢字そのまま転換するケースも少なくない。

(14)命令も下さないのに勝手な軍歌をうたったり、軍歌をやめるとワーと訳もないのに鬨の声を揚げたり、まるで浪人が町内をねりあるいてる様なものだ。

(『坊っちゃん』)

訳文一　没等发号施令，他们就随便唱起军歌，军歌一停又哇啦哇啦乱起哄，就象一群野孩子吵吵嚷嚷地走过大街。

訳文二　没等教员下命令，他们就乱唱起军歌来，歌声一停，又无缘无故地欢呼起来，简直象一群浪人在街上游行似的。

訳文三　命令没有下，他们就随意乱唱军歌，军歌一停，又无缘无故地哇哇起哄，简直跟流浪汉在街上成群结队游行一样。

(15)野だは頓着なく、たまたま逢いは逢いながら……と、いやな声を出して**義太夫**の真似をやる。（『坊っちゃん』)

訳文一　小丑毫不知趣，怪声怪气学起唱戏的来了：“今日有缘来相会，谁知晓……”

訳文二　“蹩脚帮”不在乎这一套，发出令人讨厌的声音，学着义大夫曲唱道：“俏冤家，偶然见到你，你就这样无情义……”

訳文三　帮腔佬毫不在意地学着义太夫的样子，怪腔怪调地说：“难得与君来相逢，哪知……”

---

⑩　エドワード・フィッツジェラルド(Edward Marlborough FitzGerald、1809～1883年)、イギリスの詩人・翻訳家。ウマル・ハイヤームの『ルバイヤート』の翻訳で知られる。

「浪人」と「義太夫」は日本独特な伝統文化の流れにおいて、民族性が高く、社会・文化・歴史などと緊密に繋がっており、日本特有なものを指している言葉である。その二つの言葉から、自民族の読者は自然に心の中に内蔵している概念や心象などと照合し、容易に喚起される。そして、社会文化の脈絡という背景が熟知しているからこそ、言葉の裏に隠している情報も抽出可能になり、作者の真意も捉えられることになる。

「浪人」は武家時代、主家を離れ、禄を失った者である。日本語を母語とする読者は「浪人」のイメージから、生徒達が進行する時の無秩序で、喧しい状態が想像できる。同様、「義太夫」という言葉を見て、はすぐにそのしぐさと歌声を連想し、ひいてそれを真似している野だの滑稽さも想像できる。しかし、漢字そのままに転用し、変容度が一番小さいと見られる訳文二の訳し方であるが、「浪人」と「義太夫」がいずれも異文化の脈絡に存在していないものであるがゆえに、訳語は中国語を母語とする読者の内蔵している概念や心象に連動できず、途中で折れる状態になる。一見安穏な訳し方であるが、却って受容言語の読者にとって得体や要領が得られず、よく理解できない結果になる。

続いて例(14)の訳文一と例(15)の訳文一・訳文三を見ると、「浪人」から“野孩子”、「義太夫」から“怪声怪气”“怪腔怪调”と訳すように、いずれも、名詞扱いで訳すことではなく、字面通りの意味でもない。しかし、あえて意味の枠から解放し、言語が起こす喚起力を物差しとして、伝達効果だけに注目しながら原文が伝えたい特徴だけを訳すため、その結果、訳語の変容度が大きくなるが、訳語による喚起力は原語に近寄っている。

さて、残りの例(14)の訳文三は、原文の意味の枠から抜け出そうとするが、未練があり、近い表現の“流浪汉”と訳している。しかし、原文では「浪人」そのものの意味より、むしろ比喩表現の扱いで、「浪人」のいくつかの特質を取り出すだけである。“野孩子”という訳語からは生徒達のやかましさやばらばらな進行状態が想像できる一方、“流浪汉”からは中年やしょんぼりしているイメージしか想像できず、結局特質的なものが表現できなくなる。例(14)の訳文三は見た目から近い意味を持つ訳語であるが、効果的にずれがあり、形があるが魂が失う訳し方にすぎない。

異文化間の溝を乗り越える時避けることなく溝の底に落ちる情報があるが、異文化の接点をつかみ、うまく変容し、原文の魂を表現する例もある。

(16)失敬な奴だ。顔のなかを**御祭りでも通りゃしまいし**。　　　　（『坊っちゃん』）

　　訳文一　不懂规矩的东西！我脸上又没有唱戏。

　　訳文二　真是个不成体统的东西！又不是从俺脸上抬过花轿去，看俺的脸，有什么可乐的？

　　訳文三　真是个不懂礼貌的东西！我脸上又没有什么热闹好看。

日本の御祭りはたいてい五穀豊穣祈願のためであったり、その年の収穫を神に報告したり、収穫できたことで神に感謝をしたりするものである。お祭りの日に、まちのメイン通りで、踊りなどの行列が通ることはよく見かける光景である。祭りという

「ハレ」の日は日本人にとって年に幾度とない「お祭り騒ぎ」のできる楽しみの日の存在である。ゆえに、「御祭りでも通りゃしまいし」という文章から、原語の読者が自然に大騒ぎ、賑やか、面白いなどの連想をすることが想定できる。

文化が言葉を生みだし言葉で表現するように、言葉は文化を生みだし文化を反映する。両者を別個のものに解き放すことはできない。どの言葉も何らかの変更を加えなければ、元来の土壌からほかの土壌に移し植えることはできない。それで、例(16)では、原語と近い喚起力を引き起こすために、意味そのままに訳せず、異文化間の接点に目を向け、中国伝統の町の行事を探り出し、嫁迎えの行列や、京劇公演などに見立て、日中両国それぞれ異なる伝統文化の背景の中に、読者から近い心象や感情連想を作れるように工夫をしていた。このように、それぞれの文化の脈絡において、言葉の喚起力の変動を出発点とし、言語をうまく変容させることは生まれ変わるような涅槃とも、新生とも言えよう。

3.2.5 表現価の対等不能

表現価について、成瀬武史(1989)は、次のように述べている。

発話者は、表現の中にどんな選択関係の語句や文を用いるかによって、その発話内容の一部分もしくは全体に関する自分の描写力・感情・好み・偏見・評価を情報の意味の一部として伝えることができる。表現価は表現が受け手に訴える描出力によって計られよう。それは受け手に感覚的自覚を促す力、すなわち受け手が想像力の中に持つ視覚・聴覚・嗅覚・触覚・味覚を喚起する力である。わけても視覚の対象となる大きさ・色・形・性格・特質・動き・方法・感覚的魅力を喚起する力がおもな尺度となる。(『意味の文脈一通じる世界の言葉と心一』pp. 18)

起点言語から目標言語に転移する際、表現方法の変化によって、表現力が大いに変化し、それによる喚起力が変わることもある。一番代表的な例は比喩表現とも言えよう。比喩表現の狙いは、指示的な意味に倍音を被せることにある。倍音は、情報のみを伝える語句が指示する意味領域に、適用範囲を異にする意味領域を重ねることから生じる。

とはいえ、比喩表現でも慣用表現でも完全に恣意的な表現の組合ではなく、その言語社会の歴史、文化、習慣などの枠から超えることができない。特に、訳す場合、両国の文化背景の違いによって、指示する内容のイメージがだいぶ違うときもあるため、かなり調整しなければならない場合もある。

(17)**鉢の開いた頭**を、こっちの胸へ宛ててぐいぐい押した拍子に、勘太郎の頭がすべって、おれの袷の袖の中に這入った。(『坊っちゃん』)

訳文一　他用<u>大脑壳</u>咚咚直撞我的胸脯，不巧一滑，勘太郎的脑袋钻进我的大褂的袖筒里了。

訳文二　把他那<u>大脑袋</u>，朝着俺的胸脯狠狠地顶来，顶着顶着，勘太郎的脑袋滑了一下，钻进俺的夹衫袖子里来了。

訳文三　他扬起<u>螳螂头</u>，狠命地朝我胸口顶撞过来。突然，勘太郎的头一滑，钻进了我的夹衣袖筒里。

原文の「鉢の開いた頭」から、その頭の形や大きさなどが想像できる。視覚、さらにそれが胸へ当たる触覚まで喚起し、普通の"大脑袋"より表現価が明らかに高い。しかし、中国語ではこういうような表現の組み合わせ方がないため、訳文一と訳文二は表現価が低い"大脑袋"という訳語を選んでいる。一方、訳文三は「鉢」のイメージを捨て、中国の文化や言語の習慣に従い、"螳螂头"と訳している。"螳螂"は意味的に原文の「鉢」と全く違うものであるが、特徴的なカマキリの頭から、勘太郎の頭の形やデカさを連想し、原文と近い効果と喚起力を引き出している。

(18)古川の持っている田圃の井戸を埋めて尻を持ち込まれた事もある。

(『坊っちゃん』)

訳文一　还有一次,我把古川田里的水井填了,惹得人家直闹到家里。

訳文二　俺将古川家地里的水井管给堵上了,让人家吵到俺家里来。

訳文三　我把古川家地里的水井管子给堵死了,人家找上门来算账。

例(18)の慣用句は、「尻」という名詞から意味が派生し、「尻を持ち込まれた」という組み合わせにより、「事後の責任を問う。後始末を迫る」という特定な意味を表現している。単純に意味から見ると、「尻を持ち込まれた」と「責任を問われ、後始末に迫られる」の間には大差がないが、「尻を持ち込まれた」を使うと、言葉は軽くて個性的な表情をしているのに対し、「責任を問われ、後始末に迫られる」になると、普通の表現法に流れ、言葉は固い表情をしていることが想像できる。

しかし、慣用句が完全に恣意的な表現の組合ではなく、その言語社会の歴史、文化、習慣などの枠からに制限され、違う言語文化の中で同じ形式や意味などを持っている慣用句表現は稀である。その違和感が現れると同時に、翻訳する際ある程度の調整が必要になる。慣用表現の調整には、次の三つが考えられる。(1)慣用表現から普通の表現へ、(2)慣用表現から慣用表現へ、(3)普通の表現から慣用表現へ。

慣用表現を解体し、普通の表現にかえる作業は、原語から受容言語に転移する段階で行うことが多い。例(18)はの訳文は、原語の慣用表現を解体し、意味通りに訳しているが、残念ながら表現価の差を埋めることができず、小説言葉遣いの特徴も薄らいでいる。

(19)**人の尻を自分で脊負い込んで、おれの尻だ、おれの尻だと吹き散らかす奴**が、どこの国にあるもんか。

(『坊っちゃん』)

訳文一　别人干了坏事,自己为他担不是,而且到处宣扬:"是我的错;是我的错。"天下哪有这样的人。

訳文二　天下哪有自己去替别人揩屁股,还要卖弄说"这是俺的屁股,俺的屁股"的家伙呢?

訳文三　把人家做错的事,自己揽过来,到处去说:这是我的错,是我的错。哪里有这样的蠢货呢!

そもそも、慣用句は一種の比喩表現で、独立した単語の複合により、異なった意味を持つようになった定型句である。例(19)を分析すると、文章の前半は独立した単語「尻」の複合により、「他人の責任を自分のものとして背負う」という意味に転換する。しかし後半は、あえてその核的な単語「尻」を単独で使い、実体の意味か派生する意味かを判明していないところから、言語の広い想像空間を作り出し、言葉遣いの面白さと巧妙さを訴える。

しかし、慣用句の形式や意味さらに構文の特徴までうまく活かすことより作成したこの表現価が高い一文は、違う言語システムで同様な表現価を実現するのは極めて難しい。訳文一と訳文三は、最初からその慣用表現の定着した意味に目を向け、"别人干了坏事，自己为他担不是""把人家做错的事，自己揽过来"と訳し、その流れから、後半の「尻」という単語も派生する意味"我的错"と訳すしかない。

一方、訳文二は、「尻」の派生する意味と実体の意味を飲み込むため、前半の慣用句やや意味が異なる"替别人揩屁股"(「他人のためにあとしまつする」)と訳し、そこから後半で原文の構文方を模倣して"俺的屁股"という訳文を導く。後半の"屁股"は実体の意味を持っているうえに、前の伏線から「あとしまつ」の意味も想定できるが、中国語では"屁股"という単語自体そのような派生する意味が定着していないため、訳文二の処理法はやや不自然な感じを与えざるを得ない。

(20)今日の新聞に辟易して学校を休んだなどと云われちゃ一生の名折れだから、飯を食って**いの一号に出頭した**。(『坊っちゃん』)

訳文一　假如人家认为我是看了今天报纸上的消息之后才请假休息的，那是我一生的耻辱。所以吃过饭我第一个到学校去了。

訳文二　如果让人家说，俺是为了今天的报纸，感到招架不住，不敢去上课了，那将是一辈子的耻辱。所以俺一吃完早饭，便头一个到学校去了。

訳文三　如果被人家说我是让今天的报纸吓住了，才没有到学校去，那有损我一生的名誉。所以吃过饭后，我第一个到了学校。

「今日の新聞に辟易して学校を休んだなどと云われちゃ一生の名折れだから、飯を食っていの一号に出頭した。」というひとごとだけで、生徒の暴力事件に巻き込まれ、当地の新聞まで掲載された主人公が登校する心境を立体的に表現している。特になかの「出頭」という単語はもともと官庁などの呼び出しを受けて出かけることを意味し、後に犯罪者の自首行為の表現として定着されているため、ここで、夏目漱石はあえてこの言葉を選択し、新聞を読んだあと、主人公は嫌々ながらも、身の潔白を証明するために学校へ行くことにした複雑な気持ちを個性的に表現してる。創意があふれる言語の表現により、強い喚起力を醸し出し、読者の心のも強く引き出している。しかし、言葉を活性化する文学の技量は他の言語システムに実現できず、中国語に替えると、ただ"到学校去了"という普通な表現に変容し、表現価が頓挫し、受容言語の表現力と喚起力も半減する。

以上は、三つの訳文バージョンを持つ『坊っちゃん』から、対等不能の度合が比較的高く、しかも喚起力が大いに変動する例文を対象に、翻訳対等不能の原因によって分類した結果である。本稿は、言語形式などの変動より、言語の機能・文化的な受容へ目を向け、喚起力の変動を中心として実例選出を行ったため、先行研究で列挙した表現法による障壁の「肯定表現と否定表現」「能動態と受動態」「文の焦点と構造」などの種類は本稿の分類に見当たらない。代わりに、表の記号転換だけに目を向けることではなく、言葉による情緒的な反応を考慮に入れ、言葉の裏に隠れている重要な情報にも注目するため、「言語の諸次元、内包的な意味による対等不能」という新しい種類を取り入れることにしました。また、本稿は先行研究の基に改めて統合し、「意味の共有」「多義語」と「意味表出手段の限界」を「意味領域」という問題にまとめ、さらにそれが発生する原因の一つは、異なる言語が客観的な世界を分割する仕方が違うことと明らかにした。

(1)意味領域による対等不能、(2)言葉の諸次元、内包的な意味による対等不能、(3)音声・意味・形式など同時に転移できないことによる対等不能、(4)文化的な障壁による対等不能、それに(5)表現価の対等不能という五つのパタンの考察にによって、中日翻訳における対等不能による喚起力変動の軌道も明らかになってきた。次章は本章を基にし、更に喚起力の変動へアプローチしている。

第4章　受容言語喚起力の変動へのアプローチ

4.1　喚起力の変動にめぐる分類

前述のように、翻訳の焦点は原語の文章から文化の受容に、記号変換の過程からコミュニケーション行為に、言語の内容形式から言語機能に移動している。「よい翻訳とはどんな翻訳であろうか」という従来の問いかけは、むしろ、「受容言語の読者にとって、よい翻訳とはいったいどんな翻訳であろうか」という言い返しによって答えられなければならない。

特に、翻訳が制限や障壁によって、ある程度の調整と取捨選択を行わざるを得ない時、受容言語の読者の反応、言い換えれば受容言語による効果は、原語扱いの指針になり、受容言語の優劣を評価する重要な指標にもなる。効果の変動を突き止めるために、本論は意味論における「喚起」という理論を導入した。図3のテクスト解釈の回路で示しているように、客観的な外界における知覚の刺激また情念の喚起は、言葉に転換し、やがて言葉が心に特定の指示物を喚起する。喚起された指示物はすでに心に内蔵されているものを連想させるか、それらと照合される。その結果、たとえ指示内容が全くの新情報に属するものであっても、受け手が推論して理解に、もしくは誤解に至る。

このテクスト解釈の回路を借用し、原語と受容言語二つの言語システムの並行比較によって、表の言葉変化を裏の心象変化と繋げ、両語の外界世界と受け手の心に内蔵しているものの文化背景が要因の一つとして顕現し、変動が起こる段階と変り方も明らかになる。

第三章での翻訳対等不能の分類をもとにして、本章は『坊っちゃん』の各実例の訳文だけを対象とし、喚起力変動の方向や強弱などに焦点を絞り、喚起力のずれ・削弱・未達と近寄りという四種類に分けた。

(1)喚起力のずれ。個人がテクストに耳目をさらす時、その言葉が心に特定の指示物を喚起する。翻訳の段階を経て、言語表現が変貌し、そうすると心に喚起する特定の指示物は原語が指している指示物の間偏差があらわれ、そこに喚起力のずれが生じる。

(2)喚起力の削弱。原語から受容言語へ転移する過程で、異言語の根底にある「フレーム・ワーク」の変形によって、原語表現に含まれている諸要素が損なわれ、したがってそれによる喚起力も削弱になる。

(3)喚起力の未達。言葉の表現に受け手が読み取ったり聞き取ったりする意味は、それが有意なものであるかぎり、心に何らかの概念を喚起せずにおかない。その概念には観念のみならず心象(image)も含まれる。しかし、異文化言語のシステムで、それぞれ文化社会の制限、言語自身の制限によって、心に保有する概念や心象を喚起できず、テクスト解釈の回路が途中で折れることとなる。

(4)喚起力の近寄り。起点言語の規範から目標言語の効果に、言語転換から文化受容に、記号変換から機能重視に切り替え、訳文による効果や喚起力を重視し、翻訳手段を通してその伝達性を拡大することである。

喚起力の変動にめぐる具体的な分類は、以下の表でまとめた。

表1　受容言語喚起力の変動にめぐる分類

(括弧の中の数字は、どの訳文バージョンに属するかを指している)

<table>
<tr><th>喚起力変動の種類</th><th>前章での分類</th><th>『坊っちゃん』の訳文での例</th><th>喚起力変動の解明</th></tr>
<tr><td rowspan="5">喚起力のずれ</td><td rowspan="2">意味領域</td><td>甥——(一)(三)外甥 (二)侄儿</td><td>意味領域の拡大あるいは縮小。</td></tr>
<tr><td>妙——(一)不三不四 (二)别有用心 (三)非常奇怪</td><td>主観性が高い一語で、意味領域の限定が難しい。三つの訳語は共通する意味成分を持っていると同時にそれぞれ違う意味成分も指向している。</td></tr>
<tr><td>言葉の諸次元、内包的な意味</td><td>おれ——(二)俺</td><td>訳語による情緒的な反応が原文とずれがあり、強すぎる。</td></tr>
<tr><td>文化的な障壁</td><td>浪人——(三)流浪汉</td><td>特定の文化背景から生まれた独自の表現、異言語で完全に対応する表現が存在していない。</td></tr>
<tr><td>表現価</td><td>人の尻を自分で脊負い込んで、おれの尻だ、おれの尻だと吹き散らかす奴——(二)天下哪有自己去替别人揩屁股，还要卖弄说“这是俺的屁股，俺的屁股”</td><td>原語による意味、形式、特性、構文方など全てを厳密に守ろうとするところから、不自然感が生じ、ずれが出てくる。</td></tr>
</table>

喚起力変動の種類	前章での分類	『坊っちゃん』の訳文での例	喚起力変動の解明
喚起力の削弱	言葉の諸次元、内包的な意味	悪太郎——(一)招惹是非的祸根（二)胡打乱闹的坏孩子（三)闯祸闹事的坏孩子	言葉の時代、背景、作文の遊び心などの損失により、喚起力が弱まっている。
		おくれんかな、もし——(一)请慢一点行吗?(三)您稍微讲慢点行呗。	内包的な地理方言の情報損失による喚起力の薄弱が起こる。
		おれ——(一)(三)我	「おれ」という第一人称代名詞に含まれる主人公性格の情報や、これによる情緒的な反応が薄らいでいる。
	表現価	鉢の開いた頭——(一)(二)大脑袋	表現価の減少による表現力が低下する。自然に訳文が生み出す感銘と喚起力も低調になる。
		尻を持ち込まれた——(一)惹得人家直闹到家里(二)吵到俺家里来(三)人家找上门来算账	
		人の尻を自分で脊負い込んで、おれの尻だ、おれの尻だと吹き散らかす奴——(一)别人干了坏事,自己为他担不是,而且到处宣扬:“是我的错;是我的错。”(三)把人家做错的事,自己揽过来,到处去说:这是我的错,是我的错。	
		出頭——(一)(二)(三)到学校	
喚起力の未達	言葉の諸次元、内包的な意味	巻き舌——(二)(三)卷舌音	語の裏に隠れている肝心な内包的な情報は、異言語の土壌に解き放したあと、それと結びつける情報が変わる。何も修正せず置き換えると、文章全体の意味が成り立たず、喚起しがたくなる。
	音声・意味・形式など同時に転移できないこと	マドンナ、小旦那——(一)玛童娜、小少爷(三)玛童娜、柯旦那	両言語の間には基本的または広範的な意味転換の条件と手段が存在しているが、音声や形式など同時にすべての転換が不可能。翻訳の「忠実」はただ意味の忠実だけではなく、原文の意図を捉えず、ひたすら意味だけに拘ると、喚起しがたいどころか、意味不明になる恐れも生じる。
		バッタ、雪踏——(一)蚂蚱、踏雪草鞋(三)蝗虫、草鞋	
		今日様、明日様、明後日様——(二)今天老爷、明天老爷、后天老爷	
		ゴルキ、丸木、米のなる木——(一)(二)(三)高尔基(哥尔基)、丸木、可以吃的树(产米的植物)	
		イナゴぞな、もし|菜飯は田楽の時より外に食うもんじゃない——(一)蝗虫那摩西|吃烤豆腐串时才吃青菜饭(三)蚂蚱纳摩西|烩饭只是在插秧时吃的嘛	
	文化的な障害	浪人——(二)浪人	民族文化で特有な表現で、漢字そのままに移しかえると、受容言語の文化背景に成り立つことができない。その結果、受け手の心に内蔵しているものから連想できず、喚起しがたくなっている。
		義太夫——(二)義太夫	

喚起力変動の種類	前章での分類	『坊っちゃん』の訳文での例	喚起力変動の解明
喚起力の近寄り	言葉の諸次元、内包的な意味	おくれんかな、もし——(二)再稍微来慢点，可中不中哦?	意味の枠から解放し、伝達の効果と目的に目を向け、近い喚起力を求める。
		巻き舌——(一)又快又重的语调	
	音声・意味・形式など同時に転移できないこと	マドンナ、小旦那——(二)玛利亚、马大哈	音声・意味・形式などに拘らず、原文が一番表現したいものをつかみ、翻訳が成立するために排除されざるをえないものを捨て、そして、その少量の放棄により、多量の効果を獲得し、言葉の新生となる。
		バッタ、雪踏——(二)蝗虫、臭虫	
		今日様、明日様、明後日様——(一)(三)天老爷、地老爷、人老爷(鬼老爷)	
		イナゴぞな、もし|菜飯は田楽の時より外に食うもんじゃない——(二)是蚂蚱哦|又不是吃饭打嗝，老是“哦”“哦”的做什么	
	文化的な障壁	浪人——(一)野孩子	受容言語の文化背景において、近い心象喚起を起こせる訳語を探り出す。
		義太夫——(一)怪声怪气 (三)怪腔怪调	
		お祭り——(一)唱戏 (二)抬过花轿(三)看热闹	
	表現価	鉢の開いた頭——(三)螳螂头	それぞれの言語に定着している慣用表現があり、意味の枠から脱出し、同じ表現効果を目指す。

4.2　仮設ルートの構築による伝達性の向上

第二章(図3)成瀬武史氏によるテクスト解釈の回路図では、言葉の表現から心を経て推論に至るまでの流れに喚起するところは二箇所ある。「喚起力の近寄り」という種類の例をまとめて分析すると、喚起力の近寄りを実現するために、共通するところが明らかになる。

テクストの解釈、情報伝達の回路が塞がっているとき、第四種の実例は言語目的論に立脚し、発信者寄りの翻訳と受信者寄りの翻訳の比較のなかで、伝達性が高い受信者寄りの翻訳に目を向け、情報伝達を束縛する枠から脱出し、原語と似ている喚起力を引き起こすために、新たな仮説ルートの構築により、一新したテクスト解釈の回路を完成する。

喚起力が変動する場所は主に二か所あり、一つは「言葉」から「心」までの第一段階で、原語から受容言語に転移する過程において翻訳対等不能などの要因で、一部の「流出」が発生し、これによって受容言語と原語の間にずれが生じ、次第に喚起力も変動する。これは変動の主なパターンで、変動の多半数はこの段階で発生する。

もう一つは「心」の中の連動から「受け取った効果」までの第二段階である。「巻き

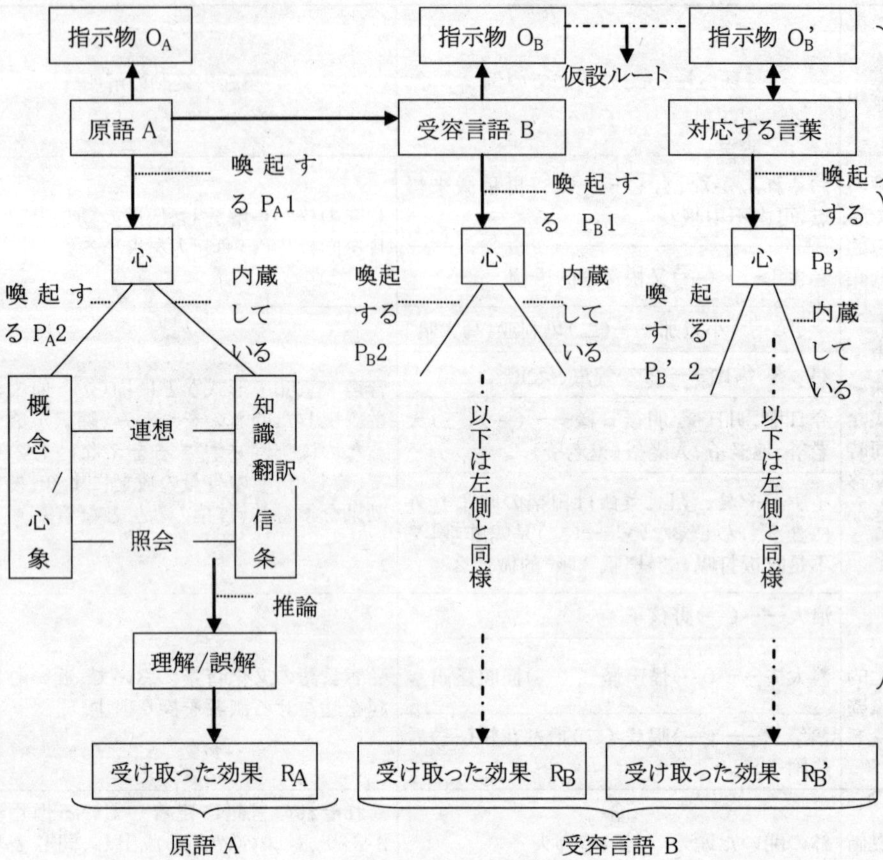

図7　テクスト解釈回路の原語と受容言語の対照図

舌——卷舌音」のような、一見何も変化がない安穏な訳し方は、違う文化の土壌で解き放すと「連想」と「照会」が大分異なる場合があるため、心の内部の連動による異なる感銘や効果に導き、喚起力が変動することもある。つまり、言語自身の制限と文化社会の制限に大きく分けられる。

そこで、上記の対照図と「喚起力の寄せ」という分類で示されているように、原語の喚起力 P_A と受容言語の喚起力 P_B の溝を埋めるために、「仮設ルート」の構築は一つの有

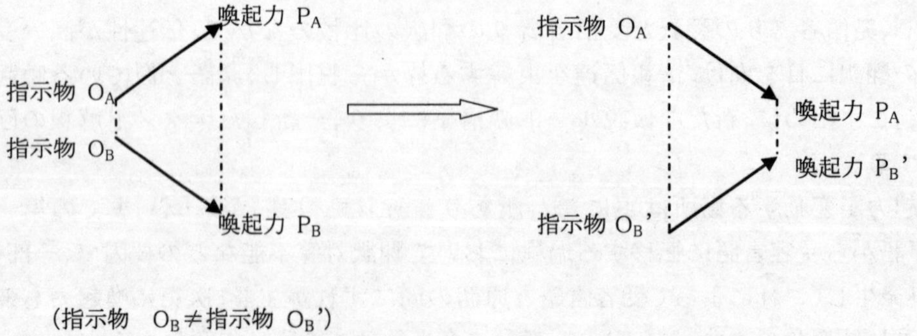

（指示物　$O_B \neq$ 指示物 O_B'）

図8　仮設ルート解釈図

効手段である。つまり、受容言語の喚起力を原語の喚起力 P_A と合わせるために、P_A と対等する P_B'を前提とし、受容言語の文化や社会背景の中から指示物 O_B'を探り出す。無論 O_B'は O_B や O_A と離れているが、O_B'に対応する言葉による喚起力 P_B'が原語の喚起力 P_A と寄せている。道理に R_A と近い効果も得られる。簡単に図示すると、以下の通りになる。

第5章　おわりに

本稿は中日翻訳における対等不能の問題を中心に、『坊っちゃん』の原文と三つの中国語訳文バージョンを対照しながら、意味上の調整による翻訳対等不能な問題に重点を置き、翻訳されたあとの受容言語による喚起力の変化をめぐり、実例選出と分析した上(1)意味領域による対等不能、(2)言葉の諸次元、内包的な意味による対等不能、(3)音声・意味・形式など同時に転移できないことによる対等不能、(4)文化的な障壁による対等不能、それに(5)表現価の対等不能という五つのパタンから考察を行った。

その五つのパタンは先行研究と重なる部分もあれば、喚起力の変動に着目し新たな考察によって独自な特徴を持つ部分もある。本稿は、言語形式などの変動より、言語の機能・文化的な受容を重視し、喚起力の変動を中心として実例選出を行ったため、先行研究で列挙した表現法による障壁の「肯定表現と否定表現」「能動態と受動態」「文の焦点と構造」などの種類は本稿の分類に見当たらない。代わりに、表の記号転換だけに目を向けることではなく、言葉による情緒的な反応を考慮に入れ、言葉の裏に隠れている重要な情報にも注目するため、「言語の諸次元、内包的な意味による対等不能」という新しい種類を取り入れることにした。また、本稿は先行研究の基に改めて統合し、「意味の共有」「多義語」と「意味表出手段の限界」を「意味領域」という問題にまとめ、さらにそれが発生する原因の一つは、異なる言語が客観的な世界を分割する仕方が違うことにあると明らかにした。

さらに、本稿は翻訳対等不能による受容言語の効果変動を突き止めるために、特に意味論範疇の「喚起」の理論を導入し、『坊っちゃん』における翻訳対等不能実例の分類を基にして、喚起力変動の方向や強弱などによって、また(1)心に喚起する特定の指示物の偏差による喚起力のずれ(2)言語の変形や諸要素の損失による訳文効果と喚起力の削弱(3)心に保有する概念や心象が喚起できないことによる喚起力の未達、と(4)伝達性の向上を目指す喚起力の近寄りという四種類に分けた。

特に、第四種に焦点を絞り、喚起力の変動ルートを具象化して新たな結果を解明できた上、伝達性が低いものから伝達性が高いものまで転換させる対策論もまとめた。喚起力が変動する場所は主に二か所あり、一つは「言葉」から「心」までの第一段階で、これは変動の主なパターンで、変動の多半数はこの段階で発生する。もう一つは「心」の中の連動から「受け取った効果」までの第二段階である。文化の受容に深く関わっている。要するに、翻訳対等不能は言語自身の制限と文化社会の制限に大きく分けられる。

それを克服するために、よく利用される方法は起点言語指向から目標言語指向に転換し、原文と最大限に対応すると同時に、訳文の効果や喚起力を重視し、仮説ルートの構築によって効果接近を目指すことである。このように、表の言語の変動と裏の心象変化を繋げられ、客観的に存在するの対等不能の現象が、適宜な翻訳手法を通して、効果がよく伝達性が高い訳文に転換できることになるわけである。

中日両語は異なる言語がゆえに、全て対等することが不可能である。しかし、言語による翻訳の限界に突き当たるなかで、沈黙するのではなく、徹底して言葉を尽くすべきであり、翻訳対象言語の限界を超えてその伝達の可能性を拡大するべきである。それに、翻訳の評価は、ただ原語と受容言語の照会だけでは不十分である。いずれにせよ、翻訳は訳文の正否のチェックではなく、あくまでも受容言語の読者向けのものであるため、受容者はどのような結果を受け取ったか、どのような効果をおさめたのかを思考に入れなければならない。

本稿は中日翻訳における対等不能な問題を中心に、『坊っちゃん』を対象として、その原語と受容言語を対照的に研究し、意味上の調整による翻訳対等不能な問題に重点を置き、特に受容言語による喚起力の変化について考察してみた。しかし、原語から受容言語に転移する段階で、意味上の調整でなく、構造上の調整も発生する。本稿で得た結果を広げるために、ほかの言語資料の中で構造上の調整も入れ、更なる検証が必要だと思われる。文章全体の構造や、一つの文の等位構造と従位構造などの問題を今後の課題としたいと思う。

用例出典

「中日対訳コーパス（第一版）」（2003）北京日本学研究センター（各訳文バージョンの関係情報はコーパスに表示されていない。これまで中国で出版された『坊っちゃん』の訳本は以下の通りである。

開西訳（1959）人民文学出版社

劉振瀛・呉樹文訳（1987）上海訳文出版社

胡毓文・董学昌訳（1989）人民文学出版社

包寰・包容訳（1994・1996）北岳文芸出版社

参考文献

柳父章（1972）『翻訳語の理論』法制大学出版会

ナイダ・テイバー・ブラネ著、沢登春仁・升川潔訳（1973）『翻訳——理論と実践』研究社（Eugene A. Nida，Charles R. Taber，and Noah S. Brannen. 1969. Leiden，E. J. brill：The Theory and Practice of Translation）

今富正巳（1973）『日本語←→中国語翻訳の要領』光生館

柳父章（1976）『翻訳とはなにか——日本語と翻訳文化』法政大学出版会

三宅雅明（1986）『翻訳と表現』冬至書房

成瀬武史（1989）『意味の文脈——通じる世界の言葉と心』研究社出版

加藤周一・丸山真男（1991）『翻訳の思想』岩波書店

劉宓慶（1993）『当代翻訳理論』中国対外翻訳出版社

于雷（1993）『日本文学翻訳例話』遼寧大学出版社

劉靖之(1993)『翻訳新論集』台湾商務印書館
板垣新平(1995)『翻訳学』信山社
松本裕治(1997)『単語と辞書』岩波書店
陶振孝(1998)『日訳中教室』外語教学与研究出版社
藤岡啓介(2000)『翻訳は文化である』丸善ライブラリー
王向遠(2001)「八十年来中国対夏目漱石的翻訳、評論和研究」『日語学習与研究』2001 年第 4 期
児玉徳美(2002)『意味論の対象と方法』くろしお出版
呉世平(2002)「文学作品翻訳中の中日文化差異」『日語学習与研究』2002 年第 2 期
北條文緒(2004)『翻訳と異文化——原作との「ずれ」が語るもの』みすず書房
張美芳(2004)「翻訳策略二文法透視」『天津外国語学院学報』2004 年第 3 期
牛雅玲(2004)「日語意合句和形合句的翻訳」『日語学習与研究』2004 年第 3 期
楊衍松(2004)「試論翻訳的不可逆性」『外語与翻訳』2004 年第 3 期
蔡新楽(2005)『翻訳的本体論研究』上海訳文出版社
楊淑華(2005)「論可訳性的有限性」『外語与翻訳』2005 年第 4 期
Snell - Hornby . 2006. Philadelphia，PA ：The Turns of Translation Studies
馬紅軍(2006)『従文学翻訳到翻訳文学』上海訳文出版社
陳雲哲、于長敏(2006)「試論文学翻訳的形与神」『日語学習与研究』2006 年第 1 期
藤田昌志(2007)『日中対照表現論』白帝社
藤濤文子(2007)『翻訳行為と異文化間コミュニケーション』松籟社
武吉次朗(2007)『日中中日翻訳必携』日本僑報社
邵紅傑(2007)「翻訳的等值理論和不可訳現象」『中州学刊』2007 年第 2 期
陶振孝(2007)「文化翻訳的課題」『日語学習与研究』2007 年第 2 期
平子義雄(2008)『翻訳の原理——異文化をどう訳すか』大修館書店
扈炎(2008)「日漢互訳中的不可訳性和可訳性的対立統一」『東南亜研究』2008 年第 2 期
林璋(2008)「関于訳文的質量指標——可接受性＋最大対応関係」『日語学習与研究』2008 年第 4 期
段峰(2008)「論翻訳中的文化趨同与存異」『成都師範大学学報』2008 年第 4 期
温穂君(2008)「語境与日訳漢過程中的選詞」『科技信息』2008 年第 13 号
李偉(2008)「浅析日訳漢過程中的可訳性限度問題」『科技信息』2008 年第 17 号
王菲(2009)「従語言功能的角度浅談可訳性与不可訳性問題」『科技創新導報』2009 年第 9 号
曹永馨(2009)「日漢翻訳中文化障碍的制限」『科技信息』2009 年第 23 号

付録：

アンケート調査表

語の内包的意味の測定（日本語版）

年齢層（10 代　20 代　30 代　30 代以上）　　　性別（男　女）

（語の測定基準）
一組の対立する言葉を両極におき、
目盛りに1から10までの番号つける

（目盛りに評価をつける）
自らの経験・直感でよろしい

例：赤

	0　　5　　10		
冷たい	0　　5　　10	暖かい	（ 7 ）

語の測定対象：おれ

	0　　5　　10		
下品	0　　5　　10	上品	（　）
都市	0　　5　　10	田舎	（　）
若者用語	0　　5　　10	若者用語でない	（　）
教育レベルが高い	0　　5　　10	教育レベルが低い	（　）
社会地位が高い	0　　5　　10	社会地位が低い	（　）
乱暴	0　　5　　10	乱暴ではない	（　）
明るい	0　　5　　10	暗い	（　）
愉快	0　　5　　10	不愉快	（　）
魅力的	0　　5　　10	魅力的でない	（　）
良い	0　　5　　10	悪い	（　）
柔らかい	0　　5　　10	硬い	（　）
美しい	0　　5　　10	醜い	（　）
面白い	0　　5　　10	つまらない	（　）

このデータは修士論文研究の為だけに使用いたします。「語の内包的意味の測定」に関してアンケートにご協力いただき、誠にありがとうございました。

词汇的内在含意测定(中文版)

年龄层(10～20 岁　20～30 岁　30 岁以上)　　　　性别(男　女)

(词汇的测定标准)
两端为意义互相对立的一组词，
之间用 1 到 10 划分出区间

(寻找出适合的区间评分)
从自身经验出发，按照直观感觉评分即可

例:红

	0　　　5　　　10		
冷	0　　　5　　　10	热	(7)

词汇测定对象:俺(ǎn)(为与日文版取得同样效果，评价基准的各组词仍采用日文)

	0　　　5　　　10		
下品	0　　　5　　　10	上品	(　　)
都市	0　　　5　　　10	田舎	(　　)
若者用語	0　　　5　　　10	若者用語でない	(　　)
教育レベルが高い	0　　　5　　　10	教育レベルが低い	(　　)
社会地位が高い	0　　　5　　　10	社会地位が低い	(　　)
乱暴	0　　　5　　　10	乱暴ではない	(　　)
明るい	0　　　5　　　10	暗い	(　　)
愉快	0　　　5　　　10	不愉快	(　　)
魅力的	0　　　5　　　10	魅力的でない	(　　)
良い	0　　　5　　　10	悪い	(　　)
柔らかい	0　　　5　　　10	硬い	(　　)
美しい	0　　　5　　　10	醜い	(　　)
面白い	0　　　5　　　10	つまらない	(　　)

以上数据均为研究生学位论文研究所用，感谢您对于本次问卷调查的支持!

構文理論から見る日本語の動詞の項構造
——使役・受動構文の関連性を中心に

王秋霞

目　次

第1章　はじめに

1.1　研究対象、方法と目的

伝統の理論の見方では、意味と形式の統合体は語彙知識に限られていた。文の意味は、統語上の適格性が認められたものだけについて、ある規則にしたがって部分から全体を構成する解釈が行われる。

これに対し、認知言語学では意味をになう単位として構文を認めることにより、語彙知識と構文知識の境界が連続的になる。意味と形式の結びつきという点では語彙と構文も同じ性質をもつからである。慣用句のような限られた範囲にだけ構文知識を認めるのではなく、SVOの基本文型のように一般的な規則によって扱われる対象まで汎用的な構文の一種とみなすならば、語彙と構文という両極の間は連続的で、共通の方法による分析が可能である(大堀　2007:144)。

構文を語彙と共通の見方で考えると、語彙構造を分析するための道具立てが構文を論じる上でもあてはまることになる。とりわけ、プロトタイプ理論の成果によって、構文についても意味と形式の両面にわたり、典型とそこからのバリエーションを分析する方法が確立されたという点は重要である(大堀　2007:144)。したがって、我々は、主にプロトタイプ理論を受動構文と使役構文のような具体的な構文の分析に用いて、受動構文と使役構文の典型(中心)と拡張(周辺)の構文を検討する。ちなみに、テーマとなる「構文理論から見る動詞の項構造」が単なる動詞から要求される孤立的な要素として捉えられることなく、構文を単位として、文レベルから覗われて、全体の構文の意味とどういう関係を保っているか考察する。

ところで、認知言語学や認知統語論では、一般に受動[①]構文と使役構文は、義務的な項が減るか（＝動作主の非焦点化）増えるか（＝使役主体の追加）という観点から対立すると見られることが多い。しかしながら、両者のつながりが見られるケースは存在し、そうした類似性は機能拡張や言語変化のきっかけとなる。両者の類似性を基にして、接点とする構文がどんな特徴を持っているか、両方の構文ネットワークのどちらかに属するかを判断することは、それぞれの構文領域の拡張と言語変化のプロセスに頼らなければならない。したがって、日本語の受動・使役構文の標識と見なされる受動・使役助動詞の歴史的発展を遡る必要はあると思う。すなわち、通時的データをもとに認知地図を描き出す方法をとる。多くの言語で共通して見られる文法化の筋道は、我々の認知にとって基本的なカテゴリー拡張のパターンと考えられる。それに従って、中国語の使役動詞が受動標識への文法化は日本語の使役構文が受動構文への拡張の道筋との類似性を提供してくれる。

まとめておくと、本研究の目的は三つある。一つ目は使役構文・受動構文のそれぞれの意味分類と各類型の機能・文法的特徴を検討した上で、構文が「中心的」（プロトタイプ）なものと「周辺的」なものとの連続的ネットワークをなしていることを証明する。二つ目は中日言語における使役・受動助動詞の発展歴史を対照した上で、日本語の場合は中国語の使役動詞から受動標識への文法化過程とは全く違って、使役助動詞と受動助動詞が普通の動詞の語尾－中相動詞の語尾－助動詞の発展を経過して、互いに「する」的な言葉と「なる」的な言葉と対立してきたと論証する。三つ目は、日本語の受動・使役構文の機能領域の拡張の例を分析したゆえ、両者の接点を見つける。さらに、1つの言語内において、客観的には同一のものや事態に対する異なる捉え方に対応して複数の意味的に対立する表現がありえるという認知的観点が証明されると同時に、複数の文法構造の相違は意味構造の差異に対応しているという構文理論が実証的に論じられる。

1.2 研究の背景と意義

1980年から構文理論が成立して以来、「万世一系」の発展を経過してきたのは次の第二章で詳しく論じる。1990年代には、UC Berkeleyで構文理論（ConG）の発想に立つ博士論文がいくつも生み出された。日本語に限っても、藤井聖子[②]（1993）、小原京子（1995）がただちに挙げられるし、松本侑子（1997、元となった論文は1987）もConGの理念を受け継いでいる。長谷川洋子（1996、元になった論文は1992）はConG両方の利点を生かした研究である。その一方、本論で取り上げる使役・受動構文は従来伝統文法

① 西方言語学者が一般採用した言い方「受動構文」はここ数年来、日本の言語学者（特に認知言語学者、例えば、大堀、岩田など）に英語における同類の現象を分析するときに用いられてきた。本論で、「受身構文」と「受動構文」を両方用いて、同じ現象をさす。

② 日本語に応用されるConGの研究状況は主に大堀（2001）の紹介に基づいた。

の文法範疇としてのヴォイスの対立と見なされているが、「する」的な表現と「なる」的な表現として、両立していると捉えられてきたが、例えば、1976年からも寺村秀夫、時枝誠記などがそういう観点を表した。近年来、野田尚史(1991:211～232)がその代表として、「文法的なヴォイス」と「中間的なヴォイス」と「語彙的ヴォイス」の三種類のヴォイスの対立を提出した。

しかし、構文理論が新しい文法理論として、広く受け入れられたが、それを用いて、日本語の言語現象を分析することは相当少ない。それにして、理論を用いて、単に使役とか受動構文を分析することがあるが、両者のつながりを目指して、研究を行ったことはいまだになさそうである。

ところで、認知言語学では意味をになう単位として構文を認めることにより、語彙知識と構文知識の境界が連続的になることがわかった。すなわち、文法知識の「中心」や「周辺」といった区別なしに、どんな側面についても有効に構文という分析の単位を用いて、言語を分析することができる。このことは文法理論にとって重要な意義を持つ。本論はこの新たな文法モデルを利用して、日本語の使役・受動構文のネットワークを分析して、構文と構文が両立していることではなく、構文間でも大きなネットワークをなしていることを証明する。「する」的な言語と「なる」的な言語は上古から違う形態で表されているのに、意味的に繋がっている。本論の研究は部分的にすでに整備された構文理論を補充し、日本語の場合から全人類の経験を認知基盤とした事象スキーマを捉えて、共同しつつある認知規律を論証する。そのゆえ、本研究は重大な理論意義を持っていると思う。

一方、Goldberg③(1995)では、動詞の文型を説明するためには、構文の概念が不可欠であることが示されているように、現代日本語の教育にも、適当に構文の概念を導入して、より妥当性の高い分析が生み出されることであろう。したがって、構文理論をもとにして、受動・使役構文の関連性をめぐって研究を行って、受動・使役構文だけではなく、その一般化の構文ネットワークにおける構文に至っては、その文の生成や解釈においては依拠する基準として働く構文意味を明らかにすることは実践的な意義を持っている。

第2章　構文理論の概観

2.1　構文理論の沿革

構文理論(ConG)とは1980年からCharles J. Fillmore, Paul Kay, George Lakoffなどカリフォルニア大学バークレー校の言語学者を中心に展開されている文法研究を総称して指すことである。ConGについては、文法的知識と語彙的知識との連続性を念頭

③　Goldbergが1995に発表した論文にはその観点が現れたが、筆者は2007年の中国語訳版を参考にしておいた。

において、「文法」に限定せず「構文理論」[④]で統一した。「構文」とは「一方から他方を予測することができない形と意味の結びつき」と定義され、形態素から文レベルの構文までを含み、言語はこうした構文の集まりから成ると考える。

伝統文法では、構文の概念は一般的な形では定義されず用いられていた。1960年代から1970年代初期まで生成文法によって、文法を形式化された規則の体系と見る理論が広まったが、構文の概念は「受動変形」、「付加疑問変形」のようにその名を冠した変形規則と対応していた。その後、1980年代には個別の規則を廃棄して一般化された制約を重視する理論が発展してからは、個々の規則と多かれ少なかれ対応していた「構文」の概念が解体され、一般原理の相互作用として扱われるようになった。しかし、初期のConGはどちらかというと慣用語法の細かい記述の試みとしてみられる傾向が強く、開発者の意向とはうらはらに、整備された文法理論としてみられることはなかったように思う。例えば、個別の扱いを要する現象は、みな語彙に収めてしまうという処置がとられた。結果として、文法が扱うのは一般原理を反映すると思われる現象に限られ、語彙に関する知識は肥大しつつも十分な理解がされない時期が続いた。このような情況を決定的に変えたのが、Goldbergである。1990年ごろ、いくつかの重要な学会で、英語の二重目的語構文や使役移動構文について新しい分析がGoldbergによって提案された。これらの現象が、文の中心となる動詞がどんな項を取ることが可能か、という文構造のまさに「中核」に関わる現象であっただけに、広く注目を集めた。結果として、ConGはまず、Goldbergによる項構造の理論として広く世界に知られることと成った。

ただし、構文文法は、大堀壽夫(2001:528)の指摘するように、共通の表示形式があるわけではない。この点で、Chomskyを中心とした生成文法とは大きく違っている。構文文法は、複数の開発者が異なった立場から推進しているので、「万世一系」のものではない。FillmoreとKayが本格的な共同作業を進める一方、Lakoffは独自の関心を持って研究を行っており、構文文法は初期において既に——基本理念は共有しつつも——複数の方向性を持っていた。

2.2　日本語に根差した構文理論の研究

生成文法の発展において最も多く分析対象になってきたのは英語であり、また多くの研究者にとっては依然として英語がどのように分析されるかが大きな関心事である（日本がまさにそうである）。

ところで、類型論的には、膠着語であり典型的なSOV言語である日本語では、文法関係や深層格（或いは意味役割）の表示に格助詞が深く関与している。従って、典型的には統語的な位置（語順など）によって、文法関係や深層格の解釈がなされる孤立語、SVO言語の中国語などとは異なり、日本語は格助詞により形態的に（音形を持って）当

④　新しい理論として、ここで「構文理論」という用語が用いられているが、あくまでも文法規則として、発展されたゆえに、伝統の文法体系を対照するため、「構文文法」という文法観の名を使う。

該の文に具現化される。日本語における格の意味的な解釈の考察に複雑にしているのはこのような格助詞が文法関係の表示と深層格(意味役割)の表示の両方に関わっているからであると言える。日本語の動詞と項構造の研究は格助詞のおかげで、英語のより複雑化になって、さらに構文理論となじむ土壌を持っていると思う。

例えば:	私は日本語を勉強する。		
文法関係:	主語	目的語	述語
表層格(格助詞)	は	を	
深層格	主体	対象	

しかし、主語、目的語といった文法関係は、多分に構造的な(統語的な位置としての)ものであり、格助詞の付加によってどんな要素でも主語、目的語になり得るわけではなく、逆に、話し言葉などでは、格助詞がなくても、どの要素が主語、目的語なのかがわかる。また、同様に、深層格の解釈も格助詞によって決定されているわけではないため、格助詞がなくても、深層格の解釈は可能である(伊藤健人　2002:102)。郡司隆男は(1997:95)どの動詞がどの深層格を取るのかということについては、必ずしも一貫した基準がなく、またこれらの有限個の少数の深層格ですべての動詞の項の意味を記述し尽せるのかという問題が生じて、深層格という概念が有効だかと考えられてきた。

日本語に基づいた構文文法研究の意義は統語論自体の扱いよりも、意味論・語用論的な情報を統語構造にどう組み込むかという方法論にあると考えられる。2000年以来の構文研究は二重目的語や使役動詞などの項構造に関する現象だけでなく、語順や格、conditional やquestion，談話に至るまで様々な現象について進められてきた。言語学者たちはその純粋的な理論化にこだわらないコーパス研究、言語習得などまで構文の意義を追求するためにその内容を広げた。そのような多様性を認めたうえでも、どちらかというと定式化を追求するよりも言語現象をありのまま記述・分析しようとする研究現状(岩田彩志　2003)。

現時点では、構文文法は共通の基本理念のもとに進められている多方面の研究の集合体というべき状況にある(大堀　2001:530)。

2.3　構文理論とは

2.3.1　構文理論における構文の捉え方

一般的、伝統的な意味では「構文」とは、単に類似文の集合を統語的な型から整理したリストであり、記述的・学習的な便宜から記憶・記録されるべきもので、特に説明の必要のない事実と考えられてきた(吉村公宏　2002:75)。しかし、認知言語学でいう「構文」とは、「意味と形式との結びつきが一つのカテゴリーとして実現されたもので、典型と拡張の幅を有し、相互に関わりを持つ有意なまとまり」である(吉村　2002:75)。ここで、構文について、二つの特徴が強調されると思われる。

A. 特定の意味と形式のペアから成る文法上の構成単位である。

B. 構文は「典型」的なものと「拡張」のものからなるネットワークを成している。

したがって、構文理論は「意味と形式の対応を適性に捉える」という基本理念を基に、

「周辺的」と見える現象でも進んで取り上げることの出来る理論として注目されている。

2.3.2　構文としての項構造

文を作るということは、単純に言えば述語動詞の求める要素、すなわち文の核となる項を満たすことである。いわゆる自動詞は求められる項が一つ、他動詞は二つかそれ以上であり、それぞれの項には一定の意味役割が与えられている。こうした、項の意味役割を当てるためのスロットを項構造(argument structure)という(大堀　2007：136)。項構造についての情報は、一般には語彙の中で与えられていると考えられている。例えば：

(1)a. 私は彼に本をあげる。

b. 私は彼に本を贈る。

上のaにおいて、動詞「あげる」の要求する項が「私」、「彼」と「本」の三つあることによって、相応する項構造は「○は○に○を…」である。逆に、各項の意味役割を当てて、項構造のスロットに入れるものは項である。すなわち、順に「山田さん」、「博さん」「雑誌」であってもいい。しかし、日本語において、順に「彼」「私」「本」を入れたら不自然になる。それに、「私」「本」「彼」の順に入れても論理が通じないだろう。従って、項構造は動詞の意味によって制限されると同時に、それぞれの項の語彙的意味と大きく関わっていると思われる。

一方、aとbのように、動詞の「あげる」と「贈る」は同じ項構造をとっている。しかも、この場合、両者は共通する意味「一方は何かの事物を移動して、もう一方(人間の場合)に届ける」を持っている。従って、aとbの構文は両方とも「二重目的語構文」に属している。

しかし、項構造についての情報は語彙の中に与えられないこともある。例えば、

(2)a. 松本さんは午前六時ごろ、犬の散歩に出掛ける。血まみれで男性死亡事件と自殺で捜査 2008 年 9 月 20 日 14 時 21 分

(YAHOOニュース・インターネット版)

b. 犬を連れて、公園を散歩する。

これらの例文で問題になるのは、ふつう「散歩する」は自動詞と考えられており、aのような可能性はそのような知識からは説明できないという点である。

多くの言語では、同じ語根の動詞が異なる項構造をもつときには、形態の変化によって自他の交替が起きる。日本語もその一例であるが、「散歩する」が自動詞・他動詞両用であると言えないのは、次のような単純な他動詞文が成り立たないことから明らかである。

c. ＊子供を散歩する。

したがって、「散歩する」が目的語をとって他動詞のように使われている用法は、自動詞・他動詞両用であるという指定を語彙的にするだけでは説明できない。問題となるケースのうち、例えばbについて見ると、移動の意味が加わることによって、目的語と捉えられる名詞句が認可された構文となっている点に注目せねばならない。「散歩

する」の他動詞用法を語彙知識に単に加えるという方法の問題点は語彙部門が多くの余剰性をかかえこんでしまうことである。従って、文レベルからbを解釈する方法を取るしかない。すなわち、構文という概念を導入する。例えば、(3)aとbのような構文を仮に「動態空間移動構文」という名をつけよう。

(3)a. 李さんは公園を散歩する。

b. 小鳥が空を飛んでいる。

従って、こうした現象を適切に分析するには、事象構造についての条件を一般性のある形で規定する必要が出てくる。結果として、項構造だけでなく、語彙の意味と文全体の意味とを結びつける手立てを考え、それによって出来事をどのように解釈するかを示すことが求められる(大堀　2007:138)。

2.3.3　動詞の意味と構文の意味

個々の単語は、実際の言語使用においては特定の状況や文脈の中で機能する特定の文のとして表れ、それらの言語的環境に即した個別具体的な意味が解釈されるものである。しかし、そうした個別具体的な意味が解釈されるのも、実際の言語使用を離れた抽象的なものとしての意味が個々の単語には結びついているからである。構文は言語の使用単位として、自分なりの意味を持っている。天野はそれを「基準的意味」と呼ぶ。単語における語彙的意味或いは辞書的意味と言われれるものに相当する、構文レベルの意味である。

早瀬尚子(2002)は、構文と動詞の関係という観点から、Goldbergの構文文法の特徴を以下のようにまとめている。

(一)構文は動詞とは独立した意味を持つ

(二)構文の持つ骨格的かつ抽象的な意味を、動詞の意味によって具現化する。

(三)動詞の意味と構文の意味とが融合されて、表現全体としての意味が得られる。

(四)動詞の意味とはフレーム意味論的な豊かな情報を含んだ単一の意味である。

実は、単に動詞(語彙)の意味によってもたらされているように見える様々な解釈を注意深く観察してみると、実は、文中の他の要素に大きく影響されているという例が数多くある。

(4)a. 私は田中さんに本をあげました。　a′. 私は田中さんに手紙をあげました。

b. 私は田中さんに本を送りました。　b′. 私は田中さんに手紙を送りました。

c. 私は田中さんに本を郵送しました。c′. 私は田中さんに手紙を郵送しました。

d. 私は田中さんに本を書きました。　d′. 私は田中さんに手紙を書きました。

すべての例文が「○は○に○を…」という格パターンを取っているが、その中、a、b、cが同じ二重目的語構文に属することに従って、項の「本」が「雑誌」などに変わってもいい。しかし、dとd’の動詞が同じで「文章につくる。著述する。」[⑤]の意味に使われるのに、項の意味によって、dとd’も全く違う項構造を持って、違う構文に属する。そして、dにおいて、「田中さん」が動詞「書く」から要求される必須的な項ではなく、構文の全体

⑤　『学研国語大辞典』第二版(CD-ROM)の解釈によるもの。

としての意味にきめられる。「郵送する」の意味は「あげる・送る」から抽象した意味からやや離れているので、典型的な「二重目的語」構文の拡張と言える。それは間接に上の(二)の特徴を説明すると同時に、「構文が典型と拡張の幅がある」の例証と言えると思う。

注目すべきなのは、(4a)における当該の動詞が意味的に関連を持つ他の動詞とともに有意味なカテゴリーを形成しているということである。そのカテゴリーに共通するものこそ「構文的な意味」なのである。個々の動詞の意味を超えた構文の意味を仮定し、その構文の意味や形式を考察することは、辞書の記述や言語教育の観点からも有用な方法であるといえよう。

第3章　具体的な構文における項構造の特殊性

認知文法では「プロトタイプ(原型)理論」と呼ばれるカテゴリー化に関する新しい考え方が採用されている。この理論によると、人間にとって重要なカテゴリーの多くは、プロトタイプと呼ばれる、われわれの経験にとって他の成員よりも基本的と考えられる成員を中心にして、その周辺にプロトタイプからの(何らかの原理に基づく)拡張としての非中心的な成員を配するという形で構成されている(西村　1998:115)。すなわち、日常の知識構造を作るカテゴリーは、典型性の度合いが異なったさまざまなメンバーからなっている。

構文のプロトタイプ的意味とは、その構文類型に属する文のすべてが持ち合わせていなければならないようなものではなく、中心的な位置を占める文には保持されているが、周辺的な位置を占める文には部分的にしか保持されていないといった意味である。それは一般的に人間の経験に由来する普遍的なものである。従って、それがすべての自然言語において何らかの形式で文法に反映されてくるのも極当然のことであろう。それに、日本語の原型的文法形式は格助詞が文中にあるという統語論上の要素と動詞そのものが特別の形式(例えば、使役・受動)を持つという形態論の要素の二つからなるものである。従って、プロトタイプの構文から離れた拡張は構文の意味原型の拡張によるものだけではなく、意味原型と文法原型のズレによる可能性がある。

3.1　使役構文

3.1.1　使役構文のプロトタイプの意味

この章の主題に入る前に、本論で以下「使役構文(causative constructions)と呼ぶ構文がどのようなものであるかについて予備的考察を行っておこう。

西村(1998:119)は使役動詞を述語動詞とする(「使役」の意味が述語動詞によって表現される)構文を使役構文と呼ぶ。例えば、「殺す」「開ける」等。「花子は太郎を殺した」という「使役構文」は花子の(太郎を銃で撃つ、刃物で刺すなどの)行為の結果、「太郎の死」という事態が生じたということを意味する。それに対して、日本語の場合は使役の助動詞(せる、させる)を含む構文を使役構文と呼ぶのが普通である。西村がこのような使役の助動詞を含む構文を迂言的ないし分析的な使役構文と名づけた。

定延(1991:124)は語彙的使役と生産的使役を区別した⑥。語彙的使役とは非使役形式との形態的対応が不規則で非生産的使役形式を指す。現代日本語では「まわす・つなぐ」等がこれに属す。対して生産的使役とは狭義の迂言的使役に等しく、非使役形式との形態的対応に規則性があるものである。現代日本語では「まわらせる・つながらせる」等がこれに属す。それに、定延(2000:109)はすべての他動詞が使役を表すわけではないことを指摘した。例えば他動詞「なぐる」が表す動作は対象の状態を必ずしも変化させない。例えば、「トムをなぐる」の場合、働きかけを受けるトムがその結果、倒れる、死ぬなどの状態変化をおこすかどうかは確実ではなく状況しだいであり、他動詞「なぐる」自体が意味するところではない。したがって、他動詞「なぐる」は使役表現ではない。

本論では、数多くの著書の表現に従い、次の(1)bのような生産的使役表現(使役助動詞を用いる)を使役構文と呼んで、aのような語彙的使役表現を他動詞の使役構文と名づけることにする。そして、本論で考察された使役構文は形容詞連用形＋させる(悲しくさせる)、形容名詞＋にさせる(不愉快にさせる)、名詞＋にさせる(トップにさせる)を研究の対象から除く。

(1)a. 花子は太郎を車から降ろした。

b. 花子は太郎を車から降りさせた。

西村(1998:119)が指摘したように、二種の構文は主語が(特定されない)基礎行為Xを行った結果、何らかの(特定可能な)事態Yが生じる、という意味を表す点では一致している。ビリヤードボールモデルというデキゴトモデルを使えば簡単に表すことができる。

X　　　　Y　　　　Z(使役行為)

○ ——→ ○ ——→ ○

使役主体(W)⑦　使役対象(A)　　結果

他動詞の使役構文のプロトタイプが、XとYとが緊密に結びついて単一の事態(典型的な使役行為Z)を構成する、という捉え方を表すのに対して、使役構文と結びついた解釈では、XとYの間に成立する因果関係は比較的に緩やかである。これについて、寺村(1976;1982)はすべての使役文を間接関与に位置付けている。例えば:

(2)私はドアを開けた。

この文は、主語である「私」が目的語である「ドア」に対して「押す、引くなどの」何らかの行為を行った結果、「ドア」が開くという事態が生じた、ということを表現している。すなわち、X「押す、引くなどの」行為とY(「ドア」が開く)という事態との間に(あ

⑥　語彙的使役と生産的使役という分け方を提出したのは柴谷(1973;1976)であるが、定延はその観点を継いで、研究を進めた。

⑦　ここで使役構文の立場から使役主体ー使役対象」の関係を捉えて、「W、A」という表記符号で項を表すのに対して、後述の受動構文に出た項が「受動者ー動作主体」の関係で、それぞれ「Y、X」で表記される。他の構文、ただの動詞の要求する項を表す場合、すなわち、項の意味役割を考えず、ただの関与者として捉える場合は「X、Y、Z」とか「A、B、C」などの符号を使う。

る種の）因果関係が成立すれば、そのXはZで（も）ある。

（3）彼らは私にその話を全部また繰り返させた。

「彼ら」は「私」に命令・指示を出してくれて、基礎行為Xをなして、私がその命令・指示に従って、話を全部繰り返したことによって、Yが遂行された。その結果、使役行為Z（使役助動詞からなる使役表現が示すこと）も遂行された。従って、使役行為Zは基礎行為Xの遂行によって実現される高次の行為だといえる。

以上の論議からまとめると、使役構文のプロトタイプの意味は他動詞の使役構文と違うところに、主語による命令や許可という発話行為を基礎行為として、その結果生じる事態は目的語が（動詞の表す）行為を遂行することである。

以上の議論から、何らかの意味での間接的な因果関係を表すとされる使役構文が命令や許可を基礎行為とする使役行為を表現するのに用いられるのは自然であることが分かる。しかし、次節以降で見るように、使役構文の表す使役行為は、命令や許可を基礎行為とするものばかりではないし、間接的な因果関係に限定されるわけでもない。使役構文がプロトタイプを出発点としてどのような多義のネットワークを構成しているかを明らかにすることを試みてゆく。

3.1.2　基礎行為をもとにする使役意味の分類

傅冰（2009:75）は使役主体が有情者であるか否かによって、基本的な使役表現の意味・用法を「強制」、「指示」、「許容」、「誘発」、「作用」的意味と人間の状態変化、物や事の状態変化を表す使役に分けた。そして、各意味分類は使役の発生の主観性、及び使役の事象の性質の面から、意味の連続性を以下のように示している。

使役主体が有情である場合　　　　使役主体が無情物である場合

強制→指示→許容→誘発→作用→人間の状態変化→物や事の状態変化

使役の発生：　　主観性　→　客観性

「～（さ）せる」の使役性：　　強　→　弱

しかしながら、傅が自分も指摘したように、使役主体が無情物である場合の「人間の状態変化」と「物や事の状態変化」の二種類はいずれも使役主体が働きかける原因とか、事態を誘発する原因となる。したがって、使役の意味という基準を考えたうえで、使役主体が無情物である場合でも、同じく、誘発とか、作用の意味に属するべきだと思う。

それで、村木新次郎（1991:21）の分類に従って、使役は二つの関与者の意志性の有無・強弱によって、以下のように分類することにしよう。

（a）使役（強制）：Wの意志性が強い場合、すなわち、意志性において、W＞A

（4）遊びたがる子供を風呂にはいらせる。

（5）母親が　息子を　そばに　来させた。

（6）おしゃれなのか、そういう習慣か知らぬが、いつもそうした洋服を洋服屋に作らせる。　（あ）

この類の構文は使役主体（W）の意志性を強調している一方、対象Aの意志を無視することが多い。そして、Wの意志性の強さを強調する場合、（4）のように、対象のAの意志を背景化して、それに反してWが強いという効果をつける。一方、命令・指示・要求・願いなどのWの基礎行為によって、意志性の強さが異なる。(6)のように、「洋服を作る」ことは使役対象「洋服屋」の仕事であるため、使役対象の意志を完全に無視することとは言えない。

(b)許容(許可・放任):Aの意志性をWが尊重する場合、即ち、A>W

(7)母親は　息子を　遅くまで　遊ばせた。

この類の使役の意味も連続性を成している。Aの意志性をWが尊重する場合からWの意志がAの意志に反しない場合まで、妨げしない(放任)の程度差が存在する。この場合、「…てやる」「…てもらう」の話を添えるとき許可の意が一層明らかとなるのに対して、「…ておく」を添えれば放任の意が、「…てしまう」のを添えれば不本意ながら放任した意が、一層明瞭となる。

(8)交替に休憩させる。　(許可)

(9)君にも読ませてやる。　(許可)

(10)幼児を外で遊ばせて危ない。　(放任)

(11)何時までも寝かせておく。　(放任)

(12)あの子を非行に走らせてしまったのは親の愛情不足だった。　(放任)

(c)成行き(自然):WにもXにも意志性がない場合

(13)うっかり失礼なことを言って、彼を怒らせてしまった。

(14)その母親は　息子を　戦争で　死なせた。

言うまでもなく、各意味も連続性を成している。とにかく、(a)と(b)の意味の中にも、程度差が存することにかかわらず、使役構文のプロトタイプの意味と見なされるのが自然であるが、(c)の意味が意志性が不足のためか、周辺的現象と見なされて、論議を起こしやすい。

3.1.3　使役構文のネットワーク

3.1.3.1　意図しない結果を表す使役構文

使役構文のプロトタイプの一つの方向への拡張として、使役行為者に相当する項が人間ではあるけれども、含意される結果がその人間の意図しない(または意図に反する)ものである場合を取り上げる。人間が主語ではあるがプロトタイプから外れた以下のような使役構文の類似性は注目に値する。

(15)山田さんは面白い話をして、われわれに皆笑わせました。

(16)山田さんは馬鹿なまねをして、われわれに皆笑わせました。

(17)(私は)うっかり失礼なことを言って、彼を怒らせてしまった。

(18)私は朝寝坊をして友達を一時間も待たせてしまった。

これらはいずれも、主語の行う何らかの行為(基礎行為に相当)と目的語に生じる何らかの変化との間に因果関係が成立するという捉え方を表していると考えられるが、プロトタイプ的な使役構文の場合とは異なり、前者と後者は手段・目的の関係にはない(前者は後者を生じさせるために遂行されるわけではない)。多くの場合、誘発的使役と呼ばれる。こういう場合、使役主体が意図的に使役の事態を引き起こすものではなく、その事態を間接的に誘発したものである。

しかし、上の(15)～(18)までの使役主体の意図性も連続性をなしている。一応その意図性の性質によって、二種に分けて考察しておこう。

A. 意図的に基礎行為を行う場合

使役主体が命令・指示・要求・願いなどの基礎行為ではなく、他の基礎行為を意図的になして、意外に結果が生じる場合もある。例えば、(15)と(16)。しかし、(15)の場合には、Xが「面白い話をする」であれば、Y(「われわれが皆笑う」)との間に手段・目的関係が成立する可能性があるが、(16)のようにXが「(自分ではそれと知らずに)馬鹿なまねをする」とすれば、Yを目的とした行為とすら言えない。すなわち、(15)と(16)のように、意図性にも程度差が存する。

その程度差が次の例からさらに容易に捉えると思う。

(19) しみじみ、いいお母さまだと思うと同時に、こんないいお母さまを、私と直治と二人でいじめて、困らせ弱らせ、いまに死なせてしまうのではなかろうかと、ふうっとたまらない恐怖と心配の雲が胸に湧いて、…(斜)

使役主体の「私」と「直治」が「いじめる」という基礎行為をして、「お母様」に「困らせ」、「弱らせ」、さらに「死なせてしまう」などの事態を引き起こした。連鎖の因果関係「いじめる」—「困らせる・弱らせる」—「死なせる」は通常、意図性を持っている行為で捉えるべきであろうが、「お母さま」と「私と直治」との関係で複雑化になってしまう。各行為の意図性もそれなりににわかに言い難くなってしまう。

ここから言えそうなことは、使役構文が何らかの点で使役のプロトタイプから外れた事態(命令、許可などの基礎行為の結果、生じる事態が(使役)行為者の意図したものではない場合など)を表現するのに用いられる傾向があるということであろう。

B. 無意識(負)の行為を行う場合

上の使役行為のスキーマでは、含意される事態の生起の直接の原因はW(主語)が行為Xを意図的に遂行することであったが、(17)(18)のような使役構文の場合、含意される事態の生起には、W(主語)が基礎行為(X)を行うのも意図的ではないこともある。さらにその生起を阻止すべく行為X'を遂行することができる立場にあるのにそれを遂行しないこと(不作為)である。当然ながら、こういう場合主語は責任の主体と見なされることになる。遂行される行為Xと遂行されないX'のはすべて負の行為と見なされる(西村　1998:165)。

しかし、(17)のように、「うっかり」という評価を表す副詞をつけないと、構文が他の意味に捉えられてもいい。「(わたし)」がそのことを言う時に、「失礼なこと」に気づくかによって、「彼を怒らせる」事態を引き起こす意図性も違う。すなわち、「私」がそのことを言う時、「彼を怒らせる」ことだと思わなくて、言った結果、「彼を起こらせる」ようになった。後で、反省してみると、そのとき、もう少し注意すれば、そんなことは起こさないと言う気持ちで自分の行為に「うっかりした」という評価を出す可能性がある。具体的なコンテストによって、その意図性の差異を把握できる。さらに二例を見ておこう。

(20)もっと気をつけていれば彼を死なせずにすんだのに。

(21)太郎と花子は喧嘩した。花子は目隠しをし､太郎に｢止めるなら今よ｣と言って､崖っぷちをうろつきまわり始めたが､太郎は(勝手にしろ)と思い､冷たく傍観して花子を崖から落ちさせた。 (定延　1991:128)

(20)のように､｢彼を死なせる｣原因は明らかではないのに､(自分)の不作為とかうっかりして､ミスを犯したか､力を尽くして､何かしたか違う事象を連想させる。(21)のように､｢傍観する｣ことは｢落ちさせる｣事態になる直接の原因とはいえないが､｢太郎｣が｢傍観する｣行為をとって､責任の主体と見なされることは自然であろう。

また､使役行為のスキーマとの関連で､｢WはZに対する責任の主体である。｣という形で､プロトタイプ的な使役行為者と(21)の主語のようなプロトタイプ的でない使役行為者に共通する責任のスキーマを特徴づけることができる。これは､｢人は自ら意図的に行った行為の直接の結果に対して､その結果自体を意図したか否かにかかわらず､なんらかの責任を問われる｣ということであるから､責任という概念の常識的な理解を反映していると言えるであろう。

3.1.3.2　無生物主語の使役構文

使役構文のプロトタイプの別の方向への拡張として､使役行為者に相当する項が(抽象体を含む)無生物である場合を取り上げる。

以上のような使役構文は使役行為者の意図性の意味で使役構文のプロトタイプの拡張と言えるのであろうか。本節の構文の｢無生物主語｣とプロトタイプ的な使役行為者の相違点(有生性､意図性等の有無)は明らかである。

A. 自然現象の擬人化による拡張

強風や地震のような自然現象に対する我々の把握の仕方の一つは､我々自身を含む他の存在によってコントロールされるのではなく､自発的に——自らの力ないしエネルギーを用いて——活動し､そのような活動がわれわれ自身を含む他の存在に影響を与えうる主体､という捉え方であろう。そのような捉え方が最も典型的に適用されるのは人間であろうから､自然現象のこのような把握の仕方は､｢擬人化｣の一種であると言ってもよかろう(西村　1998:140)。

(22)風はそのまま劫風のように無限に強まり､私もろとも金閣を倒壊させる兆候のように思われたのである。 (金)

上の｢風｣は一種のエネルギーとして活動し､人間のように使役行為者と見なされることは自然であろう。

B. 使役者の行為の概念のメタファーによる拡張

｢無生物主語｣の使役構文にもどると､次の各表現の主語も(人間の主語と同じく)指定された結果などをもたらす抽象的な力を有する一種の(使役)行為者として捉えられている。これは､そもそも人間の作り出したものであること､したがって､その人間の主張や考えや言葉を代弁していること､などと密接に関係しているはずである。

(23)しかし､彼の取った態度はぼくたちクラスメイトを驚かせた。 (五)

(24)のみならず私は､そこに自分の良心を満足させる言葉さえも持っていました。 (痴)

これらの表現の場合、動詞の表す（使役）行為自体が（その主体が人間であっても）これまでに取り上げたものと比較して抽象的——行為の概念のメタファーによる拡張——であるとも思われるが、無生物を（使役）行為者として「擬人化」する過程が関わっている。

C. 臨時的にエネルギー源と見なされる使役行為者の拡張

もう一種類の使役構文の主語は特定の種類の変化を引き起こす力を本来的に備えているとは考えにくい場合でも、特定の状況においてはそのような力に相当するものを投影することが可能な対象である——臨時的なエネルギー源と見なされている——と言ってもよいであろう（西村　1998:145）。

(25)電車は東京市の交通を一変化させた。（蒲）

使役行為者のカテゴリーは、こうした共通性ないし類似性に基づいて、原因一般へと拡張される傾向があるわけである。例えば、

(26)多額のローンが山田を悩ませている。

当然ながら、これは使役構文の多義のネットワークの一部を検討した結果にすぎない。

いずれの主語も人間であるにも関わらず、補文の表す事態を実現すべく特定の行為を遂行したのではないばかりか、その事態の予期せぬ原因となるような特定の行為の主体であるとすら言い難い。

3.1.3.3　他動詞相当の使役構文

使役行為のカテゴリーの拡張をここまで見てくると、従来しばしば「使役」の意味を表さないとして例外扱いされてきた次のような例に使役表現が現れているのもそれほど不思議ではなくなる。次に、他動詞相当の使役の意味・用法に簡単に触れたい。

(27)母はふところにピストルをしのばせていた。（村木　1991:21）

(28)二人は　徹底的　に議論をたたかわせた。

動作が「させ」を含むものであっても、次のような文は対応する基本文がなく、特殊である。動詞が「させ」を含んでいることによって使役性を絶対化するわけにはいかない。

このような使役表現は他動詞のような機能として使われて、使役行為のプロトタイプの意味をもっていない。日本語における一部の自動詞はこれに対応する他動詞がないため、これらの自動詞に「（さ）せるをつけて、他動詞として用いられることができると言われている。例えば：

(29)「…子供のころからずっとそうだったの。いつも自分を変えよう、向上させようとしていたけれど」（ノ）

(30)「待つのは辛いわよ。」とレイコさんはボールをバウンドさせながら言った。（ノ）

(31)2年生の演劇の際にも、誰もやりたがらない大道具を買って出て、ラストシーンに登場する桜の木を、ほとんどひとりで完成させた。（五）

この類の使役表現には「向上させる」、「完成させる」、「バウンドさせる」のように、漢

語動詞語幹・外来語動詞語幹からなるほうが多い。それは、漢語動詞・外来語動詞が人間の使役主が直接操作できない抽象的な世界の過程をもよく表せるからであろう。厳密に言えば、使役構文の更なる拡張と見なされる他動詞相当の使役構文は使役構文のプロトタイプの意味から相当に外れているから、使役構文とは言い難いという結論を出すこともある。

3.1.4 使役構文の文法特徴

日本語の場合、文法の原型は統語論の要素(格支配と項構造)と形態論の要素(助動詞させる)からなっている。日本語の使役構文の特徴は、統語論的側面の研究が20年以上行われているのに対し、形態論的側面に関しては、つい最近まであまり研究が行われていなかった。

使役構文の文法原型は次のように、自動詞・他動詞との派生関係によるものだと捉えられるのが自然であろう。

(a)	Cが	自動詞
(b)	BがCを・に	自動詞語幹+(s)aseru
(c)	BがCを	他動詞
(d)	AがBにCを・に	他動詞語幹+(s)aseru

さて、意味原型に相当するこうした文法形式があるからといって、それが意味原型の特徴すべてと完全に一致するかというと、必ずしもそうではない。プロトタイプ論の考え方では、ある意味的範疇に入るか入らないは程度の問題であり、ある程度その範疇の中心的意味から離れてもその範疇の仲間と認められることが多い。次に簡単に統語論と形態論の側面から使役構文を検討しよう。

3.1.4.1 統語論の特徴

基本文が自動詞文に相当する場合の使役文の斜格として、対格と予格があることはよく知られている。

(32)母親は　息子を・に　買い物に　行かせた。

(33)a. 博が子供たちにプールで泳がせた。

b. 博が子供たちをプールで泳がせた。

(33)bでは、使役助動詞の「させ」は主語にAGENTの主題役割を与え、目的語に目的格「を」を与える典型的な他動詞の一つだと見なされる。井上和子(1976)は二つの使役文に意味の差を「強制の使役」と「許容の使役」の違いにあると分析してきた。これについては、議論のあるところであるが、従来この意味の差を深層構造の違いとして捉えてきた。ここでは、「を使役文」では補文の主語が主文の複合動詞の目的語として格を付与され、「に使役文」では補文の主語としての地位を保っているために起こる意味の差異と考えるのである。「を使役文」にしても、「に使役文」にしても、あくまでも使役構文のプロトタイプのバリエーションと見なされるのに対して、次のタイプの使役構文が使役構文の拡張と見なされる。

例えば、変形関係によるもう一種の使役構文を村木新次郎(1991:19)が挙げた。

(34)a. 多額のローンが山田を悩ませている。

b. 山田が多額のローンに悩んでいる。

それに、この類の使役構文について、動詞が「喜ぶ」「悲しむ」「驚く」「いらだつ」「感動する」「失望する」「興奮する」といった人間の心理状態・精神状態を意味するもので、一方の関与者(A)は人間であり、他の関与者(B)は、基本的には、ある事象である。Bは「喜ぶ」「悲しむ」などの精神活動を誘発するものであり、原因となる物事であると村木が指摘した。「無生物」の使役主体も経験者とする使役対象も「意図性」を欠くことに基づいて、このタイプの使役構文はプロトタイプの使役行為の意味から外れて、使役構文のもう一種の拡張と捉えたほうがいい。、

(35)a. あの映画はわたしをひどく感動させた。

b. わたしはあの映画にひどく感動した。

そして、上の例は構文ごとにカバーする機能領域は異なるため、典型から外れるにつれて形式面での特徴も異なってくることが考察された。

3.1.4.2 形態論の特徴

日本語の「させる」形の使役動詞は基本的に三種に分けられる。一種は対応している他動詞と自動詞のペアが存在することによって、ブロッキング[⑧]される使役動詞である。次にあげたような例が柴谷(1973a)で指摘されている。

×沸かせる(沸かす)　　沸かす－沸く

×乾かせる(乾かす)　　乾かす－乾く

×われさせる(割る)　　割る－割れる

もう一種は使役動詞はブロッキングされているにもかかわらず存在する。例えば:

倒れさせる－倒す－倒れる

落ちさせる－落とす－落ちる

現れさせる－現す－現れる

しかし、この類の使役動詞は相応している他動詞と両方とも使役の意味を表すことができるが、やはり意味的な違いが捉えられる。具体的に第四章で論証する。

最後の一種は上で述べた他動詞相当の使役である。

すませる－すむ

咲く－咲かせる

これらのもとの自動詞には無意志的であるという共通した性格があり、そのようなもののみが、使役態によって他動詞となるのである。

ちなみに、定延(1991;2000)は「病気にする」－「病気にさせる」、「はっきりする」－「はっきりさせる」のように使役形式の項体制と述語のずれについて詳しく検討したが、「名詞＋に＋させる」、「副詞＋させる」、一部の「漢語動詞・外来語動詞の語幹＋させる」などにおいては、「させる」と「する」の関係がまだ明らかであるとはいえないので、

---

⑧ Aronoff(1976)によれば、ブロッキングは、本来存在すべきある語彙が、同じ意味を担う語彙が他に存在するためその存在を妨げられるという現象である。この現象に関しては、宮川(1989:188)が詳しく説明するために、続けて、柴谷の例を援引した。

定延に「使役余剰」と名づけられた特殊な現象が存在している。ここで略させてもらいたい。

3.2 受動構文

ここで、具体的な受動構文を例に少し詳しく見てみよう。

(36)a. ジョンが窓を割った。

b. 窓がジョンに割られた。

ここでは、他動詞を＋られという受動態の形にした上で、動作主のジョンを項の位置から繰り下げ、動作の被動者である「窓」を繰り下げて軸項として標示している。述語のプロファイルはジョンの意志や能動性を含んだ動作から「窓」の変化した状態へと移行している(大堀　2007:163)。類型論研究の成果に基づいて、受動構文のプロトタイプを「状態化」、「動作主の非焦点化」「被動者の話題化」の三つに数多くの言語学者⑨がまとめた。スキーマ化して考えれば、それは「する」的な捉え方による積極的な行為から、被動者の経る変化とその結果へとプロファイルを移した「なる」的な捉え方といえる(大堀　2007:163)。

3.2.1 受動構文の分類

受動文の類型に関する分析において、二分＜直接受動文と間接受動文＞、三分＜直接受動文、間接受動文及び第三者の受動文＞などの説があった。

益岡(1987)では、受動文を「受影受動文」、「属性叙述受動文」、「降格受動文」、という3つの類型に分けた。

仁田義雄(1991:32)は受身の下位的タイプとして、「まともの受身(直接受身)」と「第三者の受身(間接受身)」とがその両端に位置し、その間に「持ち主の受身」が位置するといったあり方で、三類を設定するということを提出した。

さて、先行の研究を踏まえて、日本語の受動構文の種類を表1のようにまとめてみた。

表1　受動構文の分類方法

	無情者(Y)	有情者(Y)
無情者(X)	A	C
有情者(X)	B	D

基本的な受動表現について、動作主(X)が有情者か無情者である場合と被動者(Y)が有情者と無情者である場合に分けて検討を進める。

A. X＝無情者；Y＝無情者

(37)花子の家は高層ビルに囲まれている。

(38)a. ビタミンCはみかんに含まれている。

---

⑨　大堀(2007:163)はLangacker & Munro 1975, Givon 1981, Shibatani 1985a, Haspelmath 1990などの論説をまとめて提出した。

b. みかんにはビタミンCが含まれている。

これらの文はいずれも、特定の時空間における事象の生起・存在を描写してはいない。「高層ビルが花子の家を囲んだ」といった個別的な出来事は問題にならないわけである。

(37)(38)のような文はある対象の性質や特徴を表現する「属性叙述」の文で、益岡(1987)によって「属性叙述受動文」と呼ばれている。(40)と(42)も含めて、属性叙述受動文はある対象について、その属性を述べる文である。取り上げられる対象は一般に、独立文では主題の形式(「～は」の形式)で表される。

(38a)と(38b)は「みかんはビタミンCを含んでいる」と受動文と能動文の対立関係と一致している。しかしながら、能動文の「みかんはビタミンCを含んでいる」と意味の上で対応するのがbであり、この文の構造は、一般にものごとの存在を表現するタイプである。日本語の表現として、bの方が普通であり、aはbよりいくらか特殊であることを村木新次郎(1991:7)が指摘した。

(39)古い家屋がブルドーザーで壊された。

属性叙述受動文と違って、(39)の述語はものごとの状態・存在を表現することではなく、動作・事象を表現するものである。従って、(39)の受動文は属性叙述受動文に対する事象叙述受動文に属するべきである。益岡(1987)は事象叙述受動文を「受影受動文」と「降格受動文」に分けたが、両方とも特定の時空間に生起・存在する事象を表現する「事象叙述」の文であることを指摘した。

B. Y＝無情者;X＝有情者・なし

(40)この商品は多くの人に親しまれている。(属性叙述受動文)

(41)答案用紙が(試験官に)回収された。(事象叙述受動文)

(40)と(41)は属性叙述受動文と事象叙述受動文のように対立している。そして、(41)においては背景化された動作主は一般に、存在が含意されるだけで表面には現れない。それが故、(41)は降格受動文と呼ばれている。降格受動文とは、動作主の背景化が受動化の動機となる文で、受影受動文と異なり、動作主を二格では表現できないと益田(1987)が論述した。そして、動作の対象が主体の地位を含め、動作主が背景化されるという点で、広義の自動詞文に含めることも可能である。

(41)a. 始業のベルが鳴った。

b. 始業のベルが鳴らされた。

C. Y＝有情者;X＝無情者・なし

(42)鈴木さんは陶芸家として知られている。

(43)私は雨に降られた。[⑩]

(43)と(44)は「間接受身文」とか「被害受身文」「第三者の受身」などと名づけられて、

⑩ 益岡(1987)は間接受動文について、「間接受動文ののガ格名詞句は人間でなければならない。そして、二格名詞句は有生物でなければならない(「雨」など自然事象を表すものが二格名詞句になる場合もあるが、これは特別な場合であろう)と発表した。

ある関与者(Y)が、ある事象を受けるということを述べた文である点から、益田が受影受動文の一種だと分析してきた。

D. Y＝有情者;X＝有情者

(44)鈴木さんは部下に突然辞められました。

(45)太郎は電車の中で隣の人に足を踏まれた。

(46)私はすりに財布を盗まれた。

(47)次郎は太郎に殴られた。

(43)を含めて、(4)のいずれも受影受動文だと認められる。即ち、ある出来事から主体が何らかの影響を受けるという事態を表す。しかし、(43)(44)は第三者の受身と称するのに対して、(45)(46)は持ち主の受身と、(47)はまともの受身と呼ばれている。

表2　受動構文に関する分類の学説

<table>
<tr><td>村木新次郎</td><td>静的事象</td><td colspan="2">動的事象</td></tr>
<tr><td></td><td rowspan="2">(37)(38)(40)(42)</td><td>間接受動文</td><td>直接受動文</td></tr>
<tr><td></td><td>(43)(44)</td><td>(45)(46)(47)</td></tr>
<tr><td>仁田義雄</td><td>まともの受身
(直接受身)</td><td>持ち主の受身</td><td>第三者の受身
(間接受身)</td></tr>
<tr><td></td><td>(41)(47)
((37)(38)(39)⑪</td><td>(45)(46)</td><td>(43)(44)</td></tr>
<tr><td rowspan="2">杉本(1982)</td><td rowspan="2">直接受動文</td><td colspan="2">間接受動文</td></tr>
<tr><td>所有受動文</td><td>迷惑の受身</td></tr>
<tr><td></td><td>(41)(47)(39)</td><td>(45)(46)</td><td>(43)(44)</td></tr>
<tr><td rowspan="2">益岡</td><td rowspan="2">属性叙述受動文</td><td colspan="2">事象叙述受動文</td></tr>
<tr><td>降格受動文</td><td>受影受動文</td></tr>
<tr><td></td><td>(37)(38)(40)(42)</td><td>(41)</td><td>(39)(43)(44)
(45)(46)(47)</td></tr>
</table>

以上の各学説から見ると、分類方法が違うが、上の構文はいずれも同じ受動構文類型に属する文であっても、そのカテゴリーの中に同じ資格で位置づけられるわけではなく、中心的なものから周辺的なものまで程度差を持ちながら存在するものだとするものである(表3を参照してもらいたい)。従って、このような捉え方はメンバーの連続的所属のしかたを認める立場という点では、プロトタイプ理論と軌を一にするものである。

⑪　仁田(1991:32)は「まともの受身」の特徴を論述するとき、「窓ははでな色彩のサイケデリックなドレープカーテンで、閉ざされていた。」という例文を挙げた。そして、＜まともの受身＞とは、能動文中に存在している非ガ格の共演成分を、ガ格に転換し、それに従って、ガ格の共演成分をガ格から外した受身であると定義を下した。定義によって、当該の例文が「まともの受身」に当てはまるべきか疑問を抱いている。

表 3　受動構文のプロトタイプ特徴に合わせるまとめ

	Y		X		Xに	られる	動作性
	無情	有情	無情	有情			
(37)		×		×	○	○	×
(38)		×		×	○	○	×
(39)		×		×	×	○	○
(40)		×		○	○	○	×
(41)		×		○*	○	○	○
(42)		○		×*	×	○	×
(43)		○		×	○	○	○
(44)		○		○	○	○	○
(45)		○		○	○	○	○
(46)		○		○	○	○	○
(47)		○		○	○	○	○

3.2.2　受動構文の意味原型と拡張

3.2.2.1　主語の意味役割と受影性

上の各類型の構文に基づいて、受動構文の意味原型を「ある人物が他の人物から行為を受け、そのことによって影響を受ける」にまとめておく。これが同時に「動作主（＝意志性のある引き起こし手）をニ格で表す二受動文」の《基準的意味》である（天野2002：35）。

さて、間接受動文の主語は、意志性をもたず、したがって、その意味役割は動作主ではなくて、話題化された経験者である。主体として事件に関与する働きがそんなに明らかではないので、主体性があまり現れない。受影受動文が受影主体に視点を置いた主観的な表現であっても、(43)(44)と(45)(46)と(47)の主語の主体性（関与性）がそんなに均一的に分布されていない。

ところで、どのような状況・文脈でも安定して許容度が高い文、例えば「太郎は花子に殴られた」といった有生物主語の二受動文に比べると、無生物主語の二受動文はそれだけ自然な文として成立するのに特殊な制約が課せられている。その制約とは、当該の文がベースとする構文類型的な意味と適合しない部分を補うために要求されるものである。したがって、無生物主語の受動構文（属性叙述受動文を含める）が有生性制約[12]を持ち、受影者に対する受影性（＝心理的影響）の意味を表す。構文が成り立つには、その基準的意味に対応づけて解釈するという最終的な目的に応じて、天野は「潜在的受影者」という概念を想定して、受影受動文・属性叙述受動文が潜在の受影者の意味に関して連続的であることを論証した。先ず、二種の構文の間に、もう一種の無生

[12] 受動文には＜動作主を二格で表した場合、その主語には有生物がならなければならない＞といった趣旨の制約が存在するとされてきた（天野2002：21）。

物主語の二受動文を挙げた。

(48)あの絵が子供に引き裂かれた。　　　　　　　　　　　　　　　（＝益岡 1991:28）

(49)自分の髪型が友人に褒められた。

(50)仕事が隣の住人にさまたげられた。

(51)この街は(が)、K大佐に破壊された。

天野(2002:26～30)の研究によって、潜在的受影者の想定の手がかりとして、ガ格名詞句のモノは上の(48)-(51)で示されるような、潜在的受影者の所有物、身体部分、行為を表す名詞、非特定的な関連人物を喚起させるものである場合、無生物主語の二受動文の許容度が高いということになる。

それに従って、(37)(40)などのような属性叙述受動文に至っても、「花子の家」、「この商品」などガ格名詞句の表すものは、「花子の家に住んでいる家族」、「商品の作り手や売り手など」非特定的な関連人物が喚起させる。一種の抽象的な事物のメタファーと解釈されてもいい。

そして、そのモノは想定される潜在的受影者とその表す事象以前の関連物であると解釈可能であることが必要である。

(52)＊ノーサイドの笛が主審に吹かれた。

(52)のような文からは、事象以前のモノの「所有者」の想定も更にどのような潜在的受影者としての解釈も不可能なので、許容度は落ちる。つまり、ガ格名詞句が生産物であるという特徴を持つ文の許容度の低さは、受影受動文であれ属性叙述受動文であれ、無生物主語の二受動文に共通していることなのである。

このように、潜在的受影者は、ある名詞句で表したとしても、述部と統語的な関係を持てないものという特徴と含めて用いられる。天野が潜在的受影者を想定することは無生物主語の有生化の在り方で創造的に無生物の二格受動文を解釈する働きかけとなった。かくして、受動構文の無生物主語は使役構文における使役行為者の拡張を表す無生物主語(擬人化による拡張、使役者の行為概念のメタファーによる拡張及び臨時的にエネルギー源と見なされる拡張で、3.1.3.2節を参照してもらいたい)と何らかの類似性があり、有情・無情の制約性が緩んでいる。

3.2.2.2　動作主の非焦点化

ここまで見てくると、受影受動文だけではなく、受動構文の基準的意味に合わせて、「受影性」で共通している属性叙述文を含めて、典型的な受動構文と見なされる。そして、受動構文においては、動作主の非焦点化と受動者の話題化は同時に進行されたプロセスであり、互いに補い合うこともある。とりわけ、動作主の非焦点化の典型的な具現は(41)、(41a)のような動作主の背景化という現象である。すなわち、動作主の背景化が受動化の動機となる降格文である。この型の受動構文の特徴は、動作主を主体の位置から降ろし、代わりに動作の対象を主体として表現する、という点にある。従って、動作主の背景化から非焦点化の両端に位置する降格受動文と受影受動文との違いを明確にしておくことは、日本語の受動文に対する理解を深める上で肝要なことであると考えられる。すなわち、一考を要するのは、事象の生起を客観的に表現する降格受動文とある主体が経験する出来事を主観的に表現する受影受動文が相互にどのような関係にあるのかという点である。日本語が客観的な表現と主観的な表現を峻別して表現する傾向が強いことを考えると、1つの構文が客観的な事柄の表現と主観的な事柄の表現の両方に用いられることは、注目に値する現象である。「客観的」対「主観的」という点では対立的な関係にある降格受動文と受影受動文が、相互に有機的なつながりがあるという点では連続的な関係にある、という見方を益岡(1991:116)が提出した。

3.2.3 受動構文の文法原型と拡張

日本語の受動構文は具体的に、述語が'(r)are'という接辞を取り、それに伴い、述語の基本形態に対してガ格の関係で結びつく補足語が、ガ格以外の形態を取る、という特徴を持った構文として規定される(益岡 1991:105)。

形態論の面から、述語の動詞と'(r)are'の結び方について数多くの著書がもう論じたが、ここで省略しておきたい。しかし、その結び方の成り行きが使役構文から受動構文に転じることと関わるので、次章で詳しく論証する。

受動構文のXにあたる関与者の格形式には、与格(ニ)、出発格(カラ)、状況格(デ)と与格と後置詞「ヨッテ」の合成によるものとがあることを村木(1991:15)が指摘した。そして、受動文のY、即ち主格の名詞が人間をさす場合には、Xが与格で、非人間の場合には、Xが与格以外というのが基本である(村木 1991:14)。

上の(47)においては、「太郎」＝動作主、「次郎」＝受動者という特徴が読み取れるが、(39)の文では、「ブルドーザー」＝事象を誘発するもの、或いは道具・原因、「古い家屋」＝被動者といった統語上の意味的役割が読み取れる。「太郎」も「ブルドーザー」も動作・作用の出発点の役目を果たすものであるが、前者は意志を持った動作者であり、後者は自らに意志を持たない非動作者であるが、動作主の行為性との関連で手段である。Xが状況格の場合はXが広義のできごとをあらわす名詞であり、動詞は対象の変化をもたらす意味をもつものである。Xはあることがらを誘発するものごとであり、手段や原因でもある。動作主が機関や組織体の場合や不特定多数の場合にも、状況格があらわれる。いずれも場所性をおびていて、その結果、動作主としての性質が薄らいでいる(村木 1991:16)。例えば：

(53)新しい法案が議会で決定された。

さて、上の(41)において、動作主を明示したい場合には、「試験官によって」のような特殊な形式を用いるしかない。

(41)′答案用紙が試験官によって回収された。　　　　　　　(受影受動文)

(54)三年前の冬、私は或る友人から意外な事実を打ち明けられ、途方に暮れた。

(55)車が海から引き上げられた。

注意をしておきたいのは、上の二例も「から」格を取ったが、「から」という格助詞の多義性によって、全く違う意味役割をつけられている。「或る友人」が動作主と捉えられるのが明らかであるのに対して、「海」は「場所」と捉えられるのが普通であろう。それは、「車が警察に海から引き上げられた」のように他の動作主が入れる可能性があるからであろう。

まとめておくと、格関係によって、共演成分の名詞が動作主と見なされる主体性特徴も以下のように連続体をなしていると思う。しかし、同じ格関係(例えば、上のカラ格)であっても、共演成分の名詞が程度差がある動作主としての性質を表している。

二格>カラ格>ニヨッテ格>デ格

ところで、典型的な動作主として捉えられる与格(二)の名詞は与格以外の名詞と受動構文の動作主のネットワークをなしているが、その間に、非典型的な現象も覗われる。

(43)'花子は海に呑まれてしまった。

(43)'において、「海」のような無生物は「二」格を取って、「擬人化」する過程と関わって、「動作主」と認められるのが自然である。

3.2.4 形態論と統語条件の間に生じるズレ

直接受動文と対立する能動文の動詞は、典型的には「関与者1(X)」が「関与者2(Y)にはたらきかける特徴(他動性)をもっている。この他動性には、動詞によってその程度に強弱があり、すべての他動詞において一定というわけではない。そして、動詞を一定の統語条件をつけると、受身を作らない場合もある。

ここでは、本来的には、まともの受身を作る動詞であるにもかかわらず、その動詞が、文中に共起する他の語句の影響を受けて、その環境の中ではまともの受身を作らなくなる、といった現象について、すこしばかり見ておく。

3.2.4.1 再帰用法

先ず、再帰用法と呼ばれるものについて考えてみる。

(56)a. 子供が手を叩いてる。　　　b. *手が子供に叩かれた。

(57)a. 彼は足の骨を折った。　　　b. *足の骨が彼によって折られた。

対応している能動文aにおいて、通常、「他に対する働きかけ」を表して、まともの受身を作りうる動詞「叩く、折る」はbのような使われ方をした場合、まともの受身を作ることはない。aでは、ガ格(主)とヲ格(対象)とは、別個の存在である。そのことによって、「叩く、折る」は、他に対する働きかけを実現している。それに対して、bでは、動作対象が動作主の分離不可能な部分・側面に当たるによって、bの「叩く、折る」は、主体から出た働きかけが、結局主体に戻ってくることによって、主体の動きが完結するといった再帰性を帯びることになる。つまり、再帰用法で使われることによって、他に対する働きかけを表さないことになり、まともの受身を形成しないことになる。(仁田1989:72)

ちなみに、能動文の場合、この再帰用法を取っている動詞は以下に挙げる例のように、ほとんど身体部分を対象としている:「体を曲げる、まゆをつりあげる、ひげをそる、身を乗り出す、息をはずます」、その主語が言うまでもなく、人間に限ることではなく、「(えびが)はさみを振り上げる、鳥が羽根をふくらます、木が(枝)を張る」のように、非人間的なものをも含めている。

しかし、主体と対象がなしている所有関係(身体部分だけではなく、属性、衣類など)

によって、再帰の性質が連続性をなしている。まともの受動ー所有の受動ー第三者の受動もそれなりに意味が連続性をなしている。詳しくは第四章で論証しておく。

3.2.4.2　無意識的用法

続いて、動詞が無意識的な動きを表す用法で使われた場合について見てみる。

(58)a. ねらいを定めて、彼は二階から石を落とした。

b.（彼によって）石が二階から落とされた。

(59)a. 僕はうっかりお金を落としてしまった。

b.（僕によって）お金がうっかり落とされてしまった。

(58)bの「落とす」は、意識的・意志的な動きを表すように使用されることによって、他に対する働きかけを表すことになり、まともの受身を形成している。つまりbは、文法的である。それに対して、(59)bは、「落とす」が無意識的・無意志的な動きを表すように限定・使用されることによって、働きかけを表さず、まともの受身を作りえないようになっている。bは非文法的であろう。（仁田義雄　1989:72）

以上の「再帰的用法」と「無意識的用法」の場合、動詞が文法的な振る舞いによって、まともの受身を作らなくなることは、受動構文のプロトタイプの意味「他動性・意図性」に関する有力的な論拠を提出した。

第４章　通時的な変化過程から見る使役・受動助動詞の発展

4.1　通時的変化と文法化

言語の歴史の中で変わらないものはない。実際の言語変化は部分的な変化が積み重なり、段階を経て起きるものである。文法が構文のネットワークであるなら、その変化はネットワークの再組織化であり、文法に見られる変化はこの観点から適切に理論化できる。したがって、言語における注目すべきの一つに、内容語である名詞や動詞などの語彙的要素が、前置詞、助動詞などの機能語や屈折接辞などの文法的要素に変化するという通時的現象がある。この言語現象は文法化と呼ばれている（Heine et al. 1991；Hopper and Traugott 1993；Bybee，Perkins and Pagliuca 1994，秋元2001など参照）[13]。それによれば、文法化とは、自立語であったものに文法的な特性が付与されるようになることであった。最近では、これが漸時的変化であることに注目し、次のような定義で使われることが多い。

文法化とは、語彙的な要素が特定の用法において文法的な要素になったり、文法的な要素がより文法的になったりするという、言語変化の一種である。中国語における使役動詞が受動標識に変わるプロセスが文法化の一例だと言える。

一方、実際の言語変化では「周辺」から「中心」への移行やその逆のようなケースは広く見られる。とりわけ、ある時代には限られた用法しかなかった形が徐徐に使用の領

---

⑬　籾山洋介・深田智が書いた「第三章意味の拡張」から引用されたものであるが、「第三章意味の拡張」が松本曜に『認知意味論』に編集された（pp. 120）。

域を広げていくような変化は、構文中心のアプローチによって適切に捉えられると思われる。この通時的な変化は連続的推移と呼ばれている。また、この通時的変化に見られる連続性は共時的な拡張に見られる連続性と区別して、連続変異現象と呼ばれることもある。両者は無関係ではなく、共時的な拡張は通時的な変化の過程を反映していると考えられている(松本曜　2003:122)。すなわち、共時的な視点からみた言語の側面の一部は、通時的・歴史的な変化によって動機付けられている。

認知言語学においては、文法化研究の大きな貢献の一つは、機能が発達するパタンとその動機付けにどんな可能性があるかを示し、類型論的な一般化を可能にしてきたことである。変化の方向を明らかにすることで、機能領域の広がりの分析に有力な支えが得られるからである(大堀　2007:197)。このようなアプローチは、通時的データをもとに認知地図を描き出す方法をとる。多くの言語で共通して見られる文法化の筋道は、われわれの認知にとって基本的なカテゴリーの拡張のパターンと考えられる。大堀は中国語や東南アジアの言語をめぐって分析した結果、動詞起源の受動構文が文法化するケースが含まれるという結論を出した。続いて、我々は、母語としての中国語の受動構文の文法化の道筋を背景にして、日本語の受動構文がそのカテゴリーの拡張のパターンに合わせるか検討しよう。

4.2　中国語における使役動詞から受動標識への文法化

使役動詞が文法化して受動文の動作者マーカーとして用いられるのは中国語の使役構文と受動文の構文間で何らかのつながりがある例証であろう。本節では北方官話に属する北京語を対象に、受動文の特徴を見据えつつ、使役動詞の文法化と意味拡張のプロセスを考察し、「使役」が「受動」の意味にリンクする意味論的動機を明らかにしたい。

4.2.1　現代中国語の受動文の構文的特徴

中国語の使役動詞受動標識に転化する話題に入る前に、当面の問題との関連で必要と思われる範囲で受動文の構文的特徴を確認しておきたい。

中国語の受動文は、主語に立つ対象が単に動作行為を受けることを述べただけでは成立し難く、動作表現に加えて、動作行為の結果として対象が被る何らかの状態変化を明示する表現が要求される(木村　2004:61)。日本語の場合には、どのような形であれ影響を受けるという点が受動構文の特徴だったが、中国語の場合には変化とその結果、つまり完了の意味が重要となる。例えば:

(1)a. 小李被小王打了。

b. 小李被小王打晕了。

「被」構文は結果の意味を含むという制約が強く、a、bは完了の標識「了」がないと不適格となる。さらに動詞“打”(なぐる)がいかなる結果表現も伴わないaは“打”が他動詞であるにもかかわらず明らかに結果表現の“晕”(意識を失う)を伴うbほど許容度が高くない。中国語の受動文とは典型的には、動作による対象への結果的影響を伝えるための構文であり、従って、その述語にはいわゆるVR構造が最もよく適応する。

更に興味深いのは、未然の事態を表す文は、「我肯定会被他打死」'私は彼に打ち殺される'のように結果補語（ここでは「死」）をもつときは可能だが、そうでないときは「＊我会被他杀」'私は彼に殺される'のように不適格だという事実である（中国語の「殺」は、結果状態まで必ずしも表さないことに注意）（木村　1992：10）。

ところで、現代中国語の流行語において、（2）のように「被」という受動標識を用いる「新しい受動文」はその「状態化」という制限を破って、「動作主の非焦点化」をさらに拡張して、「動作主の背景化」というよりも、「動作主の話題化」となることに至って、「受動構文」の元の機能・構文的な条件を破って、広く批判されている。ここで、主語が何かの被害（他の件からの影響）を受けることを背景にして、仕方がなく、或る行為を施す「新しい受動文」は被害性（受影性）だけで元の受動構文と関わりを持っているに限って、文法にしても、構文の意味にしても、元の受動構文の枠組に受け入れられがたい。

（2）a. 中国"被出席"。

（http://www.sina.com.cn 2009年12月26日 05:55　重庆时报）

b. 哥本哈根气候峰会回顾：温家宝"被出席"半途离宴

（汉网 www.cnhan.com2009－12－26 09:02:51　稿件来源：长江日报）

一方、中国語の受動構文は以下のように構成されている。そして、述語動詞は必ず他動詞に限られている。

S（受動者）＋X（受動標識）＋NP（動作主）＋VP（VR）

さて、中国語の受動標識は歴史上において、何十種類も数えられる。石（2006：14）が幅広く使われているのを例示したが、詳しくは付録1を参照してもらいたい。そのなか、使役動詞が文法化を経て受動の格標識の機能を獲得している現象に焦点を絞って、「教」「叫」「譲」の使役動詞の文法化の要因を掲示したい。次は「叫」という受動標識の成り行きを通して、使役動詞が受動標識に転化するプロセスの一般化及びその背景となる中国語の使役構文と受動構文の機能領域のつながりを覗いたい。

4.2.2　使役動詞「叫」から受動標識への文法化

中国語において、動詞「叫」は最初に日本語と同じで、「叫ぶ、大声で話す」という単純な意味を持っていたが、受動標識まで文法化されたのは、必ず、「兼語式」という特殊な構文の動詞の段階を辿らなければならない。即ち：

S＋叫＋NP

⇩

S＋叫＋NP1（兼語）＋V＋NP2

「兼語式」構文においては、動詞「叫」の意味は「言葉で知らせる」に転じて、もとの意味が漂白化されたものであろう。かくして、単純な動詞「叫」は使役動詞の意味を取るようになった。さらに発展すると、形式用言のように、「叫」は徹底的に「語彙的要素」から「文法的要素」に変わって、元の語彙意味を脱落して、使役標識の機能を獲得するようになって、それなりに「兼語式」構文も使役構文になった。しかも、このプロセスは連続的であって、今のところ、三種の用法も共時的に存在する。

4.2.2.1　「叫」の語義的類型

A. 言葉で誰かに、何かをさせるように呼ぶ。例えば：

(3)那大汉便叫那人:"快讨解药来,先救起我哥哥。" (《水浒传》三十六回)

(4)李逵叫娘吃水,杳无踪迹,叫了几声不应。 (《水浒传》四十三回)

(3)の「叫」はただ「叫ぶ」という動詞として使われて、単なる語彙的要素である。「大声を出していう。大声を発する」の基本的な意味を応用する場合、「S＋叫＋NP」という形式に限定される。そして、主語は人間に限られて、それに、兼語の意志を支配する。主語の意志の強さによって、この類の「叫」は受動標識に変わらない。(4)の例文は典型的な兼語式構文であって、「叫」も完全に使役動詞とはいえない。

B. 強制的・指示的意味

(5)叫道人去城中买了几般果子,沽了两三担酒,杀翻一口猪,一腔羊。

(《水浒传》七回)

(6)晁盖却叫公孙胜引了庄客先走,他独自押着后。 (《水浒传》八回)

この類の「叫」の意味も基本的用法として、「対象がそうなるようにしむける行為」を表す。主語は人間に限り、「叫」という動作の動作主を指して、対象の「兼語」に指令を出して、意図的な働きかけをしている。そして、対象の「兼語」の行為も動作主の意志によってなされたのである。この類の「叫」の文型も受動文の意味原型に近づけて解釈しにくいので、「叫」が受動構文の文法標識に転じないことを石が断言した。

C. 何かを名づける。称する。

(7)老汉姓刘,此间唤做桃花村,乡人都叫老汉做桃花庄刘太公。 (《水浒传》五回)

(8)京师人口顺,不叫高二,却都叫他做高逑。 (《水浒传》二回)

この類の「叫」の意味は動詞の主な意味として今でも使われているのに、受動標識の発展と直接な関わりを持っていない。

D. 許容的意味

(9)大碗斟酒,大块切肉,叫众人吃的饱了。 (《水浒传》七回)

(10)叔叔,不知怎的错见了,好几日并不上门,叫奴心里没理会处。 (《金瓶梅》二回)

「叫」の許容的意味というのは、動作主が対象の意図を尊重し、使役対象の行う事態を許可し、あるいは放任するということである。もちろん、この場合、文脈によって、動作主の積極的許可の態度を表すことがあるが、消極的な放任の態度を表すこともある。さらに、動作主に代わって、非情物などの事象・状況が文頭にあたって、「兼語」の対象の行為と因果連鎖関係になることもある。

この統語類型は最も受動構文と密接関係をもっている。

E. 誘発的・作用的意味

(11)你看我着些甜糖,抹在这厮鼻子上,只叫他舔不着。 (《水浒传》二十四回)

(12)不料局势如此,叫俺怎生收敛。 (《桃花扇》卷二第二十九出)

「叫」の誘発的・作用的意味も受動構文の文法標識の用法と最も関連している。動作主が対象の行為を支配することではなく、対象が行動をとる事態を引き起こすに過ぎない。一般的に対象が自ら意図的に行動をとることになる。それに、肝心なのは主語が人間でなくてもいいことである。

上の「叫」の五つの用法のなか、三番目だけは単なる動詞の基本的な用法で、一番目の部分は兼語式構文における未完全な使役動詞として使われるのに対して、他の三つのは典型的な使役動詞[14]のに属して、第三章で紹介された使役構文の意味類型に一致している。

4.2.2.2 「叫」が受動標識に発展してきた統語条件

語彙的要素が文法的要素に変化する文法化過程において、適格の統語条件は不可欠なのであると石(2006:43)が指摘した。「叫」が文法化された統語条件は以下の3点にまとめておく。

A. 兼語構文の主語も現れないし、Vの目的語も前文に一度出たため、後文で省略される。

(13)当时说定了，连夜收拾衣服盘缠，缎匹礼物，排担了。次日早起来，叫庄客挑了，两个取路望五台山来。（《水浒传》二回）

(14)这些人家的女儿他也不知道造了什么罪了，叫人家好端端议论。（《红楼梦》七十九回）

この類の構文には「叫」の主語が現れないことによって、「叫」の動作の意味が弱くなる。一方、省略される目的語を補充する必要がなく、補充し難いこともあるのは最も受動構文の統語構造と接近する。それは、使役動詞の文法化によって使役構文から転化された受動構文の動詞には目的語がつかないからである。

B. 動作に仕向けられる対象の話題化

(15)银子便用食盒叫小厮抬来。（《金瓶梅》十四回）

(16)这话没的叫人恶心。（《红楼梦》六回）

(15)の主語を担う「银子」は例文に明示されないのに対して、(16)の「这话」は「这」という指示連体詞を用いることによって、「定指」の性質をとって、話題化されるのは極めて自然であろう。

C. 構文の主語は「叫」の動作主の役割をになうと同時に、兼語の後ろの動詞が働きかける対象となる。

(17)严监生叫丫鬟扶起来，勉强坐著。（《儒林外史》五回）

(18)刑夫人等忙叫宝玉搀住，命人挪椅子来与他坐。（《红楼梦》十三回）

例示される文中に、いずれも指示代名詞を動詞の後ろのスロットに入れて、目的語を補うことによって、再帰の事象構造になりえるのである。例えば、

(17)'严监生叫丫鬟扶(他)起来，勉强坐著。

(18)'刑夫人等忙叫宝玉搀住(他)，命人挪椅子来与他坐。

このように、使役構文は以上の三つの統語条件さえ満たせば、受動構文に発展する可能性がある。もちろん、「叫」の意味条件を結合して、さらに、高頻度の応用を加えて、使役構文は受動構文に転化するのはさらに容易になる。

---

⑭　ここで「使役助動詞」ではなく、「使役動詞」という用語を用いるのは中国語の使役構文の広く受け入れた言い方を基にして、使役構文があくまでも一種の兼語式構文だという見方に賛成するからである。しかし、すべての兼語式構文は使役構文とはかぎらない。

まとめておくと、使役動詞が受動標識への文法化過程に適格な統語条件はVが必ず他動詞で、使役構文の元のNP2が文頭に来て、Vの後ろに目的語が現れないことである。

S＋叫＋NP1(動作主)＋V＋NP2

⇩

S(＝NP2)＋叫＋NP1(動作主)＋V

かくして、中国語の使役動詞の文法化の統語条件は受動構文のプロトタイプとする三つの条件「受動者の話題化」「動作主の非焦点化」「状態化」の中、とりわけ、「受動者の話題化」のほうが際立っているようである。それは、多分「動作主の非焦点化」と「状態化」が中国語の使役構文にしても、受動構文にしても、両方ともに備わっているからであろう。

4.2.2.3　典型的な受動構文と認められる「叫」構文

「叫」は受動標識としての用法が17世紀以後から普通になったと石は指摘した。その前、『金瓶梅』の中にわずか一例が見られる。

(19)门外花大舅叫爹留住了，也是过夜的数。　　(《金瓶梅》二十九回)

(20)太太倒不糊涂，都是叫"金刚""菩萨"支使糊涂了。　　(《红楼梦》二十八回)

以上の例が原型的な受動構文と見なされる理由はいずれも主語が明らかに受動者と見なされてもいいというものであると石が分析した。それに加えて、被動者への影響(受影性)という現代の中国語受動文の典型的な特徴は、「叫」が受動標識に転化する過程に大きく働きかけた。

4.2.3　使役動詞から受動標識への文法化の一般化特徴

「譲」は現代中国語標準語の口語において最も活躍している受動標識と言える。生まれてからたったの百年に過ぎないのに、最近の二十年間迅速に発達していて、口語において、「被」に代わる見込みを示している。そして、他の口語受動標識の「叫」と「給」よりずっと幅広く使われている。

「教」「叫」「譲」という三つの使役動詞は受動標識への文法化をなしたが、同じく、使役動詞に属する「使」「令」はそういう転化にならないか疑問を抱いていながら、石(2006:24)が『水浒传』に出た「教」「叫」「譲」のすべての用法を調べた上で、三者が受動標識への文法化用例において共同の「許容」語義を持っていることを見つけた。

そして、使役動詞「教」「叫」「譲」は動詞として、基本的な語義が違い、自らの統語条件も違い、兼語の標識になる時期も違い、最後、文法化される程度も違っているのに、少なくとも「使役の語義」と「容任の語義」を含めて、共通している統語条件に満足すれば、受動標識への文法化がなされる。

次はその共通している統語条件をまとめておく(主語＝A;使役動詞の対象語(兼語)＝B)。

(一)AがBの行う事態を許容し、あるいは放任すると同時に、Bの動作の仕向けられる対象となる。

(二)Bの動作の仕向けられる対象が前に出た場合、省略される。

したがって、「許容・放任」の意味は使役動詞が受動標識語義的なベースと見なされるのは自然であろう。ちなみに、「教」は近代以来の発音が「叫」に近いのに加えて、兼語式構文において、使役動詞としての用法が「叫」と類似しているがゆえ、「叫」と混用した結果、受動用法が生じたのであると石⑮が指摘した。「教」がそもそも「許容・放任」の意味を備えていないのも独立に発展して、受動標識の機能を獲得するわけには行かない一要因であろう。

4.3 歴史から見る日本語の使役・受動助動詞の発展

本節で扱う受身・使役の助動詞は、動詞に附いてその意味する動作の行われかたを示すもので、相の助動詞と言われる。すなわち、動詞そのものが表す動作概念（能動相）に対して、動作が他によってなされ（受身相）、あるいは他をしてなさせる（使役相）等の意を表すもので、動詞の持つ客観的意義に関する語である。従って、助動詞を主観的意義の語に限るという立場からすれば、これらは助動詞から除かれるわけで、現に時枝文法ではこれを接尾辞としている。あるいは、山田文法のいわゆる複語尾という範疇はむしろもっともこの種の語に適合していると言えそうで、動詞の語尾が複雑に発達してこの種の語ができたことは、後述のようにはっきりとその経路を辿ることができるのである。

4.3.1 受動助動詞

4.3.1.1 歴史的変遷

上古には「ゆ・らゆ」が(21)のように最も早く受身意味を表す語尾として多く用いられていたが、本当の受身の助動詞とは言えなかろう。それは「ゆ」が命令形を欠いて五形あり、「らゆ」は未然形だけしか見られない活用形の不十分からであると思われている。「らゆ」はたぶん後に発生して、十分な発達をしないうちに「らる」と交代したのではなかろうか。かくして、古くは「ゆ」だけは受身の語尾として認められている。現代語にも化石的に「あらゆる」「いわゆる」等の連体詞に残っている。

(21)か行けば人にいとはえかく行けば人に憎まえ　　（万葉集五・804）

それから、奈良時代に「ゆ」から「る」への推移は始まっている。それは日本語におけるラ行音とヤ行音の相通に基づいて、進まれているのであろう。日本語におけるラ行音とヤ行音の相通は古来見られるもので、「ゆ」—「る」の転化も理解できることであろう。例えば、

(22)比多潟の磯のわかめのたち乱え　　（万十四・3563）

上の例で「乱え」は現代仮名遣いの表記で、「乱ゑ」に現すべきであるが、「ゑ」—「れ」の交替の具現化といってもいいかと思う。そして、連体形として、「る」と「ゆ」が両方とも存在していた。例えば、

(23)はしだての熊来酒屋にま罵らるやつこわし　　（万十六・3879）

⑮　石が唐の時代、「教」が「kau」と、「叫」がkieuと発音して、意味もそれぞれ「教える・教育」「叫ぶ」で、関連性がないと論証した(2006:36)。

(24)住の江の三津に船乗りただ渡り日の入る国に遣はさるわが背の君を……

(同十九・4245)

(25)射ゆ鹿をつなぐ河辺の和草の身の若かへにさ寝し児らはも　(同十六・3874)

(23)(24)のように、まれに連体形に「る」が用いられるばあいであるが、(25)のように「射らるる」という受身の連体形として用いられている。

ともあれ、奈良朝にすでに「ゆ・らゆ」から変わり始めた「る・らる」は、平安朝になって(26)のように普通に行われるようになり、活用形もすべて揃うし、意義的には受身・可能・自発それぞれの用例が多い上に、尊敬の用法も加わった。ちなみに、可能の例は山田氏⑯が述べたように平安朝の用例では否定形のみが現れると、中世になると徒然草のような肯定の用法も普通になった。可能・自発の例文を省略しておく。

(26)へんちじの僧都……扇をささげて若き人に笑はる　(紫式部日記)

中世以後の活用語一般の変遷に従って、漸次下二段活用から下一段活用化して「れる・られる」に変わって行った。早いところでは、鎌倉初期の「千五百番歌合」や「古今著聞集」の「れる・られる」の用例が各種の文法史書に引用されているが、実際には中世を通じて「る・らる」ないし「るる・らるる」が普通で、江戸時代になって「れる・られる」が一般化した。そして、可能・自発の表現にも、四段活用動詞を下一段活用に転じて用いる形式が始まっている。

このように、「れる・られる」は可能・自発の表現から解放され、相の助動詞としては受身を主用法とするようになった。

4.3.1.2　「ゆ・らゆ」「る・らる」と「れる・られる」の繋がり——中相動詞

中相動詞というと、自動詞と受身とを併せ持つ形式が、後述の他動詞と使役とを兼ねる場合とともに「中相」と称せられる。中相動詞は「ゆ・らゆ」「る・らる」と「れる・られる」の歴史発展において、重要な働きをかけている。

上古の「ゆ」は「聞ゆ・見ゆ」のような動詞語尾「ゆ」と不可分のものであったと思われると同時に、古くは受身の意がかなりはっきりしていたのであった。例えば、

(27)御几帳の上よりともすればのぞきつつ腫れたる目どもを見ゆるも、よろづ恥忘れたり　(紫式部日記)

(28)瓜食めば子ども思ほゆ栗食めばましてしのはゆ　(万五・802)

「思ほゆ」は平安期になって形態的には全く一動詞「おぼゆ」となったが、しかもかなり後まで本来の受身の意を保っていた。上で挙げた現代の例「あらゆる」「いわゆる」もその例証と言える。ほか、「射ゆ鹿」の「射ゆ」も数えられる。

「る・らる」の場合、次のようにラ行四段活用動詞語尾(る)で受身の意を持つものがある。

(29)針袋これは賜ばりぬ　(万十八・四一三三)

(30)常も賜ふ酒幣のものを賜はりもちて罷れと……　(宣命・三八詔)

(31)船乗りて別るをみればいともすべなし　(万二十・4381)

⑯　ここで此島(1988:104)が山田孝雄の言い方(『平安朝文法史』pp. 137)を引用した。

このように「賜ぶ・賜ふ・分く」等に四段活用語尾の「る」がついて受身の意を含む中相動詞となったものである。この種の語は「増す一まさる」「積む一つもる」「離く一さかる」「障ふ一さはる」「掛く一かかる」「止む一とまる」「助く一助かる」「定む一定まる」などの対立のケースは、古来数多くみられる。一方、「別る」「生る」「結ぼる」等のように、「分く・生む・、結ぶ」等に下二段の「る」がついて受身の意を含みながら成立した動詞は少ないながら、あったのである（此島 1988:102）。このような「る」に至っては、本質的に受身の助動詞「る」と分ち難い連続性を持っている。

「れる・られる」の場合、一段活用動詞も形態転換によって、「見れる、起きれる、受けれる」等の新しい可能形を持つようになり、助動詞と見なされる「れる・られる」は受身専用になりつつある。今のところでは、「たおす」一「たおれる」、「こわす一こわれる」「割る一割れる」のような、中相動詞と類似する受身を表す自動詞と「壊される」「割られる」のような専用助動詞からなる言葉と両方とも存在する状況になった。

4.3.1.3　受動構文の統語的変遷

A. 古代の受動構文の統語標識

受身表現においては動作の主体を示す客語が「——に」で表されることは日本語本来のすがたで、漢文訓読では「の為に」で表されることが多い。例えば、

(32)物におそはるるやうにて、あひ戦はむ心もなかりけり　（竹取物語）

(33)すべて人に愛楽せられずして衆に交はるは恥なり　（徒然草・134）

(34)為日所曝——日のためにさらされて　（金光明最勝王経九・平安後期点）

なお、動作の主体は、その動作の出発点として、「より」や「から」で表されることも可能であるが、語感の差から、「に」の方がより上品だと見なされる（此島　1988:123）。まとめておくと、動作主を表す格が古代でも備わっているが、唯一つの違いが非情主語の受動構文に見られる。

B. 非情主語

非情主語の受身は、日本語では普通ではないが、古語にも現れる。この用法について、山田孝雄氏（1908:367）は、非情物であってもそれが他からの動作の影響を受ける状態を傍観的に表現する場合に現れると説いている。

(35)御廉の<u>吹きあげらるる</u>を人々おさへて　（源氏物語り・野分）

(36)今は野山し近ければ春は霞に<u>たなびかれ</u>夏はうつせみなきくらし秋はしぐれに袖をかし冬は霜にぞせめらるる　（古今和歌集・十九）

上の「御廉」と「春」は山田氏説のように、非情物であっても、擬人的要素と捉えられることによって、伝統的格支配関係によって、「二」格と付けられるわけである。それに対して、現代のそれがほぼ純粋に西洋語式非情受身の影響を受けて、「有生性制約」に特徴づけられて、それなりに、動作の主体を示す客語が「——によって」の形式をとることになる。「によって」は「by him」の訳語であろう。

C. 迷惑（第三者）の受動の表れ

(37)平貞盛ハ前二父国香ヲ将門二被罰（ウタレ）ニケレバ　（今昔物語・二五・一）

上の(36)の例文において、古今の「霞にたなびかれ」は心のさっぱりしないことを表

したもので、霞のたなびくことの影響によって迷惑する意にとりなした表現である。例(37)では「国香ヲ罰ツ」が結局一自動詞に相当し、その受身によって貞盛が迷惑する意になっているが、もし、「父国香ヲ将門二被罰(ウタレ)ニケレバ」とあれば、国香が主語として将門に討たれたことになって普通の他動詞の受身となるのである。従って、迷惑(第三者)の受動は受動構文の拡張として、古くから存在している。

最後に、受身という概念は可能とか自発とかいうものと不可分に関係していることで、これは日本語の受身の本質的特色につながるものであろう。此島正年(1988:99)によって、本来意志ある者がその意志を無視して他から動作される(従って迷惑する場合が多い)のが日本語の受身の典型的な場合であるからこそ、原則として、「非情主語」を取らないのは一般であるという結論が出された。従って、動作がその主体の意志と無関係になされることによって、主体自身の動作でも、おのずからなされる場合の可能や自発の意が含まれているわけである。それなりに、その動作は必ずしも他動詞の表すものとは限らず、自動詞のそれであっても主体がそれから影響を受けるばあいには、受身が成立する。他動詞の場合であっても、「頭を打たれる」を整体性を重んじ、自動詞として扱い、その動作によって被害を受けることになる。

4.3.2　使役助動詞

現代で普通である「せる・させる」のような使役助動詞は古代には「す・さす・しむ」があったが、近代になって「しむ」はほとんど用いられなくなった。「す・さす」が「せる・させる」になったのは、古代の下二段活用が近代に下一段活用に変わった流の中の変遷であり、また「す・せる」は四段活用系の語に接属するのに対して、「さす・させる」は一二段活用系の語に接属する。サ変の「させる」の成り行きは少し変わったプロセスであるが、ここでは省かせてもらう。

4.3.2.1　歴史的変遷

上古には、「す・さす」がまだ発達せず、使役には「しむ」が用いられた。それが中古に入ると、「す・さす」の一般化のため、普通の仮名文ではきわめて少くなった。

(38)山人の吾に得しめし山づとぞこれ　(万二十・4293)

(39)この幣の散る方に御舟すみやかに漕がしめ給へ　(土佐日記・一月二十六日)

(40)をのこどもの中に交りて夜を昼になして取らしめ給ふ　(竹取)

(39)(40)等は男の書いたかな文のわずかな例だが、竹取のはすでに敬語に転じている。源氏物語にはわずかに三例、しかも使役のは一例だけである。男の文章でも、特定人物の会話ないし消息に集中する傾向がある。そのため、、訓点語では使役にもっぱら「しむ」が用いられたのである。一方、院政期になって、和漢混交文が多くなるにつれて、「しむ」がしだいに多く現れるようになった。例えば、

(41)皆取出して令食(クワシム)レバ釣人共……皆吉ク食テケリ　(今昔物語・二六・九)

(42)後世ノ人二吾過ヲ記シテヲイテ知ラシメウゾ　(史記抄・三)等

現代になってもなお文章語的表現には用いられる[17]。そして、「しむ」の変形として、「さしむ」「せしむ」も用いられることがある。例えば、

(43)誰か女らは賞でさしむる　　（宇津保・祭の使）

(44)ワガヨクホツスコトヲバマヅ他人ニホツセサシメテ　　（論語抄・雍也）

(45)楚兵ガ呉ヲ救カナンドヲ見セシムルゾ　　（史記抄・九）

中古になってからは「す・さす」が「しむ」に代って普通になったが、その端緒はすでに上古にも見られるのである。例えば、

(46)寄り給はむ磯の崎崎荒き浪風に遇はせず　　（万六・1021）

ちなみに、受身のばあい「ゆ」から「らゆ」が分化したように、「さす」は使役助動詞として発達してきた「す」から分化されたものだと見なされる。平安朝になって助動詞「す・さす」が成立して広く用いられるようになり、古来の「しむ」は漢文系の表現にかたよるに至ったことである。

古代の「す・さす」（下二段活用）が近代に「せる・させる」（下一段活用）に変わったのは、活用語全般の変化の流れの中においてなされたのであるが、中世を通じてはなお(47)(48)のように「する・さする」（これも活用語一般の変遷に従って、連体形が終止形を兼ねる）の下二段活用の用法が普通である。江戸時代になって、その一方、(49)のように、新しい下一段活用の用法等が平行し、後期江戸語になると後者が全く普通になるのである。

(47)肴を鼠に引かするな　　（曾根崎心中）

(48)自害さするはこなたがさする　　（娘孝行記・第一）

(49)此様な娘を大ていの男にそはせるは妬ましい。　　（鑓の権三重帷子・上）

前述のように、実際の言語変化は部分的な変化が積み重なり、段階を経て起きるものである。使役助動詞の「しむ」「す・さす」「せる・させる」の発展は次々へと順番に交替する過程ではなく、歴史の各段階で少なくとも、共時的に二つ以上の変形が存することに具現化する。ちなみに、使役行為は、紛れなく、古くは尊敬行為と関わっているから、各段階の形態も尊敬の意にも使われている。

4.3.2.2　「しむ」「す・さす」「せる・させる」の繋がり——中相動詞

上古に見られる普通一動詞でも使役性がある語尾の「す」が附くことに気が付く。例えば、「遇はす・聞かす・知らす」など。

(50)……と宣り給ひおほせ給ふ御みことを……　　（宣命・四五詔）

(51)さざれ石に駒を馳させて　　（万十四・3542）

「おほす」「馳す」に附いた「す」は、すべて使役性他動詞語尾であり、この「す」はさらに「見る・着る・切る・浴む・来」などに附いて、「見す・着す・切す・浴むす（＝浴びす）・来す」等の使役性中相動詞を作る。そして、そもそも下二段活用の「佩く・頼む・聞く」が四段活用に転じて使役の意を持たせたものは相表現の最初的形式と見なされる。

---

[17] 国立国語研究所「現代語の助詞・助動詞」pp. 247。

(52)一つ松人にありせば大刀佩けましを　　(記中・30)

(53)初めようり長く言ひつつ頼めずはかかる思ひにあはましものか　　(万四・620)

(54)伯禽ヲ魯ヘ封ズル時戒テ吐握ノ事ヲ語テキケラレタゾ　　(古文真宝之抄・10)

かくして、使役性中相動詞の活躍につれて、下二段活用の「す・さす」が四段活用化に影響されて、自動詞「鳴る・散る・酔ふ」などに四段活用語尾「す」が附いて他動詞化したものが現れた。その一方、他動詞の場合、「習ふ」に「す」の附いたもので、四段活用ながら使役の意の強いことがうかがえる。このように、「他動詞語尾す」と「使役助動詞す」は相互の交渉が深く、中世以後使役の助動詞の四段活用化を促進したものである。この過程と逆に、四段活用動詞が使役にひきずられて下一般活用化する現象も見られるのであって、「習わせる」が「習わす」と平行して、不安定な状況を示しているので、機能領域の分化を致したのである。図形に示されると、以下のように明らかにする。

中相動詞の語尾──→使役性助動詞

しむ(下二段活用)⟹す・さす(下二段活用)⟹

- する・さする(下二段活用)
- ⇩
- す・さす(四段活用)
- ⇕
- せる・させる(下一段活用)

4.3.2.3　使役構文の統語的変遷

(55)人をないたくわびさせ奉らせ給ひそと言ひて　　(竹取)

(56)人々に歌よませ給ふ　　(伊勢物語・七八)

(55)のように、自動詞「わぶ」を受けるばあいは、動作者「人」は目的語(「を」をとっている名詞句)となるのであって、「自動詞プラス使役辞」は形式上一他動詞に相当する。他動詞、例えば(56)の「よむ」のばあいは、その目的語として「歌」があり、動作者「人々」は助詞「に」よる客語となって、使役動詞「よます」に連続する。そして、客語の形式に「して」、「をして」や「を以て」を用いることがある。その中、「をして」と「を以て」のほうが漢文訓読文で「しむ」と応ずることが多い。

したがって、古代の使役構文(使役の意を表す動詞とか助動詞からなる)は現代の使役構文と統語論において、明らかな違いはなさそうである。

4.3.2.4　使役構文の意味類型

3.2.2節で検討されたように、現代日本語で使役構文の意味類型はおおざっぱに三種に分けられて、連続性をなしている。次は古代の使役構文の意味類型を分析しよう。

(a)「させ手」の意志が「なし手」の意志に反して強い場合、強制的意味となる。

(57)わが岡の龗に言ひて降らしめし雪のくだけしそこに散りけむ」　　(万・104)

(b)「させ手」の意志が「なし手」の意味に反しない場合、許可の意味となる。

(58)此頃ばかりだに事なくうつし心にあらせ給へと念じ給ふ」　　(源氏・真木柱)

(c)「させ手」には積極的な意味がなく「なし手」の行為(この行為には意思的な場合と無意志的な場合とがある)を妨げない場合、放任の意味が生ずる。

(59)他人よりは妹そも悪しき恋もなくあらましものを思はしめつつ　(万・3787)

(60)白散を……風に吹きならさせて海に入れてえのまずなりぬ　(土佐日記)

(61)この人をむなしく死なせむ事のいみじく思さるるにそへて」　(源氏・夕顔)

以上のように、古代においても、使役の意味類型は現代日本語と殆ど類似している。そして、プロトタイプの構文だけではなく、(59)(60)(61)のような拡張も存在する。

まとめておくと、上代の、他動詞ないし使役動詞を構成すると認められ、四段にも下二段にも活用した、語尾「す」から「しむ」「す」「さす」等の接尾語は生じ、次第に他動詞は四段に、使役は下二段にと分化したと思われるが、相互の交渉は深く、中世以後使役の接尾語の四段化現象もあった。現在も、五段型をとりながら使役動詞とでも称すべきもの(「焼かす」「聞かす」)があることによって、「す」「さす」等を助動詞か否かは論議を起こしやすい。大槻文彦が使役相の助動詞と扱って以来、発動性間接作用を表わす複語尾とした山田孝雄の説を除き、助動詞とするのが通説であったが、時枝誠記は、語の表現性の上から詞と認め、使役を表わす接尾語とした。橋本進吉も、助動詞の中において説いてはいるが、それの付いた語の、他の文節を承ける資格に変動を来すことがあることから、接辞とすべきかとした(青木伶子 1995:455)。本論では、それを助動詞と扱うべき観点に賛成すると同時に、動詞の語尾からなる動態のプロセスをめぐる分析を通して、各学説に説得力があることを認めなければならない。

4.3.3　使役助動詞と受動助動詞の歴史的関連

上述したように、使役助動詞と受動助動詞の発展過程は不思議なほど類似している。同様に「中相動詞」の語尾から発展されてきた助動詞の「す」、「る」は現代においても、動詞の語尾と同じ形態をとっている。従って、使役動詞「す・さす」—「せる・させる」と受動動詞「る・らる」—「れる・られる」は「する的な表現」、「なる的表現」と捉えられて、対立してきて、両者の発展軌跡が中国語の使役動詞から受動標識への文法化のように交差したことはない。

しかし、通時的側面から交差したことはないが、共時的側面からみると、使役構文と受動構文の機能領域の接点が存在していた。

(62)四郎左衛門も内冑を射させて引退く　(保元物語・二・白河殿義朝夜討被寄事)

(63)重盛は、頼み切つたる景安討たせて命生きて何かせんとて

(平治物語・二・待賢門軍)

(64)兄を討たせて弟が一人残りとどまつたらば　(平家物語・九・二度の懸)

上の例はいずれも軍記物特有の使役表現と言われるものがある。敵に射られ討たれるという受身であるところを使役で表現する言い方で、強さをたっとぶ武士語の反映であることを此島(1988:137)が指摘したが、挙げられた例の軍記物は12 世紀～13 世紀のもので、和漢混交文を用いてリアルに表現されているという制限があって、同時期、漢文化の影響を受けたからであろうかと思う。なお、武者詞と青木(1995)によって呼ばれる「家子郎等おほくうたせ、馬の腹いさせて引退く」(平家物語・判官都落)のよ

うなものも、受身の意味を使役表現形式で表わそうとしたものではなく、現実は受動の事態であっても、「子供を死なせ」の場合以上に積極性のある「…させてやる」の気が感じられる。従って、この表現は現代語の「子供を病気で死なせた」とは違って、(b)「許容・許可的意義」を利用して作り出したものである。

中国語の使役動詞から受動標識への文法化過程との比較を通して、日本語の使役・受動構文は歴史の発展からみると、多かれ少なかれ、機能領域における関連性(使役の形式で受動を表すこと)が見つけられた。従って、同じ表現形式の適用範囲に言語間で重なりとずれが見られることに対しても、人間に普遍的な経験に根差した共通の中核的現象とその異なる方向への拡張といったものは同じことだと次章で証明する。すなわち、「武者詞」のほかに、現代日本語で使役構文と受動構文の接点は中国語の使役動詞から受動標識への文法化過程で表された機能領域の重なりにある。

第5章　使役・受動構文からなるネットワーク

ここまで使役構文と受動構文をそれぞれ機能領域、形態論、統語論などから説明したが、両者の違いに関するまとめとして、野田(1991:211～232)が「文法的なヴォイス」と「中間的なヴォイス」と「語彙的ヴォイス」の三種類のヴォイスの対立を取り上げて、さらに項との関係を基準として、「増減型」、「交替型」、「間接型」の3種に分けた。(付録Ⅱを参照してもらいたい)。従って、使役・受動構文の相違点に関しては、先行研究がもう数多く論じたが、ここでは詳しく説明したくない。次は両者のつながり、つまり、機能拡張や言語変化のきっかけとなる類似性を見ておこう。

5.1　使役構文と受動構文の関連性

5.1.1　使役構文と受動構文の接点の機能領域

使役とはもともと他者にコントロールを及ぼし、それによってある出来事を生じさせるものである。ここで、引き起こす出来事が他動的なものであると考えられる。スキーマとしては次のような因果連鎖が表される。

X　　Y　　Z

●　→　●　→　●

CAUSE　　述語

3.2.2の使役の意味類型を参考にして、「強制・命令」－「放任」－「成り行き」のように、使役主体であるXのコントロールが弱まっている一方、使役構文の拡張のネットワークが成されていることを顧てみよう。もし、XはYの動作を阻止せず、それが自分(＝X)へと向かうのを助けるという点で、消極的なコントロールをもった使役の関係が成り立つことになる例えば、何かの事情で「あの人」が「私」のことを悪く思いそうな状況で、次の文を発したとしよう(大堀2007:174)。

(1)私はあの人にそんなふうに思わせたくない。

この場合、そのように思うのが自然の成り行きだとすると、「私」のコントロールは非常に弱い。因果連鎖は次のように表わせる。

私　　あの人　　私

●　→　●　→　●

CAUSE　ACT

ここでは「私」の影響力は「あの人」が何かを思う状況を作り出すもととなったという程度であり、CAUSEリンクが表わす使役の意味はほとんど感じられないほどである（大堀 2007：174）。

ここからCAUSEリンクが消失すると、使役から受動へと通じる道筋が生じる。受動構文は受動者が自らの意図で影響を引き起こす力、すなわちコントロールの消失という機能領域と結びつく。したがって、使役と受動の接点が生じるのは、X＝Zとなる場合、すなわちXがYには働き掛けて、自分自身（＝X）に作用を及ぼすようにする、という再帰的な事象構造である。

(2)a. 佐藤さんは皆に加藤さんの立候補を反対させた。

b. 加藤さんは皆に（自分）の立候補を反対させた。

c. 加藤さんは皆に立候補を反対された。

このように、使役主体から発した作用が自身に向かうような再帰的な事象では、コントロールの消失を通じて使役構文と受動構文は類似した因果連鎖をもつ。

5.1.2　接点の統語条件

受動構文は典型的には項が二つの他動詞を項が一つの自動詞へと変える働きをもつが、因果連鎖でいえば、VOLリンクやCAUSEリンクがプロファイルから外れるプロセスである。

次の文で「主語」となっているのは、(1)でいえばZにあたる「私」である。

(1)'私はあの人にそんなふうに思われたくない。

(1)は形式的には使役の形態をとっているが、主体のコントロールはほとんど消失しており、受動的な解釈が容易に可能である。しかも重要なことに、因果連鎖の始点と終点という違いはあるにせよ、「私」がともに文の話題として同じ形で表わされており、「あの人」が二格で表わされているので、文の形としても共通性が高くなっている。かくして、コントロールの消失と事象の再帰性という観点から理解されると、日本語の使役構文と受動構文の接点は中国語の「譲」などの使役標識から受動標識に転じる文法化の事象スキーマと類似している。

このような観点から見ると、受動構文と使役構文との間には接点があることは明らかであろう。

5.1.3　再帰の拡張

いままではいろいろな構文類型をとりあげ、その構文類型の中で周辺的と位置づけられる文の成立の可否や、名詞句の共起に関する意味的制約の存在が構文の意味によって説明できるということを述べてきた。つぎに、使役構文と受動構文の接点の場合、統語条件になる再帰の拡張を説明しておきたい。

(3)a. 信夫は、妻が交通事故で死んで、悲しみにくれている。（天野 2002）

b. 信夫は、妻に交通事故で死なれて、悲しみにくれている。

c. 信夫は、妻を交通事故で死なせて、悲しみにくれている。

上の文がそれぞれ異なる構文に属するものであるにもかかわらず、三文は同じ事象スキーマを表している。いずれもある事象に対して第三者である者(＝信夫)が、その事象を経験するといった、間接的な関与を行うことを表しているのである(天野2002:150)。しかし、第三者と見なされる「信夫」がその事象の当事者との間に想定されるべき意味的密接性によって、上の三例は再帰事例の拡張と捉えられてもいいか。この事象に対してはXは第三者として関与するわけであるが、そのかかわり方は同じ構文であっても一様ではなく、関与の度合い・間接性の度合いに程度差がある。まず、受動文について関与の度合いの違いを述べているものを見ておこう。

5.1.3.1 受動文の場合

寺村(1982:300～301)は「頭をなぐられた・財布をとられた・父にしなれた・父に病気になられた・飼犬を車にひかれた」では、連続して第三者 Xの事象へのかかわり方に濃淡があり(例の順に濃いものから薄いものへと連続している)、それによって、「被害・迷惑」の程度の強弱がきまると述べている。

3.3.4.1の示したように、能動文において、再帰用法を取った動詞は対応しているまともの受身を作らなくなることがあるが、そのほかの受身の場合、どうだろうか。

森山(1988)は「まともの受身」「部分受身」「所有受身」「純粋な迷惑受身」の順に「主語名詞の動きへの関与」が大から小へと連続していると述べている。

		「私」の関与
(4)私は、太郎君に殴られた。	(まともの受身)	大
(5)私は、太郎君に頭を殴られた。	(部分受身)	↓
(6)私は、すりに財布をすられた。	(所有受身)	↓
(7)私は交通事故で妻に死なれた。	(純粋な迷惑受身)	↓
(8)私は、幸田氏に新説を発表された。	(迷惑受身)	小

なお、森山卓郎(1988:106～110)の「部分受身」「所有受身」の区別は、所有物が主体から分離不可能かどうかの区別である。このように、同じ受動文のなかでもXが事象に関する度合いは異なっており、その意味的な関与の強弱は連続したものである。それは、先行の研究において、受身の分類に基づく観点が異なっている原因であろう[⑱]。

それに、第三者として、事象に関与する「私」は「(自分)」—「頭」—「財布」—「妻」—「幸田氏」との関係の密接性は明らかに関与の連続性とかかわっている。

一方、受動文において意味的な観点のみで関与の連続性のどこかに直接・間接の線引きをすることが困難であった。こうした意味的間接性の度合いは上で見たように第三者 Xと事象の当事者のZとの間の意味的密接性の幅を捉えたものである。同様のこ

---

⑱ 森山(1988)の「部分受身」「所有受身」に相当する鈴木(1972)の「持ち主受身」、堀口(1983)の「関係事物の受身」はいずれも間接受身(「第三者の受身(鈴木)」、「間接の受身(堀口)」)とは別に立てられている(鈴木(1972) pp. 280～281、堀口(1983)pp. 37～39)。

とは受動文以外の間接関与表現、使役文についても言えるだろう。

5.1.3.2 使役文の場合

使役構文において、受動構文のように使役主体が対象物と意味的な間接性を持つ「再帰」の用法がある。

(9)a. 私は、眼を輝かせた。 ＜身体部位＞

b. 私は、大事な船を台風で沈ませた。 ＜所有物＞

c. 私は、交通事故で妻を死なせた。 ＜関係する人物＞

しかし、こういう間接関与を表す使役文の場合、X、Z間の意味的密接性に関する制約は受動文以上に厳しい。まず、意味的密接性の無い場合には、以下のように経験的間接関与表現としては成り立たない。

(10)a. ×私は雨を降らせた。

b. ○科学者は雨を降らせた。

(11)a. ○岡村さんは事故で友人を死なせた。

b. ×岡村さんは、事故で友人の妹を死なせた。

ところで、3.2.3.1節において、更なる使役構文の拡張と捉えられる「負の行為」が挙げられた。すなわち、ある人(A)が何か(B)を完全にコントロールしているならば、AはBが被害を受けるのを防ぐことのできる立場にあることになるので、何らかの被害がBに生じた場合には、Aが自らのコントロールを行使し損なうという一種の「負の行為」が原因でその被害が生じたと解釈できる。使役構文はプロトタイプの構文から周辺的な現象(例えば、負の行為)へ拡張する過程で、使役主体が対象に対するコントロールが弱まる一方、両者の意味的密接性が強まることが要求される。使役構文と受動構文の接点がその使役構文のコントロール力が弱まる極端な例であろう。

5.1.3.3 使役構文と受動構文の接点の場合

A. 単一的方向性

(12)a. 戦争/交通事故で息子に死なれた

b. 戦争/交通事故で息子を死なせた。

c. 戦争・交通事故で息子に死なれた・死なれてしまった父親・母親

(12b)の表現は、形式的には「使役」であるが、「受身」相当の意味をもつと言われてきた例である。確かに、例えば主語は「被害者」であると言えるし、報告される事態はaのように受動構文を用いて描写することも可能であるから、これらの表現の意味に「受動」的な面があるというのは正しい観察であると思われる。

しかし、上で見た間接関与を表す場合、X、Z間の密接性に関する制約は使役構文が受動構文より厳しいことによって、使役構文から受動構文に転化する可能性がある。すなわち、このプロセスは単一的な方向性を持っている。

B. 有責性

(12’)a. 戦争・交通事故で父親・母親に死なれた・死なれてしまった息子

b. (＊)戦争・交通事故で父親・母親を死なせた・死なせてしまった息子

(12’a)は(12a)の親子の立場を逆転させた状況(例えば、息子が学校に行っている間に買い物出かけていた母親が事故に遭った場合)に適用可能であるが、同じ親子の立場を逆転させた状況について(12’b)を用いることは不可能である。(12’b)が不適格であると判断されるのは、息子が父親または母親の死の原因となる行為を積極的に行った(例えば、事故の原因が息子の無謀な運転であった)という状況においてのみである。それは極不自然である。許容度も低い。

ここで、使役構文の「有責性」という特徴が強調された。間接関与の使役構文において、主語がある事態を引き起こす使役主体としては非典型的であり、とくに、地震、戦争、交通事故などの原因を表す名詞句がある場合、能動的解釈は無理がある。しかし、因果連鎖に照らしていえば、主語が元来能動性を持たない連鎖の始点として、事態の生じる責任を問わせる。この意味で、主語が表す参加者の機能領域として、動作主や使役主体を更に拡張した「有責者」という概念が考えられる。

5.1.4 使役構文と受動構文の関連のまとめ

	使役構文	──────────→	受動構文
XとZの密接性	弱	──────────→	強
コントロール	X＞Y	地震・事故など非人為的事象	X＜Y
(13a)(15a)		(20a)　(20b)(19b)(18b)(17b)(16b)(14b)	

(13)a. ○父は花子に太郎をしからせた。b. ? 父は花子に太郎をしかられた。

(14)a. ? 父は花子に(自分を)しからせた。b. ○父は花子にしかられた。

(15)a. ○父は(自分に)目を見張らせた。b. ? 父は(自分に)目を見張られた。

(16)a. ? 父は太郎に頭を打たせた。b. ○父は太郎に頭を打たれた。

(17)a. ? 私はすりに財布を取らせた。b. ○私はすりに財布を取られた。

(18)a. ? 私は先生に作文を褒めさせた。b. ○私は先生に作文をほめられた。

(19)a. ? 彼女は子供のときに父親をしなせた。

b. ○彼女は子供の時に父親に死なれた。

(20)a. ○父親は事故で息子を死なせた。b. ○父親は事故で息子に死なれた。

上の例文と図形によると、使役構文は受動構文に転化するプロセスは、「XとZの密接性」という一つの制限だけではなく、コントロール力によって決められる。(19a)(19b)(20a)(20b)の場合、「死ぬ」のような動詞は対応している他動詞を持たないので、死なせるが他動詞相当の用法を取ることになる。その事象スキーマはビリヤードボールで示すと、以下のようになる。

(20)a　X　(Y)　Z　　　　(20)b　Y　Z　－　(X)

○ － ○ － ○　　　　○ － ○

(20)aの場合、事故(Y)という原因で、Xがその事故を阻止すべきであるが、阻止しなかったことによって、息子(Z)が死んだという事態が生じられた。父親(X)がこの事件に対する有責者として捉えられることになる。(20b)の場合、事故(Y)という原因で、息子(Z)が死んだという事態が生じられた。この事が父親(X)に影響を与えることによって、父親(X)が受影者として捉えられることになる。

使役構文の用法に関しては、その目的語が手足等の、主語が通常自由に動かすことのできる自らの身体部分であることに注目されたい。例えば、次の(15)の例は2.3.2節で検討したように、具体的な事象スキーマはコントロール力及びXとZの密接性だけで決められることではなく、XとYとZの関係、つまり、項の総合関係にも制約される。そして、マーク「?」をつけられる文は許容度が低いのは、相応する構文類型の構文意味に対応付けて解釈するという営みによって、要素間に付与される意味的関係性が足りないからである。例えば、(16)と(17)の例文はもし「うっかり」という共演成分を補充すれば、許容度が高くなる。したがって、意味的な特徴とともに統語的特徴の有無で直接関与・間接関与を分ける寺村(1982)の立場を取って、使役構文と受動構文の密接性を分析せざるを得ない。寺村(1982:215)では、対応する能動文を持つという統語的特徴があるかどうかという点を考慮する立場で、直接関与・間接関与を以下のように分けた。

直接関与…自動詞・他動詞・直接受身
間接関与…間接受身・使役・受益(〜てもらう・〜てくれる)

この立場によると「部分受身」「所有受身」は次の(21)(22)が示すように対応する能動文を持たないので、両方ともに間接関与表現ということになる。「部分受身」「所有受身」の構文が両方とも次の(b)のように同じ事象を表す能動文を作るが、(b)が(a)と対応しているとは言えない。

(21)＊太郎が私を(に)頭を殴った。 (部分受身)
(22)＊すりが私を(に)財布をすった。 (所有受け身)
(23)a. 田中は子供を先生に叱られた。
b. 先生が田中の子供を叱った。

さらに上の(13a)〜(20b)、(13b)〜(20b)において、三項(X、Y、Z、XとZは多かれ少なかれ、意味的密接性がある)からなる構文は、使役構文にしても、受動構文にしても、対応する能動文をもたないので、間接関与に属している。とりわけ、検討される対象の「使役構文と受動構文の接点の構文」も間接関与に属し、対応する能動文をもたない。つまり、XとZが無限に接近するにしても、XとZが重なり合っていない限り、構文は間接関与の範囲に限られて、能動文を持たないのであろう。

5.2 ヴォイスを表す構文のネットワーク

構文は形と意味の慣習化された統合体として、少なくとも、以下の二点の内容を含めている。第一に、構文はそれ自体の意味を持った文の構成要素であるということ。第二に、構文と語彙との境界は連続しているということ(大堀 2007:133)。したがって、文法知識は構文の集まりにほかならない。一般に、テンス、ムードなどと並んで動詞の文法範疇として取り上げられるヴォイスは動詞自身の形態的な対立にもとづく形態範疇であると同時に、あわせて文の統語構造の対立関係を問題にする点に、他の文法範疇と区別される特徴がある。上でヴォイスの基本的なサブカテゴリーとして使役構文と受動構文の関連性を分析したが、次にヴォイスの構文のネットワークにおいて、他の構文とどういう関連を持っているか検討しよう。

5.2.1　他動詞相当の使役構文、他動詞の使役構文及び使役構文

他動詞相当の使役構文、他動詞の使役構文および使役構文はネットワークでどんな位置づけをなしているか?

時枝誠記は、使役とは二重他動の意味を表わすものであり、自動詞的意味の動詞にいわゆる使役の助動詞が付いた場合は単に他動の意味を表わす、とする。しかし使役構文の意味と、他動詞の使役構文の意味とは決して同じではない。

(24)a. 太郎が花子・椅子を舞台に上げた。　(他動詞の使役構文)

b. 太郎が花子・椅子＊を舞台に上がらせた。　(使役構文)

他動詞の「あげる」は有生の「花子」も無生の「椅子」も目的語に取ることができるが、「上がらせる」は、有生の「花子」しか取ることができない。このような例は柴谷(1973)⑲に直接的使役と間接的使役と呼ばれている。両者の重要な違いは、目的語の意味にある。間接的使役の意味を持つ「させる」形はその目的語が動作主格として理解しなければならない。従って、有生の「花子」と違って、無生の「椅子」は、動作主とは理解できないので、目的語の位置に起こることができない。「させる」使役形とは異なり、他動詞のほうはその目的語に動作を受ける対象格を取る。従って、有生/無生は問わず「花子」も「椅子」も目的語として許される。この直接間接の違いは、次の例により更にはっきり区別することができる。

(25)a. 太郎は　棒を使って　花子/椅子　を　舞台に　上げた。

b. 太郎は　棒を使って　花子/椅子＊　を　舞台に　上がらせた。

(25a)では、太郎が棒を使って直接花子あるいは椅子を舞台に上げたという解釈が自然にできるが、(25b)では、例えば、太郎が棒で花子が舞台に上がるのを指示したという間接的な使役の解釈が可能である。(25b)の例から明らかなように、このような間接的使役の解釈をするためには、目的語は動作主でなければならない

宮川(1989:206)は上述のように「させる」形の使役動詞が、基本的には直接的使役と間接的使役の二つの意味を表すことができることを論証した。間接的使役の意味は常に可能であるが、直接的使役はその「させる」動詞がブロッキングされていない時に限って現れると断言し、他動詞相当の使役の例「水をしみこませる」、「花を咲かせる」、「野菜を腐らせる」を挙げた。青木(1995)はこの類の使役が主体性を持ち得る有情物、あるいは動作実現の能力のあるものを対者とする表現に用いられる(寒天には固まる能力、しょくぶつには咲く能力がある故に「寒天を固まらせる」「朝顔を咲かせる」等の表現が可能)と理由を述べた。

直接的使役　　　　　　　　　　間接的使役

他動詞の使役構文　　他動詞相当の使役構文　　使役構文

5.2.2　自動詞構文と受動構文

最近のヴォイスの研究で共通の認識になってきたと思われるのは能動・受動、非使

---

⑲　この観点が柴谷(1973)によって『Semantics of Japanese Causativization』に発表されたが、ここでは、宮川の引証を採用した。

役・対立と、自動詞・他動詞の対立は、ともにヴォイスに関することで、密接な関係がある。それに、受動・使役という文法的なヴォイスの対立と、いわゆる自動詞と他動詞の対立も前述のように明らかになった。そのなか、使役と他動詞の構文は「する的」な言い回しとして、受動と自動詞の構文は「なる的」な表現として認められている。続いて、簡単に受動と自動詞の構文に触れる。

ペアになる自動詞・他動詞構文は「する的」と「なる的」な側面から事態を表すことからして、意味的にも充分であるのに、相応する受動構文の現れによって、「なる的」な機能領域が分化されるようになる。

例えば、「割られる」と「割れる」を比べると、「割られる」は割る人の存在を強く意識するときに使われるのに対して、「割れる」は自然にそうなるという意識が強いときに使われる、というようにである。

(26)a. 風船が割られる。　　b. 風船が山田によって割られた。

a′. 風船が割れる。　　b′. 風船が山田によって割れた。

したがって、動作の主体が文中にくると、b′のほうが明らかに不自然である。

しかし、以上のように、主語が非情物として、動作主からの働きかけを受ける事象を表す受動文より、自動詞文の方は不自然であるが、主語が有情物だったら、どうであろうか。

(27)a. 家出した生徒が見つかった。（杉本　1991）

b. 家出した生徒が先生に見つかった。

(28)a. 遭難した男性が見つかった。

b. 遭難した男性が救助隊に見つかった。

(27a)は、「家出した生徒」が発見されたということを客観的に述べているだけであるが、(27b)は、「生徒の意に反して」というようなニュアンスがあるようだ。また、(28b)は、文法的には非文ではないが、状況としてはおかしい。まるで、「遭難した男性」が救助されたがっていなかったような状況になってしまうからである（杉本1991:241）。

まとめておくと、形式から類似する受動構文と自動詞構文において、自動詞構文の項がさらに減少されることによって、動作主の背景化傾向もさらに強まる一方で、主語としての構文主体の独立性及び話題化も強まるのであろう。

さて、ヴォイスに関わる諸表現が表わす動きの有している自己制御性（コントロール）のあり方について見てきた。そして、それらの表わしている命令や意志の表現の表わす動きの実現度に、異なりの生ずることのあることが分かった。これらのヴォイス的諸表現をそれが有する自己制御性の高さの順に配列すれば、概略：

能動（他動詞の使役）＞他動詞相当の使役＞使役＞まともの受身＞第三者の受身＞自動詞の構文

第6章　おわりに

プロトタイプ論の考え方では、ある意味的範疇に入るか入らないかは程度の問題であり、ある程度その範疇の中心的意味から離れてもその範疇の仲間と認められることが多い。しかし、どこまでも離れてよいというのではなく、必ずその中心的意味と何らかの意味的繋がりが保たれていなければならないはずである(ヤコブセン 1989：221)。

従って、文法範疇としての構文は当該の構文ネットワークに属するメンバーが連続的に繋がっていることだけではなく、構文間も連続的なシステムをなしている。そして、通時的観点にしても、共時的観点にしても、境界のはっきりしない連続的なものである。通時態から見ると、日本語の使役・受動助動詞「しむ」—「す・さす」—「せる・させる」、「ゆ・らゆ」—「る・らる」—「れる・られる」の発展は連続的で段階性を持つ変化であり、語彙的要素から文法的要素へと至る途中に、多形式の用法が共存する段階があるということである。その変化過程は中国語が提供してくれた使役動詞から受動標識への文法化の道筋のパターンと異なるという事実がわかった。共時態から見ると、使役・受動構文の接点と見なされる構文がそれぞれの構文のプロトタイプから離れても、連続的で段階性をもっている。ただし、同一のものや事態に対する捉え方が異なっている。すなわち、構文の所属によって、構文意味も異なっている。

以上のように、使役・受動構文のプロトタイプ(機能・文法)を詳しく規定することによって、プロトタイプがいくつかの方向に拡張される様子を具体的に見てみたが、両方の接点とする拡張類型で表される、一見「使役」とも「受動」とも呼び難いかに思われる事態がどのような意味的な動機づけによって使役・受動構文の守備範囲に含まれているのかを考察した。

今後の課題として、通時態から見ると、歴史上において、日本語の使役・受動構文は「軍記物」の表現のほかに、ほかの接点があるか、その表現がただ一時的なものとして現れたかなどの問題をめぐって、研究を深める必要があると思う。ここでの考察は、紙幅の制約もあり、構文ネットワークに位置づけられる使役・受動構文と関連性がある周辺的な構文(〜ように構文、〜てもらう構文など)を詳細に検討することはできなかったが、いずれ稿を改めてより体系的な構文の考察を深めたい。

参考文献

日本語関係：

青木怜子(1995)使役表現[A]. //国語学会．国語学大辞典[C]. 東京堂出版 pp. 455,456

天野みどり(2002)文の理解と意味の構造[M]. 笠間書院

石綿敏雄(1999)現代言語理論と格[M]. 東京：ひつじ書房

伊藤健人．動詞の意味と構文の意味——「出る」の多義性に関する構文文法的アプローチー[EB/OL]. http://kite.meikai.ac.jp/japanese/meikainihongo/8/ito.pdf

伊藤健人(2002(03))日本語の格助詞表現の意味解釈について[J]. 明海日本語 pp. 101,110

井上和子(1976)変形文法と日本語[M]. 東京：大修館書店

岩田彩志(2001)構文理論の展開[J]. 英語青年，147(9)pp. 531,535

岩田彩志(2003(04))構文理論をめぐる潮流[J]. 英語青年 pp. 45,47

大堀壽夫(2001)構文理論——その背景を広がり[J]. 英語青年 147(9)pp. 536,540

大堀壽夫(2007)認知言語学[M]. 東京:東京大学出版会

沖森卓也(1989)日本語史[M]. 東京:おうふう

木村英樹(2000(06))BEI受動文の意味と構造[J]. 中国語学 pp. 10,15

木村英樹(2000(247))中国語ヴォイスの構造化とカテゴリ化[J]. 中国語学

木村英樹(2000(4))授与から受動への文法化——北京語授与動詞の前置詞をめぐって[J]. 言語 pp. 58,64

久野暲(1973)日本文法研究[M]. 東京:大修館書店

郡司隆男(1997)文法の基礎概念2述語と項の関係[A]. //岩波講座 言語の科学5 文法[C]. 岩波書店 pp. 79,118

小泉保(2007)日本語の格と文型——結合価理論にもとづく新提案[M]. 東京:大修館書店

国立国語研究所(1997)日本語における表層格と深層格の対応関係[R]. 国立国語研究所報告113，東京:三省堂

此島正年(1988)国語助動詞の研究——体系と歴史[M]. 東京:桜楓社

定延利之(1991)SASEと間接性[A]. //仁田義雄. 日本語のヴォイスと他動性[C]. くろしお出版 pp. 123,148

定延利之(1993)深層格が反映すべき意味の確定にむけて[A]. //仁田. 日本語の格をめぐって[C]. 東京:くろしお pp. 95,138

定延利之(2000)認知意味論[M]. 東京:大修館書店

杉本武(1991)ニ格をとる自動詞——準他動詞と受動詞[A]. //仁田義雄. 日本語のヴォイスと他動性[C]. くろしお出版 pp. 211,250

寺村秀夫(1976)「ナル」表現と「スル」表現[A]. //国立国語研究所. 国語シリーズ別冊4日本語と日本語教育——文字・表現編[C]. 東京:大蔵省印刷局

寺村秀夫(1982)日本語のシンタクスと意味1[M]. くろしお出版

時枝誠記(1976)日本文法——口語編[M]. 東京:岩波書店

外池滋生(1991)日本語の受動文と相互文[A]. //仁田義雄. 日本語のヴォイスと他動性[C]. くろしお出版 pp. 83,104

中村芳久(2004)認知文法論Ⅱ[M]. 東京:大修館書店

西村義樹，中右実(1998)構文と事象構造[M]. 東京:研究社出版

仁田義雄(1989)拡大語彙論的統語論[A]. //久野暲，柴谷方良. 日本語学の新展開[C]. くろしお出版 pp. 45,78

仁田義雄(1991)ヴォイス的表現と自己制御性[A]. //仁田義雄. 日本語のヴォイスと他動性[C]. くろしお出版 pp. 31,58

仁田義雄(1993)日本語の格をめぐって[M]. 東京:くろしお出版

仁田義雄(1995)格のゆらぎ[J]. 言語，Vol. 24 No. 11,20-27，東京:大修館書店

野田尚史(1991)文法的なヴォイスと語彙的なヴォイスの関係[A]. //仁田義雄. 日本語のヴォイスと他動性[C]. くろしお出版 pp. 211,232

早瀬尚子(2002)構文解析の中核としての動詞——構文理論から見た動詞[J]. 言語 Vol. 31，No12 pp. 58,65

広瀬幸生(1998)構文間の継承関係——節主語構文の構文文法的分析[J]. 英語青年，144(9) pp. 511,514

藤井聖子(2001)構文理論と言語習得[J]. 英語青年，147(9)pp. 536,540

益岡隆志(1991)受動表現と主観性[A]. //仁田義雄. 日本語のヴォイスと他動性[C]. くろしお出版

pp. 105,122
益岡隆志,田窪行則(1992)基礎日本語文法——改訂版[M]. 東京:くろしお出版
松本曜(1997)空間移動の表現とその拡張[C]. //田中茂範・松本曜．空間と移動の表現．東京:研究社 pp. 126,230
松本曜(2002)使役移動文における意味的制約[C]. 西村義樹．シリーズ言語科学 2 認知言語学:事象構造．東京大学出版会 pp. 187,211
松本曜(2003)認知意味論[M]. 東京:大修館書店
宮川繁(1989)使役形と語彙部門[A]. //久野暲,柴谷方良．日本語学の新展開[C]. くろしお出版 pp. 187,212
宮島達夫(1972)動詞の意味・用法の記述的研究[M]. 東京:秀英出版
村木新次郎．(1972)日本語動詞の諸相[M]. 東京:ひつじ書房
村木新次郎(1991)ヴォイスのカテゴリーと文構造のレベル[A]. //仁田義雄．日本語のヴォイスと他動性[C]. くろしお出版 pp. 1,30
森田良行(1989)基礎日本語辞典[M]. 東京:角川書店 pp. 770,773
森山卓郎(1988)日本語動詞述語文の研究[M]. 東京:明治書院
ヤコブセン・ウェスリー・M(1989)他動性とプロトタイプ論[A]. //久野暲,柴谷方良．日本語学の新展開[C]. くろしお出版 pp. 213,248
山口明穂(1987)国文法講座 6:時代と文法——現代語[M]. 東京:明治書院
山田孝雄(1908)日本文法論[M]. 東京:宝文館
山梨正明(1993)格の複合スキーマモデル——格解釈のゆらぎと認知のメカニズム[C]. //仁田．日本語の格をめぐって．東京:くろしお出版 pp. 39,66
山梨正明(1999)認知文法論[M]. 東京:ひつじ書房
楊凱栄(1985)使役表現について——中国語との対照を通じて[J]. 日本語学
吉村公宏(2002)構文(construction)[A]. //辻幸夫．認知言語学キーワード事典．東京:研究社 pp. 75,76
米山三明,加賀信広(2001)語の意味と意味役割[M]. 東京:研究社

中国語関係:

Adele E. Goldberg 著,吴海波译(2007)构式论元结构的构式语法研究[M]. 北京大学出版社
傅冰(2009)现代日语使动句式的多视角研究[M]. 南开大学出版社
江蓝生(2000)汉语使役与被动兼用探源[A],近代汉语探源[C]. 商务出版社
刘正光(2006)语言非范畴化:语言范畴化理论的重要组成部分[M]. 上海外语教育出版社
陆俭明(2004)词语句法、语义的多功能性:对“构式语法”理论的解释[J]. 外国语,pp. 15,20
石毓智(2006)语法化的动因与机制[M]. 北京大学出版社
石毓智(2008)认知能力与语言学理论[M]. 学林出版社
石毓智(2007(04))构式语法的进步与局限[J]. 外语教学与研究
沈园(2006)句法-语义界面研究[M]. 上海教育出版社
沈家煊(2000(4))句式和论元[J]. 中国语文
沈家煊(2000(4))句式与配价[J]. 中国语文
徐盛桓(2003(3))常规关系与句式结构研究[J]. 外国语
张伯江(1999(3))现代汉语的双及物构式[J]. 中国语文
张伯江(2000(1))论“把”字句的句式语义[J]. 语言研究
张斌(1998)汉语语法学[M]. 上海教育出版社

付録Ⅰ：

古今汉语的被动式标记

来源类别	标记	时期	功能	附注
地点介词	于(一)	上古	谓语之后引入施事	
伴随介词	与	上古一近代	谓语之前引入施事	
目的介词	为	上古一中古	谓语之前引入施事	
第三人称代词	之	上古一中古	消除动词的及物性	
反身代词	所	上古一中古	消除动词的及物性	
遭遇	见	上古一中古	直接标记动词	
遭遇	被	上古一现代	谓语之前引入施事	秦一汉时期只能直接标记动词
遭遇	吃	近代	谓语之前引入施事	
遭遇	着	近代	谓语之前引入施事	
使令	教	近代	谓语之前引入施事	
使令	叫	近代一现代	谓语之前引入施事	
使令	让	近代一现代	谓语之前引入施事	
给予	给	现代	谓语之前引入施事直接标记动词	

付録Ⅱ：

ヴォイスの対立

	増減型	交替型	間接型
文法的	AがBを作る Bが作られる Bが座る AがBを座らせる	AがBを呼ぶ AがBに呼ばれる AがBを喜ぶ AがBを喜ばせる	Bが死ぬ AがBに死なれる Bが死ぬ AがBを死なせる
中間的	AがBを温める Bが温まる Bが出る AがBを出す	AがBを見つける BがAに見つかる AがBに苦しむ BがAを苦しめる	火事でBが焼ける Aが火事でBを焼く
語彙的	AがBを殺す Bが死ぬ	AがBに勝つ BがAに負ける	Bに潰瘍ができる AがBに潰瘍を作る

付録Ⅲ：

用 例 出 典

中国語関係：

水　《水浒传》　施耐庵著　人民文学出版社　1997 年

《水浒传》のほかに、殆ど北京大学言語研究センターのオンラインコーパス(CCLコーパス検索システム)を利用して、検索したものである。(http://ccl. pku. edu. cn:8080/ccl_corpus/index. jsp? dir=gudai)

日本語関係：

痴　『痴人の愛』　谷崎潤一郎著　新潮文庫　1947 年

坊　『坊ちゃん』(夏目漱石全集)　夏目漱石著　筑摩書房　1987 年

あ　『あした来る人』　井上靖著　新潮文庫　2002 年

金　『金閣寺』　三島由紀夫著　新潮文庫　1960 年

五　『五体不満足』　乙武洋匡著　講談社　1998 年

蒲　『蒲団』　田山花袋著　新潮文庫　1997 年

ノ　『ノルウェイの森』　村上春樹著　講談社文庫　2004 年

万　『万葉集大成』　6 巻　言語篇　平凡社　昭 30 年

本研究では第四章に出てきた古語の用例は『万葉集大成』のほかに、辞書や先行研究を参考にしたが、論文の中に注を書き入れた。そのほか、古語辞典(インターネット版 http://dir. kotoba. jp/ddcat. cgi? k=inishie_dic&fsz=2)と全訳古語辞典(旺文社第三版 CD－ROM 版)から実例を集めている。

文学研究部門

大鹿卓の蕃地文学研究

簡中昊

目　次

要　旨

本論では大鹿卓の蕃地文学を中心に論じる。第一章では植民地文学の研究史を振り返り、「本島人」と「内地人」という内外の構造及び蕃地作品が成り立つ上での問題点を見つけた。そして、「国語政策」と「文芸創作」をよりどころにして、創作意識の考察を通し、本島人による蕃地作品誕生の不可能性について論じた。また、河原功の先行論を基に、内地人の蕃地作品を分析した。一九三〇年の霧社事件の後、高山族作品は急増したが、これは恐らく事件自体が日本人の関心を喚起したことと深く関連するのであろう。一九四五年以後、西川満、坂口れい子、宮村堅彌、守山雅美など、自身の戦時下体験をもとに高山族を描いた作家が続々と現れた。そして最後は大鹿卓の生涯と創作を考察した。

第二章では「タッタカ動物園」と「欲望」のテキスト分析を行った。第一節の「タッタカ動物園」において、大鹿は「隘勇制」という制度を軸にして、人間の孤独性を表した。「草間所長—警備員たち—主人公深井」という三層の構造における者はすべて孤独な野性を備えている者であり、いわば「蕃地」という大きな監獄に監禁されていたといえる。淋病のため性的な自信を失った深井と、同じような孤独の存在である「母山猫」の両者が、性的な対称のキャラクターとなる図式が成立すると思う。一方で、同じく蕃地に生きる山猫とタイヤル族は、それぞれに「金網」と「隘勇線」に監禁された。もし「金網」が暗示するのが「隘勇線」であるならば、山猫が象徴するのは「蕃地」の孤独なバーバリズムのみならず、蕃地に生きる「蕃人」(＝タイヤル族)の孤独さであろう。第二節の「欲望」では、台湾統治初期にまだ許されていた「通事」制度を軸に、主人公荘を中心に作中人物の欲望を描いたのである。銃を入手したい高山族、密輸密買をほしいままとしたい荘、自由がほしい環は、ある意味で「昔の生活の回復」を願う点で同じである。「通事」という仕事への批判のほか、統治下における人間の悲しい一面も描きだしている。

第三章では「野蛮人」と「奥地の人々」のテキスト分析を行った。第一節の「野蛮人」は主人公田澤の蕃地生活、討伐経験ないし「野蛮人」に転化する経緯を軸にして、野蛮と文明の対立を述べた。田澤の転化過程を通して、大鹿は「野性回帰」の欲望を強く表現し、同時に野蛮の様々な面を明示した。その中でも特筆したいのは、「野蛮人」における蕃婦達は、田澤の転化過程において大きな影響を与えているという点である。「野蛮人」を当時の時代背景から見れば、「純情と無垢」と「野蛮性」を肯定しており、少なくとも政府の見解に逆らう意味あいを持っている。文学的背景から見ると、大鹿は当時の異国情緒溢れる外地文壇において「視野の限界を意識」し、「謎めいた現実」にチャレンジする作品を書く者でもあった。更に「野蛮人」に現れる「野蛮」(というのは野蛮性を身につける高山族)への情熱は、同時代の他の作品にはまず見られない。そして、第二節の「奥地の人々」は主人公沢村及び警備員たちと蕃婦の恋愛問題、及びそれに連動している蕃地統治を中心とする物語である。作品では「蕃人の友」であろうとする警察官たちの「和蕃婚姻」が実は「帝国統治策の一つ」であるという本質を明示している。

万が一のときに、自身の愛情ないし家庭より蕃地の安定維持を第一と考えるかという問題こそ、注目すべき点である。一方で、作中人物から、「性的欲求」=「煩悩の根源」という警備員に共通する心情を見出すことができる。人間性と帝国主義の下の統治政策の間に揺れる、日本人警備員、蕃婦、帝国政策の三者の葛藤を描いているのである。更に味方蕃を通して、帝国政府の高山族への期待、及び教化された高山族の「猜疑心」という外来的な悪影響を明示した。全編では「蕃人の友」、「移住」などの概念により「植民地支配の政策に沿った生き方でしかない」人物像を描き出した。

第四章では「蕃婦」と「森林の中」のテキスト分析を行った。この二作は類似的な構造によって「蕃婦問題」を取り扱っている。「和蕃婚姻」という統治政策こそが絶対であり、日本人警察官も蕃婦も、ともに支配される側であったという前提下に物語が構成されている。そして、意外にも規則を破った主人公が、やはり政策に制約され、人間性も抑制される姿を見ることができる。いずれも「環境」と「青春」の狭間で、自分の欲望に支配される者である。「同化」にせよ、「刺青の取り締まり」にせよ、支配される高山族女性像から、統治政策を利用し自分の欲望を満足させる警備員の人間性を見ることができる。そして、この二作からは統治政策のほかに、人間の「愛欲」の支配力を読み取ることができる。「自身の愛欲に溺れている」点で二作は同一であり、これは統治政策さえも支配が及ばない所である。そして蜂起の原因もまた、統治政策でコントロールできない人間の愛欲であった。これは統治政策における最大の認識の誤りであり、ズレであったと言えるだろう。

本論では、大鹿卓の高山族作品を研究するために、「タッタカ動物園」、「蕃婦」、「野蛮人」、「欲望」、「奥地の人々」、「森林の中」など大鹿卓の高山族六作品を取り上げ、それぞれのテーマを掘り下げ、モチーフを探求してきた。更にそのモチーフをもとに同時代の文学及び時代的背景において、大鹿卓の高山族文学の独自性と異文化描写の特殊性を見つけようとした。このテーマを考えるとき、同時代のほかの作家及びその作品に目を向けて、比較する必要があり、それゆえ、何人かの作家及びその作品を取り上げながら考えていきたい。また、この分析をもって、結びの代わりにしたいと考える。第二章で「蕃地」文学を論じた際、大鹿卓のほかに三作以上を書いた作家は佐藤春夫、中村地平、真杉静枝、坂口れい子などであると述べたが、拙論の結びとして、彼らと大鹿卓を比較し、改めて大鹿の特別な点を見つけたいのである。まず上記の作家の「蕃地文学」に関するあらましについて述べたいと思う。

まず、大鹿からは文学の師として「一日の上によって文学上の先輩扱い[①]」された、日本近現代文学の名手である佐藤春夫であるが、春夫は一九二〇年に、「欝屈に堪えぬ事情[②]」があって帰郷した後、街角で出会った旧友のH氏に誘われ、台湾へ旅行に行った。春夫はこの夏の台湾(福建・廈門も含む)旅行を元にして、「蕃地」作品を含む数多くの

---

① 『文芸日本　大鹿卓追悼号』:(東京、文芸日本社,1959)pp. 57。

② 佐藤春夫が谷崎潤一郎の夫人・千代との恋愛関係を生じ、谷崎との絶交に至るまでの事情を指す。のちに細君譲渡事件となった。

作品を書いた。植民地文学では独自の位置をつけられるが、春夫の台湾物についての研究は少ない。邱若山の指摘によれば、春夫自身の意図により『南方紀行』という一冊で福建ものと台湾ものを収録しようとしたが、結局『南方紀行』が実質的に「廈門採訪冊」となり、台湾ものが『霧社』に代わることになったわけである。邱は「この意図はまさに、舞台の相違こそあれ、この旅から生まれた二つの作品群の世界は分割不可の連続性を持ち合わせている[③]」と、指摘している。結論として邱は「全体的に巨視的に眺めた場合、『台湾旅行もの』に、恋の基調、異国情趣一からもの趣味及び社会、政治、民族問題に対する関心、この三つの筋が交錯していることは確かである[④]」と明言した。また邱は、佐藤春夫の作品の分野を、植民地における内地人(日本人)に関するもの(代表作は「旅人」、「日章旗の下」)、平地の漢民族に関するもの(代表作は「植民地の旅」、「女誡扇綺譚」)、山地の先住民に関するもの(代表作は「霧社」、「魔鳥」)とに分けた[⑤]。

春夫の高山族作品に関して、ここでは「魔鳥」と「霧社」を中心に論じたいと思う[⑥]。「魔鳥」は「魔鳥使ひ」という原住民の古来の伝説を元にし、二重構造で植民地批判を行う作品である。まず前半で迷信において、「文明人」と「野蛮人」という両者の一致性を指摘している。魔鳥使ひの認定はただの「多数に属する自身との違い」で、集団意識ないし集団暴力によって成り立ったわけであり、この種の状況において文明人と野蛮人は区別がないのである。そして後半「魔鳥使ひ」と認められた少女ピラとその家族の物語をもとにそのメカニズムを説くのである。即ち後半の物語は「読者を植民地統治の現場に接近させる」手段の一つである。この物語は第一人称の「私」を通じて、旅行記の形で書かれたものであるが、こういう形式は読者を植民地に引き寄せる効果があったと思う。また「私」と一緒に旅をすることで、「魔鳥使ひ」の迷信とピラのストーリーに引き込み、読者に「これが植民地に実在した事件」を信じさせる効果がある。

「魔鳥」と比べると、もう一つの作品「霧社」はより有名である。同じく完全的に旅行記の形で書かれた「霧社」は、サラマオ蕃事件後の植民地における険悪な空気と、旅人の目で観察した植民地統治の問題、経緯を下に描かれた作品である。これらの問題について邱若山、藤井省三、河原功らの先行諸論はすでに深く触れたため、ここでは省略するが、「霧社」の結びにあるM氏の「妊婦の腹を割いてみたい死人の男根を断つやうな彼らの宗教上に無意義な残虐を楽しむやうな風習は、彼等の古来の習慣には少しも発見出来ない事実である。恐らくはかかる所業は彼等の祖先からの習ではなく、外来

③ 邱若山「佐藤春夫の台湾旅行もの一作品群の世界をめぐって一」『日本学と台湾学創刊号』(台中:靜宜大學日本語文學系,2002)pp. 38。

④ 邱若山「佐藤春夫の台湾旅行もの一作品群の世界をめぐって一」『日本学と台湾学創刊号』(台中:靜宜大學日本語文學系,2002)pp. 55。

⑤ 邱若山「佐藤春夫『女誡扇綺譚』その系譜」『日本学と台湾学創刊号』(台中:靜宜大學日本語文學系,2002)pp. 97～98。

⑥ 第二章の河原の先行論によれば、佐藤の高山族作品には「魔鳥」、「旅人」、「霧社」、「日章旗の下」の四作品がある。しかしながら、「旅人」と「日章旗の下に」はそれぞれ佐藤の恋の心情と台湾開拓を進める内地人を基調にしており、高山族を創作上の主体にしたわけではない。よってここでは論外とする。

の或る種族から学んだところの新しい蛮風であるらしい⑦」という指摘の通り、これらの諸問題は「外来の或る種族」によって引き起こされたものであろう。「文明」という誇りを持つ「外来の或る種族」にもたらされた諸問題は、恐らくもう一種の「文明」における「新しい蛮風」なのではないか。ここでは春夫の鋭い批判精神を読み取ることができる。

「魔鳥」と「霧社」との二作を比較すると、「魔鳥」はより理論的、抽象的な面で議論しているが、「霧社」では実際の植民地統治のあり方を批判するようになっている。この点では、前後の二作の相互関係も見出すことが出来る。全般的に見れば、春夫の旅行は鬱屈した気持ちを晴らすためのみならず、知識人として中国と台湾の現状に目を向けているのである。この点はこれらの作品群に表れている。この旅を通じ描かれた作品群のテーマは廈門の風情、内地人、漢民族、高山族など、多岐に渡っており、言い換えれば、高山族への関心はその一部しか占めていない。彼は「旅人」の立場から出発して、植民地統治の現場の問題を捉えており、その観察眼は鋭いが、終始「外部」に立っていることもまた確かなのである。

次は、中学時代に春夫の作品に傾倒して渡台し、大正十五年から昭和五年まで台北高等学校で学んだ中村地平である。地平は後の昭和十四年春に取材のために再び台湾を訪れ、二度目の台湾経験を持ちかえり、数多くの作品を産んだ。実際、二人の作品には幾つかの共通点がある⑧。しかしながら、南方文学の「多くの特徴をもって居り、それらはまだまだ日本文学に新しい要素として生かし得るように僕には考えられるのである⑨」という地平自身の言葉の通り、南方文学にせよ、原住民伝説にせよ、地平の最終目的はこれらの要素によって日本文学を豊富にし、充実させることにあったのである。地平の作品は主に三種類に分かれており、原住民伝説を元にした作品(「人類創世」、「太陽征伐」、「太陽の眼」)、原住民女性を対象にした作品(「蕃人の娘」、「蕃人の女」)、及び歴史もの(「長耳国漂流記」、「霧の蕃社」)などがある。原住民伝説の作品は主に『蕃族旧慣調査報告』をもとにして、地平の想像を加え原住民の神話や伝説を再生させた異国情趣溢れるものである。そして高山族女性に関する作品は、地平自身と似た主人公と高山族女性との交流を通して、日本や日本人への傾倒を示したものである。歴史ものは、取材をもとに書かれているものの、その描写には限界があるという批判もある⑩。春夫の日中両国及び植民地台湾を巨視的に見た「台湾旅行もの」と比べ

---

⑦　佐藤春夫(1998)「霧社」『定本佐藤春夫全集第五巻』(京都:臨川書店,1998)pp. 138。

⑧　蜂矢宣朗の『南方憧憬』東呉大学日本文化研究所,1991)における指摘によると、中村は意識的に佐藤に追い付き、追い越えそうと努力した。従って中村の台湾旅行から生まれた作品の中で佐藤の作品と似ているものは幾つもある。更に二人が台湾旅行をした年齢、背景、結果も共通点がある。

⑨　「南方的文学」(昭和十五年九月)。

⑩　例えば、河原功は「中村地平・その作品と周辺」(『台湾新文学運動の展開－日本文学との接点－』東京:研文出版,1997)に「だが、地平の『霧の蕃社』は、霧社事件の発端から終焉までの過程を事件の流れに添って書き上げているのだが、残念なことにその当時事件の真相がかなり隠蔽されていたこともあって、作品としては事件の核心に触れることに限界があり、新聞に報道されたことや総督府の公表した『霧社事件ノ顛末』の枠にとどまらざるを得ないところがある」という批判をした。

ると、中村は主として「南方」を中心にしている。つまり南方に憧れを持つ「南方文学」を志望する者であり、彼の台湾についての作品はただ自身の「南方文学」成就のための一環でしかないようにも思える。高山族についての作品も、地平の「台湾もの」の一環であり、その大部分を占めている。

そして、中村地平と交際していたこともある真杉静枝についてであるが、彼女は台湾で少女時代を過ごした。大阪に出て自活するうち、武者小路実篤と知り合い文壇に登場した。一九三四年頃、静枝は地平と東京で出会った。河原功の指摘によれば、台湾での生活体験の共有が二人を急接近させたと考えられる。二人の関係は一九三九年まで続いた。静枝の作家活動は主として一九二七年以降から敗戦前後までであるが、一九四〇年前後の彼女の作品には特に台湾に取材した作品が多い。作風は自分の経験を反映させた私小説風で、静枝自身を投影させたと思われる女性、しかも不幸な女性を中心にして物語が展開する作品がほとんどである⑪。地平と比べると、静枝の台湾ものは女性像、女性問題に目を向けている。この点も静枝の高山族描写のベースとなっており、その高山族作品はほとんど高山族女性に関わるものである。その中で「蕃婦」の描き方は大きく二つに分かれる。一つは「台湾女性瞥見」、「征臺戦と蕃女オタイ」、「蕃女リオン」、「阿里山」のような植民地体制の下に生きる高山族の女性像である。もう一つは「リオン・ハヨンの鐘」、「ことづけ」、「高砂族」のような戦時下体制に協力する高山族の少女像である。植民地に生きる高山族女性に注目しているものの、それ以上の関心は示していないように思える。恐らく静枝の焦点はやはり自身を投影させることができる日本人女性にあるのではないかと思う。

最後に坂口れい子（旧姓山本）を挙げる。坂口は熊本県に生まれ、一九三五年の九月に「傷心の旅⑫」を出した後渡台し、一九三六年の三月に北斗小学校に勤務をした。後に坂口貴敏と結婚して、終戦まで台湾に滞在した。坂口は台湾滞在期間、『台湾文学』を主な発表の場として数多くの台湾に関わる作品を発表したが、高山族に関わる作品は戦後に発表された。何故、戦後に発表したかと言えば、坂口は一九四五年に楊逵の勧めにより、家族をあげて高山族の「中原」という部落に疎開し、十ヶ月の「蕃地生活」を送り、そこで創作の素材を獲得したためである。坂口は「霧社」の正文の前に「霧社事件殉難者へ捧げる」という題名をつけ、更に「タダオ・モーナの死」の序詞に「私には、十ヶ月の蕃地生活がある。それをたよりに、タイヤルを描き、帰納的に発見する他に方途はない。何よりも幸せであるのは、彼らが人間だ、ということだ。動物の心理はわからない。しかし、人間ならば、私と同じようなことを感じ、悩み、悲しんだだろう。私は、大げさに言ってみれば、タイヤルを描くことによって、彼らへの私の謝罪とした

⑪　河原功「真杉静枝『ことづけ』解説」『こどづけ』：まゆに書房，2000）pp. 2－3。

⑫　垂水千恵の指摘（「坂口れい子・その人と作品－日本統治期の台湾における日本語事情－」『日中言語文化研究』台中：東海大学，1993）によると、故郷の八代小学校の同僚であった教員板橋源と「恋愛感情が存在したようである」が、坂口の体が弱く結婚を望まなかった。やがて板橋に縁談が持ち上がり、山口師範に転勤した。残された坂口は「台湾へ傷心の自分を埋めようとして、海を渡っていった。」この点では春夫や地平とも共通するところがある。

いのだ⑬」と明言した。坂口自身の言葉のように、彼女は一種の、日本人として罪を償うという意識をもって書いたのであった。こうした意識は彼女の作品に確実に反映されている。なお、坂口の作品の多くが「霧社事件」にまつわるものである。真正面から事件の真相を捉えた「霧社」のほか、事件を側面から描いた「蕃婦ポロウの話」においては第二次霧社事件や川中島移住事件に言及した。「ビッキの話」はバイバラ社移住事件を軸にして、障害をもった高山族青年ビッキの物語を通して高山族の苦しい境遇を暗示した。「蕃地のイヴ」では高山族少女ハバオの生い立ちを通して、高山族の伝統回復への精神的な願望を描いた。「タダオ・モーナの死」では霧社事件の頭領モーナ・ルダオの息子タダオ・モーナを主人公とし事件の遠因を説いた。また「蕃地」は花岡兄弟と似ているアイデンティティの悩みを持つ主人公純の結婚生活を通して、日本の植民地統治が戦後に残した民族問題を指摘した。坂口の高山族作品を全般的に見ると、「霧社事件」を中心に据えたシリーズ物ともいえるのであろう。ジグソーパズルのように、坂口は植民地政府の山地統治の真相を、様々な姿、遠近的距離から解明しようとした。もちろん、「わずかな資料をたよりに、事件を描くのは、全くの冒険。的は、常にはずれているのにちがいない。それでも尚、私は書く。書かずにいられない⑭」という坂口自身の言葉のように、作品には多少の想像を加えているが、そこには坂口の強い意志を見出すことができる。

では、大鹿卓と以上の作家たちにはどのような差異があるのだろうか。そして、大鹿の長所と短所は何であろうか。まずは作家の視点ないし立場から見てみる。高山族作品を書いた作家群は、それぞれの立場を持っている。春夫は知識人として中国と台湾に目を向け、台湾にいる「内地人」、「本島人」、「蕃人」に関心を持った。地平は南方への憧れを持っており、「南方」の要素を日本文学に持ち込み、新たな「南方文学」を生み出そうとした。静枝は独自の女性への関心を持ち、台湾に滞在する日本人女性及び高山族女性像を描いた。この三人は「旅人」の立場で創作しており、植民地の現場を「外部」から捉えているのである。例えば、佐藤春夫の作品はその多くが旅人の立場である第一人称の「私」を語り手とし、書かれている。春夫は友人の小説家谷崎潤一郎の妻・千代との苦しい恋を経て、気分転換のために台湾旅行に出た。邱若山の指摘の通り、「紀行文は旅行当時の春夫の心境の描写だと見ていいと思う。一方、事件の発生によって作者の＜恋＞という主題に対する追究の姿勢が旅行の取材にオーバーラップしていると見え、小説は紀行文と相俟って恋の基調も色濃く現われてい⑮」る。千代との恋の痕跡はずっと春夫の台湾ものに散見され、佐藤を「自分は外来の旅行者」ということを意識させる。この点は直接的には「魔鳥」と「霧社」の二作に現われていないものの、「旅人」という立場は、春夫が植民地批判を行う際のスタンスにも表れるのである。それにひきかえ、大鹿卓の作品は「欲望」を含み、全て第三人称の日本人警察が主人公

⑬ 坂口れい子「タダオ・モーナの死」『蕃社の譜』:コルベ,1978)pp. 146。

⑭ 坂口れい子「タダオ・モーナの死」『蕃社の譜』:コルベ,1978)pp. 146。

⑮ 邱若山「佐藤春夫の台湾旅行もの一作品群の世界をめぐって一」『台湾学と日本学創刊号』(台中:静宜大学日本語文学系,2002)pp. 40。

として書かれた。しかも、大鹿の作品素材はその多くが義兄弟の河野密から得たものであり、大鹿の作品はフィクションである。春夫の作品においては「私」を主体として物語が展開していくが、大鹿の作品においては日本人警察のほかに、高山族の登場人物の役割(例えば「奥地の人々」における「蕃婦」の影響力)も重要である。「蕃地」における、性欲、孤独、野性回帰、蕃地行政など、様々な状況に遭遇する日本人警察はただの「旅人」ではなく、逃げ場もなくそこに安住しなければならない人間(例えば「野蛮人」における「大木のような」井野の生き方)である。故に、読者は佐藤の作品においては「私」とともに「蕃地観光」をすることができるが、大鹿の作品においては、主人公らと共に苦しみや悩みに向き合わなければならないのである。大鹿の作品は春夫の作品よりも、読者をより「蕃地」の現状に近づかせたのではなかろうか。この点では、地平も静枝も春夫と類似した情況である。

前述した三人と相対して、坂口と大鹿の作品の視野や焦点は共通する点がある。それは彼らの「内部」に立つ姿勢である。黒川創は「坂口れい子という作家の文学の、すぐれた植民地経験の例を見ると思いがするのである。植民地における文学のいとなみは、作家に、その"外部"に立つことを許さないので、彼らは、このたわみへの強制力を避けて通ることができない⑯」と指摘した。更に池田浩二の指摘によれば、「原住民と現地の末端管理者たる日本人との関係を描くことを通して台湾の現実と対峙しようとした表現に、『野蛮人』、『蕃婦』など一九三〇年代大鹿卓の諸作品があるが、台湾に住んだ体験から『蕃社』と『蕃人』にこだわりつづけた坂口れい子の戦後の諸作品も、このような対峙の重要な成果だろう⑰」ということである。ここで、外部と内部の差異は、滞在経験の有無によるものではなく、創作における立場を指すものであると思う。「旅人」という立場ではなく、二人は統治現場の日常的な実像に目線を向けた。実情を捉えるという部分においては、原住民部落「中原」に滞在した経験を持つ坂口はもともと大鹿より有利であったといえるが、主に「霧社事件」を描いた坂口に対し、大鹿は従来発見されなかった内容を描いた。例えば、「欲望」では日本統治初期に統治政策上の需要で許された「通事」(常に漢人)制度に触れており、「タッタカ動物園」では隘勇線という制度に囲まれた「隘勇」と「高山族」の共通的孤独を描いた。これらは坂口が触れていない、もしくは触れたものの深く突っ込んでいないテーマである。坂口が原住民への深い関心、強い罪意識をもっていたことは確かであるが、この部分については創作上の限界であったのかもしれない。そう考えれば、台湾での滞在経験をもっていない大鹿が坂口と同じような立場に立って創作したことが、いかに容易でないかがわかる。作家たちの作品群の検証を通して、彼らの限界及び大鹿ならではの特色を見つけた。もちろん、大鹿の作品にも限界がないことはない。この点に関しては後に述べる。

ほかの作家と比較したうえで、大鹿の特色を指摘するならば、一つのポイントを挙

---

⑯ 黒川創「解説多面体の鏡」『<外地>の日本語文学選①南方・南洋/台湾』:新宿書房,1996)pp. 235。

⑰ 池田浩二「海外進出と文学表現の謎」『台湾の「大東亜戦争」文学・メディア・文化』:東京大学出版会,2002)pp. 53。

げなければならない。それは「蕃婦」のイメージについてである。諸氏の各作品の中で例外なく登場する「蕃婦」だが、諸氏の「蕃婦」はそれぞれ違う役割を担う。まず、春夫と坂口の作品では政略結婚で日本人に娶られたものの、結局捨てられた蕃婦に言及している。そして、それらの蕃婦はほとんど日本人や日本への好意ないし傾倒を示している。多くの作品が、統治現場における植民地統治の破綻を捉えたいという傾向に陥りがちである一方で、静枝のように国策に影響されて「戦時下体制に協力する高山族少女像」を描く者もいる。それに対して、大鹿の作品における蕃婦は一応日本人や日本への好意を示すものの、更に重視しているのは、蕃婦の身を借りて、野性、純情、素朴、力強いといった高山族のありのままの人間の真実なる姿を強調ないし肯定する点である。従って、「野蛮人」の田澤のような時代の風潮に逆らう「野蛮化」された者が大鹿の手によって生まれたのである。もちろん、このような作品は、大鹿に現場体験がない中で、彼の想像とフィクションから生まれたものであり、この部分は同時に大鹿の限界でもある。そして、非現実的な意味も多少含んでいるが、一方で、これは高山族の本来の姿を提起し、日本人の注意を喚起しようとしたとも考えられよう。ほかの作家たちとの優劣ではなく、これは大鹿の大きな特色である。

そして、もう一つ注意しなければならないのは「批判性」の問題である。当時植民地を書いた作家たちは皆「異国情趣」と「植民地批判」という二点に焦点を置いていたと言える。勿論、現場の体験をもって書かれる作品自体は一種の異国情趣である。しかし、その中でも諸氏の作品には統治における現状の批判ないし、批判の試みをも見出すことができる。一方で現場体験のない大鹿の作品には野性が溢れており、その「異国情趣」はより一層明らかでありながら、一見「植民地批判」に乏しいようにも見える。だが、実は大鹿の批判は前述した「人間の真実なる姿を強調ないし肯定する」という特色に基づいているのである。例えば、「欲望」の主人公荘の遭遇や哀れな最期は全てが彼自身の罪によって引き起こされたのだろうか。また「奥地の人々」における複雑な人間関係は日本側の統治策とは無関係と言い切れるのであろうか。更に「蕃婦」と「森林の中」で描かれた日本人警察官と高山族女性の情感の葛藤、そしてその結果としての惨事は、人間の愛情までも政略の一環として弄ぼうとする日本側の考え方の愚かさを明示したのではないか、このように考えられるのである。人間としての高山族の最も真実なる姿、及びその姿が植民地統治と出合った結果もたらせられたもの、これらの描写を通して、大鹿は違う形での批判を試みたのである。このような方法での批判も、坂口の言う「彼らが人間だ」と同じ心理に基づいたものであろう。

最後に、大鹿卓の創作上の限界を考えてみたい。大鹿は河野密から得た素材、情報と自らの想像をもって独特な視野を開いた。とはいえ、「蕃婦」、「野蛮性」など、彼は創作の素材は極めて狭い範囲に限られている。また大鹿の創作の動機についてもはっきりとしていない。拙論でも述べたように、当初の大鹿は荻原朔太郎から推賞も受けるほどの詩人であったが、突然小説家に転向し、自らと全く無縁の世界に存在するような高山族を描いたことは、深い意味があるのであろう。「足尾銅山鉱毒事件」をテーマにした後期の作品から見ると、社会の低層に生きる弱い者への関心は、大鹿文学のひとつのテーマであることは間違いない。だとすれば、大鹿が高山族作品を書き続けなかった理由は恐らく創作素材の制限によって、それ以上の関心を得られなかったからであろう。

大鹿卓についての先行研究は実際かなり少ない。しかし筆者の力不足のため、処理できない問題も山ほど残されていることも事実である。大鹿卓の高山族文学について、今後の研究方向は主に二つあると思う。一つは、まずは一九一五年の宇野浩二「揺籃の唄の思出」から戦後以降まで続く高山族文学を整理し、もう一度大鹿の高山族文学の位置を追究することである。高山族文学の全般的な観察ないし整理を通し、大鹿の高山族作品の性格をさらに明確できるからである。更に、現在の台湾文学で位置を築きつつある原住民文学[18]を考察の範囲に入れて対照したい。もう一つは、大鹿卓の戦後の文学活動の軌跡を観察し、戦前との繋がりを探究することである。例えば兄の金子光晴との関係、作品を発表した雑誌の性格など、大鹿卓の背景に着眼する作業である。そのことで、より精確に大鹿卓の高山族作品の位置づけを明らかにすることができると思う。即ち、台湾統治時期の創作活動に限定せず、戦後の社会運動と大鹿卓の文芸活動との関連も探究の範囲に入れ、その前後の軌跡と戦前の作品への態度の関連性を研究テーマとするのである。

参考文献

日本語

テキスト

大鹿卓(1937)『潜水夫』新潮社

大鹿卓(1949)『野蛮人』白鳳書院

大鹿卓(2000)『野蛮人』まゆに書房

専門書

大鹿卓(2001)『大鹿卓作品』ゆまに書房

大江志乃夫ら(1992～1993)『岩波講座５近代日本と植民地』岩波書店

岡崎郁子(1996)『台湾文学:異端の系譜』田畑書店

尾崎秀樹(1971)『旧植民地文學の研究 』勁草書房

加藤邦彦(1979)『一視同仁の果て』勁草書房、

河原　功(1997)『台湾新文学運動の展開——日本文学との接点』研文出版

黒川創編(1998)『<外地>の日本語文学選①南方・南洋/台湾』新宿書房

小熊英二(1998)『<日本人>の境界:沖縄．アイヌ．台湾．朝鮮植民地支配から復帰運動まで』新曜社

駒込武(2001)『植民地帝国日本の文化統合』、岩波書店

五味川純平(1980)『戰争と人間』三一

---

[18] 一九八七年に医者でもある高山族作家のトパス・タナピマの「最後の猟人」が出版されてから、台湾文学における先住民の位置について、多くの人々の関心が喚起された。後に一九九二年の呉錦発編著・下村作次郎監訳『悲情の山地——台湾原住民小説選』、二〇〇二年のモーナノン・タナピマの『名前を返せ』(日本・台湾原住民文学選①)など続々と出版され、台湾文学における「山地文学」、「原住民文学」というジャンルが形成されはじめた。

近藤正己(1996)『総力戦と台湾』刀水書房
呉密察、黄英哲、垂水千惠(2005)『記憶する台湾:帝国との相剋』東京大学出版会
坂口れい子(2001)『鄭一家．曙光』ゆまに書房
坂口れい子(1954)『蕃地』新潮社
佐藤春夫(2000)『霧社』まゆに書房
佐藤春夫(1975)『日本の詩歌』中央公論社
島田謹二(1995)『華麗島文学誌——日本詩人の台湾体験』明治書院
島田謹二(1976)『日本における外国文学』下巻朝日新聞社
下村作次郎ら(1995)『よみがえる台湾文学——日本統治期の作家と作品』東方書店
下村作次郎(1994)『文学で読む台湾:支配者．言語．作家たち』田畑書店
徐若書(2004)『皇民化運動の研究 台湾文化に対る影響を中心に』輔仁大学
鈴木作太郎(1932)『台湾の蕃族研究』台湾史籍刊行会
台湾総督府警察本署編(1989)『理蕃誌稿』青史社
臺灣番族調查會編(1976)『臺灣番族慣習研究』南天
戴國煇(1996)『台湾という名のヤヌス——静かなる革命への道』三省堂
戴國煇(1986)『もっと知りたい台湾』弘文堂
垂水千惠(1995)『台湾の日本語文学:日本統治時代の作家たち』五柳書院
鄧相揚(2000)『植民地台湾の原住民と日本人警察官の家族たち』日本機関紙出版センター
鄧相揚(2001)『抗日霧社事件をめぐる人々翻弄された台湾原住民の戦前、戦後』日本機関紙出版センター
鄧相揚(2000)『抗日霧社事件の歴史:日本人の大量殺害はなぜ、おこったか』日本機関紙出版センター
中村　勝(2003)『台湾高地先住民の歴史人類学:清朝．日帝初期統治政策の研究』緑蔭書房
中村　勝(2006)『「愛国」と「他者」:台湾高地先住民の歴史人類学 II』ヨベル
中村地平(1941)『長耳國漂流記』河出書房
中村地平(2000)『台灣小説集』まゆに書房
藤井省三(2003)『講座台湾文学』株式会社国書刊行会
藤井省三(1998)『台湾文学この百年』東方書店
藤井省三(2002)『台湾の「大東亜戦争」——文学・メディア・文化』東京大学出版会
藤崎濟之助(1988)『臺灣の蕃族』南天
フェイ・阮・クリーマン(2007)『大日本帝国のクレオール——植民地台湾の日本語文学』慶応義塾大学出版会株式会社
真杉靜枝(2002)『帰休三日間』ゆまに書房
真杉靜枝(2000)『ことづけ』ゆまに書房
松永正義(2006)『台湾文学のおもしろさ』研文出版
末光欣也(2004)『台灣の歴史:日本統治時代の台灣．1895～1945 五十年の軌跡』致良
丸川哲史(2000)『台湾、ポストコロニアルの身体』青土社
水野直樹編(2004)『生活の中の植民地主義』人文書院
持地六三郎(1912)『台湾殖民政策』冨山房
守山雅美(1973)『マヘボの洞窟』農村文化研究所
矢内原忠雄(1997)『帝國主義下の台灣』岩波
山部歌津子(2002)『蕃人ライサ』ゆまに書房
山路勝彦(2004)『台湾の植民地統治——<無主の野蛮人>という言説の展開』株式会社日本図書センター

林えいだい(2002)『台湾秘話:霧社の反乱．民衆側の証言』新評論
臨時臺灣舊慣調査會(1983)『番族慣習調査報告書』南天
若林正丈(2007)『東アジアの近代と日本』慶応義塾大学出版会株式会社
若林正丈劉進慶松永正義(1993)『台湾百科』大修館書店
若林正丈(2001)『台湾:変容し躊躇するアイデンティティ』筑摩書房

論文・雑誌

(1959)『文芸日本』大鹿卓追悼号　文芸日本社
坂元さおり(2003)「日本近代文学における<ネイティヴ>の表象——大鹿卓『野蛮人を中心に』-」『プロプレマティークー IV 文学/教育 4』同人プロプレマティークー
曾大偉(2003)『佐藤春夫文学における異文化描写-「旅びと」、「霧社」を中心に-』輔仁大学
陳欣瑋(2004)『日本統治時代に在臺日本人作家への一つ研究 新垣宏一を中心に』輔仁大学
鄧延桓(2005)『龍瑛宗研究パパイヤのある街．黄家．蓮霧の庭を論ずる』輔仁大学
渡辺昌史(2006)「臺湾原住民の相撲変容にみるアイデンティティ:知本プユマの言説からのアプローチ」早稲田大学大学院人間科学研究科

中国語

専門書

尹章義(1944)《臺灣開發史研究》聯經
王學新(2003～2004)《日據時期竹苗地區原住民史料彙編與研究》國史館臺灣文獻館
王曉波(2002)《臺灣的殖民地傷痕》海峡學術
司馬嘯青(2005)《臺灣日本總督》玉山社
杉山靖憲(1999)《台灣歷代總督之治績》成文出版社
台灣銀行經濟研究室(1957)《臺海使槎錄》臺灣省文獻委員會
呂正惠(2002)《殖民地的傷痕:臺灣文學問題》人間
李郁蕙(2002)《日本語文學與台灣 去邊緣化的軌跡》人間
尾崎秀樹(2004)《舊植民地文學的研究》人間
佐藤春夫(2002)《佐藤春夫:殖民地之旅》草根
施雅軒(2003)《台灣的行政區變遷》遠足文化
荊子馨(2006)《成為「日本人」:殖民地台湾與認同政治》麥田出版
康拉德(1970)《黑暗的心》志文
郭弘斌(2005)《偉大的台灣人:日據時期台灣史記》臺灣文藝復興協會出版
廖守臣(1998)《泰雅族的社會組織》慈濟醫學暨人文社會學院
臺杏臺灣文學學術研討會(1997)《殖民地經驗與臺灣文學　第一屆臺杏臺灣文學學術研討會論文集》遠流
潘英編(1998)《台灣原住民族的歷史源流》臺原出版
鄭政誠(2005)《認識他者的天空:日治時期臺灣原住民的觀光行旅》博揚文化出版
戴國煇(2002)《臺灣霧社蜂起事件研究與資料　上冊》國史館
戴國煇(2002)《臺灣霧社蜂起事件研究與資料　下冊》國史館
戴國煇(2002)《台灣史研究:回顧與探索》遠流
藤井志津枝(1997)《日治時期台灣總督府理蕃政策》文英堂
藤井志津枝著(2001)《台灣原住民史 政策篇》台灣省文獻委員會

論文

施聖文(2008)<土牛、番界、隘勇線：劃界與劃線>《國家與社會學報　第五期》元智大學社會學系

第3章の抜粋[⑲]:「野蛮人」のテキスト分析

一、作品の背景

「野蛮人」は一九三四年、大鹿卓の三十六歳の時の作であり,前述の通り、一九三五年に『中央公論』に投稿し受賞した作品でもある。大鹿卓の年譜によれば、一九三四年に大鹿の父母は永眠した。この前年から二兄永一、妹捨子とモンココ化粧品本舗(株式会社)を創立し、その経営にも参画した。同年(一九三三年)の三月には神戸雄一、太宰治、古谷綱武、今官一らと同人雑誌『海豹』を創刊しており、つまり「野蛮人」を創作した時期、大鹿卓は学校の教師(一九二二年、二十四歳の時、東京府立八高女の化学教師に赴任)、会社の経営者、小説家という三つの身分を持っていたわけである。

一九三三年から三五年までは大鹿卓の文学ないし人生の転換期ともいえよう。この時期は詩筆を折り、小説処女作「タツタカ動物園」を発表してから、小説家として創作意欲の高まりを見せる「欲望」を発表するまでの期間である。後に論じる「蕃婦」を含め、大鹿卓はこの時期『海豹』に三つの小説を発表しているが、これは大鹿の小説創作へ意欲の表れであろう。後に吉井勇の推薦により『中央公論』に「野蛮人」を投稿した。そして「野蛮人」及びその受賞は大きなターニングポイントであった。もし「野蛮人」の受賞がなければ、大鹿卓は小説家の道を踏みださなかったもしれない。このことは、教師・実業家から文学者へ、そして詩人から小説家への転身を決断させるカギであったと言えよう。

二、作品の大筋

「野蛮人」の大筋は大体以下のようである。主人公の田澤は炭鉱経営者の息子であるが、父の炭鉱の争議に参加し、父の不興を蒙った。更に争議に参加した組合関係者にも冷たく扱われ、自暴自棄となったなかで、父の命を受け台湾の山地に流れてきた。白狗駐在所に着任した田澤はサラマオ蕃の討伐に参与し、高山族の一人の馘首を経験し、自分の野蛮性に気がつく。討伐を終えた夜、山猫のようなヤウノナーゲという高山族女性の野蛮性に魅了された彼は、白狗の高山族女性のタイモリカルを妻にした。日本人の妻になりきろうと努力するタイモリカルに対して、田澤は野蛮のままであることを要求する。そして自身も野蛮人になろうと決意する。結局、田澤は妻の実家で蕃人の衣服を着、鍋墨をすりこみ、刀を腰に差した。多くの高山族にとりこまれた田澤は、ついに「野蛮人」となるのであった。

三、テキスト分析

「野蛮人」という作品は本質的に言えば、田澤という文明人が「蕃地」に入って、野蛮人へ転化した経緯を描くものである。このような転化の結果がどういう意味を持つのか考える時、その転化の過程を検証しなければならない。「野蛮人」への考察は容易ではない、まずは先行論をもとに、大鹿の意図を掘りさげることから始める。本節では先行論、テキストの検証を通して、「野蛮人」の意識及び大鹿の意図を考える。この物語における核心は、文明と野蛮の対立的二元図式である。そして「文明人」及び持ち込まれた文明的価値観が野蛮化されたのである。では、主人公田澤の文明と野蛮は如何にして葛藤したのか。この葛藤を解読ないし判明するために、田澤の転化の過程を掴まなければならない。ここではテキスト(『野蛮人』ゆまに書房、2000)を検証する。

Ⅰ「文明人」の田澤

父に不信感を持ち、友人に失望する主人公の田澤は霧社(いわゆる当時「蕃地」の模範都市)で辞令

⑲　ここでは紙幅の都合で、ただ第三章の一部分を取り上げ、他の部分を割愛する。

を受け、奥地の白狗駐在所に赴任した。駐在所の井野所長に霧社で教えられた通りの挨拶し、辞令のほか蕃務課長の添書を手渡した。

> 井野が添書へ目を注いでゐる間に、その三角に切れた瞼のなかで動く眼光を田澤は直立したままぢつとみつめてゐた。彼のさうした態度にひきつづき現はれてゐる興奮は、目の前に自身よりさらに気性のはげしい魂の風貌を見出して、内心すでに彼らしい信頼をよせだした証拠だつた。(pp.7)(下線筆者)

この物語の冒頭部には、激しさを求める田澤の欲望が暗示的に描きだされている。後に述べたように、田澤がこの蕃地に入るのは・その齢の青年らしい覇氣を抱いてゐたわけではな」(pp.7)く、言わば「何度目の勘当のかはりに蕃地へ送られてきたのにすぎなかつたから」(pp.7)である。田澤は父に何度目も勘当されている。田澤は父の旧友の蕃務課長と面会したが、「一旦は自分の子ではないと思ひきつた奴だ、どんなことに使つても異存はない」(pp.8)という父の書状を見ても、「蕃界へでもどこへでもやつて下さい」(pp.8)と肩をそびやかしたような、強い性格を持つ主である。自分の父にも譲ることのない強い性格の田澤が、初対面の井野の「自身よりさらに気性のはげしい魂の風貌」に感服したのは、恐らく彼の心にはもともと激しさ、たくましさを求める欲望が潜んでいることを伺わせるのである。

田澤はもともと炭鉱経営者の息子で、労働組合の争議に参加した際、争議仲間の小宮に自分の身分を知られ冷たい態度をとられた。後に父から台湾へ行けと命じられた。河原の論文によれば、高山族および大鹿の後の作品における鉱夫は「都会に隔絶された、自然の支配の強い世界を扱っている」及び「そこに生きる人間は絶えず自然を相手に本性そのものをむき出しにして生活している」という二点において共通性があり、いずれも「食うために生きる」者である 。一方「東京の遊学をしくじつて帰省してゐた」(pp.8)田澤は炭鉱経営者の息子であり、当時にして日本一の文明都市での生活経験を持つ者でもあるから、彼らとの共通性は全く持っていない。彼は資産階級に属し、当時の資本主義をもとにした文明世界の上層にいる者だからである。

> そんな次第で、彼はなんの期待もなく霧社へきた。するとその霧社の数日間は、警備員の生活や蕃社の空氣が・全く豫想外の角度から彼を刺激した。そしてさらに蕃地深く歩み入るに従つて彼はやうやく、内地をすて父をすてゝきた自分を待つてゐるものが、全く過去の翳のさゝない新しい生活かもしれぬぞといふ期待を、徑ゝ抱きだしてきた。(pp.8-9)(下線筆者)

父と小宮に冷遇された田澤は自暴自棄的に霧社へ来たが、「警備員の生活」と「蕃地の空気」に刺激され、かえって生き生きとした。霧社は当時の蕃地においては文明の模範都市であり、この時点の田澤は「野蛮」という意識を感じたとはいえず、むしろ、こうした生活に新たな期待を生じた。坂元さおりの指摘によれば、「＜満洲ロマン＞などとの共通項 」及び「日本『国内』の労働運動への情熱（と挫折）が反転して、植民地政策賛翼に回収される様 」のように、この「母国の左翼運動の挫折から植民地へ」という「野蛮人」の構図を考える時、当時の社会背景と合わせて考えるのは常である。しかし、「野蛮人」においてはそれほど強い繋がりは見出せない。但し、「再生させる」効果のある「蕃地の空気」に浸された田澤は「労働運動への情熱」を後に「野性回帰への熱意」に転化したと見做せるかもしれない。それでは、再生された田澤を待っていたのは何であったのだろうか。

Ⅱ野蛮への「案内役」

すると「田澤！ 田澤！」とよぶ聲がするので、行李からだしたシヤツを引かけながら、井野の部屋へいそいだ。食卓のまへに胡座をかいて、ランプの暈の落ちてゐる太腹をなぜてゐた井野は、田澤を見ると早速盃をさした。田澤の胸はふたゞび感動で揺れた。彼は今後自分が、どれほどの面倒を井野にかけることかを思ひ、遠慮すべきでないと心をきめて卒直に盃をうけた。「どうだ、想像以上にひどいやまンなかだろ」井野はさういつて、辛棒できるかと覚悟を危ぶむやうに田澤の目に見入つた。「だが、こんな野蛮な土地でも辛棒するうちには、野蛮に馴れるのか、自分が野蛮になるのか、案外住みよくなるもんだ……」(pp. 9)(下線筆者)

この段では田澤の井野に対する好感が一層深くなっていることが見受けられる。井野を一見して信頼をよせた田澤は、井野の盃を受けた。何といっても、井野は田澤がこの蕃地に「再生」してから、初めて善意を感じる対象であり、田澤を父と小宮の冷遇によって受けた傷から癒させたと言えるかもしれない。そしてこの部分で最も重要なのは、井野が「野蛮」の話をし、「野蛮に馴れるのか」或いは「自分が野蛮になるのか」という質問を投げかけた部分であろう。「野蛮に馴れる」と「自分が野蛮になる」のとは決定的な違いがある。野蛮に馴れるとは自身が野蛮の下僕になるような感じであることに対して、自分が野蛮になるとは野蛮の一部となり、野蛮と一体化することである。この作品に初めて「野蛮」という言葉が出ているのがこの部分である。仮にこの部分を野蛮化の起点としたら、井野は野蛮への「案内役」とも言えるかもしれない。これに対して、田澤は如何に答えるのか。

田澤は、こゝへ来る途中の徑ゝ、数日前に蕃害があつたといふ森林の中で、霧社で教へられた通り、警戒のために實弾を射つて歩いたことを語つた。膽力にかけては人後に落ちないと自負してゐたが、自分の銃聲が木ゝをふるはして谺するひゞきには、反つて恐怖に似た気持ちにさそはれたと告白して、彼はきまり悪げにした。「だが、私は命を脅かされてゐるやうな時の方が、生きがひを感じます。負け惜しみぢやない、私はそんな性分なんです。ですから、たいがいの野蛮には負かされないつもりです」彼は感極つたやうに自分の言葉をむすんだ。けれども、さういつた彼の気持には嘘はなかつた」。(pp. 9－10)(下線筆者)

井野が提出した「野蛮」についての質問に対して、田澤は正直に告白した。しかしながら彼は井野の質問には直接答えなかった。彼は「きまり悪げにした」が、自分の気持ちを「感極まつたように」告白した。この段を見て、「さういつた彼の気持には嘘はなかつた」ということを信じないわけがないのである。だが、「自負してゐた」彼は「たいがいの野蛮に負かされないつもり」である。即ち彼は勝ち負けという角度から「野蛮」のことを考えた。「野蛮」を相手にして、自分の栄辱を決めるわけである。この告白は「野蛮に馴れるのか」という質問に否定的な答えを出したと言えるかもしれないが、この時点では「野蛮になる」という可能性は恐らく彼の頭の中にないのである。彼は井野の問いの真意を掴まないで、ただ少年らしい気概から答えたのではないかと思わせる。故にこの時点の田澤は「野蛮」のことを全く意識しないのであろう。そしてこの後、本物の「野蛮」が登場するのである。

Ⅲ野蛮との初対面

①姉妹の二人

姉妹らしい二人の娘が、笑ひを爆ざさせながら抱き合つて転げ込んできた。(中略)彼女達は紺地の木棉着に赤いへこ帯をしめてゐたが、それが動物的な艶の漂ふ肌にすこしものつてゐないで、かへつて蕃社の娘といふことを一目瞭然にしてゐた。「かゝあの妹たちだ、みんなおむこさんを欲しがつてゐる」さういつて井野はアハハ……と大きく口をあけた。「オムコさん」「オム

> コさん」彼女たちは口ゝにまねながら、黒い艶々しい目で互に見交したり、ぢつと田澤の方を見つめたりした。田澤は彼女達の動作や表情のうちに、内地の少女達と共通なものをみた。しかもそれは一見別物のやうに野性的で素朴だつた。(pp. 10)(下線筆者)

会話の上でしか存在していなかった「野蛮」は蕃女の姉妹とともに登場した。「動物的」、「艶」、「黒い」という内地の女性とはまったく違う印象で、田澤は姉妹に野性的な美を感じたのである。紺地の木棉着と赤い帯を身につけているものの、それがかえって蕃地の女であることを一目瞭然にした。更に「口ゝにまねながら、黒い艶々しい目で互に見交し」という描写で、「オムコさん」という内地の女性には常に口にしない話を姉妹に言わせて、天真爛漫な少女像を作り出している。二人からは明るい面が見受けられるが、一方で文明的なその衣装の下にある「野性的素朴」は隠せない。一方で「内地の少女達と共通なもの」を感じ、野性の下にやはり一種の共通的な人間性を見つけるのである。

②井野の奥さん

> 先刻井野がこともなげに投げだした言葉「かゝあの妹たちだ」の一句に耳を疑つたほど驚かされた脳裏がまだ鎮まつてゐなかつた。井野の奥さんの内地の女としか思へない風貌、テニヲハにも触りのない言葉、そのうへに繊細な動きをみせる目と心。それを目の前の、樹葉や野獣の姿態を思はせる娘たちと姉妹だとは、彼の思考で結びつけ難かつた。(中略)田澤はその冴ゝしい声に驚いて、思はず奥さんの顔へ目をそゝいた。そして、彼女が蕃婦だといふ証を見出してはつとした。額の濃いお白粉の下に、拭へない憂愁かなどのやうに、刺青が息してゐるのだ。(pp. 11)(下線筆者)

坂元さおりの指摘どおり、「ここで何より要注意したいのは、田澤が井野の妻の『額の濃いお白粉の下に』、『刺青』——即ち『野蛮性』が『息している』、ということを彼女の『声』を媒介に発見し、『深く胸に打たれて』いる点 」である。奥さんは前の姉妹の二人と同じく、日本の女性の姿であったが、「拭へない憂愁」のような刺青という言葉で暗いイメージをつけられている。更に彼女が高山族女性であるという事実はまったく注意されることなく、「冴ゝしい声」と「刺青」により、ようやく発見されている。本来、発見されない原因としての「繊細な動きを見せる目と心」は、人間が改造できるということを暗示しており、更に一層の暗さを加えている。彼女の野性はこういう曖昧な、対比的な描写で描かれている。

この描写から、幾つかの特徴を帰納することができる。まず、彼女達は日本の着物を身につけても、人間の本質としての野性を隠せない。姉妹の二人と奥さんの対比を通して、その野性と文明の外見が、明暗として葛藤の関係を示している。ここで最も重要なのは、田澤がこれから野蛮人へ転化していく過程において、「蕃婦」という高山族の女性像は野蛮への追求の欲望と連動、つまり「野蛮」という概念を意味しているということである。このような効果を作り出すことは、大鹿卓の作品における「蕃婦」の一つの重大な役割といえよう。

では、野蛮への「案内役」とも言える井野と「野蛮」を意味している蕃婦は田澤の転化にどのような役割を果たしたのか。さきにタイモリカルの方を見てみよう。

Ⅳ野蛮との接点

①タイモリカル

> 「顔あらひなさい」彼女はさういひながら水に手を突込んだ。底に沈んだ枝を取らうとしたのだが、水のなかへ折り込んだ手は太い枝が落ちたやうに見えた。「よし、よし」田澤は荒つぽい

> 声で制したが、すぐそれを軽蔑すべき心ない潔癖だと自ら恥ぢた。彼は顔を水へ突込んで、水のなかで目をあけた。すると底に沈んでゐる青葉が彼女の目の凝視のやうに見えた。彼女の艶々しさだけは、彼の脳裡にそれほどの美しさを印象づけてゐた。(pp. 13)(下線筆者)

ここでは、田澤の微妙な心理を見出すことができる。田澤の目で「水のなかへ折り込んだ手」を「落ち込んだ」枝のように見えるという描写はタイモリカルの荒々しいイメージを感じさせる。田澤はタイモリカルの行動を止めようと感じた「軽蔑すべき心」を持つ自分に対してすぐに恥じた。というのは、彼は直感的にタイモリカルのことを「不潔」と考えたが、またすぐに理性によってこの考えを抑えたのである。このような微妙な心理は、彼がまだ野蛮へ身を投じる準備はなされていないということを示している。一方、彼は彼女の目を水中の青葉とみなした。「手と枝」及び「目と葉」という二つの比喩も、タイモリカルを自然と繋げて、読者に野生的かつ美しい印象を与える。タイモリカルとの接触を通して、田澤は少しくも「野蛮の美」という一面に接近したのである。

②井野

> ある日、田澤が事務所の卓子に頤をのせて、ぼんやり柱時計をみてゐると不意に「おい」と肩をたゝく者がゐた。「お前でも懐郷病(ホームシツク)にとり憑かれることがあるのかな」さういつて井野が立つてゐた。「冗談でせう。一度だつて憶ひだしたことなぞありません」田澤はかう然肩を起した。彼は事実をいつたまでだつた。その点彼は自分の心をたのもしいとさへ自負してゐた。(中略)「ときに親父(おやぢ)さんへ手紙を書かないんぢやないか?」(中略)「いはゞ息子の命を預つたのだから、おれからもそのうちに挨拶を書くつもりでゐるが、お前にはとにかくただ一人の肉親ぢやないか、手紙ぐらゐ早くだしとけよ」井野は念を押して事務室をでゝいつた。窓越しに見送つてゐた田澤は、井野の大きな脊に洩れ日を降らす青い枝々のなかに、蕃地へきてはじめて想ひ起す父の面影を揺つた。(pp. 15 - 16)(下線筆者)

前述したように、「案内役」と言える井野がホームシックの話をし、それに対して田澤は一度も故郷を思い出したことがないと答えた。だが、ここの「自負」というのはやはり前の「膽力にかけては人後に落ちない」と同じく、事実であるが少年の気概から生じたものと思わせる。しかしながら、続いて井野が提出した質問は田澤を動揺させた。蕃地に入ってから田澤は隔離され、一度も故郷(ある意味で文明的世界)のことを思い出さなかったのである。だが井野の話は田澤の故郷への記憶を喚起し、田澤の心を動かした。更に井野の身に父と重なる感情と影を見た。小宮と父に冷遇されて以来失意を感じていた田澤は、井野に情を感じるようになったのではないか。では、井野は果して何者であろうか。

> 井野は十六年前にこゝの頭目の娘を娶つた。今の奥さんがそれだ。彼等の今日はいはゞこの蕃地へ根をおろした大木である。四つの女の子、それに臺中の女学校の寄宿舎にゐるといふ十四の女の子、さうした枝ゝを張つた大木は、この蕃地の多くの心がそこへきて安息を求めて緑蔭を作つてゐるやうにみえる。(pp. 19)(下線筆者)

タイモリカルを外見が文明化された者とすれば、井野は蕃地に「根をおろした」者である。井野自身の言葉によれば、ある意味で彼は野蛮に馴れた人間である。大木のようであり、多くの心が彼の下で安息を求めることができる。恐らく、田澤もその「多くの心」の中での一人である。ここで最も重要なのは、同じ日本人の警備員として、井野は「蕃地に根をおろした」という人生の可能性を展示した。しかも、それはたとえ大木のような井野の勧告も無効であった。結局、田澤が「書き終へた手紙をにぎつて、眉毛に迫つてゐる闇空に目をすゑてゐたが、しばらくすると妄想をふり拂ふやうに強く頭をふつた。そして突然、いま書いたばかりの手紙を破つて泥濘へすてゝ足でふみにぢつた」(pp. 23)という始末になった。田澤は何の理由で手紙を破ったのか不明だが、これで田澤の父（＝故郷＝文明的世界)との繋がりは消滅したのである。

タイモリカルと井野は田澤が蕃地に来てから最も親しい者であると同時に、二人もまた「野蛮」と「文明」に介在している者である。「艶々し」いタイモリカルにせよ、「蕃地に根をおろした」井野にせよ、どちらでも「野蛮」と「文明」の葛藤の中で生きる者である。彼等は違う形で現われ、田澤の印象に存在する野蛮を書き直し、異なる方式で「野蛮」を田澤に提示し、意識させた。そしていずれにせよ田澤を野蛮に一歩に接近させた。そして、それだけでは留まらなかったのである。他の駐在所が蕃人の襲来を受け、ついには守備隊の示威行軍が求められ、討伐が行われることになったのである。

V野蛮の初体験

守備隊の喇叭がりようりようと響き近づいたのは、九時近い頃だつた。(中略)警備員たちはみな武装をとゝのへて、闇のなかに防水外套のゴワゴワいふ音をたてゝゐた。で、喇叭のひゞきが耳に這入ると、タナトーノフ！タナトーノフ！と口々に叫びながら走りだす蕃丁たちの騒ぎに混つて、彼等の防水外套の音も鉄線橋の方へ殺到した。駐在所から数丁離れたところで守備隊にゆきあふと、彼等は闇のなかに垣をつくつた。(中略)その鼻の先を、うす光る喇叭をあてゝふくらんだ頬や、帽子の鍔の下でキラキラ光る目や、細長い銃身が厳しく連つて通つた。蕃童たちの火のついたやうな泣声や、それを罵りしかる声々を、喇叭のひゞきが震駭させていつた。それは突然の暴風のやうに人々の面を打つて胸のなかを虚にさらつていつた。縦隊の最後がゆきすぎると、彼等はたゞ呆然とそのあとについて歩きだした。(pp. 20－21)(下線筆者)

ここでは作品におけるもう一つの野蛮性を表している。河原功が指摘したように、常に高山族に対して、「討伐」という名の民族破滅を行い、「鎮圧」という仮面の裏で一貫した高山族撲滅政策を推進し、「平然と虐殺を繰り返してきた日本人こそ野蛮人の名にふさわしいとする、大鹿卓の告発であったような気がしてならない」。河原が提示した「大鹿の告発」は、ここでも見出せる。この段では子供を含む蕃人たちが守備隊の威勢に恐れ、怯えさせられていることが明らかである。守備隊の威勢の象徴は「防水外套」と「喇叭」の音である。警備員の「ゴワゴワ」という音に対し、守備隊の防水外套の音も「鉄線橋の方へ殺到した」という表現は厳粛な雰囲気を作っている。更に蕃童の「火のついたやうな泣声」と大人の「罵りしかる声」は全部「喇叭のひゞき」に臣服された。「暴風」のような守備隊が去ると、皆はただ「呆然とそのあとについて歩きだ」すことしかできない。筆者はこの部分を興味深い部分だと感じる。「防水外套」、「喇叭」もしくは「軍隊」はすべて文明的産物である。そして、防水外套と喇叭は軍隊が目的を達成させるために使う道具である。この三つの道具は文明社会で製造されたが、裏に隠れた野蛮性は「野蛮人」さえも震駭させた。ここは大鹿のもう一つの告発であるような気がしてならない。

先刻の守備隊についてきた霧社支廳長が台の上へのぼつて、討伐隊長としての訓辞をやりだした。彼は両頬を蔽つた黒髯のなかに大きな口をあけて、叱りつけるやうな声をだした。「頑迷にして凶暴なる彼等を膺懲しなければ」とか「諸君は死を賭して」とか激越した言葉が篝の火の粉といつしょに人々の頭上へ降つた。田澤はひそかに圍りの人々を盗み見た。すると誰の目にも火がもえてゐた。彼にはそれがたゞ篝の火影をうつしてゐつのだとは思へなかつた。この二百餘名の一団が黙々と死地に突き入る覚悟を固めてゐるのかと、彼は暗い熱気に顔をなでられる思ひでぞツとした。だが、彼等を興奮させてゐる真実の正體はなんだらうかと探つてゐるうちに、彼は次第に急り出してゐた。彼等の興奮の真実性などを穿鑿してゐたら、結局興奮にとりのこされてしまふのだ。興奮にとりこのされるとは彼等の行動にとりのこされることだ。むしろ自分を同じ興奮のなかへ浸したい。彼は焦躁にまけていつた。(pp. 21 - 22)(下線筆者)

この段について、坂元は何より「その懲罰を赴こうとしている支庁長であり、その『声』を『頭上』から受けとめ『暗い熱気』に感染していく『二百余名の一団』である、ということが暴かれている…(中略)…更に『暗い熱気』の存在に深く分け入ることこそが、現在、植民地期の(そして戦争)文学を批判的に語る際に不可欠な作業であろうし、その意味で、『野蛮人』のこの箇所は、憑かれたような『興奮』がどのように生成・伝染していくのかを卓越した表現で伝えていると言えるだろう。そしてこういった『暗い熱気』は、田澤が『敵蕃』の首を切り落とす箇所においてさらに強く現れる 」と指摘した。

坂元の指摘は非常にポイントを掴んでいる。「激越した言葉が篝の火の粉といつしょに人々の頭上へ降つた」という具体的描写はその言葉の力を示している。従って「誰の目にも火がもえてゐ」た。更に「二百余名の一団」と「暗い熱気」という言葉はその「集団による非理性的な状態」をはっきり表している。というのは、「非理性的な情熱」は支庁長の「激越した言葉」から拡大し全体に感染したからである。田澤もこの「暗い熱気」のなか、後の行動を行ったことが、野蛮人へ転化する道につながった。即ち、この「暗い熱気」は彼を野蛮化させる起爆剤のようなものであったと言えるかもしれない。文明人として蕃地に赴いた田澤が野蛮人になる最初のきっかけが、同じく文明的世界における支庁長の「激越した言葉」だということを考えると、皮肉にも思える。またこの部分には大鹿の一種のニヒリズムを見出せるように思う。そして、田澤が敵蕃を馘首する名場面は登場する。

ざわざわと風のやうな気配に田澤が頭をあげると、四五間さきの草原のなかゝら長い茅の茎を押しわけて、頭髪を振り乱した獰猛な敵蕃がをどり出てくるのが見えた。一人二人三人とつゞけいて蕃刀をきらりきらり振りかぶり、歯をむき異様な唸り声をたてゝ森のなかへ殺到した。田澤が轟然といふ響で耳を打たれたのと、荒木の銃口から火が走るのをみたのと同時だつた。彼もあはてゝ引金をひいた。引金をひいてしまふとやゝ気が落ちついて、彼は、臭い硝煙が濛々と身悶へするなかに、蕃人の足が真逆さまにはねあがるのを見とつゞけた。(中略)そして無言のまゝ敵蕃を追つて茅のなかへ突き進んだ。一人きりになる田澤も興奮のあとの底知れぬ寂寥に襲はれた。彼もふらふらと歩きだした。だが、先刻自分が打ち倒した死体の一歩手前へまでくると、すくむやうに足がとまつた。数分の間、彼はぢつとそれを見下してゐた。と、突然野獣のすばやさで彼は森林のなかへ引き返した。そして一本の倒れ木を根こぎのまゝ枝葉をゆさぶつてひきずつてきた。彼はそれを死體の頭へ運ぶと、重い首をかゝへこんで枕をさせた。死人の口からずるずると血が流れた。夜の光のなかでそれは黒黒と動いて彼をぎくりとさせた。思はず後ずさりした彼は、再びそつとゐざり寄つた。冷たい死人の指を一本々々はがして蕃刀を奪ひとると、無我無中で喉のあたりへ叩き込んだ。「ちきしょォ、ちきしょォ」と石ころをつかんで刀のみねを打ちつづけた。それももどかしくなつて泥足でうんうん踏んづけた。ずしりと重い音を立て首が落ちた。ほツと息をはく田澤の目に涙が光つた。わけのわからない無念さに歯をくひしばつて、狂暴な動作にとりすがつてゐた彼は、ただ急に気がゆるんでふきだす激情に負けたのだ。彼にはまだ悔恨は襲ひかゝつてゐるなかつた。凶行をやつてのけたといふ実感さへなかつた。しばらくの間ねばねばと血糊のついた手で自分の顔をなでまはし、彼はぼんやり突つ立つてゐた。やがて彼は葉のついた枝を折つて首へかぶせてからふらふらと歩きだした。だがさう動作も死者を葬ふといふ心の動きからではなく、彼自身ほとんど無意識のことだつた。(pp. 26 - 27)(下線筆者)

長い引用になったが、坂元はこの名場面について、「首を切る」「動作」の中で、「敵蕃」の属性であったはずの「野蛮」が、田澤自身のもととして反転して捉えられていると言えると評し、更に「激情」、そして「暗い熱気」の伝播——。こういった事態において、さきほどまで田澤が自分とタイモリカルを隔てるように感じていた「文明/野蛮」の二元対立は消滅し、結局彼自身が持つ一面の裏表であったことが暴かれたと指摘した 。坂元の論は既に深く分析がなされているが、何点か加えたいと思う。まず、「あわてて→興奮→寂寥→激情に負けた→無意識」という情緒の変化から見れば、「暗い熱気」に「とりのこされる」田澤は確かに激情に陥り、初めて「野蛮」に自らの身を浸した。しかしながら、田澤の内面にある野蛮性が暴かれても、野蛮化の過程はまだ終わらないのはないか。果たしてこれで野蛮と文明の二元対立が消滅したと言えるのかと思える。田澤は負傷した同僚の荒木と一緒に洞穴で救援を待った。蕃人にやられたくない荒木は、田澤が手を下すよう願った。

いく度か自分の手が荒木の頸をしめる動きを妄想しては息をつまらせた。そしてまたその妄想に交錯して、夕方蕃人の首を打ち落した記憶のデテエルが、責道具のやうに迫つてきて彼をさいなんだ。あの凶暴な行為がどんな意味で、重大な汚点を自分へのこしたかといふことを知らされ、彼ははじめて痛恨の時をすごした。(中略)田澤は血の気のうせた荒木の蒼い顔をみるにつけ、昨夜の妄想をけどられてゐるやうな気がして、気が臆した。田澤は憂鬱にだまり込んでしまつた。(中略)懸賞金のことなど一度だつて考へたことはない、彼は心の裡でさうくりかへした。それは真實だとしても、では何のためにやつた凶行だ！ さういふ聲が心の裡にきこえると、彼は自問自答に窮して頭をふつた。(pp. 29 - 30)(下線筆者)

ここでは、田澤の中に文明と野蛮の葛藤をはっきり見出すことができる。初めて鮮血を嘗めた獅子のように、初めて野蛮に身を浸した田澤は欲望を抑えられないのである。だが、「責道具」、「凶暴な行為」、「重大な汚点」、「凶行」などの言葉を通して、文明的個性及び価値観はまだ彼の身において作用しているといえ、野蛮への欲望と文明的教養は「自問自答」の形で彼の脳内で対立状態を起こしている。ここでも文明と野蛮の二元対立はまだ存在していると見なせるだろう。では、田澤を野蛮の道へ導くものは何であろうか。

Ⅵ野蛮への道を導く者：蕃婦

①タイモナモ

田澤はこんな少女がこの無惨さの前でどんな態度をとるかと注目した。彼女は口のなかで何かぶつぶついふと極めて平然と彼の傍へもどつてきた。何をいつてたのだときくと「お前の親や兄弟の首もこゝ呼びよせろ、お前といつしょに棲はしてやるから」さういつたのだ、蕃社の者は誰でもさういふのだ、とけろりとした顔をみせた。彼はさつき「覚悟をきめてやれ」と呟いてきたものゝ、人々の首に対する騒ぎにうんざりしてゐた。一昨夜洞穴で胸にふき出した悔恨の痛みも未だ消えてゐなかつた。で、この未だ十五にしかならないタイモナモの態度を前にして、彼はつくづく自分の精神のひ弱さを知らされつた。(中略)その野蛮性は、例へば大自然の無慈悲に虐げられながら、又その鹹い慈悲に息づきながら胸を擴げてゐる大樹の、その不逞な精神に通じる厳粛な脈動だ。その樹液は脈々と流れつゞき、かうして小さい枝の先から迸り出るのだ。それにくらべて、自分は何んといつても移植されたばかり貧弱な木にすぎない。(pp. 32

－33)（下線筆者）

「この無惨さ」に「一昨夜洞穴でふき出した悔恨の痛みも胸に消えてゐなかつた」田澤にひきかえ、タイモリカルの妹である少女のタイモナモは「極めて平然」である。この田澤とタイモナモとの態度の差異が田澤を変えるのである。井野とタイモリカルとの関わりを通じて、野性な生活に一歩接近した田澤は、馘首を経験してもまだその「野性回帰」の欲望を抑えようとしたが、タイモナモの態度で一変した。この十五歳の少女の態度を通し、田澤は彼女の死への認識が自分とまったく異なる点にショックを受けた。そして、このショックは更に田澤に新たな認識を与えた。野蛮性（＝厳粛な脈動）はただの表象ではなく、一種の深層心理であり、生まれながらの精神状態である。蕃地に生まれ体内に「樹液」が流れているタイモナモと比べると、自分はただ「移植されたばかり貧弱な木にすぎない」と、田澤はそのような気がしてならなかったのである。この認識は田澤を「文明の教養による抑制の念頭」から解放し、野蛮への追求をより一層深くさせるのである。一方、タイモナモに与えられた「ショック」を一つの起点とし、「蕃婦」達は相次いで田澤を野蛮への道に導くのである。

②タイモリカル

そこには姉のタイモリカルが、目が耀かし乳房のふくらみを波うたせながら彼を待つてゐた。彼女は八ツ手の葉にのせた栗餅を両手でさしだし、いま搗いてきたのだ、首へ供へてお前も食べといつた。田澤は彼女の目から迸しる火にたぢたぢとしながら、自分の精神が彼女にもまた負かされてゐるのを感じた。彼はこのときほど自分と彼女達との隔りを劃然と感じたことはなかつた。彼は自分に、この壓迫をはね返す力がないことを知つてゐるだけに一層くやしかつた。（中略）その夜は早く、何日ぶりかで自分の寝床へもぐりこんだ。彼は寝つかうと努めながら、自分がタイモリカルへの関心で寝苦しがつてゐるのに喫驚した。「これはやはりおれがタイモリカルに心牽かれてゐる證據なのか」彼はやはりそれを是認めなければならないのにやゝ意外な感に打れた。が、同時に、自分には未だ純真な心がのこつてゐたと爽々しい気持にもなつた。そして「おれは彼女を怖れるのは、自分の野蛮性がまだ中途半端だからだ」彼はさういふ辯解を見出した。（pp. 33－35）（下線筆者）

田澤は自分の野蛮性がタイモリカルにも劣ることを自覚した。田澤は「彼女達との隔りを劃然と感じ」て、「圧迫をはね返す力がないこと」が何よりも悔しかった。ここで要注意したいのは二点である。まず、タイモナモに「本物の野蛮性」を認識させられた田澤は、ここでタイモリカルのことを「野蛮」の化身にした。「タイモリカルに心牽かれてゐる」田澤は「彼女を怖れるのは、自分の野蛮性がまだ中途半端だから」という自己弁護の感情を作り出し、同時これは彼の「タイモリカル（＝野蛮）に好んでも怖れる」複雑な心情を表している。更に田澤は自分のタイモリカルへの気持は野蛮性との距離に関わると考えた。従って、田澤が後に討伐の夜に樹の下敷になりながらもタイモリカルのことを思い浮かべたことを「自分にとつてもはや決定的なことだ」（pp. 38）と思い、更に「その思ひに心の底から悦びさへ」（pp. 38）感じた。こういう思いはタイモリカルへの愛情より、むしろ野蛮への傾倒と言えるのであろう。従って、討伐の後、ヤウイナーゲという女と会い、タイモリカルへの「傾倒」が動揺したこと、また自分の野蛮性は劣っても、「未だ純真な心がのこつてゐたと爽々しい気持にもなつた」田澤は、恐らく「野蛮性」を「純真な心」として考える一面もあったのであろう。この点では、山路勝彦が指摘した「純情と無垢の人間」という1930年代（即ち昭和初期）に流布されていた観念と合致している。ここでの大鹿の描写では、当時の日本人の高山族への見方の一面を呈しているのであろう。

③ヤウイナーゲ

> 何といふ凄じい蕃婦だらう。あれほどむきだしの野生に息づいてゐる蕃婦を見たことがない。あれこそ本物だ。あの目はまつたく山猫のやうに深い情熱にすんでゐた。あの体臭のなかにはヒマラヤ笹の臭ひがした。トゞ松の枝々が擦れ合ふ臭ひがした。獣皮の獣の糞の乾いた臭ひがした。………そんな思ひが熱風のやうに彼の脳裏を襲い、馳けめぐつた。(pp. 46)（下線筆者）

田澤のタイモリカルへの思いを動揺させたヤウイナーゲの条件に関して、「野生」、「山猫のやうに情熱」、「臭ひ」などの言葉をもって形容した。即ち、田澤の女性への欲望はほとんど野蛮への憧憬と一致しているのである。そして田澤は二者択一の「はげしい悩ましさに襲はれ」たのである。誠に坂元氏の指摘のように、こういった「本物の蕃婦」を知りたい欲望と、田澤自身が「強い・本物の野蛮人になりたいという欲望は連動してい」ながら、馘首を経験した田澤はタイモナモ、タイモリカル、ヤウイナーゲらの三人の蕃婦との関わりを通して、野蛮への道へ向かっていた。しかしながら、まだ決定的な鍵を欠いている。もし田澤が「本物の蕃婦」に野蛮の化身を投影していたとすれば、彼は如何にしてこの化身を越えて「本物の野蛮人」に転生したのだろうか。

V野蛮人になる

> 彼はいきなり腕の中へ彼女を引き込んだ。獣皮に似た臭ひがぷんと鼻ついた。その臭気は彼の頭脳を痺らせ、前後の思慮を忘れさせた。ただ狂暴な男に変つた。彼は木深い方へ強引に彼女を引きずつていつた。田澤の荒々しい変化に驚いて、彼女は怯えた目つきで本能的な拒否のもがきをみせた。だが、急ち全身の力を抜いて自分の方からぐつたり倒れかゝつた。繁つた草が倒れ込んだ二人のからだの周りで、ざわざわと鳴りつづけた。（中略）翌朝のまぶしい光線をあびても、田澤は後悔に襲われはしなかつた。（中略）昨夜の行為はたゞ時のはずみではない、やはり胸に潜んでゐた意志に導かれたのだと自ら領き自ら励ました。(pp. 52－53)（下線筆者）

山猫のような野性を持つヤウイナーゲへの思いを抱え、田澤は駐在所に帰った。荒木がタイモリカルを妻にしたいという噂を聞くと、田澤は冷静を失って、タイモリカルと強引に性交した。坂元の指摘のように、「体臭の有無が、そのまま『文明/野蛮』を示すものとして描かれている 」が、自分の体臭が嫌いなタイモリカルにとって、体臭は不文明の象徴であるが、田澤にとっては一線を越えさせるものであり、双方に意味がある。更に、以前の馘首とは違い、タイモリカルとの性交の後に田澤は「後悔しなかつた」のは「やはり胸に潜んでゐる意志に導かれた」からであろう。ここで再度、「田澤を野蛮の道へ導くのは何であろう」という問題点に戻るが、以上の検証を通し、田澤の胸に潜んでいる意志は明らかに馘首の後タイモナモ、タイモリカル、ヤウイナーゲとの関わりを通じて喚起されてきたといえるだろう。当初の躊躇した態度から、野蛮への熱望が燃えさかり、「本物の蕃婦」を追求するようになる。ついにタイモリカルと性交し、つまりは本物の蕃婦（＝野蛮の化身）を犯すことで最後の一線を越えたのである。

> 老頭目は「待て、待て」と蕃刀をもち出して、自分の手で田澤の腰に差しこんだ。そして、タイモリカルの傍へきて肩をならべ「タイヤルのまねするとクナトーノフも勇ましい」さういつて感に絶えぬふうで、胸をそらしていつまでも飽かず眺めた。そこへタイモナモが数人の蕃丁をつれてきて、戸口から指さした「タザワさんだよ、タイモリカルのオムコさんのタザワさんだ

よ」蕃丁達は彼を認めるとウワツと声をあげ、手をたゝき、果ては口々に「横にむけ!」「うしろを見せろ!」「歩いてみろ!」と叫びたてた。田澤は被征服者の情熱はこんなにも抑圧されてゐたのかと感動しながらも、彼等のいふまゝに動いた。(pp. 59)(下線筆者)

最後の一線を越えた田澤は、「やうやくほんとうの野蛮を呼吸した」(pp. 56)と自負した。彼は警備員の服を蕃服に着替え、蕃人達の賛嘆を受けた。「タイヤルのまねするとクナトーノフも勇ましい」という評価から見れば、たとえこの前にクナイーノフの威勢に恐れようがされようが、頭目の内心はタイヤルこそ「勇ましい」者だと思っているという証明であろう。この思いは「被征服者の情熱」と同じく、自己肯定であると思う。田澤は「被征服者の情熱」に感動しながらも、自分も「野蛮に征服される」者であるため、「被征服者」の指示に従い、彼等に認められ嬉しくなるのである。結末部分、田澤は「人垣のなかにキツと立ちあがつ」て、「そして檻に入れられた野獣のやうに右往左往しだした」。ここに至り、野蛮と文明の二元対立はついに消滅したのである。

大鹿卓の高山族作品において、「野性回帰」は終始一つの大テーマである。坂元の指摘どおり、「<本物のネイティヴ>を追い求めるあまり、それを『捏造』してしまおう欲望。『野蛮人』はこの欲望にあっさり回収されてしまってい る。田澤の転化過程を通して、大鹿は「野性回帰」の欲望を極めて表現し、同時に野蛮の様々な面を呈示した。野蛮と文明の二元対立は単なる力対決の関係ではなく、更なる複雑な形で、互いに包摂な関係である。文明社会の上層に属する田澤が結局野蛮へ身を投じる例を除いても、「蕃地へ根をおろした大木」のような井野、「一見別物のやうに野性的素朴」を持つ和服姿の姉妹の二人、「白粉の下に拭へない憂愁」を感じさせる井野の奥さんなどの例を通して、その二元対立のなかで葛藤する人物像及び人間関係を見出すこともできる。また、植民地政府の行動における野蛮性、田澤の心理変化、田澤の変身に対するタイヤルの人々の反応などの例も、野蛮に関し議論すべき好例である。その中で最も特筆したいのは、蕃婦のイメージと蕃婦が作品における役割である。野性の化身とするのは、大鹿卓の作品における蕃婦の重要な役割の一つである。大鹿卓はどの作品でも「野性回帰」のテーマに触れる部分が見受けられ、どの作品にもタイモリカルのようなキャラクターが存在している。この点では、「野性回帰」における蕃婦の存在の重要性を見出すことができよう。「野蛮人」における蕃婦達は田澤の転化過程において大きな影響を及ぼしている。これは、大鹿の作品の一つの特徴と言える。

当時の時代背景を考えても、「野蛮人」が特別な作品であることがわかる。山路勝彦の指摘どおり、1930年代初期、台湾の高山族に対しては、主に「極めて好ましい愛すべき純情と無垢の人間」と「宇内一種の野蛮好テ人肉ヲ食フ者アリ。(中略)而シテ台湾の生蕃ノ如キモ亦此ノ部類ノ一ナリ」という二つの見方があった 。政府の公式見解として、高山族の「生活様式は『野蛮』であり、法的統治能力を欠いていて、かつ『無主』であり、それだから『同化政策』が必要だとする植民地側の理論」がすでに明治初期の日本帝国には用意されていた 。「野蛮人」は「純情と無垢」及び「野蛮性」を肯定し、一人の文明人が野蛮人に変身する物語を書いたものである。これは一般人の想像とは合致しているが、逆に政府の見解には逆らう意味を含んでいるかもしれない。

文学的背景を考えれば、池田浩士の指摘のとおり、「台湾に限らず、『異国情緒』との結託は、外地を描く文学表現の最大の問題性のひとつである。そして、しばしば西川満的『異国情緒』の系譜のなかで論じられる佐藤春夫の『女誡扇綺譚』(初出＝二五年五月号『女性』)においてさえも、じつは作者が『異国情緒』への耽溺を阻止する努力を全篇で傾けていることは、ともすれば見逃されてきたのだった。(中略)一九三〇年の『霧社事件』に先立つ十年、佐藤春夫の台湾旅行中に起こった同じ霧社の反逆事件を描く『霧社』でも、決起した『蕃人』たちへの思い入れや是非の評価よりも、むしろ視野の限界を意識しつつ努めて気づいたことを書いておこうとする姿勢が顕著である。(中略)台湾に桃源郷などないのである。あるのは、日本人の善意や夢や協和の理想とは無関係な、謎めいた現実なのだ。(中略)佐藤春夫が随所で漏らす植民地台湾の実情への違和感はこうした現実にたいするかれなりの態度表明だろう 」。池田は更に大鹿卓について「原住民と現地の末端管理者たる日本人との関係を描くことを通して台湾の現実と対峙しようとした表現に、『野蛮人』、『蕃婦』など一九三〇年代中葉の大鹿卓の諸作品がある 」と評した。池田によれば、佐藤も大鹿も当時の異国情緒が溢れる外地文壇において「視野の限界を意識」し、「謎めいた現実」にチャレンジする作品を書く作家である。実際、『文芸日本大鹿卓追悼号』の中で、佐藤春夫によって書かれた弔辞と追悼文には「わたくしと大鹿君とはかなり旧い交りで、もう三十年以上になると思う。(中略)わたくしを一日の上によって文学上の先輩扱いに文学の話をする 」と書かれている。二人は師弟関係であり、大鹿卓の年譜にも「佐藤春夫に師事し」という記述がある。大鹿が佐藤からその「限界への意識」を継承して創作した可能性は十分に考えられるのである。

しかしながら、描写的手法から見ると、臭気、野獣、刺青など、いろいろな例で具体的な事象を描き出す大鹿の叙述は極めて写実的であるし、更に馘首も性交の場面も避けない(検閲によって消されたが)描写は、同時代の作品の中でもかなり特殊である。それゆえ、この時代の読者が刺激的かつ斬新な異国風の作品として読み取るのは容易である。一方で、前述の山路勝彦の指摘のように、昭和初期は「純真無垢な未開人」という見方が流布し、「同化」政策が理論的に計画されている時代である。このような時代のなかで一人の文明人が野蛮へ傾倒し更に転化することを描くのは、時代に逆らうという一種のロマンさも生じている。そして、このロマンさがまた読者の読み取りをますます深化させた。そして忘れてならないのは、「野蛮人」に現れる「野蛮」(というのは野蛮性を身につける高山族)への情熱は、同時代の他の作家の作品には殆どみられない特徴であるという点である。これは大鹿による前進とも言え、同時に大鹿の作品の特徴である。

魯迅と周作人の翻訳の比較
——『現代日本小説集』を中心に

田　琳

目　次

序章 問題提起

魯迅は大変多くの著作を残したが、またその著作とほぼ同量な翻訳も残している。志賀正年の統計[①]によると、彼の総業績は362点であり、そのうち創作は35%の125点、翻訳は27%の98点を占めている。この98点の中に、あらゆるジャンルがあり、評論が43、小説が27、詩歌が8、随筆が7、童話が6、戯劇が5、その他が2点がある。

周作人の場合は、文学生涯が翻訳から始まり、又翻訳によって終わったといえる。彼は1904年「侠女奴」(『アラビアンナイト』の「アリババと40人の盗賊」)の翻訳から文学生涯をはじめ、1966年5月『平家物語』の第7巻の翻訳をもって終わらせ、62年も続いた。この長い文学生涯に、創作と翻訳の分量はほぼ同じである。

この周兄弟は、1923年に絶交するまで、多くの場合は共同作家として中国の文壇に活躍していた。二人の翻訳理念は大体一致しており、三つの翻訳小説集を共訳した。『現代日本小説集』はその中の一つである。1923年6月に上海商務印書館により出版され、日本現代小説の最初の訳集だといえる。この小説集が出版されてまもなく二人は不和になったので、『現代日本小説集』は最後の共同作業となった。

また、この小説集は魯迅の訳したほぼ全ての日本小説を収めている。(1919年に訳した武者小路実篤の「或る青年の夢」は戯曲であるため、収められていない。)それ以前は「弱小民族の文学」に注目しており、後は文芸理論やソ連のプロレタリア文学の翻訳に力を注いだ。

周作人がそれ以前に英語より「弱小民族の文学」を翻訳した。この小説集に収められている1919年に翻訳した江馬修の「小さい一人」は最初の日本文学の翻訳である。それから日本文学の翻訳に生涯力を注いだ。この小説集は彼の文学生涯の起点として看過できない作品だと考えられる。

したがって、『現代日本小説集』は周兄弟の翻訳、特に日本文学の翻訳を研究するにあたって軽視できないものであり、または最初に中国語に翻訳された日本現代文学とい

① 志賀正年「魯迅翻訳論考」『中国語学』60・号、1957 pp. 11－16。
志賀正年『魯迅翻訳研究』天理時報社、1970。

う意味においても、その研究資料価値は高いといえる。しかし、先行研究を調べると、この小説集のなかのある一篇を取り上げて論ずるものは少なくないが、意外にこの小説集を一つの対象として論じるものがなかなか見つからない。

本人はこの小説集を研究対象として、魯迅と周作人の翻訳を比較して考察したい。

第1章 『現代日本小説集』周辺

1.1 『現代日本小説集』

『現代日本小説集』は1919年から1922年まで二人の翻訳した日本小説を収録した訳小説集である。この小説集には夏目漱石、森鴎外を含む15人の作家による30篇の日本近代短編小説が収められている。この中に魯迅が6人11篇、周作人が9人19篇を訳している。この本は1923年6月に上海商務印書館から「世界叢書」の一冊として刊行された。それからまもなく二人は絶交してしまった。それで『現代日本小説集』は周兄弟の最後の共同作業となったのである。

先述のように、魯迅と周作人はそれ以前に東欧諸国の「弱小民族の文学」に興味を示しており、『域外小説集』と『現代小説訳叢』の中に収入された作品はほぼ「被圧迫及び被損害」の民族の文学なのだ。ではなぜ突然日本小説に興味をもったのか。この小説集を編訳する動機について、『現代日本小説集』の序文に明白に書いてある。

> 我们编译这部小说集,本可以无需什么解说。日本的小说在二十世纪成就了可惊异的发达,不仅是国民的文学的精华,许多有名的著作还兼有世界的价值,可以与欧洲现代的文艺相比。只是因了文字的关系,欧洲人要翻译他颇不容易,所以不甚为世间所知。中国与日本有种种的关系我们有知道他的需要,也就兼有知道他的便利:现在能够编成这部创始的,——虽然是不完善的小集,也无非只是利用我们生在东亚的人的一个机会罢了。(《序》)②

周兄弟は「日本小説が驚くほど発達した」と考え、「国民の文学の精華だけではなく、その多くの名作は世界的な価値もある」と信じていたので、それを知る必要があると考えており、『現代日本小説集』を編訳した。ここから見ると、この小説集の編訳動機は前の二つと違って、小説に含まれた反抗の精神で社会を感化しようとしたのではなく、純粋に文学の価値を考えていた。勿論、その内容には、人道主義の作品や社会下層の人々の生活が描かれているものが多い。思想啓蒙という高い理想を捨てていない。後に作品の選択について、詳しく考察したいと考えているので、ここでは省略する。

② 止庵编订《现代日本小说集》新星出版社,2006.1,pp.1。

1.2　日本語原文について

1.2.1　テキストの情報

『現代日本小説集』の日本語原文及びそれについての情報は表1のようである。

表1　『現代日本小説集』日本語原文リスト③

タイトル	書名	著者	訳者	出版事項	所蔵図書館
「少年の悲哀」	『独歩集』	国木田独歩	周作人	近事画報社，1905.7，316p	国立国会図書館
「巡査」	『運命』	国木田独歩	周作人	佐良久書房，1906，3	金大　図四高
「懸物」	『四篇』	夏目漱石	魯迅	春陽堂，1910，5 『漱石近什四篇』	金大　図四高
「クレイグ先生」			魯迅		
「あそび」	『涓滴』	森鴎外	魯迅	新潮社，1910.10，245 pp.	石川県立
「沈黙の塔」	『ツァラトゥストラ』	フリィドリッヒ・ニイチェ［著］；生田長江訳	魯迅	新潮社，1911.1，609 pp.	金大香草文庫
「金魚」	『金魚』	鈴木三重吉	周作人	鈴木三重吉，1915，273 pp. —（三重吉全作集/鈴木三重吉著；8）	樟蔭女 京女大
「たそがれ」			周作人		
「写真」			周作人		
「第二の母」	『彼が三十の時』	武者小路実篤	周作人	洛陽堂，1915.2，4，675 pp.	静県大
「久米仙人」	『燃ゆる林』	武者小路実篤	周作人	曠野社，1922.3，2，214p	東洋大
「小さき者へ」	『有島武郎著作集』	有島武郎	魯迅	叢文閣，1918.11，413-540 pp. —（有島武郎著作集；第7輯『小さき者へ』）	石川県立
「お末の死」	『有島武郎著作集』	有島武郎	魯迅	新潮社，1917.6，153 pp. —（有島武郎著作集；第1輯『死』）	石川県立
「亡き姉に」	『結婚の前』	長与善郎	周作人	新潮社，1917.9，160 pp. —（新進作家叢書；6）	明治大学
「山の嶺の観音」	『孔子の帰国』	長与善郎	周作人	以文社，1920.6，202 pp.	京外大
「網走まで」	『荒絹』	志賀直哉	周作人	春陽堂，1921.2，380 pp.	和大
「清兵衛と瓢箪」	『大津順吉』	志賀直哉	周作人	新潮社，1917.6，178 pp. —（新進作家叢書；4）	広大中
「深夜の喇叭」	『青い枝』	千家元麿	周作人	以文社，1920，600 pp.	東洋大
「薔薇の花」			周作人		

③　この表における作品の順序は『現代日本小説集』の「目録」に拠るものである。

タイトル	書名	著者	訳者	出版事項	所蔵図書館
「小さい一人」	『寂しき道』	江馬修	周作人	新潮社,1917.3,406 pp.	日本近代文学館 名大法
「峡谷の夜」	『赤い矢帆』	江口涣	鲁迅	新潮社,1919.6,164 pp. —(新進作家叢書;第17編)	日本近代文学館
「三浦右衛門の最期」	『無名作家の日記』	菊池寛	鲁迅	新潮社,1918.11,158 pp. —(新進作家叢書;15)	小樽商科
「ある敵打ちの話」	『恩を返す話』	菊池寛	鲁迅	春陽堂,1918.8,252 pp. —(新興文藝叢書;11)	小樽商科
「鼻」	『鼻』	芥川龍之介	鲁迅	新興文芸叢書第8編(春陽堂大正7年刊)の複製 名著複刻芥川龍之介文学館/名著複刻全集編集委員会編,日本近代文学館,1977.7	金大　図開架
「羅生門」			鲁迅		
「私の父と父の鶴の話」	『幻燈』	佐藤春夫	周作人	新潮社,1921,267p	弘前大学
「たそがれの人間」			周作人		
「形影問答」	『美しき町』	佐藤春夫	周作人	日岐久次郎,天佑社(発売),1920.1,232 pp.	明星大
「稚子の炙肉」	『お絹とその兄弟』	佐藤春夫	周作人	新潮社,1919.2,163 pp. —(新進作家叢書;16)	明星大
「郷愁」	『郷愁』	加藤武雄	周作人	新潮社,1919.10,315p	藤女大

以上の表1は周作人に書かれた「『現代日本小説集』附録」を基に、考察して作成したものである。表には日本語原文のタイトル、翻訳がよった原本、作者、訳者、その本の出版事項、及び現在所蔵する図書館などの情報を並べた。

周作人が提供した情報を実際に調べると、志賀直哉の「網走まで」「清兵衛と瓢箪」、及び国木田独歩の「少年の悲哀」「巡査」について間違っているところがある。以下はその問題がある情報を検討しようとするつもりである。

1.2.2 「網走まで」のテキストについて

「網走まで」は明治43(1910)年4月1日発行の『白樺』第一巻第一号に発表され、大正7(1918)年3月新潮社より刊行された白樺同人の作品集『白樺の森』に、現在のものにもっとも近い形に直して収め、「明治四十一年八月」と執筆年月が示され、又後に大正10(1921)年2月、春陽堂より刊行された『荒絹』に収録された。

『現代日本小説集』の「附録」に「網走まで」の原文について、以下のように書いてある。

《到网走去》(Abasiri made)初登在《白桦》第一号上，后来收在小说集《荒绢》

(Araginu,1921)里边。[④]

周作人はいつも訳文のテクストを明らかに言明するが、今回は二つの出典が記されている。では一体真の原本は『白樺』の創刊号なのか、それとも1921年春陽堂によって出版された小説集の『荒絹』なのかが問題となる。

『周作人日记』によると、1920年12月28日に以下のような内容が書かれている。

> 二十八日晴上午寄遏先伏园振铎斠玄函，得绍兴马君函，译網走まで下午了，凡三日。毛夷庚君来访还书二册。[⑤]

つまり、周作人は1920年12月25日から28日にかけて、「網走まで」を翻訳したことがわかる。しかし、前述したように『荒絹』の出版は1921年2月である。また同じ『周作人日記』に載っていることだが、1921年の日記の後ろに附いた当年の購入書目に、10月分に『荒絹』が入っている。これで『荒絹』は時間的に無理である。それから、『周作人日記』に1918年10月23日の項に、『白樺の森』が中西屋から取り寄せられたことを記している。これは時間的に無理はないが、「附録」にはこの本に言及していなかった。一方、「網走まで」は1910年『白樺』創刊号に発表された。当時まだ東京におり、白樺派に親しんでいた周作人がこれを持たないはずがない。しかも、「附録」にすでに言明したので、『白樺』創刊号によって翻訳したことと推測できる。しかし、実際に対照して読んで見るとそうではないことが明らかになった。

1910年『白樺』の初出版と1921年『荒絹』及び1918年に出版された『白樺の森』に収められたテキストを対照して読んで、異なるところが数多くあった。なかでも大きな違いは5つある。それらの文を取り出し、周作人の訳文と一緒に並べると、以下のようになる。

1

「さ、瀧さん、こちらへ御いでなさい。どうもありがたうムいました」言葉が簡単だが心からの禮を云った。

——『白樺』第一号[⑥]

「さ、瀧さん、こちらへ御いでなさい。どうもありがたうムいました」女の人は左う云ってお辞儀をした。

——『白樺の森』[⑦]

「さ、瀧さん、こちらへ御いでなさい。どうもありがたう御座いました」女の人は

④ 止庵编订《现代日本小说集》新星出版社，2006.1，pp.276。

⑤ 《周作人日记》(写真版)大象出版社，1996。

⑥ 『白樺』1910年4月第一号、pp.16。
以下の『白樺』からの引用は全てこれに拠る。

⑦ 『白樺の森』新潮社、1918.3，pp.341。
以下の『白樺の森』からの引用は全てこれに拠る。

左う云ってお辞儀をした。

——『荒絹』[8]

"泷儿，到这边来罢。——真真多谢了。"女人说着，向我行一个礼。

——周作人の訳[9]

2

女の人は驚いたやうに、

「マァ、さうでムいますか……」とだけ云って直ぐ後をつがなかつた。さうして、改めて、

「色々、ありがとうムいました」と女の人は丁寧に御辞儀をした。

——『白樺』第一号

女の人は驚いたやうに、

「マァ、さうでムいますか……」と云った。さうして、

「色々、ありがとうムいました」と女の人は丁寧に御辞儀をした。

——『白樺の森』

女の人は驚いたやうに、

「マァ、さうで御座いますか……」と云った。さうして、

「色々、ありがとう御座いました」と女の人は叮嚀に御辞儀をした。

——『荒絹』

女人仿佛出了一惊，说道，——

"呀，是么?"又郑重的行礼说，——

"各种事情，多谢了。"

——周作人の訳

3

白状すれば、自分は此憐な女の人に対し、云ふにいはれぬ親しさを感じてゐたのである。

——『白樺』第一号

『白樺の森』『荒絹』にはこの文はない。周作人も訳していない。

4

若し、別れに、これを見てもかまひませんかと自分が聞いたら、女の人は屹度「どうぞ」と云ったに相違ない。自分は又悲しい女の人の上を只好気心から知りたがる者でない事も信じてゐる。若し自分が矢張青森までの乗客だったら女の人は恐らく何も彼も打明けて呉れたらう。

——『白樺』第一号

『白樺の森』『荒絹』にはこの文はない。周作人も訳していない。

---

⑧ 『荒絹』春陽堂、1921. 2、pp. 323。
以下の『荒絹』からの引用は全てこれに拠る。

⑨ 止庵编订《现代日本小说集》新星出版社，2006. 1，pp. 153。
以下周作人の訳は全てここより引用した。

5

見やうか。見まいか。一寸、こんな風に迷ったが、遂に函へよると、名宛を上にして、一枚づつそれを投げ入れた。

——『白樺』第一号

自分は一寸、迷ったが、函へよると、名宛を上にして、一枚づつそれを投げ入れた。

——『白樺の森』

自分は一寸迷ったが、函へよると、名宛を、上にして、一枚づつそれを投げ入れた。

——『荒絹』

我暂时迟疑了；走到信箱前面，将信面向上，一张一张的塞进箱子去。

——周作人の訳

（以上の下線は筆者による）

以上の日本語原文の対照から、『白樺』創刊号は、『白樺の森』と『荒絹』と大きく違っている。『白樺の森』と『荒絹』は大きな違いがなく、ただパラルビから総ルビに変わったり、片仮名を少なく使うようになったりした。また周作人の訳文と対照してみれば、明らかに周作人がよったのは『白樺』創刊号ではないことがわかる。では「附録」に提供された情報を参照すると、小説集『荒絹』だと判断できる。しかし時間的に無理であることは前文にすでに述べた。このことについてどう解釈すればよいだろう。私の推測では、二つの可能性がある。一つは、「附録」に言ったように、周作人がまず『白樺』の創刊号から訳して、後にまた『荒絹』によって訂正したのだ。もう一つは、『白樺の森』に参照して翻訳した。その後に『荒絹』と照合して訂正したのかもしれない。

1.2.3　「清兵衛と瓢箪」のテクストについて

『現代日本小説集』の「附録」に「清兵衛と瓢箪」のテクストについて、以下のように書いてある。

> 《清兵卫与葫芦》(Seibei to hyotan)见小说集《留女》(Rume，1913)中，又收入罗马字日本小说集。[10]

しかし、調べてみると、確かに1913年に洛陽堂によって『留女』という志賀直哉の小説集が刊行された。また周作人は1919年3月に『留女』を購入した。[11] ところが、そのなかに「清兵衛と瓢箪」という小説が収入されていない。この小説を収めたのは1917年新潮社から出版された志賀直哉のもう一つの小説集『大津順吉』である。そして、1918年5月に周作人はこの本を購入したと『周作人日記』に記している。また「清兵衛と瓢箪」を翻訳するのは1921年8月20日である。時間的にも問題がない。

したがって、「清兵衛と瓢箪」は『大津順吉』によって翻訳したのだと推測できるだろう。

---

⑩　止庵编订《现代日本小说集》新星出版社，2006.1，pp.276。

⑪　《周作人日记》(写真版)大象出版社，1996。

また、国木田独歩の「少年の悲哀」を収めている『独歩集』について、周作人は1904年と書いてあるが、実は1904年ではなく1905年である。

同じ国木田独歩の作「巡査」の情報も間違った。「巡査」の初出は周作人の言った大阪の文学雑誌「小天地」ではなく、1902年2月1日発行の『小柴舟』である。

第2章　翻訳方法

2.1　直訳

2.1.1　字句の直訳

2.1.1.1　魯迅の直訳

『現代日本小説集』の翻訳方法は直訳であると言われている。確かに、実際に考察してみると、小説集には直訳的な文が多い。以下に例文を挙げて説明する。

2

此の本が千八百七十……年の出版で僕の研究は夫よりずつと前なんだから……自分は全く先生の辛抱に恐れ入つた。

这书是一千八百七十……年的出版，所以我的研究，还在一直以前呢……自己对于先生的忍耐，全然惊服了。[12]

——「クレイグ先生」夏目漱石著、魯迅訳

中国語には「……年的出版」という言い方はなく、普通は「……年出版的」という。しかし、魯迅は日本語の「……年の出版」にしたがって、原文のまま「……年的出版」と訳した。

3

この手の所有者は自分の質問を受けて呉れる先生である。

这手的所有者，便是担任我的质问的先生。

——「クレイグ先生」夏目漱石著、魯迅訳

中国語の「质问」は「詰問」、「なじる」の意味で、日本語の「質問」とは異なり、相手を非難するニュアンスを含んでいる。しかし、ここで魯迅はそのニュアンスを無視して、日本語原文のまま「質問」を「质问」と訳した。

4

それから五日程立つて、常の如く散歩に出たが、いつもよりは二時間ほど後れて帰つて来た。

此后过了五六天，照常的去散步，但回来却比平常迟了二时间。

——「懸物」夏目漱石著、魯迅訳

5

先生は二分も三分も「ウオーヅウオース」を敲いてゐる。

[12]　以下の魯迅と周作人の訳文は全て2006年1月に北京新星出版社から出版された『現代日本小説集』によるものである。

先生是二分间三分间的敲着《威志威斯》。

——「クレイグ先生」夏目漱石著、鲁迅訳

中国の言い方では普通に時間の長さを表す場合には、「時」だと「两小时」「两个小时」「两个钟头」といい、「分」だと「两分三分」「两分钟三分钟」というが、「时间」「分间」とは言わない。つまり、「二时间」「二分间三分间」などのように、時間を表す単位の後ろに「间」を付けないのである。しかし、鲁迅は「二時間」を原文のままに「二时间」と訳しただけではなく、「二分も三分も」というような「間」のない原文をもわざと「间」を付け加えて「二分间三分间」と訳した。

6

倅は帰るや否や、あんな眼の明かない男にどうして譲れるものか、あすこに有るものは、みんな贋物だと、左も倅の不德義の様に云つた。

儿子刚一回家，便仿佛嗔怪儿子的不德义似的说道，那样没有眼睛的人，怎么能让给他呢，在那里的都是赝物。

——「懸物」芥川龍之介著、鲁迅訳

「不德義」は中国語にすると「违反道义」「不讲道义」となる。「不德义」という言葉は中国語にないのだが、中国人が理解することはできる。「贋物」も同様であろう。「赝品」と訳すのが自然だが、「赝物」と言っても理解はできる。

以上の五つの例文をまとめてみると、以下のとおりである。例1は句の形式、例2は古い言葉の新しい意味、例3と例4は時間の表し方、例5は新しい言葉である。一見するとさまざまだが、ある共通点がある。これらの翻訳は中国語の言語習慣には従っていないが、中国人読者の理解が可能だということである。このような直訳には鲁迅の深い考えが潜んでいる。つまり、新しい表現法を輸入するつもりだったのである。

鲁迅は『二心集』の「关于翻译的通信」で以下のように述べている。

> 中国的文或话，法子实在太不精密了，作文的秘诀，是在避去熟字，删掉虚字，就是好文章，讲话的时候，也时时要辞不达意，这就是话不够用，……要医这病，我以为只好陆续吃一点苦，装进异样的句法去，古的，外省外府的，外国的，后来便可以据为己有。⑬

また更に「这样的译本，不但在输入新的内容，也在输入新的表现法。⑭」とも明白に述べていた。

鲁迅は翻訳するときに、読者に理解できるような違った句法を意識的に保存して、新しい表現法を中国語に輸入するつもりであった。一方で、中国人の理解できない表現法は保存しなかった。以下の例文を見てみよう。

---

⑬ 《鲁迅全集》第4卷，人民文学出版社，1981，pp. 382。

⑭ 《鲁迅全集》第4卷，人民文学出版社，1981，pp. 382。

7

見ると五六間しか隔ててゐない道路の上に、左手の崖から大きな樹が一本斜に突き出てゐる。

试一看，相隔不到三丈的道路上，从左手的崖间，横斜的突出着一棵大树。

——「峡谷の夜」江口渙著、魯迅訳

以上の例にある日本語の距離を表す単位「間」は中国人が知らないので、一間はどのぐらいの長さであるかもわからない。この場合、魯迅は翻訳するときに中国語の単位「丈」に変えた。無理やりに日本語の言い方を保存することはないわけである。

以上のように魯迅の直訳は外国語の表現法を選択して輸入する強い目的性と策略性がある。梁実秋らが述べたように、理解不可能な「硬訳」「死訳」ではない。⑮

2.1.1.2　周作人の直訳

次に弟の周作人の方を考察したい。まず「少年の悲哀」の冒頭部分を見てみよう。

8

少年の歓喜が詩であるならば、少年の悲哀も亦た詩である。自然の心に宿る歓喜にして若し歌ふべくんば、自然の心にさゝやく悲哀も亦た歌ふべきであらう。

兎も角、僕は僕の少年の時の悲哀の一ツを語って見やうと思ふのである。（と一人の男が話しだした。）

“少年的欢喜倘是诗，少年的悲哀也是诗。宿在自然的心里的欢喜若是可歌的，那在自然的心里低语的悲哀也是可歌的了。

“总之我现在想将我少年时候的悲哀之一，讲给诸君听听。”……一个男子这样的说。

——「少年の悲哀」国木田独歩著、周作人訳

以上の例文から見れば、周作人は逐語的、逐句的に翻訳する方法を採用したといえる。言葉も句も原文と対照可能である。また、次の文を見てみよう。

9

「まアーツ！御飯が済んだのなら酒だけ一ツ、この酒は決して頭へ来るやうな酒じゃアございませんから。」

“喝一杯罢！倘若已经吃过饭，单喝酒罢，这酒决不是那些喝了会到头里来的酒呀。”

——「巡査」国木田独歩著、周作人訳

ここの「頭へ来る」は「気が変になる」（広辞苑）⑯の意味で、「上头」と訳してよかろう。しかし、周作人は「会到头里来的酒」と逐語的に訳した。

以上の例文から理解されると思うが、周作人も基本的に直訳の翻訳方法を採っている。彼は自分の翻訳態度について、1918年11月8日に張寿朋宛の手紙で以下のように述べていた。

---

⑮　1928〜1936年、梁実秋と魯迅の間に8年間の論争を展開した。時に梁実秋は魯迅の訳を「硬訳」「死訳」だと批判した。つまり、原文にあまりにも忠実であるせいで、中国語らしくなく、読んで理解できない翻訳だ。この論争について後に詳しく紹介するので、ここでは省略する。

⑯　『広辞苑』第五版、岩波書店、2004。

我以为此后译本……又当竭力保存原作的"风气习惯，语言条理"；最好是逐字译，不得已也应逐句译，宁可"中不像中，西不像西"，不必改头换面。……但我毫无才力，所以成绩不良，至于方法，却是最为适当。[17]

しかし、周作人は魯迅と違い、中国語の句法を改革する目的を持たないので、意識的に新しい表現法を輸入しない。彼は中国語の現有する表現法の範囲の内で直訳を行うのだ。1925年6月に訳文集『陀螺』の序に、周作人は以下のように自分の直訳観を述べていた。

我的翻译向来采用直译法，所以译文实在很不漂亮，——虽然我自由抒写的散文本来也就不漂亮。我现在还是相信直译法。因为我觉得没有更好的方法。但是直译也有条件，便是必须达意，尽汉语的能力所及的范围内，保存原文的风格，表现原语的意义，换一句话就是信与达。（下線筆者）[18]

したがって、周作人は魯迅ほどの「硬訳」をしないようだ。彼の実際の翻訳もそうである。次の例文を見てみよう。

10

鶴ちゃんは一時間ばかりも遊んでから帰ると云ひ出した。

鹤儿大约游戏了一小时，说要回家去了。

——「小さい一人」江馬修著、周作人訳

11

「あとこちやん！」「賢坊ちやん！」と代る代る呼びかけ乍ら、よッこちやんは、子雀の様に元気よく、二時間程遊んで帰つた。

"里姑儿！贤哥儿！"芳姑儿这样交互的叫唤着，小雀儿一般的高兴，玩耍了二小时光景，这才回去了。

——「郷愁」加藤武雄著、周作人訳

同じ「時間」の翻訳だが、周作人は魯迅のように原文のままに「时间」を翻訳したのではなく、中国の言い方に変えて「小时」と訳した。

一方で、周作人は日本語の言葉をそのまま中国語に移した場合もあるが、それは翻訳が容易とのみ考えて、意識的に表現法を輸入したのではないと思う。以下の例文を見てみよう。

12

「どうです、一ツ隠芸をお出しなさい、エ、僕ですか、僕は全く無芸、たゞ飲めば則ち眠る、直ぐ寝て了います！」

成程さも眠むさうな、とろんこな眼をして居る。

---

⑰ 陈子善、张铁荣编，《周作人集外文》上集，南海国际新闻出版中心，1995.9，pp.284。

⑱ 周作人自编文集　苦雨斋序跋文》］，河北教育出版社，2002，pp.30。

“如何？请拿出一点隐艺来吧。我么？我是全然无艺的，只有饮了则眠，便即睡着罢了。”他这样说，眼睛迷迷蒙蒙的，确有点渴睡的样子。

——「巡査」国木田独歩著、周作人訳

「隐艺」という言葉は、中国語にはないが、「隠芸」を言い換える適当な中国語もない。この場合、「隐艺」とそのままに訳すほかはない。中国人の理解をも妨げない。

鲁迅はかつて周作人宛ての手紙に周作人の翻訳を賞賛し、自分が及ばないところがあると以下のように述べていた。

我看你译小说，还可以随便流畅一点（我实在有点好讲声调的弊病）（《210908 致周作人》）⑲

周作人の翻訳が「自由に流暢であ」ると見えるのは、中国語の言語習慣に従って翻訳するためであろう。

2.1.2 主語に対する翻訳態度

2.1.2.1 テキスト対照による考察

日本語の主語（主題）はよく省略されるのに対し、中国語の主語は文の構成成分の一つとして欠かせないものである。これが両言語の一つの大きな相違点であることは周知の通りである。ゆえに、翻訳者が作品を翻訳する時に、中国語の習慣に従って主語（主題）を付け加えるのか、あるいは原文のように主語（主題）を省略するままに翻訳するのかは問題になる。したがって、主語（主題）に対する翻訳態度を考察すれば、翻訳者の直訳の程度が窺えるだろう。

鲁迅の主語（主題）に対する翻訳態度を考察すると、鲁迅は主語を省略して翻訳するのが多い。この点は「懸物」の訳文が一番目立っている。例文を挙げて見よう。

13

あれの命日も三月八日だがなと、訴えるやうな顔をして、倅に云ふと、はあ、さうでしたつけと答えた限りである。

摆着赴诉一般的脸，对儿子说道，那忌日也正是三月八日哩，便只答道，哦，是啊，再没有别的话。

——「懸物」夏目漱石著、鲁迅訳

14

倅(せがれ)に、どうだらうと相談すると、倅は恨めしい程無雑作(むぞうさ)に夫(それ)が可(い)いでせうと賛成して呉(く)れた。

向儿子商量道，好么？儿子便冷漠到令人愤恨的赞成道，这好罢。

——「懸物」夏目漱石著、鲁迅訳

⑲ 《鲁迅全集》第11卷，人民文学出版社，1981，pp.402。

15

すると、小供が御爺さん鉄砲玉はと聞く。うん鉄砲玉を買って来るから、悪戯をしてはいけないよと云ひながら、そろそろと懸物を巻いて、桐の箱へ入れて、袋戸棚(ふくろとだな)へしまって、さうして其処等(そこいら)を散歩しに出る。

于是孩子便问道，祖父，弹子糖呢？说道是了，我买弹子糖去，只是不要淘气罢，嘴里说，手里慢慢的卷好挂幅，装进桐箱，放进柜子里，便到近地散步去了。

——「懸物」夏目漱石著、魯迅訳

16

帰りには町内の飴屋へ寄って、薄荷入(はくかいり)の鉄砲玉を二袋買って来て、そら鉄砲玉と云って、小供にやる。

回来的时候，走到糖店里，买两袋薄荷的弹子糖，分给孩子道，哪，弹子糖。

——「懸物」夏目漱石著、魯迅訳

以上の例文は全部主語を省略した日本語原文を、そのまま主語のない中国語に翻訳したものである。文脈から動作の主体を判断することはできるが、中国語の言語習慣に違反している。

それに対して、周作人は魯迅と違い、主語をちゃんと付け加えて訳した。「網走まで」の中から例文を取り出してみよう。

17

宇都宮の友に、「日光の帰途には是非御邪魔する」、と云ってやったら、「誘って呉れ、僕も行くから」と云ふ返事を受取った。

我写信给宇都宫的朋友说，“日光的归途，定当奉扰，”得到回信说“请你来邀我，我也要去呢。”

——「網走まで」志賀直哉著、周作人訳

18

「瀧さん」と静かに顔を寄せて、「これからね、遠い所まで行くんですからね、若し途中で、お前さんのおつもでも痛み出すと、母ァさんは本統に泣きたい位、困るんですからね。……

“泷儿，”母亲静静的将脸凑近他说，“以后是要到远的地方去了，倘若在半路上你的头又疼痛起来，阿母真要窘得要哭了。……

——「網走まで」志賀直哉著、周作人訳

19

「サ、うまうま」膝の上へ落ちた「園の露」を顔の前へ出すと、あーあーと云って居た赤子は黙つて、眼の玉を寄せて暫く見つめてゐたが、櫛を放してそれを取る。

“好吃的，好吃的，”母亲将落在膝上的“圆之露”拾起，放在婴儿的面前；伊正在呀呀的叫，这就不作声了，睁着两眼看了一回，便抛去栉子，取了点心。

——「網走まで」志賀直哉著、周作人訳

以上の例文は原文に省略された主語をちゃんと付け加えて翻訳されている。これは中国語の言語習慣と合致する。

以上のように、周兄弟の主語に対する翻訳態度は違っている。鲁迅は直訳を徹底的にし、中国語の言語習慣を無視して日本語原文に忠実に従い、主語がないままに翻訳した。それに対して、周作人はわざと主語を加え、中国語らしい表現を採用した。

2.1.2.2 GPSによる考察

また説得力を強めるために、量的なデータで周兄弟の主語に対する翻訳態度を説明しようと思う。

筆者は研究するために、『現代日本小説集』から10編を選んで、その日本語原文と中国語訳文を輸入し、金沢大学のGPSを利用してデータベースを作った。このGPSを利用してある言葉を調べると(その言葉は日本語でも中国語でもよいが)、その言葉を含むデータベースの中のあらゆる文が出てくる。また日中対照モードを利用すれば、その文に対応する原文あるいは訳文をも表示してくれる。データベースに作った作品は以下の10編である。

夏目漱石の「懸物」 有島武郎の「お末の死」 芥川龍之介の「羅生門」「鼻」	鲁迅訳 3 人 4 編 総 24040 字
千家元麿の「深夜の喇叭」「薔薇の花」 国木田独歩の「少年の悲哀」 志賀直哉の「清兵衛と瓢箪」「網走まで」 江馬修の「小さい一人」	周作人訳 4 人 6 編 総 22591 字

このデータベースを利用して、周兄弟の主語に対する翻訳態度を量的に解明するつもりである。最も多くある主語のひとつである「我」を例として調べた結果、鲁迅訳の3 人 4 編、総文字数 24040 字の作品の中に22の例文が出ているのに対し、周作人訳の4 人 6 編、総文字数 22591 字の作品の中に304の例文が出ていた。

これらの例文を詳しくチェックしてみると、鲁迅が「我」を主語として付け加えたのはただ以下の2 例だけである。

20

すると、小供が御爺さん鉄砲玉はと聞く。うん鉄砲玉を買って来るから、悪戯をしてはいけないよと云ひながら、そろそろと懸物を巻いて、桐の箱へ入れて、袋戸棚(ふくろとだな)へしまって、さうして其処等を散歩しに出る。

于是孩子便问道,祖父,弹子糖呢? 说道是了,我买弹子糖去,只是不要淘气罢,嘴里说,手里慢慢的卷好挂幅,装进桐箱,放在柜子里,便到近地散步去了。(下線筆者)

——「懸物」夏目漱石著、鲁迅訳

21

而して「姉さんもう帰ります」としとやかに云つて姉の家を出た。

于是静静的说道,“姊姊,我回去了。”便出了姊姊的家里。(下線筆者)

——「お末の死」有島武郎著、鲁迅訳

それに対して、周作人の304 例の中に「我」を主語として付け加えたのは46 例もある。

データベースには周作人訳が6 編もあり、魯迅訳の4 編より多いが、文字数から見ると、かえって魯迅のほうが少し上回っている。このそれぞれ2 万字以上あるデータベースのなかに、主語「我」を加えた例文は、魯迅は2 例だけであって、周作人の46 例より遥かに少ない。この結果から魯迅と周作人の主語に対する翻訳態度が明白に窺えるであろう。つまり、魯迅は原文に忠実に、主語のない原文を、出来るだけ主語を省略したままで翻訳する。それに対して、周作人は中国語の言語習慣に配慮し、原文に省略された主語を付け加えて翻訳する。

以上にまとめた魯迅の主語に対する翻訳態度から、彼には新しい表現法を輸入する目的があるということが明白にわかるだろう。彼は日本語から主語を省略する句法を輸入しようとしていたのではなかろうか。

それに対して、周作人にはそのような意識がなく、中国語の言語習慣の範囲内で原文を忠実に訳し、中国語の言語習慣に違反する表現を中国語らしい表現に変えて翻訳する方法を採用していた。

2.2 意訳

2.2.1 意訳

周兄弟の翻訳は基本的に直訳であり、彼ら自身もそう主張しており、魯迅の翻訳は「硬訳」とさえ呼ばれていた。しかし、実際に考察すれば、全ての文を直訳したわけではなく、意訳したところもある。まず魯迅の意訳した文を見てみよう。

22

——いや、この老婆に対すると云っては、語弊があるかも知れない。寧、あらゆる悪に対する反感が、一分毎に強きを増して来たのである。

——不，说是“对于这老妪”，或者有些语病；倒不如说，对于一切恶的反感，一点一点的强盛起来了。

——「羅生門」芥川龍之介著、魯迅訳

「一分毎に」を直訳すれば「每一分钟」「一分钟一分钟的」であろう。「一点一点的」と意味はほとんど変わらないが、これは意訳といってよいと思う。

23

第一に内供の考へたのは、この長い鼻を実際以上に短く見せる方法である。

第一，内供所苦心经营的，是想将这长鼻子使人看得比实际较短的方法。

——「鼻」芥川龍之介著、魯迅訳

「考えたのは」は「所想的」でよいが、「所苦心经营的」と翻訳するのは、凝った言い方だろう。

24

どうかすると、顔の位置を換へるだけでは、安心が出来なくなって、頬杖をついたり頤の先へ指をあてがったりして、根気よく鏡を覗いて見る事もあった。

不知怎么一来，觉得单变换了脸的位置，是没有把握的了，于是常常用手托了颊，或者用指押了颐，坚忍不拔的看镜。

——「鼻」芥川龍之介著、魯迅訳

「安心が出来なくなって」を逐語訳すると、「不能安心了」だと思うが、「是没有把握的了」と翻訳したのは、意訳の方法を採ったためだろう。

25

その上、亭主にあまり働が(ママ)ないのと二三年打ち続いた不景気とのために、絶えず世帯の苦労をし続けて来た。そんな風であるから自然一緒にゐる姑との仲も面白くなかつた。

加以男人的懒散和家计的艰难，又不断的受着生活的忧虑。既这样，自然和那住在一处的姑，也不合式起来了。

——「峡谷の夜」江口渙著、魯迅訳

「二三年打ち続いた不景気」を逐語で翻訳すると「持续了二三年的不景气」などであるべきだ。魯迅は「家计的艰难」と大まかに翻訳した。「面白くなかった」を直訳すると「无趣」「不愉快」などでよいと思うが、魯迅は「不合式」と意訳した。

次は、周作人の意訳する例文を見てみよう。

26

『どんな理由がありますか知りませんが、兎も角妻子があれば一家団欒の楽しみを享けないのは嘘でしよう? 貴様(あなた)さびしく思ひませんか。』

"虽然不知道有怎样的理由，但我想既然有了妻子，却不享一家团圆的快乐，总不是正当罢? 你不觉寂寞么?"

——「巡査」国木田独歩著、周作人訳

「嘘でしよう」は直訳だと、「是在说谎吧」或いは「不是在说谎吗」だが、周作人は「总不是正当罢」と翻訳した。

27

あの位自分で淋しさを感じさせたものはすくない。

那样的能够使我感到寂寞无聊的事；实在是再也没有了。

——「深夜の喇叭」千家元麿著、周作人訳

「すくない」を中国語に変えると「少」であって、「没有」ではない。「实在是再也没有了」とするのは誇張した意訳の方法だと思う。

28

それに私も近い中朝鮮に伴れて行かれるのだから、最早此世で会うことが出来るか出来ないか分かりません。

而且我不久也要被人带到朝鲜去了，恐怕在这一生中已经不能再会了。

——「少年の悲哀」国木田独歩著、周作人訳

下線の部分は直訳すると「不知道此生还能不能再会了」だろう。周作人は「在这一生中已经不能再会了」と翻訳した。このように意訳した理由は、前の「最早」のためであろう。「最早」は中国語に変えると「恐怕」だが、「恐怕」の後に選択の文を置くことはできない。中国語の言語習慣に従えば、「最早」を保存して翻訳すれば、後ろの文を「能不

能」のような選択疑問文にすることができないのだ。つまり、この句を全て直訳することはできないというわけである。

29

子路は、霊そのものでも或は影そのものでも歩くかのやうな師の危げに見える後姿を気づかうて、道化の或るもののやうな手つきをして、思はず師の後を抱くやうな象形をした。

子路看着精灵或影一般走着的，龙钟可危的先生的后影，心里很是忧郁。不觉伸开两手，小丑似的，仿佛想从后而将先生抱住的模样。

——「稚子の炙肉」佐藤春夫著、周作人訳

「心里很是忧郁」は文の筋で推測できるが、原文にはその意味を表わす文字がない。「道化の或るもののやうな手つきをして」を直訳すると、「做了小丑似的手势」となるが、「伸开两手」の手つきという表現は、後の「師の後を抱くやうな象形」から想像されたのだろう。

30

だから、愛妻の死に依つて、非常に打砕かれたらしい、その青ざめた元気の無くなつて（ママ）様子を、傷ましく眺めながらも、私は、胸の中に一ぱいになつてゐる同情を、言葉に現はす事が出来なかつた。

他的爱妻死后，他的那种非常伤心，没有元气的青白的脸色，我虽然看了十分感伤，只是胸中一腔的同情，终于没有对他发表的机会。

——「郷愁」加藤武雄著、周作人訳

「青ざめた」のは顔色でよいが、「打砕かれたらしい」顔色は不自然だろう。周作人は「青ざめた」を保存することによって、原文の「様子」を「脸色」に翻訳したが、そこには少し不自然なところがあると思う。

以上の例文から見れば、鲁迅と周作人は基本的に原文を直訳したが、何処でも直訳したわけではなく、意訳したところもあるといえる。それから、二人の意訳もそれぞれ自分の特徴を持っている。

鲁迅の意訳は基本的に単なる語や句だけで、文の全体の構成には及ばない。言い換えれば、ある文の一部を意訳しても、他の部分はやはり逐語訳したということである。文の全体としては直訳だといえる。

それに対して、周作人の意訳は単語だけではなく、文全体の構成に及ぶ意訳もある。その文の全体としては意訳とするべきだ。

ではどうして周作人はこのような意訳をしたのだろうか。彼はこのように意訳することによって、日本の文化を一層よく伝えられると考えていたのだろう。周作人は日本の歴史文化や古典文学が好きで、後年に数多くの日本古典文学をも翻訳した。日本文学の翻訳を通して、鲁迅が新しい内容を輸入するだけではなく、日本語から新しい表現法をも輸入するという目的を持っていたのに対して、周作人は日本の文化を輸入することを目指していたのだろう。

それからここで言及したいのは、1928年から1936年まで八年間も続いた梁実秋と魯迅の論争である。その論争では、魯迅の翻訳について、様々な批判がなされた。1929年9月10日、梁実秋は「論魯迅先生の『硬訳』」を同人雑誌『新月』に発表した。文章には魯迅の翻訳を「硬訳」[20]「死訳」[21]と言って、「曲訳」[22]にも及ばないと痛烈に批判した。しかし、前に分析した例のように、魯迅の翻訳、少なくともこの小説集の翻訳は、実際そんなに硬くはない。魯迅は新しい表現法を輸入したいがため、できるだけ直訳をしたが、やむをえない時は意訳もしたのだ。

2.2.2 改訳

2.2.2.1 「鹰钩鼻」と「竹节鼻」

魯迅は改訳するところもある。以下の例文を見てみよう。

31

> 内供は人を見ずに、唯、鼻を見た。——しかし鍵鼻（かぎはな）はあつても、内供のやうな鼻は一つも見当らない。
>
> 内供不看人，只看鼻子，——然而竹节鼻虽然还有，却寻不出内供一样的鼻子来。
>
> ——「鼻」芥川龍之介著、魯迅訳

「かぎはな」は普通「鉤鼻」と書き（辞書にはこの当て字しか載っていない）、文字通り、「鼻柱が鉤のように曲っている鼻」（広辞苑）という意味で、中国語では「鹰钩鼻」という言葉が当てられる。しかし、ここで芥川龍之介は「鍵鼻」と書いた。芥川はわざと「鍵鼻」と書いたか、それともその当てる漢字をよく知らないせいで間違えたかは、われわれが今知るよしもないが、多分特別な意味があるのだろう。

面白いのは、魯迅が「鹰钩鼻」だと訳しておらず、「竹节鼻」と翻訳したことである。「竹节鼻」はかなり珍しい言葉で、普段使わない。辞書で調べてみると、『大漢和辞典』『中国語辞典』『辞源』などには皆載っていない。やむをえずインターネットで調べたところ、「《五官基本相法》：“鼻梁如竹节，不听人言，犯小人。”」又、「竹节鼻：鼻樑厚如竹筒，刚直但不听他人指挥。」という例があるが、ちゃんとした出典がない。しかし、「竹节鼻」は鼻柱に竹の節のように出る骨がある鼻を指し、「面相」と関わる言葉だと推測できる。

魯迅が「鹰钩鼻」という言葉を知らないはずはないと思われる。では何故魯迅は「鹰钩鼻」と翻訳せずに、普段よく使わない言葉「竹节鼻」と翻訳したか。それは、芥川がわざと「鍵鼻」と書いて、「鍵」の形をする鼻を表したのだと魯迅は理解したためではなかろうか。しかし、中国語には鍵のような鼻という言い方がないため、魯迅はその形を想像しながら工夫した結果、面相上の言葉である「竹节鼻」を思い出したのであろう。

---

[20] 魯迅は「文芸批評」という訳文の「訳者付記」に自分の翻訳を「硬訳」だと自称している。梁実秋は「論魯迅先生の『硬訳』」に魯迅の翻訳がなるほど晦渋難解の「硬訳」だと批判した。更に進んで「死訳」と一緒である。

[21] 「死訳」について、梁実秋は陳西瀅の言葉を引用して説明した。

「什么叫“死译”？西滢先生说：“他们非但字比句次，而且一字不可增，一字不可先，一字不可后，名曰翻译：而‘译犹不译’，这种方法，即提倡直译的周作人先生都谥之为‘死译’”」（梁实秋《论鲁迅先生的“硬译”》《鲁迅梁实秋论战实录》北京：华龄出版社，1997.11，pp.190）。

[22] 「曲訳」は原文の意味を曲解して翻訳することを指している。

面白いのは、志賀直哉の「網走まで」には「鉤鼻」と同じ意味を持っている「鷲鼻」という言葉があることである。それは、周作人の訳文では「鹰嘴鼻」と翻訳されている。

32

鷲鼻（わしばな）の青い顔をした、大柄な男で、勉強は少しもしなかった。二三度続けて落第して、とうとう自分で退学して了った……

鹰嘴鼻，青白脸色，壮大的汉子；学问是毫不用功，两三回接连的落了第，终于自己退学走了。

——「網走まで」志賀直哉、周作人訳

「鹰嘴鼻」も面相に使うが、普通に「鹰嘴鼻」に言われても「鹰钩鼻」と理解できる。しかし「竹节鼻」だとわからなくなるだろう。

2.2.2.2 **「烏爪」と「烏瓜」**

又「鼻」には以下のような文もある。

33

内供はこの方面でも殆出来るだけの事をした。烏爪（からすうり）を煎じて飲んで見た事もある、鼠の尿（いばり）を鼻へなすつて見た事もある。

内供在这一方面，几乎做尽了可能的事。也喝过老鸦脚爪煎出的汤；鼻子上也擦过老鼠的溺。

——「鼻」芥川龍之介著、魯迅訳

大正７年に春陽堂から出版された芥川龍之介の小説集『鼻』、つまり魯迅に翻訳された原本では、「烏爪（からすうり）」は漢字で「烏爪」と書いてあるが、「からすうり」とルビを振っている。漢字とルビのどちらかが間違っているようである。このことを究明するために、「芥川龍之介全集」を調べた。そこに収められている「鼻」には、「烏瓜」と書いてある。したがって、大正７年に春陽堂から出版された小説集『鼻』は、印刷する際にミスを起したのだと推測できる。

また内容から見ると、一種の漢方薬のことを言っているようだ。漢方薬として知られるものは「烏の爪」なのか、それとも「烏瓜」なのかを確認するつもりで考察した。「烏瓜」を『広辞苑』で調べると、以下のように書かれている。

ウリ科の蔓性多年草。山地に普通。雌雄異株。夏、白色で縁が糸状に裂けた美花を夜に開き、晩秋、実が赤く熟す。果肉は荒れ止めの化粧水に作り、種子は薬用・食用。塊根から採った澱粉は天瓜粉（てんかふん）の代用、生薬の土瓜根（どかこん）として黄疸・利尿・催乳剤。（『広辞苑』）[23]

また、フリー百科事典「ウィキペディア（Wikipedia）」で調べてみると、以下のように記されている。

---

[23] 『広辞苑』第五版、岩波書店、2004。

カラスウリ(烏瓜、Trichosanthes cucumeroides)はウリ科の植物で、つる性の多年草。朱色の果実と、夜間だけ開く花で知られる。

……

近縁種のキカラスウリの地下のより大きな塊根からは、デンプンが採取され、これを天花粉と呼んであせもの予防、治療に用いたり、瓜呂根と呼んで薬用にもする。

種子はその形から打ち出の小槌にも喩えられる。そのため財布に入れて携帯すると富みに通じる縁起物として扱われることもある。かつては、しもやけの薬として実から取れるエキスが使用された。(「ウィキペディア(Wikipedia)」)[24]

以上の叙述から見て、「烏瓜」はよく薬として利用されるものである。また「烏瓜」は中国語で「王瓜」・「土瓜」と呼ばれている。(『日中辞典』)[25]「王瓜」を『中药大辞典』[26]で調べてみたが、漢方薬としてよく使われるようだ。別名がたくさんあり、その中に「土瓜」「老鸦瓜」が入っている。薬用については、「功能主治:清热,生津,消淤,通乳。治消渴,黄疸,噎嗝反胃,经闭,乳汁滞少,痈肿,慢性咽喉炎。」(pp. 309)と書かれている。

それから『中药大辞典』では烏も調べられる。「功能主治:祛风定痘,已痨止血。治头风,眩晕,小儿风疸,虚痨咳嗽吐血,骨蒸潮热。」(pp. 463)烏の瓜の他、烏の頭(pp. 469)、烏の羽(pp. 474)、烏の胆(pp. 469)も入っているが、烏の爪は見つからない。

以上の考察から、芥川龍之介が言いたいのは「烏瓜」という植物であると推測できる。しかし、魯迅はその誤った漢字によって、「老鸦脚爪」と訳してしまった。魯迅がルビを見ていなかったはずはないが、どうして「王瓜」・「土瓜」・「老鸦瓜」ではなく、「老鸦脚爪」と訳したのだろうか。これは後ろを見ればわかると思う。後ろの句には「鼠の尿(いばり)を鼻へなす」ることが述べられている。これは「烏爪を煎じて飲」むことと対照して見ると、一層可笑しくなるだろう。しかし、「烏瓜」と変えるとそういう可笑しいイメージは著しく減ったのではなかろうか。このような考えがあって、魯迅は「烏の爪」を採り、「老鸦脚爪」と翻訳したのだと推測できるだろう。

2.2.2.3 「煮茶」と「烹茶」

34

私の父の座敷には、

洗　硯　魚　呑　墨　煮　茶　鶴　避　煙

——「硯を洗へば魚は墨を呑み、茶を煮れば鶴は煙を避く」——と、さういふ字のある、古い人の書いた極く細長い額が、今でもあそこに掛かつてゐる筈である。

在我父亲的上房里,有一方很长的匾额,上面是古时的人所写的这几个字,

㉔ "カラスウリ." Wikipedia, . 30 7月 2009, 11:02 UTC. 15 5月 2010, 13:38 <http://ja.wikipedia.org/w/index.php?title=%E3%82%AB%E3%83%A9%E3%82%B9%E3%82%A6%E3%83%AA&oldid=27159530>.

㉕ 『日中辞典』小学館・商務印書館、1992。

㉖ 江苏新医学院编《中药大辞典》(上册)上海人民出版社,1977. 7。

洗砚鱼吞墨，烹茶鹤避烟

这匾额大约现在也还挂在那里罢。

——「私の父と父の鶴との話」佐藤春夫著、周作人訳

ここの「煮」は周作人が「烹」に変えた。「煮茶」と「烹茶」は同じ意味であるが、直訳を主張する周作人がここで一字を変化させるのは何故だろうか。中国の詩や対句は、語の意味を対照させるだけではなく、音声対照の要求もある。五言の詩の前の二句や五言の対句を作るときは、「仄仄平平仄、平平仄仄平」という音声のルールを守るべきだ。「仄」は「仄声」[27]で、「平」は「平声」[28]を指す。中国語の読みでは、「煮」は「上声」であり、「仄声」に属し、「烹」は「平声」に属する。原文の「洗硯魚呑墨、煮茶鶴避煙」は声調でいうと「仄仄平平仄、仄平仄仄平」である。これはルールに合致していない。しかし、「烹」に変えると、「仄仄平平仄、平平仄仄平」になり、ちょうどよいのである。

このために周作人は「煮」を「烹」に変えたのではなかろうかと推測できる。

2.2.3 増訳

周作人には二箇所増訳したところがある。一つは千家元麿の「深夜の喇叭」で、日本の歴史事件である「天草騒動」を言及するところに、周作人は括弧を加えて、説明の文を入れた。その文は以下のようである。

35

その頃もう一つ自分の頭に苦るしい印象を刻んだのは天草騒動か何かの判絵であった。クリスチャンが十字架に磔刑になってゐる相であった。

那时还有一件事，在我的脑上，刻下一个苦痛的印象的，是天草骚动（Amakusa Sodo，指宽永十四年——一六三七年——天草时贞的战争，众皆天主教徒，谋推倒德川幕府不成，次年平。）之类的木板画，图中画着基修教徒被钉在十字架上的模样。

——「深夜の喇叭」千家元麿著、周作人訳

周作人は中国人が日本の歴史をよく知らないと思って、読者によく理解されるために、説明を加える必要があると考えていたことが推測できる。しかし、彼は勝手に原文を変えたくないので、括弧をわざと付け加えた。ここからも周作人の謹厳な仕事ぶりを窺える。

又もう一つは佐藤春夫の「稚子の炙肉」の冒頭部分である。

36

その弟子むかふの岸に到りしにパンを携ふることを忘れたりイエス彼等に曰けるは戒心してパリサイとサドカイの人の麪酵を慎しめよ弟子たがひに論じて曰けるはパンを携へざりし故ならん……云々

馬太傳第十六章

㉗ 漢字の四声のうち、上声・去声・入声の総称。(『広辞苑』第五版、岩波書店、2004)。

㉘ 漢字の四声の一。四声は中国語の声調の4種の区別。平声(ひょうしょう)・上声(じょうしょう)・去声(きょしょう)・入声(にっしょう)をいう。現代の"普通话"(中国の共通語)では、第一声・第二声が平声、第三声が上声、第四声が去声にほぼ相当し、入声は各声調の中に分かれて入り込んでいる。(『中日辞典』(小学館・商務印書館，1992)に参照)。

门徒渡到那边去，忘了带饼。耶稣对他们说，你们要谨慎，防备法利赛人和撒都该人的酵。门徒彼此议论说，这是因为我们没有带饼罢。耶稣看出来，就说，你们这小信的人，为什么因为没有饼彼此议论呢？你们还不明白么？……我对你们说的话，不是指着饼说的，你们怎么不明白呢。你们却要防备法利赛人和撒都该人的酵。门徒这才明白他说的，不是叫他们防备饼的酵，乃是防备法利赛人和撒都该人的教训。——《马太福音》第十六章

——「稚子の炙肉」佐藤春夫著、周作人訳

「稚子の炙肉」の冒頭部分に『聖経』の「馬太傅第十六章」の文を引用して、作品の趣旨を示した。しかし、佐藤春夫はそのストーリーを半分言っただけで、後ろの部分を省略した。キリスト教に親しまない中国人の読者が理解できないことを心配して、周作人は翻訳する時にその後ろの半分を補充した。

以上二つの例文から二点のことが窺える。

第一に、周作人の、日本の歴史とキリスト教に対する興味と理解が深いことがわかる。

周作人は日本の文学だけではなく、日本の文化、事情などにも興味があり、「日本管見」「日本の衣食住」「日本の盆踊り」「日本の俳句」「日本の浮世絵」「日本の雛祭」「日本の落語」など日本について数多くの作品を創作した。また『古事記』『枕草子』『平家物語』『浮世風呂』など名高い文学作品をも翻訳した。周作人より日本をよく理解できる中国人は今でもほとんどいないと考えられる。

周作人は1901年江南水師学堂の時期から『聖書』に触れ、教会大学で「路加福音」の講義を聴いたこともある。更に希臘語を勉強して『新約』を翻訳したいと思っていた。それについて、「文学与宗教」「『希臘擬曲』序」「『夜読抄』小引」、「我的復古的経験」、「学希臘文」などにおいて、全て言及したことがある。1921年11月30日に「聖書与中国文学」をテーマとして、『聖書』と文学、ひいては中国文学の関係を講演した。講演では大量に『聖書』の内容を引用して、現代文学上の人道主義の思想はキリスト教の精神から来たのであることを説明した。その結論として以下のような言葉がある。

近代文艺上人道主义思想的源泉，一半便在这里，我们要想理解托尔斯泰，陀思妥也夫斯奇等的爱的福音之文学，不得不从这源泉上来注意考察。㉙

また文学だけではなく、キリスト教の博愛の精神は中国の民族精神の改良にも有益であると周作人は思っていた。「山中雑信」で彼は以下のように述べている。

我老实说，对于英先生的议论我未能完全赞同，但因此引起我陈年的感慨，觉得要一新中国的人心，基督教实在是很适宜的。极少数的人能够以科学艺术或社会的运动去替代宗教的要求，但在大多数是不可能的。我想最好便以能容受科学的一神

㉙ 钟叔河编《周作人散文全集》第2卷，广西师范大学出版社，2009.6，pp.305。

教把中国现在的野蛮残忍的多神教打倒，民智的发达才有点希望。（《山中杂信六》）[30]

後年周作人は「文学与宗教」に当時の気持ちを以下のように述べた。

本来我是不信宗教的，也知道宗教乃是鸦片，但不知怎的总还有点迷恋鸦片的香气，以为它有时可以医病，以无信仰的人替宗教作辩护，事实上是有点矛盾也很是可笑的，那时对于非宗教运动的抗议，便是一例。[31]

1922年に世界キリスト教青年学生同盟大会を北京で開くことに抗議するために、当時中国知識界と青年学生の間に「非宗教同盟」運動が行われた。しかし、周作人をはじめ、钱玄同、沈兼士、沈士远、马裕藻等は、1922年3月31日の『晨報』に『主張信教自由宣言』を発表し、それに反対した。

以上のように、周作人は「聖書」とキリスト教に親しかった。それは、佐藤春夫の「稚子の炙肉」に引用された「聖書」の旨を一見すればわかるだろう。しかし、キリスト教に親しまない中国人の読者にはわからない恐れがあると心配して、後の部分を加えたと考えられる。

周作人は日本の歴史文化が中国人によく理解されるために増訳をしたのだろうと推測できる。

第二に、周作人の謹厳な態度が窺える。周作人は考証することが好きで、翻訳するときに、気づいたところに必ず注釈を入れる。彼は『知堂回想録・我的工作五』に『古事記』の翻訳を言及する際に、自分のこの性質を「注釈癖」と称した。

到一九五九年翻译复工以后才开始工作，但在那时候我对于日本神话的兴趣却渐以衰退，又因为参考书缺少，所以有点敷衍塞责的意思，不然免不得又大发其注释癖，做出叫人家头痛的繁琐工作来了。（点筆者）[32]

この「注釈癖」もあるために、増訳したのではなかろうか。

第3章　文学的趣向と受容

『現代日本小説集』に魯迅の翻訳を6人の作家の11篇の作品、周作人の翻訳を9人の作家の19篇の作品が収録されたが、本稿では森鴎外・菊池寛・国木田独歩・鈴木三重吉を主に分析し、魯迅と周作人の文学的趣向と日本文学への受容について検討する。

---

[30] 钟叔河编《周作人散文全集》第2卷，广西师范大学出版社，2009.6，pp.354。

[31] 钟叔河编《周作人散文全集》第13卷，广西师范大学出版社，2009.6，pp.576。

[32] 钟叔河编《周作人散文全集》第13卷，广西师范大学出版社，2009.6，pp.810。

3.1 森鴎外と魯迅

『現代日本小説集』には森鴎外の二編「あそび」と「沈黙の塔」が収められている。ともに魯迅の訳である。ここでは「沈黙の塔」を中心に考察する。

3.1.1 「沈黙の塔」と「大逆事件」

「沈黙の塔」は明治 43 年(1910)11 月発行の雑誌「三田文学」第 1 巻第 7 号に「鴎外」の署名で掲載された。また明治 43 年 11 月 10 日の日記に「生田弘治に沈黙の塔をZarathustraの巻首に載することを諾す。」とあり、翌 44 年 1 月 3 日、新潮社発行の単行本『ツァラトゥストラ』(フリィドリッヒ・ニイチェ 著,生田長江訳)に序文として再掲された。のち『烟塵』に収められた。[33] 魯迅の翻訳する底本は『ツァラトゥストラ』の序文である。

「沈黙の塔」を書いたのは日本の有名な「大逆事件」の後だった。この事件に触発されて書いたものだといえる。

「大逆事件」は「幸徳事件」とも呼び、1910 年に社会主義者幸徳秋水らが天皇暗殺計画を企てたとされ、検挙された事件だった。1910 年(明治 43 年)5 月 25 日、信州の社会主義者宮下太吉ら4 名による明治天皇暗殺計画が発覚し逮捕された「信州明科爆裂弾事件」が起こる。以降、この事件を口実に全ての社会主義者、アナキスト(無政府主義者)に対して取り調べや家宅捜索が行なわれ、根絶やしにする弾圧を、政府が主導、フレームアップ(政治的でっち上げ)した。社会主義運動はこの事件で、数多くの同志を失い、しばらくの期間、運動が沈滞することになり、「社会主義冬の時代」に入った。[34] この事件で、日本政府が思想文化の統制を強くした。

大逆事件に伴い、桂内閣(第二次)は発禁処分を乱発して言論を弾圧した。鴎外が「ファスチェス」(『三田文学』、9 月号)を書き、取り締まる官僚の思い上がりと傲慢さを痛烈に風刺した。これに対して、『東京朝日新聞』は「危険なる洋書」(全十四回)を連載して言論弾圧を誘導した。これはモーパッサン、イプセン、トルストイ、クロポトキンなどの著作を「危険なる洋書」を断定して、その影響を受けた自然主義作家なども併せて告発した記事である。鴎外も告発された。[35] それに対して、鴎外が「パアシイ族の血腥き闘争」を仮託して、西洋の文学や思想を危険視する反動的な連載を痛烈に批判した。これが「沈黙の塔」にほかならない。作品に出てきた「危険なる洋書」はつまり『東京朝日新聞』の全十四回の連載(9 月 14 日～10 月 4 日)の題名に由来する。

「沈黙の塔」は日本帝国の高級官僚としての森鴎外が、大逆事件に対する消極的なしかしはっきりした抵抗だと見られる。

---

[33] 「後記」『鴎外全集』第 7 巻、岩波書店、1972. 5。

[34] 『フリー百科事典ウィキペディア日本語版』(http://ja. wikipedia. org/)の「大逆事件」(2010. 1. 10)の項目に参照。

[35] 渡辺善雄「鴎外『沈黙の塔』の余波——池辺三山の朝日新聞退社と漱石の『文芸欄』廃止」(『鴎外』鴎外記念会編、80 巻、2007. 1,pp. 127～142)に参照。

3.1.2 魯迅と「沈黙の塔」

魯迅はこの「沈黙の塔」を訳するのは深い原因があるが、その契機はニイチェの『ツァラトゥストラ』であろう。1920年に魯迅は『察拉図斯忒拉的序言』を訳し、同年6月1日に刊行された『新潮』の2巻5期に載せられた。「沈黙の塔」の訳文は1921年4月21日から24日の『晨報』副刊に発表された。その間一年も経っていない。また魯迅は生田長江訳の『ツァラトゥストラ』の序文から「沈黙の塔」を訳したのだと「訳者付記」に明らかに言明した。ここから、『察拉図斯忒拉的序言』の底本は生田長江訳の『ツァラトゥストラ』だと推測でき、その序文とした森鴎外の「沈黙の塔」を訳したのは『察拉図斯忒拉的序言』の延長線であると考えられる。

勿論その背後に魯迅が森鴎外及び「沈黙の塔」に対する深い理解もある。魯迅は「訳者付記」には以下のように書いている。

> 这一篇是代「查拉图斯忒拉这样说」译本的序言的，讽刺有庄有谐，轻妙深刻，颇可以看出他的特色。文中用拜火教徒者，想因为火和太阳是同类，所以借来影射他的本国。我们现在也可借来比照中国，发一大笑。只是中国用的是一个过激主义的符牒，而以为危险的意思也没有派希族那样分明罢了。1921、4、12(《〈沉默之塔〉译者附记》)[36](下線筆者)

魯迅のこの評価は森鴎外の創作意図をよく理解し、その特色も核心的に把握している。「諷刺有莊有諧，輕妙深刻」、まるで魯迅自作の特色を言ったようである。魯迅がこの作品を気に入り、訳した理由はここにある。ではその特色は作品にどうのように体現したかを具体的に見てみよう。

作品の冒頭部分は鴉が群がり騒いでいる不気味な光景を描いた。何か恐ろしいことの発生を予言しているかのような鴉を憎んでいるように、鴎はきれぎれと啼く。黒い鴉と白い鴎が対照的である。鴎は鴎外自身の象徴かと思われる。鴎は二三羽だけあり、鴉を追い払う力を持たないが、立ち去ることはしない。そこに自分の反抗の声を表している。

馬が重い車を引いて、つぎつぎに何かを塔のうちに運び入れる。「鼠色の帽子」、「不精らしく歩いて行く馬」、「鈍く軋る車輪の声」、「灰色」の背景……すべてのものから抑圧感が迫ってくる。むっとした息苦しさがある

運び入れたのはパアシイ族の死体である。「危険なる洋書」を読む人が殺される。最初に自然主義と社会主義の本だけを禁止せられるが、その範囲が次第に広がってきて、「文字に書きあらわされてある、あらゆるものの中から、自然主義と社会主義とが捜されるといふことになった。」これが中国清朝の「文字獄」を思い出さずにいられない。「文芸の世界は疑懼の世界となった。」と鴎外は痛切に叫んだ。

「学問も因襲を破つて進んで行く。一国の一時代の風尚に肘を掣せられてゐては学

[36] 《鲁迅全集》第10巻（人民文学出版社，2005.11，pp.248）に参照。初出は『晨報』第7版（1921.4.24）。

問は死ぬる。」と鴎外は学問・芸術の特徴を明確に述べていた。政府の言論統制が無謀であり、危険であることを説いている。

> 芸術も学問もパアシイ族の因襲の目から、危険に見える筈である。なぜといふに、どこの国いつの世でも新しい道を歩いて行く人の背後には、必ず反動者の群れがゐて隙を窺つてゐる。そして或る機会に起つて迫害に加へる。ただ口実が国により時代によつて変わる。危険なる洋書も其口実に過ぎないであつた。(「沈黙の塔」)㊲

「大逆」や、「危険なる洋書」などはただの口実に過ぎない。反動者がこの口実を借りて、迫害を加え、進歩を阻む。このような批判は深刻である、「諷刺有荘有諧」の言うところの「荘」である。

また「脚長」とか、「椰子の殻の爆裂弾」や、また「危険なる洋書」の危険さを諷刺することばはみんな「軽妙」である。例えば、トルストイのことに言及するとき、「戦争と平和」について以下のように述べていた。

> 『戦争と平和』で、戦争に勝つのはえらい大将やえらい参謀か勝たせるのではなくて、勇猛な兵卒が勝たせるのだとしてあれば、此観察の土台になつてゐる個人主義が危険だとするのである。そんな風に穿鑿をすると同時に、老伯が素食をするのは、土地で好い牛肉を得られないからだと、何十年と継続してゐる伯の原始的生活をも、猜疑の目を以て視る。(「沈黙の塔」)㊳

このような「諧」の言葉が多く見られる。荒唐だと思われると同時に、深刻な問題が底に潜んでいる。

魯迅は鴎外の特色を述べたと同時に、自分の目的にも言及した。つまり、これを借り、当時の中国の状況をも風刺しようとすることである。これをもって、北洋軍閥の統制した中国の状況と比較対照し、風刺の意味はいかにも濃い。

北洋軍閥統制する時期には、マルクス主義の中国における影響力がますます大きく拡大された。反動政府がその影響力を恐れて慌てて、数多くの法律・条例を発布し、言論自由を抑圧する。1914 年 4 月、袁世凱政府は『新聞条例』(全 35 条)を公布した。軍人・官吏・学生や25 歳以下のものは新聞発行禁止;新聞出版は警察機関に登録すること、保証金を出すこと;「紊乱政体」「妨害治安」「壊乱風俗」および各級官署が禁じた一切の文字を刊行禁止;毎日の新聞は刊行前に警察機関に見本を出し、記録に載せることなどを規定した。条文の含めが明確にしていないため、政府と警察部門が思いのままに解釈・利用できる。1914 年 12 月、袁世凱政府は『出版法』を発布した。その内

㊲ フリィドリッヒ・ニイチェ著、生田長江訳『ツァラトゥストラ』新潮社、1911. 1、pp. 17。
㊳ フリィドリッヒ・ニイチェ著、生田長江訳『ツァラトゥストラ』新潮社、1911. 1、pp. 10。

容は『新聞条例』の第10項と同じ、8項の禁載事項を規定した。1916年7月に黎元洪により『新聞条例』を廃除したが、また9月に『検閲新聞現行方法』10条が公布された。1917年9月に段祺瑞が政権を握ると、『出版法』が有効だと重ねて言明した。また1918年30項もある苛酷な『新聞法』を公布した。1919年五四運動の後、特に1921年中国共産党が成立してから、1928年まで、皖・直・奉などの政権を握った軍閥政府は、『出版法』と『新聞法』を推進するほか、また数多くの命令や補充条例を発布し、新聞の出版に制限を加えた。例えば、1919年発布した『査禁俄過激派印刷物函』、1920年4月10日出した『為防止過激主義電』、1925年制定した『管理新聞営業条例』などがある。このほか、新聞検査局をも設定し、新聞の郵便・電信を検査する。「赤化」・「過激」などを罪名として、何度も共産党刊行物、革命刊行物を取り締まる。

以上のように、当時の中国の言論自由が強く抑圧された。大逆事件後の日本よりましというわけではない。だから、「沈黙の塔」を借り、中国の実情と照らし合わせた諷刺の意味も大きいのである。ただ鴎外の言ったように「口実が国により時代によつて変わる」だけであった。中国の口実は「過激主義」である。

過激主義について、魯迅は「唐俟」の名で1919年5月『新青年』の第6巻第5号に、以下のように書いたことがある。

> 近来时常听得人说，"过激主义来了"；报纸上也时常写着，"过激主义来了"。
>
> 于是有几文钱的人，很不高兴。官员也着忙，要防华工，要留心俄国人；连警察厅也向所属发出了严查"有无过激党设立机关"的公事。
>
> 着忙是无怪的，严查也无怪的；但先要问：什么是过激主义呢？
>
> 这是他们没有说明，我也无从知道，我虽然不知道，却敢说一句话："过激主义"不会来，不必怕他；只有"来了"是要来的，应该怕的。（《随感录56"来了" ·热风》）[39]

「過激主義」は一体何のものなのかは誰も説明していない。民衆も知らない、また知ろうともしない。何が来るかは重要ではない、来るべきものが来るからである。「過激主義」はただ一つの名目であり、口実である。中国北洋軍閥政府に利用され、反共産主義の宣伝が行われる口実にほかならない。その意味はわからなくても構わない。ただ「来る」ことが怖がるべきだ。

これはパアシイ族の血生臭い闘争といかにも似ている。ただパアシイ族の口実は「社会主義」「自然主義」で、中国では「過激主義」だけである。しかし、思想への統制、言論自由への抑圧は一緒である。

以上から見て北洋軍閥政府時期の中国は「大逆事件」の時の日本と相似する。「沈黙の塔」は中国にも適用するのではないかと魯迅は思っただろう。故に、魯迅はこの「沈黙の塔」を翻訳し、それを他山の石とし、中国の北洋軍閥統制下の中国の現状を風刺し、中国人を喚起したかったのだと考えられる。

---

[39] 《鲁迅全集》第1卷，人民文学出版社，2005.11，pp. 363。

3.2 菊池寛と魯迅

魯迅は菊池寛の二編「三浦右衛門の最期」と「ある敵打の話」を翻訳した。二編とも歴史小説である。また魯迅の『故事新編』の創作に大きな影響を及んだと言われている。

3.2.1 「三浦右衛門の最期」と「楊貴妃」

「三浦右衛門の最期」は日本天正末年のある少年三浦右衛門の死を描がいたものである。右衛門は13歳の時から、今川家の小姓となり、「夫以来はただ主君や周囲からせられる事を、受動的に甘受して居た丈で、自分の意志を働かしては、何一つした事もない。しかし、氏康の彼に対する寵幸があまりに極端なので、彼が巧みに主君を操つて居るやうに見えた」[40]ので、今川家の頽廃は彼のせいだと思われ、「彼の悪評は、駿河一国の隅々に迄響いて居る。」8617歳のとき、館が陥落した。「馬に乗ることが頗る不得手」の彼は死を怖がるので、主君と離れ、一人で高天神の城に逃げた。その城将刑部は氏康が死んだと知り、織田に自分が二心のないことを示そうとして、右衛門をさんざん嘲弄したあと、打首にした。

魯迅は「訳者付記」に「菊池氏的创作,是竭力的要掘出人间性的真实来。一得真实,他却又怃然的发了感叹,所以他的思想是近于厌世的,但又时时凝视着遥远的黎明,于是又不失为奋斗者。」[41]と評価した。

この評価はいかにも適切である。菊池寛はいつも希望をもって人間性の真実を掘り出し、古い倫理や道徳を批判するのだ。これが魯迅が「奮闘者」だと評価するゆえである。菊池寛は希望を持って、人間性を追い求めるので、その作品の主人公たちに嫌悪感をもたない。伝統的な価値観からみると、右衛門は臆病で、危険に際して主君を捨てるという節義のない人間だが、生を求めるのは人として最低限の欲求であるので、嘲笑、非難はできないのである。この質素な人間性は人の心を動かした。ここで菊池寛は人間性のために、日本の伝統的な武士道の倫理道徳を批判した。日本の武士道は中国の名教のような存在だと魯迅は思っているので、武士道に「斧鉞に加える」菊池寛に対して、「勇猛」を賞賛するのであろう。[42]

また下の一段落に気をつけなければならない。

> 杨太真的遭遇,与这右卫门约略相同,但从当时至今,关于这事的著作虽然多,却并不见和这一篇有相类的命意,这又是什么缘故呢? 我也愿意发掘真实,却又望不见黎明,所以不能不爽然,而于此呈作者以真心的赞叹。(《〈三浦右卫门的最后〉

㊵ 菊池寛「三浦右衛門の最期」『無名作家の日記』新潮社、1919.6、pp.92-93。

㊶ 《鲁迅全集》第10卷,人民文学出版社,2005.11,pp.253。初出は『新青年』9(3)1921.7。

㊷ 魯迅「『三浦右衛門の最期』訳者付記」(《鲁迅全集》第10卷,人民文学出版社,2005.11,pp.254)に「武士道之在日本,其力有甚于我国的名教,只因为要争回人间性,在这一篇里便断然的加了斧钺,这又可以看出作者的勇猛来。」と書いてある。

译者附记》)[43]

孫伏園・郁達夫・馮雪峰・許寿裳らの言葉によると、魯迅は「楊貴妃」という大作を計画したことがある。しかし、西安に実際に調査に行き、その壊れ果てた、乱れた街の様子は魯迅の頭にある「楊貴妃」の完璧なイメージを壊し、創作する意欲を失ってしまい、結局完成できなかった。[44]

以上の引用した段落によって、魯迅は「楊貴妃」を書きたくなったのは「三浦右衛門の最期」を翻訳したからだとは言いがたいが、「三浦右衛門の最期」から示唆され、創作のインスピレーションを受けたことが確かであろう。それは楊貴妃が右衛門の遭遇と似ていることだけを言ったのではなく、また今までの楊貴妃を描写する数多くの著作はみんな真実を書き出せなかったとも指摘したからである。魯迅の話で言うと、「三浦右衛門の最期」と「相類的命意」を持っている作品は一つもなかった。では「三浦右衛門の最期」の「命意」は何なのか、魯迅の言った真実はどんなものなのかを見てみよう。

歴史小説「三浦右衛門の最期」は浅井了意の「狗張子」をもとに書き直したものだということは菊池がすでに明言した。「三浦右衛門の最期」の「命意」を探し出すのは「狗張子」と対照しなければならない。

> ……三浦が心にかなふをもつてよろこびとし……唐の日本の名物とだに云へば、財宝を惜しまず買ひ求め、綾錦を裁縫うて袋とし、沉檀玳瑁をけづり瑩きて室とす。その費ゆる所幾千万とも限りなし。天より降るにもあらず、地より湧くにもあらず、土民百姓を貪り、賦斂重く課役しげく、責めとり虐げ取りて積み集め、これを散らし使ふこと砂をまくが如し。譜代忠功の侍と雖も、少しの科あれば、所領を押へ職を追ひあげ、家中の制道内外の事は、皆これ三浦が計らひにてありしかば、権威高く耀き、上下飽きはてて、大かたもてあつかうてぞおぼえける。（一　今川氏真没落　附三浦右衛門最後）[45]

「狗張子」の叙述では、右衛門は贅沢遊楽の中心で、金を砂の如く使い、民に過酷な税金を徴収し、怨嗟の声が巷にあふれる。忠臣たちに疎遠されることも三浦の計略だと思われる。彼の極悪の行為が報いをうけることとなる。今川家は討たれ、三浦は恥が暴かれ、首を刎ねられた。又彼の死骸は野辺に捨てられ、鳶烏や犬狼らに食われた。それに対して、菊池寛は独特の理解がある。「三浦右衛門の最期」に次のように述べている。

---

[43] 《鲁迅全集》第10卷，人民文学出版社，2005.11，pp.254。

[44] 魯迅は1934年1月11日に日本の友人山本初枝への書簡に以下のように書いている。「五六年前我为了写关于唐朝的小说，去过长安。到那里一看，想不到连天空都不像唐朝的天空，费尽心机用幻想描绘出的计划完全被打破了，至今一个字也未能写出。原来还是凭书本来摹想的好。」(《鲁迅全集》第13卷第556页，人民文学出版社1981年)また『鲁迅全集』の注には、「"五六年前"系作者误记。」。

[45] 浅井了意「狗張子巻の五」『近代日本文学大系(13)怪異小説集(全)』国民図書、1927.5、pp.635。

実際右衛門は何の罪もないのだが、右衛門の寵幸と今川家の頽廃とが、同時に起つたので、単純な世人は其間に、因果関係があると思つたのである。実際彼は一無邪気な少年に過ぎない。彼は十三の時に京の西洞院に侘住居をして居た両親の手から、今川家へ児小姓に召上げられたので、夫以来はただ主君や周囲からせられる事を、受動的に甘受して居た丈で、自分の意志を働かしては、何一つした事もない。が、氏康の彼に対する寵幸あまりに極端なので、彼が巧みに主君を操つて居るやうに見えた丈である。(「三浦右衛門の最期」)㊻

菊池寛は右衛門に無実の罪が着せられたと思っている。「実際右衛門は何の罪もない」。ただ「右衛門の寵幸と今川家の頽廃とが、同時に起つたので」、世人は因果関係をつけた。実際右衛門は小姓として召上げられた以来、人に言いつけられたことだけをし、主君を丁寧にかしずき、「自分の意志を働かしては、何の一つした事もない」。菊池寛は右衛門が誤解されたと思い、彼を批判するのではなく、かえって同情の気持ちを示した。

ではまた「楊貴妃」と右衛門の関連するところを分析してみよう。

一、二人とも主君(皇帝)に寵幸される。楊貴妃は唐玄宗に、右衛門は今川氏康(「狗張子」には氏真)に限りなく可愛がられた。

二、二人の仕えた主君とも政を問わず、風流の奢りを極め、贅沢の限りを尽くした。結局、討たれて落人になった。

三、二人とも罪人にされ、悪名が伝えられた。

では「三浦右衛門の最期」と「相類的命意」とはまさか、魯迅が楊貴妃の汚名をすすぐのではなかろうか。この仮説をもって、魯迅の作品から答えを探したいと考える。

これは魯迅の雑文の中に少し窺える。彼は「女人未必多説謊」に次のように述べている。

譬如罢，关于杨妃，禄山之乱以后的文人就都撒着大谎，玄宗逍遥事外，倒说是许多坏事情都由她，敢说“不闻夏殷衰，中自诛褒妲”的有几个。就是妲己，褒姒，也还不是一样的事？女人的替自己和男人伏罪，真是太长远了。(《女人未必多说谎・花边文学》)㊼

また「阿金」には以下のような言葉がある。

我一向不相信昭君出塞会安汉，木兰从军就可以保隋；也不信妲己亡殷，西施沼吴，杨妃乱唐的那些古老话。我以为在男权社会里，女人是决不会有这种大力量的，兴亡的责任，都应该男的负。但向来的男性的作者，大抵将败亡的大罪，推在

㊻ 菊池寛『無名作家の日記』新潮社、1918.11、pp92。

㊼ 《鲁迅全集》第5卷，人民文学出版社，2005.11，pp.446。

女性身上,这真是一钱不值的没有出息的男人。(《阿金・且介亭杂文》)[48]

以上から見れば、われわれの仮想したとおりに、唐の没落の責任が楊貴妃に負われることは理不尽であると魯迅は主張する。おそらく魯迅は楊貴妃に代わって不平を鳴らし、彼女に対する悪い定評をくつがえしたかったのだと推測できる。またそれによって、中国の封建思想を批判し、中国の女性の運命への思考を喚起しようとしたのだろう。

また魯迅の友人たちの断片的な言葉からも、腹案「楊貴妃」の思想内容を窺える。

許寿裳、馮雪峰、孫伏園、郁達夫等は「楊貴妃」についていろいろ述べたことがある。中に郁達夫の言葉は一番詳しい。彼はかつて1926年第1巻第2期の『創造月刊』に「魯迅設想的『楊貴妃』腹案」という文章に以下のように述べていた。

> 朋友的L先生(指鲁迅,引者注),从前老和我谈及,说他想把唐玄宗和杨贵妃的事情来做一篇小说,他的意思是:以玄宗之明,哪里会看不破安禄山和她的关系?所以七月七日长生殿上,玄宗只以来生为约,实在是心里已经有点厌了,仿佛是在说'我和你今生的爱是已经完了!'到了马嵬坡下,军士们虽说要杀她,玄宗若对她还有爱情,哪里会不能保全她的生命呢?所以这时候,也许是玄宗授意军士们的。后来到了玄宗老日,重想起当时行乐的情形,心里才后悔起来了,所以梧桐秋雨,就生出了一场大大的神经病来。一位道士就用了催眠术来替他医病,终于使他和贵妃相见,便是小说的收场。[49]

以上の資料から魯迅の大方の構想が大体わかる。つまり、魯迅は前人が称揚した楊貴妃と唐明皇の愛情を信じていない。魯迅は愛情を深く懐疑していた。彼の唯一の愛情小説「傷逝」もかつて深く愛した二人が現実の前に頭を下げ、男の愛を失った女主人公が死ぬしかないことを描いている。楊と唐の愛情は長生殿で来世を誓う前にすでに無くなったと魯迅は主張する。でなければ、唐は楊を救うはずである。馬嵬坂に楊貴妃を自尽させたのは、唐明皇の命令である。唐明皇は自分の罪を謝るために、楊貴妃を死なせた。楊貴妃はただのスケープゴートだけだ。「単純な世人」は騙された。同情すべきなのは唐ではなくて、むしろ、楊の方だ。唐明皇は唐の没落の責任を楊貴妃に負わせて、自分は罰を逃げた。いかにも狡猾である。魯迅の構想した「楊貴妃」は以前の著作に描かれた陽・唐の愛情の仮装を脱ぎ棄て、その裏に隠された真実を掘り出そうとしていた。これこそ「三浦右衛門の最期」から得たヒントであろう。

3.2.2 「ある敵打の話」と「鋳剣」その他

菊池寛と魯迅はふたりとも復讐に対する独自な理解があり、復讐をテーマとする作品も多く見られる。

---

[48] 《鲁迅全集》第6卷,人民文学出版社,2005.11,pp.208。

[49] 郁达夫《鲁迅设想的〈杨贵妃〉腹案》《鲁迅回忆录》北京出版社,1999.1。

「ある敵打の話」は菊池寛の数多くの復讐テーマの小説の一つである。主人公鈴木八弥は17歳の若い武士である。親の敵を討つために、故郷を去り、復讐の旅にのぼった。4年の歳月をかけて、とうとう敵を見つけ出す。ところが、その敵は手答えのない、「一個半死の盲人」である。しかもすでに懺悔し、死にたがっている人間だった。八弥はその敵の首を打ち、復讐できたが、心は空虚に陥った。「八弥は心の内で思った。その誤ちを後悔し、自分で自分の生存を否定しようとする人間を殺すのが何の復讐であろうかと思った。」この一文で作品のテーマをはっきりと指摘している。

作品は、武士として親の敵を討たなければならないという武士道の精神は人間性と矛盾することを指摘し、復讐の合理性を疑い、古い道徳・倫理を批判したのである。「奮闘者」たるゆえんであろう。

1926年10月に鲁迅も同じ復讐テーマの歴史小説「鋳剣」を書いた。「鋳剣」もある少年(眉間尺)の敵討ちの話である。眉間尺は16歳になったばかりの少年である。彼は優柔不断であったが、母から父の敵討ちの重任を引き受けると、勇敢にまっしぐらに復讐の途を立った。しかし、初心者なので、経験が乏しく、敵を容易に討てない。「宴之敖者」という黒い男の勧告を受け、自分の首と剣を男に差し上げた。「宴之敖者」は眉間尺の首と剣を持ち、王に復讐に行った。「宴之敖者」と眉間尺が力をあわせて、王と戦いた結果、三人ともに死んだ。復讐を成功した。

この二編は似たところは確かに多い。二編ともある少年の敵討ちの物語である。「ある敵打の話」の主人公は17歳で、「鋳剣」は16歳である。二人の主人公とも17歳あるいは16歳になるまで自分に敵がいることを知らなかった。成人になる時点(八弥は元服、眉間尺は16歳の誕生日)に、母から敵討ちの使命を引き受け、復讐の旅に出る。また二人とも途中にエピソードがある。八弥はある強情な武士と出会った。その武士はあまりにも憎らしいので、八弥は感情を節制できず、彼を殺した。眉間尺は街で王を殺そうとしたが、「干瘪脸的少年」に付きまとわれ、時機を失った。そして、ある場面が非常に類似している。八弥が盲人のあとについて利根の川原に行く場合は「八弥は一種の発作に陥ったように茫然と仕度をし、茫然として盲人に続いた。」[50]と書いてある。

また眉間尺が宴之敖者について林に行く場合は以下のように書かれている。

> 眉间尺浑身一颤，中了魔似的，立即跟着他走；后来是飞奔。他站定了喘息许多时，才明白已经到了杉树林边。(《铸剑・故事新编》)[51]

二人とも意識なく、他人に付いていき、辺鄙なところに行った。

以上の相似点から、鲁迅は菊池寛から示唆をもらい、影響を受けたと推測できるが、作品の根底に流れた思想はやはり大きく違っている。

---

[50] 菊池寛「ある敵打ちの話」『恩を返す話』春陽堂、1918.8、pp.67。

[51] 《鲁迅全集》第2卷，人民文学出版社，2005.11，pp.440。

「ある敵打の話」に主人公八弥は「その誤ちを後悔し、自分で自分の生存を否定しようとする人間を殺すのが何の復讐であろうか」と考え込んで、同情心などの人としての感情の働きで、結局敵を殺せなかった。盲人が自殺したのだと暗示された。感情は理性に勝ったのである。

作品は復讐の理知と同情の人間性の矛盾を掲げ、武士の倫理道徳たる敵討ちの合理性を疑い、人間性を肯定した。菊池はこのような復讐の合理性に疑問を投げかけ、人間性を提唱する作品が少なくない。菊池の代表作「父帰る」もこのような主題を表している。父宗太郎は子供が小さい時に貧しい家を離れた。母は苦しい生活を耐えれず、子供を連れて海に身を投げたこともあるが幸いにも死ななかった。父は外に二十年の放浪生活をし、老いて家に帰ってくる。長男の賢一郎はこの父に対する恨みを覚えており、復讐として、父を家から追い出した。しかし、彼は又「新！ 行ってお父さんを呼び返してこい。」と弟新二郎を命じ、見えなかったといわれたら「（驚駭して）なに見えん！ 見えん事があるものか。」といって、弟と一緒に狂気のごとく、父を探しに出て行った。ここで家庭のきずなが理知の復讐に勝った。徹底的に復讐ができなかったのである。

それに対して、魯迅は徹底的な復讐者である。彼は復讐をするためには、犠牲をも厭わない覚悟がある。「鋳剣」に眉間尺が首と剣を条件として、復讐してあげると言われると、彼が毅然として自刃した。それだけではなく、体は狼に食われ、血もたちまちなめられきった。また眉間尺の頭が王の頭に負けようとすると見て、宴之敖者は自分の頭を取り、眉間尺と一緒に戦うことにした。結局三人共に滅びたが、眉間尺と宴之敖者が勝った。最後に彼らは微笑んだ。復讐できると成功である、自分の身はどうでもかまわないという犠牲の精神を魯迅は持っている。

また『野草』の中の一篇「死火」にも同じような精神が表れている。「死火」は凍え消える（停滞で死ぬ）、あるいは燃え尽くす（命かけて戦ってから死ぬ）という難しい境地になるとき、彼は毅然として燃え尽くされることを選んだ。したがって、「他忽而跃起，如红彗星，并我都出冰谷口外。有大石车突然驰来，我终于碾死在车抡底下，但我还来得及看见那车就坠入冰谷中。"哈哈！ 你们是再也遇不着死火了！"我得意地笑着说，仿佛就愿意这样似的」[52]。強大な敵と対抗する力を持たないときに、自分を犠牲にすることと敵の壊滅を取り替える。こういうような「共に滅びる」復讐は、弱い生命があまりに強い敵に面するときに、最も悲壮な死であろう。

以上の分析のように、「ある敵打の話」と「鋳剣」とも復讐のテーマを持っているが、復讐に対する態度が異なる。簡単にいえば、菊池寛は復讐を懐疑するのに対して、魯迅は復讐を徹底的にするのだ。

3.3　国木田独歩と周作人

国木田独歩（1871～1908）は日本の小説家、詩人、ジャーナリスト、編集者である。千

[52] 《鲁迅散文诗歌全编》人民文学出版社，2006.6，pp.441。

葉県銚子に生まれ、幼名を亀吉、のちに哲夫と改名した。彼は最初に詩、小説をともに書いた。1897年に発表された「独歩吟」はその代表的な作品である。同年5月に、初めの小説「源叔父」を書き、以後、「武蔵野」「牛肉と馬鈴薯」などの浪漫的な作品を次々と発表した。1903年に「運命論者」「正直者」などを発表し、自然主義の先駆となった。また現在も続いている雑誌『婦人画報』の創刊者であり、編集者としての手腕も評価されている。夏目漱石は、その短編『巡査』を絶賛した他、芥川龍之介も国木田独歩の作品を高く評価していた。1908年に独歩は肺結核で死去した。

周作人は独歩の「少年の悲哀」と「巡査」の二編を翻訳した。以下はこの二編を中心に、国木田独歩の作品の特色や、周作人と氏の文学趣味の合点を分析するつもりである。

3.3.1 「少年の悲哀」と人道主義

「少年の悲哀」は1902年7月の「小天地」に掲載された。

この作品はある男が「少年の時の悲哀の一つ」を物語ったものである。ある夏の夜、農村の親戚の家に預けられた少年「僕」が、下男の徳二郎に誘われ、小船で川を下り、水に臨める青楼に行ったら、そこで一人の若い女が待っている。この女は、まもなく朝鮮に売られるところだったが、ただ一人の肉親で生死さえわからぬ弟に一目会いたいと思って、徳二郎にお願いして弟の写真に似ている「僕」を連れてきたのだ。やがて女は小船で沖合の方に「僕」を連れ出した。女は不幸の身の上を「僕」に語っているところ、徳二郎がお酒を持ってきた。女はお酒を二杯干して、「月に向かて酒気を吻と吐い」て、また声を殺して苦しそうに泣いた。どうしてやることもできぬ徳二郎は「急に真面目な顔をしてこの有様を見て居たが、忽ち顔を背向け山の方を見て黙つて居る」。しばらくして、「僕」の要求で徳二郎と帰った。「僕」は少年ながら薄い霞のような哀情を覚えた。

周作人は1920年12月6日から9日までの三日をかけてこれを翻訳した。[53] 訳文は1921年1月1日第8巻5号の『新青年』に発表され、後に『現代日本小説集』に収められた。発表された時に、一緒に掲載されたのは作家作品を紹介する「訳記」もある。そこに国木田独歩をより詳しく紹介していた。中に以下のような言葉もある。

> 独步集里的《正直者》(Shojikimono)与《女难》(Nyonan)等几篇，那种严肃的性欲描写为以前所未有，的确可以算是自然派的旷野上的喊声；但他的兴味并不限于这一方面，他的意见也并非从左拉(Zola)一派来的：他的思想很受威志威斯(Wordsworth)的影响，他的艺术是以都尔盖涅夫(Turgenev)为师的，所以他的派别很难断定，说是写实派固然确当，说是理想派也无所不可。(《〈少年的悲哀〉译记》)[54](下線筆者)

---

[53] 《周作人日记》(影印本)大象出版社，1996。

[54] 钟叔和编订《周作人散文全集 第十四卷》广西师范大学出版社，2009.6，pp.478。

周作人は『現代日本小説集』の「序」に全集の基本的な選択基準に言及するときに、「这部集里并没有收入自然派的作品」「那以决定论为本的悲观的物质主义的文学可以说已经是文艺史上的陈迹了」と記した。これは本論文の第一章にすでに述べた。では日本自然主義の先駆者としての独歩の作品を訳したのはなぜだろうかというと、明らかに周作人が目指したのは「写実派」の面ではなく、「理想派」の方である。

「少年の悲哀」は三人の主要人物がみんな美しい心を持っている。文章の初めのところに徳二郎について以下のように描いている。

> 此徳二郎といふ男は其頃二十五歳位、屈強な若者で、叔父の家には十一二の年から使はれて居る孤兒である。色の淺黒い、輪廓の正しい立派な男、酒を飲めば必ず歌ふ、飲ざるも亦た唄ひながら働くといふ至極元氣の可い男であつた。常も樂しさうに見えるばかりか、心事も至て正しいので孤兒には珍しいと叔父をはじめ土地の者皆に、感心せられて居たのである。（「少年の悲哀」）

徳二郎は孤児だが、元気がよく、いつも楽しくて、心も正しい男である。彼は哀れな女の運命に対して、どうしようもないが、自分自身のことと同じように苦しんでいる。

女自身は悲しい運命を持っているが、また他人のことを配慮し、祝福する。女は苦痛を覚えているにもかかわらず、「僕」を「御達者で早く大きくなつて豪い方になる」ように祝福してくれる。心に感謝の気持ちが満ちている。彼らは社会の低層に生活し、不幸を体験しているが、心がやさしくて正直である。これも珍しくてありがたいことではなかろうか。

十二歳の少年の「僕」はおそらく深く理解できないが、「少年心にも言ひ知れぬ悲哀」を感じた。またその悲しみは年とともに濃くなって、ようやく堪え難い、深い悲しみになってきた。

この三人とも悲しみを覚えている。またその悲しみはみんな他人の身から起き、あるいは他人のことを気にして起こしたものである。少年の「僕」が感じた悲しみは漂流の女と下男の徳二郎の悲しみで、徳二郎の感じた悲しみは女の悲しみと女を救いたいが救えない悲しみで、女は弟のことが気にかかってたまらなく、今生に会えないことを恐れていながら、心から「僕」のことを祝福する。木谷美紀枝氏が指摘したように、「少年の悲哀」には三つの悲しみがある。[55] それは「自分の力では運命を変え得ない女の悲しみ」と、「その女の悲しみを救えない男の悲しみ」、そして二人の悲しみに触れた「少年『僕』の心に生じた『言ひ知れぬ悲哀』」である。これについて周作人も「漂流之女的运命，原来很是明显；那高兴的少年的农夫，在他高歌大笑的中间，也隐藏着多少悲哀的痕迹。」と指摘した。

---

[55] 木谷美紀枝「少年の悲哀」『国文学解釈と鑑賞特集国木田独歩』至文堂、1991。
（丁貴連、「時代の『悲哀』としての『少年の悲哀』－国木田独歩『少年の悲哀』と李光洙『少年の悲哀』－」『宇都宮大学国際学部研究論』2006 年第 21 号、pp. 1－15に参照。）。

このような悲しみは人の心を暖かくする力を持っている。これは周作人が当時強く提唱していた「人の文学」「平民の文学」と共鳴している。

周作人はトルストイや日本の「白樺派」の影響を受け、人道主義を主張していた。1918年末に『新青年』に「人の文学」[56]を発表し、人道主義は個人主義の人間本位主義であり、また人道主義を本に、人生の諸問題について記録研究する文字は人の文学といわれると説いた。そして、「人の文学」は二つ分けられると主張する。(一)は正面的に、理想的な生活、または人間上達の可能性を書くもの;(二)は側面的に、人の普通の生活、あるいは非人の生活を書くもの。又この中に(二)の方が最も多くて重要であると周作人は強調した。われわれはこれによって人生の実在の状況をあきらかにし、理想生活と比べ、差異や改善する方法を見つける。「少年の悲哀」はあきらかにこの(二)に属している。作品は社会の下層に生活している青楼の女と下男の徳二郎を描いて、悲しく思わせ、同情心を起こさせ、現実社会を批判し理想生活を追及させる。

又1919年に「平民の文学」[57]をも発表し、普通の真摯な文学を提唱していた。第一に、平民文学は普通の文体で、普通の思想と事実を書く。つまり、英雄豪傑の事業や才子佳人の幸福を記載せず、世間の普通の男女の悲喜成敗を記すものだ。第二に、平民文学は真摯の文体で、真摯の思想と事実を記す。自分自身は人類の一個体だと認め、人類の中に身を入れ、人類のことは自分のことだと見なすべきだと強調した。また文章に二つの誤解を特に説明した。第一に、平民文学は単なる通俗文学ではない。第二に、平民文学は決して慈善主義の文学ではない。現在平民の時代において、あらゆる人は自立と互助との二種の道徳だけあり、慈善というものがないと強調された。作者は必ず自分と全人類の運命を注目するべきであると周作人は主張する。「少年の悲哀」に描かれたのは底辺の世界に生活する青楼の女と下男だ。彼らこそ世間の普通の男女である。彼らの悲しみは偽りがなく、彼らのお互いの思いやりは深くて美しい。これこそ自立と互助の道徳を体現した。このような作品は通俗文学ではなく、慈善主義の文学でもない、真の平民文学である。

そして1920年1月6日に周作人は「新文学の要求」を北平少年学会に講演した。中には、人生の文学こそ現在の中国の唯一の需要であると信じていると強く主張していた。また人生の文学を二項分けて説明できると述べた。一つはこの文学が人性のものである。獣性でも神性でもない。もう一つはこの文学は人類のものである。個人でも、民族でも、国家でも、国や家族でもない。「少年の悲哀」は全人類共通の感情を描き、美しい人性を称賛した。これは当時周作人の提唱した中国が要求している人生の文学だけのものだろう。

周作人は以上のように人道主義の文学を盛んに紹介し、提唱していた。そのゆえに、『現代日本小説集』には武者小路実篤、長与善郎、志賀直哉、千家元麿など「白樺派」の作品を多く収録している。独歩の「少年の悲哀」もこの人道主義の傾向を持つ一篇

---

[56] 『新青年』1918年12月15日5巻6号に発表され、周作人と署名、後に『芸術和生活』に収められた。

[57] 『毎週評論』1919年1月19日第5期に発表され、仲密と署名、後に『芸術和生活』に収められた。

である。そうだと周作人が思っていたからこそ、翻訳したのではなかろうか。

また、「少年の悲哀」は独歩の数多くの「少年もの」の一つとして、子供の立場から、下層の社会に暮らしている青楼の女の悲しみを描いて、独歩の女性や子供への関心も示した。この点も周作人の興味を引いて共鳴したのではなかろうか。この点については後に詳しく述べるつもりで、ここで省略する。

3.3.2 「巡査」と閑適主義

「巡査」は1902年2月1日に発行の『小柴舟』に発表され、1906年3月18日佐久良書房から出版された第三文集『運命』に収められた。夏目漱石は「巡査」が「低徊趣味」があると激賞している。

周作人はこれを訳し、1921年10月20日の『晨報副鐫』に発表した。同時に掲載された「訳記」に以下のように記している。

> 这期间，他作了两篇佳作，《牛肉与马铃薯》及《巡查》。……这两篇都载在大阪的文学杂志《小天地》上。……当时他预料《巡查》一篇的酬金至少当有五元，所以约定朋友去上饭馆，等到送来的时候，却只有三元，他心里很不高兴。这也是关于这篇小说的一则轶闻。（《〈巡查〉译记》）[58]（下線筆者）

「牛肉と馬鈴薯」の初出は確かに大阪の『小天地』で間違いないが、「巡査」の方は『小天地』ではなく、前に述べたように『小柴舟』である。

独歩の『予が作品と事実』によれば、「巡査」は「牛肉と馬鈴薯」と同じ、独歩が西園寺公望侯邸に寄食するときに書かれたことは確実である。しかし、原稿料が5元があると思って、友達を飲みに誘う逸事は「牛肉と馬鈴薯」のことで、「巡査」ではないようだ。[59]

この作品は一人の巡査山田銑太郎を描いている。彼は妻子を国に置いて、巡査として独身の生活をしている。しかし、全然寂しさや不自由さを感じておらず、気楽に暮らしている。山田巡査は給料が少ないが、酒を飲んだり、文章を書いたり、詩を吟じたりして、生活を楽しんでいる。この余裕のある生活態度は漱石の言葉で言えば、「低徊趣味」である。「自分」はこの巡査と半日をかけて飲んだら、「全然この巡査が気に入って了った」。

気に入ったのは「自分」だけではなく、周作人もそうであろう。山田巡査の持っている「低徊趣味」には周作人が大変興味を持っているようだ。彼は早くも1918年の講演「日本近三十年小説之発達」にすでに漱石の「低徊趣味」と「余裕のある小説」を重点において紹介した。中では漱石の「『鶏頭』序」の一段落を翻訳引用して、「余裕のある小説」を説明した。引用した後周作人はまた彼自分の言葉で漱石の「余裕のある小説」を次のようにまとめている。

---

[58] 钟叔和编订《周作人散文全集 第十四卷》广西师范大学出版社，2009.6，pp.500。

[59] 黒岩比佐子著『編集者国木田独歩の時代』角川学芸出版、2007.12、pp.43。

> 自然派说，凡小说须触着人生；漱石说，不触着的，也是小说，也一样是文学。并且又何必那样急迫，我们也可以缓缓的从容的赏玩人生。譬如走路，自然派是急忙奔走；我们就缓步逍遥，同公园散步一般，也未使不可。这就是馀裕派的意思同由来。（《日本近三十年小说之发达》）[60]

山田巡査はいつも余裕を持ち、生活を享受する態度は、ちょうど漱石の提唱する「低徊趣味」であり、また周作人の追及するものでもある。彼は妻羽太信子と三人の子供があり、よく日常生活に煩わされていた。静かで余裕がある生活を望む周作人は、山田巡査の気楽な生活をうらやましく覚えたのだろう。

周作人は余裕のある生活に対する要望は、1924年に創作した「北京的茶食」から窺えよう。

> 我们于日用必需的东西之外，必须还有一点无用的游戏与享乐，生活才觉得有意思。我们看夕阳，看秋河，看花，听雨，闻香，喝不求解渴的酒，吃不求饱的点心，都是生活上必要的———虽然是无用的装点，而且是越精练越好。（《北京的茶食》）[61]

これはつまり周作人の主張する「閑適主義」である。このような態度は彼の作品によく現われる。同じ文集『雨天的書』に収められている「飲茶」にも同じ趣旨が見られる。

> 喝茶当于瓦屋纸窗之下，清泉绿茶，用素雅的陶瓷器具，同二三人共饮，得半日之闲，可抵十年的陈梦。喝茶之后，再去继续修个人的胜业，无论为名为利，都无不可，但偶然的片刻优游正亦断不可少。（《喝茶》）[62]

「瓦屋」・「紙窓」・「清泉」・「緑茶」、素朴で上品な陶磁器具が並べられ、二三人の知己がのんびりと詩文を語りながらお茶を飲む。これはいかにも清新な画面であろう。また「巡査」に描かれた「自分」が山田巡査と飲む場面になんとなく似ているだろう。このような「偶然的片刻優游」が決して欠けない大切なものだと周作人は強調している。

また「遣興主義」と周氏に評されたもう一人の作家森鴎外もこの類であろう。「日本近三十年小説之発達」に夏目漱石の次に森鴎外を紹介した。「他的著作，也多不触着人生。遣兴主义，名称虽然不同，到底也是低徊趣味一流，称作馀裕派，也没什么不可。」と周作人は森鴎外も「低徊趣味」を持っていると主張する。

1922年周作人は森鴎外の逝去を追悼するために、「森鴎外博士」という文章を作っ

---

[60] 钟叔和编订《周作人散文全集 第二卷》广西师范大学出版社，2009.6，pp.51。

[61] 钟叔和编订《周作人散文全集 第三卷》广西师范大学出版社，2009.6，pp.376。

[62] 钟叔和编订《周作人散文全集 第三卷》广西师范大学出版社，2009.6，pp.568。

た。その中でも前と同じような意見を述べている。

> 《游戏》里的木村，对于万事总存着游戏的心情，无论作什么事，都是一种游戏，但这乃是理智的人的透明的虚无的思想，与常人的以生活为消遣者不同，虽当时颇遭文坛上正统派的嘲弄，但是既系现代人的一种心情，当然有其存在的价值。这种态度与夏目漱石的所谓低徊趣味可以相比，两家文章的清淡而腴润，也是一样的超绝……（《森鸥外博士》）[63]

「あそび」の中の木村のどこかが山田巡査と似ていることを覚えざるをえない。その余裕のある生活態度が共通であろう。木村の遊びの精神も一種の「低徊趣味」だといえる。これはこの二編が周作人の気に入った理由であろう。

以上の論述をまとめてみると、「巡査」に体現された「低徊趣味」は、周作人の主張している「閑適主義」と共鳴し、彼は「全然この巡査が気に入つて了つた」のである。

3.4 鈴木三重吉と周作人

鈴木三重吉は、日本の小説家、児童文学者である。東京帝国大学文学部英文学科在籍中に、私淑する夏目漱石に自作品「千鳥」を送ったところ、漱石の推薦を得て雑誌『ホトトギス』に掲載され、以降漱石門下の一員として中心的な活動をおこなう。大学卒業後、一時、中学校教師を務めたが、「小鳥の巣」「桑の実」など数々の作品を発表し、小説家としての評価を高める。娘「すず」のために、子供の読み物をあさったことをきっかけの一つとして、童話への関心を抱くようになり、大正5(1916)年、童話集『湖水の女』を出版した。以降は、児童文学に集中する。大正7(1918)年7月、児童文芸誌「赤い鳥」を創刊した。芥川竜之介、有島武郎、小川未明、島崎藤村、新美南吉等、当時活躍していた作家に執筆を働きかけて、子供たちに質の高い読み物を提供しようと試みる一方、子供達からの作品を求め、誌面で紹介する。「赤い鳥」は、生活を綴る手法の創始的な役割も果たした。

3.4.1 「金魚」と児童問題

『現代日本小説集』に収入された「金魚」、「たそがれ」「写真」の三編は皆『三重吉全作集第八巻』(1915)から訳出したものである。「金魚」の訳文は1921年12月25日の『東方雑誌』に発表された。

1944年「明治文学の追憶」において周作人は鈴木三重吉と写生文について、以下のように書いている。

> 《保登登岐须》的写生文我所喜欢的有坂本文泉子，……，此外有铃木三重吉与长冢节，铃木的《千鸟》与长冢的《太十和他的狗》等都在《保登登岐须》发表，而其长篇《小鸟的窠》与《土》又都登在《朝日》上面，我只译过铃木的几篇《金鱼》等小篇，长

[63] 钟叔和编订《周作人散文全集 第二卷》广西师范大学出版社，2009.6，pp.710。

冢的可惜未及着手。(《明治文学之追忆》)[64]

鈴木三重吉は夏目漱石に私淑し、写生文の影響下で出発した作家である。周作人の言及した処女作「千鳥」が日本で写生文として好評を得ていた。周作人も写生文の「千鳥」が好きだという気持ちを表した。彼は他の作品でも数回写生文に言及している。また同じ作品で周作人が写生文などプロットがはっきりしない小説を好む理由も述べた。

> ……老实说,我是不大爱小说的,或者因为是不懂所以不爱,也未可知。我读小说大抵是当文章去看,所以有些不大像小说的随笔风的小说,我倒觉得颇有意思,其结构有波澜的,仿佛是依照着美国版的《小说作法》而做出来的东西,反有点不耐烦看,似乎是安排下好的西洋景来等我们去做呆鸟,看了欢喜得出神。废名在私信中有过这样的几句话,我想也有点道理:
>
> 我从前写小说,现在则不喜欢写小说,因为小说一方面也要真实,——真实乃亲切,一方面也要结构,结构便近于一个骗局,在这些上面费了心思,文章乃更难得亲切了。(《明治文学之追忆》)[65]

これは周作人の得意な小品文を連想させられる。小品文は「事件・人物・場面の三要素を具備し、まとまった構成をもつ小説とはちがって、身辺の出来事や風景、日常の些事などをとらえて、心の向くまま随想風に気軽く自由に書かれた短小な芸術的文章で」あると『文芸用語の基礎知識』に解説されている。[66] また「『写生文』に似て写生を土台にしている」という特徴も言われている。

小説の写生文を書く、児童文学を注目する三重吉は、子供教育においても「写生文」の綴り方を提唱する。彼は大正7(1918)年7月に、創刊した児童文芸誌「赤い鳥」に、綴方投稿欄を開き、子供の作文を選んで発表する。またそこに選評も載せている。創刊号の綴方投稿欄の選評の三重吉の言葉に「すべて大人でも子供でも、みんなかういう風に、文章があったこと感じたことをふだん使ってゐるありのままのあたりまへの言葉を使って、ありのままに書くやうにならなければ、少なくともさういふ文章を一番よい文章として褒めるやうにならなければ間違いです。」とあることはよく知られている。「ありのまま」に書くことは、その後の三重吉の選評でも繰り返し述べられている。三重吉の「赤い鳥」の綴方は、教育現場への「写生文」の浸透に大きな役割を果たした。三重吉は「赤い鳥」の綴方での「写生文」の指導を通して、人間教育を実践したと指

---

[64] 钟叔和编订《周作人散文全集 第九卷》广西师范大学出版社,2009.6,pp.381

「《小鸟的窠》与《土》」は原文に「《小鸟的窠与土》」と書かれている。しかし、実はこれが二つの作品である。「小鳥の巣」は鈴木の代表作で、「土」は長塚節の代表作である。二つとも長編小説である。

[65] 钟叔和编订《周作人散文全集　第九卷》广西师范大学出版社,2009.6,pp.382。

[66] 『文芸用語の基礎知識・88五訂増補版・国文学解釈と鑑賞11月臨時増刊号』53(12)、至文堂、1988.11.5。

摘されている。[67]

三重吉は実に人間教育や児童文学に大きな関心を示していた。彼は児童文学に不満を覚えるから、児童作家に転じたのである。最初の童話集『湖水の女』の「序」に次のような内容が書かれている。

> 私は、これまで世の中に出てゐる、多くのお伽話に対して、いつも少なからぬ不平を感じてゐた。ただ話しが話されてゐるといふのみで、いろいろの意味の下品なものが少なくない。単に文章から言つても、ずゐぶん投げやりな俗悪なものが多い。この点だけでも子供のために、いかにもにがにがしい気持ちがする。それから、材料そのものの選びかたにも、考への足りないのが往々ある。[68]

また「赤い鳥」の創刊号発行前に配布された「童話と童謡を創作する最初の文学的運動」という公開状にも同じような趣旨を表している。

> 実際どなたも、お子さん方の読み物には随分困つてお出でになるやうです。私たちも只今世間に行はれてゐる、少年少女の読物や雑誌の大部分は、その俗悪な表紙を見たばかりでも、決して子供に買つて与える気にはなれません。かういふ本や雑誌の内容は飽くまで功利とセンセイショナルな刺戟と変な哀傷とに充ちた下品なものだらけである上に、その書き表はし方も甚だ下卑てゐて、こんなものが直ぐに子供の品性や趣味や文章なりに影響するのかと思ふと、まことに、にがにがしい感じがいたします。[69]

同じことはほかにもある。それは周作人である。彼は中国に児童文学がない状況に対して、不満を覚えて、児童学・児童文学を提唱した。1923年に書かれた「児童的書」に、彼の不満な気持ちを次のように述べている。

> 中国向来以为儿童只应该念那经书的，以外并不给预备一点东西，让他们自己去挣扎，止那精神上的饥渴；机会好一点的，偶然从文字堆中——正如在秽土堆中拣煤核的一样——掘出一点什么来，聊以充腹，实在是很可怜的。这儿童所需要的是什么呢？我从经验上代答一句，便是故事与画本。（《儿童的书·儿童文学小论》）[70]

周作人は「経書」しか提供されないかわいそうな中国の児童を代言して、児童のための文学を求める。又続いて現存する児童文学の間違いを指摘した。

---

[67] 出雲俊江「『赤い鳥』綴方における鈴木三重吉の人間教育」『広島大学大学院教育学研究科紀要』1(57) 2008、pp. 123－130。

[68] 根元正義『鈴木三重吉の研究』(明治書院、1978. 11、pp. 5)から再引用。

[69] 根元正義『鈴木三重吉の研究』(明治書院、1978. 11、pp. 12)から再引用。

[70] 钟叔和编订《周作人散文全集 第三卷》广西师范大学出版社，2009. 6，pp. 76。

> 儿童的歌谣故事书，在量上是很多了，但在质上未免还是疑问，我以前曾说过：
>
> 大抵在儿童文学上有两种方向不同的错误：一是太教育的，即偏于教训；一是太艺术的，即偏于玄美：教育家的主张多属于前者，诗人多属于后者。其实两者都不对，因为他们不承认儿童的世界。（《儿童的书・儿童文学小论》）[71]

教訓に偏っても、あまりに芸術的でも間違いである。最も面白いのは「无意思之意思的作品」（「儿童的書」）だと周作人が思っている。児童文学を評価する基準というと、それは「児童本位」のほかではならないと周作人は主張する。

周作人は児童や児童文学について多く論述した。彼は早くも1910年末に「丹麦詩人安兌爾然伝」を創作してから、児童学や児童文学の研究を続け、1932年に12編の文章が収録された『児童文学小論』を出版した。これは20世紀に中国児童文学の発生と発展に対して、大きな役割を果たした。周作人は「中国児童文学のプロメテウス」だとさえ言われている。[72]

周作人は中国の児童文学の発展を促進するために、先頭に立って数多くの童話を翻訳し、童謡や神話・伝説を収集した。それに対して、鈴木三重吉は童話の創作、児童文芸雑誌の編集に力を注いだ。「赤い鳥」を拠点にして新児童文学運動をも起こした。

鈴木三重吉と周作人はそれぞれ自分なりの形で、自国の新児童文学運動の先駆者として、児童文学の発展に大きな役割を果たした。

3.4.2 「たそがれ」と女性問題

「たそがれ」は一人の女の子の話を記したものである。相手は直接登場していないが、恋人だと推測できる。女の子は伯母から聞いた母の自殺話をもうすぐ別れる恋人に伝えた。伯母は私が恋していることに気づいていたようで、「何でも女がしまひには損をするのだから」「女は一度人を思ふと死ぬまで忘れられないから怖ろしい」と「私」に忠告した。また戒めとして母のことを「私」に語った。母は他人を恋したそうで、嫁入りの晩に自殺した。

> 私はこの話を聞いてからは、悲しい心持になりました。それからはよく、怖ろしいものを覗いて見るやうに、時々この話を思ひ出しては、血が黒くなるやうに悲しいものですから、どうかして忘れるやうに、考へないやうにしようと思ひ思ひしてゐましたが、どうした訳ですか、この頃では、あれは私の母ではなく、私の事のやうな気がしてなりません。私が真つ白い着物を着て、血に染つて倒れたのだとしか思われません。（「たそがれ」）[73]

女の子は、自分の愛する人と結婚できなくて、もうすぐ他人の嫁になるようだ。彼

---

[71] 钟叔和编订《周作人散文全集 第三卷》广西师范大学出版社，2009.6，pp. 76。

[72] 朱自強《中国儿童文学与现代化进程》浙江少年儿童出版社，2000，pp. 207。

[73] 鈴木三重吉『三重吉全作集 8・金魚』、1915、pp. 156。

女は恋人のことが忘れられなくて、母のように自殺する決意をしただろう。悲劇を繰り返したのである。旧体制の下に、女性の悲しい運命が代々続いている。実に怖ろしいことだ。この悲劇を止めるには、自由恋愛を認めなければならない。

周作人は1904年女学雑誌『女子世界』に投稿することで文学の生涯を始めてから、女性問題に注目しつつあった。女性論、あるいは性をテーマにする文章は、周作人の生涯に渡る文筆生活において幾年かの間断があるものの、書き続けられていく。

1918年5月、周作人は与謝野晶子の評論集『人及び女として』に収められた一篇「貞操は道徳以上に尊貴である」を翻訳し、「貞操論」と改題して『新青年』第四巻第五号に発表した。この時期になかなか取り扱われなかった女性論を提起した。晶子は「貞操論」の中では女だけに求められる貞操についていくつか疑問を提出し、「貞操」が道徳として女性を圧制することを批判した。それを読んで、胡適は「貞操問題」(『新青年』第五巻第一号)、鲁迅は「私の節烈観」(『新青年』第五巻第二号)を相次いで発表し、女性問題の中核である貞操問題を新文化運動の最前線に押し出した。それから藍志先という記者の反論をきっかけに「貞操問題」論争が起こされ、本格的な女性解放問題に対する検討が真剣に取り組まれるようになった。

「貞操論」は大きな反響を及ぼしたことで有名だが、周作人の女性問題への関心は早くから始まっていた。彼の文学的な出発は、1904年『アリババと四十人の海賊』を訳出し、「侠女奴」に改名し、婦人雑誌『女子世界』に発表したことである。その署名は「萍雲女士」であった。それから、この名前で少なからぬ女性に関する作品を発表した。1906年日本に留学する前にもすでに「論不宜以花字為女子之代名詞」(1904年)「好花枝」(1905年)「女猟人」(1905年)「『造人術』跋語」(1905年)などを発表し、女性問題への関心を示した。留学した後の1907年にも「女禍伝」「婦女選挙権問題」「婦女選挙権問題続」「防淫奇策」を書いたが、それから一旦中断して、1914年に「婦学商兌」を発表しただけで、また女性問題に関する声明が途絶えた。それから4年の後新文化革命が提唱された1918年に「貞操論」で大きな反響を起こした。その以後、常に女性学に関心を示し、女性・婚姻・両性に関する作品は150篇以上にものぼる。

「貞操論」には、「戀愛の自由を許されて居ないと共に、戀愛の自由を享得するだけの人格教育が施されて居ない現代に、靈肉一致の貞操を道徳として期待することは」(74)できない、と主張する。また、「現代の結婚は太抵の場合男女の一方が一種の奴隷となり、一種の物質となつて、一方に買はれて居る状態です。男が富家の聟となることの外は、女の方が衣食の保障を得るために一種の賣淫を男に向つて行つて居るのが現在の結婚です。」142と現代の結婚を批判した。晶子は「精神的にも肉體的にも唯一を守る結婚と云ふものは戀愛結婚以外には遂げられない譯です」142と恋愛結婚を提唱した。

前に言及した周作人が1907年に書いた「防淫奇策」でも似たような意見を述べている。

---

(74) 与謝野晶子『與謝野晶子全集第十五巻評論感想集二』講談社、1980.5。

……是则今日之婚姻，均非感情上之婚姻也。既非出于自由恋爱，则男女之大欲不克遂，淫恶之生，乃事理所必然。(《防淫奇策》)[75]

また1924年3月に『晨報副鐫』に発表された「臨嫁潜逃的罪」には女の子が結婚する前に逃げるのは父母の強迫結婚のためであり、罪は父母にあると指摘していた。

据我想，最简单的是取消父母擅将女儿许给人家的权。本来嫁丈夫到底非临阵之比，决不用什么潜逃。然而“女生”——据我所知则二十年前的小姑娘们也有潜逃的，不过她们是逃往尼姑庵或死里去罢了，——乃要潜逃者，推厥原因岂非由于被强迫的去嫁丈夫乎？倘将这个原因去掉，哪里会再有潜逃的事情。[76]

時は1924年になったので、女性も新思想の影響を受け、父母の命令を反抗し、強迫された結婚から逃げることが多くなった。それ以前は死や出家によってしか反抗しかできなかったのである。「たそがれ」に書かれた母は死で強迫結婚に反抗した。女の子も同じ境遇に遭って、母の道を選ぼうとするようだ。悲劇はまた演じ続けていくようだ。周作人は悲しさを覚えざるを得ないだろう。この悲劇を止める方法は、両親から子女の結婚相手を決める権力を剥奪し、恋愛結婚を認めることだと周作人は主張する。

また周作人の翻訳した三重吉の一篇「写真」や、前に述べた国木田独歩の「少年の悲哀」には、社会の最も低層に生活する妓女が主人公として描かれている。これらの作品も、女性に対する関心を示しているのだろう。

終章　周兄弟の翻訳の比較

前の四章の分析によると、周兄弟は『現代日本小説集』の翻訳や編集において、共同の認識を持っていることが分かる。そして、それがあるからこそ、この小説集を世に問わせたのではなかろうかと思う。

二人の共通認識をまとめると、以下のようになる。

一、現代日本小説が驚くほど発達しており、中国国民に紹介する必要があると考えていた。小説集には当時流行していた作家と作品しか収められていない。国木田と夏目以外は皆存命中の作家であった。自分たちの選んだ作品は普遍的な価値があると信じているのだろう。

二、自然派の作品が収められていない。日本の新しい思想や作品を輸入したい周兄弟は自然派を古いものだと思っていたため、それを収録しなかったと推測できる。

三、二人とも人道主義の精神を持ち、社会低層の人々や女性・児童に関心を示していた。以前から持ち続いていた「被侮辱及び被損害」の人々を同情する気持ちを窺うことができる。

---

[75] 钟叔和编订《周作人散文全集 第一卷》广西师范大学出版社，2009.6，pp.79。

[76] 钟叔和编订《周作人散文全集 第三卷》广西师范大学出版社，2009.6，pp.362。

四、二人とも原文を忠実に訳すること、つまり直訳を主張している。これは『現代日本小説集』の基本的な姿勢だともいえるだろう。

しかし、二人のそれぞれに翻訳された作品をみると異なる傾向も示している。翻訳態度の面では、周兄弟二人とも直訳を主張するとは言っても、やはり異なるところがある。その相違点は、以下のとおりである。

一、魯迅は「新しい内容を輸入するにとどまらず、新しい表現法をも輸入」するために、より硬い直訳の翻訳態度を主張する。それに対して、周作人は中国語の句法を改革する目的を持たないので、意識的に新しい表現法を輸入していないようである。彼は中国語の現有する表現法の範囲内に直訳を守るのだ。これは主語に対する翻訳態度の違いから明らかに見られる。魯迅は日本の新しい表現法を輸入するために、原文のように主語を省略するままで翻訳したのに対して、周作人は中国語の言語習慣を顧慮し、省略された主語を足して翻訳したのである。

二、魯迅と周作人は基本的に直訳する態度を守るが、何処でも直訳したわけではない。意訳したところもある。二人の意訳もそれぞれ自分の特徴を持っている。魯迅はやむをえず意訳する場合には、ある文の一部（言葉や短句）だけを意訳したが、他の部分はやはり逐語で直訳した。文の全体としては直訳だといえる。それに対して、周作人の意訳は単語だけではなく、文の全体の構成に及ぶものもある。それは、その文全体を意訳したといってよい。

また、文学的趣向からみても異なるところがある。魯迅の関心は現実社会に向かい、痛烈に批判するのに対して、周作人は余裕のある生活を追及し、女性や児童問題によりよく注目していたのである。

魯迅は「沈黙の塔」の翻訳によって、現実社会を批判した。また「ある敵打ちの話」の影響で作った「鋳剣」に、自己犠牲の覚悟を持って、人民に替わって旧社会に復讐する決意を表した。魯迅はさすがに「戦士」といわれるだけのことはある。

それに対して、周作人は現実社会にも不満を持っており、新文化革命に身を投じた。彼によって翻訳された「深夜の喇叭」に戦争に対する不満が明白に表されている。しかし、彼は社会現状を変えようとする闘争の意欲はそれほど強くない。彼は知識人の妥協性を持っており、暗い現実社会に対して、不満を抱きつつも、犠牲となるまで抵抗する気がなく、現実から逃れたいと思っていた。静かで、余裕のある生活を憧れていたのである。この態度は「巡査」によく体現されている。

ところが、周作人は「少年の悲哀」「写真」「第二の母」「亡き姉に」「網走まで」「清兵衛と瓢箪」「薔薇の花」「小さい一人」「郷愁」など数多くの少年に関する作品を翻訳し、子供に対する愛情を表している。そのほかに児童問題・児童文学に関する論文も数多く執筆していた。周作人は中国の児童発見、児童文学において、大きな貢献を果たした。

また、女性にかかわる訳文は「少年の悲哀」「金魚」「たそがれ」「写真」「第二の母」「亡き姉に」「網走まで」「小さい一人」「峡谷の夜」があげられる。その中で「峡谷の夜」一篇だけは魯迅による翻訳で、他の八編は全て周作人の訳である。周作人は近代中国で最も早く女性問題を取り上げた人物の一人であり、また生涯にわたり関心を持ち続けていた。

それから、この小説集から魯迅の歴史小説に対する興味も窺えられる。小説集に収められた彼の翻訳した菊池寛と芥川龍之介の四編とも歴史小説である。その影響もあるだろうか、後に『故事新編』という歴史小説集を魯迅が創作したのである。

以上にまとめた周兄弟の翻訳は大きな意味を持っている。周兄弟は初めて直訳の翻訳方法を主張して、「乱訳」が流行していた当時の翻訳界に新鮮な風を吹き込み、翻訳歴史の新たな段階を切り開いた。

また、周兄弟はこれらの日本文学の翻訳からエッセンスを吸い取り、自分たちの創作に大いに生かした。彼等の翻訳に現れた人道主義の精神、児童・女性に対する関心、現実社会への批判などのような文学的趣向がその後の多くの創作に窺えられる。紙幅の関係でそれを今後の研究課題にしようと思う。いずれにせよ、二〇世紀の二〇代初頭という段階において、周兄弟は日本文学の翻訳を通して、中国社会改革の思想を表わし、五四運動を推し進め、中国近現代文学に大きな影響を与えた。

参考文献

（日本語文献、中国語文献の順で並べる。日本語文献については「アイウエオ」順、日本語以外の文献についてはABC順で並べる。）

浅井了意(1927)「狗張子巻の五」『近代日本文学大系(13)怪異小説集(全)』pp. 535－640，国民図書

芥川龍之介(1918)「鼻」『鼻』pp. 1－26，春陽堂

芥川龍之介(1918)「羅生門」『鼻』pp. 27－32，春陽堂

有島武郎(1917)「お末の死」『有島武郎著作集 1』pp. 3－40，新潮社

有島武郎(1918)「小さき者へ」『有島武郎著作集 7』pp. 27－47，叢文閣

出雲俊江(2008)「『赤い鳥』綴方における鈴木三重吉の人間教育」『広島大学大学院教育学研究科紀要』1(57)pp. 123－130

于輝明(2001)『周作人と日本近代文学』翰林書房

江口渙(1919)「峡谷の夜」『赤い矢帆』pp. 69－98，新潮社

江馬修(1917)「小さい一人」『寂しき道』pp. 261－276，新潮社

小川利康(1992)「中国語訳・有島武郎『四つの事』をめぐって――『現代日本小説集』所載訳文を中心に」『大東文化大学紀要 人文科学』30pp. 409－426

加藤武雄(1919)「郷愁」『郷愁』pp. 61－70，新潮社

金子幸代(2004)「鴎外と三男坊・森類――『沈黙の塔』と『裁量権』」『森鴎外研究』(10)pp. 246－253

菊池寛(1918)「ある敵打ちの話」『恩を返す話』pp. 49－71，春陽堂

菊池寛(1918)「三浦右衛門の最期」『無名作家の日記』pp. 87－100，新潮社

国木田独歩(1905)「少年の悲哀」『独歩集』pp. 235－249，近事画報社

国木田独歩(1906)「巡査」『運命』pp. 48－59，左久良書房

国木田独歩(1980)「鹿狩り」『武蔵野』pp. 154－165，新潮文庫

黒岩比佐子(2007)『編集者国木田独歩の時代』角川学芸出版

佐藤春夫(1920)「形影問答」『美しき町』pp. 91－98，天佑社

佐藤春夫(1919)「稚子の炙肉」『お絹とその兄弟』pp. 113－120，新潮社

佐藤春夫(1921)「私の父と父の鶴との話」『幻燈』,pp. 108－120
佐藤春夫(1921)「たそがれの人間」『幻燈』,pp. 121－132
志賀直哉(1921)「網走まで」『荒絹』pp. 323－342,春陽堂
志賀直哉(1917)「清兵衛と瓢箪」『大津順吉』pp. 123－132,新潮社
志賀正年(1957)「魯迅翻訳論考」『中国語学』60,pp. 11－16
志賀正年(1970)『魯迅翻訳研究』天理時報社
渋川驍(1964)『森鴎外作家と作品』筑摩書房
鈴木三重吉(1915)『三重吉全作集8・金魚』鈴木三重吉
千家元麿(1920)「薔薇の花」『青い枝』pp. 131－140,以文社
千家元麿(1920)「深夜の喇叭」『青い枝』pp. 81－196,以文社
「大逆事件」(2010. 1. 10)『フリー百科事典ウィキペディア日本語版』(http://ja.wikipedia.org/)
陳洪傑,李愛華(2006)「周作人の前期の翻訳活動について」『中国言語文化研究』6, pp. 101－114
樽本照雄(2007)『清末翻訳小説論集』清末小説研究会
丁 貴連(2006)「時代の『悲哀』としての『少年の悲哀』:国木田独歩『少年の悲哀』と李光洙『少年の悲哀』」『宇都宮大学国際学部研究論集』21,pp. 1－15
湯麗敏(2007)「周作人の女性観への考査」『国際教養学部紀要』3, pp. 65－73
長与善郎(1917)「亡き姉に」『結婚の前』pp. 127－144,新潮社
長与善郎(1920)「山の上の観音」『孔子の帰国』pp. 194－202,以文社
夏目金之助(1910)「懸物」『漱石近什四篇』pp. 119－121,春陽堂
夏目金之助(1910)「クレイグ先生」『漱石近什四篇』pp. 144－153,春陽堂
根元正義(1978)『鈴木三重吉の研究』明治書院
藤井省三(2002)『魯迅事典』三省堂
(1988. 11. 5)『文芸用語の基礎知識・88五訂増補版・国文学解釈と鑑賞11月臨時増刊号』53(12)、至文堂
松岡俊介(2007)「『不周山』試論(前)——魯迅『故事新編』世界の一」『信州大学人文社会科学研究』1, pp. 117－132
武者小路実篤(1922)「久米仙人」『燃ゆる森』pp. 31－38,曠野社
武者小路実篤(1915)「第二の母」『彼が十三の時』pp. 111－167,洛陽堂
森鴎外(1911)「沈黙の塔」生田長江訳『ツァラトゥストラ』pp. 1－17,新潮社
森林太郎(1910)「あそび」『涓滴』pp. 71－100,新潮社
安川民男(2004)「鴎外と魯迅の“諦観”」『鴎外』74, pp. 39－54
与謝野晶子(1980)『與謝野晶子全集第十五巻評論感想集二』講談社
李瑾(2004)「周作人と『貞操論』」『中京学院大学研究紀要』11(2),pp. 51－65
劉岸偉(1996)「作家魯迅の誕生:芥川竜之介・菊池寛に関わる一仮説」『比較文学研究』68, pp. 22－32
劉岸偉(1991)『東洋人の悲哀-周作人と日本』河出書房新社
劉軍(2004)「『新青年』時代の周作人と日本:『貞操論』を中心に」『人文学研究所報』37,pp. 33－53
渡辺善雄(2007)「鴎外『沈黙の塔』の余波——池辺三山の朝日新聞退社と漱石の『文芸欄』廃止」『鴎外』80,pp. 127－142
鲁迅译文全集(2008. 5)[M]. 北京鲁迅博物馆编. 福建教育出版社
卜钊先. 发掘杨贵妃“人间性的真实”——鲁迅拟作《杨贵妃》考析[J](1996,(10)). 鲁迅研究月刊
陈子善,张铁荣编(1995. 9.)周作人集外文[M]. 南海国际新闻出版中心
成然. 鲁迅与森鸥外:两种同中有异的浪漫[J](2007,(04)). 贵州大学学报(社会科学版)

耿云志，欧阳哲生编(1996). 胡适书信集/上册[M]. 北京大学出版社
高秀芹(1994,(04)). 论基督教文化观念对周作人的影响[J]. 齐鲁学刊
哈迎飞(2006,(05))“爱的福音”与“暴力的迷信”——周作人与基督教文化关系论之一[J]. 福建师范大学学报(哲学社会科学版)
韩富叶(2006,(19)). 不平中显平和 浓郁处恰冲淡——从《苦雨》看周作人散文的冲淡艺术[J]. 名作欣赏
韩进(1993,(04)). 从“儿童的发现”到“儿童的文学”——周作人儿童文学思想论纲[J]. 安庆师范学院学报(社会科学版)
胡适(1998). 胡适文集[M]. 人民文学出版社
胡适(1981). 五十年来中国之文学：周作人[A]. 中国新文学大系·散文一集[M]. 上海文艺出版社
江功艺(2009,(03)). 浅析国木田独步小说中的少年形象[J]. 浙江旅游职业学院学报
江苏新医学院编(1977.7.). 中药大辞典[M]. 上海人民出版社
李大朋(1990,(01)). 菊池宽剧作辩析[J]. 吉林艺术学院学报
李洪华(2004,(01)). 长篇的遗憾与文学的选择——鲁迅三部未完成的长篇小说探析[J]. 南通工学院学报(社会科学版)
李曙豪(2005,(06).). 论周作人的“人的观念”[J]. 苏州大学学报(哲学社会科学版)
黎照编(1997.11.). 鲁迅梁实秋论战实录[M]. 华龄出版社
刘柏青(1983,(01).). 鲁迅与日本新思潮派作家[J]. 吉林大学社会科学学报
刘光宇(1983,(04).). 国木田独步及其短篇小说的艺术特色[J]. 吉林大学社会科学学报
刘光宇(1994,(02).). 论国木田独步的短篇小说[J]. 日本学刊
刘光宇(1981,(04).). 略论国木田独步短篇小说的现实主义倾向[J]. 社会科学战线
刘光宇(1994,(01).).《少年的悲哀》艺术赏析[J]. 日本学论坛
刘光宇(1987,(02).).《少年的悲哀》与《故乡》艺术比较初探[J]. 现代日本经济
刘立善(2009,(02).). 论菊池宽文学创作中的“人生至上”精神[J]. 日本研究
刘全福(2007.4.). 翻译家周作人论[M]. 上海外语教育出版社
鲁迅(1999.1.). 鲁迅回忆录[C]. 北京出版社
鲁迅(1981.). 鲁迅全集[M]. 人民文学出版社
鲁迅(2005.11.). 鲁迅全集[M]. 人民文学出版社
鲁迅(2006.6.). 鲁迅散文诗歌全编[M]. 人民文学出版社
鲁迅(2004.6.). 鲁迅序跋集[M]. 山东画报出版社
莽永彬(1981,(01).). 铃木三重吉与日本现代儿童文学[J]. 东北师大学报(哲学社会科学版)
孟昭毅(2005.7.)，李载道. 中国翻译文学史[M]. 北京大学出版社
钱理群(1996,(01).). 试论鲁迅小说中的“复仇”主题——从《孤独者》到《铸剑》[J]. 安顺师范高等专科学校学报
钱模祥(1993,(01).). 两篇复仇小说的不同审美机制——《铸剑》与《复仇的话》比较论析[J]. 南通师范学院学报(哲学社会科学版)
盛文庭(1981,(04).). 鲁迅的《杨贵妃》与西安之行——纪念鲁迅诞辰一百周年、赴陕五十七周年[J]. 人文杂志
孙耀珠(2005,(02).). 合理主义与传统亲情的对立——菊池宽的独幕剧《父归》[J]. 日本学论坛
王本朝(1996,(01).). 周作人与基督教文化[J]. 中国现代文学研究丛刊
王川(2008(12).). 遥远的百草园——走近周作人之一[J]. 青年作家
王向远(1995,(12).). 鲁迅与芥川龙之介、菊池宽历史小说创作比较论[J]. 鲁迅研究月刊

王向远(1996,(04).). 文体材料趣味个性——以周作人为代表的中国现代小品文与日本写生文比较观[J]. 鲁迅研究月刊
王向远(1998,(01).). 周作人文学观念的形成演变及来自日本的影响[J]. 鲁迅研究月刊
王友贵(2005.7.). 翻译家鲁迅[M]. 南开大学出版社
吴红莲(2003.). 论鲁迅作品中的复仇主题[D]. 延边大学
许寿裳(2006.7.). 亡友鲁迅印象记 许寿裳回忆鲁迅全编[M]. 上海文化出版社
许王丽(2009,(06).). 理智与情感的调合——从菊池宽作品的复仇主题探寻其价值判断[J]. 安徽文学(下半月)
闫立飞(2009,(02).). “历史小说”与“历史的小说”——中国现代历史小说发生的日本因素[J]. 理论与现代化
杨剑龙(1997,(06).). 论周作人与基督教文化[J]. 鲁迅研究月刊
杨守森，高万隆(1983,(05).). 诗化的小说艺术——论国木田独步前期作品艺术美[J]. 山东师范大学学报(人文社会科学版)
张菊香，张铁荣编(1986.11.). 周作人研究资料[C]. 天津人民出版社
周作人，鲁迅(2006.1.). 现代日本小说集[M]. 新星出版社
周作人(1997,(02).). 圣书与中国文学[J]. 世界宗教文化
周作人(2009.6.). 周作人散文全集[M]. 西师范大学出版社
周作人(2002.1.). 周作人自编文集[M]. 河北教育出版社
周作人(1996.). 周作人日记(影印版)[M]. 大象出版社
朱自強(2000.). 中国儿童文学与现代化进程[M]. 浙江少年儿童出版社

田村俊子文学に見る＜個＞と＜女＞のジレンマ
——「生血」・「木乃伊の口紅」・「女作者」三作を中心に

王胜群

目　次

はじめに

日本文学史の書物(女性文学史書以外のどれもそうだが)を開くと、明治・大正時の章節(いわゆる近代日本文学史)に於いては、女性作家への言及はほんのわずかであることが一目瞭然である。その中でも、樋口一葉や与謝野晶子など極く少数の名があげられ、以外の女性作家が殆ど片言隻語で掠められたり、黙殺されたりするのは一般的である。これが故に、後世になると、それらの女性作家たちは名を忘れられたり、作品を再び読まれなくなったりするのも当然であろう。それでは彼女たちの作品は再読する価値がないかと言えば、必ずしもそうではないようである。

文学史のこのような側面に対する批判のうち、次に引用する富山太佳夫の文は極めて犀利である。

> 文学史が批評と評価をその存在理由の不可欠の部分として内包するということは、実は、文学史がイデオロギーの歴史だということにほかならない。つまり、それは書く側と読む側の人種、階級、ジェンダー、セクシュアリテイなどに対応して変わってこざるを得ないということである。[①]

確かに氏の指摘通りに、われわれは、批評と評価の「イデオロギーの歴史」という文学史の性格を見逃すことができない。そのため、文学を研究するには、常に既成の文学史を問い直す姿勢が必要であろう。つまりは、ある文学作品または作者に対し、これまでの文学史上の評価に拘らず、研究者独自の判断が不可欠である。例えば、作品は書かれた当時の時代的価値観から外れたり、文学の評価基準に合わなかったりする場合、評価されなかったのがよくあるケースである。にもかかわらず後世になって新たに研究され、再評価されるようになる場合もしばしば見られる。その代表的な例として明治の女性作家田沢稲舟が挙げられる。もう一つの場合は、一時に注目を集め、忽ち文壇の風雲児となったが、やがて文壇に忘れ去られ、長い時期において誰からも顧みられなくなるというケースも珍しくない。本論文で取り上げる田村俊子という作家はまさにその典型である。それでもその作品の意味が同時代に於いて十分読み取られたかというと、そう早計に結論を下すことができない。

具体的には、一つの作品を考察する際に、それが書かれた当時の文脈を十分考慮すると同時に、今の時代に生じ得る新たな意味合いを見出すことも大切なことである。時代の限界もあり、同時代の読み手に届かなかった問題点や作品の魅力を、今日の眼で読み直すこと により、再び発見する可能性が十分ある。さらにそれに伴い、作家の従来のイメージや文学史上の定評なども変わってくるように思われる。

以上の問題意識を踏まえ、本論文では田村俊子の作品について分析していきたいと思う。田村俊子(1884～1945)は日本の大正初期頃の文壇で活躍していた女性の作家であるが、今日では殆どの読者に知られていない。氏についての研究(特に作品の方)は、残念ながら中国大陸に於いてはいまだに皆無に近いと言ってよかろうが、日本に於いても主流から遠ざかっていると言える。ただし、全三巻の『田村俊子作品集』が上梓されている1980年代後半以降、フェミニズム批評またはジェンダー論の下での作家論・作品論がより豊富に展開されてきた。わけて2000年に入り、日本に於いて田村俊子へ新たに注目する動向が見られ、僅かながらも研究者によって論じ続けられている。全体のうち、瀬戸内晴美の『田村俊子』という一冊は、「田村俊子について最も包括的な案内書・研究」[②]と思

① 富山太佳夫『文化と精読』、名古屋大学出版会、2003年、pp. 83－84。

② 小田切秀雄「解説——田村俊子の三回の復活、文学史・女性史上の位置」、『田村俊子作品集』(第1巻)、オリジン出版センター、1987年、pp. 433。

われている。また、山崎真紀子の『田村俊子の世界——作品と言説空間の変容』という著書は、作品論の面では最も系統的に論述する研究書と思われる。この二冊は、本論文に多く参考を与えてくれた主要な先行研究に当たっている。それ以外に、工藤美代子、S・フィリップスの『晩香坡の愛——田村俊子と鈴木悦』や、丸岡秀子の『田村俊子とわたし』などの著書があり、それぞれは田村俊子の渡加時代や生前の面影を浮かばせる。他にも具体的な作品に即する研究論文が散見する。代表的なものは、黒沢亜里子、長谷川啓、鈴木正和、光石亜由美、渡辺澄子等の諸氏による数々の研究論文がある。ここに列挙しないが、これらの論文は本論文の議論・引用などに多少扱われ、詳細を注釈と参考文献に掲げる。

筆者自身が田村俊子文学の扉に叩きたいという動機の底には、先ず俊子文学に出会う時に、真正面から吹いてくる作者の極めて近代的な観念・意識への驚きがある。のみならず、その文学世界にも実生活にも見られる＜個＞と＜女＞のシーソーで(本論文の中心テーマとして考察を展開していくが)、常に揺れ動き苦悩し続ける彼女自身の姿と、その自分自身の姿と人生への冷徹な観察眼には、同じく女性として深く魅了されずにはいられなかったのである。

これまで田村俊子文学を語る際に、しばしば二組のキーワードが提示されていた。一組は＜官能＞、＜感覚＞、＜感触＞などで、もう一組は＜両性の相剋＞や＜男女の相剋＞などである。前者はすでに同時代評に於いて指摘され、後者はとりわけ近現代の研究(中にはフェミニズムの視点を用いる研究が大多数だが)に於いて強調されてきた。殊に近年の研究では、フェミニスト作家という田村俊子像がすでに固定されたように見える③。では、果たして田村俊子文学には新たな可能性がないのだろうか。

筆者は以上の疑問を考えながら氏の作品を読み直すことを試みた。そうすると、田村俊子作品の根底に流れている内省的な＜個＞の要素に目が付いた。そのうえで、氏の作品を＜個＞(個意識の側面)と＜女＞(女らしさの側面)との両面から把握できようと考える。田村俊子文学に、一方では、鮮明な女らしさが満ちており、いわゆる＜女らしさ＞が過剰に盛られるのに対し、他方では、自我に目覚めた強い個人主張が随所見られる。無論、両者の衝突は多くの場合にフェミニズム的に映っているが、実際にこの両面はいずれも徹底されず、結局ある程度の妥協を取り、田村俊子の独特な文学世界を構築するのである。これを単なる＜フェミニズム＞で片づけるのは幾分短絡的ではないかと思われる。

以上の筆者の主張を説明するために、本論文では田村俊子の代表作とされている三つの作品「生血」(1911)・「木乃伊の口紅」(1913)・「女作者」(1913)を取り上げて考察

③　例えば、「女性の自己表現をテーマとして描いたこと」や、女性たちの「自我と自意識の発露を求めた」ことなどは、「田村俊子の作品ほど明確に語っているものはない」、「その意味で、田村俊子は近代日本のフェミニズム文学の原点と言ってもいい」(水田宗子「ジェンダー構造の外部へ——田村俊子の小説」、渡辺澄子編集『俊子新論：今という時代の田村俊子』、至文堂、2005年、pp. 133)という指摘もあり、また、田村俊子後期(渡米時代、一時帰国時代、中国時代)の文章に重点をおき、田村俊子を「フェミニズム文学で注目を浴びた日本最初の職業作家」(渡辺澄子「佐藤(田村)俊子新論」、『大東文化大学紀要』、2006年3月号、pp. 118)と位置づけた渡辺澄子の意見などが代表的なものである。

してみようと思う。この三作はいずれも大正文壇「女流作家の第一人者」[④]の地位を確立させた俊子文学開花期の作品であり、従来の田村俊子論では最も注目されていた作品群と言ってよい。この三作を本論文ではこれまでと異なった視点で読んでいきたいと思う。具体的には、テクストを精読する方法を取り、主として三作のヒロインに焦点を置き、それぞれ未婚の女性、家庭の中の女性（妻）及び作家という職業に従事する女性（女性作家）が直面する問題を分析した上で、三作に通底する＜個＞と＜女＞のジレンマを明らかにすることを試みる。

したがって、本論文は既往研究で見逃されてきた田村俊子文学の一つの重要な特徴を提示することを目的とする。よって、本論文は田村俊子研究にわずかながらも力を添えたいのである。また、本論文は女性文学が普遍的に花咲き、女性が＜書くこと＞を職業としてわりと自由に選べる現代にあって、日本最初の職業女性作家と言われている田村俊子のテクストを、あえて取り上げるものである。それは、日本近代女性文学の源流を遡り、今日に至るまでの日本女性文学の系譜を辿ることにも、中国に於ける日本文学研究の射程をより広げることにも意義があるだろう。

本論文の構成は、次の通りである。

第１章では、先ず本論文で取り上げる三作はいずれも田村俊子隆盛期の作品であることを、氏の文学生涯を確認した上で限定している。次は、隆盛期の田村俊子像を同時代評から窺ってみる。具体的には田村俊子へのイメージに、自我に目覚めた＜新しい女＞と過去に生きている盲目な＜古い女＞という両極端にわたる同時代の諸説を逐一考察し、新旧の女性像が並存する一個の矛盾体である田村俊子の輪郭を提示している。続いて、田村俊子の「微弱な権力」という随筆を詳細に分析し、彼女自身に於ける＜女＞（愛欲・官能の部分＞と＜個＞（自我・自立の意識）の葛藤を明らかにしている。

第２章では、短編小説「生血」を考察する。この作品は、女性解放誌の性格を持つ『青鞜』の初刊号に掲載されたため、従来の研究を見ると、フェミニズム的捉え方が圧倒的に多いことがわかる。ここでは、それらの既往研究を検討しつつ読み直すことを試みている。具体的には＜処女喪失＞というテーマの下で、この作品が書かれた時代に於ける処女意識の意味変容を考察し、＜自我・自立＞の意識に裏付けられる処女観念の構造を明らかにしている。これに基づき、「宿屋」という私的空間と「炎天下の町」、「玉乗り小屋」という公的空間に於けるいくつかの象徴的なシーンの意味を検討しつつその背後にあるヒロインの心理を分析し、このテクストに於ける＜個＞と＜女＞の要素を解明している。

第３章では、中編小説「木乃伊の口紅」を考察する。この作者自身の結婚生活を素材に書かれた私小説風の作品に於いて、ヒロインの＜自分の芸術＞による自我実現に至る過程は精緻に描出されている。本章では、それを五つの段階に分けて逐一考察している。具体的には、「夫婦間の齟齬」、「師門からの離脱」、「懸賞小説への応募」、「女優と

④　瀬戸内寂聴「解説」、『田村俊子作品集』（第３巻）、オリジン出版センター、1988年、pp. 423。

しての出発」という段階のヒロインに於ける＜個＞と＜女＞の消長を分析し、続いて最後の＜木乃伊の口紅＞が暗示しているヒロインの＜個＞の実現と＜女＞の桎梏に辿り着いている。

第4章では、短編小説「女作者」を取り上げる。この作品は主として＜白粉＞、＜書くこと＞、＜亭主＞、＜女友達＞という四つの要素を中心に、創作と日常生活に於けるある女性作家の姿を描いたものである。本章では先ず＜白粉＞に於ける四重の構造を分析し、とりわけ女作者が＜書くこと＞との関係を検討し、そこに介在する陥穽と戦略を解き明かすことを試みている。次は、＜自己確認＞という意味合いで、亭主に向かっての女作者の「病的な発作」及び＜女友達＞という存在の意味を解読している。結論としては、創作と日常生活両面に於いて、常に＜個＞と＜女＞に揉まれている女作者の苦悩を究明している。

以上、本論文は第一章から第四章までの四つの部分から構成されている。

付記　本論文で取り扱う「生血」、「木乃伊の口紅」及び「女作者」のテクストは、いずれもオリジン出版センター版『田村俊子作品集』(第1巻)を底本とするものである。

第1章　田村俊子という＜女作者＞

今日に於いてほとんどの読者に知られていないにもかかわらず、嘗て華やかな文学的活躍で大正初期の文壇を一時風靡するほどの存在であった田村俊子は、一体どのような人物だったのか。以下は二節にわたり、マクロ的立場から田村俊子の作家像とその文学の特質を追及しながら、本論文のテーマを提示しておこう。

1.1　＜新しい女＞と＜古い女＞との矛盾体

ここでは年譜を繰り返す必要はない。先ず長谷川啓の文を引用して田村俊子の文学活動を確認しておこう。

> 俊子の生涯の文学活動をほぼ五期に分けるとすれば、初期は露伴の門下生として佐藤露英の筆名を使用していた時代であり、第二期は「あきらめ」で文壇にデビューし、大正初期文壇の寵児として、田村俊子の筆名で本格的に活躍した時期である。三期は、鈴木悦を追ってバンクーバーに行き、主に鳥の子の筆名で詩歌・評論・エッセイ・論説などを発表した滞加時代である、四期は、悦の死後帰国し、佐藤俊子の筆名で小説家として復帰をはかった時期、そして五期は、中国に渡り、中国語の雑誌『女声』を発刊して左俊芝の筆名を使用した時代と言えよう。だが初期にはまだ俊子文学は確立されておらず、また三期以後は小説家としての影は薄く、俊子の作家活動はほとんど第二期に集中している。⑤

⑤　長谷川啓「解題」、『田村俊子作品集』(第1巻)、オリジン出版センター、1988年、pp. 435。

上のように田村俊子の文学生涯を五期に分けるのは適切であろう。明治35年(1902)、当時女性の最高教育の場と言える日本女子大学を中退した十八歳の佐藤俊子(本名)は、幸田露伴の門に入り弟子となった。だがしかし、露伴に樋口一葉風の文章ばかりを書かされ、遂に自らの作風に嫌悪を感じ、文学を放棄して女優の道へ進んだ。やがてこの初期の作風を一転し、明治44年(1911)に小説「あきらめ」で大阪朝日新聞の懸賞小説に応募し一等に当選した。これをきっかけに旺盛な文学活動を展開し、「田村俊子」という筆名で一躍文壇の寵児となったのは第二期のことである。そのため、この二期こそは「田村俊子文学」の確立と言ってよい。また、この時期に於いて注意に値するのは、俊子が同じ露伴の門下生だった田村松魚との結婚(事実婚といわれている)である。それは「田村俊子」という名の由来であるし、また、七年間にわたる結婚生活は田村俊子の数多くの代表作の素材になっている。三期及び以降は、鈴木悦との恋愛で渡加し、後年中国へ渡ったまま最後を迎えるまでの俊子の人生は、実際はすでに日本文壇から離れていったと言えよう。

ここで限定しておくが、本論文で考察する田村俊子文学というのは、まさに上述の二期を中心に展開された俊子文学最盛期のものである。次に三章に渡って考察を行う「生血」・「木乃伊の口紅」・「女作者」という三作はいずれもこの時期の作品に属する。

では、隆盛期の田村俊子の面影を先ず同時代評から窺ってみよう。大正2年(1913)から6年(1917)まで、権威のある二つの雑誌『中央公論』と『新潮』により、田村俊子を巡っての評論は三度も行われていた[⑥]。執筆者は当時有名な作家やジャーナリストたちで、無論田村俊子に対するそれぞれの印象はまちまちである。これらの評論に於いて最も興味深かったのは、田村俊子のイメージに対し、＜新しい女＞と＜古い女＞または＜感覚＞と＜理知＞というような、一見対立した両極端に分かれた評言が見られるということである。

ちなみに＜新しい女＞という言葉は当時の流行語で、時代のキーワードの一つと言ってよい。これは、明治44年(1911)に創刊された雑誌『青鞜』と密接な関係を持っており、主に時代風潮の中で自我に目覚めた前衛的な女性を指すフレーズである。とはいえ、実際に＜新しい女＞は本来青鞜社員を指すわけではない。この呼称は誕生最初の時、「良妻賢母」という当時の女性規範から逸脱した女性たちのことを揶揄し非難するという全くネガティブなイメージを持っていたのである。この背景の下で、雑誌『青鞜』は大正二年第三巻一号の付録に「新しい女、其他婦人問題について」と題する特集を出してはじめて「積極的な態度」でマスメディアの＜新しい女＞攻撃に直面した[⑦]。創刊者の一人である平塚らいてうも世間の非難から逃げようとせず、『中央公論』の新年号に「自分は新しい女である」という文章を発表し、自ら＜新しい女＞と名乗り出た。その中には次の如き一節がある。

---

⑥　それぞれは、大正2年(1913)3月号の『新潮』特集「田村とし子論」、大正3年(1914)8月号の『中央公論』「田村俊子論」及び大正6年(1917)5月号の『新潮』特集記事「田村俊子氏の印象」である。

⑦　平塚らいてう『元始、女性は太陽であった』(下巻)、大月書店、1971年、pp. 422－423。

新しい女は「昨日」に生きない。

新しい女最早しいたげられたる旧い女の歩んだ道を黙々として、はた唯唯として歩むに堪へない。

新しい女は男の利己心の為めに無智にされ、奴隷にされ、肉塊にされた旧い女の生活に満足しない。

新しい女は男の便益のために造られた旧き道徳、法律を破壊しやうと願ってゐる[8]。

この色濃い女性解放の性格を帯びた文章では、＜新しい女＞は、＜旧い女＞及び「男」と対抗し、従来のジェンダー規範を打破する存在として捉えられている。このように、青鞜社は＜新しい女＞という語をあえて逆用し、それにポジティブな意味合いを与え、青鞜の標語として巧妙にアピールすることに成功した。これはまさに一種の戦略である[9]。そのため、後に＜新しい女＞という標語は青鞜社のイメージと重なりつつ、「時代の標語」[10]と見なされるようになった。従って、『青鞜』の賛助員にも加えられ、「実質以上に放縦で大胆な好色な女のような印象を世間に流」[11]した田村俊子は、世間から見れば、当然＜新しい女＞のイメージを帯びずにはいられなかったのであろう。

例えば、大正2年(1913)3月号『新潮』の「田村とし子論」の冒頭に於いて、「とし子は新しき時代の生みたる新しき女性の一人なり、彼の女の芸術は今や円熟渾成の堂に入つて、其の近作数種の如きは、実に女流作家として独歩の観あり、今女史に親近なる諸大家の高見を叩いて、人として芸術家として女史を評価し品しつす。是れ、最近囂々の世評ある新しき女を研究せんとする我徒の企ての第一歩也。」[12]と、明確に田村俊子を＜新しい女＞の類に組み入れた。森田草平は「新しき女としての女史」というタイトルの評論に於いても、俊子を「こだはらないづばぬけたところのある観察眼」を持つ所や、男が譲歩して話す必要がない点に、「普通の女性以上に出て居る」「新しい女性」であると評価する[13]。ただ、鈴木悦は、田村俊子が「他の近代的な、所謂「新しい婦人」と著しく異つてゐる」点は、時代思潮の影響を受けて漸く自覚したのではなく、「寧ろ生まれながらの近代人」であると高く評価を与えたのは興味深い[14]。

しかし一方では、前段に列挙したものと全く対照的な意見が同時に見られるのである。水野盈太郎は「田村俊子女史に送る書」の中で、田村俊子を「今の多くの婦人と違

⑧　前掲書、pp. 427。

⑨　新・フェミニズム批評の会『『青鞜』を読む』(学芸書林、1998年、pp. 1)の序文では、「『青鞜』以前にも見られなくもなかった＜新しい女＞という言葉が、一躍リアリティを獲得するのは、同時代のマス・メディアが『青鞜』を明確な標的にすえ、非難や揶揄をこめて＜新しい女＞と呼んでからのことである。まずは、否定すべき対象として存在を認証された『青鞜』自身は、このようなメディアからの攻撃を見事な論争術で受け止め、みずからを＜新しい女＞として積極的に標榜しつつ、この言葉をプラスのイメージへと逆転することに成功した」と述べている。

⑩　野山嘉正、安藤宏編著『近代の日本文学』、放送大学教育振興会、2005年、pp. 131。

⑪　瀬戸内晴美『田村俊子』、講談社、1993年、pp. 313。

⑫　前掲書、pp. 327。

⑬　森田草平「新しき女としての女史」、『「新潮」作家論集』(上巻)、日本近代文学館、1971年、pp. 240。

⑭　鈴木悦「軟らかで艶っぽい」、『「新潮」作家論集』(中巻)、日本近代文学館、1971年、pp. 55。

ふ処はすこしもない」、「完全な「女」の盲目の中にある人」[15]と辛辣な批評を下している。さらに、田村俊子と親交を持っていた平塚らいてうでさえ、彼女を「人間としてほんとの生活をしようといふ要求や、努力に生きる新しい婦人でもなく、東京の下町のダラク化し過去の文化が生んだ、利巧な、器用な古い日本婦人」[16]だと手厳しく批判を寄せている。

このように、田村俊子を巡っての同時代の評論には、自我に目覚めた＜新しい女＞と、「盲目」な＜古い女＞という正反対な意見が不思議にも併存しているのである。一見矛盾しているようだが、現実では、女の官能・愛欲の世界に耽溺しつつも、常に自我を見つめ、＜自分の芸術＞を絶えずに追求する田村俊子は、正に一個の矛盾体ではないか。さらに言うと、田村俊子のイメージには＜新しい女＞と＜古い女＞の矛盾があるというのは、彼女の中に＜個＞と＜女＞との矛盾がそのように映っているからではないだろうか。

次節は、主として田村俊子の「微弱な権力」という随筆の分析を通じて＜個＞と＜女＞のジレンマに置かれている彼女の姿を窺ってみよう。

1.2 ＜個＞と＜女＞との狭間にある「小さな自我の女」

「微弱な権力」[17]は、田村俊子が大正元年(1912)9月の『文章世界』に発表したものである。この短い文章では、彼女は自らの生活(結婚生活)の根底にある「微弱な権力」という存在とともに、その中にいる自身の存在を鋭く見抜いている。以下はこの作品を簡単に分析し、田村俊子の思想面の一端を明らかにすることを試みようと思う。

「私の自我的生活！ けれど私は決して、そこに自分の真の自由と真の自覚と、さうして自信と超越とを見いだしてゐるとは云ひ得ない。」(pp. 333)という冒頭文が提示しているように、自由も自覚も自信も超越もないこの生活は、＜個＞としての真の自我がない生活である。その原因は、「私の生活には、ある微弱な権力が絶えず従属してゆく」からである。次の描写から、日々の生活の中で、この「微弱の権力」を憎んだり、それと絶えず戦い、遂に「その権力に対して沈黙し果てた」という、作者の焦躁と苦悩が紙上に躍如としている。

では、この「増長した私の自我を制限しやうとする」「微弱な権力」とは、果たして何なのか。文章の最後まで読んでわかるように、それはまさに夫婦の間に存在するある種の力と言えよう。これは俊子がのちに書いた「彼女の生活」にも描いているような、「いわゆる「権力」ではなく、むしろ「愛」の衣をまとった巧妙で微妙な力」[18]と同質なものであろう。この力により、「私の道徳、私の権利、私の芸術、私の理解、私の確信」(pp. 334)という＜個＞の存在が圧迫され支配されている。因って、「人間と名の付く

---

⑮ 水野盈太郎「田村俊子女史に送る書」、『文章世界』、大正3年(1914)7月号、pp. 44。

⑯ 平塚らいてう「田村俊子さん」、『中央公論』、大正3年(1914)8月号。

⑰ 以下「微弱な権力」の引用は、オリジン出版センター版『田村俊子作品集』(第3巻)(pp. 333－338)を底本とし、一部の旧字体を新字体に改める。

⑱ 黒澤亜里子「解説」、『田村俊子作品集』(第2巻)、オリジン出版センター、1988年、pp. 428。

男の肉を、自分の掌の皮の裂るほどぴしやりと打つてみ」たくなり、「毎日、毎日、男を罵り、男の肉体を女のほそい手で乱打すると云ふ様な、げんなりした、充実した生活が送つて見た」(pp. 337)いというような極端な発想までが生じる。これは如何にもフェミニズム的な発想に近いと思われるだろう。

にもかかわらず、実際に「私」は何の行動もせずにいる。なぜなら、「私の心の底に」ある「微笑の影」が残っているからである。その「微笑の影」を時に懐かしく思うのである。この「私の心に裏切りをする」「微笑の影」は、真の自我すなわち＜個＞に成り切ることへの妨害となっている。その「微笑の影」の正体はこの文章では明かされていないが、それはまさに、田村俊子の多くの作品に描かれている男への官能的、感情的な耽溺であり、彼女の中に占めている＜女＞の部分であろう。そのため、彼女は「自分の小さな徹底しない自我を唯憐れに思ふばかり」(pp. 336)で、＜個＞と＜女＞のジレンマに彷徨しつつある。

> 私の自由と云ひ自覚と云ふのは、押へられた両翼を唯はははたはたと打ち戦はしてゐると云ふに過ぎない。かうして自分の小さな自我を憐れむ自分の涙は、いつともなしに乾いて行つて、今に、いつともなく、永遠に微弱な権力の内にこの小さな自我は眠つてしまふに違ひないのである。
>
> 小さな自我の女！ 私はより強い女にも、より弱い女にもなれない。(pp. 336)

この「小さな自我の女」というのは、正に田村俊子の目に映っている彼女自身の姿である。「より強い女にも、より弱い女にもなれない」を換言すれば、つまりより＜新しい女＞にもより＜古い女＞にもなれないということになるのであろう。此の点を同時代に於いてすでに鋭く洞察されている。例えば次に引用する相馬御風の批判文を見てみると、

> けれども女史を以て直に「新しい女」を以て目する事には私は少しく躊躇しないでは居られません。なるほど女史の人としての心持及びその作品に描き出す生活気分には余程今迄の日本の普通の女と比べて新しい味がある。併し私にはそれは積極的に新しい生活を翹望し追求し乃至創造するほどのものだとは思はれない。兎角消極的であり、且無自覚的である。現在の境遇に対しての不満、何等かの自由な空気に対するあこがれはある。併し真の自己の欲するところのものは何かについての明らかな自覚もなければ、真に自己の不満なる心の正体についての明らかな自覚もない。[19]

田村俊子は多くの作品に於いて、女の愛欲と官能に溺れながら、自我と自立を絶えず意識し追求しつつある独特なヒロインを描いている。「眼に見えないものに向かつ

---

⑲ 相馬御風「芸術家としての才分と素質」、『「新潮」作家論集』(上巻)、日本近代文学館、1971年、pp. 243。

て絶えず争闘し続ける私自身の生活をなさけないと思ふばかりである」俊子自身の境遇を考えれば、それらのヒロインも正に作者の自画像にほかならない（無論、田村俊子の作品は作者の実生活に基づく私小説風の作品が多いことは言うまでもない）。さらにこの意味では、田村俊子作品のメインテーマとされている「男女両性の相剋」の根底にあるのは、彼女自身に於ける＜女＞（愛欲・官能の部分）と＜個＞（自我・自立の意識）の葛藤ではないかと思わせる。

さて、これまでの論述を踏まえ、続けて三章にわたり、それぞれ具体的に田村俊子の三作を考察してみよう。

第2章　「生血」に於ける女性の彷徨

田村俊子の「生血」[20]は明治44年（1911）9月『青鞜』初刊号に掲載された短編小説である。この「筋らしい筋もなくシンボルがやたらとたくさん出てくる作品」[21]は、二章からなっており、ヒロインのゆう子が、初めて安芸治という男性と一夜を過ごした（性交渉を持ったことが明らかだが）翌日の一日の物語である。田村俊子の多くの作品と同様に、第三人称を用いながら、始終ヒロインの眼を通して語るのは特徴である。

ここでは先ず作品内に於ける空間の変化を確認しておこう。「「生血」はポスト性交渉の物語である…テクストは男女の交わりではなく、その後の心象風景を、男女の密室ではなく、盛り場の街路や小屋の中で、つまり「群集として」語る」[22]という指摘の通りに、「生血」に於ける私的空間と公的空間の設定は先ず注目に値する。物語は、朝から夕方にかけての時間帯に、「宿屋」（一章）から「町」ひいては「玉乗り小屋」（二章）へと、場所の移り変わりが見られる。また、その変化に伴い、ヒロインの心情も揺れ動きつつ変容していくのである。以下は二節にわたり、それぞれの空間及びそこに発生する出来事のシンボリックな意味を考察する。その上で、「生血」のテーマを明らかにすることを試みる。

1.1　＜金魚を突く＞ことの意味

本節は問題提起を兼ね、「宿屋」という私的空間で起った或る出来事を中心に検討してみる。

時は朝、場所はゆう子と安芸治とが一夜を過ごした宿屋である。「安芸治はだまって顔を洗ひに出て行つた。」（pp. 187）この冒頭の一文により物語の初めから安芸治の存在が排除された。このことにより、残った空間はヒロインゆう子一人の世界を構成する。

「昨夜寝るとき引き被いだ薄ものをまだ剥ぎ切らない様な空の光りの下に」、一種の

---

⑳　以下「生血」の引用は、オリジン出版センター版『田村俊子作品集』（第1巻 pp. 187－199）を底本とし、一部の旧字体を新字体に改める。

㉑　工藤美代子、S・フィリップス『晩香坡の愛——田村俊子と鈴木悦』、ドメス出版、1982年、pp. 55。

㉒　関礼子「文におけるジェンダー闘争」、飯田祐子編『「青鞜」という場：文学・ジェンダー・「新しい女」』、森話社、2002年、pp. 32。

「うっとり」する雰囲気にゆう子が置かれている。ゆう子は足元の金魚鉢にいる数匹の金魚を、一つ一つ指さしながら名をつけ始める。そうして「生臭い金魚の匂ひ」の中で、ゆう子は昨夜のある場面を思い出した。それを以下に引用すると、

> 緋縮緬の蚊帳の裾をかんで女が泣いてゐる。男は風に吹きあほられる伊予簾に肩の上をたたかれながら、町の灯を窓からながめてゐる。男はふいと笑った。さうして、
> 「仕方がないぢやないか。」
> と云った。(pp. 188)

この暗示の一節から、昨夜男女二人は性関係を結んだことが窺えるだろう。回想にふけているゆう子は、「生臭い金魚の匂ひ」をじっと嗅ぐと、「男の匂ひ」が想起させられて「ぞつとした」。すると、彼女は「刃を握つて何かに立ち向かひたい様な心持」に陥り、しかも「昨夜からそんな心持に、幾度自分の身体を掴みしめられる」。無論これは昨夜の性行為から生ずる「心持」であろう。次の出来事は非常に興味深い。

この「心持」に駆られ、ゆう子は突然「憎ひもののやうに」金魚をつかんで、その目をピンの先で突き刺し、そして自分の人差指の先をも突く。死んだ金魚を庭に放り投げた後、ゆう子は部屋に戻り、泣き続ける。

> 泣くだけ泣いて、涙が出るだけ出て、蓮華に包まれて眠るやうに花の露に息をふさがれて死ねるものなら嬉からう。涙の熱さ！ たとえ肌がやきつくす程の熱い涙で身体を洗つても、自分の身体はもとに返らない。もう旧に返りはしない。(pp. 190,191)

突然現れる金魚殺しの残虐なシーンに、戸惑いと驚きを覚える読者は少なくないだろう。なぜゆう子は金魚の目を突くのか。換言すれば、金魚を突くことは果たして何を意味しているのか。

「生血」についての既往研究では、金魚の象徴性に関して諸説が見られる。そのうち代表的なものと言えば、「金魚＝男」というフェミニズム的捉え方が最も多く挙げられる。例えば、長谷川啓は「男の匂いを発する金魚は男の形代として刺された」と主張し、「男への憎しみ」を強調している㉓。黒澤亜里子はゆう子の金魚殺しの行為から「新しい憎悪」を、つまり個個の男性にではなく、「抽象的な男」そのものに対する新たな質の憎しみを発見している㉔。他にも、さらに明確的に「生血」を「フェミニズムのテーマというべきThe personal is politicalという概念をみごとに形象化した作品」だと主張す

㉓ 長谷川啓「作品鑑賞」、今井泰子、渡辺澄子等編『短編女性文学近代』、桜楓社、1987年、pp. 53。

㉔ 黒澤亜里子「近代日本文学における《両性の相剋》問題——田村俊子の「生血」に即して」、脇田晴子、S. B. ハンレー編『ジェンダーの日本史』(下)、東京大学出版会、1995年、pp. 259-290。

る根岸泰子の論文においては、ゆう子の金魚を目刺す行為が、男女の「支配と屈従という力関係」に於ける「女性の反発と抵抗の象徴」と見なされている[25]。

しかし、これらの意見に対し、どうしても拭い去ることができない疑問がある。小説には、金魚を目刺した後、ゆう子はまたピンで自分の人差指を突いたという描写がある。この記述は決して簡単に見逃すことができない。もしゆう子の金魚を突く行為を男への「憎悪」もしくは「反発・抵抗」と理解するならば、自分の指を突くという自虐的行為を、如何に理解すればいいか。

前述の諸意見と視点を異にする論説は鈴木正和の論文に見られる。氏は金魚を突くゆう子の行為を、実際は「自分自身の「汚れ」た「身体」に対する釈然としない不安定な心持」を突いていたのだと解釈し、また、ゆう子が自分の人差指を刺す行為については、「ゆう子は自身の「汚れ」た「身体」へと、その「憎」しみの刃を突き刺していたのである」と説明している[26]。一言でいえば、つまり男への憎悪より自分の汚れた身体への憎悪がゆう子の行為の導火線なのである。同論文からゆう子の「汚れ」意識の根源を一層深く追及していくと、「〈結婚〉以前に性交渉を行ってしまったこと」が呼び起した「罪意識」にあることがわかる。具体的に言うと、それは「〈明治〉という時代状況の文脈」から、「女としての社会的規範の内側から、それを破ることへの罪意識」だと鈴木正和は論じている[27]。

以上は簡単ながらいくつかの先行研究を考察したが、「生血」に於ける＜金魚を突く＞ことの意味は極めて曖昧不明であることが明白である。無理にそれを究明しようとしても水かけ論になってしまうだけであろう。ここでは、筆者はやや争論の焦点をずらし、新たな議論の空間を拓きたい。というのは、＜貞操・処女性＞の視点から詳しく検討を加えたいからである。

ゆう子の回想から、男と初めての性行為があったこと、なおかつそれは明かに後の一連の行動へ導いた原因であることを先ず確認しておく。また、男性不在という状況設定により、宿屋という空間はもはや「初体験」[28]から派生するゆう子の心理的空間となっている。この空間に充満する初体験にもたらされる心理的影響はいかなる質のもの

㉕ 根岸泰子「「青鞜」における「私的領域」の意味」、『国語と国文学』、東京大学国語国文学会、2003年11月号、pp. 80,81 参考として原文の一部を引用する。

…私が強調しておきたいのは、「生血」というテクストがまさに女性性の顕示とないまぜに、「刃を握つて何かに立ち向かひたい様な心持」という強烈な反抗心を描いたという点だ、女性の自我が男性との関係性、特に恋愛というきわめて私的な関係性の中で支配と屈従という力関係が作用した瞬間をとらえ、それに即応させてテクストの中の女の反発と抵抗を、金魚を目刺しにするという行為に象徴させるあざやかな手法は、読者のうちに男女の力関係(繰り返すがとくに恋愛という関係性のなかで)の中で屈従せず抵抗する女というイメージを焼きつける。「生血」はまさにフェミニズムのテーマというべきThe personal is politicalという概念をみごとに形象化した作品だった。

㉖ 鈴木正和「彷徨する＜愛＞の行方——田村俊子「生血」を読む」、『近代文学研究』、1996年2月号、pp. 4。

㉗ 前掲論文、同誌 pp. 11。

㉘ 「初体験」という言葉は一九七〇年前後に流行した語で、「初めての性体験を表す言葉」として使われていた。詳しくは吉澤夏子「性のダブル・スタンダードをめぐる葛藤」(青木保、川本三郎等編『近代日本文化論 8 女の文化』、岩波書店、2000年、pp. 202－225)を参照。本論文では＜初の性体験＞の意味として援用する。

であろうか。果たしてそれは鈴木が後述するように、「女としての社会的規範」を破ったことから生まれた「罪意識」というものであろうか。筆者はやはり疑問を感じずにはいられない。次は「生血」が書かれた明治末という時代背景の下で、＜貞操・処女性＞および＜処女喪失＞ということは女性にとって何を意味するかを考察していきたい。

同じく「生血」を掲載した女性誌『青鞜』に於いて、のちに貞操・堕胎・売春を巡る三大論争が行われていた。ここでそのうちの「処女論争」に注目したい。牟田和恵は「戦略としての女——明治・大正の「女」の言説を巡って」[29]という論文で、この論争によって表わされた言説を詳細に考察し、「当時の最も先進的な女性たちが抱くに至っていた「処女」観念の構造」を明らかにさせている。同論文では、明治末年から大正初期にかけて、「処女」という語はもはや「現代的な意味合いに変化するとともに、女性の一生や人生に於けるキーワードとして登場する」ことを指摘し、当時先進的な女性が抱いた処女観念の構造を、「自我に目覚めた女性たち自身」が「自我・自己確立の手段として」、「自らのセクシュアリティ」にはめた「厳しい枷」という面から捉える氏の議論が非常に興味深い。参考としてその一部を次に引用する。

> 彼女たちのこうした処女・貞操観念は、強烈な自我の観念に裏打ちされている。彼女たちは、旧来の貞操の思想、つまり…家や夫のために守られるべき貞操という考え方を捨て、自らのセクシュアリティが他者の所有物であることを敢然と否定する。…彼女たちは処女を「かけがえのない尊い自己」と規定し「飢えて死んでも私は私を生かさないではおかない」「私は私である」、「ただ一つの残している所有物のその貞操」、「自己の所有」と、自己のものとして、自我のためにこそ、貞操を守ることを宣言する。これらの「新しい女」たちにとって確かに、貞操・処女は女性自身のものと自覚された清新な意味を持っている。[30]

上の引用文から、この時代になって女性の処女意識は大きく変容したことがわかる。つまりは、当時の時代を先駆ける女性たちにとっての＜処女性＞は、もはや家父長制の下で旧道徳が女性に強要し、彼女たちを束縛する道具ではなくなった。まさに彼女たちが持っている処女意識は「制度上の押し付けや教育によるイデオロギー」を離れ、「自我に目覚めた女性たち自身の、自我・自己確立の手段として進展していく」ようになったのである。[31] とはいえ、具体的な言説を考察すると、またそれぞれの違いが見られる。

㉙ 牟田和恵『戦略としての女——明治・大正の「女」の言説を巡って』、井上輝子、上野千鶴子等編『日本のフェミニズム3 性役割』、岩波書店、1995年、pp. 29－56。

㉚ 前掲論文、同書 pp. 48－49。

㉛ 牟田和恵『戦略としての女——明治・大正の「女」の言説を巡って』、井上輝子、上野千鶴子等編『日本のフェミニズム3 性役割』、岩波書店、1995年、pp. 45。

例えば、平塚らいてうが「処女の真価」[32]という文章に書いたように、「貞操・処女性」は「どんな無智な無自覚な女性の頭にでも漠然とはいっている在来のいわゆる婦人道徳観念中の一つ」でなくなり、「自己の所有である」ことにほかならない。さらに「この処女を犯そうとするものがある時、最後までこれと戦うのは、自己の生活の権利を主張し、自我の欲求を尊重する婦人にとってはなおさら当然の行為でなければならぬ」というふうに、<処女性>はそれまでの道徳規範や外的権威から女性の「自我」にかかわる自律的な意味へと転換したのである。

それに対し、与謝野晶子は「私の貞操観」という文章に於いて、自身の貞操に対する態度を明確に示している。氏は自分が貞操を保つ最大の理由として「「純潔」を尊ぶ性情」をあげ、従って「純潔な肉体は、自分の純潔な心の最も大切な象徴として堅く保持したい」、「自分の肉体を清らかに保つのは自分の心の象徴だとして、何よりも先ず自分のために尊重する」[33]などと述べている。さらに「貞操は道徳以上に尊貴である」というタイトルの評論感想に、「私の貞操は道徳でない、私の貞操は趣味である、信仰である、潔癖である」[34]と言い切る。一言でいえば、与謝野晶子にとっての<貞操・処女性>は「自分の」身体と心の「純潔性」にあると言えよう。

以上の平塚らいてうと与謝野晶子の言説に見る処女意識はやや次元が違うにもかかわらず、いずれも自律の意味に満ちた、いわば「外圧的貞操」と対照的に「自動的貞操」を掲げる女性の自我意識につながると言えよう[35]。これは当時のいわゆる「自我に目覚めた」女性たちの間の共通の観念である。しかし、これはまた牟田氏の指摘通りに、

> こうした女性たちの強烈な自立と自我の意識ゆえに、処女や貞操は女性の自我・自己の確立手段として、拠って立つ最重要のすべであるとまでに観念される。その結果として、今度は逆にそれは女性のセクシュァリティを女性自身から疎外するものとなり、再び女性にとっての重荷、抑圧となる。[36]

旧道徳を打破する意味では、処女意識の変容が女性史上で大きな進歩を遂げた一方、結果的に却って再び女性を内面から呪縛する枷となり、一種の女性から女性自身への抑圧の存在となった。このように、明治末から大正初期へ、イデオロギーとしての貞操・処女性が女性のアイデンティティへ変遷したという意味深い変化に注意を払わね

---

[32] 平塚らいてう「処女の真価」、『平塚らいてう著作集第 2 巻』、大月書店、1983 年、pp. 53 - 60。

[33] 与謝野晶子「私の貞操観」、『定本与謝野晶子全集第十四巻』、講談社、1980 年、pp. 379, 381。

[34] 与謝野晶子「貞操は道徳以上に尊貴なものである」、『定本与謝野晶子全集第十五巻』、講談社、1980 年、pp. 139。

[35] 与謝野晶子「私の貞操観」(『定本与謝野晶子全集第十四巻』、講談社、1980 年)pp. 371。氏の文脈では、歴史上、「女子が自動的に多くの男子と接することを嫌う」思想が萌芽で、自らが自らに対する倫理・要求は「自動的貞操」であり、一方では、父権の下で社会・男性が女性に押し付けた要求は「外圧的貞操」であると理解できよう。

[36] 牟田和恵『戦略としての女——明治・大正の「女」の言説を巡って』、井上輝子、上野千鶴子等編『日本のフェミニズム 3 性役割』、岩波書店、1995 年、pp. 50。

ばならない。まさにこのような背景の下で、女性の＜処女喪失＞をテーマとする「生血」が書かれたのである。

上の議論を踏まえて改めてゆう子の行動を分析してみよう。昨夜から「刃を握つて何かに立向かひたい様な心持」がいつまでも解けない理由は、＜初体験＞を経て貞操を奪い取ったものへ憎悪であろう。無論それは相手の「男」である。したがって金魚の生臭い匂いが「男の匂い」を想起させると、彼女はこの思いに駆りたてられ、金魚の目を突いたのである。しかし「何か」という言葉からも察せられるように、具体的な男や「安芸治」ではないようである。冒頭部の朝の描写からわかるように、ゆう子は昨夜の出来事にまだ十分明晰な認識を達していない。換言すれば、彼女は自分がもはや処女でなくなったことに対してまだ実感を持っていない。無意識にもそれを確かめるかのように、ゆう子は自分の「汚れた身体」即ち処女性を失った身体（指）を突いたのだろう。そして傷づいた指を口に含んで泣きながら、「自分の身体はもとに返らない。もう旧に返りはしない」や「毛孔に一本々々針を突きあして、こまかい肉を一と片づゝ抉りだしても、自分の一度侵つた汚れは削りとることができない」(pp. 191)と、初めて＜処女喪失＞のことが確認できるようになった。しかも処女性を失ったことは、彼女の心にトラウマをもたらしたことがわかる。この意味では、鈴木氏の言うゆう子の「汚れ意識」とは、社会的規範を破ることが生じた外的な「罪意識」より、むしろ内面的な自我意識に基づくものではないかと考える。

ここまでの分析はあくまでも推測の域を出ないが、「生血」を読み解くための一つの視点として提起しておいた。次節では、続けて＜貞操・処女性＞を巡りつつ、この作品の二章を考察してみよう。

1.2　＜女の生血を吸う蝙蝠＞の正体

時は朝から真昼へ、場所は私的空間の〈宿屋〉から公的空間〈町〉へ移行していく。閉ざされたゆう子の心情は今度は「真昼の炎天」にさらされるようになる。状況設定から見ると、いわば貞操を失ったゆう子は、自分の内面と向き合う宿屋を離れ、はじめて外界と接するようになるのである。歩きながら考え続けるゆう子の心境は、外界の環境からの影響による動揺の波紋として描かれる。

炎天の下で、「強烈な日光」に照らされてゆう子と安芸治は無言のままで歩き続けている。ゆう子の観察では、二人の着物は「皺だらけ」となり、「白い足袋はもう乾き切つた埃で薄い代赭色に染ま」り、「やくざな恰好をして」いる。暑苦しさと目眩しさの中で、ゆう子の心の内は焦躁と不安定が満ちている。

> 「もう別れなければ。もう別れなければ。」
>
> ゆう子は幾度も然う思つた。男と離れて、昨夜の事を唯一人しみじみと考へなければならないような焦つた思ひもする。けれどゆう子はどうしても自分から男へ口がきけなかつた。両手も両足もきつい鉄輪をはめられたやうに、少しも身体が自由にならなかつた。(pp. 193)

「昨夜の事」とは無論安芸治と性関係を結んだこと、つまり前文で分析した＜処女喪失＞のことである。いらいらするゆう子の気持ちは宿屋の時の延長と言える。「もう別れなければ。もう別れなければ。」というゆう子の心の声からも察するように、「女の性交渉が、結婚という社会的規範の中でいかに拘束されていたのか」[37]と判定することはできないだろう。ゆう子には、結婚と結びついた明治期の性規範に縛られる姿勢がどうも見えない。なぜかと言うと、ゆう子には昨夜のことについて、安芸治と相談したり、二人で解決法(例えば結婚)を考えたりする気配はみじんもない。その反面、彼女はそれを全く自分自身の問題として一人で考えている。寧ろ男と相談するよりも、男から離れて一人で考えることを望むのである。にもかかわらず、ゆう子は一人になって考えなければと思いながらも、「両手も両足もきつい鉄輪をはめられたやうに、少しも身体が自由にならなかつた」のは、なぜだろうか。ゆう子を束縛している「鉄輪」とは、＜男＞なのだろうか[38]。それとも「男」が象徴する家父長制社会の旧道徳や社会的規範なのだろうか。いずれでもないようである。これまでの分析からわかったように、＜男＞や社会的規範などの外的存在より一層根本的な原因は女の内面にあるに違いない。ゆう子の身体と意志をはめる「鉄輪」は、ほかではなく、まさに女の自我にかかわる＜貞操・処女性＞の鉄輪である。この鉄輪から逃れることができないゆえに、ゆう子は「少しも身体が自由にならなかつた」のであろう。

それから、「自分に蹂躙された女が震へてゐる。口もきき得ずにゐる。さうして炎天を引きずり廻されてゐる。女は何所まで附いてくるつもりだらう。」(pp. 193)と、ずっと黙っている安芸治がそう考えているのではないかと「ゆう子は不意と思つた」。これは安芸治の心理を推測するというより、むしろゆう子は、男の目を通して自らの姿を冷眼視しつつ皮肉っているのである。というのは、自らの意志で行動するはずの身体は、男に附いて歩くことに、ゆう子は従属状態に置かれている自分の情けなさと惨めさを感じたのであろう。しかし、ゆう子は依然として別れの意思を伝えずにいる。＜処女喪失＞ということを確認できて以来、ゆう子の行動は、＜金魚を突く＞という積極的な行動から、黙って＜男に付いて歩く＞という消極的な行動へと転換した。この成り行きから、ゆう子の場合は＜処女喪失＞が＜主体喪失＞という結果を招いたと言えよう。

それからゆう子には、次のような光景が見えてくる。それは二人の「雛妓らしい娘」が通ってゆく姿である。彼女たちの「解けさうに透き通つて白白と見える」「細い頸筋」と「真っ白な素足」を、そしてその「美しい初々しひ姿」を「しみじみと眺め」、ゆう子は「羨ましかった」。ここの暗示性に満ちている「白」という色に注意すべきである。二章の冒頭部で細かく描かれた、ゆう子の足袋の「薄い代赭色」と、ちょうどいい対照を成し

㊲ 鈴木正和「彷徨する＜愛＞の行方——田村俊子「生血」を読む」、『近代文学研究』、1996年2月号、pp. 8－9。

㊳ 黒沢亜里子「近代日本文学における《両性の相剋》問題——田村俊子の「生血」に即して」、脇田晴子、S. B. ハンレー編『ジェンダーの日本史』(下)、東京大学出版会、1995年、pp. 276。原文は「女は「両手も両足もきつい鉄輪をはめられたやうに、少しも身体が自由にならな」いのみならず、みずからの思考もみずからを「蹂躙」した男に束縛されているからである。」。

ている「白」の色であるが、それはまるで純潔・無垢の象徴であり、埃で汚された「代赭色」が象徴する「汚れ」の反面である。ゆう子が羨ましいのは、実は「白」が象徴する＜処女性＞そのものではないかと推測できよう。

山崎真紀子は「自分の身体を「汚れ」たものとして受け止めているゆう子には、聖なるものはすでに失われてしまったものとして映るのだ」[39]と述べている。このいわゆる「聖なるもの」とは、「白」が象徴する＜処女性＞と考えられる。これを失ったゆう子は、雛妓の初々しさを羨ましがっていると同時に、「自分の身体を誰かに摘みあげて抛り出してもらい度いやうな」自暴自棄な感情に満ちる。さらに「町」という公的空間に於いて、彼女は「卑しい表情で自分たちを見て行く人と、今の自分と云ふものの上とにそれ程の隔たりがあるやうに思へなかつた」(194 - pp. 195)。その理由は「どうせ自分は、その人たちには珍しくない矢つ張り腐つた肉に包まれてるやうな人間だ」(pp. 195)からのように、群集の中にいるゆう子は、すでに自分が聖なるもの＜貞操・処女性＞を失ったということを再確認したわけである。

ゆう子は安芸治に付いてある玉乗り小屋に入る。安芸治と二階に座り、ゆう子は男の子と女の子の演技を眺める。しかし玉乗りをしている四五人の女の子を見て、「その白粉のついた小さい耳のわきがゆう子は悲しかった」というふうに、やはりゆう子は絶えず自身のことを考え続けているのである。途中、ゆう子は安芸治を離れて、後ろの高い所へ行って座る。

ゆう子は、演技をする一人の女の子に注意を向けた。それは、「浅黄の袴をはいた振袖の娘」である。

> その娘は台の上に仰向に寝て足の先で傘をまわいた。真つ白な手甲が細い手首を括つてゐた。台の両脇に長い袂が垂れてゐた。窄んだ傘を足でひろげて傘のふちを足に受けてくるくると風車のやうにまわしてまわしぬく。その脛当ても真つ白かつた。そうして小さな白足袋――浅黄襦子の男袴が時々ひだを乱して、垂れた長い袂が揺れる。その時の下座の三味線の、糸を手繰つては縺らせ、縺れらせては手繰りよせるやうな曲がゆう子の胸をきつと絞つた。
>
> （中略）
>
> ゆう子は倦みつかれて自分の身体が汗の中へ溶け込んでゆくやうな気持がした。自分は何か悲しまなければならないことがあつたのにと思ふそばから、
>
> 「何うにでもなれ。何うにもなれ。」(pp. 196,197)

ここの「男袴」という描写に注目する研究者が多い。例えば鈴木正和は、「娘の身体を覆う「男袴」の存在」から「男と女の〈性〉を取り巻く社会の上一下関係の様態」[40]と述

[39] 山崎真紀子『田村俊子の世界――作品と言説空間の変容』、彩流社、2005年、pp. 137。

[40] 鈴木正和、「彷徨する＜愛＞の行方――田村俊子「生血」を読む」、『近代文学研究』、1996年2月号、pp. 11。

べ、黒澤亜里子はそれを「一種の「男装」という性の転倒」[41]と見なしている。仮に「男袴」を一種の暗示とすれば、それを穿いた娘がまるで「男」に束縛されている存在となる。このことがゆう子の目に映ったということは、一層ゆう子の心理の葛藤を反映している。というのは、ゆう子は男袴に覆われる娘の存在から＜男に付いて歩く＞自らの境遇を想起する。即ち＜主体喪失＞の状況をその娘に重ねて見ているわけであろう。

そのほかに、ゆう子が特に関心を示したのは、その娘の「真つ白な手甲」や「白足袋」や「真つ白かつた」「脛当て」である。ゆう子の目にとまっているのは、やはり「白」が構築する無垢な世界である。この世界は処女性を失ったゆう子にとってはもはや無縁な世界となっている。従って、この「白」の世界はゆう子の気持ちを触発刺激し、彼女を悲しませるのである。すると、自分の身体は「旧に返らない」とつくづく考えているゆう子は再び自棄な感情に沈んでいく。

そもそも玉乗り屋という空間の設定は大変興味深いのである。ここでは舞台と観客席とは二つの世界に分け隔たられる。ゆう子の目を通してみれば、一方では舞台上はきれいな服を着て演技をする子供たちの無垢の世界であり、他方では、観客席は「蒸すやうな、臭い空気」が溢れ、汗まみれの観客が群集している俗の世界である。いわば舞台の上と下は、ちょうど聖と俗、浄と汚れの二項対立の構図を呈している。回りの臭気に囲まれ、身体が汗へ溶け込んでいくゆう子はまさに後者の世界に居る。この空間の構造自体はゆう子の＜処女喪失＞がもたらす＜聖から俗へ、浄から汚れへ＞と転じることを暗示しているのではないかと思われる。同時に、ゆう子の気持ちを誘起しやすい環境設定ともなっている。これはまた前述の「町」という空間の設定に通底するのである。「何うにでもなれ」という自暴自棄な感情は、町の群集の中を通るゆう子が、自分と周囲の「卑しい表情」の行人とそれほど隔たりがないと感じている心情とも通底するのである。

蒸し暑い臭気に囲まれつつ複雑な心情に追い詰められたゆう子は、ふと「羽叩き」のような音が聞こえ、振り返ると「大きな魚の尾鰭のやうな黒いものの動いてるのが目につ」き、じっと眺めたら、「それが蝙蝠の片々の翼だと知れた」。ゆう子は安芸治の傍へ駆け寄り、「身体の血が冷え付いた」ほど驚きながら、再び見たらもう黒い翼は見えなくなった。残ったのは夕暮れの薄黄い日差しだけだった。幻覚のような光景が一瞬現れてすぐ消え去っていく。

その後ゆう子と安芸治は小屋を出る。二人は又歩き続ける。途中ゆう子は帰りたいという意思を伝えたが、また安芸治の沈黙に抹殺される。一度食事をしてから、二人は再び歩きはじめる。そして作品は結末を迎える。

> ゆう子はもう、自分の身体を男が引つ抱へて何所へでもいいから連れてつて来

[41] 黒澤亜里子「近代日本文学における《両性の相剋》問題——田村俊子の「生血」に即して」、脇田晴子、S. B. ハンレー編『ジェンダーの日本史』(下)、東京大学出版会、1995 年、pp. 277。

れればいいと思ひながら砂利置場の杭へよりかゝつた。

「蝙蝠が、浅黄襦子の男袴を穿いた娘の生血を吸つてる生血を吸つてる——」

男に手を取られてはつとした。その時人差指の先きに巻いてあつた紙がいつの間にか取れてしまつたのに気が付いた。生臭い匂いがぷんとした。(pp. 199)

上の引用文は作品の最終部である。男と別れられなかったゆう子は、さらに自分の身体に対して自暴自棄の態度を示している。浅黄襦子の娘と蝙蝠は彼女の潜在意識から離れず、ここで重なり合い、「蝙蝠が娘の生血を吸っている」という幻覚を醸成して浮かべあがるのだろう。さらにゆう子は安芸治に手を取られた時に、指の傷口に巻いた紙がとれ、一日にわたって経験したすべてのイメージは幻覚と匂いという形で瞬間に湧き立った。これはまさに「金魚の眼を指した時に傷つけた自分の指と、金魚の生臭い匂いと、男の匂い、このばらばらだった諸要素が、一挙に一つの世界を構築していく一瞬を迎えたのであった。」[42]ここで作品はクライマックスに達している。

ここに登場した<蝙蝠が女の生血を吸う>という不思議な幻の情景は、何を暗示しているのだろう。その背景には、<処女喪失>がもたらした心理的影響がゆう子の中に潜在しているに違いない。すでに前文で分析したように、ゆう子は<男に付いて歩く>自分の状態を、意識的に考えているのである。また、彼女は一人になって考えようと焦ったのである。しかし、別れようとする意志を最後になっても伝えなかった。安芸治に手を取られた時に、突然蝙蝠が女の生血を吸う幻覚を見たということは、まさに自分が置かれている<主体喪失>の状況と重ねていたからである。「生血」とは生きている女の血であり、女の生と自我の象徴と言えよう。その女の生と自我を脅かしている「蝙蝠」という恐怖な存在は、むしろゆう子の内部にあると言えよう。

田村俊子の「生血」は、初めての性行為を経験した女性の彷徨の一日を描く作品である。前にも述べたように、田村俊子文学の中心テーマとしてしばしば「両性の相剋」が挙げられるが、「俊子文学に於ける「男女両性の相剋」のテーマはこの「生血」に始まる」[43]との指摘もある。「生血」はゆう子と安芸治という一対の男女を主人公と設定している。一見男女の力関係の面に於いては、ゆう子を連れて歩く安芸治は路線設定の主導的存在に見える。逆に言説の面を見てみれば、まさに山崎真紀子が指摘しているように、「作品の登場人物はゆう子と安芸治であり、作品自体がもともと限定された言説空間なのだが、その限られた空間の中でさらにゆう子に焦点を絞り、徹底的に男性側(安芸治)の言説を捨象している」[44]。終始ヒロインの目を通して語っているこの作品は、女性言説が絶対的である。実際に決して「生血」に限らず、「男性言説の捨象」とは田村俊子の多くの作品に見られる大きな特徴である。従って、俊子文学のテーマ「両性の相剋」を語る時に、男女両性は常に非対称的な位置に設定されているということ

---

[42] 山崎真紀子『田村俊子の世界——作品と言説空間の変容』、彩流社、2005年、pp. 144。

[43] 長谷川啓「解題」、『田村俊子作品集』(第1巻)、オリジナル出版センター、1987年、pp. 443。

[44] 山崎真紀子『田村俊子の世界——作品と言説空間の変容』、彩流社、2005年、pp. 145。

を念頭に置かねばならないと考える。

作品「生血」の中核を成しているのは、＜処女喪失＞が引き起こしたヒロインの心境変化である。さて、この＜処女喪失＞のテーマは、女性の＜個＞の意識にどうのように関わっているのか。

先ずこれまで検討してきたゆう子の心理と行動をまとめて整理してみよう。全体的に見れば、＜処女喪失＞が彼女に二種類の感情をもたらしている。その一つは＜汚れ＞への恐怖で、もう一つは、＜主体喪失＞への不安である。前者は主として金魚の目と彼女自身の指を突くことや、「白」への憧憬、時に現れる自暴自棄の心理などに、後者は主に＜男に付いて歩く＞自我の状況を冷眼視し且つ皮肉することや、従属状態から抜け出そうとする苛立ち及び＜女の生血を吸う＞蝙蝠の幻覚などに、それぞれ顕著に表している。この二つの感情が始終彼女の中で錯綜している。これは第一章で提起した、田村俊子作品に於けるヒロインの＜個＞の意識、即ち自我・自立の意識と見事に一致していると言えよう。女性の性を＜個＞と結びつけて取り上げる意味では、「生血」は非常に近代的なテクストであろう。

また、本論文の主張である処女喪失のテーマを男女の次元ではなく、女性自身の意識構造の内部に収斂するという点は、フェミニズム的捉え方との根本的な差異であろう。無論、読み方により、「生血」にはフェミニズム的な要素が含まれていると言えないでもない。しかしながら、「生血」のもう一つの側面を見逃すことは出来ない。即ち＜女＞という要素である。無論、全体から見ても＜処女＞という記号そのものは、＜女＞と切り離せないことは言うまでもない。また、細かい箇所からも摘出できる。例えば、ヒロインのゆう子は金魚の目を突いた後に「泣いても泣いても悲しい」と泣き続けたが、「然し自分の頬をひつたりとなつかしい人の胸に押しあててゐる時のやうな、そんな甘つたるさが涙に薄すりと色を着けてながれる。」(pp. 190)ここの「なつかしい」や「甘つたるさ」という言葉には、一種の異質な感情、即ち官能と愛欲に色濃く染まった女らしい心持が顕わに表現されている。いわば＜処女喪失＞の悲しさ(個意識)を一瞬凌駕した感情の葛藤(女らしさ)が、この一文によって精彩に描かれている。最後の「ゆう子はもう、自分の身体を男が引つ抱へて何所へでもいいから連れてつて来れればいいと思」うというところには、＜個＞の一歩は最後になっても進まず、結局＜女＞に順応するという、ヒロインの無力感が満ちている。この辺は随筆「微弱な権力」のなかに書かれている「けれども私は到底強くなれない女である。一度囚われた手を、何の苦もなしに踏み除けて又旧の囚われのない天地に復ることのできない女である」[45]の文を想起させずにはいられない。

さて、＜個＞と＜女＞の道で彷徨し続けるある未婚の女性をヒロインとする短編「生血」を検討してきたが、次章では、家庭の中の女性をヒロインとする作品「木乃伊の口紅」を考察してみよう。

㊺ 田村俊子「微弱な権力」、『田村俊子作品集』(第3巻)、オリジン出版センター、1987年、pp. 336。

第3章 「木乃伊の口紅」に於ける女性の自我実現と桎梏

大正2年(1913)4月、田村俊子は『中央公論』で中編小説「木乃伊の口紅」[46]を発表した。実際に、この作品は私小説風のものであり、作者自身の結婚生活を素材に書かれた小説である。作品は全部で十四章からなっており、みのると義男という、ある窮迫した生活の底でもがいた一組の夫婦のことを中心に描いている。

田村俊子と松魚との結婚生活では、夫婦二人で絶間なく喧嘩しつつ、争い続けていた。その経緯は、瀬戸内晴美の『田村俊子』に綿密に描かれている。一章のところでは少し触れたように、二人はともに幸田露伴の門下生であった時に知りあったのである。後に松魚はアメリカで七年間の日々を過ごし、帰国後俊子と結婚した。後の八年間にわたる結婚生活のうち、田村俊子は一躍文壇の寵児となり、女性作家の第一人者を誇るほどの全盛時代を迎えた。一方、本来「俊子より早く文学に志し、かつてはじぶんの才能に自負も自信もあった」田村松魚は、彼自身の言葉を借りれば、やがて「文壇の落伍者」となり、「女房の脛を」かじるような存在となったのである[47]。二人の間に、文学上の意見の食い違いや、経済上の困難または俊子の遊戯的恋愛事件などから生じた軋轢を、田村俊子は「女作者」、「木乃伊の口紅」、「炮烙の刑」など一連の作品に描いた。

以下は「木乃伊の口紅」のヒロインみのるに焦点を当て、彼女が夫に頼って生活する一主婦から漸く自我実現していくプロセスを、五つの段階に分けて考察していきたい。

1.1 夫婦間の齟齬——妻としての女性像(1章——3章)

作品の冒頭部では、二階の窓に立ち、「一月初めの夕暮れ」の空を眺めながら、「何所と云ふ当てもなく仕事を探しに出た良人」を待っているみのるの姿が描き出されている。薄暗い日暮れの景色、住宅前の「無数の死を築く」共同墓地、さらに「肋骨の見えた痩せた」飼犬など、みのるの眼を通じてすべてのものが一つの淋しく「蒼白い」世界を構築している。それは夫の帰りを待っているみのるの心情と相呼応する蒼白い世界である。

小雨が降る中、夫の義男が帰宅してくる。持って出かけた原稿をそのまま持って帰り、全く作品が売れなかった義男のことを、みのるは「雨に迷つた小雀のやうに可哀想に」思う。それから、みのるが食事の支度をしている間、義男は横になったままで動かない。

「僕は到底駄目な人間だね。僕にやとても君を養つてゆく力はないよ」と、黙って食事を済ました義男が言う。みのるは返事もせずに、質屋へ行く準備をしはじめる。質屋を出て「浮世の人間並みらしい感じ」がする二人は一軒の洋食屋へ入る。

㊻ 以下「木乃伊の口紅」の引用は、オリジン出版センター版『田村俊子作品集』(第1巻 pp. 307-374)を底本とし、一部の旧字体を新字体に改める。

㊼ 瀬戸内晴美『田村俊子』、講談社、1993年、pp. 333,334。

これまでの筋では、みのると義男が貧しい生活の中でお互いを支え、互いに頼り合ってる極普通な夫婦のように描かれている。しかし次の展開は一転する。洋食屋では、義男の様子を見てみのるは「見つともない」と言って笑う。義男は妻の態度に反感を覚え、以前同棲したある女性のことを思い出す。それは「貧しい時には同じ様に二人の上を悲しんで、そうして仕事に疲れた義男を殆ど自分の涙で拭つてくれるやうな優しさ」(pp. 314)を持つ酌婦の女性である。いわば、彼女は失敗の夫に対して少しも同情心を示さない冷淡なみのるとは、全く対照的な女性である。

続いて義男は、ある雑誌に自分の作品を「陳腐」と評されたことを言い出し、みのるは「仕方がない」と声を出して笑う。妻のこの「軽薄な侮蔑」に、「自分の仕事に自分だけの価値」を感じた義男は腹立たしさを覚え、「あらゆる言葉で目の前の女を罵り尽くしても足りない気が」する。

すると、義男は「価値のない男」を夫にするみのるが「売女より軽薄な女だ」と、自分を貶すことにより、こんな自分の手に養われるみのるを嘲る。さらに義男は「女房を養つてゆくだけの力はない」を理由に、別れ話を言い出す。みのるは、「義男の力が、今まで考えてゐた男と云ふものの力の、層にしたならその一と層にも足りない」という現実をはっきり知っていながらも、「矢つ張りこの力のない男の手で養つてもらはなければならない」と自らの無力さを意識しており、深刻な絶望感を抱いている。

深刻な生活苦に於いて、女は、妻を養う力を持っている夫を求めるのに対し、男は、夫を理解し支えてくれる妻を求めるのであろう。「このような二人の価値観は、一見すると、共通の認識に支えられているように思われる。その共通認識とは、いわば旧道徳のもとで培われてきた男らしさ、女らしさである」㊽。だが、明らかなことに、みのると義男は、お互いが求める理想の相手の図式からだいぶ外れている。従って、夫婦の間に齟齬が生じてくるわけである。これはまた、時代の変動に身を置かれている男女の、新たな現実と残存の旧意識との間に生じた齟齬であるとも言えよう。

これまで見てきたヒロインみのるは妻として、どんな女性像を呈しているのか。一見彼女は、出稼ぎの夫を待ったり、夫が帰ると夕食の準備をしたりする普通の主婦のように見える。にもかかわらず、彼女は夫の失敗に対して「可哀想」に思いながらも、心の底からの同情もなく、始終冷淡ひいては冷酷ともいえる無愛想な態度を示している。その理由というと、先に述べたように、彼女が一定の経済力を義男に求めるからである。この意識は、田村俊子自身の男女観にもつながっていると考えられる。

それは、田村俊子が同年3月号の『中央公論』に発表した「斯くあるべき男」から若干窺うことができる。その一部を以下に引用してみると、

〇自分と婚姻的関係のある女に対する男

物質的に満足させるべきである。共稼ぎを宣言するやうな者は男としての価

㊽ 山崎真紀子『田村俊子の世界——作品と言説空間の変容』、彩流社、2005年、pp. 157。

値の零なことを示してゐる。[49]

となっている。ここからわかるように、俊子自身の考えでも、夫が一定の経済能力を持ち、家族を養うということは、婚姻関係を持つ夫婦のあるべき姿である。おそらくみのるの意識には、俊子自身の男女観がそのまま反映しているのだろう。しかし、この作品の設定では、女は正に経済力に乏しい男に養われる状況に置かれている。義男の罵言にも反撃できず、また自らの経済力の欠如のために一歩も踏み出すことが出来ない惨めな自分の姿に、みのるは絶望の涙を流すしかないのである。

一方、窮乏な生活のなかで繰り返された夫婦間の争いは、時にはそれを傍から冷眼視するみのるの心をかき乱し、感情の起伏を見せている。のちに述べるように二人の創作が時代遅れで、みのるは自分たちを「不仕合せに芸術の世界に生れ合わせて来た天分のない一人の男と女」(pp. 319)だと思うと、男との矛盾を暫時放置し、世間への怨恨と悔しさに燃えている。義男に向かって彼女は次のように言い聞かせる。

「だつて悲しくなるぢやありませんか。復讐するわ。あなたの為に私は世間に復讐するわ。きつとだから。」(pp. 320)

この一言は、世間へ立ち向かうみのるの決意を見せながら、「あなたの為に」という言い方で、またこの段階のみのるに於ける<個>意識の欠乏を漏らしている。では、続けて四章から六章を分析していこう。

1.2 師門からの離脱——新しい道を開こうとする意欲(4章——6章)

春となり、義男は漸く書く仕事をあきらめて就職する。一生懸命働く義男を、みのるは小犬を連れて毎朝停車場まで送る。別れの話も一段落付き、生活は一見平穏に進んでいく。ただし、唯一の変化は、みのるは読書を中心に日々を送り始めることである。

みのるは一日本を読んで暮らした。読書からみのるの思想の上に流れ込んでくる新しい文字も、みのるは自分一人して味はふ時が多かつた。そうして頁から頁への芸術の匂ひの滴つた種々な場景が、とりとめのない憧憬の為に揉み絹のやうに萎えしぼんだみのるの心を静かに遠く幻影の世界に導いてゆく時、みのるは興奮して、その頬を一寸傷づけても血の流れさうな逆上した頬をして、さうして墓地の中を歩き廻つた。(pp. 322,323)

このように、読書を通じてみのるの思想にも徐々に変化が起こりはじめる。現実の生活と藝術の生活をそれぞれ送っている男と女の間では、精神面に於いてさらにずれ

---

[49] 瀬戸内晴美『田村俊子』、講談社、1993年、pp. 314。

が生じてくることは言うまでもない。

この時期に「みのるにも義男にも恩の深い師匠の夫人」が亡くなった消息が届く。葬式に行ったみのるは嘗ての慈愛深い師匠に会い、一晩中過去のことを考え続けている。「師匠の慈愛に甘へて一途にその人を慕い騒いだ」過去の自分の姿を、そして「師匠の手をはなれなければ自分の前には新らしい途が開けない」と考えて師匠から離れることを決意するに至るまでの心境を彼女が思い出す。

実際に、ここの「師匠」とは幸田露伴のことである。宮本百合子は「婦人と文学」という随筆に俊子と露伴のことについて次のように書いている。

> 当時の露伴を文学の世界に於いて客観すれば、既に保守に傾いていた作家である。俊子の天分を評価することから、却って彼女に月刊雑誌をよませず、古典文学だけを熟読させる、という結果にもなったらしい。…露英も二三年は、一葉まがいの文章でいくつかの作品を書いた。この人は才分ある人なれども、斯の如きものを書くは気の毒なりと鏡花が、評したというのは、この時代のことであった。[50]

周知のように、明治の終わりから大正期に入ると、日本文壇は自然主義と所謂反自然主義（耽美派、白樺派、新思潮派）の文学思潮に席巻され、露伴が活躍した擬古文の時代はもはや過去となった。擬古文で文章を書くことは時代遅れで古臭いと見なされるのも当然であろう。（「木乃伊の口紅」の前文に、義男（田村松魚）の作品が「陳腐」だと批判される原因もこれにある。）それ故、「一葉まがいの文章」を二三年書かされていた俊子は、遂に自分の作風に嫌悪を感じ、「新しい時代に適応する道を見つけることができなかった」[51]露伴のそばを離れることにした。やがて師門から離脱する頃の自分の心境を、俊子がみのるの回想の形で「木乃伊の口紅」に描き出したのである。

しかし、俊子は露伴の門下を出たとはいえ、何も新しい道を開くことはできなかった。最初の二年間、彼女は女優になって舞台に立ったが、松魚が帰国した後、彼と直ちに結婚し、「松魚への愛に溺れて、文学も演劇も、ふっつり断念したふりを装っていた」[52]。「木乃伊の口紅」にも書いているように、「みのるはこの慈愛の深い師匠の傍を長い間離れたけれども、その後のみのるの手に、目覚めたと云ふ証徴を持つた様な仕事は一とつとして出来上がつてはゐなかつた」（pp. 329－330）。師匠に再会したこの夜に、みのるは新しい道を開こうとする昔の自分の信念と、何事も成し遂げなかった今日までの生活と照らし合わせ、理想と現実との巨大なギャップに置かれている自分の状況を悲しみ、いつまでも眠れずにいる。「世間といふものから常に打ち叩かれてゐるようなこの頃」のみのるには、師門を離脱する頃の決心と意欲はすでに何処かへ消えてしまい、ひたすら師匠の温情に甘えた日々がことさら懐かしいのである。

---

[50] 宮本百合子『婦人と文学』、筑摩書房、1951年、pp. 105，106。

[51] 陈德文：《日本现代文学史》，南京大学出版社，1991年版，pp. 29。

[52] 瀬戸内晴美『田村俊子』、講談社、1993年、pp. 122。

ちなみに、日本では明治 44 年(1911)にイプセンの名劇「人形の家」が公演され、大きな社会反響を呼んだ。同劇は「同時代読者からも女性解放思想を盛り込んだ作品として認知されている」[53]という。ヒロインノラの人物像は目覚めた＜新しい女＞の象徴として当時の先進的女性に絶賛されていた。翌年 1 月号の『青鞜』でも附録の形でノラ合評を行った。社員のほとんどは「人形の家」に共感し、ノラ肯定宣言を発するのに対し、平塚らいてうのみは懐疑と失望の意を表した。彼女は「ノラさんに」という手紙の形で自らの感想を述べている。

> 「(ノラ)あなたの響かせたドアの音は、全く威勢がようございました。しかし一歩踏み出した戸外はあなたにとっては真っ暗でした。西も東もわかりませんでした。あなたの足取りは見ていても危っかしい」と、ノラの家出後の運命を危ぶんでいます。つまり、家出をするノラの自覚というものが、次元の低い安易なものであるから、真の自己の発見から生じた行動ではない。ノラは、まずなによりも自己の内部に徹して、その自覚が本物になってこそ、真の人間としての自由も独立も得られるのだということで、中途半端な自覚(?)から家出するノラを、危ぶんでいるのでした。[54]

＜ノラの家出＞はノラの本当の自覚から生じた行動であるかどうかを懐疑的に思いつつ、家出後のノラの運命に懸念を抱いているらいてう独特の見解である。師門を離脱したみのるはまさに一人の＜ノラ＞であろう。＜個＞の実現を求めて自ら師門を出るみのるの信念は、家出を選んだノラのそれに通底していると言えよう。

イプセンは「人形の家」で、ノラの家出後を書いていないが、「木乃伊の口紅」では、俊子はみのるが師門を出た後の境遇を冷酷な筆致で描いたのである。自立を支えるだけの力さえ持っていない女性は、たとえ＜人形の家＞から抜け出したとしても、結局のところは別の＜人形の家＞に入ってしまうに過ぎない。これはノラの必然の運命であり、またみのるの現実の境遇である。しかし、みのるの中にあった自我の道を追求する意欲は、後の＜個＞の実現につながる不可欠な心理要素であると考える。この意味では、＜師匠夫人の死＞という一見無関係なエピソードは、まさに田村俊子が敷いておいた伏線であろう。[55]

---

[53] 佐光美穂「〈新しい女〉に見る表象＝代表の政治学 |近代劇を巡る書く女と演じる女」、飯田祐子編『「青鞜」という場:文学・ジェンダー・〈新しい女〉』、森話社、2002 年、pp. 105。

[54] 平塚らいてう『元始、女性は太陽であった』(下巻)、大月書店、1971 年、pp. 352。

[55] 片岡良一は「田村俊子の生涯」(『日本文学全集 70』、筑摩書房、1957 年、pp. 385)に於いて、「わずかに描きこまれている女主人公の師匠——たぶん露伴であろう——の細君の死なども、単に女主人公夫妻の物質的な窮乏を語るためのキッカケとして用いられているだけのもので、それが他のもう一つの夫婦関係だというほどの意識を以てさえ、取り扱われてはいないのである。」などと述べて居る。氏は＜師匠夫人の死＞というエピソードから新たな人間関係の展開につながっていないことを残念に思うようである。本論文ではこのエピソードの意義は他にあると考える。具体的に言うと、師匠との再会により、みのるの回想が触発されるという筋が自然に展開していく。その回想から、みのるにはすでに自我実現の意欲があった、つまり後文の＜個＞の実現に至る重要な心理的条件を備えているということが窺えよう。

1.3 小説応募——芸術と現実の狭間にて(7章——8章)

その後、みのると義男の生活は全く反対な方向へ進んでいく。みのるは絶えずに白百合の花を家に飾ったり、頻りに髪結いのところに通ったりし、美的な生活を求めている。それにひきかえ、義男は「何も要らないからせめて理想の家だけは建てたい」と、ひたすら現実的に考えているのである。したがって、二人の意識のずれが次第に拡大していくわけである。そういう状況下、摩擦と争いも現れ始めるのも無論のことであろう。

> こんな日の間にも粘りのない生一本な男の心の調子と、細工に富んだねつちりした女の心の調子とはいつも食い違つて、お互い同士を突つ突き合ふやうな争ひの絶えた事はなかつた。女の前にだけ負けまいとする男の見得と、男の前にだけ負けまいとする女の意地とは、わずかの袖の擦り合ひにも縺れだして、お互いを打擲し合ふまで罵り交わさなければ止まないやうな日はこの二人の間には珍しくなかつた。(pp. 333)

このように、夫婦間の争いと口喧嘩は絶えることなく続いていた。特に読んだ書物に対する意見が食い違った時、二人は「表の通りにまで響ける様な声を出して」深夜まで言い争うことが多い。「智識の上でこの男が自分の前に負けてゐると云ふ事を誰の手によつて証明をして貰ふ事が出来やうか」(pp. 333,334)というのは今のみのるの最大な苦境である。漸くこの苦境を乗り越える転機がみのるに訪れたのである。

ある日、経済の苦しみから抜け出そうとした義男は、地方新聞に載せた小説懸賞の広告を持ち帰ってみのるに書かせる。しかし、みのるは「女の芸術を賭博の様な方へ導く」義男の行動に腹が立ち、断然に拒む。窮乏生活に困りながら、それでも「芸術」を言い張るみのるに、義男はますますしゃくに障る。このように、「全く男の生活を愛することを知らない」女と、「ちつとも女の芸術を愛することを知らなかった」男との矛盾が一気に浮上してくる。大喧嘩の末、みのるは家を出て付近の墓地で夜を明かす。やや長いが、以下は翌朝みのるが家に戻った時の心情描写を引用してみよう。

> さうして、みのるの心はその義男の前にもう脆く負けてゐた。自分が筆を付けると云ふ事が、義男の望む「働き」と云ふ意味になつて、さうして義男を喜ばせる一とつになるならそれは何の造作もない仕事だと云ふ様な、女らしい気やすさにその心持が返つてゐた。
>
> 長い間世間の上に喘ぎながら今日まで何も掴み得なかったみのるの心は、いつともなく臆病になつてゐて、さうしてその心の上にもう疲労の影が射してゐた。みのるは如何程強い張りを持ち初めても、直ぐ暁の星の様にかうして消へていつた。そうして矢つ張り唯一人の義男の情けに縋つて行かなければ生きられない様な自らの果敢無い悲しみを、みのる自身がそばから眺めてゐる様な心の態度で

自分の身体を男の前に投げ出して了ふのが結局だった。(pp. 341)

男の前で「脆く負け」たみのるの心は、直ちに彼女に於ける自己の意志、即ち＜個＞の敗北を語っている。結果として、彼女は、「義男を喜ばせる」ために「義男が望む」ままに働くという「女らしい気安さ」を選択している。なぜなら、師匠の手から離れた時以来、「長い間世間」の波にもまれ、結局何一つ成し遂げることがなかったため、みのるの中にあった＜個＞の種子がついに「臆病」となり、「疲労」してしまい、芽生えできなくなるからであろう。故に、再び身辺の男から離れるというみのるの＜決心＞は、畢竟「暁の星」のように一時的で脆いもので、直ちに消えてしまうのである。一人で生きていく勇気を到底持っていないみのるは、今後も相変わらず男に頼って暮らしていく女の運命に従順するしかないと考えた末、自暴自棄な態度を取っている。＜人形の家＞から脱出するノラの壮挙と思わせるみのるの＜家出＞は、結局「果敢無い悲しみ」のみをもたらしたのである。今度は女が自らの意志で＜人形の家＞に再び入りこむ。

少しまとめてみると、みのるが主張している「女の芸術」は義男が望んでいる「男の生活」に負けると言うより、根本的にはみのるの中の＜個＞は＜女＞に負けると言ったほうが適切であろう。ここからわかるように、みのるには、自己主張と自分の芸術観を貫いてゆく＜個＞の意志やそれ相応の力を、この段階ではまだ備えていないのである。

それ以後、みのるはペンを取り、懸賞小説を書き始める。途中「幾度止そうと」するが、やはり義男の別れ話の前で屈服する。芸術と現実の挾間で、「自分自身を確立し得る力」[56]のない女性は、当然の帰結として男を「喜ばせる」「女らしい気安さ」を選択せざるを得なかったのである。

1.4　女優としての出発——＜自分の芸術＞への堅持(9章——11章)

やがて出来上がった小説を応募に送り、みのるはここ数日の自分の姿を振り返り、「男の姿に追ひ使はれた筆の先きには、自分の考へてゐる様な美しい芸術の影なぞは少しも見られ」(pp. 344)ず、気持ちは失望の淵に落ちる。

ところが、正に意気消沈のこの時期に、みのるの前には新たな道が見えてくる。ある日新聞にみのるの「心にとまった」一編の記事が現れる。それはある新劇団の女優募集の広告である。義男と結婚する前にみのるは既に舞台の経験を持っていたのである。文学の道をすっかり断念したみのるにとっては、演劇は＜自分の芸術＞を成し遂げる唯一の出口だと言ってよい。それで八月の炎天の下を、みのるはさっそく劇団に訪れ、やがて新劇の女主人公を演じることになる。それ以来、みのるは毎日稽古に通うようになる。ところが、みのるは現実の劇団がやはり自分の理想から外れることに気付き、途中でやめようとするが、劇団の方から繰り返し説得され、改めて稽古に出るようになり、遂に舞台へ上がる。しかし上演が終わった後、劇団も解散の運命を迎える。それと同時に、みのるの前に開かれた芸術への道は再び閉ざされるようになるの

---

[56] 山崎真紀子『田村俊子の世界——作品と言説空間の変容』、彩流社、2005年、pp. 172。

である。

この過程から見る義男の態度は、次のような変化が見られる。最初みのるが劇団参加について義男と相談する時に、彼は常収入のある仕事の方がいいと言い、生活の不安からまた世間体のことまで考え、エゴイスティックな心理を示している。それから演劇の稽古に励み、「一日々々と新たな仕事の手順が捗つて行く」みのるの姿を目に映し、義男は「傍で見てゐるに堪えられない」のである。後にみのるは劇団で挫折し、やめようと思う時に、義男は初めに同情の姿勢を示すが、漸くみのるの中途半端な態度に「厭はしく」思うようになる。やがてみのるが舞台に出るようになり、毎晩芝居へ通っていた義男は、大勢の友達に囲まれて容貌の悪い妻を舞台にすることに、「非常な苦痛」を感じている。

それと対照的に、みのるの方の心境変化を見てみよう。男の利己心をすっかり見抜いた彼女は、自らの信念を一層固持するようになり、義男に対して次のように反発している。

> 「（前略）私は私でやりますから。あなたの為の芸術でもなければあなたの為の仕事でもないんですから。私の芸術なんですから。私のする仕事なんですから。然う云ふ事であなたが私を支へる権利がどこにあります。あなたがいけないと云つたつて私はやるばかりですから。」(pp. 351)

引用部は、「私」という自称が六箇所も出るほどの強い自己主張が含まれているみのるの言葉である。「私の芸術」への執着の根底には、自我を貫いてゆくという＜個＞の信念が原動力として支えるのであろう。そのため、これまで義男が持っていた「言説の力」[57]というものを、今度みのるの方が獲得するのである。

これ以外にも、みのるは世間体のことを反対の理由で持ち出した義男には、「ぢや別れたらいいぢやありませんか。然うすりゃあなたが私の為に恥ぢを掻かなくつても済むでせう。」と言い切る。今まで別れ話を持ち出したのはずっと義男の方であるのに対し、「こんな言葉が今度は女の方から出」るということは、二人の間のある状況の転換を暗示している。

劇団に入ってから、みのるは現実の稽古と自分の理想との間にかなり大きなギャップがあることに気付き、それで遂に「自分の最高の芸術の気分をかうした境で揉み苦茶にされる事」がいやになり、諦めようとする。劇団の方から説得を受け、再び舞台に出たみのるは、演技はいい評判を得るが、容貌の面で悪評を招くのである。実際に「みのるは自分の容貌の醜いのをよく知つてゐた」のである。にもかかわらず舞台へ上がるのは、「唯芸術に対する熱」と「そこから火のやうに燃えてくる力」に駆られ立てられるからである。これは正に「私の芸術」を実行していく、言い換えれば、即ち自我実現を目指さんと努力していくという過程に於いて、＜個＞の意識が芽生えてきたからで

[57] 山崎真紀子『田村俊子の世界——作品と言説空間の変容』、彩流社、2005年、pp. 155。

あろう。

劇団の解散により、みのるの＜自分の芸術＞への探求はまた水の泡となる。さきの＜家出＞という行動より一歩進んだ＜演劇参加＞も、結局のところ、自己実現の道を開くことができなかった。とはいえ、この段階に於いて、みのるの中に明かに変化が起きたと考えられる。そもそも義男との喧嘩の末の＜家出＞は、極めて消極的な行動であり、結果的にもその影響は「暁の星の様に」消えてしまうのである。それに比べ、苦労挫折を経験しつつもひたすらに芸術を追求し続けるという＜演劇参加＞とは、明確な個の信念によって支えられ、自我実現の性格を備える意識的に行う行動と言えよう。これは正にみのるの＜個＞の道へ踏み出した第一歩であろう。

1.5　＜木乃伊の口紅＞という夢——＜個＞の実現・＜女＞の桎梏(12章——14章)

演劇が終わって二人の暮らしはますます苦しくなる。義男は妻に仕事を見つけて助力してほしいと毎日繰り返していたが、みのるは「私の芸術」を諦めようとはしない。

> みのる矢つ張りその一縷の光りをいつまでも追つてゐたかつた。遂に自分の手に落ちないものと定まつてゐても、生涯その一縷の光りを追ひ詰めていたかつた。然してその追ひ詰めつつゆく間に矢張り自分の生の意味を含ませて見たかつた。(pp. 364)

みのるにとって、「私の芸術」は「光り」であり、「自分の生の意味」が含まれているものである。しかし現実では、経済力も持たずに、夫に依存していわゆる寄生生活をしているみのるには、ひたすら芸術へ向かって努力することが出来ないわけである。

生活に迫られて途方に暮れた夫婦は遂に別れることを決める。しかし、別れる寸前に、ある予期せぬ出来事が起こる。この前無理に書かされたみのるの小説が入選し、千円という賞金が入る。そのお金で二人は経済の苦しみから救われ、暫く別れずに済む。これをきっかけに、みのるは懸賞小説の審査員の一人、ある権威の評論家のところを訪ね、「その人の口から出た多くの学術的な言葉を一つ一ついつまでも噛んでゐた。」このように、みのるには漸く「私の芸術」という光が見えてくるのである。

みのるは、自分が書かされた懸賞小説に少しも権威がないとつくづく思い、次第に＜自分＞の存在を考え直し、「自分は自分で途を開かねばならない」と感じている。すると彼女は、「神経的に勉強を始め」、義男の存在を「自分の心からまるで遠くなつていつた」もののように顧みなくなる。懸賞小説の入選は、生活にも芸術にも絶望したみのるに大きな希望をもたらしたに違いない。それだけでなく、みのるは「自身の力」を自覚させられたのである。

> みのるを支配するものは義男ではなくなつた。みのるを支配するものは初めてみのる自身の力によつてきた。(pp. 369)

いよいよ小説は最後を迎える。この日、みのるが文学士を訪問した後で家に帰る。その時に義男は二階にいる。この場面は、みのるが二階で義男の帰りを待つという作品の冒頭部分のシーンとはちょうどいい対照を成している。これは山崎真紀子の指摘通りに、「位置関係が作品の最初と終わりでは逆転している」ことは、「義男とみのるに於ける夫婦の力関係の移行を暗示している」[58]のであろう。小説の当選をきっかけに文学の道で自信を見つけたみのるは一歩一歩に「私の芸術」の道を開いてゆく。男に左右されず、自我の意志を貫いていく姿勢を見れば、みのるは漸く＜個＞の実現を果したと言えよう。当夜、みのるは一つの不思議な夢を見る。

> 男の木乃伊と女の木乃伊が、お精霊様の茄子の馬の様な格好をして、上と下とに重なり合つてゐた。その色が鼠色だつた。さうして木偶見たいな、眼ばかりの女の顔が上に向いてゐた。その唇がまざまざと真つ赤な色をしてゐた。それが大きな硝子箱の中に入つてゐるのを傍に立つてみのるが眺めてゐた夢であつた。（pp. 373）

それは「木乃伊の口紅」という作品の題名にもなっている奇異な夢である。夢のことを義男に話し、みのるは「これは何かの暗示にちがひない」と言う。＜木乃伊の口紅＞という夢は一体何を暗示しているのだろう。

乾き枯れた木乃伊の男女は、生活の艱難で苦しんでいる夫婦を象徴していると言えよう。鼠色の木乃伊は、女の方だけが真赤の色の唇を持っている。その口紅の鮮やかな色は、まるで闇の中の「一縷の光」のような存在で、そこには「生の意味」が含まれている。この口紅は正にみのるにとっての＜私の芸術＞の象徴であり、さらに＜私の芸術＞によって自我実現を果たそうとした彼女の鮮明な＜個＞の印と言ってよかろう。こういった木乃伊の口紅は、みのるの＜個の実現＞の暗示と考えられる。

しかしここに於いて見逃せないのは、何と言っても＜女＞を連想させやすい＜口紅＞というイメージ自体の特異性である。そもそも口紅というものは、一般的に女性用の物品と考えられる。真赤な口紅をつけている唇というは、女らしさをたっぷり演出させる、過剰な象徴性を持つ光景である。瀬戸内晴美は「灰色の木乃伊になっても愛欲の型にからみあい、その執着のなまなましさを、木乃伊の口紅の毒々しい真紅の色の幻影として俊子は描かずにいられなかった」[59]と述べている。硝子箱という外界から遮断された愛欲の世界の中で重なり合っている男女の木乃伊は、まるで最後までも別れずに結ばれているみのると義男との夫婦関係の象徴である。懸賞小説の入選は、みのるに新しい芸術の道を開き、自我の信念を確信させるきっかけとなると同時に、義男との「二人の縁をもう一度繋がせる為めの運命の神のいたづら」ともなっている。いわば、「二人の生活はもう直ぐに今までの通りを繰り返さなければならないに定まつて

---

[58] 山崎真紀子『田村俊子の世界——作品と言説空間の変容』、彩流社、2005年、pp. 170。

[59] 瀬戸内晴美『田村俊子』、講談社、1993年、pp. 327。

ゐた」(pp. 369)というみのるの予感は、＜木乃伊の口紅＞という夢の形で表わしている。

実際にこの夢を見たのは、ヒロインのみのるだけでなく、正に作者田村俊子本人でもあろう。田村松魚が書くものとされた「家庭の人としての女史」という文章の中には、家庭生活に於ける田村俊子自身の姿が窺える。やや長いが、その一部を以下に引用する。

> 思想の上では夫婦関係や家庭生活などに些つとも意味を認めて居ないことは、とし子自身の口から時々告白するところに依つて見ても明らかだ。しかし、それでは思想通りにその無意味無価値な家庭生活を捨てゝ、自由にして意義ある生活に入つて行くだけの勇気があるか何うかと言へば、無論さうまで極端な実行の出来る女性ではない。(中略)
>
> それで思想や情緒の上では家庭の人としては随分危険な女性であるとしても、実行の上では稍々分別あり、思慮ある健全な婦人である、「人形の家」のノラのやうに、自己の思想なり考へなりを徹底させる為めに、夫を捨て、子を捨て、家を捨てゝ逃げ出すやうなことはない。とし子君は自覚してからのノラが、自覚は単に自覚として、矢張りそれ以前のノラのやうに、夫の世話をしたり、家の面倒を見たりして居るやうな人だ。[60]

＜木乃伊の口紅＞の夢の中に於いて、作者は硝子箱の「傍に立つてみのるが眺めていた」と書いている。それは、みのるが自分の運命を無意識にもはっきり認識していることを暗示しているのだろう。また、それを傍観するみのるの姿は、自らの境遇を冷徹に描いた作者田村俊子自身の姿でもあろう。ヒロインみのるも、作者田村俊子も、自我と自我の芸術に対して強い執着を持ていながら、依然として＜女＞という枠内から脱出できずにいる。口紅は、まるでそういう女性たちのメタファーであろう。

同じようなことは、すでに「木乃伊の口紅」より三か月前に発表された「女作者」という作品に詳しく描かれたのである。女の自我・個の顕示である一方、女らしさを演出する道具として＜女＞という桎梏の象徴でもある＜口紅＞は、いわば＜個＞と＜女＞の二重の象徴性を持つ記号である。この意味では、「木乃伊の口紅」に於ける＜口紅＞は、前章で考察した「生血」に於ける＜処女性＞、または次章で検討する「女作者」に於ける＜白粉＞のイメージにも通底していると考える。

第4章　「女作者」に於ける女性作家の姿

田村俊子の短編「女作者」[61](初出時の原題は「遊女」であった)は大正2年(1913)1月

---

[60] 無名氏「家庭の人としての女史」、『「新潮」評論集』(上巻)、日本近代文学館、1971年、pp. 249。

[61] 以下「女作者」の引用は、オリジン出版センター版『田村俊子作品集』(第1巻 pp. 295－305)を底本とし、一部の旧字体を新字体に改める。

号の『新潮』に発表されたものである。作者自身の実生活の様態を官能溢れる筆致で濃密に描出するこの作品に於いて、＜白粉＞、＜女友達＞、＜亭主＞及び＜書くこと＞という四つの要素が交錯している。以下は二節にわたり、これらの四つの要素を中心に読み解くことを試み、その上で、本作品の中心テーマを究明していきたい。

1.1 ＜書くこと＞に於ける＜白粉＞のメタファー

「この女作者はいつも白粉をつけてゐる。」という「女作者」の有名な一文であるが、この作品に於いて、女作者の日常生活に於ける「お粧り」(ここでは特に白粉をつけること)及びそれと結びついている心理・感情に対し、綿密な描写が行われている。では、女作者にとっての＜白粉＞は果たして何を意味するのかという疑問を、念頭に入れつつ詳しく分析してみると、そこには主に四層の構造が見られる。

一つ目は、自己隠蔽するための仮面としての＜白粉＞である。白粉をつけない時に、女作者は「何とも云へない醜いむきだしな物を身体の外側に引つ掛けてゐる」と感じている。そのため、彼女は「自分の素顔をいつも白粉でかくしてゐる」。従って、女作者には＜白粉＞は先ず醜さや素顔(本来の顔)を隠すための武装の役割を担っていることがわかる。

二つ目は、官能を誘う道具と、女作者の情緒を醸し出す装置としての＜白粉＞である。女作者は顔に白粉がとけた時に、「人知れず匂つてくるおしろいの香」に、「染みついてゐる自分の情緒を、何か彼にか浮気つぽく浸しこんで」いるのである。つまりは、白粉の匂いは嗅覚の機能を通し、ひそかに一種の官能的情緒が醸成されている。また、女作者の好きな人への気持ちを、「おしろい刷毛が皮膚にさわる様な柔らかな刺戟」に譬えるという描写がある。それはいわば白粉をつける過程そのものさえ、官能描写に援用されていると言えよう。

三つ目は、＜女らしさ＞を演出するための道具としての＜白粉＞である。女作者は白粉をつけずにいる時に「媚を失つた不貞腐れた加減になつてくる」のが、「何よりも恐ろしい」のである。一方、白粉をつけると、その匂いに「我れと我が身の媚に自分の心をやつしてゐる」。ここの「媚」とは＜女らしさ＞に当たる女性特有のものと考えられる。従って、白粉を身に付けることにより、女らしさを装うことが成り立つのである。菅原健介によると、化粧を通じて「ひとは自分が演じるべきアイデンティティーを強く自覚すると考えられる」[62]という。ここでは、女作者は化粧で意識的に＜女らしさ＞を演じようとする心理が窺える。

なお四つ目は、＜白粉＞と作品の中心テーマである＜書くこと＞と結びつける女作者独特の体験が興味深い。「この女の書くものは大概おしろいの中から生まれてくる」のであり、また、鏡の前で化粧すると、女作者は「おしろいを溶いてる時に限つて、きつと何かしら面白いことを思ひ付く」のである。さらに書けなくなると焦る時も必

---

[62] 菅原健介「メーキャップとアイデンティティー」、『化粧心理学——化粧と心のサイエンス』、フレグランスジャーナル社、2001年、pp. 156。

ず化粧をする。このように、白粉は女作者の創作と密接に結びつき、創作のインスピレーションを与えたり、創造力を喚起したりする機能を持つのである。その結果として、女作者が書いたものに「いつも白粉の臭みが付いてゐる」のである。つまりは白粉は彼女の書き方、作風にも相当影響を及ぼしていると想定できよう。

以上述べていた＜白粉＞の構造を総合してみると、女作者の日常生活と創作に於いて、「白粉」が非常に複雑かつ重要な意味を持っていることは言うまでもない。特に作家として、＜書くこと＞につながっている白粉の働きは非常に意味深い。

先ず一つ目は＜白粉＞の自己隠蔽という機能は、＜書くこと＞に於いてどのように働いているのだろうか。女らしさをたっぷり演出する一方、女作者は白粉の仮面の下に何を隠しているまたは隠そうとしているのか。次は田村俊子への同時代評の一つを見てみよう。

> 僕が今迄読んで触れた作品に依つて見ると、その底にある女史の生命は、堅い殻を作つて、その中に麻痺して眠つて居る。それが少しも動き、目覚め、働かうとして居ない。で、外から触れるものが少しも、その殻を浸透して、その身体の中に生き、それがその生命の反応を以つて現はれては来ない。[63]

圧倒的に好評を博した田村俊子の隆盛期に於いては相当の酷評と言ってよい水野盈太郎の言葉である。ここの「堅い殻」は、まるで白粉と同じような＜仮面＞の機能を持っていると考える。その下に、女作者の素顔があり、真実の「生命」がある。女作者が苦心して仕上げた＜女らしさ＞のマスクは、外界と真実の自我との間に殻を作り隔てている。これはリベッカ・コープランドの指摘通りに、「化粧は隠蔽の中の自由をこれらの女性たちに許したが、それは時とすると、彼女たちが本当の自分と向き合う障壁になる。」[64]また、「＜告白＞するのは彼女たちの厚化粧の顔にすぎず、作者の秘密の内面が洩らされはしない」[65]のである。それ故、水野が田村俊子の作品を読んで少しも真の自覚を感じず、ただ彼女が「自ら飾らうとして、ふわりと真実の自分でない自分に成つてしま」い、「完全な「女」の盲目の中に居る」[66]と痛感したのであろう。つまりは、女作者＝田村俊子は創作に於いて過剰な女らしさを演出するとと同時に、真の自我を失ってしまったのではないかと、水野が鋭く非難しているのである。

さらに、水野は「女史は平気でこの自然を誘涜し、自らその感情の遊戯、感覚の遊戯の中に彷徨して居るのである」[67]と冷酷に批判している。前文に書いたが、「女作者」の原題は「遊女」である。「当時の文壇社会において俊子が占めた位置は、文字通り「近代

---

[63] 水野盈太郎「田村俊子女史に送る書」、『文章世界』、1914年7月号、pp. 42。

[64] リベッカ・コープランド「＜告白＞する厚化粧の顔——＜女らしさ＞のパフォーマンス」、関根英二編『うたの響き・ものがたりの欲望——アメリカから読む日本文学』、星雲社、1996年、pp. 254。

[65] 前掲論文、同書 pp. 252。

[66] 水野盈太郎「田村俊子女史に送る書」、『文章世界』、1914年7月号、pp. 43。

[67] 前掲文、同誌 pp. 43。

的遊女」であった」[68]という指摘のように、もしかすると、田村俊子は白粉から作品を生み出した女作者の遊戯的な気持ちを、自ら嘲け皮肉って＜遊女＞にたとえたのではないだろうか。

作品の中のあるエピソードに注目したい。創作が行き詰まり状態となった女作者は、遂に亭主の前へ行って泣き出す。そしたら元作家だった亭主は冷淡な口ぶりで次のように言っている。「(前略)何だつて書く事があるぢやないか。そこいら中に書く事は転がつてゐらあ。生活の一角さへ書けばいゝんぢやないか、例へば隣りの家で兄弟喧嘩をして弟が家を横領して兄貴を入れないなんてことだつて直ぐ書ける。」(pp. 299)ここからはわかるように、実際に女作者が苦心している創作は男性作家のそれと根本的に違うのである。つまりは現実の出来事をありのままに書くのではなく、白粉をつけて書かなければならないのである。そもそも＜女作者＞という特殊な呼称は、「「作者」にわざわざ「女」をつけているところを見ると、女を意識した上で創作活動を行っていることがわかる。」[69]。その手段の一つに、「男性作家との差異化の試みとしての化粧」[70]が利用されているのであろう。

光石亜由美は、田村俊子が活躍していた明治末年から大正初年代にかけての時代背景の下で、「＜書く＞ことは白粉を塗ることであり、装うことであり、演技することであり、＜女＞になることであった＜女作者＞の方法は、自然主義の方法のアンチテーゼとして出てくるものである。」[71]と指摘している。具体的に、「化粧、匂い、皮膚」などの身体記号は、「＜女作者＞特有の官能的な表現として機能」する、「男性作家と違うことを示す＜女らしさ＞の記号」[72]であるという。先にも言及したように、＜官能＞は田村俊子の作品の特徴としてよく提示されている。自然主義のありのままの客観描写を異にする彼女の官能描写は、まるで厚化粧を施しているがごとき、本来の素顔を白粉で隠し、女らしい「顔」を作り上げる効果を持っている。いわば創作面に於ける一種の＜女らしさの演出＞といえよう。これはまさに、「化粧という仮面は、彼女たちの書き方そのもののメタファーとして読むべきかもしれない」[73]といった指摘の通りである。

なぜなら、当時の日本文壇では、＜女らしく書くこと＞が女性作家の役割とされていたからである。明治41年(1908)の『新潮』に掲載された小栗風葉らの「女流作家論」の中に、「近来の女流作家と云ふものを見るのに、どうも、女らしい作家が無くて困る。うまい、まずいは措いて、その女らしくない所が気にくはないから、僕なども、今の女流作家の作品は余り読まない。」[74]という論評がある。それは正に文壇から女性作家へ

---

[68] 黒澤亜里子「田村俊子と女弟子——新発見の湯浅芳子日記・書簡をめぐって」、『沖縄国際大学文学部紀要・国文学篇』、1991年3月号、pp. 151。

[69] 山崎真紀子『田村俊子の世界——作品と言説空間の変容』、彩流社、2005年、pp. 179。

[70] 光石亜由美「田村俊子「女作者」論——描く女と描かれる女」、『山口国文』、1998年3月号、pp. 127。

[71] 前掲論文、同誌 pp. 127。

[72] 前掲論文、同誌 pp. 127。

[73] リベッカ・コープランド「＜告白＞する厚化粧の顔——＜女らしさ＞のパフォーマンス」、関根英二編『うたの響き・ものがたりの欲望——アメリカから読む日本文学』、星雲社、1996年、pp. 255。

[74] 小栗風葉等「女流作家論」、『新潮』、1908年5月号、pp. 6。

の要望の一端を示している。このことについては、光石亜由美の「＜女作者＞が性を描くとき——田村俊子の場合」という論文に於いても詳細な考察が行われている。「文壇や読者が求めるものは、男性作家には真似のできないような女性作家独自の視点から描かれた作品である」[75]。実際に、こういう文壇（男性作家を中心とする）の期待に、田村俊子は官能と感覚に満ちた筆致で確かに応えたのだろう。この意味では、＜白粉＞と＜書くこと＞との関連性には、一種の「意識的戦略的」[76]な行為が介在していると考えられる。前文で考察した白粉が持つ二番目三番目の意味につながっているが、創作上に於いて過剰な女らしさと官能を作り上げることが、白粉をつけることによって可能となるのである。これは男性中心の文壇へ登るために＜女作者＞田村俊子自身が採った策略かもしれない。例えば大正2年（1913）『中央公論』に発表された俊子の「斯くあるべき男」の中の一段を見てみよう。

> 現在の男たちは現在の女の口から大胆な告白を聞く事に興味を傾けてゐます。女が自分の心理の一端でも真面目に漏らすやうな場合には、男はパンドラの箱を開けやうとする刹那のやうな不思議な興味を集注してそれに対します。そうしてその箱の中から、自己に対するある禍ひ——とんまでゞなくとも男を損傷するやうなものが現はれたとしても、男は渋面を作りながら一時は兎に角その女を新しいと云つて推賞します。そうして一層煽てます。[77]

つまり、田村俊子は女性作家への男性読者の欲望をはっきり見抜いたのである。また、自らがそれに応じて実践していたのである。「＜女作者＞の女は文壇の男性の欲望の中で女として精彩を放つことは、田村俊子の文壇での性的役割を物語っている」[78]。この意味では、＜男の仕事＞とされていた文学の道に、＜女らしさ＞を身につけるのは、俊子などの女性作家が意識的に用いる一種の戦略と見てもよかろう。このことは、いかにもリベッカ・コーブランドの指摘のように、

> こうして、戦前の女性作家の多くは、男から定義された＜女らしさ＞なるものをはっきり強調したペルソナを自分流に作り上げており、一方で、本質的に＜男＞の仕事とされる作業をひそかに楽しむ結果になった。化粧はこうした女性たちにまことにふさわしいメタファーであろう。化粧のおかげで、彼女らは自分の＜女

---

[75] 光石亜由美「＜女作者＞が性を描くとき——田村俊子の場合」、『名古屋近代文学研究』、1996年12月号、pp. 51。

[76] 長谷川啓「書くことの＜狂＞——田村俊子『女作者』」、岩淵宏子等編『フェミニズム批評への招待——近代女性文学を読む』、学芸書林、1995年、pp. 71。原文は「化粧は、性差社会にあって長い間女性文化として続いてきたもので、特に父権制における見られる存在として、男性のまなざしを意識した自己アピールのためのお粧りという意味があり、それには習慣的制度的なものからより意識的戦略的なものがあろう。」。

[77] 田村俊子「斯くあるべき男」、黒澤亜里子「田村俊子と女弟子——新発見の湯浅芳子日記・書簡をめぐって」、『沖縄国際大学文学部紀要・国文学篇』、1991年3月号、pp. 151。

[78] 光石亜由美「田村俊子「女作者」論——描く女と描かれる女」『山口国文』、1998年3月号、pp. 134。

> らしくない＞自己を隠すことができ、同時に、男性に消費されるべき愛らしく女っぽい顔を造形してみることも可能になったからである。[79]

ゆえに、逆説的にも、＜女らしさ＞は却って女性作家としての＜自分らしさ＞となっている。書くものに白粉をつけるという行為には、女作者は男性作家の陣営から突き抜けて新たな創作の可能性を見つけたのである。嘗て水野盈太郎が批判した田村俊子の「堅い殻」は、もしかしてそれを彼女が意識的に武器として使っていたのかもしれない。

田村俊子の墓碑に、「この女の書くものは大概おしろいの中から生まれる」という、「女作者」から抜き出した一文は、この女作者の個性を最も表出する文として刻まれている。陥穽といい、戦略といい、＜白粉＞こそは俊子文学の最大の魅力の一つであることには疑う余地がないだろう。

1.2　自己確認の二つの契機

この作品では、創作以外の女作者の日常生活も描かれている。そのうちの一つは田村俊子の多くの作品に登場する夫婦間の愛欲と相剋のシーンである。長谷川啓はこの作品に於いて、「夫婦に関するくだりは三場面あり、一場面目は女作者が依頼原稿が書けないあまりに夫婦喧嘩となっていくところ、二場面目は夫に対する若き日の初恋の記憶、三場面目は現在の夫に対する幻滅が語られている」[80]とまとめているが、その中でもとりわけ女作者が「亭主」に向かっての「病的な発作」は詳細に描かれている。

創作が行き詰まり状態に陥り、遂に泣き出した女作者は、「女は駄目だよ」と言う亭主の言葉に挑発され、「亭主の方を向くと、いきなり其の前に歯茎を出した口許を突き付けながら、拳固の中指の真中の節のところでその額をごりごりと小突」き、または「自分の膝頭で亭主の脊中を突」(pp. 300)いて亭主を倒す。さらに亭主の服を引き剥ぎ、その口に手を入れて引っ張る。しかし、「こんな女の病的な発作に馴れてゐる亭主は、また始つたと云ふ様な顔をして根強く黙つてゐる」(pp. 300)と、女作者の狂気じみた行動は最後になっても亭主の反応を引き出すことができなかった。

ここでは先ず「病的な発作」の背後にある女作者の心情を想像してみよう。少しも同情を示してくれない亭主の前で泣き出した自分の弱さに、女作者は情けなくてたまらない。さらに亭主に「女は駄目だ」と言われ、男に負けぬ自らの力を証明して見せようと彼女は思うのであろう。結局反抗も反応も何一つ示してくれなかった亭主に、「自分の相手にするのもつまらない」と女作者はあきらめる。夫婦間の攻防戦はもはや女作者の日常生活の一部を成している。だが一方では、女作者は男に対する初恋の温かい思いと強い愛着に縛られ、いつまでもこんな生活から脱出できずにいる。どうしよ

---

[79] リベッカ・コープランド「＜告白＞する厚化粧の顔——＜女らしさ＞のパフォーマンス」、関根英二編『うたの響き・ものがたりの欲望——アメリカから読む日本文学』、星雲社、1996年、pp. 249。

[80] 長谷川啓「書くことの＜狂＞——田村俊子『女作者』」、岩淵宏子等編『フェミニズム批評への招待——近代女性文学を読む』、学芸書林、1995年、同書 pp. 81－82。

うもないこの自分の状態に、女作者はいつも「無暗に悲しくな」り、「自分ぐらゐくだらない女はない」と泣きながら考えている。

「何と云ふ仕様のない女だらう。」
泣いている心の内ではこんな言葉が繰り返された。(pp. 301)

山崎真紀子は、女作者の<病的な発作>を「反応を誘発する試み」[81]と名付けている。同論文に於ける「他者に働きかけ、その反応によって自我を把握していく」[82]という指摘は非常に興味深い。この作品に於ける夫婦喧嘩の描写は、男女の相剋を強調するというより、むしろ亭主の反応を試す過程の中で、女作者が自我の存在状態または生き方を確認することに重点が置かれていると考えられよう。

この<自己確認>をさらに明かに展開したのは、ある女友達の登場による。女作者と対照的な存在として描かれたこの女友達は、女作者と全く正反対な生き方をしている。ある芸術家と同棲しない結婚、いわゆる「別居結婚」をすることを決意したこの女性は、「自分に生きるより他はない」と言い切る。女作者に向かって彼女は次のように言う。

「結婚したつて私は自分なんですもの。私は私なんですもの。恋と言つたつてそれは人の為にする恋ぢやないんですもの。自分の恋なんですもの。自分の恋なんですもの。」(pp. 301)

「私」や「自分」などの言葉を連発する女友達の言い方は、「木乃伊の口紅」に於けるみのるのそれを思い出させずにはいられない[83]。みのるが「芸術」を自我のものと看做しているのに対し、女友達は、「恋」というものを自我の所有物と看做しているのである。女作者は、現実の中で、この女友達が理想論をいつまで貫いていけるかを疑い、「もう一年経つたらあの女は私の前に来てどんな事を云ふだらう」と思いながらも、やはり「強い自分と云うものを見せやうとする」女友達の言葉に「圧し付けられ」ている。なぜかというと、

一人で生活をすると云ふこともこの女作者は疾うから考へてゐた。一人になりたい、一人にならうと云ふ事に始終心が突つ突かれてゐる。けれどもこの女作者は一人になり得ないのである。一人の生活に復へると云う事がこの女作者に

---

[81] 山崎真紀子『田村俊子の世界——作品と言説空間の変容』、彩流社、2005年、pp. 177。

[82] 前掲書、pp. 198。

[83] 前章ですでに引用したが、参考として改めて以下に掲げる。

「(前略)私は私でやりますから。あなたの為の芸術でもなければあなたの為の仕事でもないんですから。私の芸術なんですから。私のする仕事なんですから。然う云ふ事であなたが私を支へる権利がどこにあります。あなたがいけないと云つたつて私はやるばかりですから。」(田村俊子「木乃伊の口紅」、『田村俊子作品集』(第1巻)、オリジン出版センター、1987年、pp. 351)。

は到底出来ない事なのであつた。(pp. 303)

つまりは、女作者は目下の結婚生活に限界を感じながらも、すでに一人暮らしには戻れないのである。その理由には、亭主への初恋の気持ちや愛着が纏わっている。前章で引用した田村松魚の文からわかるように、＜女作者＞田村俊子自身が「思想の上では夫婦関係や家庭生活などに些つとも意味を認めて居ない」が、実際に「思想通りに其の無意味無価値な家庭生活を捨てて、自由にして意義ある生活に入つて行くだけの勇気」を持っていない[84]。ここの女作者は正に同じような女性である。従って、「自分に生きる」と強く＜個＞の意志を示した女友達を前に、「私ぐらゐ自分のない女もない」と彼女が悲嘆している。「木乃伊の口紅」のヒロインのみのると比較してみると、もし女友達を自我に目覚めた後のみのるに擬えれば、女作者はまさにそれ以前のみのるである。まるでみのるの二つの分身のように、自分に生きようとする＜新しい女＞と男の愛着に縛られる＜古い女＞との対比が、女友達と女作者の間に具現されている。

一方、「自分に生きる」か「自分の感情」に生きるか、女友達の存在は、女作者が自身の存在状態を疑問視するきっかけとなっている。彼女はまるで一面の鏡のように、女作者が秘かに憧れている生き方をそのまま映している。「二人の女性の対照的な会話は、いずれも女作者自身の揺れる内面性を示す心内語とも考えることができる」[85]との指摘のように、女作者にとって、もし亭主に向かっての＜病的な発作＞を正面から自我を把握する行動とすれば、女友達との対話は一種表裏する形での、反面からの自我への問いかけであろう。

女友達のことへの回想から我に返ると、女作者は創作の意欲を取り戻し、「何か書かなければならない」と苛立つようになる。この描写から、女作者は女友達のように徹底的に＜自分に生きる＞ことを選ばず、＜書くこと＞によってはじめて自我が支えられる、ということが窺えるだろう。具体的に言うと、一方では、女友達が選んだ新しい生き方は彼女の「越境願望」[86]を漏らすのであり、他方では、創作は彼女を現実の枷から脱出させる唯一の手段となっている、という二つのことをここで暗示している。さらに言うと、つまり＜書くこと＞によってこそ、女作者の理想と現実の間に、一種の妥協が成立できるのだろう。

以上にわたり、「女作者」という作品に於ける二つのテーマを考察した。即ち、文学の担い手が常に男性であった時代に於いて、ある女性作家が直面している創作と生活の問題である。

先ず創作の面に於いては、女作者は白粉の下で、本来の自分を隠し、＜女らしさ＞を演じつつ意識的に文壇の要望に応じて書くのである。一方、いつも白粉の中から作品

[84] 無名氏「家庭の人としての女史」『「新潮」評論集』（上巻）、日本近代文学館、1971年、pp. 249。

[85] 長谷川啓「書くことの＜狂＞——田村俊子の『女作者』」、岩淵宏子等編『フェミニズム批評への招待——近代女性文学を読む』、学芸書林、1995年、pp. 90。

[86] 前掲論文、同書 pp. 85。

が生まれてくる女作者にとって、白粉は創作の源泉とインスピレーションでありながら、男性作家とは異なる彼女独自の作風でありその文学の特徴でもある。白粉は正に女作者の創作のいいメタファーであろう。

次は日常生活の面に於いて、女作者は自分に生きようとしながらも、常に亭主への感情に苛立っている。この越境できない苛立ちが時々亭主に向かって＜病的な発作＞の形で爆発する。また、「自分に生きるしかない」と強く宣言する女友達の存在は、女作者の心の動揺を余儀なく照らし出すのである。

このように、「女作者」は創作と生活の両面に於いて抵抗しつつまたは妥協しつづける女性作家の姿を綿密に描き出している。創作上における自我と女らしさ、日常生活における自我と愛欲、つまりは創作と生活両面から＜個＞と＜女＞への二重の追究がこの作品で行われているのだろう。

後の大正4年(1915)7月号の『中央公論』に発表された田村俊子の「彼女の生活」[87]という作品は、ある女性作家の結婚について更に詳しく描いたものである。ヒロインは婚姻に於ける男女のジェンダー構造をはっきり見抜き、いわば新しい思想を抱えている女性である。しかし彼女さえも結婚すると、歩一歩結婚制度に編みこまれていく結局を迎える。彼女は＜家政の仕事＞のために＜書斎の仕事＞を犠牲し、芸術上の男の友達との交遊をやめ、育児のためにさらに自分の時間をなくし、「最も大切な自分の芸術と、自分の自由と自分の生がだんだんに結婚によつて圧搾されてゆく苦しさ」(pp. 247)に陥る。にもかかわらず、彼女はこのすべてを夫への愛と夫の仕事に対する理解、いわゆる＜愛の生活＞と認識するのである。そのため、彼女が選んだ道は、現在の生活を打破するのではなく、適応していくことである。

> 現在の生活を捨てることが出来なければ、その生活を好く自分に適応させて行くより仕方がない。彼女は自分が一と度踏み込んだ女の運命に従つて、その中から更に自分を新しく求めて行かうと決心した。(pp. 259)

絶望の中に彼女が「自覚——結局それは自分が女だと云ふことを自覚することだ」(pp. 263)と皮肉に思ったのである。同じように、女作者も＜女＞という自覚を抱え、いつまでも＜彼女の生活＞を繰り返していくのだろうか。彼女たちの中に生まれた＜個＞の萌芽が、所詮女の運命の中で枯れて行くのだろうか。

おわりに

「華麗で、妖艶で、智的で、進歩的で、官能的な俊子の作品は、もっと現代に読み直されてもいいと思われる。」[88]

---

[87] 以下「彼女の生活」の引用は、オリジン出版センター版『田村俊子作品集』(第2巻、pp. 237－268)を底本とし、一部の旧字体を新字体に改める。

[88] 瀬戸内晴美「解説」、田村俊子『木乃伊の口紅』、不二出版、1986年、pp. 13。

瀬戸内晴美のこの一言は、本論文を書く始めから終わりまで始終耳に響き続ける。昭和20年(1945)4月に中国の上海で六十一歳の生涯を閉じた日本の女性作家田村俊子であるが、その作品を半世紀以上経った今日、再び一中国人の私の目で読んで考えたり、感動したりするのも、きっと何かの縁によるに違いない。

「生血」に於ける、炎天下の町で苦悩しつつ彷徨し続けるゆう子、「木乃伊の口紅」に於ける、苦境から抜け出そうとしながら自我を求め続けるみのる、そして「女作者」に於ける、狂気にまで迫られるほど自らの生を考え続ける女作者、といった女性たちを描きつくしたのは、田村俊子の文学世界である。いずれも時代を先駆け、強い＜個＞の意識を持っている目覚めた女性である一方、現実の何かに束縛され、いつまでも出口が見つからないままの状態に居る女性でもある。いわば彼女たちは、男への愛欲と自由への憧憬を、いずれも徹底できず、またはいずれも諦められずに生きているのである。田村俊子の文学世界に一歩踏み込めば、かかる女性たちの呻きと嘆きが絶えず耳に届くのである。このような、＜個＞と＜女＞のジレンマに身を置かれ、理想に乏しすぎるほど極めて現実味に満ちた女性の造形は、正に俊子文学の最大の魅力ではないかと思われる。このことは早くも同時代から肯定されたのである。

> わけても自由ならんとする情意生活を何物にか囚へられて絶えずいらいらして居る若い女の心持を——多少誇大的ではあるが——鋭く、生々と描き出す点では、恐らく今の文壇で此の作家の右に出でるものはなからうと思つて居ます。[89]

＜個＞を選ぶか＜女＞を選ぶか、どうしようもなくその狭間に囚われ、しかもこのことを誰よりもはっきりと自覚しているのが、田村俊子作品に於けるヒロインたちの苦悩であり、または作者田村俊子自身の苦悩でもある。中村孤月による「大正四年日本文壇の創作」という文章に、次のような言葉が書かれている。

> 現代の作家の中で、常に止むに止まれない要求に駆られてる作家の一人は田村俊子氏である。俊子氏は常に自己の生活の自由を望んで居る。其自由は決して男からの束縛から脱がれやうとする自由ではなく、自然そのものからの束縛、圧迫から脱れがれやうと為て居る。[90]

「男から」ではなく、「自然そのもの」からの束縛という意味深い指摘である。これを「女は男を愛さずにはいられない」ことはこの時代の「自然さ」だという宮本百合子の指摘と照合すれば、「自然そのもの」というのは正しく田村俊子の中にある＜女＞の要素であると察することができよう。彼女が捨てられない＜女＞というものこそが、＜個＞の萌芽を抑え、自我・自由を制限する「自然」そのものではないだろうか。その中

---

[89] 相馬御風「芸術家としての才分と素質」、『「新潮」作家論集』(上巻)、日本近代文学館、1971年、pp. 243。

[90] 中村孤月「大正四年日本文壇の創作」、『文章世界』、大正4年12月号、pp. 68。

身には、いわゆる女という制度ではなく、男への愛欲や官能への耽溺などがあるということは、すでに本論文で分析してきた通りである。つまり、彼女の身に付き纏った束縛は、外縛ではなく内縛である。そのため、彼女の自覚は真の自覚とは言い切れず、彼女の逸脱は<中途半端の逸脱>と言わなければならない。ゆえに、「女史を以て直に「新しい女」を以て目する事には私は少しく躊躇しないでは居られません」[91]と言った相馬御風の考慮は理解できる。この田村俊子自身にあるジレンマがそのまま文学に反映していることは、これまでに考察してきた三つの作品からも窺えよう。一言でいえば、田村俊子本人に纏わっている<個>と<女>の相剋は様々な形でその文学に浸透し、且つ中心テーマを構成しているのである。

これにつながり、男女の愛欲・相剋は田村俊子文学の主要な題材となっている。つまり、<個>と<女>のジレンマというテーマは常に<両性の相剋>という形式で以て表現されている。それは田村俊子文学の特色でありつつ、ある意味では限界でもあろう。このことはいかにも下記の宮本百合子の指摘通りである。

> (前略)田村俊子は、そういう省察によって、自分の文学をわずらわされることがなかったようにみえる。それがどのように濃厚な雰囲気をもっていようとも、社会生活から遮断された愛欲の世界の単調さが、生活と文学とを消耗させないではおかなかった。彼女の自我は、自我を鞭撻してマンネリズムとなった境地から追いたて、新しい道に前進させてゆくだけの骨格をもっていなかった。[92]

上の言葉には、無論宮本百合子としての立場もあるが、田村俊子の短い創作の生涯を追究する上で意義がある。<木乃伊の口紅>という夢の中に、木乃伊の男女が密封された硝子箱が暗示しているのは、まさに「社会生活から遮断された愛欲の世界」であろう。その世界及びそこに於ける女性の存在を精緻に描出するという点では、田村俊子は才分を余すところなく発揮したといえる。しかし、「男と女とが偶然向いあった世界の中でだけ男と女との問題」[93]を扱うことで、自ら文学の可能性を封じ、新しい道を開くことができなかったのではないだろうか。こうしたことは、田村俊子自身の創作観からも窺える。

> 広い世間を背景にした作だなんて、そりゃあ無理です。第一女は男と違って、そんなものを書く経験に乏しいいし、男のやうに種々な社会に突入して行つて、さうした経験を掴む機会がないぢやありませんか。ですから女は矢張、自分自身を見詰め乍ら、女自身の持つて居る特殊な感情を突詰めて書いて行くより他に道がな

[91] 相馬御風「芸術家としての才分と素質」、『「新潮」作家論集』(上巻)、日本近代文学館、1971年、pp. 243。

[92] 宮本百合子「婦人作家」http://www.aozora.gr.jp/cards/000311/files/3028_10173.html。

[93] 宮本百合子「婦人と文学」http://www.aozora.gr.jp/cards/000311/files/2927_9212.html。

いんです。[94]

この辺では、近代日本最初の職業女性作家と言われる田村俊子は、男性は男性を書き、女性は女性自身に返し、女性性を書くべきだと提唱した後代のフランスのエレーヌ・シクスー[95]の主張には通底している。しかも実際に、田村俊子はその創作の隆盛期に於いて「自分自身を見つめ」、「女自身の持つて居る特殊感情を突詰め」ることを実践し続け、巧みに達成した。だが一方、「女自身の持つて居る特殊感情」というものをほとんど男女の愛欲・相剋の世界のみに収斂させるというふうに、当時彼女はより広い天地へと進むことができなかった。いわば全盛期の田村俊子の書き方そのものにも、＜個＞と＜女＞のジレンマが見られるのではないだろうか。大正7年(1918)に渡加した以降、嘗ての筆力を失ったかそれまでの生き方と書き方を意識的に切り替えたか、一時盛名を誇った田村俊子は、ついに日本文壇から注目されなくなったのである[96]。

無論、田村俊子文学の特質は決して説明しやすいものではない。本論文のテクストに扱っている「生血」・「木乃伊の口紅」・「女作者」三作は、いずれも田村俊子隆盛期の作品であることを、始めから説明しておいた通りである。従って、本研究の最大の問題点は、田村俊子の初期と後期の作品に対する考察の欠落にあろう。＜女＞と＜個＞というふうに二元的に捉えきれない部分はきっと少なからずあるだろうが、本論の目的は、あくまでも田村俊子文学を読む際の一つの視点と、ある種の可能性を与えることにほかならない。

本論文を書く過程に於いて筆者は数々の難関に出会った。そのうち最も大きな困難は、やはり入手できる先行研究の欠乏にある。特に先に説明したように、中国の日本文学研究に於いて、田村俊子文学への関心は皆無に近いのが現状である。従って、国内に於ける先行研究らしいものはなかなか見つからなかったのである。また、日本に於ける関連資料や先行研究(特に2000年以降の研究論文など)の入手も頗る困難であった。因って、限られている参考資料の下で、自ら道を拓かなければならないことを常に覚悟してきたのである。ほかには、外国語である日本語で執筆することも容易なことではなく、本論文の完成に至るまでの困難の巨大さは言うまでもない。因って、文法や言葉などの言語上の間違いも免れないのである。ほかにも、時代や国の隔たりによるテクストに対する理解の偏差、短い執筆時間による考察の不十分さ等等の問題も少なからずあるだろう。

ということで、本論文はあくまでも田村俊子研究への出発点である。「華麗で、妖艶で、智的で、進歩的で、官能的」など、様々な要素が含まれている田村俊子文学をもっと

---

[94] 田村俊子「恁んな小説が欲しい」、黒澤亜里子「田村俊子と女弟子——新発見の湯浅芳子日記・書簡をめぐって」、『沖縄国際大学文学部紀要・国文学篇』、1991年3月号、pp. 139。

[95] 埃莱娜・西苏：《美杜莎的笑声》(エレーナ・シクスー「メデューサの笑い」)、张京媛主编：《当代女性主义文学批评》、北京大学出版社、1992年版、pp. 188－211。

[96] 無論、それ以降の田村俊子の生涯と文学については、好評と不評にわかれる異なった議論があるが、本論文の検討範囲ではないため省筆する。

読んでいきたい。今回の論文は所詮田村俊子文学の片鱗を垣間見ることに過ぎず、大変研究不足と痛感した筆者自身は、俊子の各時期の作品を含め、より豊満で全面的な田村俊子文学を続けて追究していくことを切実に願っている。したがって、今後取り組んでいくべき課題が数々ある。先ずは作家の生涯の各時期について詳しく調べる上での田村俊子全体像に対する把握が必要である。特にいまだ十分に解明されていない中国滞在時代の田村俊子の一連の活動（中国語雑誌『女声』の創刊・編集など）を綿密に考察する上で、その面影をより明確にさせるのは、今後の大きな研究課題である。それと同時に、俊子の思想的変遷及び田村俊子文学の変容を把握していくためには、『田村俊子作品集』全三巻に収録されていないテクストをも含め、田村俊子の全作品を精読しなければならないのである。その上で自らの問題意識と視点を見つけ、田村俊子作家論・作品論を展開していきたい。そして、もし可能であれば、田村俊子研究の射程を広げてゆき、氏をやや後代の中国女性作家張愛玲との比較研究を行いたいと思う。両氏はそれぞれ日中近代女性文学の早期に活躍した作家で、ともに一時文壇で盛名を誇り、後に本土の文壇から遠ざかって異国へ渡ったまま生涯を閉じた伝奇的な女性である。いずれのテクストに於いても、女性の運命に焦点を当て、華麗なる筆致と冷徹な観察眼と独自の理解を以て、彼女たちの喜怒哀楽を男女の世界に収斂しつつ描破するという点には、驚くべき共通性を示しているのである。両氏は、いわば＜大きな物語＞とは無縁な存在であり、フェミニズム的に評価されつつ、フェミニストからは一定の距離を保った異色な存在であるところが、非常に興味深いのである。女性言説が大きく発展を遂げた今日の時点で、中日両国の近代女性文学史を遡り、そこに屹立している山のような存在である両氏の文学に於ける女性表現などを、近代女性文学という大きな枠組みの中で比較再検討することには、大きな意義があると思われる。そうする中で、それぞれのテクストにある可能性を発掘できればまた幸いに思う。

参考文献

田村俊子（1987）「生血」『田村俊子作品集』（第１巻）オリジン出版センター

田村俊子（1987）「木乃伊の口紅」『田村俊子作品集』（第１巻）オリジン出版センター

田村俊子（1987）「女作者」『田村俊子作品集』（第１巻）オリジン出版センター

田村俊子（1988）「微弱な権力」『田村俊子作品集』（第３巻）オリジン出版センター

田村俊子（1987）「彼女の生活」『田村俊子作品集』（第２巻）オリジン出版センター

富山太佳夫（2003）『文化と精読』名古屋大学出版会

小田切秀雄（1987）「解説——田村俊子の三回の復活、文学史・女性史上の位置」『田村俊子作品集』（第１巻）オリジン出版センター

水田宗子（2005）「ジェンダー構造の外部へ——田村俊子の小説」渡辺澄子編集『俊子新論：今という時代の田村俊子』至文堂

渡辺澄子（2006）「佐藤（田村）俊子新論」『大東文化大学紀要』３月号

瀬戸内寂聴（1988）「解説」『田村俊子作品集』（第３巻）オリジン出版センター

長谷川啓「解題」（1987）『田村俊子作品集』（第１巻）オリジン出版センター

平塚らいてう(1971)『元始、女性は太陽であった』(下巻)大月書店
新・フェミニズム批評の会(1988)『「青鞜」を読む』学芸書林
野山嘉正 安藤宏編著(2005)『近代の日本文学』放送大学教育振興会
瀬戸内晴美(1993)『田村俊子』講談社
森田草平(1971)「新しき女としての女史」『「新潮」作家論集』(上巻)日本近代文学館
鈴木悦(1971)「軟らかで艶っぽい」『「新潮」作家論集』(中巻)日本近代文学館
水野盈太郎(1914)「田村俊子女史に送る書」『文章世界』7月号
平塚らいてう(1914)「田村俊子さん」『中央公論』8月号
黒澤亜里子「解説」『田村俊子作品集』(第2巻)オリジン出版センター198年
相馬御風(1971)「芸術家としての才分と素質」『「新潮」作家論集』(上巻)日本近代文学館
工藤美代子 S・フィリップス(1982)『晩香坡の愛——田村俊子と鈴木悦』ドメス出版
関礼子(2002)「文におけるジェンダー闘争」飯田祐子編『「青鞜」という場:文学・ジェンダー・「新しい女」』森話社
長谷川啓(1987)「作品鑑賞」今井泰子 渡辺澄子等編『短編女性文学近代』桜楓社
黒澤亜里子(1995)「近代日本文学における《両性の相剋》問題——田村俊子の「生血」に即して」脇田晴子 S.B.ハンレー編『ジェンダーの日本史』(下)東京大学出版会
根岸泰子(2003)「「青鞜」における「私的領域」の意味」『国語と国文学』東京大学国語国文学会11月号
鈴木正和(1996)「彷徨する<愛>の行方——田村俊子「生血」を読む」『近代文学研究』2月号
吉澤夏子(2000)「性のダブル・スタンダードをめぐる葛藤」青木保川本三郎等編『近代日本文化論8 女の文化』岩波書店
牟田和恵(1995)「戦略としての女——明治・大正の「女」の言説を巡って」井上輝子 上野千鶴子等編『日本のフェミニズム3 性役割』岩波書店
平塚らいてう(1983)「処女の真価」『平塚らいてう著作集』(第2巻)大月書店
与謝野晶子(1980)「私の貞操観」『定本与謝野晶子全集』(第十四巻)講談社
与謝野晶子(1980)「貞操は道徳以上に尊貴なものである」『定本与謝野晶子全集』(第十五巻)講談社
山崎真紀子(2005)『田村俊子の世界——作品と言説空間の変容』彩流社
宮本百合子(1951)『婦人と文学』筑摩書房
佐光美穂(2002)「〈新しい女〉に見る表象＝代表の政治学 |近代劇を巡る書く女と演じる女」飯田祐子編『「青鞜」という場:文学・ジェンダー・〈新しい女〉』森話社
片岡良一(1957)「田村俊子の生涯」『日本文学全集70』筑摩書房
無名氏(1971)「家庭の人としての女史」『「新潮」評論集』(上巻)日本近代文学館
菅原健介(2001)「メーキャップとアイデンティティー」『化粧心理学——化粧と心のサイエンス』フレグランスジャーナル社
水野盈太郎(1914)「田村俊子女史に送る書」『文章世界』7月号
リベッカ・コープランド(1996)「<告白>する厚化粧の顔——<女らしさ>のパフォーマンス」関根英二編『うたの響き・ものがたりの欲望——アメリカから読む日本文学』星雲社
光石亜由美(1998)「田村俊子「女作者」論——描く女と描かれる女」『山口国文』3月号
小栗風葉等(1908)「女流作家論」『新潮』5月号
光石亜由美(1996)「<女作者>が性を描くとき——田村俊子の場合」『名古屋近代文学研究』12月号
長谷川啓(1995)「書くことの<狂>——田村俊子『女作者』」岩淵宏子等編『フェミニズム批評への招待——近代女性文学を読む』学芸書林
瀬戸内晴美(1986)「解説」田村俊子『木乃伊の口紅』不二出版

中村孤月(1915)「大正四年日本文壇の創作」『文章世界』12月号

黒澤亜里子(1991)「田村俊子と女弟子——新発見の湯浅芳子日記・書簡をめぐって」『沖縄国際大学文学部紀要・国文学篇』3月号

陈德文(1991)《日本现代文学史》南京大学出版社

埃莱娜・西苏(1992)《美杜莎的笑声》张京媛主编《当代女性主义文学批评》北京大学出版社

林幸谦(2003)《女性主体的祭奠Ⅱ:张爱玲女性主义批评》广西师范大学出版社

GeNii:http://ge.nii.ac.jp/genii/jsp/index.jsp

青空文庫 http://www.aozora.gr.jp/

宮本百合子「婦人作家」http://www.aozora.gr.jp/cards/000311/files/3028_10173.html

宮本百合子「婦人と文学」http://www.aozora.gr.jp/cards/000311/files/2927_9212.html

社会文化研究部門

西田幾多郎の自己論及びその形成
——『善の研究』を中心に

张 炜

目 次

はじめに

「自己」とはなんなのか。これは誰もが一度は自分に問いかける問題であろう。とりわけ、目まぐるしく変化し続け、多種多様な価値観が交錯する現代に生きる人間にとって、最大の関心事の一つとも言える。筆者も日ごろから「自己」について考えてきたが、答えが見つかるどころか、迷いと不安が募るばかりであった。

そんな時に、西田幾多郎の自己論に触れることができた。彼は明治、大正、昭和と激動の時代を生き、同時代の多くの青年と同じように、自己について思索を行ってきた。その思索の過程において、彼は家庭の不幸、職場での不遇などを経験し、さらに禅を経て自分の思想を確立させた。そんな彼の自己論は、自分の人生に深く根ざし、一際異彩を放っている。池田善昭は、「彼の『哲学』には、生活の場面ないし生き様との取り組みと切り離し得ない観点があるように思う。この『ライフ』の観点こそ、彼の思索の類い稀なる魅力となって、読者を彼の「哲学」に引き付けるのではないかと思われる」[①]と述べている。

西田は自己論を中心に著作を書いたことはないが、彼の自己に関する考え方は、その処女作『善の研究』に端的に表れている。本稿では自己の問題を扱うため、『善の研究』を抜きにしては語れない。この著作は西田が参禅した後、独自な哲学を打ち立てたもので、西田の哲学体系の中心をなす重要なものでもある。研究者の中には、西田哲学の一貫性を強調し、『善の研究』以降の西田哲学の展開は、すべて『善の研究』で扱った問題をほかの角度から眺めなおしたものであると主張する声もある[②]。また、この書は難解とされており、論述の過程において西田独特な用語や概念などが多く見られる。上記の理由から、『善の研究』の解読のために一章を設ける。「自己」の問題を扱うため、解読は西田が使用した「真の自己」という概念を中心に行う。当然ながら、『善の研究』の解説はほかにも多く存在し、例えば小坂国継は『善の研究』の全注釈本を出しているし、他の西田哲学関連の著作も、かならずと言っていいほど『善の研究』に触れているのである。これらのものは枚挙に暇がない。しかし、そのほとんどは『善の研究』の全体の論理構造をそのままに解説したものか、いくつかのキーワードや中心概念を取り出して解説したものかである。本稿のように自己論というテーマに絞って解読したものはない。そのため、本稿では今までの解説を参考にしながら、できるだけ筆者自身の読みで西田の論述を追い、『善の研究』に現れる自己論の構造を探ってみたいと思う。

『善の研究』は西田が哲学の研究を行った結果書いたものであるが、この本は学問のためだけに書かれたのではない。彼の考え方は斬新だったが、それは真に自分の体験からそうしたのであった。『善の研究』の序文で、「純粋経験を唯一の実在としてすべてを説明してみたいというのは、余が大分前から有っていた考えであった」(1・3)[③]と書いていることからも、この書に現れる考え方はずっと前から持っていたものであることがわかる。この考え方は西田の人生の中で形成され、西田は学問としての哲学を自分の人生そのものに結び付け、日記で「余は、psychologist、sociologistにあらず、lifeの研究者とならん」(17・148)と書いているようにあくまで人生のために学問したのである。そのため、西田哲学を論じる時、彼の人生を無視することはできない。西田の人生は不幸の連続だったが、生活の中で直面した苦悩や困難を乗り越えてこそ、西田哲学が誕生したのである。本稿では彼の人生について分析し、その人生経験がいかに彼の思想形成に影響をもたらしたのかを考えてみたい。ただし、本稿が『善の研究』を中心としているため、同書が完成するまでの西田の生活を研究対象とする。

---

① 池田善昭『西田幾多郎の思想形成－ある家庭事情の深淵－』立命館人間科学研究(5)2003.3。

② その一例として、沼田滋夫は『西田哲学への旅』(北樹出版 1984年3月)でこのような主張をしている。

③ 本稿が引用している西田の言葉は、すべて『西田幾多郎全集』(新装版岩波書店 1978年)による。カッコ内の数字は「巻数・ページ数」。

またその中でも、とりわけ注目したいのは参禅の西田にとっての意味である。西田の人生、とりわけ『善の研究』がまだ完成していない時期において、参禅は非常に重要な位置にあり、彼は十年にも及ぶ禅修行をしたのである。禅と深く関わっているため、西田哲学と禅の関係を論じた論文や著書も多くある④。本稿でも禅について触れるが、禅思想と西田哲学の内容においての関係ではなく、やはり西田の生活を中心に、参禅が西田の人生、とりわけその思想形成にどのような影響を与えたかについて考察する。

西田の人生や禅との関係の視点以外では、西田を同時代の思想家たちと比較した研究も多く、比較対象の中には、同じ哲学者である田辺元、和辻哲郎もいれば、福沢諭吉、中江兆民など市民運動に熱心だった思想家もいた。また、夏目漱石のような文学者も比較対象とされたことがあった⑤。こうした比較は西田を明治思想史の中で捉えようとする試みだと言える。一方、個人の比較や個人の生活に限定せずに、一歩下がって社会全体の背景から西田哲学を眺めたものはあまり多くない。本稿では『善の研究』を分析した後、西田と社会との係わりという立場から論じようと思う。上にも書いたように、当時の日本は激動の時代であった。明治3年に生まれた西田は、目まぐるしく変化する時代に生き、彼自身も学生時代に学校に反抗したことがある。青年期には日清戦争や日露戦争が起こり、その日記ではこれらの出来事についても触れている。したがって、本稿では西田の自己論形成に当たって、当時の社会からどのような影響を受けたか、彼はまたいかに社会に発言したのかを考えてみたい。

西田や西田哲学に関する先行研究は多くあるが、本稿が主に参考した著作は竹内良知の『西田幾多郎』と小坂国継の『西田幾多郎の生涯と宗教』である。竹内の『西田幾多郎』は伝記的な研究で、彼の人生に関する詳細な考察に基づき、出生から京都大学時代までの西田の思想形成を分析した。小坂の『西田幾多郎の生涯と宗教』では、西田の人生に関する考察はそれほど多くなく、西田哲学が各段階においてどのように宗教思想と係っていたかについての分析が中心である。これ以外では、西田の人生と思想形成に関するものとして、竹田篤司の『西田幾多郎』、沼田滋夫の『西田哲学への旅』を参考した。西田哲学についての分析では、西谷啓治の『西田幾多郎－その人と思想－』、小坂国継の『善の研究全注釈』、藤田正勝の『現代思想としての西田幾多郎』などを参考にした。所見の限りでは、本稿のように西田の自己論に絞った著書はなく、一節を設けて少し解説する程度のものがほとんどである。論文では西田の自己論についてのものもあるが、比較による分析が多く、本稿のように『善の研究』のテキスト分析を行ったものは見られない。

上に述べた西田の人生、『善の研究』の解説、西田と社会との係わりの三つの点は、そ

④　例えば、沼田滋夫は『西田哲学への旅』で、西田の禅体験を中心に据え、彼の思想を論じている。

⑤　例えば、田辺元との比較研究に、南山宗教文化研究所編の『絶対無と神：西田・田辺哲学の伝統とキリスト教』(春秋社 1986年3月)がある。竹内良知の『西田幾多郎』(東京大学出版会 1970年7月25日)では、中江兆民との比較があり、上田閑照の『西田幾多郎：人間の生涯ということ』(岩波書店 1995年11月)では、夏目漱石との比較がある。

れぞれ本稿の第1章から第3章である。第1章では、まず西田の人間像、家庭の状況などを考察し、彼の経歴を追ってみる。禅修行に打ち込んだこともここで触れる。経歴の考察においては、時系列での考察と合わせて、師・北条時敬と、父・西田得登という西田に大きく影響したと思われる二人の人物についても簡単に述べる。

第2章は『善の研究』のテキストに密着したテキスト分析である。上にも述べたように、自力で解読を試みる。ここでの解説は、「真の自己」を中心とする。解説の最後では、禅修行とW・ジェームズの思想が『善の研究』に与えた影響について分析してみる。

第3章では、社会との係わりを通して西田の思想を見る。この章ではまず西田がなぜ内省的な思想家となったのかを検討し、そして、西田が現実の出来事をどのように見ていたのかを分析する。

第1章　『善の研究』までの西田の人生

1.1　出生から東大選科卒業まで

西田幾多郎は、明治3年(1870年)に石川県宇ノ気町で誕生した。西田家は代々大地主で、長男である幾多郎はこのような旧家の跡取りとして生れたのである。西田家の近くに長楽寺という真宗の寺があり、西田家と先祖代々から深いつながりがあった。幼年の西田は裕福な家庭の息子らしく生き、なに不自由ない暮らしをしていた。西田家にも、学問を尊ぶ伝統があり、例えば西田に次のような記述がある。

「極小さい頃…独りで土蔵の二階に上って、昔祖父が読んだという四箱か五箱ばかりの漢文の書物を見るのが好であった」(12・228)

ここから、西田の祖父が本を愛読していたと考えられる。両親も、西田の姉を実家から離れた金沢の学校へ行かせているところを見ると、少なくとも学問を大事にしていたようである。西田も小学校を卒業した後、父親の許可を得て金沢へ行き、石川県師範学校に入学したのである。

しかし、ここから少年幾多郎の生活の歯車は狂い始めた。幸せだった生活に、次々と不幸が降りかかるのであった。

最初の不幸は西田が師範学校に入学した13歳の時に訪れた。この年、姉と西田は二人ともチフスにかかり、西田は何とか回復したが、姉は亡くなった。西田は後に何度も肉親との死別を経験するが、これが最初であった。また、この病気がもとで西田は長期休学を余儀なくされ、一年間留年してしまった。このことが勉学の意欲を削いだためか、西田は退学し、石川専門学校に入学することにした。1886年、西田17歳の時のことであった。結果的に見れば、これは正しい選択だったと言えよう。なぜならこの新天地で、西田はこれから先の人生で幾度となく自分を手助けしてくれる師・北条時敬と出会い、級友には鈴木大拙、山本良吉などがいたからである。鈴木大拙は後に仏教学者、禅思想家として活動し、禅において西田に影響を与えた。山本は西田が頻繁に手紙を出した親友で、二人の友情は晩年まで続いた。石川専門学校は後に四高に名前を変えており、この頃を振り返って、西田は「四高の学生時代というのは、私の生涯に於いて最も愉快な時期であった」(12・170)と言っている。

学校生活は順調だったが、西田家では異変が起きていた。父・得登は、この頃から株や米相場などに手を出し、西田家の財政は破綻していった。西田が東京帝国大学の選科に入学する1891年頃には、実家は完全に没落していたと言われている⑥。その上、父の女性問題なども絡み、両親の夫婦仲がうまく行かず、後述のように別居していた。また、1887年、石川専門学校は教育令改正により、第四高等中学校に改名した。この結果、学校が政府の厳しい管理の下に置かれ、校風が堅苦しいものになり、「師弟の間に親しみのあった暖な学校から、忽ち規則づくめな武断的な学校に変じた」(12・247)。西田はそれに反抗し、挙句の果て、1890年にまたもや退学した。ただ、学校自体は不満を招くものであっても、前述のように良き友人に囲まれていたので、西田にとってこの退学は「青年気を負うとでも云うべきか、当時我々の意気は盛んなものであった」(12・248)もので、挫折と言うより、自分の意志を貫いた痛快な行動のように思われる。

退学一年後の1891年、西田は東大選科に入学することを決意した。しかし、選科生の生活は楽しいものではなかった。西田はこう書いている、「当時の選科生というものは、誠にみじめなものであった…選科生というものは非常な差別待遇を受けていたものであった」(12・242)。差別は例えば、本科生が図書館の閲覧室を自由に使え、三年になると図書館で資料検索できるのに対し、選科生はその廊下に並べてあった机しか使えない上、検索は終始できなかった。また、選科生を差別視する教師もあり、西田は「少なからず感傷的な私の心を傷つけられた」(同上)と書いている。

しかしながら、このような無視されている立場は、裏返せば自分の思うようなことができる立場なわけで、西田も講義以外でいろんなものを学び、それには楽しさを感じていたようである。彼は「一方には何事にも捉われず、自由に自分の好む勉強ができるので、内に自ら楽しむものがあった。超然として自ら矜持するところのものを有っていた」(同上)とも書いている。このような講義ではあまり得るものがない代わり、独学によって自分の思いのままに勉強を続けた生活は、後に西田が今までの哲学思想を超越しようとした試みにつながるものがある。

1894年、大学選科を卒業した西田は金沢に戻り、教師になる口を探した。東京に留まらなかったのは、選科出身では就職が困難だということもあったのだろう。金沢でも、内定していた英文教師のポストを学士号を持つほかの人に取られたりして、結局10ヶ月ほど無職の生活を強いられた。この頃西田は、家計破綻または父母の別居のせいで⑦、金沢に住む家すらなく、母と共に叔父の家に居候しなければならなくなった。その間、無職による暇を利用して、西田はグリーンの哲学思想を要約した論文を書い

---

⑥　小坂国継『西田幾多郎の生涯と宗教』大東出版社 1994年11月10日 pp. 7。

⑦　ここで「または」と書いたのは、西田家の家計破綻の時期については諸説あり、この頃の居候は、かならずしも家計破綻のためだと断定できないからである。ただ、父と別居していたことは確かである。

た。研究者の中では、ここから西田の思想を分析し始めるのも多いが[⑧]、小坂国継によれば、西田は真にグリーンの思想に感銘したのではなく、グリーンが日本で注目され始めていたから、「自分の存在を世間に知らしめたいという一種の計算が働いていた」[⑨]と見ている。筆者の考えでは、西田が度々友人にグリーンに関する手紙を出していることなどを見ると、ある程度の感銘を受けたから論文を書いたのだと思うが、当時の西田の生活状況や、論文の発表は友人に頼んで手配してもらったことを考えると、小坂が指摘する原因の方がより大きいだろう。しかし、長男である西田が家を支えねばと焦るのは至極当然なことで、そういった打算的な面を責めるべきではないだろう。しかも、世間一般と違って、西田は出世やお金儲けを目指しているのではなく、あくまで学問で功績を挙げることを考えているのである。

しかし、学問をするのに、西田の身辺はあまりにも落ち着かなかった。1896 年に母校四高の講師に招かれるまではよかったものの、その翌年妻が家を出てしまい、怒った父・得登は勝手に離縁を決めた。30 歳近くになっても、西田は自分の身辺を自分でコントロールすることができなかったのである。その上四高では権力闘争に巻き込まれ、何の知らせもないまま、自分の後任者が金沢にやってきて、学校を辞めなければいけない状態になってしまった。幸い、北条時敬の招きがあり、山口高等学校に赴任することができた。

1.2　山口・金沢での生活と禅修行

金沢にいたころから、西田は本格的に参禅を始めた。明確な原因はわからないが、書簡に「本月二十五日小生方に一女を挙げたり、余は多く浮世の綱をつくる身となれり、日々己が気力の衰えん事を恐る。金沢へ行けば雪門禅師に参して妙話をきかんと思うなり」(18・41－42)とあることから、やはり身辺のことが原因だと考えられるだろう。後でも述べるが、西田は前に北条時敬から禅書をもらったことがあり、今までも禅に親しむチャンスがなかったわけではない。それがこの時期に参禅をはじめたということは、現実的な焦燥で心が浮き立ち、いよいよそれに堪えられなくなったということだろう。そのため、参禅をはじめた時は、心を静めたいという目的もあっただろう。しかし、参禅が家庭や就職の問題が解決された後も続いたのを見ると、やはり内面的な動機がより大きく働いていると考えられる。内面的な動機について、西谷啓治は、『西田先生の日記について』という短文の中で、1898 年頃から以降の数年間の日記に「心穏やかならず」「心不穏」などの文字が見られることから、「恐らく当時の先生は、何ということなしに落ち着かない、じっとしていられないような気分に度々襲われたのではあるまいか」と見て、その落ち着きのなさを抑えるのが打坐で、「強烈な克己の意

---

⑧　この立場をとっている研究者は竹内良知などがいる。中国では呉光輝も論文「若き西田の思想的軌跡──『真の自己とは何か』をめぐって」(2001 年度『日本学研究』所収)の中で西田とグリーンの思想的関連を分析した一節を設けている。

⑨　小坂国継『西田幾多郎の生涯と宗教』大東出版社 1994 年 11 月 10 日 pp. 11。

志力が、かの暗い衝迫に対抗し、精神の均衡を支えていたのではないか」[10]と考えている。つまり、西田の参禅の直接なきっかけは身辺のことであり、心を静めるために参禅したと考えられるが、同時に、現実の焦燥とは異なった方向で、西谷の言う「克己の意志力」が働いていたのである。それによって、自己の内面にある「暗い衝迫」に対抗し、十年間に渡る禅修行を経て、通常の意味での自己を否定するような哲学ができたのではないだろうか。

参禅を始めた西田は、1898年からの二年間、恩師北条時敬の招きに応じ、山口高等学校に赴任した時も、修行が途切れるどころか、より一層禅に没頭した。高坂正顕は、「かつて私は無遠慮に、いつ先生は一番熱心に禅をおやりになったのですかとお尋ねしたことがあった。その時先生は、山口時代だったろう…と語られた」[11]と回想していることからもそれがわかる。また、この時期から西田は『聖書』をも熱心に読むようになり、そこからも心の安らぎを得ていたようである。しかし既述のように、こうした安らぎを求める行動は、それだけ西田の内なる「暗い衝迫」が強かったことの現れである。

西田が学問で功績を挙げたいということはすでに述べたが、彼の決意の強さは相当なものであった。その表れとして、彼は日記で「非凡の人物となり非常の功を成さんとする者は天地崩るるも動かざる程の志と勇猛壮烈鬼神も之を避くる程の気力あるを要す」(17・3)と書いている。これ自体は決意の現れと言えるし、山本宛の手紙にも同様なことが書いてあるが、「非凡な人物とな」ることは、少なくとも当時の西田にとってはまず学問で成功しなければならないということであった。このような決心や成功への願いを、竹内良知は「精神主義的克己の道」[12]と呼び、漢学の影響を見て取っている。西田は1870年に生まれ、まだ漢学の影響が大きかった時代といえる。彼自作の漢詩などを見ても、漢学の素養がかなり高いことが窺われる。竹内良知によれば、西田の真面目な性格は漢学の影響に関係し、また功名を成し遂げたいという欲求もそこから来ている。しかしすべてが西洋へと傾く明治にあって、漢学の素養はやがて抽象的な精神主義となり、西田の「非凡の人物となり」たいという欲求も、学者として成功したいという非常に個人的なところに落ち着いたのである。そして、このような内面への転換は、西田が現実から離れたことを意味し、そうすることによって、挫折から生れる焦燥を克服したというのである[13]。現実から離れたかどうかは後でも分析するが、例え竹内の主張を認めたとしても、個人的な欲望はやはり欲望に変わりないし、それが満たされていないうちは、不満を感じずには居られないだろう。内面への転換だけで焦燥を克服したとは考えにくいのである。そんな西田にとって、山口へ単身赴任した二年間は、自分を見つめなおすちょうど良い期間となった。彼は山口で禅に励み、またキリスト教にも触れることができた。この頃の書簡に、「人が深く深く心の奥を探りて真正の己を得て之と一となる時あらば、たといその時間一分時なりとも其生命は永久

⑩　西谷啓治『西田幾多郎ーその人と思想ー』筑摩書房 1985 年 7 月 5 日 pp. 90 - 91。

⑪　高坂正顕『西田幾多郎先生の生涯と思想』弘文堂 1947 年 pp. 32 - 33。

⑫　竹内良知『西田幾多郎』東京大学出版会 1970 年 7 月 25 日 pp. 89。

⑬　同上 pp. 125。

ならん」(18・46)という一文がある。ここから、西田が現実的な功名よりも、「心の奥」の「真正の己」をより高い位置に据えていることがわかる。このような考えを持ったため、西田は今までのように身辺の焦燥に悩まされることは少なくなり、その後十年間の充実した生活につながったのである。

山口で二年間過ごした後、西田は再び北条時敬に招聘され、四高教授に転任した。そこで十年間過ごしたが、これより以前の生活が苦悩や焦燥に満ちているものだとしたら、この十年間は安定した生活と言えるだろう。「金沢に居た十年間は私の心身共に壮な、人生の最も良き時であった。多少書を読み思案にも耽った私には、時には研究の便宜と自由とを願わないこともなかったが、一旦かかる境遇に置かれた私には、それ以上の境遇は一場の夢としか思えなかった」(12・170)と述懐している通りである。面白いことに、功名心に捉われなくなったことが、逆に西田の思考をオリジナリティのあるものにし、この十年間で学問においても成功を収めることができたのである。また、この頃はちょうど西田の三十代にあたり、まさに心身ともに充実していた頃だと言えるだろう。

金沢での十年間について、小坂国継は「西田の三十代前半のハイライトが無字の公案の透過であったとすれば、三十代後半のそれは『善の研究』の完成にあったといえよう」[⑭]と言っている。つまり、三十代前半は禅修行、後半は哲学の研究が中心をなしていたということである。確かに、金沢に戻った西田は今までどおりに禅に取組み、夏休みを利用して上洛し、京都の有名な禅師を訪ねたりしていた。この頃の西田は高等学校教授に就任したことで、生活面では安定していたし、心理的にも落ち着いていた。そのため参禅は心を落ち着かせるためではなく、前述のように、内面的な要求から行ったものであると考えられる。この頃の西田の禅に対する考え方も変わってきていて、日記に「余は、禅を学の為になすは誤りなり。余が心の為、生命のためになすべし。見性までは、宗教や哲学の事考えず」(17・117)と書いている。今までは心の落ち着きを求めるため、あるいは学問においての助けとするため、禅修行をいわば手段のようにしていたきらいがあったのが、生命そのもののために禅をするようになったということである。「宗教的な内面性に対する関心が優越なものとなりはじめたのである」[⑮]。

1898年、西田の父が亡くなり、悲しむべき出来事ではあるが、逆に一家の混乱の原因を作ったとも言える父が亡くなったことによって、西田は解放感を感じていたかもしれない。その翌年、妻との復縁も成立し、西田は再び安定した家庭生活を取り戻した。もっとも、西田の関心はすでに内面的なものに移っていたため、家庭の変化によって参禅を影響された様子はなく、日記を見ても、参禅の記述が実によく見られる。

当然ながら、参禅を続けたからといって、現実の誘惑や焦燥は消えたわけではない。この頃の日記には、参禅の記述と並んで、学校での待遇に失望したり、同僚を羨ましがったり、焦ったりする自分を叱咤する記述も多く見られる。これらを読むと、西田が一

⑭ 小坂国継『西田幾多郎の生涯と宗教』大東出版社 1994年11月10日 pp.40。

⑮ 竹内良知『西田幾多郎』東京大学出版会 1970年7月25日 pp.142。

人の生きた人間であることを実感し安心すると同時に、参禅の邪魔となるものを克服しようとする努力と強い精神に感心せずにはいられない。反省と修行がこれほど厳しいものであるにもかかわらず、西田はなかなか公案を透過できなかったし、その先にある「見性」にも届かなかったが、彼は諦めるどころか、より固い決意で参禅に臨んだのである。彼にとって、「いかなる貴き事、この心の救より大切なる事あらじ」(18・50)なのであり、「正念は数学の公理の如く宇宙の大法なり。吾が之を曲げんとしたればとて曲ぐべきにあらず」(18・58)である。西田は参禅による見性を人生の根源、宇宙の根源と見なし、あくまでその上に自分の生活と哲学を築こうとしたのである。

1903年8月3日、西田は京都大徳寺でようやく公案を透過⑯したが、「晩に独参無字を許さる。されど余甚悦ばず」(18・119)と記している。これをなにか大きなことを成し遂げた後の茫然自失とした心境と見ることもできなくはないが、その前の書簡に「和尚公案を許したりとて自分にて不満足なれば何の功なし」(18・60)と書いているように、公案を許されたものの、自分では納得行っていないからだろう。何はともあれ、公案を透過したことで、西田の厳しい禅修行は一段落し、その情熱を哲学に向け始めるのである。

1.3　父・西田得登と師・北条時敬

上の二節で禅修行終了までの西田の人生を簡単に見てきたが、彼に大きな影響を与えた二人の人物について、この節で改めて見てみたいと思う。すなわち、西田の父・得登と、生涯の師・北条時敬である。

上にも述べたように、西田家の没落の原因を作ったのは父・得登であり、後の生活においても、勝手に離縁を決めたりなどして、西田を苦しめる一因を作ったが、得登が西田幼少の頃から乱行を働いていたわけではない。それどころか、学問を大事にし、明治の新政府が発布した学制によって小学校を開設し、西田をそこに入学させている。石川県師範学校に入学する際も、西田の年齢はまだ入学資格によって定められた年齢に満たしていなかったが、父が戸籍の記載を改めてやったのである。また、竹田篤司の現地調査を踏まえた検証によれば、西田が四高在学中に一家が金沢へ引っ越しているが、少なくともこの時の西田家はまだ十分裕福であったという⑰。ただ、先祖代々の土地である宇ノ気から離れ、一家金沢へ出て来たというのは、西田にとって大きな変化であったことは確かである。

さて、金沢で正式に米相場をはじめた得登は、没落の一途を辿ったわけではないようだ。竹田篤司によれば、得登個人は、1895年、西田26歳の年になって初めて破産した可能性もあるのだという⑱。しかし、その以前から西田家の家族が経済に窮したような生活を送っている記述があるのは確かだし、なにより西田と母は叔父の家に居候し

⑯　公案の透過については第二章第四節で詳しく述べる。

⑰　竹田篤司『西田幾多郎』中央公論社 1979年3月20日 pp. 61。

⑱　竹田篤司『西田幾多郎』中央公論社 1979年3月20日 pp. 200。

ていたのである。この矛盾について、竹田篤司は別居した上、経済においても関係を絶っていた可能性があると見ている⑲。経済上の関係を絶ったという証拠はないが、両親の別居は事実である。このことと父親の女性関係には、西田も内心失望していたのだろう。ちょうどこれと同じ頃に、西田は四高を退学し、この反抗的な振る舞いと、その後実家を離れて東京へ行く道を選んだ決断の背後には、父に対する反抗が見え隠れしている。しかし、家庭が没落していたにせよ、経済的に関係を絶たれていたにせよ、西田は上京することを許されたし、学問で身を立てることも可能だったのである。しかも、上京と就学資金も父が出したのである⑳。つまり西田は父に反抗しながらも、一方では一家の主としての父に頼らざるを得ず、このことが大きな葛藤として残ってしまったと考えられる。

小坂国継は、西田が後に男女の関係に神経質なほど敏感になったのは、この頃の父親の行為に対する反作用とも受け取ることができると言っている㉑。また、池田善昭は「実際の親子関係で悩んだばかりではなく、父、得登から受け継いだ血筋から来る不安であった」と指摘している。ただ、その後さらに「幾多郎が彼の父にて経験したところの、容認できないところのものを容認せねばならぬといったアンビヴァレントな気持ちは、やがて哲学的な表現が与えられることになる」㉒とも言っている。やや飛躍している感じがしなくもないが、いずれにしても、父親関連の葛藤が、西田を悩ませたのは間違いないだろうし、『善の研究』に現れたような自己を否定する考え方も、この点と無関係ではないと思われる。

もう一人の重要な人物北条時敬と西田がはじめて会ったのは、西田16、7歳の頃で、「先生に教えを受けたいと思って、或人の紹介で、はじめて先生をお尋ねした」(12・257－258)のである。北条は東京帝国大出身の数学者で、西田も最初は数学を学びに北条を訪ねたのだが、数学以外にも英語などを学び、そしてなにより人間的に感化を受けたのである。「(北条)先生は…全校学生の景仰の的であった。当時、先生から教を受けたものは、皆先生から多大な感化を受けた。」(12・257－258)と西田は述懐している。また、西田は北条から禅においても影響を受けていたと思われる。先に引用したところに続き、西田はこんなことを記している。「先生は黙って私とT君に遠羅天釜㉓を一冊づつ下さった」(12・260)。沼田滋夫によると、西田が北条に教を受けたころから、北条は雪門禅師の下で参禅をはじめており、雪門禅師は後に西田の禅の師となった人である㉔。おそらく西田が参禅を決意した時、北条が雪門禅師を西田に紹介したと思わ

---

⑲　同上。

⑳　上田弥生の『わが父西田幾多郎』(弘文堂1949年pp.57)に西田の母が父に五百円の金をねだり、息子二人を東京に行かせた記述がある。

㉑　小坂国継『西田幾多郎の生涯と宗教』大東出版社1994年11月10日pp.5。

㉒　池田善昭『西田幾多郎の思想形成－ある家庭事情の深淵』立命館人間科学研究(5)2003.3。

㉓　おらてがま。白隠慧鶴著の禅書。『新版・禅学大辞典』(大修館書店駒澤大学内禅学大辞典編纂所編1985年11月11日)によれば、「武士に対する参禅の用心、病僧に示した病中修行の心得や、白隠の法華経観、念仏観等」が書かれてあった。

㉔　沼田滋夫『西田哲学への旅』北樹出版1984年3月10日pp.25。

れるが、残念ながら詳細は不明である。「本月二十五日小生方に一女を挙げたり、余は多く浮世の綱をつくる身となれり、日々己が気力の衰えん事を恐る。金沢へ行けば雪門禅師に参して妙話をきかんと思うなり」(18・41－42)と書いたように、西田は参禅するにあたって、大きな決断を下したようすはなく、ごく自然に禅師の門を叩いたように見える。これも、尊敬する師が参禅していたことが、西田により禅に親近感を感じさせたためであろう。

父親に失望していた西田の前に、尊敬すべき人物として北条が出現したことは、大げさに言えば西田にとって父の代わりとなるような人間に出会えたとも言える。後に西田が四高を退学した時、北条はすでに一高に転任しており、もしそのまま四高に残っていれば、西田の退学もなかったかもしれない。その後何度も西田に仕事の斡旋をしていることからもわかるように、北条は西田に相当目をかけていた。ただ、数学者である彼は、西田に数学の道に進んでほしかったようである。西田は将来の方向を数学にするか哲学にするかと迷っている時、「尊敬していた或る先生からは、数学に入るように勧められた」(12・169－170)と書いており、「尊敬していた或る先生」は、おそらく北条のことと思われる。しかし、西田自身は、「私は何となく乾燥無味な数学に一生を托する気にもなれなかった」(12・170)と考え、哲学を専門とした。この選択について北条はなにも言わなかったが、後に西田が東京大学の選科に入った時、北条は反対したのである。「とうとう方向を誤ってしまった、選科などは学業の遅れたものの入るところだ、今から大学の入学試験を受けろと云われたのには困った」(12・260)と西田は述懐している。

困りはしたものの、やはり西田は選科に入った。尊敬する先生の言葉をもってしても、家庭の現実には敵わないのである。彼は四高を退学した時、「かかる不満な学校はやめても独学でやって行ける。何事も独立独行で途を開いて行く」(12・248)と考えたが、「独学」や「独立独行」を支えるためには裕福な家庭が必要で、上に述べたような状況では、そんな余裕はないのである。それでも学問を続けることができたのは、西田自身のつよい覚悟と、母親の支えがあったからで、母親は500円という当時としては大金の金額を父からねだり、西田とその弟を上京させたのである。

東京から帰ってきた西田は、1895年5月に結婚した。しかし先に述べたように、2年後、妻の家出をきっかけに父が離縁を決めている。復縁したのも、父が亡くなった後であった。妻がなぜ家を出たのかはわからないが、西田が友人宛に「小生今にしてfamily lifeを後悔いたし居り候」(18・41)などと手紙を送っていることから、結婚直後から家庭生活を楽しめなかったことは確かである。また、父・得登がいつ没落したのかは諸説あるが㉕、どの説をとっても、この時に没落していたことは確実である。しかし、それでも離縁を勝手に決めたりする力があったのである。同時期の西田の日記では、こ

㉕ 代表的な意見を挙げると、竹内良知は『西田幾多郎』の中で西田家が金沢に移ったときに、西田の父が不在地主として金沢で利殖を開始し、それに失敗したのではないかと見て、没落を金沢に移った後まもなくのことと見ている。小坂国継は本文でも引用したように、西田が東大選科に入学する頃と見ている。竹田篤司は当時の新聞や郷土資料などを調査し、確かに没落したと断言できるのは西田が東大を卒業した26歳頃のことだとしている。

の出来事に関する記述は極わずかで、しかもなぜかドイツ語で書いてある。さらに、自分の心情に関する記述は皆無である。これ以上の資料がないので推し量るしかないが、このまるで傍観しているかのような冷たい態度は、煮えたぎった心を逆に映し出しているのではないだろうか。

以上のことをまとめてみると、この二人が若年期の西田にとって重要な人物であることが改めて見えてくる。父の財産があってこそ、西田は子供の頃からずっと立派な教育を受けることができたし、また父の行いやが家庭を乱したことは、西田にとって自分を省みる契機となったのである。一方では服従しなければならず、しかし一方では反抗せずにはいられない父を持った西田の内心は、さぞ矛盾に満ちていただろう。北条時敬は、西田にとって本来父親へ向けられるべき尊敬を向けた人物であり、西田の生活を幾度も助けている。禅への道を開いてくれた人物の一人であるとも考えられる。なにより、北条の学者、教育者としての人物像が、西田にとっては憧れだったのだろう。明言こそしていないが、西田が北条のような人物を目指したとしても不思議ではない。

第2章　『善の研究』に現れる自己論

『善の研究』の前書きにおいて、西田は「この書は余が多年、金沢なる第四高等学校において教鞭を執っていた間に書いたのである」(1・3)と言っている。前にも述べたように、『善の研究』が執筆されたのはこの十年間の後半、西田が37歳から40歳までのことであった。ただし、『善の研究』は初めから一冊の本として書かれたのではなく、いくつかの主体となる論文がまず発表され、それから本にまとめたのである。「この書は第二編第三編が先ず出来て、第一編第四編という順序に後から附加したものである」(1・3)。各章において用語の不統一などがしばしば見られるのもこのためである。以下の分析では、このような用語の不統一にも留意しながら進める。

2.1　「純粋経験」と「真の自己」の関係

『善の研究』の序文で、西田は「純粋経験を唯一の実在としてすべてを説明してみたい」(1・3)と書いている。そのため、「自己」がいったいなんなのかを突き止めるためにも、まずこの「純粋経験」というものを説明しなくては始まらないだろう。第一編のタイトルは「純粋経験」で、まさにこれを解説したものである。よって、まず西田の論述を追ってみることにする。

哲学において、「経験」という言葉の定義はさまざまだが、西田はそれを「事実そのままに知るの意」(1・9)と定義している。「純粋」について、西田はこう言っている「純粋というのは…毫も思慮分別を加えない、真に経験そのままの状態を言うのである…真の純粋経験はなんらの意味もない、事実そのままの現在意識あるのみである」(1・9-10)。つまり、純粋経験の状態において、私たちになにかを感じたという考えがまだなく、感じたものが何であるかという判断もまだ加わわっていないということになる。「未だ主もなく客もない、知識とその対象とが全く合一している」(1・9)状態である。

判断や意志などは、このような主客未分の状態から分化、発展したものである。このような純粋経験こそが、唯一の実在であるという。

しかし純粋経験は、決して個人を超越した手の届かないものではない。それは唯一の実在であるため、実は誰もが日々その中に身を置いているのである。例えば一生懸命断崖を攀じ登っているときや、音楽家が熟練した曲を奏でるときも、「注意は始終物に向けられ、前の作用が自ら後者を惹起しその間に思惟を入るべき少しの亀裂もない」(1・12)という。純粋経験の純粋たるゆえんは、それが瞬間的であったり、分析が不可能であったりするためではなく、意識が統一を保っているためだと言えるだろう。瞬間的なものだけが純粋経験ではない。知覚と持続的な注意も、統一を保っているのならばどちらも純粋経験であり、その間にある差は、程度の差にすぎない。

もちろん、純粋経験を分析することも可能である。私たちは何らの意味もない純粋経験の状態にのみ身を置いているわけではない。例えば、意味や判断が生じることもあるのである。これについて、西田はそれを純粋経験である現在の意識が過去の意識と結合または衝突したときに生じるものと見なしている。判断や意味とは、現在の意識が意識体系における位置を表すものに過ぎないという。これが生じたとき、現在の意識は統一の状態を失い、純粋経験ではなくなる。しかし彼はまた、この統一や不統一も突き詰めれば程度の差であるとし、全然統一なる意識もなければ、全然不統一なる意識もないと言っている。小坂国継が指摘しているように、「純粋経験は意識の厳密な統一的状態であると規定されながら、一方では…すべては程度上の問題である…と述べられている、ここには、いくつかの看過できない不整合や矛盾が認められる」㉖のである。小坂はこれを西田が純粋経験ですべてを説明したいことから起因する矛盾と見なしている。実はこれと似たような反論は、『善の研究』出版後すぐに提出されていて、西田自身がそれを答弁する文章を書いている。㉗ その中で西田は、純粋経験と非純粋経験は対立する二つの概念ではなく、一つの意識の両面にほかならないと主張した。同じ意識状態が見方によっては、純粋経験とも非純粋経験とも考えられるのだという。そのため、程度の差を認めたとしても、純粋経験の概念を損なうことにはならないのである。

西田の論述に戻ろう。不統一な意味や判断でも、「背後には、この関係を成立せしむる統一的意識がなければならぬ」(1・16)と彼は言う。不統一が統一になることもまた可能である。例えば習い事をしているとき、初めは意識してやっていたことでも、慣れてくるに従って無意識にできるようになり、西田はそれを統一が厳密になった証拠としている。そのため、一見純粋経験ではないようなものでも、大なる統一作用の一部とみなすことができ、これらの意識は、大なる統一作用の分化、発展から生まれたの

㉖ 小坂国継『善の研究全注釈』講談社学術文庫 2006 年 9 月 10 日第一刷 pp. 48。

㉗ 『西田哲学ー新資料と研究への手引きー』(茅野良男・大橋良介編ミネルヴァ書房 1987 年 11 月 20 日)所収の藤田正勝の『日本における研究史の概観と現状』という文章によれば、出版翌年に、高橋里美が学術的な批評論文を書いている。高橋はそこで主に3つの問題を提出し、西田は『高橋(里美)文学士の拙著「善の研究」に対する批評に答ふ』にて、それぞれ反論している。西田のこの文章は全集第一巻に収められている。

である。最後に西田は、純粋経験と意味または判断は「同一物の見方の相違にすぎない。意識は一面において統一性を有すると共に、また一方には分化発展の方面がなければならぬ」(1・17)と結論付けた。

純粋経験とはなにかを説明した後、西田は思惟を論じた。なぜなら思惟は、常に対象を明確に持っており、従って意識の分裂状態にあり、純粋経験ではないと考えられがちであるからだ。[28] 西田は心理学の考えを借用し、思惟を「表象間の関係を定めこれを統一する作用」(1・18)とみなした上で、ジェームズの論述を引用し、表象間の関係の意識も経験であると言った。このように考えてみると、通常、思惟は私たちが自由に考えを進めている過程と思われるのだが、純粋経験の立場より考えれば、誤りであることがわかる。思惟が自由に進行しているとき、それは無意識であって、意識的になるのは、かえってその進行が邪魔された時のことだという。上の楽曲演奏などの例を念頭に置いて考えればこのことがわかるだろう。つまり思惟は、「自ら思惟の法則があって、自ら活動するのである。我々の意志に従うのではない」(1・20)という。そういった意味で、思惟が進行しているときはやはり純粋経験であると、西田は考えている。

また、西田は意志を思惟よりももっと深いものとして考えた。なぜなら、思惟するにしても行動するにしても、まずそれを行おうという意志がなければならないからである。[29] 意志についても、西田やはり純粋経験の立場からそれを論じた。それによれば、意志するということは、ある運動表象の体系に注意を向けるということであり、つまりその体系が意識を占拠し、私たちがそれと純一になった場合を言うのである。そのため、意志も純粋経験である。

このような立脚点から見れば、私たちが普段考えているような肉体を持ち、自らの意思で行動する「自己」は、主体として認められないことは明白である。西田によれば、私たちが普段考える「自己」とは、例えば手があるのを目で確認したとか、今自分はなにかを考えているのに気付いたとかのように、主観的な感覚によって感じた何かが集まってできたものに過ぎないという。彼は実体としての自己を否定して、「我が欲求を生ずるというよりはむしろ現実の動機がすなわち我である」(1・35)と言っている。つまり実体としての自己があり、それから意識的にいろいろ働くのではなく、逆に現実に生じたいろいろな動機が、私たちにそれが自己であるという感覚を起こさせているのである。では、このような感覚はどうして生れたのだろうか。私たちが普段自分を自由な意思を持った存在と感じているのはなぜだろうか。

この問題に答えるために、まず西田の「知的直観」という用語を見てみよう。彼自身の定義によれば、「知的直観」とは、「普通に経験以上と言っているものの直覚」(1・40)である。上の楽曲演奏などの例はこれに似ているが、「知的直観」はそのような体験が最高までに深められたもので、主客を超越し、純粋経験における統一作用そのもので

㉘ ここは小坂の解説を参考にした。

㉙ 西田は意志を思惟よりも深いものと見なした理由について明言していない。ここに挙げた理由は筆者の考えである。

あるという。ここの「統一作用」は、まさに上の「大なる統一作用」と同じで、思惟や意志の根本をなし、それらを動かしているものでもある。ということは、私たちが思想などが自由に動いていると感じるのは、実はこの統一作用が働いていて、その働きを感じ取ったのにすぎないことになる。

ここまで追ってきて、ようやく「真の自己」という言葉を出せるところまできた。西田は第一編第四節で、「真の自己とはこの統一的直覚をいうのである」(1・45)と言っており、「統一的直覚」とはすなわち「知的直観」で、「統一作用」である。つまり「真の自己」とは、根本的な統一作用のことである。「真の自己」「知的直観」「統一作用」の三つの言葉は、一つのもっとも根本的な存在を、三つの角度から眺めたもので、指し示している内容は同じであると言ってよいだろう。

このように一つのものを複数の言葉で表すのは、『善の研究』の特徴の一つである。またこれがこの本を難解にしている一面もある。このようなことが起きるのは、『善の研究』が西田最初の著作で、この時点ではまだ西田哲学が完成されていないことや、出版の経緯などが関係しているだろう。しかし、より根本的な原因は、西田が「純粋経験を唯一の実在としてすべてを説明してみたい」からであろう。一つの実在をいろんな角度から眺めた時、おのずといろんな面が現れ、それを表現するには異なる表現が必要なのである。

2.2 「真の自己」と主観的な自己

「真の自己」の意味するところがあきらかになったところで、新たな疑問も生れてくる。なぜこの「統一作用」は、「真の自己」とも呼ばれるのだろうか。我々が普段考えているような主観的な自己とはどのような関係があるのだろうか。

そもそも、西田において、上のごとく主観的な自己が存在するかどうかがまず問題になる。通常の意味で「自己」を取り上げるとき、我々は自己の外に別の「物」を認め、自己は主観、物は客観として考えられるが、西田の考えではこの主観、客観は「一実在の相対する両方面」(1・78)でしかない。この「一実在」は、上に繰り返し述べた「純粋経験」であり、「両方面」とは、統一的方面としての主観と、統一される方面としての客観である。

これを踏まえて考えてみると、通常我々が考えている「自己」は、自己を客観的に見た時のことである。つまり、統一される方面となっているのであるが、客観的に見た自己は、「真の自己」ではなく、「前の統一はすでに一たび完結し、次の統一の材料」(1・78)となったのである。そのため、自己とはいつでも統一者であり、決してこれを客観視することができないのである。通常の意味での「自己」は、単に抽象的な概念に過ぎない。

そして、この抽象的な概念を認めてしまうが故に、我々は客観的な物が存在するように考えてしまうのである。例えば、机があると感じる時、通常の自己を認めてしまうと、おのずと机という存在も認めなければならない。しかし西田の考えによれば、机というものは、机の形、色、硬さなどの意識がいつも一定の結合で現れるためであって、そのように現れるのは、背後に統一力が働いているためである。この統一力は、「実在成立の根本的作用」であり、「真正の主観」（「真の自己」と同義）である。さまざまな現象は、これが分化発展した結果である。

このように、「真の自己」は「統一作用」と同じであるため、私たちの意志や思惟を動かしているものである。そして、上にも述べたように、私たちにそれを直接感じ取ること、つまり対象化することはできない。私たちに感じることができるのは、この最も大なるものによって動かされているものに過ぎない。その中に、意志や思惟なども含まれており、それを感じた私たちが、あたかも主観的な自己が存在するかのように思い込むのである。この主観的な自己と相対する形で、西田はもっとも深い統一作用を「真の自己」と呼んだのである、統一作用が「自己」という名前で呼ばれるゆえんは、ここにある。

上は主に人間の主観について述べたが、いわゆる自然という客観的なものについても、同様のことが言える。このいわゆる自然について、西田は、「自然とは、具体的実在より主観的方面、すなわち統一作用を除き去ったものである」（1・82）と言っている。このような自然はあくまで統一作用の客観的方面を抽象したものであり、この考え方で思考を進めていくと、やがてすべてのもの・自然現象はすべて機械力の作用となり、特殊な性質や意義を持たなくなってしまう。そのため、彼は「真に具体的実在としての自然は、全く統一作用なくして存在するものではない。」（1・84）と考えている。自然として存在するもの、すべて、その全体と切り離して語れない関係を持っているので、自然は統一作用の発現と見なすべきである。そのため、「自然もやはり一種の自己を備えている」（1・84）と言えるのである。

このような考えは、我々の思惟によりなせる抽象的な思考の結果ではなく、逆に我々の直覚の上に現れ来る事実である。例えば芸術家のすぐれた作品は、まさにその直覚によって統一作用を捕らえ、ものの本質を表したものである。自然の背後にある統一作用は、我々の意識の統一作用と同じもので、だからこそ、我々は主観的な統一により、客観的な自然の統一を理解することができるのである。

しかし、いくらこれを解説しても、普段の我々はやはり主観的な自己として思考してしまう。私たちは西田の前提に立ち、推理によって真の自己の存在を知ることはできるが、そこに到達したとは到底言えないであろう。どうしてそうなるのだろうか。西田は、それを「種々の統一の矛盾衝突よりおこる」（1・90）ものとして考えている。すでに述べたように、実在の根底には大なる統一作用があるが、その下にもさまざまな統一があるのである。それらが統一を保っている間は無意識であるが、衝突すると意識の上に現れてくるのである。衝突が明瞭になればなるほど、主観的な自己を感じ取るのである。

このような衝突は、避けられないものである、それらは「実在そのものの性質」（1・90）から必然的に起こるのである。そして、避ける必要もないのである。また上の習い事の例に戻るが、ある程度熟練したとき、無意識に行動することができる。そこからさらに深めようとすると、すでに身につけたところと衝突を起こし、意識的になるのである。しかし、練習すること、すなわち衝突を繰り返すことによって、やがてまた無意識になり、これにより統一が深まるのである。

上のように見てくると、どうすれば真の自己に近づき、到達することができるのかという疑問の答えも見えてくる。西谷啓治は、「真の自己は、普通に自己として対象的に見られている自己の背後に、むしろその手前にあるところの、見る自己である。主観的自己とは、その真の自己が、見られた自己の上に自らを忘却しているという形であ」[30]ると言っており、この忘却から覚醒することが、真の自己を知ることにつながるということを示唆した。覚醒の状態は、なにかに没頭し、我も外界も忘れ、ただ目の前のことに集中した状態で、誰もが体験したことがあるだろう。しかし、それをいつまでも持続させることは不可能に近い。では、どうすればいいのか、他に方法はあるのだろうか。

西田は言う「たとえば技芸を習う場合に、始は意識的であった事もこれに熟するに従って無意識となるのである」(1・17)、そして「学者の新思想を得るのも、道徳家の新動機を得るのも、美術家の新理想を得るのも、宗教家の新覚醒を得るのも凡てかかる統一の発現に基づくのである」(1・42)とも言っている、つまり、習い熟することによって、統一作用が発現するのである。なぜなら、そうすることによって、私たちの知識が深遠になり、それに従い主観的自己の活動の範囲も大きくなり、これまで自己の外にあったものが、自己の体系の中に入るようになるのである。こうして自己の体系を広げていき、その終焉にあるのが、「真の自己」であると言うことができるだろう。

このような漸進的に深まっていく体系には、その起点となるポイントが必要である。西田は明言こそしていないが、おそらくそれを新生児の状態と考えているだろう。彼は「子供の時には我々の精神は自然的である、したがって主観の作用が微弱である」(1・89)と言っている、これはいわば無意識の状態と言ってよい。そこから成長するにつれて、「統一作用が盛んになり、客観的自然より区別せられた自己の心なるものを自覚」するのである。新生児の状態も統一作用が働いている状態だが、それは非常に狭く、浅い統一の状態である。その状態からいろいろ分化、発展し、その発展は統一作用に従い、発展の極致は真の自己である。発展の各過程においても、統一の状態から分化し、新たな統一を得るということを繰り返している。統一の状態は、第一節の論述から純粋経験であることが分かる、ここに、純粋経験という唯一の実在に立脚した、自ら発展、完成可能な体系がなりたっていると言えるだろう。まさに西田の言うように、「純粋経験の事実は我々の思想のアルファでありまたオメガである」(1・25)。

ところで、このような考えは、一見唯心論的な性格を強く持っているように思われる。中国の哲学書では、西田は「唯心主義哲学者」と言われており[31]、解説者の小坂国継もたびたび「唯心論的傾向が認められる」と言っている。しかし、本当にそうなのだろ

㉚ 西谷啓治『西田幾多郎—その人と思想』岩波書店 1985 年 7 月 5 日 pp. 161。

㉛ 例えば、商務印書館が出版している中国語版『善の研究』の「内容提要」の部分には、「《善的研究》是日本现代资产阶级唯心主义哲学家西田几多郎的处女作」と書いてある。

うか。

そもそも、唯心論とは、自己の意識内容だけを実在するものとし、それ以外は存在しないもの、または知りえないものとして見る立場である。『善の研究』の第二編「実在」の第二章のタイトルは、「意識現象が唯一の実在である」で、これを見ると確かに西田は唯心的である。さらに、その章で西田は、「物体現象というのはその中で各人に共通で不変的関係を有するものを抽象したのに過ぎない」(1・53)と言っており、自己を離れて存在する物体を否定している。

しかし、上にも述べてきたように、西田は自然をも純粋経験の体系の中に包括して考えており、その考え方に沿って考えれば、物体も自己も、突き詰めれば唯一の実在の分化発展で、客観的な方面と主観的な方面の区別があるのみである。「意識現象」が実在とは言うものの、ここの「意識現象」は明らかに通常の意味とは異なり、人間の精神の中で行われているものではなく、人間をも包括したものである。西田の言葉を借りれば、「意識が身体の中にあるのではなく、身体は反って自己の意識の中にあるのである」。(1・52－53)

さらに、西田は主観的方面と客観的方面を論じたところで、括弧の中に注意書きするような形でこう言っている、「唯心論、唯物論の対立はかくの如き両方面の一を固執せるより起るのである」(1・79)。これより見れば、西田が唯心、唯物を超越し、統一したものを築こうとしているのは明白である。彼の哲学における根本的な存在は、精神的なものでも、物質的なものでもなく、この両者を超越し、統一しているものである。

もちろん、これによって西田の哲学がどちらかに偏っている哲学より上であるというつもりはない。ただ、西田の用語には唯心と見られがちなものが多くあるため、誤解が起きてしまわないように、説明したまでである。

2.3 「真の自己」における倫理の問題

これまで、「真の自己」とは何か、どうすれば到達できるかを論じた。では、なぜそれに到達する必要があるのだろうか。「真の自己」を目指していくことは、我々に何をもたらすのだろうか。言い換えれば、倫理の問題が浮かび上がってくるのである。

この問題に対する西田の答えを一言で言えば「善」である。善とは、我々の行為の価値を定めている規範となるものである。しかし、当然ながら、通常の意味の善とは異なる。西田は言う、「善とはただ意識の内面的要求より説明すべき者であって、外より説明すべきものではない」(1・142)。つまり、自己の外に存在する規範などによって善を規定することはできないのである。

内面的のものの中で、西田は「意志」をもっとも根本的なものとした。意志は「その本体においては実在の根本である」(1・111)。そしてこの意志は、「必然的自由」を持っている。倫理を論じる時、自由意志は常に問題になるもので、西田はそれに関しての見解を二通りに分けている。一つは、我々が自由に思考することができることなどを以って、意志の完全な自由を主張する見解。もう一つは、自然現象が機械的必然の法則によって支配されているように、意志もそのような法則によって支配されており、決して自由ではないと主張する見解である。西田は二つとも否定している。まず、まったく理由のない自由な意志はないとし、完全な自由意志を否定した。そして、意志の原因は自己の最も深い内面的性質にあるとし、それは自らの法則で動くため、機械的な法則の支配をも否定した。すなわち、「必然的自由」とは、自己の最も深い要求に従って働いているという意味で「必然」で、外部の機械的法則に支配されないという意味で「自由」なのである。

意志にこのような必然的自由があるため、その価値を定めるには、それ自身に求めるしかない。そこで、西田は「善とは我々の内面的要求即ち理想の実現換言すれば、意志の発展完成である」(1・143)と言うことができるのである。そして、「理想を実現することは、いつでも幸福である。善の裏面には、必ず幸福の感情を伴うの要がある」(1・144)とも言っており、善の実現が幸福に直結すると断言した。

意志は自己のもっとも深い要求にしたがって行動するため、意志の活動は自己そのものの活動ということもできる。そして意志の発展完成は、自己の発展完成であり、「善とは自己の発展完成 self-realizationである」(1・145)ということができるのである。そのため、「人間が人間の天性自然を発揮するのが人間の善である」(1・145)。

ここでまた疑問が出てくる。「内面的要求」に従うといっても、我々の要求は単純ではなく、いったいどれが「内面的」で、どれに従えばいいのだろうか。また、一人一人の要求が異なるのも明白で、それぞれに従えばよいのか、それとも統一しなければならないのだろうか。

西田はここで、まず「個人性」というものを認めた、つまり各人にはそれぞれ異なる性質があるのである。すでに述べたように、西田は主観的な自己を問題にしていないため、ここの「個人性」も、主観的な自己とは関係なく、ただ「実在の無限なる統一力の発現である」(1・157)と考えている(ここは、「それぞれの条件の下での発現である」と言った方が分かりやすいかもしれない)。そのため、我々はまずこの個人性の実現を目的としなければならない、そして「これが最も直接なる善である」(1・157)のだ。個人性は一人一人異なるため、善の実現は誰にでもできるし、天賦の才能などに関係なく、「他人に模倣のできない自家の特色を実行の上に発揮」(1・157)すればいいのである。

これは個人主義とも言うべきものだが、利己主義との区別に注意しなければならない。西田は「各人が自己の物質欲を恣にするということは、反って個人性を没することになる」(1・158)「個人主義と共同主義……この両者は一致するものである」(1・158)と言っている。なぜならば、西田の考えでは、個人性というものは社会的意識の上に現れることであって、それを実現することは、社会的意識の実現にもなるのである。

このように見てくると、個人性の実現とは言っても、全体としての社会的意識と深く関連していることがわかる。善の実現は決して一時的な、あるいは単純なものではなく、全体との関係において始めて実現するのである。西田はプラトンの「一致調和」、中国古典の「中庸」などの言葉でこの実現した状態を呼んでいる。これらの言葉は原典の意味よりも、西田が言うように「体系的秩序」(1・149)と理解した方がよいだろう。そして、この秩序も統一作用に従うもので、それが個人に発現した時、西田は「人格」という言葉で呼んでいる。「人格はその人その人によりて特殊の意味を持ったものでなければならぬ」(1・151)。ただ、すでに述べたように、「その人その人によりて」というのは主観的な欲求を指しているのではない。むしろそのような欲求を放棄した時に発現するのである。西田の言葉で言えば、「自己を忘れたる」、「知情意の分別なく主客の隔離な」(1・151)い状態に、人格はその全体を現すのである。また、意識現象が唯一の実在であるので、人格の発現は唯一の実在の特殊な形式と言えるだろう。

2.4 『善の研究』におけるW・ジェームズの哲学と禅の影響

『善の研究』の基本となる立場は上に述べた「純粋経験」というものだが、実際の思考過程において、最初から「純粋経験」という言葉があったわけではなく、ただ「純粋経験」という用語で表されるような考え方があったのである。その考え方はさまざまの面から由来したのだろうが、この時期に限定すれば、禅修行とW・ジェームズの哲学との出会いが重要なポジションにあると言えるだろう。

「見性」した西田の関心は学問に向けられた。これ以降の学問において、以前と大きく異なるのは、禅修行過程で論理的にではなく、直接体験したそのものが、哲学者としての西田の思想に深く根付いたことである。それをスタートポイントに、西田は再び今までの哲学者の著作を読み始めた。自分の中に深く根付くものを持ったため、この読解の過程は、単なる学習や理解ではなく、対決し、それらを自己のうちに包括する過程だった。「近代哲学のすべての問題にわたって『大哲学者』たちと対決」[32]する過程だったのである。その過程において、西田はそれぞれの哲学者に引き込まれず、自分のものを終始強く持っていた。彼は言う、「学問は、畢竟lifeのためなり、lifeが第一等の事なり、lifeなき学問は無用なり」(17・74)「余は、psychologist、sociologistにあらず、lifeの研究者とならん」(17・148)。ここで、「生活」や「人生」などの言葉を使わずに、「life」を使っているということは、西田の研究したいものは世俗的な生活ではなく、禅の過程で体験したものということができよう。それは前にも述べたように、生命の本質的なものである。『善の研究』でも、この直接体験を元にした立場は終始貫かれている。

直接体験が根底にあるため、西田は西洋の哲学に不満を持っていた。「今の西洋の倫理学というものは全く知識的研究にして、議論は精密であるが人身の深きsoul experienceに着目するもの一もあるなし。全く自己の脚根下を忘却し去る」(18・59－60)というのが彼の意見だ。そこで西田は自分の思想体系を確立させようとしたが、作業は難航していた。1905年の日記には、「余は自己を知らず、徒に大望を抱けり。併し今は余が択びし途を猛進するの外なし。退くには余はあまりに老いたり」(17・130)と書いている。こうして、困難に直面しながらも、西田は気を取り直して努力を続け、四高で担当した科目「倫理」の講義の中で、自分の哲学思想を展開していった。

ようやく解決の糸口を見つけたのは、W・ジェームズを読んでからである。竹内良知によれば、西田が初めてジェームズを読んだのは1904年の1月のことで、『宗教的経

[32] 竹内良知『西田幾多郎』東京大学出版会1970年7月25日初版1983年12月20日pp.176。

験の諸相』という本を読んだのだという。[33] この本に現れているジェームズの思想の関心は西田とまったく一致しているわけではないが、人間の経験的事実に興味を示し、道徳的、宗教的な事項に重点を置いているところは、西田を強く惹き付け、彼は日記、書簡などで度々ジェームズに言及し、いずれも関心と期待を感じさせる言葉であった。

1906年、西田は『西田氏実在論及倫理学』という題で、講義を小冊子にして出した。それが、『善の研究』の中心となる第二編と第三編だったのである。竹内良知が引用した下村寅太郎の言葉では、この小冊子を『善の研究』の「原本」と呼び、「実在論」の部分は『善の研究』第二編、「倫理学」の部分は第三編とほぼ全く同じだということを指摘している。小冊子にしたいきさつは、講義中に「純粋経験」という言葉を使ったため、学生が難解に思い、講義を印刷しみんなに配ったのである。[34] これを見ると、この時点で西田はまだ自分の哲学が出来上がっているとは思っていないことが分かる。同じ年の7月、鈴木大拙宛の手紙で、西田は「之から又一つ思想を錬磨して見たいと思うて居る。できるならば何か一冊の著作にして見たいと思う…近来、W・James氏などのPure experienceの説は余程面白いと思う」(18・76)と書いていることからもそれがわかる。

「思想を錬磨し」た西田が参考にしたのは、「余程面白いと思」ったジェームズのPure experienceであった。先に書かれた第二編について、西田本人が「その不完全なることはいうまでもない」(1・4)と不満を持っていて、その第二編の最初の部分をさらに詳しく、深く掘り下げたのが第一編である。これも『純粋経験と思惟、意志、及び知的直観』というタイトルで、まず論文として1908年に発表された。「純粋経験」という言葉は、西田がすでに講義で使用し、前々から持っていた考えだが、ジェームズのPure experienceに触れ、より完成されたものとなったのである。もちろん、二つの言葉は同じようでも、実際に指し示している内容においては違いがある。藤田正勝によれば、ジェームズの「Pure experience」は、意識の前段階的なもの、まだ混沌としているものである。そして、我々がそれを素材として働きかけることによって、通常の意識が生れてくる。一方、西田の「純粋経験」に混沌はなく、いわば主観と客観が合一した状態で、我々にそれを素材とすることもできない[35]。筆者もこれに賛同する。

このように、西田が「純粋経験」という基本概念においてW・ジェームズから影響受けており、『善の研究』においても、ジェームズの言葉を引用している箇所がある。しかし、同じように大きな影響を与えた禅となると、「禅」という文字は『善の研究』のどこにもなく、仏教を比較対象や例として挙げているのが数箇所あるのみである。西田の十年間に及ぶ禅修行を考えると、これは非常に少ない数字であり、非常に興味深い現象といわねばならない。先に引用したように、西田は「見性までは、宗教や哲学の事考えず」と考えていたが、「見性」は『善の研究』では一回しか出てこない、その文はこうである

[33] 同上pp. 181。

[34] 同上注記の中で引用pp. 184。

[35] 藤田正勝『現代思想としての西田幾多郎』講談社1998年9月10日pp. 54－56。

「真の自己を知り神と合する法は、ただ主客合一の力を自得するにあるのみである。而してこの力を得るのは我々のこの偽我を殺し尽して一たびこの世の欲より死して後蘇るのである。此の如くにして始めて真に主客合一の境に到ることができる…基督教ではこれを再生といい仏教ではこれを見性という」(1・167－168)

これを書いた時の西田の「見性」に対する考えが、「見性までは、宗教や哲学の事考えず」と書いた時とまったく同じだという保障はないが、その根本において一致していると考えて問題はない。これを見ると、西田の目指している「見性」はあくまで自分の内面のものであって、彼は「真正の己を得」ることを第一に考えていたと言える。それに対し、公案の透過は禅師の判断によるものであって、西田にとってそれは「見性」するための方法に過ぎなかったのである。「見性」は西田にとって非常に高い次元にあることもわかる。そのため、「見性までは、宗教や哲学の事を考えず」と言っているのも、宗教や哲学を見性の次のステップとしているのではなく、見性という高い次元に到達してから、改めて宗教や哲学を眺めるという考え方として理解することができる。

前述のように、公案を透過しても「甚悦ばず」だった西田は、それでも哲学に取り掛かり始めた。実は、彼の親友鈴木大拙も前に同じ公案に参じ、透過した時は「これで何年来の胸のつかえがおりた、という感もなかったわけではないが、一方また、これでまったくいい、ということもなかった」[36]そうである。また西田が「甚悦ばず」について、鈴木大拙は「そういうこともあるものだ。西田のように理智的論理的な頭脳の男には」、「しかし確かに掴んだものがあるに相違ないと思う。そうでなければあのような哲学は出てこない」[37]と評している。鈴木大拙の体験と評価から見れば、公案を透過したものの心にしこりが残るのは不思議なことではないようである。それでも、透過したということはなにかを「確かに掴んだ」ことを意味しており、西田は自分の目指す「見性」にはいかないまでも、なにか高い次元からまた哲学に取り掛かり始めたと言える。

第一章で禅を始めた原因を分析した時、西田にとって現実の焦燥よりも内面的な原因の方が大きかったと書いた。それは次の記述からも分かる、「君が所謂思想の統一に達するには如何なる方法により玉う御考にや、余は禅法を最捷径ならんと思うなり。之の捷径に由てすら尚統一を得ざる者ならば他の途を求めたりとて益だめなるべければ、余は所得の有無に関せず一生之を修行して見んと思うなり」(18・53)。これは1899年、西田が参禅を開始して二年後に山本良吉に宛てた手紙に書かれていたことである。西田は禅を「思想の統一」に達する「捷径」と考えている。「思想の統一」はなにを統一するのかということについて、沼田滋夫は西田が東大在学中に書いた小論文3本を分析し、それらがいずれも西洋哲学のものであったこと、そして内容を見ると批判的であることを挙げ、西田の底に「東洋の求道的精神」が働いていたと主張した。「思想の統一」は、東洋と西洋の統一であり、「哲学研究の上で最終的な思想の統一を与え」

㊱　堀尾孟「西田幾多郎と鈴木貞太郎」『没後五十年記念論文集西田哲学』上田閑照 編 創文社 1994年6月 pp. 303。

㊲　高坂正顕『西田幾多郎先生の生涯と思想』弘文堂 1947 pp. 65。

るものであったというのが沼田の結論である[38]。

沼田の主張が、あくまで1899年の時点での西田に限定して言ったものならおそらく間違いないであろう。しかし、後に西田は「余は、禅を学の為になすは誤りなり。余が心の為、生命のためになすべし」と書いている。西田は当時学校で教鞭を取り、一方では自分の研究を進めていたため、ここの「学」はまさしく「哲学研究」のことだろう。つまり、西田は哲学研究のために禅をすることを否定したのである。上に見性を分析した時に書いたように、より高い次元を目指していたのである。

こうして考えると、『善の研究』に「禅」の文字が出てこない理由も、仏教の記述が少ない理由も見えてくる。つまり西田にとって、禅は思想の対象となるものではなく、逆に禅によって到達した境地から、哲学や宗教を考え始めるのである。『善の研究』のどの部分をとっても、それが禅思想であると断定することはできない。西田にとって、禅体験は自分の欲望と満たされない現実を、東洋の精神と西洋の哲学を統一するものであった。久松真一の言葉を借りれば、「西田哲学におきましては、禅というものは、対象的に扱われているというものではなくして、先生の哲学の中に主体的に働いているものではないかと思うのである」[39]。主体的に働いているものが、論述の過程において出てこないのはむしろ当然といえる。また、『善の研究』の論述において、とりわけ「純粋経験」を論じる際、「技芸を習う」、「音楽家が熟練した曲を奏でる」など例を挙げることが多くあり、読む人に論理でわかってもらう以外に、体得してもらいたいという意図が見える。これも禅体験が基礎になっていることと関係があると考えられる。上に見たように、鈴木大拙は「これでまったくいい、ということもなかった」といい、西田は「甚悦ばず」と言っているが、具体的になにがよくなかったのかとなると、両者とも明言していない。このように禅には言葉では言い表せないところがあり、その上に成り立つ西田哲学も、同じような特色を持っている。そのため、もっとも根本的な概念のところとなると、どうしても分析や説明することができず、このように例で示さなければならないのである。

以上のように見てくると、『善の研究』にとって、根本となっているのはその前の十年間にわたる禅修行ということができる。禅によって到達した境地から西洋哲学を眺めなおし、そのときの思考を系統化させるため、西田はさまざまな西洋哲学者の著作から知恵をかり、中でもジェームズの「Pureexperience」に強く共感し、それと対話していく中で、自分の哲学の形をはっきりさせたのだと言えよう。

第3章　西田と社会との係わり

西田の思想はしばしば内面的であると言われている。確かに彼は不幸や不遇に直面し、その後禅に打ち込んだりして、精神的なことを追求する傾向が強く表れた。こ

㊳　沼田滋夫『西田哲学への旅』1984年3月10日 pp. 50－52、64。

㊴　久松真一「西田哲学と禅」『西田幾多郎とその哲学』天野貞祐・下村寅太郎・高坂正顕・西谷啓治・久松真一・高山岩男 灯影撰書 1985年11月 pp. 44。

れは一見現実逃避とも取れる態度である。例えば竹内良知は、「西田が現実とのつながりを見失うような仕方でしか内面的なものに目を向けなかった」[40]と評している。内面的な傾向を持っているということには筆者も賛成するが、西田は本当に現実から逃げ、現実とのつながりを見失ったかについては疑問を感じている。以下ではまず西田の思想が内面的になったきっかけを探り、そして彼と現実とのつながりを検討する。

3.1　西田の思想が内面的になったきっかけ

西田の生活がどのようなもので、彼の思想にどう影響したのかを、第一章で見てきた。この章では、西田の生活から一歩下がり、あの時代に生きた西田が、時代からどのような影響を受けたのか、また、その時代に起きたことを西田はどのように見ていたのかを探ってみたい。

西田が生まれたのは明治3年で、彼の青春時代は日本がかつてないほどに変革していく時代であった。西田は子供の頃から姉との死別や、家庭の不和などを経験しており、それらが西田の目を内面に向けさせたとも考えられなくはない。しかし、少なくとも四高の時には、「青年の客気に任せて豪放不羈、何の顧慮する所もなく振る舞うた」(12・170)し、そこには「学問文芸にあこがれ、極めて進歩的な思想を抱いていたのであるが、学校では、そういう方向が喜ばれなかった」(12・247)ことへの不満があった。「進歩的な思想」が具体的になんなのかはわからないが、当時の社会背景を考慮すると、自由民権の思想と考えて間違いないであろう。そこへ学校令によって、学校に明治政府のイデオロギーを注入しようとした動きがあり、それに西田や他の学生が反抗したのである。このことを見ると、当時の西田は内面的どころか、外の世界に強い関心を示していたと言える。

もちろん、それと同時に、西田は人生の問題にも注目していたようである。この頃、親友山本良吉に宛た手紙の最後で、「錦衣玉食似浮雲、人生百事偽乎真」(18・5)と書いている。高校生の年頃で、まだ稚拙とはいえ、西田はすでに人生の意味などについて思索を行っていたということが窺われる。しかし同じ人生の問題でも、この頃の西田は異なる方向その答えを求めようとしていたのである。この手紙で西田は、「宇宙間ニ存在セル物体ハ千変万化殆ント名状スル能ハスト雖モ、六十三元素ノ元子ヨリテ成立シ、此世ニ現ハル現象種々アルモ、只其各個元子ニ供フルカナル者アリテ起ルニ相違ナシ」(18・3)と書き、明らかに唯物論に近い考え方を持っていることがわかる。唯物論は後に西田に退けられるが、この時点で関心を持っていたということは、西田の視線がまだ外の世界に向けられていたことの証明である。人生の問題に注目しているものの、その答えを内にではなく、外に求めようとしていたと言うことができるだろう。だが、その外に答えを求めようとした傾向は、やがて本格的に「外」に出た時に、挫折してしまうのである。

四高では反抗の後、退学を選んだ西田は、その後東大選科に入学する。師・北条時

[40] 竹内良知『西田幾多郎』東京大学出版会 1970 年 7 月 25 日 pp. 98。

敬がこの決断に反対したこと、西田自身も選科生活に不満を持ち、挫折感を味わったことはすでに上に述べた。この時期の挫折こそが西田の思考を内面的に向かわせた決定的な原因だとする意見は多くある。代表的なものとして、竹内良知は「西田の挫折感と屈辱感とは彼を人格的解体の淵にひきこむほどに深刻なものであった」とし、それを乗り越えるために、西田は「漢学によって培われた教養に支えをもとめて精神主義的な克己の道をとるほかなかった」という。そして、西田が手紙で孟子の言葉を引用しているところから、西田は自分が受けた差別を「自分が『大人』たりうることの徴であると考え、屈辱感が強ければ強いほどひそかな自負をも強めていった」[41]としている。

竹内はその後の部分で、手紙などから西田が当時の政府に批判的だったこと、しかしその批判は専ら道徳的な批判で、政治の外に超然と立とうとする態度であったことを主張した。竹内はいわば、西田の政府に対する批判を彼の思想が内面的に移った証拠のように取っている。筆者は竹内のこの見解に正面から反対するつもりはないが、100％賛成というわけでもない。東京に出てきて、より身近に政府の行いを感じたことと、彼に屈辱感を覚えさせた境遇に政府の施策が大きく関連していることを考えると、現実的な政治情勢や社会状況は、西田の思考が内面へと向かった証拠ではなく、主な原因の一つと考えるべきであろう。

前に述べたように、西田が四高を退学したのは、明治政府の学校令によって校風が一変したためである。「石川専門学校」が「四高」となった後の開校式に、当時の文部大臣森有礼も出席し、西田はその様子を回想し、「開校式には時の文部大臣森有礼氏が堂々と大名式に臨席せられ、我々は山中温泉から来る大臣を迎うべく野々市の辺りに半日位立たされた」(12・165)と、皮肉を込めて述べている。四高の校長には、森有礼が指名した人が任命され、それに伴い舎監や教師の人事更迭も大幅に行われた。このような背景の中で行われた西田の反抗は、校風の変化と、その背後にある政府の方針両方に対して行われたものだと考えることができる。反抗の果てに退学したことも、このような政府の方針がなければありえないことであった。

退学した西田は「独立独行」を掲げたが、まもなく選科生となって東京へやってきた。選科生となったことは彼にとって「節を屈して」(12・170)という不本意な決断であったとはいえ、東京へ出てきたこと自体を考えると、まだ「外」に求めるものがあったと言えよう。しかし、西田が東京で目にしたのは、四高でも身をもって感じた明治政府の絶対主義的な政治のやり方と、周りにいる性の合わない人たちであった。東京へ出てきてまもなく、西田は友人宛に失望の情を漏らしている。「東都雖名士済々、概是俗臭之徒不足共語也」(18・11)、「浮世臭気紛々たり。之を払う者君と余にあらずんば誰かある。四顧齷齪たる俗輩壮心共に談すべきなし」(18・13)などからそれがわかる。ここでは「之を払う」と大言壮語を吐いているものの、当時の西田にはそれが不可能であることは言うまでもない。

四高時代、学校の変化は西田にとって自分の意志とまったく関係のないもので、年齢

---

[41] 竹内良知『西田幾多郎』東京大学出版会 1970 年 7 月 25 日 pp. 89－90。

などの原因とあいまって、彼は「放蕩不羈」に振る舞い、学校に反抗することができた。しかし、東大選科に入ったのは「節を屈して」とはいえ、西田自身の決断によるものであり、学校に反抗することは彼自身の選択を否定することになってしまう。また、家計の面を考慮しても、選科で再び過去を繰返すことは避けなければならないことであろう。そのため、選科生活に不満を持っても、学校に再度反抗することは不可能であった。四高では明治政府の圧力を身を持って感じ取り、東大でも差別を受けた西田は、自分の学業における挫折の一因を作った明治政府に不満を発散するようになる。1892年5月の手紙で、西田は「漸く勢威飛鳥を落とせし薩長も、かの干渉之窮策は實にこれ自倒るの端緒にあらざる乎。停会一週日断然解散之勇もなく、決然辞職之義もなく優柔不断、何そ其不活発なるや」(18・21)と書いている。当時の政府が薩摩と長州によって動かされている藩閥政府で、「飛鳥を落とせし薩長」とはこのことを指す。「干渉之窮策」とは、1892年2月に第二次総選挙の際、選挙干渉が行われたことを指す。これを読むと、藩閥政府の崩壊を西田が望んでいると思われる。確かにこの干渉に対する世論の反発は激しく、時の内務大臣品川弥二郎が辞職に追いやられたが、政府は依然として藩閥政府のまま、政策も今までどおり絶対主義的なもので、西田が望んだような変化は起きなかった。その後の西田の手紙には、政府や政策について言及したものがほとんどないのを見ると、おそらく彼は政治に失望し、その上選科生の屈辱も重なって、その結果、思想を外から内面へと転じさせたのだろう。

それ以降の西田は参禅などを経験し、内面的なものを追求するようになるが、まったく現実的なことに無関心になったわけではない。彼の内面への転向は、思考を深めていき、その結果として自発的に行われたのではなく、退学、選科生活の不満、政治に対する失望など、外の失意によって起きたため、むしろ頻繁に現実的なことに悩まされたり、注意を引かれたりするのである。それをまた克服するような形で、西田は少しずつ内省を進めていく。西田の内面的な思考は精神に注目しているという意味で内面的であり、現実に無関心という意味ではないのである。その後もやはりいくつかの出来事において、その現実的な関心を示している。そしてその関心は、彼の内面的な思考の内に包括できるものであると筆者は考えている。以下、日露戦争に対する西田の態度からそれを見てみることにする。

3.2 日露戦争に対する西田の発言

日露戦争は、1904年2月に勃発した。西田はその前年に公案を透過し、日露戦争の期間は、ちょうど彼が自分の哲学を構築し始めた頃に当たる。そのため、この頃の西田の思想は、後に『善の研究』で表れているものと非常に密接なつながりがあると言える。ここでは、まず日露戦争が西田の身辺にどんな影響を与えたのか、彼がどんな反応を示したのかを見てみよう。

1904年6月29日、西田は日記で、「午前十時二十分憑次郎出征」(17・127)と書いている。憑次郎は西田の弟で、かつて西田が上京し、東大選科に入学した時、少し遅れて東京へ来て、士官学校に入学した。その弟が、戦場へ駆り出せれたのである。そして二ヵ月後、憑次郎は旅順で戦死する。この出来事に西田はどんな反応を示したのかについてだが、1904 年の日記は、7 月 2 日以降のものがないため、率直な感想はわからず、残念でならない。その代わり、『余の弟西田憑次郎を憶う』という弔文が残っている。西田はそこで、「余が骨肉の情已まんと欲して已む能わざる者あり」(13・166)と書き、大いに悲しんでいることが分かる。しかし同じ文章で、「此度戦争の結果我国の勢力が東亜に拡張せられ彼等の屍が新帝国の礎となるかと思えば転壮快の感に堪えないのである」(13・170)と書き、弟の死を悲しむと同時に、戦争に対して肯定的に見ていることが分かる。1905 年 1 月の日記には、「旅順口陥落…愉快不自禁。北国男子忠勇の功也」(17・129)と書き、8 月には、「(日露の)講和条件を見るに大屈辱なり…償金とれず樺太も半部ゆづり、鉄道も長春とはナサケナキことなり」(17・152)と書いている。

日露戦争は、日本が初めて西洋列強を破った戦争であり、この戦争を期に、日本は条約改正などにより、法的に独立国としての平等的な地位を回復した。そのため、日露戦争は日本にとって自己実現の一歩と言うことができ、日本国民からすれば、この戦争に同調することはむしろ当然であると言える。西田の視点について、竹内良知は、「西田は日露戦争とその結果をまったくブルジョア民族主義の見地から見ていた」[42]と評している。そのように考えることも確かにできるし、西田はこの戦争を批判する立場を取っていなかったのも事実である。しかし、国家の対外拡張を積極的に主張する好戦的な考えも彼にはなかった。例えば、旅順を攻略し喜ぶ民衆を見て、西田は「今夜は祝賀の提燈行列をなすといふが、幾多の犠牲と、前途の遼遠なるをも思はず、かかる馬鹿騒ぎをなすとは、人心は浮薄なるものなり」(17・130)と批判している。山本良吉宛の手紙でも、「日露戦争益大くなり何時終局を見るべきかを知らず。實に国家の大事痛心の至なり。幸にして終局の勝利を得ば我国民の勃興は期して待つべきも徒らに物質的の国民は取るにたらず。吾等は微力ながらも精神的発達を計らざるべからず」(18・67)と書いている。こうして見ると、西田は戦争の結果よりも、国民の「精神的発達」をより重視していることがわかる。それは言い換えれば、一人一人の自己の発展完成ということで、この点で西田の自己論に直結するのである。

上の第 2 章 2.3 で、西田の考えによれば、個人性というものは社会的意識の上に現れることであって、それを実現することは、社会的意識の実現にもなるということはすでに述べた。この個人と社会の関係について、『善の研究』で西田は、「社会的意識なる者があって我々の個人的意識はその一部である」(1・161)と言っている。その社会的意識の表れのとして、西田は家族、国家などを挙げており、「家族に次いで我々の意識活動の全体を統一し、一人格の発現とも看做すべき者は国家である…国家の本体は我々の精神の根柢である共同的意識の発現である。我々は国家において人格の大なる発展を遂げることができるのである」(1・162)。では、人格の大なる発展を遂げるために、具体的になにをすればいいのかというと、国家に尽くせばいいのである。「我々が

---

[42] 竹内良知『西田幾多郎』東京大学出版会 1970 年 7 月 25 日 pp. 167。

国家の為に尽すのは偉大なる人格の発展完成の為である」(同上)と西田は言っている。「真正の世界主義というは各国家が無くなるという意味ではない。各国家が益々強固となって各自の特徴を発揮し、世界の歴史に貢献するの意味である」(1・162)とも書いているため、西田の言う「国家」がその理想として存在する国家ではなく、現実に存在する一つ一つの国を指していることがわかる。このような国家に対する考えを踏まえた上で、西田の日露戦争に対する態度を考えてみると、よりよく理解できる。弟や他の軍人の戦死は「国家の為に尽」したのであって、亡くなったこと自体は残された親族にとって悲しむべきことだが、当人にとっては、「偉大なる人格の発展完成」となるのである。『善の研究』に表れたような考えが西田の頭にあったからこそ、彼は弟の死を悲しむと同時に、一方では国家に尽くしたというように眺めることができたのである。

しかし、上の引用した箇所を見ても、「国家」について言及されているものの、「国家」は重点ではなく、西田の目指す最終的なものはやはり「偉大なる人格の発展完成」という個人的なものだったのである。そして、各国家の発展が世界の歴史に貢献するという考えと、個人性の実現が社会的意識の実現につながるという考えを比べてくると、西田は国家と世界の関係を個人と社会の関係と同じようにとっていることがわかる。この視点は日露戦争当時の西田の考えと一致している。西田は日記でこう書いている、「最大の勇気は自己に打勝つにあり、最大の事業は自己の改良にあり、此の大事業は満州の経営にも勝るへし」(17・134)。ここの「自己」を、個人としての自己ではなく、「日本」という国として理解することもできなくはない。しかし、そのように考えたとしても、西田の関心は外へと向かっていくものではなく、逆に「自己の改良」という内面的なものであって、むしろ上に言ったような自己論の国家レベルにおける発現と見るべきであろう。

第2章2.3でも述べたが、西田は「個人性」を認めており、国家を個人の人格の発現としてみれば、それぞれの国家が異なる特色を持つのも当然といえる。そのため、「各国家が益々強固となって各自の特徴を発揮し、世界の歴史に貢献する」ということができるのである。「各国家」が現実に存在する国家を指していることは既に述べたが、果たして西田の言うようなことが実現できるのだろうか。

「個人性」について、西田は「各人が自己の物質欲を恣にするということは、反って個人性を没することになる」(1・158)と言っており、「個人性」がいわゆる利己主義とは無縁であることが分かる。本当に西田の考えている意味で個人性を実現できるのならば、個人同士の衝突も起きないのだろうが、それは単なる理想だと言わねばなるまい。その上に立てられた国家の考えも、やはり単なる理想である。例え個人において西田の言うことが実現できたとしても、個人がどのような形で結びつくのか、個人間の違いをどう捉えるかなどさまざまな問題が未解決であり、西田はそれらすべてを無視したのである。現実を見れば、国家がその発展において他国と衝突を起こさないことは明らかに不可能である。西田の「国家」は現実の国家を指しているが、実際に彼の考えるような国家は現実に存在せず、日本も当然そのような国ではなかったのである。しかも、国家に関する西田の論述は、個人に関するものと短絡的に結び付けているところがあり、やや無理があるように思える。

ところで、竹内良知の西田に対する評価の中で、こんな内容がある

「西田の『独立独行』は精神主義的な傾向を強めて、内に折れまがる方向をとっていた…彼の眼は、四高生時代のように外に拡がるよりも、屈折して内にむかい、現実の科学的把握と社会的批判とに発展する萌芽をはらんでいた唯物論的・反宗教的な方向は、もうとっくに、すっかり流産してしまっていた」。そして本章の最初に引用したように、「問題は西田が現実とのつながりを見失うような仕方でしか内面的なものに目を向けなかった点にある」㊸とも書いている。

唯物論的な方向がなくなったことは筆者も賛成するが、果たして「現実とのつながりを見失」っていたかとなると、疑問を感じずにはいられない。西田の哲学著作で現実の問題にあまり触れていないからといって、現実とのつながりを見失ったと断言するのは早計である。むしろ日露戦争を例に見てきたように、こうした世間の出来事にも十分留意していたし、それについて思索も行っている。しかもその思索は彼の哲学に直結するものがあるのである。

ただし、西田の思想がすべて彼の生活や彼の生きた時代の影響によって生まれたと主張するつもりはない。沼田滋夫が言っているように、「一つの思想あるいは哲学は深いものであればある程、それは歴史的社会的でありつつ、同時に歴史的社会的を超えて自己を形成してゆく意義をもつものでなければならないと思う」㊹。西田に関して言えば、内面的に転じたことによって現実とのつながりを見失ったわけではなく、彼が「超然として自ら矜持するところのものを有っていた」と言っているように、現実の上に立ち、現実をも包括する態度を取ったのである。この点も彼の自己論に表れている。第2章2.2でも書いたが、習い熟することによって、私たちの知識が深遠になり、それに従い主観的自己の活動の範囲も大きくなり、これまで自己の外にあったものが、自己の体系の中に入るようになると西田は言っている。こうして自己の体系を広げていき、その終焉にあるのが、「真の自己」であると言うことができるのである。これに沿って考えると、絶えず外のものを主観的自己の中に取り込むことになり、西田の現実に対する態度と通じるところがある。

西田の内面的な思考は、外によって押さえつけられた結果であるため、常に逆作用として外に向かっていく力を持っていたのである。現実に真正面から反抗し、それを突破する力は当時の西田にはなかったが、禅修行を通してより高い境地に達したことによって、現実の問題を自己の内面に取り込むことができるようになったのである。その後もさまざま問題に触れ、その度に自分の内面にそれらを取り込んだ結果、彼の思想が一つの形となって現れ出たのである。

㊸　竹内良知『西田幾多郎』東京大学出版会 1970年7月25日 pp. 97－98。

㊹　沼田滋夫『西田哲学への旅』北樹出版 1984年3月10日 pp. 43ただし沼田は西田が挫折により内面的となったこと自体を否定しており、この点では筆者と異なる。

終わりに

以上、西田の人生、『善の研究』のテキスト分析、社会とのかかわりの三つの点から西田の思想を見てきた。ここでそれぞれを簡単にまとめてみたい。

第1章は、西田生い立ちからはじめ、禅修行に打ち込むまでの彼の人生を分析した。西田は幼少の頃こそ順調だったものの、中学入学あたりからさまざまな不幸や不遇に直面し、そんな現実に由来する焦燥が直接の原因となって禅に向かうようになったのである。不幸の一因を作ったのは父・西田得登で、西田にとって服従を強いられ、同時に反抗せずにはいられなかった人物である。北条時敬はそんな父に代わるように西田から尊敬され、禅においても西田に影響を与えた。

第2章は『善の研究』のテキストに密着したテキスト分析である。上にも述べたように、先行研究を参考にしながら、できるだけ自力で解読を試みている。不完全なことはいうまでもないが、筆者なりの西田哲学に対する印象を形成させる上では欠かせない作業と考えている。ここでの解説は、「真の自己」を中心とし、まず「真の自己」の意味を解説した。次に、「真の自己」は普段我々が考える自己とは明らかに異なるが、なぜ「自己」と呼ばれるのか、通常の自己とはどんな関係があるのかを分析した。その後、「真の自己」が持つ意義を追究してみた。解説の最後では、禅修行とW・ジェームズの思想が『善の研究』に与えた影響を分析した。禅は西田が哲学研究を行う上での重要な一歩で、しかもそれだけではなく、彼にとってそれはより高い次元のものである。その高い次元から改めて哲学を考える時、W・ジェームズからヒントを得たのである。

第3章では、社会とのかかわりを通して西田の思想を見てみた。この視点からアプローチした研究は今まであまりない。そのため、前の二章と比べ独自な意見を述べているところがより多く、未熟なことはいうまでもない。この章ではまず西田がなぜ内省的な思想となったのかを検討してみた。これについては今までいろんな説があり、そのほとんどは西田の身辺生活に焦点を当てたものである。筆者はここで西田が東京へ出てきた後目にした社会の現実を取り上げ、社会現実と彼の身辺生活両方が合わさった結果、西田が内省に転じたと主張した。しかし、内省に転じたからと言って、西田が現実に無関心になったわけではない。その証拠として日露戦争に対する西田の態度を紹介し、彼が現実に関心を持っていたこと、その態度は彼の哲学と関連すること、現実に対する関心は彼の内省的な思考の内に包括できることを主張した。

以上が本論文の大まかな内容であるが、これ以外にもさまざまな西田研究の角度が考えられる。例えば哲学者との比較、中国思想の影響など、いずれも興味をそそられるテーマである。筆者の力不足で実現できなかったが、西田哲学は実に多くの可能性を秘めているものと言わなければなるまい。

本論文では『善の研究』を中心に取り上げたため、それ以降の思想の展開や西田の生活に触れなかったが、ここでごく簡単に紹介しておきたいと思う。

まず、思想面では、西田は後に、『善の研究』の立場を「心理主義的とも考えられるであろう」(1・6)と評しており、その後の思想ではこの心理主義の立場からの脱却を図っていたようである。まず彼はフィヒテを参考し、経験と思惟を統合する「自覚」を考えた。その後ギリシャ哲学を介して、「自覚」のような「働くもの」の背後に「見るもの」がなければならないと考え、それを「場所」と呼んだ。その後1930年代では、当時の思想や弟子たちとの議論を経て、「場所的弁証法」を打ち出した。この頃において、「社会的・歴史的世界」という言葉を使用し、西田の関心の所在が明らかである。こうした「社会的・歴史的世界」の論理を解明するために、西田は「行為」に注目し、その結果「行為的直観」の立場に到達した。「行為的直観」は、「純粋経験」の概念を受け継ぐものであるが、「行為」を中心に据えているため、「純粋経験」のように「意識」を中心とする立場とはやや異なる。西田最後の完成論文は、「場所的論理と宗教的世界観」で、宗教哲学について述べられている、そこでは禅に通じる考えがあり、若い頃の禅体験が彼の一生を貫いていたことが分かる[45]。

生活面では、京大へ赴いた後、その生涯の前半に見られるような大きな動きはなく、比較的学問と教育に集中できたと言えよう。西田本人は「私の生涯は極めて簡単なものであった。その前半は黒板を前にして坐した、その後半は黒板を後にして立った」(12・169)と振り返っている。教育者としての西田も成功しており、彼の門下からは三木清、西谷啓治など著名な学者が輩出している。しかし家庭生活の面では自分が振り返っているほど静かなものではなく、京大教授在任中に長男と妻が亡くなっている。教授職から退官した後も、西田は執筆を続け、多くの論文を発表している。1945年6月、西田は鎌倉で亡くなった。未完の論文に「私の論理について」があり、そこには「私の論理というのは学界から理解せられない、否未だ一顧も与えられないといってよいのである。批評はないではない。しかしそれは異なった立場から私の言うところを曲解して、これを対象としての批評にすぎない」(12・265)と記されている。実際はそういうわけではないかもしれないが、本人がこのように書いているところに、深い孤独を感じ取ることができるだろう。

こうしてざっと眺めただけでも、多くの興味深い点を見つけ出すことができるように思う。そして、西田の思想は時代を超え、現代においても可能性を孕んでいる。彼は禅体験を根本に据え、西洋哲学と対決し、それを乗り越えようとした。この試みによって生み出された哲学は、いわゆる西洋型の発展が難題に直面している現在にとって大きな示唆を与えられるのではないかと思う。人類と自然の共存を目指すことは、主観と客観を分離視する西洋哲学が自分の元の立場を乗り越えなければならないことを意味するが、東洋ではそれは元から存在する立場であって、西田はそれを論理化した一つの絶好の例である。また、藤田正勝によれば、西田は西洋の現代哲学者たちに先駆けて、「近代の知のアポリアを克服する方向を指し示した」[46]という。このように、現代においてもなおその意味を持つ西田の思想を理解するための第一歩として、筆者はこの論文をまとめたのである。

㊺　この段落のまとめは、藤田正勝の『現代思想としての西田幾多郎』のpp. 202－210を参考にした。

㊻　藤田正勝『現代思想としての西田幾多郎』講談社1998年9月10日 pp. 213。

参考文献

著書

茅野良男・大橋良介編(1987)『西田哲学——新資料と研究への手引き』ミネルヴァ書房

天野貞祐・下村寅太郎・高坂正顕・西谷啓治・久松真一・高山岩男(1985)『西田幾多郎とその哲学』灯影撰書

上田閑照編(1994)『没後五十年記念論文集　西田哲学』創文社

藤田正勝(1998)『現代思想としての西田幾多郎』講談社

上田閑照(1995)『西田幾多郎:人間の生涯ということ』岩波書店

小坂国継(1994)『西田幾多郎の生涯と宗教』大東出版社

西谷啓治(1985)『西田幾多郎-その人と思想』岩波書店

沼田滋夫(1984)『西田哲学への旅』北樹出版

中村雄二郎(1983)『西田幾多郎』岩波書店

竹田篤司(1979)『西田幾多郎』中央公論社

竹内良知(1970)『西田幾多郎』東京大学出版会

高坂正顕(1947)『西田幾多郎先生の生涯と思想』弘文堂

論文

小林敏明(2007)「断絶する今——西田幾多郎の時間論をめぐって」思想.(1002)

山下和也(2006)「西田幾多郎とニクラス・ルーマン——自己認識を巡って」比較思想研究(33)(別冊)

櫻井歓(2005)「西田幾多郎『善の研究』における『人格』概念——個人の道徳的自己形成と国家との関係」北陸宗教文化(17)

池田善昭(2003)「西田幾多郎の思想形成——ある家庭事情の深淵」立命館人間科学研究(5)

福井雅美(2003)「西田幾多郎を産んだ地——宇ノ気と金沢」立命館人間科学研究(5)

花岡永子(2001)「哲学における『同一性』と『自己同一性』の問題——ハイデッガーと西田幾多郎の哲学を介して」大阪府立大学紀要　人文・社会科学 49

影山任佐(2001)「随想 西田幾多郎と森鴎外——明治における自己の問題」心と社会 32(4)(通号 106)

呉光輝(2001)「若き西田の思想的軌跡——『真の自己とは何か』をめぐって」日本学研究

水野友晴(2000)「西田幾多郎とT・H・グリーン——自己実現の原理に注目して」日本の哲学(1)

卞崇道(2006)《试论西田哲学的宗教特性——宗教间对话的可能性》杭州师范学院学报(社会科学版)2006年第6期

吴玲(2006)《谈西田伦理学中的东西方文化因子》东北师大学报(哲学社会科学版)2006年第5期 总第223期

付録：

西田幾多郎略年譜[47]

年	年齢	出来事
1870 （明治 3）		5 月 19 日、石川県河北郡宇ノ気村（現石川県かほく市）にて父得登、母寅三の長男として生まれる。
1875 （明治 8）	5	4 月、長楽寺内森小学校に入学。
1882 （明治 15）	12	3 月、高等小学校を卒業。
1883 （明治 16）	13	7 月、石川県師範学校に入学。秋、姉尚と共にチフスを患い、姉は死去。
1884 （明治 17）	14	10 月、師範学校を中退。
1886 （明治 19）	16	3 月、北条時敬に数学を学ぶ。9 月、石川県専門学校附属初等中学科に補欠入学。
1887 （明治 20）	17	石川県専門学校が「第四高等中学校」となる。10 月、第四高等中学校予科第一級に入学。
1888 （明治 21）	18	9 月、四高本科 1 年生となり哲学を専攻。
1890 （明治 23）	20	3 月、四高を中退。秋、目を病み入院。
1891 （明治 24）	21	9 月、東京帝国大学哲学科選科に入学。
1894 （明治 27）	24	7 月、選科を卒業。金沢に戻る。
1895 （明治 28）	25	4 月、石川県尋常中学校七尾分校の教諭に就任。5 月、いとこの寿美と結婚。
1896 （明治 29）	26	3 月、長女弥生誕生。4 月、第四高等学校の教諭に就任。洗心庵の雪門禅師に参禅を始める。
1897 （明治 30）	27	5 月、寿美と離縁。四高講師の突然の免職。9 月、山口高等学校の教諭に就任。
1898 （明治 31）	28	6 月、長男謙誕生。10 月、父得登死去。
1899 （明治 32）	29	2 月、寿美と復縁。3 月、山口高校の教授となる。7 月、四校教授に就任し金沢に戻る。
1901 （明治 34）	31	2 月、二男外彦誕生。3 月、雪門禅師より「寸心」居士号を受ける。
1902 （明治 35）	32	12 月、二女幽子誕生。
1903 （明治 36）	33	8 月、京都大徳寺の広州禅師に参禅し「無字の公案」を透過。
1904 （明治 37）	34	8 月、弟憑次郎が旅順にて戦死。
1905 （明治 38）	35	10 月、三女静子誕生。

[47] http://www.city.kahoku.ishikawa.jp/nishida-museum/contents2/nenpu/nenpufr.htmの年譜を元に、全集第 19 巻の年譜を参考し作成。

年	年齢	出来事
1907　（明治40）	37	1月、二女幽子死去。3月、肋膜炎発病。5月、四女友子、五女愛子誕生。愛子は生後1ヵ月で死去。
1909　（明治42）	39	3月、六女梅子誕生。7月、学習院の教授に就任し東京へ移住。
1910　（明治43）	40	8月、京都帝国大学文学科大学の助教授に就任。
1911　（明治44）	41	2月、『善の研究』出版。
1913　（大正2）	43	8月、教授に就任。12月、文学博士の学位を受ける。
1918　（大正7）	48	9月、母寅三死去。
1919　（大正8）	49	9月、妻寿美が脳溢血で倒れ、以後寝たきりとなる。
1920　（大正9）	50	6月、長男謙死去。
1921　（大正10）	51	5月、三女静子が肺を病む。
1922　（大正11）	52	5月、四女友子、五女梅子がチフスにより入院。9月、新居に移る。
1923　（大正12）	53	1月、信濃哲学会の講演を開始。9月、三女静子、四女友子が肺を病む。
1925　（大正14）	55	1月、妻寿美死去。
1927　（昭和2）	57	5月、帝国学士院会員となる。
1928　（昭和3）	58	8月、京大定年退職。
1929　（昭和4）	59	2月、京大名誉教授となる。
1931　（昭和6）	61	12月、山田琴と再婚。
1932　（昭和7）	62	4月、鎌倉に住居を得て、京都との往来を始める。
1940　（昭和15）	70	11月、文化勲章を受章。
1941　（昭和16）	71	4月、四女友子死去。10月、リューマチを患い10ヶ月ほど病臥。
1942　（昭和17）	72	7月、山本良吉死去。
1945　（昭和20）	75	2月、長女弥生死去。6月7日、尿毒症により死去。東慶寺にて葬儀。法名、曠然院明道寸心居士。

北一輝におけるアジア主義及びその変遷

刘　峰

目　次

はじめに

1. 研究背景

近代日中関係史上、北一輝は大いに研究する価値がある人物のひとりである。今まで、日中両国の学界においては北の思想や論理に関する論議が盛んに展開されて来たが、それは、ファシズム、超国家主義、ロマン主義、社会進化論、純正社会主義論、国家改造論、法華経への信仰などいくつかの方面に集中していたばかりでなく、時期的にも、主に一九〇四～一九〇五年の日露戦争期、一九一一～一九一二年の辛亥革命期、一九三六年の「二・二六事件」という三つの時期に集中している、というのが現状である。近年、研究の焦点は次第に北のアジア主義思想に移行しているが、未だ掘り下げるべき対象は残っているといえる。

一九五〇年代中期以来、日本の学界における北の思想に関する検討は〈ファシズムを鼓吹した思想家〉という枠から抜け出して、久野収の「超国家主義」の研究を代表とする新しい学術的観点が次々現れてきた。とくに、一九五九年に『北一輝著作集』第一巻と第二巻、一九七二年に第三巻が刊行されたことによって、北が執筆した主な文章や著書が容易に披見されるようになり、伝記、小説、評論に加えて、学術的研究が急速に多方面に展開していった。もともと「ファシスト」と規定されてきた北は、近代主義者、浪漫的革命家、土着的革命家、社会主義者、帝国主義者など、様々な側面から再評価が加えられて、関連研究の簇生とともに、いわゆる「群盲象評」の時期に入ってきた。一九九〇年代以来、日本とアジア諸国との政治的・経済的交流がますます頻繁になってきたことにも影響を受け、北の対外認識、中国観、「アジア主義」に関する検討が以前より増えてきて、研究の新視点となったが、それらの研究は数量的には意外に少なかったばかりか、基本的に、日露戦争や辛亥革命という特定の時期に焦点を絞って議論を展開しているため、彼の「アジア主義」が思想体系全体の中で如何なる役割を演じていたのか、のちにどのような軌跡をたどって変遷していったのかなどについて、研究は未だ十分に明確な見通しを提示していないのである。

一方、中国の学界においては、北の思想に関する論議は日本より遅れて開始され、「改革開放」の直後からすさまじい勢いで発展していったが、解決しなければならない問題はたくさん存在している。まず、北に関する専門研究は数がきわめて少なく、書籍や文献や定期刊行物などに散在している文章しかない、ということである。とくに、筆者の知るかぎりでは、彼の「アジア主義」に絞って論述している専門書はない。そして、北の研究は常に特定の時期に限られ、北の思想を一貫した変遷過程として跡づけ、体系的に把握しようという努力が希薄であるという点は、日本学界と同じ状況である。また、中国の学者たちは比較的容易に戦争の記憶や民族的感情に影響されるため、しばしば近代日本の侵略主義を批判することを主な研究目的として、北の「アジア主義」が侵略的行動を正当化しようとする戦略的な道具のひとつにすぎないという単純な結論を下す印象が強い。これによって、研究の客観性が大幅に損なわれてきたということができよう。いずれにせよ、今のところ日本の学界においても中国の学界においても北の「アジア主義」及びその変遷に関する研究は、発展の余地がまだ広いといっても過言ではないであろう。

2. 先行研究

北の研究については、「戦前にも官憲側の調査報告や木下半治『日本国家主義運動史』などがあったが、戦後の研究の出発点となったのは田中惣五郎『日本ファシズムの源流ー北一輝の思想と生涯』(1949 年刊)[①]」であった、と評されている。これに立脚して戦後の北に関する研究を回顧してみると、おおむね十年ごとに、段階的に発展してきたように考えられる。以下、簡単にまとめてみたい。

①1945～1955 年：

戦後初期の十年間、田中惣五郎や丸山真男をはじめとする日本の代表的な思想史研究者たちにおいては、北に対する評価はきわめて批判的なもので、「日本ファシズムの教祖」、「ファシズムの源流」など、北に「ファシスト」というレッテルを貼りつづけていた。研究はある種の定説を獲得し、静止状態に陥っていたと言えるかもしれない。

②1955～1965 年：

1950 年代中期に入ると、日本の思想界は活発化しはじめ、従来の北の研究に対する反省、再検討の機運を次第に生み出したのである。その代表としては、1956 年に発表された久野収の論文「日本の超国家主義」であった。久野の文章においては、北が「超国家主義者」として捉えられつつ、その思想が単に反動的ではなく、近代的なものも胚胎しているのではないかと指摘された。その後、さらに「1959 年に始まった『北一輝著作集』の刊行は従来入手困難であった北の処女作『国体論及び純正社会主義』の全文の披見を容易にすることにより、久野によって開始された[②]」再評価を皮切りに、研究は飛躍的に前進しはじめた[③]。

③1965～1975 年：

この十年間、従来の発展を継承して北の思想への探究は多彩に継続しつつある。橋

---

① 鳥海靖他編『日本近現代史研究事典』(東京堂出版、1999)参照。

② 岡本幸治:『北一輝:転換期の思想構造』(ミネルヴァ書房、1996)参照。

③ 例えば、石井金一郎の「北一輝の革命論」(『日本史研究』三八号、1958)、神島二郎の「『国体論及び純正社会主義』について」(『北一輝著作集』第一巻「解説」、みすず書房、1959)、今井清一の「『日本改造法案大綱』について」(『北一輝著作集』第二巻「解説」、みすず書房、1959)、野村浩一の「国民的使命観の諸類型とその特質ー大限重信・内村鑑三・北一輝」(『近代日本思想史講座』八、筑摩書房、1961)などがあげられる。

川文三は『近代日本思想史の基礎知識』において、「ファナティックに既成秩序を攻撃した最初の国家社会主義者」として北を性格づけた④。また、岡本幸治が初めて登場し、翻訳書の『北一輝と日本の近代』において、北の思想や理論そのものより、むしろ思想や理論の形成過程を今後の焦点としたほうがよい、また、北における近代化推進者の特徴が現れたという点が日本の近代化に関する研究の一部として検討すべきであると指摘した⑤。そのほか、北が浪漫主義的革命者であるという観点や、土着的革命家と定義して、ウィルソンによって提起された「近代化推進者」像の今日的意義を批判するという論議などが次々と現れてきたのである⑥。

なお、特に注意すべきなのは、松本健一の『若き北一輝』と北の論文・詩歌・文書などを収録した『北一輝著作集』第三巻の編成などである。それらを代表とする「処女作以前の初期論文が発見されるという新たな収穫⑦」は、北の研究に関する原資料の充実をもたらしてきたと言えよう。このような影響のもとに、宮本盛太郎は『北一輝研究』を書き上げて、北の思想の形成過程と歴史的背景と結合し、「比較思想史的方法」でその思想や理論にある「一貫不惑」のものと変化したものを方法的に分離することを試みた。

④1975～1985年：

1970年代後半から1980年代にかけて、北の文章や著書に対する捜索は従来の勢いを継承して広まりつづけ、原史料の充実、そしてその人生経歴についての把握が、ほぼ十分なものに近づいていたため、数多くの人物伝記に類した書物が大量に現れてきたのは特徴であろう⑧。とくに宮本盛太郎は、かつて榵屋総一宅を訪れ、北が昭和四年から十一年にかけて書いた「霊告日記」の原稿を手に入れて、北の肉親と友人の記録と総合しながら、北の内心的世界を解読し直したのは、のちの研究に基礎を打ち立てた。

また、北のアジア主義に関する研究がはじめて現れたのは、もうひとつの特徴である。古屋哲夫は一九七三年から一連の論文を発表して、当時の研究動向について「北を日本ファシズムの問題から切り離しても通用する独自の思想家ないし革命家として再評価しようとする方向に傾いている⑨」と指摘し、それに基づいて一九七五年の論文では、彼の「アジアモンロー主義」に関する研究を行った。古屋によって、北は当時の「支那保全主義」を継承したのち、「彼なりに純化して」、「人道的要求から迸発せる保全主義」的なものにした。ただし、「在満州の権益」を積極的に肯定するという点から見

④　橋川文三:『近代日本思想史の基礎知識』(有斐閣、1971)参照。

⑤　岡本幸治訳、G.M.ウィルソン著『北一輝と日本の近代』(勁草書房、1971)参照。

⑥　浪漫主義的革命家の評価については、村上一郎の『北一輝論』(三一書房、1970)、松本健一の『若き北一輝』(現代評論社、1971)、木下長宏の「詩人輝次郎の転位」(『ピエロタ』復刊第一号、吟遊社、1974)、土着的革命家の評価については河原宏の「超国家思想の形成」(『日本のファシズムI』、早稲田大学出版、1970)、いいだ・ももの「北一輝と『大衆の叛乱』の時代」(『ピエロタ』復刊第一号、吟遊社、1974)などが挙げられる。

⑦　前掲『北一輝:転換期の思想構造』参照。

⑧　例えば、宮本盛太郎の『北一輝の人間像—「北日記」を中心に』(有斐閣、1976)、松本健一の『評伝北一輝』(大和書房、1976)と『北一輝の昭和史』(第三文明社、1985)、渡辺京二の『北一輝』(朝日新聞社、1985)など、彼らは入手した新しい資料(日記、語録、電報原文を含む)を参考にしつつ、従来の研究を補足して修正した。

⑨　古屋哲夫:「北一輝論1」(『人文学報』第36号、1973)参照。

ると、北の「保全主義」は実は一貫しているものではない、むしろ、その「アジアモンロー主義」はのちに不干渉・不侵略の「支那保全主義」の規制を全く断ち切って暴走し始めたと論じた。古屋の文章はもちろん、その時点で学界に新しい研究視角を提示したが、北のアジア主義がどのように生まれたか、彼の代表的な思想との間に、如何なる関係を持っているかなどについて、まだ論じていなかった問題が多いため、北のアジア主義研究に広い発展空間を提供したのである。

⑤1985～2000 年：

この時代、充実してきた参考資料に基づいて、北に関する研究は全面的に発展してきた。岡本幸治の言葉を借りるならば、「学界のみならず、作家、詩人、評論家、ジャーナリストを含む玉石混淆の研究者による北一輝論は絶えることなく続けられている。…北が近代日本におけるユニークな思想家の一人であるという評価はほぼ定着したと思われるが、その思想内容如何ということになると、一方で『右翼』、『ファシスト』、『超国家主義者』、『独裁主義者』、『帝国主義者』という右系列の規定があるかと思うと、他方で『左翼』、『民主主義者』、『個人主義者』、『一国社会主義者』、『浪漫的革命家』…のごとき、前者とは矛盾し対立すると思われる左系列のレッテル貼りが行われるという状況[⑩]」であった。いわゆる「群盲象評」の時期に入ったと言えよう。

その中には、戦後初期の「北一輝批判論」と全く対立する研究もある。例えば、木村時夫は一九九六年、つまり「二・二六事件」六十周年のとき、『北一輝と二・二六事件の陰謀』という著書において、「二・二六事件」は「国家改造」を目的としていたわけではなく、「陸軍内部の派閥抗争的発火点」に過ぎなかったため、北が「首謀者」として死刑となったのは不思議なことであり、実は反乱の青年将兵が「責任を回避するために」、罪責を民間人の北と西田に転嫁したと指摘した。

一方、中国学界は一九八〇年代以来、次第に「文化大革命」の思想的束縛から解放され、関連研究が増加しつつあるが、実は日本の戦後初期の「批判論」と同じように、「北がファシズムの思想教祖である」という定説が学界のみならず、中小学生の教科書までも広まっていた。その状況は、十年以上ほど持続していたが、一九九〇年代末、北の思想に関する研究はようやく多様化の兆しを示してきたのである。

⑥2000 年～現在：

二〇〇〇年以降、北の研究は相変わらず「群盲象評」の状況が続いているが、日本とアジア諸国、特に中国の政治的・経済的交流がますます緊密になってくるということで、北の対外認識、中国観、アジア主義に対する関心が焦点として発展しはじめたのである[⑪]。

---

⑩ 前掲『北一輝：転換期の思想構造』参照。

⑪ その代表的な研究としては、萩原稔の論文「北一輝における『アジア主義』の源流－初期論説を中心に」(同志社法学、2001)、「北一輝の『変説』－中国革命を手がかりに」(同志社法学、2003)、「『民族革命』から『五族共和』へ－北一輝の中国革命観についての一考察」(同志社法学、2007)、趙暁靚の論文「北一輝のアジア認識－『日露三論文』を中心に」(日本学研究、2002)、「北一輝の中国論－『支那革命外史』以後を中心に」(中国研究月報、2005)、そして王屏の著書『近代日本的亜細亜主義』(商務印書館、2004)などがあげられる。

萩原稔は、北の『国体論』における社会進化論の思想をアジア主義と関連させて、彼の中国革命に積極的に関与した思想的根源が、『国体論』から示した「アジア連帯性」にあると分析し、その後、中国革命の経験に基づいて、北の思想は大きな「変容」を示し、「合理的かつ科学的な理論と信じられていた進化論から、非合理的かつ超人間的な法華経」へ変化していったと述べた。

趙暁靚は北の対外認識、とくに「日露三論文」と『支那革命外史』におけるアジア観と中国観を焦点として、研究を展開した。趙の結論によれば、北が『外史』において唱えた「日米経済同盟」とのちの「日仏同盟」の主張は、田中惣五郎と松本健一が指摘した平和主義に当たるものではない。実はそれは、イギリスを戦略的牽制し、英米の関係を「引き裂く」一方で、日米による経済的援助で「日本の勢力を排除しようとする中国の排日派」を「雲散霧消」させながら、中国をソ連にあたる前衛にさせる対英、ソ戦備の一環とするものであると評価する。

また、近年岡本幸治をはじめとする一部の学者たちは、特定の時期に限られていた伝統的な研究の枠から抜き出して、北の思想を起源から発展的・動態的に把握した。しかしここで指摘しておきたいのは、それは北における国家国民主義などを含む様々な思想を巨視的に検討したものであり、北の生涯と思想を読み解く上で重要な鍵となると予想される「アジア主義」の問題に絞って論述する研究ではない。「アジア主義」についての分析においても、いくつかの問題が残っている。まず、その検討はいわゆる「日露三論文」[⑫]の時期から展開しており、これ以前の北における「アジア主義」の起源とその初期的特徴についての分析が行われていない。そして、「アジア主義」思想の変遷に関する部分においては、それが北の持論であった「国家主義」の主張との間に如何なる関係を保ちつつ、どのように東洋覇権主義的なものに変質したかについては触れられていないのである。これらの問題はこれから研究する必要があると考えられる。

一方、中国の学界においては北の研究が次第に多様化してきた。とくに、中国社会科学院の王屏は、著書の『近代日本的亜細亜主義』において、初めて一章の紙幅で北の「革新派のアジア主義者」としての思想や行動、そして中国との緊密な関係を検討し、北の思想における「輝き」は「古典的アジア主義」の延長上にあるのではないかと指摘した。それは、中国国内で多数の研究者の反対にあったが、北の研究の多様化にとって大いに有用であったと言っても問題はないであろう。

いずれにせよ、北の思想や理論に対する研究は、日本では一九五六年、中国では二〇〇〇年以来、急速に多彩・活発に発展してきたが、今のところ、その全体像の把握はまだ果たされていない。特に、中国滞在期における北に関する記録、そして一九二〇年代、中国問題をめぐる論述などはまだ空白に近い状況である。これは、一九九九年段階において、「今後も史料の発掘と新たな視角からする研究が望まれ」、さらに、「北との比較で国家主義革新思想を抱いた他の人物の研究の進展が期待される。…北と関

⑫　北一輝が1903年7月から連続発表した『日本国の将来と日露開戦』、『日本国の将来と日露開戦（再び）』、『咄、非開戦を云ふ者』という三つの文章である。

係のあった青年将校たちの思想の解明も今後の大きな課題であろう⑬」と評されているところからも明らかであろう。また、北の「アジア主義」について、それは思想全体の中でどのような役割を演じていたのか、彼の思想的中核としての国家主義、社会主義、改造主義、社会進化論などとの間に、如何なる関係があるのか、そしてのちに如何に変遷していったかなどは、大きな課題として残されたままなのである。

3. 研究目的

そもそも「アジア主義」という思想は非常に複雑な概念で、「ある実質内容をそなえた、客観的に限定できる思想ではなく、一つの傾向性ともいうべきものである⑭」ため、単一的な規準で判断することが不可能である。そして、「ある思想なり、ある思想家なりが、ある時期に、よりアジア主義的であるかないかを弁別することはできるが、それは当然状況的に変化するものであるから、状況を越えて定義を下すことはできない⑮」。北の「アジア主義」の場合も例外ではなく、彼の長い人生歴程の中で、「アジア主義」という絶対に変わらない固定的な思想があったわけではない。したがって、ある時期や範囲に限定して検討すれば、恐らくその思想を正しく捕捉できず、逆に学術的観点の食い違いと様々な矛盾をもたらす可能性がある。北のアジア主義は一種の傾向性あるいは「心的ムード⑯」として彼の核心的思想に付着しており、時代の背景や環境の変化とともに、不断に変化しつづけるものであるため、その核心的思想と背景・環境との関係を無視し、特定の時期のみに対象を絞って研究を行ってはならないのである。なお、たとえ彼の「アジア主義」を動態的変容の相において考察する場合でも、前述した従来の研究に存在する問題に留意しつつ分析していかなければ、より正確な把握はかなわないのであろう。

北のアジア主義はいったい、どのように芽生えたのか、思想の形成過程の中でどのような特徴が現れたのか、彼が中国革命を支援した動機はアジア主義との間に如何なる関係があるか、また、その思想が如何に発展して、のちにどのようなものに変化したのか。

それについて、思想の起源から着手し、その変遷の軌跡をたどって、当時社会の背景と環境と結合して分析しなければ正確に把握できない。本稿は従来の学術的成果に基づいて、近年の研究の新視角を継承し、北の文章・著作や当時の社会環境などを参照しつつ、前述した問題意識をめぐって北における「アジア主義」の基本的特徴や変遷の過程、さらにはもたらされた結果などを考察し、ひいては近代日本の社会思想の一角を明示することを目的とする。

---

⑬ 前掲『日本近現代史研究事典』参照。

⑭ 竹内好:『現代日本思想大系 9 アジア主義』(筑摩書房、1963)pp. 12。

⑮ 同上、pp. 12。

⑯ 同上、pp. 13。

第1章　北一輝におけるアジア主義の萌芽

北一輝は、一八八三年四月三日に新潟県佐渡郡両津湊町で生まれた。北家の長男であったが、「長男が早死しやすいので、それを忌み嫌う親の思慮で[17]」、幼名が次男のように「輝次」と名づけられた。二十歳のとき、父の北慶太郎が病死した後、彼は家業を継いだため、戸籍名を「北輝次郎」に改名した。「北一輝」という名で自称しはじめたのは大抵、中国革命に参加したごろであろう。

実は北家は両津湊町で有数の名望家であった。父はかつて湊小学校の校長を勤め、のちに両津湊町の初代町長に選ばれたこともある。母のリクは日蓮ゆかりの本間家の娘で、当時佐渡自由党の幹部として県会議員を担当している本間一松の姉であった。このような家庭環境のもとで育てられていた北一輝は、小さなときから、当時における一般的な家庭環境に比べれば、相対的に良い教育を受けられたと想定できる。

1.1　早期教育の状況

北一輝が青年時代において、どのような教育と政治的影響を受けたのかについては、すでに様々な先行研究が存在する。ここでは特に松本健一と岡本幸治の研究を参照しながら、簡単に紹介してみたい。

一八八八年、北は六歳のときから、地元の湊小学校で五年間、加茂高等小学校で四年間、佐渡中学で四年間ほど、合計で十三年間勉強し続けてきた（眼病で数回休学したことがある）が、その過程で、学校の先生たちや家族の知識人たちから深い影響を受けて、漢文や歴史、新しい政治思想など、様々な知識を身に付けた。

その中で、北にもっとも大きな影響を与えた人物としては、湊小学校長の八田美喜来、英語と理科の教師長谷川清、父慶太郎も尊敬していた儒者・医者である若林玄益、母方の伯父本間一松、祖父六太郎の女婿の星野和三次、父の友人である森知幾、血縁者の高橋元吉など、七人が数えられるであろう。とくに、長谷川清からの「進化論」や「非官僚政治」思想、若林玄益からの漢文や詩歌の修養や国会開設運動思想、文明開化の東京から新しい思想を持って帰郷してきた森知幾、高橋元吉の自由民権運動や普通選挙思想などが、北の思想形成に根本的な影響を与えたと言える。まさに、岡本幸治が指摘したように、当時「北の周囲には、早くから天下国家の問題を我がこととして論じかつ行動に移すという、熱い雰囲気が存在していた[18]」のである。

また、『佐渡中学同窓会誌』や『佐渡新聞』は、本間一松、星野和三次、森知幾などの「北の血縁者を多く含む旧自由党系の政友会支持者によって占められることになった[19]」ため、北にとって、刊行物に投稿することもより便利になって、文才が磨かれる機会は次第に増えてきた。いずれにせよ、以上の要因で、北一輝は青年時代に一般人より政治

---

⑰　松本健一：『若き北一輝』（岩波書房、1971）pp. 16。

⑱　岡本幸治：『北一輝：日本の魂のドン底から覆へす』（ミネルヴァ書房、2010）pp. 42。

⑲　同上、pp. 30。

的思想の形成が相当に早いという状況が想定できるであろう。

1.2 「アジア主義」の萌芽と特徴

北一輝の「アジア主義」を検討する前に、まず「アジア主義」研究の着手点について十分に認識しておいたほうがよいと思う。その代表的な学者のひとり、竹内好の研究からみると、そもそも「アジア主義」は「ある実質内容をそなえた、客観的に限定できる思想ではなくて、一つの傾向性ともいうべきもので、……完全自足して自立することはできない[20]」思想であるがゆえに、ある人物の「アジア主義」を研究対象にする場合、その核心的思想から「アジア主義」のみを完全に分離して分析することはできない。つまり、「アジア主義」の特徴は付着している核心的思想から表現するのが一般的な規律なので、その本質や変化などを十分に把握するために、まずその人物の思想の起源から着手しなければならないのである。北一輝の場合も例外ではない。

北の一生涯の文学作品を整理してみれば、『北一輝著作集』に収録された彼の著述の中で、政治的問題について初めて述べたものと考えられるのは、一九〇一年十一月に『佐渡新聞』に掲載した『人道の大義』という文章であろう。しかし、それは岡本幸治と渡辺京二が指摘したように「文体が彼のものではないし、理論の展開構造もまったく彼らしくない[21]」、そして、北の持論と完全に異なっている「反軍拡」の思想を持っていて、北自身によって書かれたものか否かは未だに明らかにされていないため[22]、ここでは検討の対象にしない。

北の「アジア主義」の起源を比較的に早く示すものとしては、やはり、二年後の一九〇三年、確実に北が書いたと見なされている『国民対皇室の歴史的観察』という文章であろう。その論説において北は、「克く忠に億兆心を一にして万世一系の皇統[23]」を推戴する現行の国体論に対して、大きく反発をしながら、「国体論が学問・信仰及び国民教育に与えた影響を根本的に排除しよう[24]」と主張したのである。彼の考えでは、史実に基づいて天皇の身分は見直されなければならない、そして『教育敕語』に規定された「天皇が国体の核心である」というのは何の根拠もない謬論で、「迷妄虚偽を極めたる国体論といふ妄想の横はりて以て、学問の独立を犯し、信仰の自由を縛し、国民教育を其の根源に於て腐敗毒しつゝある[25]」と強調した。その点から考えてみると、北においては、その時点で「現行国体」を打破し、「国家改造」を行おうという志が、より早く思想全体の中核を占めていたことは明白である。いわば、国内問題について見るならば、早期の北の思想には少なくとも当時の社会に存在する弊害や深刻な守旧的観念を打破し、批判的な角度から日本皇室の地位に対する疑念を提出したという特質がある。

---

⑳ 前掲『現代日本思想大系 9 アジア主義』，pp. 12－13。

㉑ 前掲『北一輝：転換期の思想構造』，pp. 258。

㉒ 萩原稔：「北一輝における『アジア主義』の源流－初期論説を中心に」（『同志社法学』第 53 巻第 3 号、2001）参照。

㉓ 北一輝：『北一輝著作集』第三巻（みすず書房、1972）pp. 36。

㉔ 陳秀武：『日本大正时期政治思潮与知识分子研究』（中国社会科学出版社、2006）pp. 197。

㉕ 前掲『北一輝著作集』第三巻、pp. 37。

これは一定の近代的・進歩的な意義を持っているが、それはもちろん、北の思想の形成期において、若林玄益、本間一松、高橋元吉などをはじめとする自由民権運動や普通選挙を主張していた周囲の人物たちからの大きな影響で生じてきたものであろう。

ここで特に目を引くのは、北がなぜ国体の打破しなければならないかという問題に対し、同じ文章において以下のように述べている部分である。「吾人が茲に無謀を知つて而も其れが打破を敢てする所以の者、只、三千年の歴史に対して黄人種を代表して世界に立てる国家の面目と前途とに対して、実に慚愧恐惧に堪へざればなり㉖」。これによれば、北の早期思想には、今までの研究が既に示唆しているように、黄色人種の代表者を自負する「アジア主義的な使命感㉗」がうかがわれる。現時点において、それが北なりの「アジア主義」の萌芽として、核心的思想の「国家改造主義」と同時に生じたものであると結論したとしても、恐らく問題はないだろう。

ところで、その論述を北における「アジア主義」の萌芽であるとしたら、一体、それはどういう特徴を持っているか、そしてのちの思想発展にどのような影響を与えたのかなどは、当然検討しなければならない問題となる。それについて、従来の研究はほとんど言及していないが、ここで自身の考えを述べておくことにしたい。

『国民対皇室の歴史的観察』は二度連載したのち自主停止したので、その「アジア主義」的な論述も長文ではなく、かなり簡単なものであるため、特徴を分析するのが難しいが、北が同年の一九〇三年に書いた他の文章と対照・参考してみれば、恐らく彼なりのアジア主義思想の一角をうかがい知ることができるかもしれないと考えている。私見によれば、その「アジア主義」の萌芽には、以下のような四つの初期的特徴が備えられている。

第一に、まだ強化されていない「反西洋的性格」の原形が存在する。周知のように、一八四〇年代から、アジアは長期間抑圧を経験した地域であり、自主独立の道へ歩み始めた日本としても、西洋列強からの軍事的圧力、経済的競争を常に意識せざるを得ない境遇にあった。北は、当時の「弱肉強食」という国際環境のもとに、日本、ないしアジア地域諸国民の苦境をはっきり認識して、アジア諸国がいわばひとつの「運命共同体」として西洋の侵略に直面すべきであるという基本的思想を持っている。少なくともこの時点では、「黄人種を代表して世界に立てる」という表現に止まっており、西洋と直接的に対抗する意識はまだ明確化されておらず、強い「反西洋」の意識は明示的なかたちになっていないと感じられる。

第二に、侵略されていたアジア諸民族を「黄人種」という概念と関連させたのは、北一輝の「アジア主義」が「人種競争論」と相互に結合した産物である。「人種競争論」というのは、近衛篤麿以来「アジア主義」がずっと持っている立論の根拠のひとつで㉘、北はこうした思想を継承しつつ、のちの『日本国の将来と日露開戦』という文章におい

㉖ 同上、pp. 37。

㉗ 古屋哲夫:「北一輝論 3」(『人文学報』第 39 号、1975)参照。

㉘ 戚其章:「日本大亜細亜主義探析一兼与盛邦和先生商榷」(『歴史研究』第 3 期、2004)参照。

て、今後の戦争を避けられない「来るべき人種的大決戦」とみなしていた[29]。彼の「アジア主義」の中には、深刻な「人種対抗」の要素がすでに含まれている。

第三に、のちに「日本盟主論」へと発展していく傾向性は潜在している。ここにおいて北は、日本が日清戦争を通じて中国を屈伏させたのち、アジアの最強国となって「代表者」という身分で西洋と関わってしかるべきであると暗示する節があり、後に北の思想に顕在してくる「東洋覇権主義」への傾斜が考えられる。もちろん、それは北一輝が自分自身で創造したものではなく、十九世紀末から二十世紀初にかけて、日本の思想界に存在していた一般的認識のひとつであった。この「日本盟主論」の種子は、日露戦争と辛亥革命の時期に発芽して成長しつつ、北なりの「アジア主義」の変容過程の中核を成していたのである。

第四に、北の「アジア主義」を中心とする対外的思想は、国家改造思想の目的であると同時に手段として、並行的に生じたものである。前述したように、「アジア主義」そのものは完全に自足自立できるものではなくて、ある思想と結合して表現される特徴がある。その点に基づいて、「国内問題に関する改造思想」と関連して考えてみれば、北の思想の形成は実は「外部から内部へ、また内部から外部へ戻る」という過程を経ている。すなわち、まず外部からの巨大な危機に対して、そうした状況に対応するために国家改造を提唱し、最後に「改造した国」の強大な力を以って一連の対外的問題を解決していく、ということを想定している。北の思想の中で、核心となっていた国家改造思想は、このように「アジア主義」と同時に生じ、相互に密接に関連しているのではなかろうか。それらの特徴は、のちの北の著述における主要な道筋となったばかりか、その「アジア主義」の変遷に大きな影響を与えたのである。

以上、北一輝の「アジア主義」は、萌芽的には既にして一九〇三年ごろ生じたものの、その時点において、まだ緻密に組み立てられた系統的なものではなく、当時の社会思潮に影響を受けた痕跡が数多く残されていたが、のちの北の思想全体の形成過程に対して、軽視できない位置を占めていると言える。

1.3　思想の異質性と国家主義の主導性

一九〇三年は、北一輝にとってきわめて重要な一年である。この一年間、彼が発表した文章は数多く、政治的問題に関する論述も増えてきた。勿論、いわゆる「日露三論文」(『日本国の将来と日露開戦』、『日本国の将来と日露開戦(再び)』、『咄、非開戦を云ふ者』の三つの論文)がその代表的なものであるが、それを次章において重点的に検討したいので、本節ではまず「日露三論文」の少し前の文章における北の思想を分析してみたい。

『国民対皇室の歴史的観察』の後、また政治的問題に論及したものは、二ヵ月後『佐渡新聞』に掲載された『政界廓清策と普通選挙』という政論であろう。その文章において、北は自分が社会主義者であると自認し、「国家社会主義」的な主張を唱えたが、従来

㉙　前掲『北一輝著作集』第三巻、pp. 74。

の研究が指摘したように、それはのちのナチズムやソ連などの「社会主義が行ったように、現実の国家を理想視し、指導者を神格化するような国家万能主義、国家至上主義の主張とは明らかに異なるものであった[30]」。すなわち、北にとって、現実の国家は理想の状態ではなく、理想の国家を建てるために先ず国家改造をしなければならないと考えられていた。彼はこのように述べている。「四千五百万の国民中僅かに百万の選挙者のみ……吾人の帝国がこの四十五分の一の上流社会によりて支配さるゝといふ。専制政治なり寡頭政治なり[31]」。ゆえに、政府にある「腐敗滚濁」の藩閥を打破し、朋党を撲滅するのは必要となったのである。「自己の出生地と自己の徒党との為めに黄金と椅子とを争奪するのみ。共に主義なし、共に理想なし[32]」の藩閥と政党を罵倒すると同時に、北はドイツ社会民主党の社会主義とイギリス殖民相が高唱している大英帝国主義を「世界現下の二大潮流」と高く評価し、その両者を結びつけて自らの理論に導入した。つまり、これから実施すべき「国家改造」は、社会主義と帝国主義を手段とするべきであると彼は主張している。

のちの『咄、非開戦を云ふ者』という文章で、北はいっそうはっきりと明言する。「吾人は明白に告白せむ。吾人は社会主義を主張す。社会主義は吾人に於ては渾べての者なり。……而も同時に、吾人は亦明白に告白せざるべからず。吾人は社会主義を主張するが為めに帝国主義を捨つる能はず。否、吾人は社会主義の為めに断々乎として帝国主義を主張す。吾人に於ては帝国主義の主張は社会主義の実現の前提なり。吾人にして社会主義を抱かずむば帝国主義は主張せざるべく[33]」。明らかに大きな差異を持つイデオロギー＝社会主義と帝国主義とに対し、同時に好感を抱いていたのは、まさしく北の早期思想の特徴的な性格の証左であろう。

問題となるのは、北が一体、どのように、もともと対立矛盾している社会主義と帝国主義とを融合させて自分の思想理論に導入しているか、ということである。それに対して、北はこのように認識している。「帝国主義の敵は社会主義なり。社会主義の敵は帝国主義なり。是れ世界を通じての定論[34]」である。しかし、「帝国主義と、社会主義との衝突は大問題にあらずや。……氷炭を一椀に盛るべけむや。……矛盾にあらず、撞着にあらず。吾人は十分の自信を以て是れを断言するに憚らじ[35]」。つまり、相互矛盾の両思想は北の思想において対立していないだけではなく、逆に互いに依存し合っているという関係を持っているかもしれない。なぜならば、「社会主義の実現は団結的権力を恃む。国家の手によりて土地と資本との公有を図る。……一言以て蔽へば、吾人の社会主義は、独立せる吾人の国家の力によりて其の経済的平等を実現することに存す[36]」と北は簡単に解釈した。すなわち社会主義実現のためには強力な「国家の力」

[30] 前掲『北一輝：日本の魂のドン底から覆へす』，pp. 89。

[31] 前掲『北一輝著作集』第三巻，pp. 70。

[32] 同上、pp. 69。

[33] 同上、pp. 86－87。

[34] 同上、pp. 87。

[35] 同上、pp. 90，94。

[36] 同上、pp. 90。

が必要なのである。もっとも、両者の具体的な関連はかなり複雑な問題で、北自身もまだはっきりさせることができていなかったのかもしれない。文章の末尾において、「社会主義と帝国主義とにつきての吾人の態度は、他日巨細に渉りて披瀝すべし」という一文を残したのである。

北の思想における社会主義と帝国主義との間に如何なる関係を持っているか、しばし取り上げないでおくが、彼の帝国主義は、国家が個人を含むあらゆる社会集団より絶対的に優位する＝国家主義と緊密につながっていて、社会主義の実現の前提と基礎とされてしまったのは明らかであろう。すなわち、社会主義を実現する前に、まず世界の帝国主義がせめぎあう混沌の中から国家の独立を守らなければならない、国家の利益と絶対的な権力を確保しないと、社会主義の理想はただ何の礎石もない空想にすぎない、というのが北の持論であった。この点から見ると、当時の北の思想の中で、国家主義・帝国主義の思想的要素が圧倒的な主導性を備えているのは事実である。

ここで注意すべきなのは、その絶対主導権を握った国家主義・帝国主義の要素が、「アジア主義」との間に、どのような関係性を保ちつつ存在していたのか、という問題である。『政界廓清策と普通選挙』の後半において、北は日ごとに緊迫してくる対露問題に対し、以下のように意見を発表した。「若し一歩を誤るあらむか、暗黒に投ぜらるゝ者は満韓に膨張せざるべからざる帝国の将来なり。帝国の最大多数たる四千五百万人の子孫の将来なり[37]」。彼によって、弱肉強食の環境の中に生存している日本は、せめぎあう帝国主義の戦争に積極的に加入し、「満韓」＝中国の東北地区と朝鮮への膨張を以って危険な現状から脱するほかない。このような、中国や朝鮮のアジア諸民族の生存権益を軽視し、まず自国の権益を優先して問題を扱う主張は、まさに北の「アジア主義」が国家主義より劣位にあり、ひいてはそれが国家主義的発想の下に組み込まれていったことを表現するものではなかろうか。それは、後の北の「アジア主義」の展開に悪影響を与え、「日本の満州領有論」へと変化していく雛形として、「侵略戦争の理論的根拠[38]」へとつながってしまったのではないか。

いずれにせよ、北の思想の中で軽視できない位置を占めている「アジア主義」は、青年時代の社会環境の影響のもと、一九〇三年前後、「反西洋的性格」、「人種対抗」、「日本盟主論」などの特徴を備えながら、核心的思想である「国家改造主義」と相互に関連して芽生えたのである。ただし、それは最初の萌芽時から、非常に複雑にしてかつ矛盾を孕んだもので、「西洋列強への反発、アジア諸国との連帯」という面において一定の反侵略性・進歩性を持っている一方で、国家主義・帝国主義の要素を補完するかたちで展開していく可能性を孕んでいた。それは、北における「アジア主義」は、国家主義の主導性への随伴という特異な危うさを持っていたがゆえに、のちの対露関係の緊迫化によって顕著な変化を始めたのである。

---

[37] 同上、pp. 71。

[38] 王屏：『近代日本的亜細亜主義』（商務印書館、2004）pp. 172。

第2章　日露戦争前後における思想の変遷

日清戦争以来、朝鮮と満州に勢力を拡張しようとしていた日本は、南下政策を取りつつあるロシアとの対立が日ごとに深化していたが、未だ軍事力が弱体であったため、政府内では伊藤博文をはじめとする戦争回避派が暫らく主流を占めていた。しかし、一九〇〇年の北清事変をきっかけとして、ロシアは在満駐留軍を増強しつつ、満州に自国の勢力範囲を拡大しようとする様々な行動を行った。こうしたロシアの対応は日本国内において、大きな反発を引き起こし、対露強硬論が再び台頭した。

一九〇三年五月、ロシア軍が朝鮮北部の鴨緑江周辺に進出したいわゆる竜巌浦事件[39]は、日露関係をいっそう悪化させたが、その対応策として、八月からの日露交渉において、日本側は朝鮮を日本、満州をロシアの勢力範囲に置くという「満韓交換論」を提案した。しかし、ロシアは返答で朝鮮半島の北緯39度以北を中立地帯として、軍事目的の活動を禁止するという日本が受け入れられない提案を行った。こうした影響のもとで、日本国内では、開戦を主張する新聞や民間団体が猛烈な勢いで増加しつづけ、強硬な対露世論が形成されてきた。

2.1 「日露三論文」と北の開戦論

当時、わずか二十歳の北一輝は、その世界観がまだ完全には形成されていなかったため、外部環境から大変大きな影響を受けたと考えられる。もともと彼の思想における国家主義・帝国主義の要素は相当に強いため、「対露戦争」を間近に控えて、「反露」、「排露」という世論の波の中で、北もまた対露開戦論を唱えるようになっていく。

一九〇三年七月から、北は『佐渡新聞』において、『日本国の将来と日露開戦』、『日本国の将来と日露開戦(再び)』、『咄、非開戦を云ふ者』の三つの文章、いわゆる「日露三論文」を連続発表して、日露開戦論を強く主張した。それは、北の早期思想の形成と緊密につながっていて、決定的な役割を担っているので、以下、その核心的な内容について簡単に紹介してみたい。

北はまず自らの主張を明確にする。「露国に対する開戦、然らずむ([ママ])ば日本帝国の滅亡。……満州。朝鮮。而して西比利亜の東南部。吾人は大陸に於ける足台として先づ是等を以て吾人の国旗の下に置かざるべからざるを主張する。……日露開戦を希望す[40]」。つまり、彼の考えでは、これからの経済的戦争は軍事的戦争より遥かに残酷なので、「拳石大」の日本が今後の世界大決戦の中で有利の位置を占められるためには、まず対露戦争を通じて、広大な領土と豊富な資源を奪取しなければならない。そして、「東亜人種の運命を荷へる独立国の体面[41]」を守るためにも、開戦の必要がある。彼の言葉を借りれば、日露戦争は国家の危機ではなく、逆に「好機なり。帝国飛

[39] 大畑篤四郎:『日本外交史』(成文堂、1995)pp. 74。

[40] 前掲『北一輝著作集』第三巻, pp. 73-75。

[41] 同上、pp. 73。

躍の好機なり。黄人種救済の好機なり。文明の敵スラヴ蛮族膺懲の好機なり[42]」。

一方、民力休養を説いて開戦に反対する者、経済の萎靡を恐れる者、戦勝が困難だと説く者などを含む当時の非開戦論者たちに対して、北は彼らを「昧者」とみなし、強烈な軽蔑の態度を取りながら、一々論駁して退けた。とくに、日清戦争の時、戦争を支持していた内村鑑三が現下の日露戦争を反対するということに対して、北は「茫然として出づる所を知らず[43]」として、強く批判している。

いずれにせよ、従来の研究に基づいて要約しておくならば、「日露三論文」における北の開戦論には、四つの核心がある。第一に、残酷な帝国主義時代にある日本は自国の存立のために、暴力に対して暴力をもって抵抗するほかないという認識。第二に、次第に深刻になってきた国内人口問題を解決するために、海外に勢力を拡張して積極的な移民を行っていかねばならないという課題。第三に、平和は人間を堕落させるので、戦争によって人心を奮い立たせるべきであるという発想。第四に、黄白人種対抗の思想に基づいて、日本がアジアの代表者としてロシアと決戦していく世界史的意義が含まれている[44]、ということである。

2.1.1　開戦を支持する原因とアジア主義

しかし、問題となるのは、以前「反政府、国内改造優先」を政治的活動の中心としつづけていた北が、なぜ「日露三論文」において、態度を百八十度転換して、「政府支持、対外戦争優先」の立場を鮮明にしたのか。この「不思議」な転換はいったい、如何なる原因で起こったのであろうか。

恐らく北の立場から見れば、「国家改造」と「対外戦争」とのあいだには何ら矛盾はなく、かえって相互関連性さえ認められる。前章で述べたように、北においては国家の絶対的権力と利益を確保するのが社会主義実現の前提であるため、「国家の正義を主張する帝国主義なくば、国民の正義を主張する社会主義は夢想に止まるべし[45]」、「故に社会主義は必ず国家の存在を認む。故に国家の自由は絶対ならざるべからず。故に他の主権の支配の下に置かるべからず。故に国家の独立を要す[46]」。すなわち、北の宣揚している社会主義や改造主義は、国家を価値的核心とする国家主義を基礎として成立しており、国民の個人利益は明らかに従属的な地位に置かれていたのである。日露開戦という国家の危機的状況の中において、まず国家の存立を守っていくのが将来の国内改造を行う前提条件になったと、彼は考えている。

この点に対し、岡本幸治は北の思想における国家主義の要素が国民主義＝社会主義の要素より相当に強いものであったと推察した上で、以下のように述べている。「危機感の高揚期においては『国家』が優先権を与えられて比重を増し、相対的に『国民』が後退するという傾向を内在させることになる。逆に『国家』の独立が危機に瀕していな

㊷　同上、pp. 86。

㊸　同上、pp. 88。

㊹　前掲『北一輝：日本の魂のドン底から覆へす』，pp. 49。

㊺　前掲『北一輝著作集』第三巻，pp. 96。

㊻　同上、pp. 90。

い平時においては、『国民』の権利、すなわち自由・平等の確保を中核とする個人権の主張、個人尊重の思想が相対的に前面に押し出される[47]。」いわゆる「国家≧国民主義」である。この評価はまさに正鵠を射たものであるが、なお補足すべき点が存在する。

勿論、「『国民の正義』『国家の正義』の両者を同時に満足せしめること[48]」は、北の思想の中で一貫している主張である。しかし、当時の国際環境下、その両者を同時に満足させていくことはほぼ不可能であろう。日露開戦勃発前夜の緊迫した状態のもとで、「国家の正義」を主張する国家主義・帝国主義が絶対的前提として前面に押し出されたのは何の疑いもないことであるが、たとえ平和の時においても、「実現の手段として国家の手を煩はさゞるべからざる[49]」社会主義＝国民主義は国家主義に付着しなければ生存できないというのも想像するに難くない。したがって、北にとって戦争の場合においても平和の場合においても、国家主義が優先的地位に置かれるというより、むしろ国民主義の前提、または礎石のような存在である。つまり、場合の如何を問わず、北の思想において国家主義・帝国主義の要素は終始支配的で、国民主義と社会主義の要素は終始従属的である、ということである。

また、それをもとに、「アジア主義」についても考えてみると、アジア諸国を西洋列強の侵略から解放しようとする「アジア主義」の主張は、北の抱く世界像の中では最も下位に置かれている。既述のように、「日露三論文」には四つの核心な内容があるが、その三つは日本の存立と発展という視角から対露問題を考えている。北は文章においては明言していないが、実は日本は自国の独立と国民の解放を先決条件として実現しなければ、アジア諸国を助けられる力を備えることもできない、という発想を抱いていたことが想定できるであろう。「アジア主義」はそれらがまず確保された前提下で存在しているものであると言える。

2.1.2　帝国主義の正当化と「反西洋的性格」の変化

また、北は日本の帝国主義と西洋の帝国主義との根本な差異に関して、次のように述べている。「国旗の翻える所日没せずと誇る英国にして南阿の自由国を征服したる如き、無限無涯の領土を有する米国にして玖馬を領し比利賓を奪ひたる如き。斯くの如き帝国主義は吾人の帝国主義にあらず。覇者たらむとする無意味なる虚栄心の為めに絶えず欧州の擾乱を醸す独乙皇帝の如き、斯くの如き帝国主義は吾人の帝国主義にあらず。世界征服の野蛮なる夢想に駆られて、厖大なる領土の全く開発されずして横はるにも係らずひたすらに外邦を併呑せむとする露政府の如き。斯くの如き帝国主義は吾人の帝国主義にあらず。……吾人の帝国主義は国家の当然の権利－正義の主張のみ[50]」。なぜならば、「米大陸といひ、西比利亜といひ、豪州といひ、印度といひ、阿弗利加といひ、渾べて皆英米仏独露の列強によつて握らるゝ者。彼等が是等豊饒にして広大なる領土により、関税の塁を築きて其激甚なる経済的戦争を戦ひつゝあるの

㊼　前掲『北一輝：転換期の思想構造』，pp. 43。

㊽　同上、pp. 41。

㊾　前掲『北一輝著作集』第三巻，pp. 91。

㊿　同上、pp. 94。

時。粟大の島国が奈何ぞ商工に於て立つを得むや[51]」。すなわち、今後の経済的競争の中で生き残っていくために、日本は先ず対露一戦によって自国の独立を保障し、ひいては必要の領土と資源を奪い取っていく道しかないというのが、日本帝国主義の正義であると北は強く主張している。

この点に基づいて分析してみると、北は国家改造によって国内の不平等を打破するという点において他の社会主義者と同調しているにもかかわらず、現下の国家政府とその帝国主義的政策に対して、黙認ないし支持の態度を取っているという点に大きな分岐点が存在している。北はその文章において、「日露の開戦は経済的諸侯の貪欲なる外侵にあらず、皇帝や政治家の名利より出づる外征にあらず[52]」と日本帝国主義が列強の帝国主義と全く相違して、正義あるものであると懸命に鼓吹している。しかし実は、北が支持するのは「改造された」国家ではなく、まだ少数の特権階級により支配され、「改造されていない」国であった。このように、自らが反対し続ける政府の政策に妥協し、さらにはこれを支持する態度に変化したのは、やはり北の思想の形成期において、国家主義・帝国主義の要素がその中核にあったことと密接な関連があったと推測できる。外部の環境が変化するたびに、かかる要素はただちに作用を発揮して北の思想変化の触媒になるにちがいない。それはおそらく、当時の社会における情念と共鳴し、国家の統治者に利用されて侵略の理論になりやすいものである。もともと北の思想に存在している帝国主義と国家主義の要素は、「日露三論文」における理論によって、いわば正当化を獲得してしまったとも言えよう。

なお、もうひとつの注意すべき点は、北の「アジア主義」にある「反西洋的性格」の微妙な変化である。早期論文で現れ、なお強化されてはいなかった「反西洋的性格」の原形は日露開戦の影響を受けて、強化されていった。北は言う。「支那人と共に豪州に於て加奈太に於て排斥されむとしつゝある吾人の同胞を思へ。更に其の同胞が奈何なる状態にあるかを思へ。労働者のみに非らずや、彼等富豪の奴隷のみに非らずや。……吾人は白人の奴隷として彼等を養はんが為めに生れたる者に非らず。……今日に於て一たび露に下らむか、清韓四億の黄人種は永遠に奴隷の境遇よる脱する能はざらむ[53]」、日露戦争は日本が代表者として行うアジア解放戦争で、「実に黄白人種競争の決勝点なり[54]」と、西洋に強く反発しつつ、直接的な暴力によって対抗しようとする意識がうかがわれる。にもかかわらず、北の攻撃の矛先は明らかにロシアに向けられていて、「反西洋的性格」は強まっているとは言え、列強の一国だけ一ロシアに局限されて展開していたのである。

以上、「日露三論文」時期における北の帝国主義の正当化と「反西洋的性格」の微妙な変化は明らかになったが、それとともに、一つの矛盾が出てくる。つまり、萩原稔が指摘したように、北の論述は「『アジア盟主』としての日本像を立ち上げ、日露戦争を『ア

---

[51] 同上、pp. 79。
[52] 同上、pp. 96。
[53] 同上、pp. 83－84。
[54] 同上、pp. 84。

ジア解放戦争』と位置づけ」る一方で、「『日本国家の生存』のための『帝国主義戦争』として[55]」いる、という矛盾である。のちの戦争の結果からみると、日本は戦勝国で、もともと独立国としての朝鮮における絶対支配権や、もともと中国に属する満州南部における利権などを入手して、完全な帝国主義の実質を表現したと言えるが、少なくとも開戦直前、日本とアジアとの利益を同時に守るためにロシアと戦おうとする主張は、その内部において明確な矛盾を発生させないと考えるのが妥当である。

また、「アジア主義」的な論述は、北が自らの立論根拠を強める、ないし一種の戦略的手段として採用された可能性もあると考えられる。なぜならば、当時の日本は資源に乏しく小さな後進国であり、独自に強大なロシアに直面する時には、物質的・思想的な支援を出来るだけ多く獲得しようとする動機を生じる可能性は高い。つまり、「アジア主義」を利用して外部、特にアジア諸国からの支持を勝ち取ろうという発想はいささかでも萌していたかもしれない。こういう「利用の心理」こそ、北の「アジア主義」に潜在している濃い国家主義色を表現したかもしれない。当時の日露両国間にあるのは、中国東北と朝鮮をめぐる帝国主義的利益の争いに他ならなかったので、「連亜反帝を鼓吹するのが単に策略的な需要[56]」であろう。

2.2　国内改造への復帰

一九〇四年二月八日、日露戦争は勃発し、黄海海戦、旅順攻囲戦、奉天会戦、日本海海戦などを経て、戦争は一般の予期に反して日本に有利な方向に進展していた。しかし、激しい消耗戦が拡大するとともに、日本は戦争を続ける余裕がなくなった。日本政府は、「朝鮮における優越権の取得」と「南満州への浸透」という二つの既定目標を達成する条件が整ったと判断し、ロシアと講和することを決定した[57]。この期間で、北が発表した文章は数が少なく、ただ三篇の恋愛に関する詩歌しかなかった。では、日露戦争中、北は一体、何をしていたのか。それについては、渡辺京二と岡本幸治がかつて検討を行ったいるため、ここで簡単にまとめておきたい。

北は一九〇四年夏、佐渡から出発して、前年形成した理論を充実するために東京に行って、同年の春早稲田大学の予科に入学した弟の昤吉と一緒に大学の近くにある部屋を借りて共同生活に入った。そのとき、「東大で行政法を担当していた美濃部達吉教授が、……早稲田で憲法講義を担当して[58]」いたため、彼はより早く天皇機関説という最新の憲法解釈方法に接触したことが想定できるであろう。その後の一年間、北は早稲田の講義を聴講する一方で、毎日弁当を持って大学の図書館に通い、大量の書籍や資料を読みながらメモを取っていたのである。この点から見ると、北はその時点で、佐渡時代に発表した諸論文を柱として大著を執筆する志がすでに存在したと言える。

一九〇五年九月二七日、北家における重要な位置を占めている祖母のロクが亡くな

---

[55] 前掲「北一輝における『アジア主義』の源流－初期論説を中心に」，pp. 87。

[56] 盛邦和：「19 世纪与 20 世纪之交的日本亚洲主义」（『歴史研究』第 3 期、2000）参照。

[57] 呉廷璆：『日本史』（南開大学出版社、2005）pp. 523。

[58] 前掲『北一輝：日本の魂のドン底から覆へす』，pp. 72。

ったので、長男の一輝は家業を継ぐために一時帰郷せざるを得なくなった。しかし、絶対に放棄できない執拗な政治的理想を持っていた北は、一家の主柱として弟たちの世話をする長男の義務を果たさず、間もなく東京に戻って、昤吉と一緒に牛込喜久井町の下宿に移ったのである。早大図書館にある有限な資料では執筆の需要を満たすことができないという原因で、北はまた上野の帝国図書館に通い、その間「二千枚の抜き書き[59]」を作って、いよいよ処女作の執筆を始めた。

一九〇六年春、北はようやく千頁の大著『国体論及び純正社会主義』[60]を完成したが、平民社などはその内容が過激であると考えて、出版を拒否した。残る手段は自費出版しかなかったのである。

巨額の出版費を工面するために、一輝は母の手元に残された千円の現金を使うことを考えていたが、昤吉の大反対を引き起こした。当時の北家は、叔父の本間一松が「田地や家財を処分しては送金してくる」というつらい状態で、この金が「早大に進む晶(北一輝の末弟)の学費にしなければならない[61]」、しかも一輝の著書の中には過激な言論が溢れており、必ず発禁処分になると昤吉は主張した。しかし、一輝は日比谷焼打事件ののちに成立した西園寺内閣が言論出版の自由を尊重するはずだと反駁し、弟と激しく言い争い続ける。最後、本間一松の仲介下で、「もしこの本が発禁になって印刷費を回収できなかったら、一輝はこれ以上家の資産に頼らず自活する[62]」という妥協案に至ったのである。こうして、同年五月、『国体論』は終に発刊された。

2.3 『国体論及び純正社会主義』におけるアジア主義

この著書は五編十六章より構成されている。第一～三章は第一編の「社会主義の経済的正義」で、第四章は第二編の「社会主義の論理的正義」、第五～八章は第三編の「生物進化論と社会哲学」、第九～十四章は第四編の「所謂国体論の復古的革命主義」、第十五、六章は第五編の「社会主義の啓蒙運動」で、それぞれ焦点を絞って論述を展開した。内容についての紹介はここで省略したいが、その核心的思想と「アジア主義」との間にある切っても切れない関連、そして著書に現れた「アジア主義」のいくつかの新しい特徴に関して、ここで検討しておく必要があるだろう。

2.3.1 「強きをくじき弱きを助ける」思想と国家主義の支配

第一編の最後において、北は国内の問題についてこのように述べている。「純正社会主義は……一切階級を掃蕩して社会が社会の権利に於て社会の利益を図る者なり[63]」。つまり、「純正社会主義」の理論によって、経済と政治の平等を実現するために、まず国内の「掠奪階級」を消滅し、無産者を有産者に転化させなければならない、ということである。これは、国家の民主と平等を宣揚する社会主義的な特徴を持っている

---

[59] 渡辺京二『北一輝』(朝日新聞社、1985)pp. 81。

[60] 以下『国体論』と略称する。

[61] 前掲『北一輝』,pp. 82。

[62] 同上、pp. 82。

[63] 北一輝:『北一輝著作集』第一巻(みすず書房、1959)pp. 66。

主張であるが､彼の対外的思想に取り入れられると､国家主義と帝国主義要素の強い支配力のもとで､大きな変化を経ることになる。

日露戦争の前年に発表した北の文章からみれば､ロシアはシベリアの広大な領土を持っている国で､日本は小さな島国であるため､戦争は｢富豪の残酷暴戻に対して発する労働者の応戦と些の異る所なき者なり[64]｣。ゆえに､国際的｢掠奪階級｣のロシアを撃破し､｢無産者｣としての日本を有産者に転化させる必要があると論じた。その点は､『国体論』の論説と意外に似ていると考えられる。しかし日本がロシアから奪ったのは本来独立国の朝鮮の全域と中国に属する東北の南部における権益で､それを同じく｢国際の無産者｣とする朝鮮と中国とに返却すべきであるということに対して､北は一度も提起していない。逆にそれを戦利品と見なし､｢尊王攘夷を継承せる国民精神の要求[65]｣として称賛した。

この点から分析してみると､もともと北の国内政治的思想に存在している｢強きをくじき弱きを助ける｣という発想は､国家主義と帝国主義に組み込まれている｢アジア主義｣の理論と結合したとたんに､危険な侵略主義を帯びた対外的姿勢へと悪化してきたのである[66]。北のアジア主義における所謂｢強きをくじき｣という主張は､確かに存在しているが､国内問題とは違って､｢弱きを助ける｣ことを目的としていないために､｢利己｣的国家主義の道具にすぎなくなっていたといえよう。

2.3.2 ｢反西洋的性格｣の弱化

日露戦争期､北のアジア主義に存在する反西洋的性格は､主にロシア一国を対象として一時に強められたが､『国体論』の論議から見ると､それは終戦とともに､大幅に弱まってきたのである。

著書の第三編において､北はダーウィンの生物進化論を参考しつつ､自らの社会進化論の立場より､人類社会が昔の個人単位の生存競争から､現下の集団単位＝国家の生存競争に進化してきて､のちに国家を最大の社会単位として連携し平和の手段で相互の紛争を解決する｢万国平和の世界連邦[67]｣に到着できることを予測した。｢国家の理想的独立は世界連邦によりて得られ個人の完全なる自由は万国平和によりて得らる[68]｣。すなわち､彼はここで世界が最終的に､武力で一つの国に統一されることを否認し､視角を変えて､西洋諸国も包含する世界各国家の独立性と自由を承認し､世界の平和共存を人類の共同目標とすべきであると主張したのである。

こうした北の対外認識は､日露戦争の時の､直かに軍事力で西洋と戦い､それを屈服させようとする考えとは､明らかに大きく異なっていると考えられる。それは､戦後日本における東洋と西洋との対抗意識の弱化､ないしそれが背景に退き､再び北が自らの思考の焦点を国内改造に集中しはじめることと緊密に関連しているのではなかろ

---

[64] 前掲『北一輝著作集』第三巻，pp. 87。
[65] 前掲『北一輝著作集』第一巻，pp. 433。
[66] 伊藤之雄、川田稔：『二〇世紀日本の天皇と君主制』（吉川弘文館、2004）pp. 201。
[67] 前掲『北一輝著作集』第一巻，pp. 123。
[68] 同上、pp. 123。

うか。

2.3.3 「力の理論」と日本盟主論の要素の理論化

『国体論』から表現された、もうひとつの特徴としては、北における「力」への盲目的な崇拝であろう。国内の改造問題に関して、北は全国の普通選挙を要求し、それが国民の覚醒と団結とが巨大な力をもたらされると信じつつ、第五編において「根本的な啓蒙運動による全国民の覚醒によりて彼等権力者の一団を威圧して服従せしむること[69]」が必要であると論じている。ただし、続いて、北の態度は微妙に変化し、「凡ての権利は強力の決定なり[70]」、「天地万有たゞ『力』なり。社会は強力によりて動く。勝てば是れ官負くれば是れ賊。凡ての善悪は階級闘争の決定なり[71]」と指摘した。すなわち、北の立場から見ると、強大な力＝暴力を持たなければ自らの目的が順調に実現できず、「正義」を判断する唯一の基準は暴力のみだということである。

恐らく彼における対外問題の認識も同じであろう。当時、「弱肉強食」の残酷な国際環境のもとで、北の「勝てば是れ官負くれば是れ賊」という言い方は一見合理的に見えるが、実はすでに暴力の容認、一般国民からの遊離という点で、危険な種を孕んでいる。この国内問題に対する認識から生まれた、暴力を価値判断の基準とする「力の理論」は、アジア主義に移植されると、日本盟主論と共鳴しながら、日本が盟主となるのはアジア内部で一番強大な力を持っているからだという「当然」の結論を帰結させることになる。こうして、北のアジア主義における日本盟主論の要素は『国体論』で現れた「力の理論」によって、ある程度理論面でも正当化されてしまったのである。

しかしながら、その「力」をいったい、どういう形で表現して運用すべきかということに対し、北は『国体論』においてまだ明確に説明していない。あるいは、その時点では彼自身ですらまだはっきりしていなかったのではなかろうか。にもかかわらず、北が追求する「力」は社会の底辺に終始存在していて、「下から上へと至る」方向感ないし「革命性」を持っているため、のちに中下級の将校や兵士という暴力集団の力を借りてクーデターを行う道に導かれたことも想像するに難くない。そして、暴力によって政府を打倒する辛亥革命に参加した後、その体験から巨大な影響を受けた北はそうした傾向がいっそう強くなり、終に「暴力への絶対崇拝」に至ったかもしれない。いずれにせよ、『国体論』にある「力の理論」は、北における「社会の中で絶対の多数を占めている労働者や農民に頼らず、軍の力によって」国家を改造していく思想の原形を形成させ、のちの「対内でクーデターをする一方で、対外で戦争を発動していく[72]」という方向に導いたのである。

第3章　辛亥革命と北一輝の「アジア主義」

一九〇六年五月九日に出版された北の著書『国体論』は、発刊五日後、「社会の安寧秩

---

[69] 同上、pp. 392。

[70] 同上、pp. 392。

[71] 同上、pp. 405。

[72] 前掲『日本大正时期政治思潮与知识分子研究』, pp. 227。

序を妨害するものと認められ出版法第十九条に依り[73]」、政府に発売頒布を禁ぜられた。既に厳しい状況に陥ってしまった北にとって、これは大きな打撃であった。しかし、北はあきらめるつもりはなく、経済の苦境から脱するために、そして心血を注いだ著作が葬られないために、『国体論』における発禁の危険が少なそうな部分を抜き出して分冊出版を行っていくことを考えていた。

このころ、母のリクは中学校を卒業した末弟の晶作を連れて東京にやってきて、一輝と昤吉と「いっしょに喜久井町に一軒家を構えねばならない[74]」ため、生活の窮乏はいっそう厳しくなった。一輝は、一方で叔父の本間一松に借金の手紙を送りつつ、他方で執拗に著作の分冊出版をめぐって奔走していたのである。その生活は半年間続いたが、十一月一日、分冊出版にされた第一編の『社会主義の経済学』はまたも発売禁止となった。この結果、「これがだめなら、国体論の部分はどんなに書き直してみても検閲にとおるはずがない[75]」と彼は著作の公刊を断念したのである。

3.1　革命評論社への参加

しかし、この『国体論』は発禁となったにもかかわらず、当時の社会における各階層の激烈な反響を引き起こした。北とその大著は「一日にして雷名を馳せた[76]」のである。片山潜、河上肇などをはじめとする社会主義者や大陸浪人といった人々は北に対して好意的な反応を示した。

当時、中国問題に大きな関心を抱いていた宮崎滔天も北の著作を熟読して、それを同人たちに「読むのに骨は折れるが面白い。読んでみられよ[77]」と推薦したことがあるという。九月初め、『革命評論』を創刊する際、人手を求める宮崎は「この本の著者を同人として迎えたい[78]」と思いながら、北の東京の住所あてに葉書を書き送った。昤吉の回想によると、「暫らくすると、『革命評論』と題する小形の新聞を送つてきたものがある。標題は赤字である。内容を読んで見ると、清朝政府を倒さうといふ中華革命党を後援しようといふのである……驚いたから、是非一度御来訪を乞ひたいといふ意味を伝へてある。兄は身体は悪いし、僕は進んで偵察かたがた神田美土代町の事務所を訪ねた[79]」。九月十六日、訪問から戻った昤吉は、革命評論社の人々が自由民権説を奉じて中国の革命党と親しく付き合って、「兄貴が這入つて新思想を吹き込んだなら、仕事は出来るかも知れない[80]」と報告したが、一輝は著書の分冊出版で奔走していたため、まだ事務所に訪ねる暇がなかったのである。

同年十一月三日の天長節、著作の出版を完全に断念した北は、ようやく革命評論社

---

[73] 前掲『北一輝著作集』第三巻，pp. 563。
[74] 前掲『北一輝』，pp. 157。
[75] 同上、pp. 175。
[76] 同上、pp. 171。
[77] 前掲『北一輝：日本の魂のドン底から覆へす』，pp. 96。
[78] 同上、pp. 96。
[79] 宮本盛太郎：『北一輝の人間像：「北日記」を中心に』（有斐閣、1976）pp. 244。
[80] 同上、pp. 244。

を訪問した。宮崎は「北の十二歳年長であったが、喜んで鄭重に彼を迎え入れ、大陸の革命情勢を縷々説いて北に参加を促した。北は支那を世界革命の根拠地にするという壮大な志とその意気に感じて、即座に同人になることを承諾したようである[81]」。こうして、北は革命評論社に加入し、ひいては中国革命に積極的に関与する一生涯で最も重要な時期が始まった。

3.2　中国革命に関与する原因

二十世紀初期、日本の民間人が中国革命派と緊密なつながりを保っていたことに対して、かつて趙金鈺は以下のように指摘した。「(それには)二つの原因がある。ごく少数の人たちが中国革命や中国革命党に共感を覚えて支持していたが、一方で多数を占めている浪人たちは、それを手段として中国における利益を獲得しようとする目的を持っていた[82]」。このように、当時の日本人の中国革命への関与は、何らかの目的意識を持っていたと言えよう。しかしながら、前述した内容からみれば、北が中国革命に関与しはじめるのは、ほとんど偶然にすぎないであろう。そして、佐渡時代から形成してきた北の思想や理論の分析に基づいて考えてみると、恐らく北なりの独自な思想的、現実的誘因がいくつか存在していると考えられる。次は、その誘因について検討しておきたい。

まず、思想面においては、主に四つの誘因がある。第一に、北の政治的思想によって、日本だけでなく、中国にも「ある程度の革命が必要である。日中両国はそれぞれ革命を経たならば、『自覚的な結合』が必ず実現できる[83]」。発禁処分の後、国内において革命を行うのはまだ条件が備わっていないと認識した北にとって、まず「日中連帯の思想」に基づいて革命を行いやすい中国において行動していくのが最良の選択と映ったにちがいない。

従来の史料を参考にしてみると、北は中国に渡る前、かつて友人の柏倉一徳を訪ねて、以上の意思を次のように語っている。「日本は今のところ行きづまりである。中国の革命が成功すれば必ず日本にも影響がある。この意味からも中国の運動を助ける必要がある[84]」、と。それは、宮崎滔天が提出した「まず中国の革命を成功させ、その力で日本ないし世界を改革しよう[85]」という観点と期せずして同一であろう。

第二に、君主専制を打破しようとする中国の革命は、北が主張している社会進化論に合致する。彼は中国の革命を明治維新の再現とみなしている。「両者に共通するのは、中世を近代に進化させ、国家を権力者の私有物から独自の生命をもった人格としたことである。政体でいえば貴族国から民主国へ、国体に着目すれば家長国から公民国

81　前掲、『北一輝：日本の魂のドン底から覆へす』，pp. 97。

82　趙金鈺『日本浪人与辛亥革命』(四川人民出版社、1988)pp. 1。

83　前掲『近代日本的亜細亜主義』，pp. 176。

84　宮本盛太郎：『北一輝研究』(有斐閣、1975)pp. 122。

85　鶴蒔靖夫：『昭和維新』(北斗書房、1977)pp. 101。

家への進化である。思想面で言えば、君主主義から国家主義への進化[86]」であるため、それを世界革命の一部として支援すべきであると北は考えている。

第三に、社会の進化を目指して国家を改造しようとする目的、そして現政府に対する不満は、北と中国革命派との共通点である。アジア諸民族が西洋列強に加えられた経済的圧迫や軍事的侵略に陥っていたことを深く憂慮していた革命派は、北と同じように、現下の守旧的な官僚や特権階級に支配されている政府を打倒しなければ、西洋と対抗できないと認識していたため、それは、両者における相互共感を促しやすいところの一つであるといえる。

第四に、現政府を打倒するために、暴力の手段を借りるほかないという革命派の主張と北の「力の理論」との間には、共通の認識が存在している。北は『国体論』において、西洋の侵略を撃退することも「亡国階級」を倒して理想的な国家をつくることも、強い軍事力に頼らなければ実現できないという暴力に対する無限の崇拝を表現した。それは、革命派における満州族の封建王朝を転覆させるために秘密結社や武装蜂起を画策している革命派の方法論との共鳴を誘引し、北における革命派に対する好感が育まれてきたのである。

いずれにせよ、北の思想面において分析してみると、実は彼の思想や理論は革命派の行動綱領との間に重なり合うところが多いため、中国革命派と親密になったのも比較的に容易なことであったのかもしれないと想定できる。

また、客観的条件も不可欠な役割を演じる。二十世紀初期、科挙制度の廃止などを進めていた清朝の光緒新政の影響で、「政府留学生を含む支那からの日本留学生が急激に増加し[87]」つづけ、その人数は一九〇六年に一万二千人、一九〇七年に一万人で、ピークを迎えたのである[88]。中国革命派は、この膨大な留日学生のグループを主幹として結成されてきたため、北を含む日本の志士との意思の疎通はきわめて便利であったことが考えられる。

なお、家族との約束にしたがって、もし著書が発禁されて印刷費を回収できなければ、一輝はこれ以上家の資産に頼らず、自活しなければならなかったから、早急な資金源を探していくのは彼の当面の急務となった。雑誌の編集と刊行を扱う革命評論社は、恐らく文章に堪能な彼にとって最もふさわしい就職先であろう。

そして、当時の日本政府が「支那の革命党を圧迫するのは将来の為め不利である[89]」と認識しつつ、できるだけ革命派との摩擦を回避するという政策を取り、まだ彼らの在日活動に干渉していないため、『国体論』の過激な言論で警察のブラックリストに載せられている北にとって、革命評論社と中国同盟会における政治的行動は比較的に自由に展開できるようになったのである。

---

[86] 岡本幸治：『近代日本のアジア観』（ミネルヴァ書房、1999）pp. 187。
[87] 前掲：『北一輝：日本の魂のドン底から覆へす』，pp. 106。
[88] 小島淑男：『留日学生の辛亥革命』（青木書店、1989）pp. 13。
[89] 黒竜会編：『東亜先覚志士記伝』中巻（原書房、1966）pp. 436。

3.3　同盟会内部の分裂と宋教仁の革命的思想

革命評論社は「中国革命同盟会の機関誌『民報』の別働隊[90]」であった。当時社内の同人は「滔天、萱野長知、池亨吉、清藤幸七郎、青梅敏雄、和田三郎の六人。これに、のち平山周と北とが加わって、都合八人になった[91]」。そして、革命派の孫文、黄興、留学生の魯迅など、多くの中国人も含まれていたのである。それは中国革命同盟会との間に緊密な関係を持っていたため、まず当時の革命評論社と同盟会の基本的状況を把握する必要があろう。

中国革命同盟会は一九〇五年夏、黒竜会の内田良平の協力で広東省の興中会と湖南省・四川省の華興会と浙江省・上海の光復会という三派によって創立した革命的組織である。それは、孫文が提唱する「駆除韃虜、恢復中華、創立民国、平均地権」を綱領に採用し、機関誌として『民報』を発行した。のちに「排満興漢」という核心的な目的で中国の各地において民間の秘密結社と相互に提携して、様々な武装蜂起を画策していった。

その「排満興漢」の主張は、もともと清末の民間における反政府主義者の持っている「反清復明」という思想から生じたものであるため、当時中国の秘密結社との間に共感を覚えやすい点が多く存在している考えられる。「清朝を倒すことを至上命題とする革命派にとって、『反清復明』、『反清排満』の現実と虚像が交じった秘密結社は、当然恰好の同盟者であった[92]」。この情勢の下に、興中会は三合会、華興会は哥老会、光復会は青幇、それぞれ親密な関係を構築するようになってきた。孫文もかつては洪門致公堂の会員であったという。同時に、民間の秘密結社は革命派の思想の影響で、本来濃厚な宗教色を持つばらばらな組織から次第に一定の革命性が備わる団体となり、のちの辛亥革命期において大きな役割を担っていた。当時の状況に対し、北は後年の著書『支那革命外史』において、中国革命派の思想を「満人の統治を排滅し漢族の復興に努めよといふ国家民族主義[93]」と評価し、それが日本の明治維新と違って「征服者の満州族に反抗する」という強烈な漢民族意識に基づいて成立してきたものだと認識したのである。こうした同盟会の革命的決心と意志とは、この時期非常に強くなっていたのである。

3.3.1　内部における矛盾の表面化

しかし、中国革命同盟会は決して一枚岩ではなかった。その本質は、「様々な派閥や利益集団の便宜的な寄せ集めにすぎない不安定な政治組織であり、唯一の共通綱領は満州人の清朝を打倒すべしということだけであった[94]」。蜂起地域の選択や革命の方法論や革命後の方策論などについての対立は、成立したときから持続している。特に

[90] 松本健一：『評伝北一輝』（大和書房、1976）pp. 191。

[91] 同上、pp. 192。

[92] 孫江：『近代中国の革命と秘密結社』（汲古書院、2007）pp. 125。

[93] 北一輝：『北一輝著作集』第二巻（みすず書房、1959）pp. 16。

[94] 前掲『北一輝と日本の近代』，pp. 52。

国際主義を主張する旧興中会系の孫文の独裁的指導に対しては、民族主義の旧華興会系と旧光復会系の反発がきわめて大きかったのである。このような背景で、同盟会の内部は次第に孫文派と宋教仁派という両派に分けられるようになった。

一九〇七年三月、孫文が日本政府から巨額の援助金を受けて離日したことによって、その潜在しつづける矛盾はついに表面化した。黒竜会の記録によると、そのとき孫文は日本政府に満州の餌にして支援を要請したが、清朝実権派の「慶親王は大いに驚き、朝鮮から上京中の伊藤博文に親書を送つて、孫を国外へ放逐してくれと依頼して来た[95]」。内田良平は伊藤の「孫を自発的に退去させる策を取られたらよろしからう[96]」という指示にしたがって、外務省から七千円を出させ、その六千円を個人的な名義で孫文に与え、一千円で送別会を開いた。

この事件に対して、宋教仁、張継、章太炎、劉師培らは孫が日本政府と汚い取引を行っているのではないかと疑い、「外国政府から金をもらうなどということは、民族的恥辱だ[97]」と大きく批判した。それを導火線として、昔から存在している両派間の革命思想と路線における矛盾が噴出したのである。孫は宋より、「西洋諸国との接触が多く、また経験も深かった[98]」ため、「アメリカ式の共和制」を中国に実現させることを革命の目標としているが、その対立面として、宋は中国固有の歴史や国情に基づいて、統一的中央集権の東洋的な共和制を強く主張している。そして、革命の実現方法における闘争も激しかった。宋および宋の同志である譚人鳳は、「孫文が行っていた傭兵による軍事投機と外国援助による革命戦略を、明確に誤りである[99]」と強烈に非難している。

この激化した内紛は、北を含む日本人の同人に至るまでも巻き込んだ。宋教仁派を支持する北の方向に同調したのは、「清藤幸七郎と平山周と和田三郎とであった。一方、孫文を支持しつづけたのは、宮崎滔天のほかに、萱野長知と池亨吉とであった。……内訌はその日本人部である革命評論社を大きくふたつに割ったのである[100]」。

北の宋を支持する原因としては、恐らく宋の革命的思想に比較的に近かったからであろう。彼の考えでは、孫は自国の伝統的な文化や歴史を無視して西洋諸国の制度をただひたすら模倣しているため、東洋諸国を団結させることができない「アメリカ式の共和主義」の代表者にすぎない。「大統領政治と連邦制を原則とする米国的夢想を輸入することは支那の禍なるべし[101]」。孫の主張は「米国的翻訳」であり、「各省分割的憲法」を強いるものとして統一的中央集権の形成に不利であるため、国家の手によって理想的な社会をつくるのは実現不可能となる。それは、北が自らの固有理論に基づいて絶対に受け入れないものであったのである。

一方、宋は「組織的頭脳と蘇張的才幹の誠に嘆賞すべきものを具備したりき。…冷

[95] 前掲『東亜先覚志士記伝』中巻，pp. 436。
[96] 同上、pp. 436。
[97] 前掲『評伝北一輝』，pp. 226。
[98] 前掲『北一輝と日本の近代』，pp. 56。
[99] 前掲『北一輝：日本の魂のドン底から覆へす』，pp. 126。
[100] 前掲『評伝北一輝』，pp. 227。
[101] 前掲『北一輝著作集』第二巻，pp. 62。

頭不惑の国家主義者にして生れ乍らに有する立法的素質は其の集団を組織するの任に当りたりき[102]」。彼は外国からの援助を頼らず、東洋的な特徴を持つ共和制を提出しており、正真正銘の国家民族主義者として、中国革命の最も適任な指導者の資質が見出されると北は絶賛する。まさに岩瀬昌登が指摘したように、北は西洋からの援助を頼らず中国革命を完成させるために宋を支持したのである[103]。その時点において、北の思想と「孫文派」の思想との間に存在する巨大な食い違いは、彼の「アジア主義」における「反西洋的性格」を再度強化させることになる。

3.3.2 革命評論社の解散と辛亥革命直前の行動

同盟会の内紛の結果として、孫文はもはやそれ以上在日同盟会員に頼らず、シンガポールを根拠地として南方華僑の財力を借りつつ広東省における武装蜂起を組織していった一方で、宋教仁は同盟会幹事を辞して国内に戻り、上海において中部同盟会を設立、長江流域を中心として革命の局面を打開することを図っていった。その影響で、『革命評論』は一九〇七年三月二十五日、第十号をもって廃刊となった。

この後、北は「張継と結ぶことによって、同盟会と接触をかろうじて保った[104]」。一九〇八年春、早大を卒業した昤吉は、弟の晶作を田川大吉郎に託し、母のリクとともに佐渡に帰郷したため、一輝は一人で東京に滞在し、間もなく台湾総督府の退職官吏である黒沢次郎の家で、食客として浪人の生活を送っていた。のちに中国革命派と親しく付き合っている内田良平の好意により、辛亥革命の勃発まで客分として黒竜会の機関誌『時事月函』の編集に従事しつづけていた。

黒竜会をつうじて、北は革命派の同士たちと再び連絡する便宜を得たと考えられる。黒竜会の記録するところに拠れば、一九一〇年の冬、日本に滞在する宋教仁は「上海で陳其美が経営してゐる新聞社へ帰るといふので、清藤幸七郎や北輝次郎が『是非会つてやつてくれ』と内田のところへ云つて来た。で内田は宋の為めに赤坂の峯の尾で送別を兼ね一夕の宴を開き、清藤や北もそこに列席して共に歓談を尽したが、宋は非常に喜んで、其席上『実は革命の挙兵が愈々迫つて来たから帰るのである。挙兵の際には直ぐ電報を打つから極力援助を願ふ』と帰国の事情を打明けて豫め援助を依頼した[105]」。その後、北らは大陸からの挙兵の消息を待ちつつ、中国政局の激変期に身を投じるために積極的に準備をしていた。

3.4 辛亥革命の嵐と北一輝の行動

一九一一年五月、清朝政府が四川省内の鉄道に国有化政策を実施することに対して、四川省を中心とする多くの民衆は強く反発し、いわゆる保路運動を展開した。張之洞は命令を奉じて湖北の新軍を率いて鎮圧に向かったため、武漢の防衛は一時弱まった。革命派はその好機をつかんで、十月十日、武漢において武装蜂起を行った。それ

---

[102] 同上、pp. 24。

[103] 岩瀬昌登:『北一輝と超国家主義』(雄山閣、1974)pp. 10。

[104] 前掲『評伝北一輝』,pp. 230。

[105] 前掲『東亜先覚志士記伝』中巻,pp. 438。

をきっかけとして、辛亥革命は勃発し、華中と華南では革命派優位のうちに情勢が推移しはじめたのである。

十月十九日、宋教仁は上海から内田良平のもとに「愈々事を挙げるから誰か寄越してくれ[106]」という電報を送り、黒竜会の援助を頼んできた。それに対し、内田は北を自宅に招いて革命の情勢や蜂起への援助方法をめぐって相談し、前からの約束にしたがって、宋と「若い同志の最も気の合つてゐた間柄[107]」である北をまず黒竜会派遣の第一号として中国へ実情の把握に行かせることになった。

北は借金や荷物の準備を整えて、一週間後に東京から出発し、長崎を経由して十月末上海の松崎洋行に到着した。そこには、宋の手紙が一通残されていたのである。「自分は漢口に行く、君は茲に着いたら直ぐ漢口の露西亜租界賓善里二十号広恵公司に来てくれ[108]」と、武漢へ援助に行くことを頼んだ。しかし、このとき北の旅費はまだ整わず、「武昌に渡ることの困難は固より漢口日本人総引上げに有之[109]」ということで、上海に暫く止まらざるを得なかった。

十一月一日、上海に滞在している北はまず中部同盟会の機関誌『民立報』の主任、陳其美に会って、革命の情勢を具体的に把握し、早速上海において武装蜂起を組織して長江の下流域地区で新しい革命の拠点を樹立するのが当面の急務であると建言した。そのために、北は内田からの紹介で、当時の上海駐在武官の本庄繁少佐を訪ね、軍事的援助を依頼しているが、本庄は「偽名を用いて、個人的に革命派の支援に力を貸していた[110]」。数日後、革命派の「上海占領政策」は順調に実行に移されて、四日に江南製造局が占拠され、「上海光復」が実現している。陳は上海軍都督府の都督として選出された。

八日、北は本庄が用意した船で長江に沿って宋教仁のもとへ赴いている。南京を経由して武漢に着いたのは十二日であった。北は「チコチコチュンチュンの支那語は一切解せず[111]」であるため、長期間に日本に滞在していた宋教仁と日本語でことを語り合った。当時、新軍を率いている実力派の袁世凱は清朝政府の要請で再び出馬し、革命派に大きな軍事的圧力を与えていたため、武漢の革命軍は蜂起後わずか一ヶ月で、不利な状況に転じてしまった。その情勢に基づいて、宋教仁は北と相談し、武漢の衰勢を救うために革命の中心を南京に移すほかないと決定して、翌日二人は早速南京に向かった。

しかし、南京の状況もまた悪化していた。革命派の勢力は政府軍により撃退され、入城する者の中で、断髪した者は不審者として「処を論せず殺す」ということになった。城外に止まった宋と北らは、日本領事館の馬車で入城せざるを得なくなったが、「途中一兵士が青龍刀を携へ靴音荒く突然車台に飛び乗つた。北は宋から托された各省同

[106] 同上、pp. 438。
[107] 同上、pp. 438。
[108] 同上、pp. 442。
[109] 前掲『北一輝著作集』第三巻,pp. 151。
[110] 前掲『北一輝:日本の魂のドン底から覆へす』,pp. 126。
[111] 前掲『北一輝著作集』第三巻,pp. 125。

志の名簿及び電報暗号等を胴巻に隠して居たので、真に其胆を冷やしたが、それは此の馬車が日本領事館へ行くのを保護するためであつたことが分つた[112]」。北は内田への報告において、この「黄竜旗を持てる満兵、生の乗れる馬車に陪乗す」ることが「天下の噴飯事[113]」であったと述べている。

その後、北は再び上海に戻った。内田との交信は現存する資料では一九一二年三月一三日で切れているため[114]、のちの行動は現在に至るまで、十分に明らかになっていない。ただし、これ以後の北は、上海と南京との間を奔走しつつ、宋教仁の革命事業を支援するために様々な行動を行っていたことは容易に想定できるであろう。

3.5　辛亥革命期における北の「アジア主義」

辛亥革命期に北が残した記録は残念ながら極めて少なく、ただ内田良平や黒竜会派遣の第二、三号とする清藤幸七郎、葛生修亮宛で送った電文、手紙しか存在しない。ここではその記録を参考にしつつ、当時北の「アジア主義」の特徴や変遷をうかがってみることにしてみたい。

一九一一年十一月十六日に江蘇省の鎮江滞在中の北は、葛生修亮に送った手紙において、自分が中国人と見誤られたことについて、以下のように述べている。「南京へ下る船の中で、清兄宛の文を書いて居ると海軍大尉君やつて来て、生を支那人と睨んだ(もないものだ([ママ]))と云ふ噴飯事を書き添へた。すると船長君が来て其室に御来遊を請ふと云ふので、行つて見ると、果たして『焉れか御身の上御明かし下さい』と云ふ。露出しの生だ。『正銘の日本人なり。憚りながら、支那語など一も知らず』と答へてやつた。……南京領事館に入つても、書記生君僕が日本人なりと云つても『御じやうだん仰しやつちやいけませぬ』と云つて承知しない。『領事館までだましちや困る』と馬鹿念を押して漸く分つた。この滑稽事は僕が度々云ふやうに支那革命の中心が日本留学生に在り、其等が悉く日本的頭脳、行動、風彩にして、生の如く、同志と一処になつて行動する者は、立派な日本人でも判別できぬからである[115]」。それは、以前から持続している日本志士と中国革命派との共通性や親近感が現れている一方で、留日学生を中心とする革命派が強く日本化されたことによって、北の思想に潜在している日本人としての優越感が呼び起こされたことが感じられる。

また、清藤宛での手紙において、北はこのように分析している。「彼等の幹部を見よ、思想が日本人である如く、顔が全く日本人である。敵軍の丸を当にして空銃を提げて躍り込む如き全然日本人的行動である[116]」。なぜかと言うと、「直裁簡明に単刀直入的なる革命党の一般的気風は、実に日本教育より継承したものである[117]」。北の結論

---

[112] 前掲『東亜先覚志士記伝』中巻，pp. 443。

[113] 前掲『北一輝著作集』第三巻，pp. 169 参照。

[114] 前掲『北一輝』，pp. 216 参考。

[115] 前掲『北一輝著作集』第三巻，pp. 172。

[116] 同上、pp. 157。

[117] 同上、pp. 158。

としては、「日本は革命党の父である、新国家の産婆である、日本の教育敕語は数万全漢民の代表者の上に此の大黄国を産むべき精液として降り注がられたものである。……革命党の年少者が日本的思想を有し、日本的風采に化し、日本的行動を取りつゝある事実は直ちに新国家の政策も国風も日本的であることを証明して居る……只万々一列国の或者が野心の牙を露はしたる時、我が愛児なり一指を触るゝものは我が敵たるべしと宣言して、前に立ち塞つて蔽ふだけの覚悟があればよろしい[118]」、ということである。すなわち、北にとって、中国革命の功績は日露戦争以来日本からの啓蒙と教育の影響に帰されるべきである。言い換えれば、革命の成功と今後の新政権の発展も日本の指導のもとで行わなければ順調に実現できないという含意がそこには込められているであろう。これは、もともと北の「アジア主義」に込められている日本盟主論の要素をいっそう強化させ、辛亥革命期の革命行動を通じて、一種の定型化に向かいつつあったのだと評することもできよう。

なお、当時大陸浪人の一般的認識では、中国は列強に圧迫された弱国であるが、今後日本の拡張を妨げる強国となる恐れがあるという「連立不等式の変数[119]」としての存在である。のちの著書『支那革命外史』で示したように、その問題を適当に解決するために、北は、辛亥革命が成功したのち、中国において日本と親しくしている革命派に頼って親日的政権を樹立させ、アジア諸国を解放するために一緒に西洋と対抗することを名目に、中国政府内に日本の指導を加えることを考えている。この、中国の社会思想や国家政策を日本によって同化する発想は、「覇権的戦略における不可欠なもの[120]」で、北が中国革命に積極的に関与する政治的意図の一つとなったかもしれない。それは、彼の思想がのちに東洋覇権主義的なものに転化する過程の中で重要な役割を担っていたのである。

3.6　革命の挫折と北の退去

一九一一年十一月、袁世凱は新軍が圧倒的優勢で武漢に攻撃しているところで、突然攻撃中止の命令を下した。続いて、革命派と和議の交渉に入った。翌年二月十二日、最後の皇帝愛新覚羅溥儀は袁の圧力で、正式に退位を宣告し、清朝は完全に滅亡した。

この際、袁は腹心の排日イギリス人記者モリソンを南京に派遣し、革命派内部における対立を巧妙に利用して三十万元で買収工作を進めていたが、その結果、野心家の袁は三月十日に、中華民国の第二代臨時大総統に就任して、革命の果実は彼に盗み取られてしまった。八月、宋教仁の指導によって旧同盟会系の穏健勢力は国民党を結成しており、議会選挙で第一党となった。農林総長に任命された、国民党の中心的な人物であった宋は、「内閣が議会に責任を負う責任内閣制を定め、袁世凱のもつ行政権を民主的に制約すること[121]」を図っているため、袁の敵視を招いてきた。一九一三年三月六

[118] 同上、pp. 158－159。

[119] 石津朋之・ウイリアムソン：『日米戦略思想史』（彩流社、2005）pp. 41。

[120] 熊沛彪『近現代日本覇権戦略』（社会科学文献出版社、2005）pp. 6。

[121] 前掲『北一輝：日本の魂のドン底から覆へす』、pp. 112。

日、臨時約法によって間もなく内閣総理に就任する宋は、袁の招きに応じて北京に出発しようとしたとき、上海北駅で袁が放った刺客に背後から射殺され、出血多量のため二十二日に死亡した。

北の政治的理想においては、革命の主導権を握った親日派の宋が中国革命の指導者に最適な唯一の人物であったため、彼の死が北の政治的理想に莫大な打撃を加えたことは間違いない。ゆえに、北は激怒し、暗殺の首謀者を探している。彼の考えによれば、袁は従犯にすぎない、主犯は宋の成功を妬んだ陳其美と、その背後にあって暗殺をそそのかしている孫文である。この判断をもって、北は新聞などに論説を発表している。

そののち、袁は続いて宋の残党を取り除くために、上海日本総領事館に圧力を加えて北を中国から追放しようと秘密裡に要求した。四月八日、総領事有吉明は「暗殺嫌疑者ハ之ガ凶行ニ関シ邦人ト通謀ヲ為シタル事アル旨黄興ニ密告シタルモ、全然耳ヲ仮スニ至ラザリシ結果、更ニ之ヲ当各国居留地警察ニ密告シタル事件アリ[122]」という理由で、北に三年間の退去命令を伝えた。北の友人である譚人鳳はその消息を受けたとたんに、すぐ領事館に駆けつけて、命令の取り消しを頼み込んだが、有吉にきっぱりと拒否されてしまった。同時に、北自身も意気消沈して、一緒に湖南省へ行って挙兵しようという譚の提案を婉曲に断って、悄然と帰国した[123]。彼が主張している「中国に親日的政権を樹立し、日本の指導で西洋と戦わせようとする」理想は、頼るべきものが殆ど喪失してしまったため、中国における革命的行動はこれで一段落を余儀なくさせられたのであろう。

第4章 『支那革命外史』と東洋覇権主義的な特徴

一九一三年五月、上海から帰国した北は東京の昤吉宅に戻って、苦しい生活を送っていたが、間もなく雑貨屋を経営している友人の今野某から資金の援助を受けたため、生活の危機が解消され青山四丁目の新居に移った[124]。同年八月、第二革命に敗れた中国革命派の張群、譚人鳳らは日本に亡命し、北の周辺に集まってきて同志間の交流が再開できるようになった。

当時袁世凱が革命の成果を盗み取って政権を独裁的に握っていたことに対して、革命党人のみならず、日本浪人の中でも失望感が溢れている。しかし、北は革命が未だに失敗するには至らないと考えていた。彼によれば、「古今凡ての革命運動が実に思想の戦争にして兵火の勝敗に非[125]」ず、「『排満革命』は『興漢革命』の前提的運動にして、袁世凱に対する革命党の抗争は亡国階級と興国階級との革命的決勝の継続戦なればなり[126]」。つまり、満州人の清朝を打倒した後、政権は再び漢族人の手に戻ってきて、革

[122] 前掲『北一輝』,pp. 217。

[123] 前掲『日本浪人与辛亥革命』,pp. 214 参照。

[124] 前掲『北一輝:日本の魂のドン底から覆へす』,pp. 140 参照。

[125] 前掲『北一輝著作集』第二巻,pp. 23。

[126] 同上、pp. 21。

命の第一歩が無事に実現されたことを意味している。今中国を実際に支配しているのは漢族の守旧派の袁であるといえども、近代の新思想が既に全国に広まったため、のちに革命を繰り返し組織してそれらの「亡国階級」を打破すれば、完全な成功に至ることができると彼は信じていた。ゆえに、彼は帰国してから、中国の情勢への関心を持ちつづけ、日本政府に革命を支援させるように様々な行動を行っていったである。一九一五年から一九一六年に至るまで、北は当時の総理大臣大隈重信と外相石井菊次郎の要請に応じて、中国革命の事情及び自らの経歴や感想をまとめ、『支那革命外史』[127]という著作を執筆した。それは、辛亥革命の影響を受けた北の思想を全面的に表現したものであるため、本章においては、『外史』を焦点として検討を展開し、彼のアジア主義の変遷を把握してみたい。

4.1 『支那革命外史』における北の思想

この大作は二十章から構成されており、執筆時間によって、第一章から第八章までの前半と第九章から第二十章までの後半に分けられる。前半は一九一五年十一月に起稿され、一ヶ月後完成してから、『支那革命党及革命之支那』という表題で印刷して当時日本の朝野に配布された。その後、袁世凱の帝政を反対する第三革命の影響で執筆は一時中断したが、一九一六年四月から再開して、五月二十二日に第二十章までの後半は書き上げられたのである。

著書において、北は中国側の孫文、宋教仁、譚人鳳、袁世凱など、日本側の頭山満、犬養毅、内田良平を中心とする人物評を行う一方で、辛亥革命の経緯や革命後の方策や日本政府の外交政策などについて自分なりの見解を提出した。まさに彼の後輩であった塚原徹が指摘したように、「氏の支那革命に対する理解は、われわれが新聞雑誌に拠つて朧気に理解する処とは、著るしく異るのである。氏は世間普通に行はるゝ解釈とは非常に異つて解釈を最近支那に加へて居るのである[128]」。

4.1.1 孫文への批判と中国革命の本義

北はまず孫文が提出したアメリカ式の共和制が中国革命の本義ではないと指摘した。「孫逸仙の米国的理想は革命党の理想にあらず[129]」、「米国的大統領責任制と、統一的要求に逆行せる各省分割的連邦論とによりて支那共和政の根本理想を誤解せしむるは尚忍ぶべし。彼の革命運動が亦米国的翻訳に捉へらるゝより、世人をして終に幾多憂国の士の意気精神を軽侮せしむるに至るものあり[130]」。なぜかと言えば、中国と「米国とは全然建国の精神より別個のものなり。……全く自由と正反対なる服従の道徳即ち親に服し君に従ふ忠孝を以て家を斉へ国を治め来れる者、被治的道念のみ著しく発達せる歴史の下に生活する国民なり[131]」。そして、「各省の頑強なる団結力が其実

[127] 以下は『外史』と略称する。

[128] 前掲『北一輝著作集』第三巻，pp. 599。

[129] 前掲『北一輝著作集』第二巻，pp. 5。

[130] 同上、pp. 9。

[131] 同上、pp. 7。

却て国家的統一の第一歩なることを反対に解釈して、其の土音の相違を示し排他の慣習を挙げて恰も翻訳的連邦論に裏書きせんとするが如きは遺憾なることなり[132]」。つまり、中国はアメリカと違って、昔から中央集権的統一という伝統を持ちつつ、そして各省が言語や習慣の相違によって排他的感情が強いため、アメリカ式の地方分権と自治を輸入すれば、再び分裂の状況を引き起こして外国の干渉をもたらすに決まっているというのが北の持論であった。

それに基づいて、彼は革命の本義について自らの論議を展開している。「革命の支那は其の覚醒に於て恰も日本の其れに国学の復興ありしが如く、固より其れ自身の国粋文学に依る東洋精神の復活に在り。而も其の復活を促進し鞭撻し東洋魂の溌剌たる光輝を示しつゝ鼓励したる者は日本及び日本の思想なり[133]」。中国革命は日本の影響で自らの伝統的な歴史と国民の精神を基礎として生じたものであるため、新国家の建設は西洋化を避けて、自国の国情に相応しい東洋的な思想を持ちつつ国家民族主義を中心として推進しなければいけないと北は強く主張している。

4.1.2 「東洋的共和政」と日本の外交政策への批判

彼の考えでは、宋教仁はその東洋革命思想の代表的な人物である。宋は「冷頭不惑の国家主義者にして……革命指導者等の最も能く覚醒したる当時の十二年間に於て、彼の完璧なる国家主義は太炎の国粋文学張継の雷霆的情熱と相並んで如何に遺憾なく革命党の理論と情熱と組織とを作り上げしぞ[134]」。彼の死去は、孫における西洋式の共和制思想と対立する中国新政権の東洋主義的な発展に大きな打撃を与えたが、その後任者は必ず彼の遺志を継承し、「投票万能のドグマに立脚する非科学的非実行的なる白人共和政[135]」と明白に一線を画して、「天命と民意の上に立たしむる……『東洋的共和政』[136]」を樹立すべきである。

とくに、北は「現実の支那はバラバラであるが、それを克服して東洋的共和制を打ち立てるためには、蒙古モデルに学べとユニークな提案を行っている[137]」。彼は言う。「支那の共和政が其の大総統を白人の如き選挙運動と議員の投票に求めずして天命と民意の上に立たしむることは、不肖是れを彼と区別せんが為めに『東洋的共和政』と名けざるを得ず。……『東洋的共和政』とは神前に戈を列ねて集まれる諸汗より選挙されし窩濶臺汗が明白に終身大総統たりし如く、天の命を享けし元首に統治せらるゝ共和政体なり[138]」。その「真の革命的統一者が必ずや袁輩を千百倍せる一大専制家[139]」として、「刃に興りて得べく、又興れる刃を提げて保たざるべからず[140]」。すなわち、中国は

---

[132] 同上、pp. 9。
[133] 同上、pp. 15。
[134] 同上、pp. 24。
[135] 同上、pp. 159。
[136] 同上、pp. 158。
[137] 前掲『北一輝：日本の魂のドン底から覆へす』, pp. 156。
[138] 前掲『北一輝著作集』第二巻, pp. 158。
[139] 同上、pp. 153。
[140] 同上、pp. 159。

伝統的な東洋思想を継承しつつ、西洋式の投票ではなく、昔のモンゴルのように推選で大統領の人選を決定して、自由の基礎の上に建てられた専制によって全国を強力に統一し、また自由を保護していくという「東洋的共和政」[41]を確立しなければ、現下の国家危機を根本的に解除することができないと北は力説する。

なお、当時日本政府の外交政策に対して、北は批判的な態度を取っている。西洋列強の侵略的政策を真似してイギリスとの同盟を維持し続けることと対華二十一ヶ条要求とは、日中関係に悪影響を及ぼし、中国の排日情緒を引き起こしてくる根源である。北によって、それは国民心理の問題に源を発したものである。「劣弱者を侮蔑するの心は即ち優強者に拝跪する奴隷の心なり[42]」。つまり、「弱体な支那に対する優越心は、強大な欧米に対しては劣等心となり、それが日本外交を支配している[43]」。その解決策として、日本政府は革命後の新中国に対する外交政策を一変する同時に、中国の排日をもたらす日英同盟と日露協約とを断固として廃棄し、「東洋的共和政」の中国と一緒に「日支同盟」を建設して日英戦争と露支戦争によって、イギリスとロシアの勢力を東亜から追放すべきである、と論議している。明らかに、この「日支同盟」と「対英露開戦」という主張は北が『外史』において狙っている核心的目標となったのであろう。

4.2 「日支同盟」の思想の東洋覇権主義化

しかし、北における「日支同盟」の思想は「アジア主義」の本義を基礎としているものではなく、むしろその本義からはずれ、一種の東洋覇権主義的なものに変化してしまったといえよう。

そもそも「覇権主義」という用語は第二次世界大戦の直後現れた新造語であり、初めて登場したのが一九七〇年代、中国政府の「『レーニン主義なのか、それとも社会帝国主義なのか』と題するソ連批判論文においてであった[44]」が、その後「他国も利用するようになった[45]」のである。その定義としては、「大国または強国が小国や弱国を侮辱、干渉、侵略、支配して、世界に覇を唱えようとする思想、政策、活動の総体である……また地域規模でも適用されるにいたった[46]」、ということである。つまり、覇権主義というものは、ある地域内ないし全世界において政治、思想、経済、軍事の上で絶対的な優越権を持つことを目指す一方で、他の勢力の影響をこの地域から完全に排除しようとしている、という二つの基本的な特徴を備えている。『外史』における北の「日支同盟」の発想はそのような思想的特徴が現れて、東亜という範囲で「日本の覇権下の平和を樹立する戦略を構想した[47]」ため、彼の思想は東洋覇権主義的なものに変化していったこ

---

[41] 同上、pp. 417 参照。

[42] 同上、pp. 50。

[43] 前掲『北一輝：日本の魂のドン底から覆へす』，pp. 155－156。

[44] 大学教育社編集『現代政治学事典』(ブレーン出版、1998)pp. 824。

[45] 同上、pp. 824。

[46] 同上、pp. 824。

[47] 趙暁靚：「北一輝の中国論－『支那革命外史』以後を中心に－」(『中国研究月報』第 59 巻第 8 号、2005) pp. 17。

とが想定できるであろう。以下、対内的と対外的という両方面から「日支同盟」の基本的思想を分析しつつ、その変化を把握してみたい。

4.2.1 同盟の内部関係における東洋覇権主義的な特徴

当時の日本においては、「支那分割論」が盛んに広がっていた。その代表的な人物の一人、北の友人である永井柳太郎は、「蒙古をシンヂケートに売却せしむるか、若しくは世界の競売に附せしめ」ることを提唱し、「蒙古にして国際シンヂケートの経営する所とならば、その外交的地位は必ずや中立地帯たるに至るべく、支那は自から北辺の大患たる露国と直接その境を接するを免るゝを得ん」として、「これ医師の局部を切断し、以て全身の死を救ふに似たり[148]」と述べている。また、当時有名な東洋学者であった内藤湖南も、「支那の領土問題は政治上の実力の方から考へて、今日縮小すべきもの、五族共和と云ふやうな空想的論議に支配されずに、実際の実力を考へて、寧ろ其の領土を一時失っても、内部の統一を図るべき[149]」であると指摘した。

それらの言論に対して、北は『外史』において痛烈に批判している。「蒙古一角の喪失は即ち全支那の割亡を結果す……満蒙回蔵を放棄して十八省本部の治を図るべしと云ふが如き一顧の値なき愚論……是れ四肢を切断して口腹の生存を続けよと云ふもの。唇亡びて歯寒しの論法に従へば四肢なきの肉塊は鳥雀の啄ばむ所とならんのみ[150]」。これは、中国革命派の中国領土の統一という主張と同調しているが、著書の論述からみると、実は北は自分なりの目的を持っている。「日本の興国的思想は遺憾なく彼等(＝留日学生)自身の東洋魂を覚醒せしめ、彼等は其覚醒によりて日本の興国学を直ちに革命哲学として受取りたりき[151]」ということで、日本の教育を通じて日本の思想を受けた留日学生を主体とする革命党は、中国の全域を革命の政権下に統一し、ひいてはそれを日本化させて、日本思想が中国における支配的な位置を取得していくのは、彼が願望していることであろう。それは、思想面で日本の制覇地位を確立しようとする特徴がうかがわれるのである。

ただし、北なりの中国統一論においては、「満州」が含まれていない。「支那は外蒙古と共に内蒙古を得べし。日本は南満州と共に北満州を得べし[152]」。「日本自身が朝鮮と日本海の防備の為めにバイカル以東黒竜沿海の諸州を領有すべき[153]」である。彼の主張によって、ロシアの南下を防止し中国の完全無欠を確保するために黒竜江・吉林・奉天を含むいわゆる「東三省」の全域ないしバイカル湖以東のロシア領土は日本に任せるべきである。この「満州領有論」は、「中国統一論」の主張と明らかに背馳しているが、萩原稔は論文において、「中国が列強の侵略の危機に直面し、満州においても

---

[148] 萩原稔:「『民族革命』から『五族共和』へ一北一輝の中国革命観についての一考察」(『同志社法学』第59巻第2号、2007)pp. 524。

[149] 山根幸夫:「日本人の中国観:内藤湖南と吉野作造の場合」(『東京女子大学論集』第19巻第1号、1968)pp. 6－7。

[150] 前掲『北一輝著作集』第二巻 pp. 180。

[151] 同上、pp. 16。

[152] 同上、pp. 185。

[153] 同上、pp. 179。

他国……の跳梁跋扈を抑える『力』が存在しない[154]」という「軍事的理由」で、北は日本が中国の代わりに満州を領有することを提出したのであると解釈した。だが、北の思想の変遷を当時の社会状況と結合して分析してみれば、おそらく結論は単純にそういう点に限ったことではないであろう。

第一に、北における「満蒙特殊論」という潜在的意識は軽視できない役割を果たしている。日露戦争以来、多くの日本国民にとっては、中国は「中国本土」と「満州」という二つの区域に分けられて認識されていた。多くの日本の歴史学者にとって「中国」と「満州」とを二つの別個な領域として考察を行うことは珍しくなかった[155]。また、一部の中国国民までも、黙認の態度ないし同感を持っていた。中国統一の主張者としてあるまじきことであるが、孫文をはじめとする革命派の一部でさえ、かつて「満蒙は日本に領有されても構わない。中国革命の目的は排満興漢であり、長城以内の中国で建国しても差し支えない。日本の支援を希望する[156]」と日本政府が革命を支援すれば、代償として「満蒙」を入手しても異議を申し立てないという意思を示した。第二革命期において、孫は再び井上馨、森恪などの日本政府の関係者と密談して、二個師団の兵器や附属装備及び二千万円の現金という条件で「満蒙」を交換しようとする案を提出したこともある。それらの記録の真偽がまだ解明されていないにもかかわらず、当時、日本からの支持を獲得するために、中国革命派が少なくとも条件付きで若干の「満州権益」を主動的に放棄しようとしたのは事実であろう。それは、日本社会における「満蒙特殊論」をいっそう深刻化させたのである。こうした世論のもとで、北の「満州特殊」という思想的要素は次第に増幅しており、ついに「満州領有論」の思想的基礎となったことが考えられる。

第二に、北を含む当時の大陸浪人の中で、中国革命は日本の明治維新と違って、「『征服者』である満州族に対する『被征服者』漢民族の抵抗[157]」であるという認識が一般的であった。それは、革命運動が日ごとに白熱化してくるとともに、急速に「満州人に対する軽視ないし嫌悪」の情緒に転換したのである。例えば、同じく中国革命の渦中に身を投じた萱野長知は『革命潮』において、「満州人」が明朝後期に「山海関を越えて南下し」て、中国を「侵略」したと痛烈に批判し、「満州人が彼等(＝漢人)の住居に放火しあるいはこれを掠奪し彼等に満州の衣裳を纏うことを強制した。辮髪をつける命令に従わないというので数万人が殺されたと推定されている。……満州人……は支那侵略にあたっての彼等の行動を誌した支那人の書籍文書を破棄焼却し、かくて被征服人民を出来るだけ無知にし[158]」た、と憤慨している。このような強い「排満」潮流において、「満州人」と「満州」とは実は、ある側面から「非中国」のラベルを貼られたと想定できる。それに対しては、北も同感であり、友人の清藤幸七郎宛の手紙において、「満州

---

[154] 前掲「『民族革命』から『五族共和』へ」,pp. 533。

[155] 史桂芳:『近代日本人的中国观与中日关系』(社会科学文献出版社、2009)pp. 171 参照。

[156] 前掲『日本浪人与辛亥革命』,pp. 71。

[157] 前掲「『民族革命』から『五族共和』へ」,pp. 519。

[158] 書肆心水編集『アジア主義者たちの声(中)』(書肆心水、2008)pp. 142－145。

土人が治者であるならば政策も国風も奴隷的のもの[159]」となるおそれがあると不安に述べ、「満州」と中国の本土とが絶対に満州族の「無能人」に任せられないという意思を表明した。

第三に、漢族人に対しても、北は完全の肯定的な態度を取っていなかった。「日本が已に早く旭日の興運を迎へたるに係らず、支那の今日尚亡国の淵を渡らざるを得ざる所以は、一に文武の二途に別れたる国民の心的傾向に存す。……支那の文弱による亡運は孔教に在り[160]」。とくに満清政府と北洋軍閥との数度の戦いの中で、孔教を信仰している漢族人を主体とする革命派は、従来の『文弱の気風』がしっかり存在しており、軍事的能力が非常に低下するという致命的な欠点が余すところなく暴露されてしまった。したがって、アジア盟主の日本の援助や保護がなければ、漢族人の国家は西方の侵略から「満州」を守るどころか、自国自身の独立でさえ保障できないと北は結論した[161]。彼の考えによれば、満州人の清朝は全中国を壊した「無能者」であり、「満州」を守る資格を失った一方で、文弱の漢族人は今のところ、軍事的能力が非常に不足している「無力者」であり、「満州」を守る資格もない。そうすると、「満州」を守る「正義」の使命は、アジアの盟主としての日本により担われるほかない。このように、北なりの「満州領有論」が生じてきたのであろう。

いずれにせよ、「日支同盟」の内部関係から考えてみれば、北はまず西洋列強の分割と拡張を阻んで中国を思想面において全般的に日本化させるために、領土統一論を支持しており、のちに「満州人無能、漢族人無力」という理由で、中国の「満州」における領土的主権を無視し、日本の支配下に置こうとする主張を提出した。それは、東亜の範囲内で日本の政治、思想上の絶対的な優越地位と主導権とを図るものであるため、『外史』における北の思想が「アジア主義」の本義から離反し、東洋覇権主義的な特徴が現れはじめることを示しているといえる。

4.2.2　同盟の外部関係における東洋覇権主義的な特徴

「日支同盟」の外部関係は、主に「対英露開戦」と「日米経済同盟」という二つの点から表現する。北の論述によって、英露両国は日本と中国とを兄弟喧嘩させようとするもので、「支那が同文同種の誼に背きて排日を叫んで止まざる所以は……国家の存立上日英同盟の日本を排し日露協商の日本を排するもの。断じて自己等の盟主としての日本を排する所以に非ず[162]」。「露西亜の北亜細亜侵略は前門の虎」であり、「英国の南亜細亜経営は後門の狼[163]」である。ゆえに、その両国を日本と中国との共同の敵として東亜から追放しなければならない。「支那はまず存立せんが為に、日本は小日本より大日本に転ぜんが為に、古今両国一致の安危を感ずる斯くの如き者あらんや[164]」。

---

[159] 前掲『北一輝著作集』第三巻，pp. 159。
[160] 前掲『北一輝著作集』第二巻，pp. 160－161。
[161] 前掲『近代日本的亜細亜主義』，pp. 174 参照。
[162] 前掲『北一輝著作集』第二巻，pp. 179。
[163] 同上、pp. 174。
[164] 同上、pp. 182。

ただし、この英露勢力を駆逐する主張は、実はアジア主義の「反西洋的性格」と「人種競争」との要素から生じてきたものではなく、未だ特権階級に支配された日本政府の帝国主義を承認しながら、英露両国と一連の競争を展開して東亜の覇権を図ろうとすることを目的としているのである。『外史』において、北は次のように述べている。「実に支那の英国を駆逐すべきことは、唯日本と英国との覇権争奪に於て日本を覚醒せしめ後援すれば足れり。英国がスエズ以東に威権を振ふことが東洋の英国を自負する日本と両立すべからざる覇権の衝突なることは明白なり。……今の『小日本』が『大日本』として覇権を確立すべき領土を英国の持てる者に奪はずんば行く所なきを以てなり[165]」。つまり、彼は英国が日本の覇権実現の最大な障害であるとみなし、将来中国の親日的政権が日本の後援として一緒に英国の勢力を極東から追放することを希望している。言い換えれば、実は彼が反対するのは、西洋全体ではなく、東亜における最も大きな勢力を持っている英露両国のみであろう。それは、覇権主義の独占的、排他的な特徴と一致していると考えられる。

また、日米関係について、北は「日米経済同盟」の主張を提出した。「実に『日米経済同盟』は大戦中に於て固より決行すべきものであった。……『日米経済同盟』の一事を決行することは政府及び国民の国家的大義務となつた。是れ日英同盟より日米同盟に転向する槓杆である[166]」。「米国より保証金を日本の兵力下に供託せしむることなりとす。仏蘭西の資本に於ける露西亜の陸軍と云ふ関係が露仏同盟なり。即ち米の対支投資は支那保全主義に対して日米間を不可分的同盟たらしむるものなり[167]」。これは、もともと北のアジア主義に存在する西洋との人種的対抗や日中両国の西洋化を排除しようとする「反西洋的性格」と明らかに背馳しているのではなかろうか。では、なぜ北は「日米経済同盟」を主張したのか。その目的は何か。『外史』における論述と従来の研究を参考してみれば、彼の本当の動機がうかがわれるのであろう。

第一に、佐渡時代から北における「商工を以て戦ふ戦闘の更に残酷なるに思ひ到れ」、列強が「広大なる領土により、関税の塁を築きて其激甚なる経済的戦争を戦ひつゝあるの時。粟大の嶋国が奈何ぞ商工に於て立つを得むや[168]」という憂慮は、『外史』まで持続している。彼は、一方で対外の拡張によって経済的劣勢を打破することを期待しており、他方で東亜経済の主導権を握って対外の戦争を維持するために、「日米経済同盟」という形で米国の急速に増強してきた経済力を借りることを考えている。資源や国土に乏しい日本は経済的競争において絶対的な劣勢にあるため、目標を実現する物質的基礎が生まれたときからきわめて脆弱なものである[169]。当時の日本は、中国の経済に本質的な影響を与えるどころか、自国自身は国際社会の残酷な経済的競争において手が回らず、生き残りにくいという状況に陥っていた。この点について、北は承認

---

[165] 同上、pp. 178。

[166] 同上、序 pp. 2-3。

[167] 同上、pp. 193。

[168] 前掲『北一輝著作集』第三巻，pp. 79。

[169] 前掲『近現代日本覇権戦略』，pp. 6 参照。

している。経済力不足の現状を改善するために、彼は米国に助け船を求める合図を送らざるを得なかった。それは、アジア主義の「反西洋的性格」から離反し、彼の脳裏に染み込んでいる深刻な「資源危機意識」を表現したのである。

第二に、「日米経済同盟」は英米関係を離間して、対英開戦の戦略的準備を速める手段にすぎない。北は従来の「夷を以て夷を制す」という伝統的な思想を継承し、「英米の割裂。延ひて英米相屠るべき第二世界大戦[170]」を期待している。彼の考えによると、「アメリカが東洋に進出するのは英国の植民地に手をのばせない不満からだ……英米を離間しえて、米国とのあいだに『英帝国分割』同盟を結べさえしたら、日本にとって、この世に憂いはなくなるのである[171]」。もともと英米間に存在している矛盾を利用して日米の同盟をつくれば、国力が急速に増強してくる米国との戦争を回避できる一方で、それに頼って英国を戦略的に牽制する役割が果たされるようになる。それは、「対英戦のための世界戦略の一環として[172]」、日本が英国の勢力を東亜から排除して覇権を奪い取ることにとっても有利であると北は認識したのである。

第三に、「日米経済同盟」によって、日増しに高まってくる中国の排日潮が抑えられ、政府の親日化を強めることができる。北の考えでは、当時中国の排日的情緒が英米に陰で操られて生じたものである。ゆえに、「アメリカに頼り日本の勢力を排除しようとする中国の排日派は日米の合作を見たら、『雲散霧消』するであろう。そうすると、親日派の力は大幅に伸び、中国は親日派の手に落ちる[173]」。これは、北が「日支同盟」の内部関係において目指している「中国を全面的に抱き込んで同化する」ことと関連しつつ、大きな効力を発揮できるのである。

いずれにせよ、「日支同盟」の外部関係から考えてみれば、北の「対英露開戦」の主張は、東亜における他国の勢力を追放することによって、日本の排他的・独占的な地位を確立することを目的としている。当時、彼が敵視するのはもはや西洋全体ではなく、覇権の競争者である英露だけであったと言える。その対英露の戦争に勝利するために、「日米経済同盟」が提出された。北によれば、アメリカと同盟を結成すれば、日本の経済力の不足が補われる一方で、英国を牽制し、中国の排日を抑えることまでも実現できるようになる。彼の理論に存在する排他性、東亜範囲での支配的欲望こそ、覇権主義の特徴と合致する点となのではなかろうか。

4.3 東洋覇権主義化された北の「アジア主義」

北のアジア主義は一九〇三年前後に芽生えて以来、自己の核心的思想と当時の時代背景の影響で不断に充実し変遷しつつ、ついに東洋覇権主義的なものに変質してしまった。いわば、一種の独自の変化の軌跡をたどっていたのである。それは、「帝国主義段階の新しいタイプである。……つまり、この時期のアジア主義は、心情と論理が分

---

[170] 前掲『北一輝著作集』第二巻、序 pp. 7。

[171] 前掲『北一輝』、二四五頁。

[172] 前掲「北一輝の中国論ー『支那革命外史』以後を中心にー」, pp. 16。

[173] 同上、pp. 24。

裂している。あるいは、論理が一方的に侵略の論理に身をまかせてしまった。黒竜会イデオロギーの最悪の部分だけが生き残った[174]」。北の思想は、最初から「アジア主義」の本義とする日中連帯、西洋の侵略への抵抗の「心情」を持っていたが、独占資本主義と帝国主義に進んでいた当時の日本社会においては、侵略の「論理」を意識的にも無意識的にも黙認し、ひいては支持の態度に転換して、従来の「心情」と分裂していったことが考えられる。

『外史』を執筆していた一九一六年ごろ、彼の「アジア主義」は「イギリス戦とロシア戦を起こし、アジアで日本を中心とする秩序をうちたて[175]」ようとするものとなった。具体的に言えば、「満州を中国から切り離し、日米による経済的援助で親日政権を扶植し、中国本土を日本の保護国、ないしソ連にあたる前衛にさせることが北の中国論の眼目であった[176]」。それは、彼の「アジア主義」にもともと存在している日本盟主論の欠陥と緊密に関連しているが、「反西洋的性格」と「人種競争論」との思想的要素は、この時点で既に東洋覇権主義の実現のために繰り返し使われている道具となったのである。とくに「日支同盟」の理論からみると、日中間の平等な提携という「アジア主義」の本義は決定的に変化し、日本が「盟主」としての圧倒的な地位に立ちつつ中国を同化するという制覇の思想に変質した。また、外部関係において、北は中国を後援として、その資源を利用し、アメリカの経済力に頼り、イギリスやロシアと東亜の覇権をめぐって一連の争奪戦を鼓吹する一種の非現実的な東洋覇権主義への傾向を示した。のちの「二・二六事件」の調書では、日中間の攻守同盟について、「最大強国と最弱小国との同盟は実質に於て支那が日本の保護国たる事を意味して居ります[177]」と北自身も承認する。この「日支同盟」の内外関係から現れた思想の特徴によって、彼の「アジア主義」は辛亥革命の直後、論理的に東洋覇権主義化されてしまったと言える。

おわりに

以上、北の文章や著書を分析して、彼における「アジア主義」がどのように芽生えて充実しつづけ、終に東洋覇権主義的なものに変遷していたかについて検討したが、最後に今まで論じた点を整理しつつ、北の変質された「アジア主義」を一九一〇年代の日本の社会思想の一断面として、その主な特徴と今後の発展軌跡を把握してみたい。

北の「アジア主義」が二十世紀初期に起源をもっているのは周知のことであるが、その時点で如何なる特徴を持っていたか。本稿の分析によれば、それは国内改造主義を中核とする政治的思想と同時に、相互に関連しながら芽生えて、「反西洋的性格」、「人種対抗」思想、「日本盟主論」などの特徴を最初の枠組みとしている。それは、一方で守旧的な観念の打破、西洋の侵略への抵抗、アジアとの連帯などの面において一定の積

[174] 前掲『現代日本思想大系 9 アジア主義』，pp. 50。
[175] 前掲「北一輝の中国論—『支那革命外史』以後を中心に—」，pp. 25。
[176] 同上，pp. 24。
[177] 前掲『北一輝著作集』第三巻，pp. 483。

極的な意義を持っていたが、他方で主導的な地位を占めていた国家主義と帝国主義との思想的要素の影響のもとではじめからある種の異形性を帯びていたのかもしれない。

日露戦争の時期に入ると、国内外における一連の激変で、まず国家の独立と利益とを確保していくことを目指している国家主義と帝国主義との要素が急速に増加し、北のアジア主義の変遷に大きな影響を与えた。それは、「日露三論文」における北の論述から明らかになったことである。終戦後、北は『国体論及び純正社会主義』という処女作を執筆していたが、彼なりの「アジア主義」におけるいくつかの新しい特徴が著書の様々な主張から現れてきたことがうかがわれる。それらは、のちに暴力の手段で清朝政府を打倒しようとする中国革命派との共鳴、中下級の青年将校の力を借りて「国家改造」を図っていったことに対して、大きな役割を果たしていたのである。

『国体論』は発刊五日後に日本政府より発禁処分をされたが、その中にある「社会進化論」、「現政府に対する不満」、「暴力への崇拝」などの思想的要素は中国革命派の思想と共鳴しつつ、様々な客観的条件と相互に呼応して北の行動を辛亥革命に結びつけてきたのである。それ以前から変化していた北の「アジア主義」は、当時革命派の内部的な分裂に際して、孫文が唱えていた西洋式の共和制と対立する宋教仁の東洋式の革命的思想に近づき、再び「反西洋的性格」の強化を示していたが、辛亥革命の激変期において、日本人としての優越感と中国人の「無能と文弱」を深く認識したことで、その思想に含まれている日本盟主論の要素はさらに増幅されることになった。それは、日本をアジアのリーダーという地位に置き、さらに思想発展の過程の中で国家主義や帝国主義の野心と相互に融合し、彼の思想に東洋覇権主義的な特徴を加えはじめたのである。

そのような変質は、一九一六年に完成された北の第二作『支那革命外史』における多くの論説から現れる。とくに、彼が唱えていた「日支同盟」の主張を分析してみれば明らかになる。具体的に言えば、同盟内部の関係において、まず中国を全般的に同化させて西洋列強の拡張を防止するために中国の領土統一と保全を支持しており、同時に「満州人無能、漢族人無力」という理由で、中国の満州主権を無視して日本の満州領有を主張し、東洋を範囲として日本の思想的・政治的な絶対支配的・覇権的地位を図っていた。一方で、同盟外部の関係では、「アジア主義」の「反西洋」の本義からはずれ、米国と経済同盟を作って、これによって、覇権競争の相手である英露両国を牽制していくと同時に中国経済への支配を強化し、排日派を抑えて、日本の経済的・軍事的な覇権を実現することを目的としていたのである。岡本幸治をはじめとする従来の研究は言及していないものの、この時点で北の思想の本質は、日本を覇者として新しい東亜の秩序をたてようとする特徴を備える東洋覇権主義的なものに変質してしまったと言えよう。彼の「アジア主義」は、もはや明治時代以来の民族危機感を持たず、逆に日本の「東亜制覇」を合理化する一種のマスメディアとなったと考えられる[178]。

---

[178] 孫歌:『亜洲意味着甚麼:文化間的「日本」』(巨流出版、2001)pp. 41 参照。

勿論、そのような変質の傾向を持っていたのは北一人だけであるというわけではない。むしろ、それは当時日本社会における多くの「アジア主義」者の脳裏に存在していた思想的変化の潮流ではなかろうか。以下、この点について検討してみたい。

一九一〇年代の後半、第一次世界大戦の好機に乗じて、日本はヨーロッパの参戦国から大量の軍需品の注文を受け、各経済指標が大幅に高まっており、大戦景気を迎えてきた。「大戦直前と大戦末期とを比較すると、粗鋼生産高は世界第一三位から第九位へ二倍以上に、造船高は世界第六位から第三位へ七倍以上に、工業全体の生産高は四.九倍に、それぞれ増加した。大戦を通じて、工業生産額が農業生産額を越え、日本はアジア最大の工業国となり、輸出・貿易外収入の大増進により対外債務超過から投資超過へと地位を一変した。……金融資本の産業支配がすすみ、日本は独占資本主義段階へ移行した[179]」。それとともに、日本の政治的地位も大幅に上昇し、連合国の五大国としてパリ講和会議に参加して国際連盟の常任理事国となった。この影響を受けて、社会の思想面においては、大きな変容がもたらされてきたのである。多くの国民は日本が「世界の大国であり、アジアで唯一、西欧化・近代化を成し遂げ、日本人は西洋文明と東洋文明を総合、統一した新しい水準の文明段階にある[180]」という大国的意識を持ちつつ、「アジア諸民族は国民国家を形成せず、民度が低く、西欧諸国による植民地化の危機にあり、将来近代化され、文明化されなれねばならない[181]」と考えて、「唯一文明化した日本がそのモデルであり、したがって日本はアジアの盟主であるという発想[182]」がいっそう強化されてきた。

とくに中国に対して、革命派が守旧階級の袁世凱に革命政権を移譲したこと、袁の支配下における中国の混乱、そして袁死後の軍閥割拠の情勢によって、日本国民はそれを「千秋の恨事[183]」とみなして失望感が溢れており、ひいては中国人の政治的能力ないし国民性を強く批判し、対等に提携することができず、その代わりに日本の指導で中国の改造を行うべきであるという中国観が次第に主流の位置を占めてきたのである。

その代表的なものとして、小寺謙吉と徳富蘇峰との論説が挙げられる。まず、小寺謙吉は一九一六年に発表した『大亜細亜主義論』という著書において、次のように述べている。「支那の現状たるや実に前章叙述の如し、曰く紊乱、曰く窮迫、曰く腐敗、曰く糊塗、曰く壊敗と云ふが如き凡そ是等醜悪不祥の文字を蒐集濫用するに非ざる限りは、現代の支那を説明する能はざるなり。果して然らば、之を自然の運命に放任すべき乎と曰ふに断じて非なり[184]」。それに基づいて、「日本は亜細亜に於ける先覚者として、支那に対し文明を伝道するの義務を有する[185]」。そして、中国を改造する能力を「有

[179] 江口圭一他著『岩波講座:日本通史 第18巻』(岩波書店、1994)pp. 25。

[180] 古屋哲夫:『近代日本のアジア認識』(緑蔭書房、2001)pp. 342。

[181] 同上、pp. 342。

[182] 同上、pp. 343。

[183] 前掲『東亜先覚志士記伝』中巻,pp. 461。

[184] 小寺謙吉:『大亜細亜主義論』(東京宝文館、1916)pp. 1008。

[185] 同上、pp. 1118。

するの国は、世界に於て唯だ一の日本あるのみ[186]」である、と。その具体的な改造方策に関して、「日本は智識を支那に供給し、支那は物質を日本に供給し、日本は軍事的援護を支那に與へ、支那は経済的利益を日本に與ふること是なり[187]」と彼は強く主張した。つまり、小寺の大アジア主義によれば、腐敗無能というのが中国人の本性であるため、彼らに頼って中国を強国にしていくことは無理であり、むしろその政治、軍事、経済の主導権を指導者の日本に移譲して日本化させたほうがよい。この観点は、『外史』での北の主張と同調しているところがあると言える。

また、徳富蘇峰が同年の六月に稿了した『大正の青年と帝国の前途』において、同じ意味で「亜細亜モンロー主義」の主張を提出した。彼はこのように指摘している。「支那人の如きは、動もすれば米国に頼り、英国に頼り、独逸に頼り、恒に白人に叩頭して、其の苟安を偸取せんとしつゝあり。……同人種の誼として、其の心配を為す可き、義務は我に存せずや。吾人は日本帝国の使命は、完全に亜細亜モンロー主義を遂行するにありと信ずる也[188]」。そして、「日本国民以外には、差寄り此の任務に膺るべき資格なしとせば、亜細亜モンロー主義は、即ち日本人によりて、亜細亜を処理するの主義也[189]」。明らかに、辛亥革命の失敗と日本の大国的地位の確立という内外の環境から大きな影響を受けた「アジア主義」はその時点で、アジア諸国を同化して欧米などの外来勢力を排除し、日本が東亜において指導者あるいは支配者の身分として亜細亜を処理すべきであるという「大アジア主義」、「アジアモンロー主義」の形に完全に変質してしまったのである。これが、のちに中国からの反発を招くことになるのが想定できるであろう。

そもそも中国の排日は、袁世凱が大統領に就任したとき革命派と日本の支援者との関係を離間するために使われていた戦略的手段であり、一九一〇年代から排日派と共感を覚えて次第に広まっていったが、一九一五年に日本政府が提出した「二十一ヵ条の要求」によって、それは中国社会の思想的潮流のひとつとして急速に強まってきたのである。当時、小寺や徳富が主張していた大アジア主義の論説に対して、中国においては好反響が出てこないことが想像するに難くないであろう。たとえば、一九一五年から日本に抵抗する啓蒙活動を行っていた李大釗は一九一九年二月一日に発表した「大亜細亜主義与新亜細亜主義」という文章で、次のように批判している。「大アジア主義は中国を併呑する隠語である。……大日本主義の変名である[190]」。それは「平和主義に非ず、侵略主義である。民族自決主義に非ず、弱小の民族を併呑する帝国主義である。アジアの民主主義に非ず、日本の軍国主義である[191]」。ひいては、「アジア人は新アジア主義というものを提唱すべき、これをもって、日本人の一部が唱えている『大アジア主

---

[186] 同上、pp. 1119。

[187] 同上、pp. 474。

[188] 神島二郎編『近代日本思想大系 8 徳富蘇峰集』(筑摩書房、1978)pp. 229。

[189] 同上、pp. 230。

[190] 李大釗:『李大釗選集』(人民出版社、1962)pp. 609。

[191] 同上、pp. 610。

義』に取って代わるべきである[192]」ことを説き、平等な連合によって結成されたアジアの連邦がヨーロッパ連邦とアメリカ連邦と鼎立して世界連邦を構成すべきであると自らの理論を提出した。

以上の分析から見ると、一九一〇年代の後半から、日本側は大国的意識の強化によって東亜での指導的地位を図ろうとする大アジア主義の思潮が形成していた一方で、中国側は「二十一カ条の要求」がもたらしてきた激しい排日運動とともに、それに対して強く反発しつづけていた、という対立的な状況になったと言える。

そのような情勢のもとに、北は『外史』を書き上げて再び上海に渡り、振中義会の会員である長田実が提供した部屋に住んでいて、三年間ほど中国に滞在していた。しかし、当時の中国は前述したように、政治の情勢が相変わらず混乱しつつ、かつて袁世凱の部下であった馮国璋、徐世昌、段祺瑞らが相次いで政権につき、いわゆる北京政府として対外的に中華民国の正式政府として存続したが、いずれも一国をまとめる力を持ちえず、各地方を根拠とする軍閥割拠の時代に突入した。中国は近代化の国家を作れず、「日支同盟」の足手まといになる他なかったため、「日中提携」は必ず日本側がより多くの責任を負わざるをえない状況に変化していくにちがいないと北は絶望視していた[193]。一方、日本国内においては、政府が『外史』の主張をまったく受け入れず、現有の対中国政策を維持しつつ、欧州列強のアジアからの一時的後退に乗じて、急進的な侵略的政策をほしいままに推進し、両国間の対立を一歩進めて激化させた。彼における革命を通じて親日的政権を樹立し、全般的に中国を抱き込もうとする夢は、これで水泡に帰してしまった。

その後、日中両国間の矛盾が次第に表面化して、ついに一九一九年の五・四運動によって最高潮に達した。当時上海にいった北は、その「排日救国・日貨排斥」の「大怒濤」を目のあたりにみて、「眼前に見る排日運動の陣頭に立ちて指揮し鼓吹し叱咤して居る者が、悉く十年の涙痕血史を共にせる刎頸の同志其人々[194]」であり、「この全世界から起り全支那に渦巻く排日運動の鬨の聲の中に身を縛られて居た[195]」と感嘆して、中国革命派及び日本政府に対する期待を完全に断念し、ひいては「アジア主義」を実現する手段を再考しはじめ、とりあえず国内の改造に復帰しようと決意したのである。

帰国した後の北の改造運動に対して、すでに東洋覇権主義化された「アジア主義」はどのように影響を与えるか、そしてその思想は、ワシントン体制下で国際協調主義を主流としていた日本社会において如何なる役割を演じていたのか、また、それはどのような発展軌跡をたどりつつ、日本を満州事変の道に導いて、ついに国際協調主義に代わって社会思想の主流に一変したのか。その点に関する問題は、今後に残された大きな課題である。

---

[192] 同上、pp. 611。

[193] 山室信一：『キメラ：満州国の肖像』(中央公論新社、2006)pp. 55－56 参照。

[194] 前掲『北一輝著作集』第二巻，pp. 4。

[195] 同上、pp. 356－358。

武士の「諫諍」に関する一考察

李斌瑛

目　次

はじめに

下位の人が上位の人の非を食い止め、正すことを「諫諍」という。諫諍の論理はもともと中国の儒教の古典にしばしば見られる概念であるが、それは早くから日本に受け入れられ、奈良時代に成立した日本最初の正史である『日本書紀』にも「諫諍」の事例がしばしば現れている。それは独自な展開を経て、武士階級の君臣関係を規制する重要なコンセプトとして定着し、さらに幕末で志士たちの行動を裏付ける論理の一つとなっている。

本論文で、諫諍の論理を取り上げ、研究の対象にしたのは、他でもなく、それが武士の忠誠構造の実態と深く関わっているからである。主君に対する忠義の思想と行動とが武士の核心的な徳目であることは、言うまでもないが、その肝心となる武士の「忠」とは何か、改めて問題となっている。もっぱら主命への絶対服従は忠誠なのか、多くの武士道関連の書物から見れば、そうではない。むしろ積極的に諫諍するのは武士の忠誠の具体的な現れである。したがって、武士の思想を掘り下げて検討しようとする際、諫諍の論理は重要な問題として、浮かび上がってくる。

従来の先行研究で、「諫諍」が江戸時代の君臣関係を規制する論理として、重い意味を込めてしきりに用いられたことがよく注目される。代表的な研究として、石井紫郎氏、古川哲史氏や前田勉氏の論考が挙げられる。石井氏は『葉隠』や『明訓一斑抄』等を中心に、諫言の作法とそれが家老の「職分」であることについて論及している。中国において「諫」は「道」の実現のためであり、自己の名誉のためでもあった。それに対して、近世日本における家臣の諫言が「職分」の体系に組み込まれていた。しかし、家臣一般が主君を諫めるのは作法ではなく、それは家老の任務とされている[①]。また古川哲史氏は、『葉隠』などを材料として、諫言の仕方について考察した。いわゆる諫言は「和の道」、「熟談」の上に成り立つべきであることを指摘している[②]。また、近年、前田勉氏は、近世を「武威」の国としてとらえ、「理非の差別なし」に下からの批判を否定しがちな武風の中で、「言路洞開」を含めた諫言論の具体的展開について考察した。前田氏によれば、儒学の積極的な役割があると思われる。近世日本の儒者たちが家臣たちに諫言を促す一方、主君には「言路洞開」を求めていた。特にこうした「言路洞開」が幕末から近代への「公議輿論」にもつながり、たんなる近世国家の特質を探る以上の問題の可能性を秘めているという[③]。

「諫諍」そのものを中心に論ずるものではないが、丸山真男の「忠誠と反逆」や笠谷和比古の『主君「押込」の構造』などの論説においても、「諫諍」がきわめて重要なコンセプトだとされている。丸山氏によると、近世幕藩体制における君臣観は、「君君たらずと

① 石井紫郎「近世の国制における「武家」と「武士」」（『近世武家思想』解説、岩波書店、1974年）。

② 古川哲史「「諫」または「諫言」の問題」（『日本思想史講座5 近世の思想2』、雄山閣、1975年）。

③ 前田勉「諫言の近世日本思想史」（『公家と武家Ⅳ 官僚制と封建制の比較文明的考察』、思文閣、2008年）。

も臣臣たらざるべからず」というモラルに基づき、主君に対する忠誠は消極的恭順や階層的身分秩序の尊重というスタティックな忠誠ではなくて、君を真の君にして行くための不断の努力として現れる。ここからして、諫諍が忠誠の不可欠の契機となる。こういう精神風土は幕末の状況において、志士の行動様式の中に再現されることになる④。また、笠谷氏によれば、近世幕藩体制における家老・重臣層の集団的権力は、藩主の権力に根本的な制約を与えており、「御家」安泰のため、主君「押込」という非常措置も一般的慣行として認められている。主君「押込」慣行の存在を念頭に置く時は、家老の「諫言」は専制的主君に対する哀願ではなく、懲罰的監禁と強制隠居の威力を背景にした不可抗の勧告であったという⑤。

諸氏のこれらの分析を踏まえた上で問題点を指摘すれば、まず、「諫諍」の論理は江戸期になってから突然現れたのではなく、長い歴史を通して蓄積されたものだということである。その準備された歴史を明らかにしなければ、近世の「諫」に関する論理も十分に理解できないと思う。また、近世の「諫諍」に関しても、これまでの先行研究は主として諫諍する家臣側の論理を解明するものであり、諫諍を受け入れる側の論理は、前田勉氏の武威の国家との関連の論考を除いてほとんど見られない。第三点は幕末の「諫諍」に関する研究は、ほとんど維新に対する積極的な役割に着眼するものであって、その歴史的文脈の中の位置づけや諫諍思想自身の限界については言及されていなかった。

そこで、「諫諍」論理の実態を明らかにするためには、本論文は近世を中心に考察し、その歴史的文脈の中の位置づけに着目して、「諫諍」論理の展開過程と特徴を再検討したい。また、「諫諍」論理の完成期と思われる江戸時代を考察する際、諫言を受け入れる主君側の論理と、諫言をする家臣側の論理とに分かれ、諫諍論理の実態をめぐって総合的に検討してみたいと思う。さらに、幕末の諫諍を検討する際、当時の社会状況に即した諫諍の変容を中心に考察したい。これら諫諍論理の系譜や各時代の特徴、及びその論理的限界の分析により、武士における諫諍の実態の一端を提示したい。

第１章　近世以前における「諫諍」の特徴

1.1　古代社会における「諫諍」及びその性格

「諫諍」は本来中国古代思想史における君臣・父子のあり方を規定する重要な概念⑥であるが、それが日本に受け入れられ、八世紀に成立した日本最初の正史である『日本書紀』に、すでに諫言の事例が記載されている。

『日本書紀』の巻三十において、壬申の乱の後、持統天皇の伊勢行幸を諫めた三輪高

④　丸山真男「忠誠と反逆」(『忠誠と反逆－転形期日本の精神史的位相』、ちくま学芸文庫、1998 年)。

⑤　笠谷和比古『主君「押込」の構造：近世大名と家臣団』(平凡社、1988 年)。

⑥　諫言・諫諍の思想は中国儒教思想に由来している。早くも春秋・戦国時代において、臣下の諫諍が慣行として認められたと思われる。ただ中国の諫諍の思想との関係は将来の課題として、ここでは、日本の古代社会における「諫諍」に対する認識が武士社会のそれとの違いに注目したい。

市麻呂の物語が記されている。

「二月丁酉朔丁未、詔諸官曰、當以三月三日將幸伊勢。宜知此意、備諸衣物。賜陰陽博士沙門法藏・道基銀廿兩。乙卯、詔刑部省、赦輕繋。是日中納言直大弐三輪朝臣高市麻呂、上表王敢直言、諫諍天皇、欲幸伊勢、妨於農時。三月丙寅朔戊辰、以淨廣肆廣瀬王・直廣參當摩真人智德・直廣肆紀朝臣弓張等、爲留守官。於是、中納言大三輪朝臣高市麻呂、脱其冠位擎上於朝、重諫曰、農作之節、車駕未可以動。辛未、天皇不從諫、遂幸伊勢。」⑦

自分の官職をかけて、農事に行幸しようとする持統天皇を諫めた三輪高市麻呂であるが、その諫言が受け入れられなかった。平安初期に成立した最古の説話集である『日本霊異記』において、この事件が「忠信之至」として激賞された。こうした「諫諍」に関する事例はいくつか出てくるが、ほとんど事実の描写にとどまるものであった。

古代社会における諫諍論の早い事例として、日本真言宗の開祖である空海が直諫の精神を論ずることが挙げられる。「之を往古に聞き、之を今時に見るに、未だ廉潔の士、能く其の屋を潤し、直諫の人、能く其の身を栄やかす者有らず。然れども猶、義を守る者は受けず。道に順ふ者は正諫するのみ。」⑧こうして直諫の難しさを語っているが、「直諫の貴きは、蓋し其の悪を変じて、其の善に順ふにある」とされ、その精神を称揚する。しかしながら、もし諫めても、その悪事を少しも改めず、諫言に立腹して、かえって敵意をいだくようならば、「翼を奮って高く翔り、鱗を払って遠く逝く」⑨ほかないということである。諫諍によって主君の過ちを是正してゆくことが従者の道とされる後世の武士社会に比べてみると、古代社会における諫諍の論理がむしろ中国の「三度諫めて身を退く」⑩の態度に近いと思われる。しかし、この時代における諫諍論はあまりにも断片的なものであり、そこには論理的なものを見出すことが難しい。

1.2　初期武士社会における「諫諍」の契機

さて、武士階級が形成された頃において、「諫諍」の思想が広まる契機がどこにあったのか。この問題に関して、まず初期武士社会の合言葉であった「道理」⑪と結びつけて考察したい。

かつて丸山真男は「武士のエートスとその展開」という論文で、初期武士団のエート

⑦ 『日本書紀』巻三十（黒板勝美、国史大系編修会編『国史大系第一巻下・日本書紀後編』、吉川弘文館、1967年）pp. 413。

⑧ 空海「高野雑筆集詩文篇三」（『弘法大師空海全集』第七巻、筑摩書房、2000年）pp. 121。

⑨ 同上。

⑩ 「礼記」曲礼下。

⑪ 道理という言葉は平安時代後期から用いられたが、鎌倉時代中期ほど積極的に強調されたことはない。道理という時、一般には知的な原理的反省が背後にあることが予想されるが、実際において道理は大勢として習俗的な秩序か、あるいは直覚的に捉えられるものであったと思われる。（相良亨「日本人の道理観」（『講座日本思想3・秩序』、東京大学出版会）を参照）。

スの合理化について考察したことがある。丸山によると、武士のエートスの概念的な合理化は、「武士的社会の組織化の特殊な様態を客観的背景として、その内部から成熟するが、そのもっとも典型的表現が、「道理」の観念及び天道思想であった」⑫という。さらに氏はこれを「一種の自然法思想」として捉えた。また、玉懸博之は北条泰時の執権政治思想を材料として、鎌倉時代の武士階級における道理の観念について考察したことがある。すなわち、道理の重要な属性として、第一は、道理は武士たちが「みずからの生活領域において経験的に形成してきたところの生活上の規範」であること、第二は、道理は「武士社会において規範性をもつものであるが、その空間をこえた領域では必ずしも規範性をもつものではなっか」⑬ということである。

その背景として、公家政権から武家政権への転換に際して、政治思想において、当時の社会や人々に大きな問題が投げかけられ、皇室を絶対神聖とする伝統的価値観と異なる観念の誕生が促されたことが挙げられる。源頼朝が院の独裁を防ぐために議奏を設けたことは、こうした新たな政治理念の発端であり、北条執権時代において、執権、連署と評定衆による合議制が作り出されたことはその定着と思われる⑭。このような在地御家人層の合議による政治には理論的根拠が必要であり、当時の統治者が採用したのはまさにこの「道理」の観念である。

このような「道理」の観念と「諫諍」とは、どのような関係があるか。早くも源頼朝が征夷大将軍に任命される前に、道理による「諫諍」をその政治理念に見出すことができる。頼朝は文治元年十二月、院の独裁を防ぐために朝廷に議奏十人を設けたが、その趣旨を議奏公卿の一人である藤原兼元への書状に表した。

> 「天下之政道者。依群卿之議奏。可被澄清之由。殊所令計言上也。具存君臣之議給者。各無私不諛。廻賢慮給。可令申沙汰給也。頼朝。適稟武器之家。雖運軍旅之功。久住遠国。未知公務之子细候。縦又雖知子细。全非其仁候。但為散人之愁。一旦今執申事者。雖為頼朝之申状。(亦)不可有理不儘之裁許候。(中略)兼又縦雖被下勅宣院宣事候。為朝為世。可及違乱端之事者。再三可令覆奏給候也。(恐)思而不令申者。是否忠臣之礼候歟。」⑮

武家は新しく興った階級として、文化面において公家に及ばないところが多くあるため、公家に学ぶよりほかに道はなかったと思われる。「天下之政道」は「群卿の議奏」によるべきことも、おそらく共治の思想などの古代社会の理想的政治形態を受け継いだものであろう。しかし、たとえ頼朝の言い分であっても、天下の秩序を乱すようなことは容認すべきではない。「為朝為世」ならば、恐れず諫めるのが「忠臣之礼」とされて

⑫ 丸山真男「武士のエートスとその展開」(『丸山真男講義録第五冊』、東京大学出版会、1999年)pp. 101。

⑬ 玉懸博之「武家政権と政治思想」(『日本思想史講座』2、雄山閣、1976年)pp. 22。

⑭ 同書を参照。

⑮ 『吾妻鏡』巻六、文治二年四月三十日条(『国史大系＜普及版＞・吾妻鏡第一』、吉川弘文館、1992年)pp. 220。

いるというところに、われわれはこの時代における道理の支配の優越性を端的にうかがうことができる。

また、道理の重要性を示す言説として、鎌倉幕府第三代執権北条泰時の弟である北条重時の家訓⑯の一節が挙げられる。

> 「主人の仰なりとも、よその人のそしりを得、人の大事になりぬべからん事を、いかにもよくよく申べし。それよりて、かんだうをかふらん。くるしかるまじきなり。よくよくあんぜさせ給候はば、道理にききて、いよいよかんしんあるべし。又神仏もめぐみ給ふべし。」⑰

たとえ主君の命令だとしても、「よその人のそしりを得、人の大事になりぬべからん事」はしてはならない。また、主君に思い止るように進言するのがよい。よくよく考えさせれば、必ず「道理」に従って、その進言を受け取るはずである。玉懸氏が指摘したように、「道理」は武士たちが自ら経験的に形成してきた自律規範であり、武士社会という空間において超越した普遍的価値を持っていた⑱。初期武士団における「諫諍」の思想を受け入れる契機がそこに生じたと思われる。つまり、道理の規範性は、既成の権威に優越するものであり、道理による権威への諫諍は「忠誠」の表現と思われる。

しかし、道理は武士階級において歴史的に形成されてきたものであり、生活領域の慣習的規範である。それが武士社会の隅々に存在していたと思われるが、原理的に統一されていなかった。諫諍の踏まえるところがこうした慣習的規範であったということは、その基準には原理的な内容に欠けていることを示している。具体的に言えば、諫諍の目的は「為朝為世」、あるいは人のためよかるべきという意識が、初期武士社会に漠然と共通している一方で、その基準となる道理の詳細は「愚暗の身」をもって、「了見の及ばざる」ところが多いとされている⑲。正しい道理の判断が難しいため、道理による諫諍は「道理」そのものの体系的原理への関心に基づくものではなく、もっぱら「私」の否定や「正直」の重視として現れるということになる。権勢を恐れず、道理による諫諍は「忠誠」の表現であるが、その道理とするものは「心の曲」を排した個人の「心中の存知」によるものであり、「心私ナクテ、人ノ為、世ノ為ヲ思」⑳わなければならない。私心のない正直の心をもって判断することがしきりに説かれたのは、この時代の特徴とも言える。それは、後に考察するように、近世における諫諍の基準の理解を試みる時、われわれにその理解の重要な手がかりを与えるものである。つまり、近世において、普遍的価値を持つ理・道理よりも、誠の精神、情の純化などが重視され、無私

---

⑯　北条重時の家訓は鎌倉時代において唯一残っている武将の家訓である。日本の武将における家訓としても、最も古いものと見られる。（桑田忠親『武将の家訓』（創元社、1944年）を参照）。

⑰　北条重時「極楽寺殿御消息」（小澤富夫編集『武家家訓・遺訓集成』、ぺりかん社、1998年）pp. 54。

⑱　玉懸博之「武家政権と政治思想」（『日本思想史講座2・中世の思想1』、雄山閣、1976年）pp. 22。

⑲　『吾妻鏡』巻二九（『国史大系＜普及版＞・吾妻鏡第三』、吉川弘文館、1988年）を参照。

⑳　北条実時の家訓に出てくる言葉（石井進など編、『中世政治社会思想〈上〉』、岩波書店、1994年）。

無欲な心をもって「公」のために諫めるのが理想となっている。具体的な展開については、節を改めて考察することにする。

1.3　南北朝から戦国時代までの「諫諍」の発展

1.3.1　下剋上の時代と忠誠観の変容

鎌倉時代末期から南北朝、室町、応仁の乱、戦国時代に至るまでは、十三世紀末までの社会秩序が解体し、むき出しの実力主義による支配が前面に出ている。実力さえあれば天下の覇者になりえる「下剋上」(あるいは「悪党」)の時代において、従来の権威や秩序はもはや人々の行動を規制しうる力とはなりえず、鎌倉時代以来の「道理」の意識が廃れ、人々の内面における規範意識も著しく弛緩しているように思われる㉑。こうした道義的頽廃を背景に、武士団における主従関係も変容した。すなわち、全国的な主従関係が崩壊し、鎌倉期に提唱された献身の道徳は下剋上の現象に押し流された。武士の行動様式において、(鎌倉武士に比べて)打算性が高く、忠誠対象の選択性も増大することは、多くの論者の指摘した通りである㉒。武士社会における「君君たらずとも臣臣たらざるべからず」という一般的な君臣観念は、この時代において「武士たるもの七度、主君を変えねば武士とは言えぬ」㉓という現実によって押し下げられたとも言える。

「諫諍」の拠り所たる「道理」の頽廃や主従関係の変質の中で、「諫諍」の論理はどのように展開したのか、この一節で、この点を明らかにしたい。

具体的な事例を挙げながら、この乱世における「諫諍」を考えてみよう。南北朝時代肥後の武将である菊池武重の制定した家憲の中の「諫諍」と関わりのある二箇条を例として取り上げて、検討したい。

> 「一、天下の御大事は内談の議定ありと云ふとも、落去の段は武重が所存に落し付くべし。
> 　一、国務の政道は内談の議を尚すべし、武重すぐれたる議を出すと云ふとも、管領以下の内談衆一統せずば、武重が議を捨てらるべし。」㉔

肥後の国政を管領以下の内談衆の合議に任せることは、言路を開き、衆智を集める重要性を強調しているのである。しかしながら、「天下の御大事」の決裁は武重自身が行うべきとされている。おそらく現実の危機に対して、議論を待つ余裕がなく、即座に決断し、危機に備えなければならないのであろう。転変する現実の状況に応じて行動を選択しようとするこの家訓は、現実生活から出てきたリアリズムを基調とした経験的教訓とも言えよう。政道の公平無私という理想は、前の時代と大きな変わりがな

㉑　丸山真男「武士のエートスとその展開」(『丸山真男講義録第五冊』、東京大学出版会、1999年)を参照。
㉒　丸山真男「武士のエートスとその展開」、和辻哲郎『日本倫理思想史』(岩波書店、1952年)などを参照。
㉓　戦国時代の武将藤堂高虎の名言。
㉔　菊池武重「菊池武重の家訓」(桑田忠親『武将の家訓』、創元社、1944年)pp. 65。

いが、現実の歴史的環境に応じて、強いてこれに固執しないことも、この戦乱の世の時代精神を語っている。

この武重の家訓の精神は、その後菊池氏活躍の原動力となったのである。武重の弟武茂は同年八月十五日に起請文[25]を作成し、その中にも、「己れが欲の為、親疎によりて、五常の道に背くべくは、世にあるべからず候、それも愚闇の身にて候間、正理を不辯して誤り候はん時は、御諫に応じて、やがて正路に本づくべく候」[26]という教訓がある。また、このような道を守ることは、「当世の難義」だと指摘されたように、諫めにより「正路」に帰ることが容易ではないことは、この道義的頽廃が支配的な社会の現実であった。こうした教えは観念的教訓ではなく、現実の様相を説き、その上でしかるべき行動を規範化するものと思われる。

1.3.2　大将の心構えと「諫諍」

戦争に明け暮れた戦国乱世において、一国一家の興亡が戦国大名の一身にかかっている。戦国大名として世に立つことができるものは、うちには自らの家来、外には敵からの攻撃を防がなければならないので、家来から信頼され畏敬される人間的魅力、人々の力を結集させる実力、合戦における的確な判断力と行動力など、いわゆる大将としての「器量」が前面に出ている[27]。諫めを聞き入れることは、この時代の主君たるための不可欠な条件となっているが、「諫諍」を許容することが必ずしもいい結果を生むとは限らないとされる。

われわれはそういう事例を戦国時代の代表作である『甲陽軍鑑』の中に見出すことができる。『軍鑑』には「我が大国を亡し、我が家を破る」大将を四つの類型としてあげられた。すなわち、ばかなる大将、利根過ぎた大将、臆病なる大将と強過ぎる大将である。その中の強過ぎる大将を例として取り上げよう。強すぎる大将は「何事につきても弱みなることを嫌ひ給」うので、以下の破綻を招くのである。家老が諫めようとするときは、「何ぞ弱めなることを言上して、気に違ひ申さんか」という主君の怒りを招くことを恐れ、内心に遠慮があるので、諫言なども十分に道理を通して述べることができない。このような諫言に対して、大将も「家老のものいふことみな戯言」と思うようになり、家老の進言を納得せず、「わがままな思案」ばかりを持つようになる。さて家老の進言はいつも大将の気に合わないという状況において、「心のむさき者ども」が隙に付け込み、わざと「大将の気に合うやうに」進言する。「必ず前代の大将より、後代の大将は一入強みをなされねば、ひとは誉めぬなり。前後ひとつなれば、後のを弱きと申して、諸侍のことはさてをきぬ、地下人・町人までも大将をあなどり、下知を承らず」などを進言することで、大将は完全にそのような話に乗ってしまい、ますます強くなりすぎてしまう。それによって、大将は計略の智恵を弱弱しいものと思い、盲目的に

㉕　菊池家憲が制定されてから、武茂が順序として寄合衆の管領となり、彼は八箇条からなる起請文を同じく鳳儀山聖護寺に奉納した。（桑田忠親『武将の家訓』を参照）。

㉖　菊池武茂「菊池武茂」（桑田忠親『武将の家訓』、創元社、1944年）pp. 67。

㉗　和辻哲郎『日本倫理思想史』（岩波書店、1952年）などを参照。

武力を使うようになり、その結果として、多くの部下が無駄死になるのである[28]。

この時代における諫諍論は、諫言を聞き入れるだけでいい、という単純な観念ではなく、当時の経験的現実をふまえた上で諫言を選択する能力を主君に求めるのである。つまり、主君にとって諫言を選ぶ決断力は、諫言を受け入れることよりも一層重要視される。

第2章　近世における「諫諍」の性格

2.1　近世における「諫諍」の背景

鎌倉時代における「道理」という規範意識に支えられた「諫諍」の論理は、歴史的現実の変動に応じて、次第に現実に対する大将の心得論として自覚されたことは、以上述べた通りである。近世以前における諫諍の論理は主従関係を規制する規範意識にはならなかったが、なお死も恐れず諫める家臣が「忠臣」と見なされ、また諫めを聞き入れ、それに従うことが主君側に求められていた。戦国時代において、家臣の諫めを聞かずして国を滅ぼすことになる事例がしきりに説かれたのもこの現れであろう。

これを前置きとして、近世の諫諍論に移ろう。近世における諫諍の論理はこうした流れを受け継ぎつつ、近世特有の「明君論」や「職分論」の中に新たに展開され、君臣関係を規制する一つの論理として定着した。まずこの時代における諫諍の忠に関する一、二の事例を取り上げ、近世において諫諍に関する一般的な考えを考察してみる。

たとえば、江戸中期の儒学者湯浅常山の有名な著書『常山紀談』において、「諫争の忠」について、次のように論じられている。

> 「凡主君を諫むる者の志、軍に先がけするよりも大いに踰えまされり。其の故は、戦に臨みて一番に進み出づるは素より身をすてての事なれども、必ずしも討死せず、又討たれたりとても、後の世に名を残し、死後のほまれに至るぞかし。幸に功名を遂ぐれば、恩賞にて家富み子孫栄ゆるなり。されば得ありて失なき忠なり。諫は然らず。主君不道にして善をにくむに、進み出でて直言する者、十に九つは刑罰にあひ、妻子を滅ぼし果つる様になりゆくぞかし。失ありて得なき忠なり。武功は名利の為にもなるべし。諫言は聊も身の為を思ふ心あらば、いかで主君の前にて直言すべき。唯人に君たるものの賞すべきは諫臣なりとぞ仰せありける。」[29]

つまり、湯浅によれば、主君を諫める忠は軍に先駆けするよりも遥かに勝っている。なぜなら軍に先駆けするのは、成功すれば恩賞が与えられ、たとえ討死しても名誉が残される。このような「得ありて失なき忠」に対して、諫言はいささかも自分のためで

㉘　佐藤正英校訂・訳『甲陽軍鑑』(筑摩書房、2006年)を参照。

㉙　「東照宮諫言を容れ給ひし事」(『常山紀談、武林名譽録』、国民文庫刊行会、1912年)pp. 429 - 430。

はなく、身を滅ぼす可能性さえある「失ありて得なき忠」である。

幕末の水戸藩主である徳川斉昭もほとんど同じことを述べている。「主人の悪事を見て諫言をいるる家老は、戦場にて一番槍をつくよりも遥かに増たる心ばせなるべし」[30]。諫言は戦場で命を捨てること以上の忠義の行為と見られることは、これらの言葉に共通している。また、諫言を家臣側に要請することが近世の武士道論にも多く見られる。

その背景として、まず挙げられるのは「元和偃武」という文字通りの天下泰平な社会環境である。「太平の世」である徳川時代において、諫諍の問題はきわめて重要な位置を占めている。もちろん乱世に諫を問題にしないわけではないが、下剋上の可能性を持つ不安定の時代において、諫諍を究極まで推し進めないと思われる。前にも考察したが、「武士たるもの七度、主君を変えねば武士とは言えぬ」世界では、諫めて聞かれざれば去るか、さらに悪い場合には反逆する可能性もある。こうした背景のもとで、諫諍論は主として主君の心得論として展開し、平手政秀の諫死[31]のような極端な事例は例外的なものとして、諫諍の論理は臣下を規制する基準にはならなかったのである。ところが、元和偃武をもってする泰平の世の到来により、社会体制の安定が進み、武士の主従関係も家産官僚化になった。こうした幕藩体制が確定した近世において、忠誠対象を選択することはほとんど不可能であるから、どうしても主君のもとをさることができない状況になった。家臣として主君の悪を諫めて入れられない場合でも「去る」ことが許されず、ましてや反逆することなどが当時の体制の下で断じて許されないのである。また、「乱世は臣士君の為めに死する事あり。太平の世諫めて死することを忘れるべからず」[32]という言葉に端的に示されたように、戦乱のない時代の武士は戦場に討死する形で忠誠をささげることができず、「諫めて死すること」は武士の忠誠の具現となってくる。

第二は近世儒教の影響である。諫諍の論理はもともと儒教に由来することは、周知のごとくである。日本において諫諍の概念が成立した当初から、儒教の影響を深く受けていることは、改めて指摘する必要もないであろう。しかし儒教が時代の支配的教学として登場するようになったのはやはり近世初頭以後のことである。近世の儒者が武家社会に諫諍の論理を普及させることで、武士の行動論理の自覚的形成に大いに役割を果たしたと思われる。たとえば貝原益軒は通俗教訓書の『五常訓』のなかで、諫めの重要性についてこう述べている。「凡人ノ諫ヲコノンデキキ用ヒ、我ガ過ヲ改ムルハ、善コレヨリ大ナルハナシ。天下ノ美徳ナリ。知ト云ベシ。イニシヘヨリ、タカキイヤシキ、イサメヲコノンデ用ル人ハ、国家ヲオコシ、身ヲオコス。」[33]諫めを聞き入れ

㉚ 徳川斉昭『明訓一斑抄』(石井紫郎校注『近世武家思想』、岩波書店、1974 年)pp. 122。

㉛ 平手政秀は織田信秀の家老で、のち信秀の子信長の付家老として、信長をを補佐した。信長の奇行がゆえに人心を失うことを恐れ、たびたび信長に諫言する。信秀の死後も行状が改まらなかったため、1553 年切腹して行いを戒めた。信長はその非を悟り、僧沢彦に命じ政秀寺を建立して冥福を祈ったという。

㉜ 『常山紀談』に紹介されている、紀伊大納言頼宣に仕えた那波道円がその子供を戒めた言葉。

㉝ 貝原益軒「五常訓」(荒木見悟、井上忠校注『日本思想大系 34・貝原益軒 室鳩巣』、岩波書店、1970 年)pp. 150。

ることは「天下ノ美徳」だけでなく、「国家ヲオコシ、身ヲオコス」条件ともされている。こうした主君に言路を開き、諫言を受け入れることの必要性を説く一方で、近世の儒者は家臣側にも積極的に諫言するように促したのである。「忠臣の君に事ふるや諫より先なるはなし」、「違ひて諫めざるときは忠臣に非ず」[34]。儒教倫理を中心とした士道を完成した山鹿素行のこうした言葉に端的に表現されているように、近世において諫諍が忠臣の必要条件として位置づけられた。

以上、この時代の二、三人の儒者の言説を取り上げただけであるけれでも、諫諍への関心が顕著に現れているということはこれだけでも十分に理解できよう。儒教的教養があらゆる方面に浸透した近世において、こうした儒者たちの言論や主張は時代の指導的政治理念となっただけではなく、武士の日常的な倫理を規範した基準ともなったのである。

第三に挙げられるのは武士のエートスにおける自立性や主体性である。泰平の世の到来により、武士階級はだいぶ家産官僚化されたものの、武士としての自覚は依然として存在する。その具体的な表れとして、幕末の朱子学者斎藤拙堂[35]の『士道要論』に論じられた「士気」が挙げられる。「士はかたちのいかめしきを貴ばずして、気のつよきをもてよしとす。千軍万馬の中横行するもこの気なり。君の顔を犯して直言極諫するもこの気なり。平居威風凛々として人におそれらるるも、此の気中にみちるゆへなり。」[36]戦場を横行することも、直言諫諍することも、威厳の持つ振る舞いも、すべて武士の「気のつよき」の表れだとされる。もしこうした「気中に満たざれば、腹ぬくるなり。腹ぬけなば、腰もぬくべし。士にして腰ぬけば何の用をかなさんや」[37]とあるように、強い「気」を持たぬ武士はただの腰抜けに過ぎず、何の役にも立たない。この「気」はすなわち武士の主体的活動の源であった。『葉隠』の著者山本常朝も同じく「気」の持たぬ卑屈な恭順を忠義と心得る輩を軽蔑した。常朝において、武士には「御家を一人して担ひ申す志」(『葉隠』「聞書一」)がなければならない。こうした「志」を果たすために、「死の覚悟」を持って積極的な実践活動に身を投じなければならない。ここからして、受動的な服従を「腰抜け」の表れとして軽蔑され、能動的に奉公することが要請されることになる。

2.2　諫言を受け入れる主君側の論理

2.2.1　「言路洞開」と「武威」の国家

すでに考察してきたように、戦国時代においても、諫言を受け入れることは、主君たるものの基本的な心得であると考えられる。ところがこうした心得論は儒教思想の

㉞　山鹿素行『修教要録巻之九』「力行四・諫諍」(広瀬豊編『山鹿素行全集第三巻』、岩波書店、1941年)pp. 363。

㉟　斎藤拙堂は津藩士の子として江戸藩邸内にて生まれ、昌平黌で古賀精里の教えを受け、藩の督学となった。その博学ぶりは広く世に知られたが、特に漢文を以て知られ、古今の漢文について評した『拙堂文話』や武士のあり方について論じた『士道要論』、『海防策』などその執筆分野は多岐にわたっている。

㊱　斉藤拙堂著、斎藤正和注『士道要論』(菰野町(三重県)、1989)pp. 17。

㊲　同書、pp. 17。

抽象的影響よりも、一国一家の運命を一身にかかっている戦国大名のリアリズムから発していた経験的心構えと見るのが妥当かもしれない。近世における諫言を受け入れる主君側の論理はこうした大将の心得論の流れを受け継ぎつつ、儒者たちが唱えた「言路洞開」論の中に展開したのである。

「言路洞開」と諫諍との関連については、水戸第五世藩主徳川宗翰に仕えた儒学者・兵学者である佐久間立斎の武道に関する著述『止戈辨論』において端的に示されていた。「問、何をか言路を開くと云や。答云、言路を開くと云は人の諫をよく受納るる事なり。」[38]また、徳川家康の功臣本多正信が書いたと伝えられる『治国家根元』の中にも、「言路ヲ開クト云ハ、上へ何事ニモ物ノ申能様ニスル義ナリ」[39]としている。こうして近世の初頭から、主君側に「言路を開く」ことが求められていた。

ところが、「言路を開く」ことが単なる主君の心得論にとどまらず、一国の興亡との深いかかわりにおいてしきりに唱えられている点は注目すべきである。たとえば江戸前期の岡山藩主池田光政が師として招いた陽明学者熊沢蕃山は「国天下の治乱・存亡・吉凶の先知ありや」という疑問に対して、「古今和漢のためしを考えるに、言路開通するときは治、ふさがりとづる時は乱る」[40]と答えたのである。なぜなら「言路とぢて上下の情通ぜざるの象なり。上下の情通ぜざる時は、天下の心はなるるなり。天下の人心はなるるは、君なきの象なり」[41]からである。言路の通塞が天下の治乱・興亡の基準と見なされることは、多くの儒者に共通し、儒教の影響を受けていた為政者たちにも受け入れやすいものであったと思われる。

にもかかわらず実際において、「言路を開く」ことが順調に進められたのかというと、そうでもない。前田勉氏によると、近世当初から主君には「言路洞開」が求められていたが、スムーズに進んだわけではない。なぜなら近世の武家国家は下からの批判を「理非の差別なし」に抑圧する「武威」の国家からであった[42]。

前田氏の理解は、近世における「言路洞開」の理想と「武威」の国家の現実との矛盾を見事に捉えたものであると思われる。ところが、「武威」と「言路洞開」との関係については、氏によって取り出されたものを理解の重要な拠点としつつも、その上に付け加えなければならないものがあるように私は思う。

山鹿素行の外孫である津軽政方の『武治提要』に、次のような一節がある。

> 「武将の義に於ける、臣と與に謀るべき事あり、不可謀の事物あり。大外武威にかかるべきの事物は、謀るべからず。左右百官に必ず問て與に謀るものは、異域の文治なり。」[43]

---

[38] 佐久間立斎『止戈辨論』（『武士道全書第六巻』、時代社、1942年）pp. 202。

[39] 本多正信『治国家根元』（奈良本辰也校注『日本思想大系38・近世政道論』、岩波書店、1976年）pp. 10。

[40] 熊沢蕃山『大学或問』（後藤陽一、友枝龍太郎校注『日本思想大系30・熊沢蕃山』、1971年）pp. 413。

[41] 同上。

[42] 前田勉「諫言の近世日本思想史」（『公家と武家IV官僚制と封建制の比較文明的考察』、思文閣、2008年）を参照。

[43] 津軽政方『武治提要』（『武士道全書第五巻』、時代社、1942年）pp. 75。

堀景山が「理非の差別なし」に下からの批判を否定するのは日本の武風だと考えるのに対して、津軽政方が「諫るべき」ことと「不可諫」ことと分けて考え、「武威」に関することは諫るべからずと唱えた。ここで言う「武威」とは何なのか、ということが明らかになってはじめて、「武威」と「言路洞開」との関係付けも可能となるはずである。

同じく津軽政方の『武治提要』において、「武威」についてこう述べる。

「(前略)而して武徳の外に発する処の跡は、畏と服との二なり。これを呼で武威と云。武威の著きと云は、人服して畏れ、畏て而も服す。」㊹

すなわち、津軽政方は「武威」について、人を畏服させる力という定義づけを行った。だが、彼の主張はこれだけにとどまらなかった。われわれが注目すべきは、むしろ彼が「武威」と「武徳」とのかかわりにおいて、「武威」を説いた点にある。ここで改めて指摘しなければならないのは、武威は武徳の外面的表れであり、単なる力によって人を威服させるわけではないことである。

「文徳」との対照において、彼は武徳についてこう言う。「文徳を以て決断するときは、其威寡し。其威寡ときは、よろこぶこと多して恐るること寡し。武徳を以て決断するときは、威あつて侵すべからず、よろこびて恐る。」㊺すなわち文徳による統治は「よろこぶこと多して恐るること寡し」に対して、人々が「よろこびて恐る」こそ武家の理想的な統治形態である。ここで問題となってくるのは、武徳とは何か、どうやって武徳を身につけるのか、ということである。津軽政方によれば、「武将、武徳の盛功を欲せば、先武を以て吾を修るの道を、厚重にす」㊻べきである。具体的に言えば、「武徳」には「動静周旋に、威儀の則とすべきものあり、言行に、端正厳粛の以て懼るべきものある」という「将の徳」、「危に臨で不恐、策を出して不差、小を帥て大を討、百戦百勝の全利をなす」という「将の能」、「自ら疆て不息、材能を以て高ぶらず、諫を容て不拒、愚者を矜て教育に不倦」という「将の道」㊼がなければならないとされている。これは要するに、武威は武将(あるいは主君)が立派な人格者たることを前提としている。武将がみずからの身を修めた上で、真の武威が成り立つ。だから武将に「若不正懦弱の言行あるときは、天下の士ひそかにこれをあなどる。あなどるときは、武威これより傾廃す」㊽ることになる。

こうした「武威」の論理のなかで、「言路洞開」を含めた諫言論は一定の制約を受けていることは、改めて指摘する必要もないであろう。しかし武威は「武徳」、「武義」など道義論の中に位置づけられるものであるため、「武将、個我を以て下にのぞむとき、衆

㊹ 同書、pp. 70。
㊺ 同書、pp. 74。
㊻ 同書、pp. 70。
㊼ 同書、pp. 70。
㊽ 同書、pp. 82。

心そむく。尤もつつしみ戒るにあり」[49]と警告されるように、それは主君の専制的、独断的な統治をもたらすというよりも、むしろ主君に備えるべき条件を求めることになる。「大外武威にかかるべきの事物は、謀るべからず」ならば、「不正懦弱」な言行によって武威を失う主君に対して進言すべき、という逆説にもなり得るのである。

林羅山も『三略諺解』において、「主君は徳有べし。徳なければ、臣下そむく。主君は威あるべし。威なければ、権柄を失ふ。徳は柔也。威は剛也。此二つは、一つもかくべからず。徳あれば、臣をなつけやすんず。威あれば、臣をよくつかふ。二つながら、かくれば、下もそむき、威も衰る也。二つながらあれば、よき主君たるべし」[50]と言い、君主の「威」と「徳」とは不可分なものとして捉えている。

以上、儒学者の主張する「武威」と「武徳」とのかかわりがどのように考えられたのかは、ほぼ明らかになったと思われる。それは要するに「武威」の国家という現実にも「言路洞開」の可能性が潜んでいる、ということを意味するのであった。また、こうした考えは儒者たちの机上の空論ではなく、為政者たちにも共通している。たとえば、筑前福岡藩初代藩主黒田長政はその遺言に、大将の武威についてこう言う。

> 「主将為ル人ハ、威ト云者ナクテハ、万民ノ押ヘト成ガタシ。悪敷心得テハ、ワザト威ヲコシラヘ付ントスレバ、カヘツテ大成ル害ニ成ル者也。諸人ニオヂラルル様ニ、身ヲ持成スヲ威ト心得、家老ニ逢テモ威高ブリ、事モ無ニ詞ヲアララゲ、人ノ諫ヲ聞入レズ、我等アヤマチモカサ押ニ言マギリ、恣ニ我意ヲ立ル時ハ、家老モ諫ヲ言ハズ、自ラ身ヲ引ク様ニ成行ベシ。」[51]

これらの言葉で彼の言おうとしているのは、大将には威がなくてはならないが、わざと自分の「武威」をこしらえ、「威高」ぶるならば、かえって威も失い、国も失うほかはないということである。

以上のように多くの論説から推察されるように、大将としての武威と「言路洞開」の心得は、必ずしも矛盾しているとは限らない。むしろ主君に武威があるからこそ、諫言を納めるにひとしお努力しなければならないということになる。「人主の威は雷霆よりすさまじく、その勢は万鈞よりも重し」から、「已れを虚にしてひらき導きて諫を求め、顔色をやはらげて言を受くるとも、人猶ほ云ふ事をやすしとせず、若し已れを立て知を衒うて非をかざらば、誰か諫を可言乎。」[52]山鹿素行のこの言葉に、われわれは武威と「言路洞開」との逆説的な関係性を端的にうかがうことができる。つまり、主君にはもともとすさまじい「威」が備わっていたから、ただでさえ家臣たちが恐れて簡単に諫言をすることができなかった。もしその上自分の威や知恵を見せびらかすようなことがあるならば、諷諫の言葉も完全に絶つであろう。「ここにおいて放僻日に不止ば、

---

[49] 同書、pp. 74 - 75。

[50] 林羅山『三略諺解』(『武士道全書第二巻』、時代社、1942年)pp. 82 - 83。

[51] 黒田長政「黒田長政遺言」(石井紫郎校注『近世武家思想』、岩波書店、1974年)pp. 21。

[52] 山鹿素行『山鹿語類巻第一』「君道一・君徳・諫言を納る」(全集第四巻、pp. 60)。

つひに身を早く失し家を失ふに至るべし」[53]。こうした「身を早く失し家を失」う結果を防ぐために、主君は「内に諫のある事を楽しみ、外に諫を拒む形なき」[54]でなければならない。彼はさらに諫言を納めるための具体的な努力について次のように語っている。

「事大小となく必ずいさめ、臣大小内外に不限皆いさめ、或は面拆と号して君の非を直に諫めて其の非を折き、或は異見封事と号して諫言を書にしるし封じて是れを奉らしめ、或は謗の木を立てて民のそしりを考へ、或は諫の鼓をまうけて下の訴をはかり、或はいさめの匣を置きて人の書付を入れしめ、無主の封落書を以て君のあやまちを聞き玉ふ。如此れありても諫言の道遠きもの也。」[55]

ここにおいて注目すべきは、「事大小となく」、「臣大小内外」にかかわらず、広く諫言を求めるべきだということである。後で考察するように、近世において家老・重臣の諫言のみが慣行として認められ、一般家臣による諫言が作法として認められない。主君に人の貴賤に関係なく諫言を求めようと唱える素行自身でさえ、諫諍できる位につかない臣下が「位をこえて」諫めれば、「只だ君をあざむくにして諫と云ふにはなるべからざる」[56]としている。一見矛盾するように見えるが、武威の国家において諫諍の難しさを念頭に置いた時、われわれはこうした諫言の主体の範囲を広げろという主張を理解できるであろう。要するに、主君の武威を恐れて、家臣たちが容易に諫諍できないのは武威の国家の現実である。だからこそ主君は諫言を喜び、積極的に「事大小となく」、「臣大小内外」にかかわらず諫言を求めなければならない。それは諫言の主体を広げるためではなく、「武威」のある主君に言路を開き、諫言を納めるという心得を保持させるためである。しかし、それにもかかわらず、「事大小となく」、「臣大小内外」にかかわらず諫言を求めようとする主張には、諫言の主体を藩内ないし日本全体まで拡大するという可能性が含まれている。それが近世のゆるぎない支配体制によって底流まで押し下げられたが、幕末維新期に、対外危機を契機に噴出を見せたのである。このことについての具体的検討は第3章に譲るが、ともかく「武威」の国家にある「言路洞開」論には少なくともそういう可能性が潜在的に存在するのである。

2.2.2 「諫諍」と明君論

「能闻谏则必为良将。三略有之。将能请谏採言云々。实能可思之事。」(『島津綱貴教訓』)[57]

「広く言路を開き給ふ事、即明君たるゆゑんにて、人主たるものは、人に取て善をな

---

[53] 山鹿素行『武家事紀』「恭勤」(全集第十三巻、pp. 578)。

[54] 山鹿素行『山鹿語類巻第一』「君道一・君徳・諫言を納る」(全集第四巻、pp. 60)。

[55] 同書、pp. 60－61。

[56] 山鹿素行『山鹿語類巻第十四』「臣道二・仕法・諫諍を論ず」(全集第六巻、pp. 150)。

[57] 島津綱貴『島津綱貴教訓』(小澤富夫編集『武家家訓・遺訓集成』、ぺりかん社、1998年)pp. 284。

すことを楽しむ処肝要なり。」（徳川斉昭『明訓一斑抄』）[58]

このように多くの事例から察せられるように、近世において、諫言を聞き入れ、言路を開くことは主君としての心構えであると考えられる。このような諫言論を踏まえた主君の心得論は天下泰平の近世になってから生まれたものではなく、前節に触れたように、むしろ長い歴史的伝統を受け継いだものと思われる。しかし、江戸時代になってから、諫言を受け入れることの重要性がとりわけ強調されたことは、やはり諫言の近世的特徴として捉えるべきである。このような諫諍の重視と関連して注意しなければならないのは、それを踏まえた明君論である。

江戸中期の儒者室鳩巣は諫諍を受け入れる主君側の理想像を『明君家訓』の中で次のように説いた。

「古の聖賢の君さへ群臣の諫を求たまふ。況某ごときのもの、先祖の積善により、君位にのぼり、各の上に居といへども、生質不肖にして、君たる道にたがひ、各の心にそむかん事を朝夕おそれ入候。某身の行、領国の政、諸事大小によらず、少もよろしからぬ儀、又はをのをの存寄たる儀、遠慮なく其儘可被申聞候。（中略）惣じて某心底内外の儀に付、をのれが悪事を人にかくし申儀無之候間、見及聞及被申所、何事によらず、機嫌をはからず諫言をたのみ申候。たとひ、其事不慥候とも、虚実は構なく候。」[59]

主君たるものが「明君賢主の政」に学び、「某身の行、領国の政、諸事大小によらず」諫言を広く求めることは理想である。ところが、事の虚実にかかわらず、「見及聞及被申所、何事によらず、機嫌をはからず」するように家臣に諫言を促すことに、われわれは特別な注意を払わなければならないのである。それは、決して家臣に事実無根の諫めを促すわけではなく、あくまでも主君が諫めに対して謙遜な姿勢を保持するべきということを唱えている。高山健貞[60]の『日本伝治乱要訣』に現れた諫諍に対する主君の姿勢もこの旨とほとんど同じであるが、われわれの理解をさらに一歩進めるものがあるので、煩雑をいとわずさらに引くことにする。

「木は規矩によつて正し、人は諫諍によつて其位を失はず。一人の耳を以て天下の事を聞く、諫にしく物ある事なし。人主諫の善なる事を知ると雖。其諫をきく事あたわず。故に諫を欲すれども諫むる者なし。其道を開かざるによつてなり。撰んで善言を聞んとす、天下に求れども得る事なし。善言をゑらぶによつて不善言を凶む事昭々たり。故に人臣思て言を発する事あたはず。凡諫の道を開かんと欲する時は、広く人の言を納るるにあり。己れを空してこれをきく、雑諫

[58] 徳川斉昭『明訓一斑抄』（石井紫郎校注『近世武家思想』、岩波書店、1974年）pp. 130。

[59] 室鳩巣『明君家訓』（石井紫郎校注『近世武家思想』、岩波書店、1974年）pp. 68。

[60] 高山健貞は江戸中期常陸の人で、名は正英、字は剛弼又豪弼といい、通称は辨左衛門で、健貞はその号である。

を厭はずしてこれを納るる時は、不期して正諫至る。正諫を納れてその非を改むる時は、天下自然に復帰す。人主国を保つの薬石、何ぞこれにしかんや、何ぞこれにしかんや。」[61]

主君は諫諍がよいことであると心得ながらも、諫めを聞き入れることができないから、「諫を欲すれども諫むる者なし」という状況になるわけである。問題の難しいところは「道を開かざる」ことにある。諫言を選び、よいことだけを受け入れる場合、諫言を「天下に求れども得る事なし」。だから諫言が欲しければ、主君は事大小となく、「雑諫」まで含めた言説を納めなければならないのである。こうして「広く」人の進言を納める時は、「不期して正諫至」り、天下も「自然に復帰す」ることになるわけである。高山健貞のこうした論説にも、「雑諫」を納めることそれ自体は主君の目的ではなく、「正諫」を聞き出す一つの手段にすぎないということは注目すべきである。「たとひ其事不慥候とも、虚実は構なく」[62]、家臣側に諫言するように求めるのが明君の心得であると唱える室鳩巣の主張も同じ理由だと思われる。

こうして家臣たちに「諸事大小によらず」諫言を求めるのは明君としての心得と唱えられるが、諫言を受け入れるだけでいいというわけではない。家臣側の諫言の善し悪しを見分け、それを取捨選択する能力も明君の備わるべき条件と見られる。この点について、徳川家康、秀忠、家光、家綱の四代将軍に仕えた儒者林羅山は次のように言う。

「人のいさめも、いけんをも能聞べし。人のうつたへをも、能聞分くべし。能人をよく許容して用ふるべし。誰の云こと成とも、聞取て、我心にあひ、道理に叶て、実もと思はば、能したがふべし。」[63]

人の諫めを聞くだけではなく、聞き分けることも大切にされている。「我心にあひ、道理に叶て、実もと思」う時だけは、その諫めに従うべきである。「下々之諫をよく聞わけ道理に相あたる事は確に受用可有之事」[64]とあるように、大名の家訓にも同じことを述べたものがある。このような多くの文章から察せられるように、明君には諫言を取捨選択する能力を備えなければならないとされる。こうした諫言の選択論には、二つの積極的な可能性が潜んでいると思われる。一つはその選択の基準となる「理」が主君自身の言動を拘束する可能性である。われわれはそういう例を大名の家訓に見出すことができる。たとえば、若狭藩酒井家の家訓にこういう一節がある。

「誠に人君は民之父母と申候へば父母の心を以て民に臨み、仁義之道を下へ施

[61] 高山健貞『日本伝治乱要訣』(『武士道全書別巻』、時代社、1944年)pp. 130－131。
[62] 室鳩巣「明君家訓」(石井紫郎校注『近世武家思想』、岩波書店、1974年)pp. 68。
[63] 林羅山『三略諺解』(『武士道全書第二巻』、時代社、1942年)pp. 67。
[64] 土井利勝「土井大炊頭利勝遺訓」(『武士道全書別巻』、時代社、1944年)pp. 370。

し民と苦楽と共にし、人民其所を得させしむるが君たるの勤と存候へば、此道理を能弁へ、私智を用ひじ公理に随ひ国家を治めたく候間、何れも此旨を存じ心付候事も有之候はば、何卒諫くれ可申候。」[65]

父母の心をもって人民と苦楽を共にするという「道理」のもとで、家臣たちに諫言を求めようとするこの家訓には、「理」によって主君の「私智」が拘束されることが注目される。周知のように近世の日本は「以法破理、以理不破法」[66]の世界であった。前田勉氏が「諫言の近世日本思想史」において指摘したように、「「理」よりも「法」を優先する「武威」の国家のなかでは、諫言を正当化する「理」を貫く自体、難しかったのである」[67]。しかし、主君側に諫言を選ぶ能力が求められることによって、その選択の基準としての「理」が図らずも前面に出てくる。こうした「理」を正しく判断するためには、普段から努力しなければならない。主君たる人は、「四書五経ノ義理ニ達シ、古今ノ君臣タル人ノ善悪ヲ知リ、善ヲ見テハ吾モ此意得アルヤナキヤ、悪ヲ見テ吾コレニ似ヨリタルコト無キカト、自己ノ心地ヲサガシ求、諸史ニ至テハ其世、其時ノ風儀ヲ推、政ノ成敗ヲ考へ、今ノ世ト引クラベ」[68]ることによって、「的当ノ道理ニ由テ行」うことができる。大月履斉の唱えた「的当ノ道理」には、われわれは主君たるものの「理」に対する模索への努力をうかがうことができる。しかもそれは「たんに主君自身の個人的な悪行を正すかどうかという問題ではなく、広く政治上の問題を論ずるという場合には、当否を決する原理・基準がなくてはならないのである」[69]。つまり、諫言を選ぶ基準としての「理」は、広く政治上の「理」とかかわって、それを究明することは明君論の体系に組み込まれたのである。

さらに一言つけ加えておきたいのは、ここでいう「理」は朱子学の主張するような時と所をこえた普遍的な価値を持つ「理」ではなく、政治上の作為の基準と理解すべきだということである。

もう一つの可能性は主君には人の諫めを見分ける明察がなくてはならないという責任論である。「心を虚にして人の申所を能聞受、其上にて善悪をば我心の中にてえらび、善を用ひ悪を捨候が大智と見申候。」[70]貝原益軒のこの論説に端的に示されたように、善悪を選べる明察を持つ君こそ「大智」のある主君と言える。しかもそれは単なる主君個人の資質の問題ではなく、一国一家の興亡とかかわる主君の責任ともなっている。

戦国時代においても、諫言を選択する能力を主君に求めるケースが多く見られる。

---

[65] 若狭藩酒井家『酒井讃岐守忠進家訓』（有馬祐政、秋山梧庵編『武士道家訓集』、1906、博文館）pp. 310。

[66] 元和元年（一六一五）に頒布した最初の武家諸法度にある条目である。

[67] 前田勉「諫言の近世日本思想史」（『公家と武家Ⅳ官僚制と封建制の比較文明的考察』、思文閣、2008年）pp. 195。

[68] 大月履斉『燕居偶筆』（奈良本辰也校注『近世政道論・日本思想大系28』、岩波書店、1976年）pp. 74。

[69] 前田勉「諫言の近世日本思想史」（『公家と武家Ⅳ官僚制と封建制の比較文明的考察』、思文閣、2008年）pp. 200。

[70] 貝原益軒（延宝七年八月六日立花勘左衛門へ送る書）（『益軒全集巻三』、国書刊行会、1973年）pp. 692。

前章で取り上げた「強過ぎる大将」の例はそのことを何よりも鮮やかに示しているが、それは経験的現実に対する心得論であり、近世のような「理」の追求の姿勢が見られず、諫諍論を踏まえた主君の責任論ないし職分論にもならなかったと思われる。

2.3 諫言をする家臣側の論理

2.3.1 武士の職分における「諫諍」

諫言を受け入れる主君側の論理は以上のように考察してきたが、近世の諫諍論には、むしろ諫言する家臣側の論理が一層積極的に強調されている。熊沢蕃山は「人臣の天職」についてこう述べる。「臣道は地に則とる。柔に過べからず。利の為にまがらず、君不善あれば諫争す、其柔を救ふ所なり。」[71]この言葉に端的に示されたように、近世において、主君を諫めることは家臣としての職分・義務と考えられる。

さて、武士の職分と「諫諍」との関連について検討する前に、まず考えておかなければならないのは、武士の職分とは何か、という問題である。ここでは儒教倫理を中心とする士道を完成した山鹿素行の「職分」観から、この問題を考察する。

武士とは本来戦争を職業とする戦闘者であるから、戦乱の世において武士の職分を改めて問い直す必要がない。しかし戦争がなくなった太平の世である徳川時代において、武士が戦闘者としての覚悟を保持することが必要とされても、実際な戦場にかけて戦う機会がまったくなくなったのである。こうした戦争のない平和の時代において、本来戦闘者である武士が農工商三民の上に立ち、支配者としての特権を保持するために、武士として他の階級にないところの特殊なものが要求された。こうした時代の要請に答える形で、山鹿素行は平和の世の武士の職分を規定したのである。

素行はまず人間を「生々無息」なる存在として捉え、人は「或は耕して食をいとなみ、或はたくみて器物を造り、或は互に交易利潤せしめて天下の用をたらしむ」[72]ために存在するものとする。こうした農・工・商の自然的分業に基づいた役割を引き合いに出すことで、素行は武士の職分を明らかにする必要性を述べた。「耕さずしてくらひ、造らずして用ひ、売買せずして利足る」武士は、何の働きもせず一生を送る「天の賊民」にならないために、「自ら省みて士の職分を究明」しなければならない[73]。以上のように説いてきた後、素行は武士の職分をこう規定している。

> 「凡そ士の職と云ふは、其の身を顧ふに、主人を得て奉公の忠を尽し、朋輩を交はりて信を厚くし、身の独りを慎んで義を専らとするにあり。」[74]

こうして素行は農、工、商の三民に対する士の道徳的優越性を説き、平和の時代に武士の果たすべき職分を五倫の実践とされ、また主君への奉公を何よりも重視してい

---

[71] 熊沢蕃山『大学或問』(後藤陽一、友枝龍太郎校注『日本思想大系 30・熊沢蕃山』、1971 年)pp. 413。
[72] 山鹿素行『山鹿語類巻第二十一』「立本・己れの職分を知る」(全集第七巻、pp. 9)。
[73] 同書、pp. 9-10。
[74] 同書、pp. 10-11。

た。もし武士はこうした職分を果たさなかった場合、「父母のめぐみを盗み、主君の禄をむさぼつて、一生の間唯だ盗賊の命を全くするに同じ」[75]とされる。したがって、武士は何よりも自分の職分を把握することが大切である。

素行における武士階級の職分に関する基本的な考え方がここに現れていると思われる。それでは、このような職分理解と「諫諍」の論理といかに関わっているのか。直接に言えば、素行において、「諫諍」が武士の実践すべき職分の一環とされている。素行は以下のように述べた。

> 「師曰はく、人臣として君より大禄美官を得、其の身其の職にそなはりながり、君を悪におとし入れて諫めあらそはざらんことは、忠臣と云ふへからず。是れ、併盗賊の心所伏と可謂也。忠經曰、忠臣之事君也、莫先于谏、下能言之、上能聽之、則王道光矣と云へり。其の位に居ながら可諫処を不諫して、坐ながら君を邪義におとしいれんこと、臣下の本意に不在也。」[76]

すなわち、素行は諫争を「忠臣」の必要条件として位置づけ、人臣としての職を果たさず、主君の悪を諫めない臣は「盗賊」でしかないとさえ説いた。前述した「耕さずしてくらひ、造らずして用ひ、売買せずして利足る」武士は自分の職分を究明しなければ、「天の賊民」になるという主張と趣旨一貫している。

また、近世の家臣側の諫諍論を論ずる時、中国との比較において、「去る」ことが許されないという特徴がしばしば指摘される。たとえば、素行は中国における華陽の范氏の例を取り上げ、「諫めて聞かれざれば去る」ことを「不忠」の表れだとしている。「華陽の范氏曰はく、人臣諫めて聴かれざるときは當に位を去るべし。苟も彊ひて諫むること能はずして、其の君の過の挙がるを視、天下咸く其の臣を怨むに至るときは、曰はく、我れ君を諫めざるには非ず、我れを用ふることを能はざりしなりと。始は則ち利を擇んで以て其の身を処し、終には則ち謗を引きて以て君に帰す。此れ不忠の大なる者なり。」[77]素行によれば、「臣としては君を諫め、諫めて不行ば速に退く」ことは「古の道」であり、そのような行動に批判的な態度を取った。主君を「諫めて世を遁れしは、只だ其の一事をいさめてのこと也。諫むべきの道は平生にあり、これを誠の諫と云ふ」[78]とされたように、一生を通じて主君を諫めることこそ「誠の諫」であると力説した。中国儒教思想における「三度諫めて聴かれざれば去る」という忠諫の観念に対して、日本では「彼伯夷叔斉は、諫代永隠る、其従ふべからざる也」[79]とされるように、こうした淡泊な態度を否定するのである。主従の結合を情誼的に捉えられる『葉隠』において、こうした観念が一層顕著に現れる。主君が諫言を「御受不被成時は不及力儀と存果し、

---

[75] 同書、pp. 11。

[76] 山鹿素行『山鹿語類巻第十四』「臣道二・仕法・諫諍を論ず」(全集第六巻、pp. 150)。

[77] 山鹿素行『修教要録巻之九』「力行四・諫諍」(全集第三巻、pp. 382)。

[78] 山鹿素行『山鹿語類巻第十五』「臣道三・臣談・諫言」(全集第六巻、pp. 241)。

[79] 遠山為章「土津家訓指帰」(『武士道全書第二巻』、時代社、1942年)pp. 233。

弥隠密して、色々工夫を以、又申上申上仕候へば、一度は御受被成事に候。御受不被成…弥々御味方仕」(『葉隠』二の一二九)るべきと唱え、「御心入を直し候事は、命を捨ても不成、一生骨を折事」(『葉隠』十一の二八)とされている。つまり主君に対する諫諍は一生の課題であり、そのために日々の努力を積み重ねなければならないということになる。丸山真男は「武士のエートスとその展開」において、このような「去る」ことを否定する日本的な諫諍論を以下のように論ずる。

「…徳川時代のように幕藩体制が厳然として確立し、忠誠対象がほとんど運命的に「お家」(藩)に釘付けにされたような状況下において、「君君たらずとも臣臣たらざるべからず」というモラルに基づいて、しかも「命ただこれ従う」という消極的恭順や階層的身分秩序の尊重というスタティックな忠誠ではなくて、『葉隠』に現れているような能動的な忠誠を業績化していく途は、君を真の君にして行くための不断の努力として現れざるをえない。ここからして、諫争ということが忠誠の不可欠の契機となる。いわば諫が身分的義務になるのである。」[80]

丸山の指摘した「身分的義務」と家臣としての「職分」とはほとんど同じ範疇に属するといえる。こうした「去らず」一生を通じて諫める考え方は、武士の「職分」とは無関係ではあるまい。すでに考察してきたように、「諫諍」が武士の実践すべき職分であるから、家臣側は「聞かれざる」ことを言い訳にして、自分の職分を果たさないことが「不忠」な行為とされる。むしろ「聞かれざる」からこそ、自分の「職分」に基づく責任を果たすために、一層努力して諫めなければならないとされる。丸山の言う「能動的な忠誠」はまさにこれを理論的根拠としている。

2.3.2 「諫諍」の主体と仕方

近世において、主君への「諫諍」は家臣の実践すべき論理として提唱されたことは、以上述べてきたとおりである。しかし、だれでも同じように主君に諫言できるわけではない。むしろ諫諍の主体の身分が厳しく限定された。たとえば、素行において、諫諍には「其の位」、「其の時處」、「其の諫むるの道」[81]がなくてはならない。「其の位ありと云ふは、我が今日奉公恪勤の位を具にただす事也」[82]。以下の四種類の臣下は諫諍できる位にある。先祖代々が主君に仕えて地位の高い者。父祖が主君に仕えたが、自分だけが主君の知遇を受けて、禄爵とも父祖を超えた者。新たに仕えて主君の寵遇を受けた者。常に主君の側に近づき、主君がその言葉を受け入れられる者。その以外の臣下が「位をこえて」諫めれば、「只だ君をあざむくにして諫と云ふにはなるべからざる也」[83]。

武士道の教訓書である『葉隠』でまったく同じことが述べられている。「年寄・家老

---

[80] 丸山真男「武士のエートスとその展開」(『丸山真男講義録第五冊』、東京大学出版会、1999年)pp. 246。

[81] 山鹿素行『山鹿語類巻第十四』「臣道二・仕法・諫諍を論ず」(全集第六巻、pp. 150)。

[82] 同上。

[83] 山鹿素行『山鹿語類巻第十四』「臣道二・仕法・諫諍を論ず」(全集第六巻、pp. 151)。

役に成たる上にてなければ、諫申事不相叶。」(『葉隠』十一の二八)「惣て、其位に至らずして諫言するは、却て不忠也。」(『葉隠』一の四三)こうした論調は近世多くの武士教訓に見られる。もちろん、前にも考察してきたように、大名から一般家臣に諫言を求めるのもしばしば見られるが、それは家臣側の作法ではなかった。総じて言えば、近世国家において家老・重臣の諫言だけが慣行として認められていた。こうした諫諍の主体の制限は、近世の藩政の実態にもかかわっている。その背景として、石井紫郎氏は近世の藩の構造を次のように指摘した。

> 「…制度的には大名だけが主君であり、その意味で家老・重役も家臣団の一員である。しかしながら藩政の現実においては、むしろ大名と家老・重役が一体となって指導者集団を形成し、他の一般家臣団と向き合っているのである。」[84]

つまり、家臣側の諫諍の主体である家老・重役の集団的な政治権力が極めて強大であったことは、諫諍の現実的基盤になったのである。だから主君への諫諍の論理がしきりに唱えられつつも、現実の作法としては、こうした形で忠誠をささげることができるのは家老・重臣に限られる。それを端的に示した例として、中江藤樹の『翁問答』において「大忠」と「小忠」の違いを論じたことが挙げられる。

> 「大臣の忠節は、其事大なるゆへに大忠と云、小臣の忠節は、そのことちいさきゆへに小忠といふ。主君のきらふ事にても、君のため、くにのため、家中のためによき事なれば、しゆくんのかならずおこなひ給ふやうによくいさめて、しゆくんの心だて身もち、みちにかなひ、国とみゆたかに、すゑながくさかえ給ふやうにと、一心におもひ入、わが身のためをばすこしもかへり見ず、竜逢・比干のいさめて死せる心をまもり、わが身をすてて、君のためのみ第一にするを大忠と云。是は家老・出頭の忠節なり。是非善悪をえらばず、主君の下知にしたがひ、一心に君をうやまひ、身をすててそのくらゐくらゐの職分を勤仕するを小忠と云。これは小身なる臣下の忠節なり。」[85]

この文章によれば、善悪を選ばず主君に絶対服従するのは「小身なる臣下」の忠節であるのに対して、主君のため、藩のために身を捨てて諫めるのは「家老・出頭」といった「大臣」の忠節である。

それでは、家老・重臣ではない家臣は、諫言に対して何の関心を持たなくていいのか? そうでもない。「我其位に非ずは、其位の人に云せて御誤り直る様にするは大忠也」(『葉隠』二の一二三)とされたように、一般家臣による直接的な諫言が作法として

---

[84] 石井紫郎「近世の国制における「武家」と「武士」」(『近世武家思想・日本思想大系 27』解説、岩波書店、1974年)pp. 522。

[85] 中江藤樹『翁問答』「上巻之本」(岩波書店、1936年)pp. 41－42。

認められないが、より上級の者を介して行うことができる。また、書面による諫言も見られる。ところが、一般家臣にとって諫諍の論理の実践的意義はそれだけではない。われわれは『葉隠』の「奉公名利」の論説に、その積極的な意味を見出すことができる。

『葉隠』の著者山本常朝が得心したところでは、「奉公の至極の忠節は、主に諫言して国家を治むる事」(『葉隠』二の一四一)であった。それは家老・重役に限らず、一般武士の目標でもあった。「年寄・家老役に成たる上にてなければ、諫申事不相叶」(『葉隠』十一の二八)という現実において、「主君の心入を直し、御国家を固め申す」(同上)という「大忠節」を志す武士は、まず諫言できる位置、すなわち年寄・家老にならなければならない。だから「家老に成が奉公の至極」(『葉隠』二の一四一)ということになる。『葉隠』において、主君に諫言するために出世するのを「奉公名利」と呼ぶ。それは文字通りに奉公のための名利であり、決して個人の私欲のための出世を意味するものではない。「侍たる者は名利の真中、地獄の真中に駈け入りても、主君の御用に立つべき」(『葉隠』二の一四〇)という言葉に端的に示されたように、出世することは主君への奉公の手段であり、その目的ではなかった。

こうした「奉公名利」の論説は中江藤樹の「大忠」、「小忠」論と同じように、諫めて主君を正しい道へ導くのは「大忠節」とされる。しかし、中江藤樹は「小身なる臣下」が主君に受動的に絶対服従すべきだと唱えるのに対して、『葉隠』は「諸人這ひ廻り、おぢ畏れ、御尤もとばかり申す」(『葉隠』十一の一六八)という権威に対する唯々諾々とした姿勢をもっとも嫌い、一般家臣に諫諍するための主体的な努力を積極的に唱えたのである。ここからして、諫諍は単なる家老・重臣の問題ではなくなり、身分の上下にかかわらず、すべての武士に主体的・能動的な奉公が求められるようになったのである。

また、「諫諍」の方法について、「理詰にて申上」げず、「潜に御納得被成候様に申上」げるべきである(『葉隠』二の一二九)、「志の諫言は脇に知れぬ様する也」(『葉隠』二の一一〇)、「異見と云は、自と、以後ふつと、人知らずおのれと直りたると思ふ様に異見をいたすが、誠の異見なり」(86)とあるように、諫言は秘密裏に行うべきだとされている。なぜなら、「失所て諫むるときは君の悪をあばきあざけるにな」(87)り、「我ばかり忠節者と諸人に知られ」(『葉隠』二の一二九)たいと考えて諫めるならば、「我忠節にて主君の悪名を顕し申」(同上)すことになる。近世において、「家臣にとっての奉公とは、主君の「威光」を一層輝かすよう努力すること」(88)だとされ、真正面からの諫言は主君の「威光」を汚す恐れがあるからと思われる。

諫諍の仕方によって、山鹿素行は「直士」と「忠臣」との二種類の諫臣を対照的に論じたこともこのことを象徴的に示している。「直に君の非をそしりあらはし、悪をあげて隠さず、人前とて構ひなく口を包まず、云ひ度きままに云ふ」のは直士に対して、「君に諫を奉り訴状を奉るといへども、人更に知らず。人と相対しても主人の非を語ら

(86) 『紀南龍公訓論』(『武士道全書第二巻』、時代社、1942年)pp. 222。

(87) 山鹿素行『山鹿語類巻第十四』「臣道二・仕法・諫諍を論ず」(全集第六巻、pp. 151)。

(88) 前田勉「諫言の近世日本思想史」(『公家と武家Ⅳ 官僚制と封建制の比較文明的考察』、思文閣出版、2008年)pp. 195。

ず。諫書を上ると雖も速かにその草案を削り捨て、その子弟にも知らせざる如く致す」[89]のは忠臣とされる。素行によれば、前者は「諫め行はれず、唯だ直なると云ふ名のみにな」り、「まことの諫」[90]ではない。総じて「臣として君の非を諫は大義といへども、諫むるべきの理あつて諫の道を詳に不格知ときは、諫めて不事行、却て君の非をあげて我が是を立るにな」[91]るのである。

ところが、こうした「君の非をあげて我が是を立る」ことは素行のもっとも排斥することである。素行によれば、君臣の分が「天地の綱紀」がおのずから決まっているので、主君を批判の対象とすれば、「天倫」が乱れてしまうということになる。それに「君を非におとし入れて議論」しようとする時は、どうかすると君を軽んじ、「大臣君の位を易へて権を専らにする」ことになる可能性さえある[92]。だから主君を批判したりせず、つねに君を是とし、謹んで臣の職分を間違えないようにすべきだとされる。

ここまでたどってくると、素行のいわゆる「諫の道」の理論的根拠はほぼ明らかになったと思われる。『葉隠』においても、「諫言・異見は、和の道、熟談にてなければ用に立たず」（『葉隠』一の一五二）とされる。そうでなければ「主人の非を顕わし、我が忠を揚げ、威勢を立つる」（『葉隠』二の一一〇）という結果になる。それは忠義の諫言どころか、「佞臣」のやり方ともされた。したがって、「御悪事有之時…何とぞ世上に知れ不申様に可仕」（『葉隠』二の一二九）であり、さらにその悪事を「我身にかぶり申こそ、当介」（同上）である。

2.3.3 「諫諍」における理と情

諫言を正当化するために、その原理的問題としての「理」の存在が不可欠である。しかし、近世において、むしろ道理によらぬ諫諍が注目される。その代表的な事例として、『葉隠』の中野数馬利明の例が挙げられる。

佐賀藩の第三代藩主鍋島綱茂の御治世において、ある時、「御意」に背けた五人の家臣に「切腹」が仰せ付けられた。その時、年寄の中野数馬が参上し、「右の者共は御助被成候様に」と申し上げたが、綱茂はこれを聞いて立腹し、「詮議相極、切腹申付候に、可助道理有之候て申義に候哉」となじり問う。これに対して、数馬は「道理は無御座候」と答えた。綱茂は「道理無之処に助候様に申義、不者届に候」と数馬を叱り付け、その場を退去された。しばらくして数馬はもう一度参上し、「右の共何とぞ御助被成候様に」と申しつけ、また叱られて立ち退いた。こうしたことが七度まで繰り返された時、綱茂は「道理は無之候処に七度迄申ことに候間、助くる時節にて有べし」と言い、ようやく数馬の諫言を容れて、五人を助けた[93]。

このような事例が『葉隠』において数多く出ている。山本常朝はそれを「一命を捨て

---

[89] 山鹿素行『山鹿随筆』（全集第十一巻、pp. 251）。

[90] 山鹿素行『山鹿語類巻第十四』「臣道二・仕法・諫諍を論ず」（全集第六巻、pp. 153）。

[91] 同書、pp. 155。

[92] 山鹿素行『山鹿語類巻第十三』「臣道一・臣職・君を是非の間に置かず」（全集第六巻、pp. 63－65）を参照。

[93] 山本常朝『葉隠』（一の一三六）（相良亨、佐藤正英ほか校注『日本思想大系 26・三河物語・葉隠』、岩波書店、1974 年）pp. 256を参照。

申上候えば被聞召分もの也」(『葉隠』一の一三六)と解釈するが、われわれはむしろ諫言は道理によらず、もっぱら「一命を捨て」る心情が説かれるということに特別な注意を払うべきである。綱茂に諫めた数馬はおそらく彼なりの理由があると思われるが、それをあえて申し上げないのは、前にも考察してきたように、主君の「御威光」を汚す恐れがあると思われる。

こうした理よりも情が重視される傾向は何も心情倫理の信奉者山本常朝に限らず、近世の儒学者たちの論説にもしばしば見られる。主君の武威とのかかわりはその原因の一つと考えられることはすでに述べた通りであるが、これだけにはとどまらなかった。もっと本質的な問題、近世の倫理思想の流れにかかわる問題が潜んでいた。これに関して相良亨氏は次のように説いている。「近世においては、道理の存在を認めつつも、それをそれ自体として客観的に追究する姿勢は、朱子学的な究理の否定の徹底とともに後退してきたように思われる。これに対して忠信(誠)とか捨身とか情の純化という主体の姿勢によって結果的にこれに拠りうると説かれてきた」[94]。道理によらぬ諫諍の思想的根源はまさに相良氏の指摘した近世における「道理」意識の後退にあると思われる。

もっとも、「道理」意識の後退の傾向は近世になってから始まったものではなく、われわれはその根源を道理がしきりに説かれた鎌倉時代までさかのぼることができる。すでに考察したように、道理による諫諍が忠誠の表れであるという意識は、初期武士社会に共通しているが、道理そのものの判断が難しいため、もっぱら私心のない正直な心の追求が重視されてきた。こうした考えが近世に受け継がれ、また儒教の立場から新たな解釈が行われた。近世儒教における道理観の全貌を理解するには相当の紙面を必要とするように思われるから、ここでは必要な範囲において先行研究[95]をまとめるにとどまる。周知のごとく近世の初めに朱子学が圧倒的な影響力を持っていた。朱子学における二本の柱は「窮理」と「持敬」であったから、林羅山を代表とする初期儒学者たちにおいて、万物の法則である理の存在と窮理の必要性が強調されていった。しかしこうした朱子学的な道理観は長く続かず、むしろその批判において、多様な思想が生み出されていったのである。たとえば、古学派の一人伊藤仁斎は「天下理外の物無しと雖ども、然れども一の理の字を以て天下の事を断ずべからず」[96]という。仁斎において、すべての物事が理によって判断するときは、「則ち残忍刻薄の心勝つて、寛容仁厚の心寡し」[97]。だから理ではなく、「道」なる実理こそ人間にとっての真理だと主張している。こうした道の実現の出発点となるものは忠信であり、仁斎の強調した忠信とは、人に接する時の「欺かず偽らず十分真実」[98]である。相良亨が指摘したように、「忠信自体は何らの知的反省をふくまずひたすらいわば他者に対する心情の純粋さに生

---

[94] 相良亨「日本人の道理観」(『講座日本思想 3・秩序』、東京大学出版会、1983 年)pp. 211。

[95] 同書を参照。

[96] 伊藤仁斎『童子問』中、六十五(『童子問』、岩波文庫、1980 年)pp. 156。

[97] 同書、pp. 156。

[98] 同書、pp. 63。

きるものであり、後に支配的傾向となった「誠」の尊重への道を開くものである」[99]。また、近世を代表する二人の思想家である荻生徂徠と本居宣長もそれぞれの形で理への直接的なかかわりを避けたのである。徂徠において「理は定準なきもの」[100]とされる。それは理そのものの存在を否定するのではなく、「理を究むという者は、聖人の事にして、凡人の能くせざる所」[101]とされるように、聖人のみが窮理にかかわる。一般の凡人にとっての理は、聖人の制作した礼楽とか聖人の辞とかによるものであり、直接に追求すべきものではなかったとされる。それに対して、宣長において「天地のことわりといふ物」は「すべて神のしわざ」で、人のかぎりのある知恵では、「さらにさらにはかりがたき物」[102]である。一般の人間はもちろん、神々も理を究めることなく、ただ産巣日神の御霊によるだけである。これは要するに、「近世の日本人においてまず、何らかの道理の存在が考えられつつも、それを直接的に追求してこれに則るという生き方を否定する傾向が流れていた」[103]。

以上のように、近世の倫理思想の流れにおいて、理の追求の姿勢が後退する傾向があった。それは家臣側の奉公論理の実践において、どう理解すべきであろうか。われわれはその代表的な考えを山鹿素行の唱えた「君を是非の間に置かず」の論理[104]に見出すことができる。素行によれば、「君臣の間に是非を立つるの失を云へる也」[105]。それを支えるのは素行の主張する定命的君臣観と君臣の間の「理」と「分」との一致論[106]である。君臣の分とは、「天地の綱紀」がおのずから決まっているものであるから、「分あれば理則ちそなはれる」ということになる。しかも「是れ君臣名分の決定するゆゑんにして、天地の紀綱自然に立つ所なり」。臣として「分と理を別に」して、理をもって主君の非を論ずることは、「綱紀不立名分かくる」ことになり、ひいては「天地所をかへて天倫のついで大に乱る」ことになる[107]。すなわち、素行においても、君臣の間の「理」の存在は否定されていなかった。しかし、「理」は君臣の「分」という自然の規範に含まれるから、「理」によって「分」を超える——具体的に言えば理によって主君の非を論ずることとして現れる——ことは、「天倫」を乱す行為として許されなかったのである。だから家臣は「理」をもって主君に仕えるべきではなく、「信ずる処深き」心を持って、主君側の「相応の感応」を期待して、「止むを得ざる」誠の情をもって自分の職分を果たすべきとされる[108]。

素行において諫諍の論理もこうした奉公論理を踏まえている。すなわち、「ただち

---

[99] 相良亨「日本人の道理観」(『講座日本思想 3・秩序』、東京大学出版会、1983 年)pp. 208。

[100] 荻生徂徠『弁名下・理気人欲』(吉川幸次郎・丸山真男ほか校注『日本思想大系 36・荻生徂徠』、岩波書店、1973 年)pp. 150。

[101] 同上。

[102] 本居宣長『直霊』(大野晋、大久保正編集校訂『本居宣長全集第十四巻』、筑摩書房、1972 年)pp. 122。

[103] 相良亨「日本人の道理観」(『講座日本思想 3・秩序』、東京大学出版会、1983 年)、pp. 211。

[104] 山鹿素行『山鹿語類巻第十三』「臣道一・臣職・君を是非の間に置かず」(全集第六巻)pp. 63。

[105] 同書、pp. 64。

[106] 同書、pp. 64 - 65。

[107] 同書、pp. 64 - 65。

[108] 同書、65 頁を参照。

に君の非を諫め改めんとすれば、時に至つてさからふこと多きを以て、却つて道不行ことあり。我れに誠をつくす処切にして、只だ忠勤のみなるときは、漸に君の心の非をあらため糾すにたるべき也、必ず急ならんことを不可求。」[109]「誠」をつくし、一心に「忠勤」すれば、主君も「感応」してくれ、諫めを入れるはずであるということに、われわれは『葉隠』で取り上げた中野数馬利明の例を想起するであろう。江戸末期の儒学者佐藤一斎も「凡そ人を諫めんと欲するには、唯一団の誠意、言に溢るるあるのみ。苟も一忿疾の心を挟まば、諫、決して入らず」[110]と唱え、諫めを「誠」とのかかわりにおいてのみ捉えていたのである。こうした諫諍を「誠」の情において捉えようとする傾向が次第に顕著になってくる。

ところが、「理」によらず誠の「情」による諫諍の論理には、二つの契機が含まれると思われる。一つは「理」によらぬ諫諍は見方によっては権力者の無責任を助長するものでもあったと思われる。物事の善悪とは無関係で、とにかく自分に私心がないかどうかが諫諍の問題となるということは、行動の善悪を分別する原理的なものが欠けていることを示した。『葉隠』において、「理非邪正」という規範価値観念は「理屈」として視界の外に追いやられたから、主君に悪事があるときに、何度も何度も諫めるのは武士のつとめだとしきりに説かれたが、それでもなお悪事を改めない時は、「弥々御味方仕り、何とぞ世上に知れ不申様に」(二・一二九)、「悪事を我が身に被る」(二・一六)のが武士の道だという。つまり悪事を自分に被ることによって、主君がまったくその失政の責任を負わないことを許容する無責任の構造が存在するわけである。他の一つは、家臣側が「誠」を尽くすための努力を果たさなければならないことである。この意味において、諫諍は単なる押し付けられた職や責任ではなくして、主君や藩を思う「止むを得ざる」情から発した主体的行動でもあったのである。こうした「誠」の諫諍の論理が幕末の社会状況において、志士たちの行動様式の中に「至誠」の精神として再現されることになる。

第3章　幕末武士の行動原理としての「諫諍」

3.1　幕末の社会状況と「諫諍」の変容

江戸末期、ペリー来航によって知足安分の世界は打ち破られ、日本は幕末という激動の時代へと突入し、明治維新を経て新しい近代国家へと生まれ変わったのである。儒教の影響を強く受けた近世において、諫諍の論理には豊かな可能性をはらむが、現実において諫諍の条件が厳しく限定されたことは、以上述べた通りである。こうした制約は幕末という激動の時代に破られ、諫諍の論理は幕末維新に重要な役割を果たしたと思われる。それでは、幕末武士の行動原理における諫諍の特徴とは何なのか、またその背景にいかなる思想的土壌があるのか。これらの問題を明らかにするために、わ

---

(109) 同書、「臣道一・臣職・王佐の才ならんことを要す」pp. 72。

(110) 佐藤一斎『言志録』(『日本思想大系 46・佐藤一斎大塩中斎』、岩波書店、1980 年)pp. 18。

れわれはまず幕末という歴史的な転換期における社会状況の理解からはじめなくてはならない。

天保末期以来、特にペリー来航以後、急激に深刻化した外来の軍事的脅威により、支配階級である武士階級は対外的危機意識に目覚めたのである。こうした危機状況に対するもっとも現実的な対応として、幕府と諸藩は軍事勢力の充実の必要を強く意識した一方、下層の人々の政治的発言にも耳を傾くようになったのである。言路を広く開くことを求める志向は、江戸中期の儒者や政治家にもあったが、それは主として主君の持つべき心得だと認識され、政権の安定を目指している現実においては、実践的意味は薄かったとも言える。なぜなら固定した身分秩序を基礎とする幕藩体制において、基本的な交流は上意下達という形をとり、下からの主体性の持つ諫諍が認められるものの、それは身分的制約の枠組みを超えることはできなかったのである。諫諍の主体の限定、及び諫諍の仕方の制約はそのことを何よりも鮮やかに示している。しかし、幕末の日本国内においてダイナミックな戦国状態が再現し、丸山真男が「国際的には鎖国の解氷であり、国内的には戦国群雄割拠の凍結の解氷である」[111]と述べたように、国際的条件も国内的状況も一変した。黒船渡来の対策として、福地源一郎の『幕府衰亡論』に指摘されたように、「蘭学に通暁の士を登庸して蕃書調所を建たるが如き、才學に通暁の士を抜擢して幕府の顯職に任じたるが如き」[112]、幕府や諸藩の人材抜擢と衆議糾合が挙げられる。周知のごとく外圧に対応しようとしたとき、幕府がペリーのもたらしたアメリカの国書を翻訳し、ただちに諸大名をはじめ、幕府の役人、儒学者、浪人、町人にいたるまで意見を徴収した。諸藩内においても、藩政改革が広範囲にわたって行われ、藩主の意思決定には下士・郷士・町人の意見が反映されることになった。田中彰氏は当時の社会情勢についてこう述べた。

> 「幕府が外圧の問題を朝廷に奏聞することは、危機に直面した幕府が朝廷（天皇）という伝統的権威をみずからの危機意識のなかに引き込むことであり、他方、諸大名以下庶民に至るまで意見を徴することは、外圧の危機意識を支配層内部からさらに被治者層にまで広げることである。両者相まって、権力の集中と支配の拡大強化をはかったものであることはすでに指摘されている。危機意識は支配層・被治者層を問わず上下に浸透せしめられるのである。」[113]

外圧の危機を契機に、言路を広く開くことは、支配者側にとって単なる抽象的な心得論から徐々に危機に対する具体的な対応へと転じたとも言える。そしてこうした対応の直接の結果として、危機意識は全国範囲に広がり、「百論沸騰」の状況が生まれた。

こうした背景のもとで、多くの武士が奮起して、幕末の動乱に身を投じた。脱藩し

---

[111] 丸山真男「武士のエートスとその展開」（『丸山真男講義録第五冊』、東京大学出版会、1999年）pp. 251。

[112] 福地源一郎『幕府衰亡論』（続日本史籍協会叢書、東京大学出版会、1978年）pp. 57。

[113] 田中彰『日本の近世18・近代国家への志向』（中央公論社、1994年）pp. 111。

て中央の都市や城下に奔走するものもいれば、諸藩の改革において新しく登用されたものもいる。従来藩政に参加し得なかった層(下士、郷士など)にとって、身分格式にとらわれない実力主義は実現の絶好なチャンスであり、また、「位」を超えた諫諍の基盤ともなったのである。その第一歩はいわゆる志士による「処士横議」である。

「横議」はもともとよこしまな議論を指している。安政期の志士の運動は主としてこうした身分的制約を超えて政局に関与しようとする「処士横議」の形を取っている。維新史料編纂会編修の『維新史』において、梁川星巌をはじめ、梅田雲浜・池内陶所・三国大学などの処士がとりあげられ、安政期における「処士横議」の行動形態について具体的に論じられた。さらに、「条約勅許奏請の失敗は、諸大名の京都入説並びに處士の活躍が大いに與って力があったと云はなければならぬ」⑭とし、彼らの活動によって、「王政維新、盡忠報国の気運は、斯くて愈々助長せられるに至った」⑮ことを高く評価した。また、藤田省三により、「維新の精神」がまさにこうした「横議」・「横行」・「横結」のような水平的なコミュニケーションにあったのである⑯。「安政の大獄」などにより、「処士横議」自体が弾圧の対象となったが、こうした対外的危機意識に築かれた新しい社会風潮が幕末全体を通して流れている。

以上見てきたように、言路を広く開くことは幕末になってから「公議輿論」を引き起こし、ひいては「処士横議」や志士たちが崛起する基盤ともなったのである。それを「思想史的にみれば、人の貴賎にもかかわらず、広く諫言を求めてきた儒者の諫言論の現実化に他ならなかったのである」⑰。すなわち、「諸事大小によらず」諫言を求めるべきという徳川時代の明君の心得論は、幕末の危機状況になってはじめて現実的な意味を持つようになったのである。

3.2 実践行動による諫諍

幕末武士における諫諍のもう一つの特徴は、積極的な実践行動を通じて主君を諫めようとすることである。幕末以前の諫諍との決定的な違いがまさにこの点にあると思われる。

徳川時代において諫諍の論理が強く説かれたが、諫める条件が厳しく限定され、直接行動による諫諍を否定的に扱っている。もちろん、幕末以前の時代において、諫死のような過激な直接行動によって主君を諫める例がないわけではないが、幕末のように下級武士にまで浸透する社会的基盤が備わっていなかった。その背景には、対外的危機、国内における動乱といった幕末時代の支配的な時代精神が見られる。具体的に言えば、幕末志士の「処士横議」などに対して、幕藩体制はやがて全力をあげて弾圧しようとする社会状況にあって、国のため天下のために憂う志士たちは、穏便な手段による

---

⑭ 維新史料編纂会編修『維新史第二巻』(吉川弘文館、1941年)pp. 377 - 378。

⑮ 同書、pp. 379。

⑯ 藤田省三『維新の精神』(みすず書房、1997年)を参照。

⑰ 前田勉「諫言の近世日本思想史」(『公家と武家IV官僚制と封建制の比較文明的考察』、思文閣、2008年)pp. 200。

諫諍の基盤を失い、直接行動に追い込まれなければならないとも言える。いわゆる直接行動による諫諍は時代的転換をみごとに反映している[118]。

ところが、こうした実践的な諫諍を裏付けたのは、武士のエートスにおける自立性や主体性である。徳川時代において、武士階級の家産官僚化が進むにつれて、武士の戦闘者としての性格が弱くなり、『甲陽軍鑑』に現れたような武道、武士道といった従来の武士的個人主義の行動様式は存在の余地がなくなったが、武士の「個」を否定したわけではない。主君への無二無三の奉公を唱える『葉隠』においても、四誓願の中で「武士道に於て後れを取べからず」（『葉隠』「聞書一」）ということが「主君の御用に立つべし」（同上）に先んじて、武士にとって第一の心得とされる。『葉隠』は主君への奉公を究極価値とするが、その奉公は個としての武士の完成を前提としている。なぜなら武士は個としての自己の内的確信を持たなければ、「主君の御用に立つ」（同上）ことはできないからである。主君に唯々諾々として主体性の持たぬ姿勢は武士にとって腰抜けに過ぎず、『葉隠』において、もっとも軽蔑する対象とされる。すなわち、個としての自立性を堅持することは武士が家産官僚化された徳川時代においても一貫として変わらなかった[119]。幕末において、こうした武士の自立性は目の前に迫ってくる危機感と結びつき、奔走する武士たちの大きなエネルギーとなったのである。

また、直接行動による諫諍の思想的土壌として挙げられるのは、「誠」の諫諍の論理に含まれた実践的意味である。第二章でも考察したように、「誠」の心情を契機に、諫諍は単なる武士の職分という規範主義的な問題ではなくして、主君や藩を思う「止むを得ざる」情から発した主体的行動ともなったのである。幕末になってから、こうした「誠」を契機とする主体的実践が一層重要視された。たとえば幕末の尊攘派志士真木和泉がこう言った。

> 「…而して誠は一朝一夕のよく感応するものにあらず。必ず積累して成るなり。今それ人の人と同類にして君臣は則ち同類の尤も近きものなり。誠を以て君に事え、なんぞ之を感ぜざる者あらんや。然して臣たる者すなわち曰く、我誠を以て事え、君答えずと。此れ望む所彼にあり、此にあらず。未だ以て誠というべからず。（中略）反って之を己に求め、反って之を己に求めるのに積にして始めて誠となる。」[120]

すなわち、真木和泉は、「誠」が感応するものであると認めながらも、ひたすら自分の日々の努力に求めようとする姿勢を示している。江戸末期の朱子学者安積艮斎も、「誠意の功」が実行を通してはじめて成るものであり、実行しなければ「自欺」することになるということを主張した[121]。

---

[118] 芳賀登『幕末志士の世界』（雄山閣、2004年）を参照。

[119] 笠谷和比古『武士道その名誉の掟』（教育出版、2001年）などを参照。

[120] 真木和泉『真木和泉守遺文』（相良亨『近世の儒教思想』230頁に引用された史料、原出典不明）。

[121] 安積艮斎『艮斎間話』（信濃出版会社、1886年）を参照。

「誠」の情が実行にかけるべきという認識は、幕末志士たちに共通しているとも言える。幕末の代表的な思想家、活動家である吉田松陰の言論や行動に、われわれはこうした思想傾向のもっとも積極的な実践意味を見出すことができる。松陰の『将及私言』の至誠の項において、「天道も君学も一つの誠の字の外はなし」とされる。松陰における「誠」とは、「感激の心悠然として興り、報効の心勃乎として生ず」るものであるため、「誠心坐ろに止むこと能わず」。この「止むこと能わず」情はまさに松陰の実践行動の原動力であった。具体的に言えば、「誠」には三大義がある。一つは「実」、すなわち単なる理論的な「虚文空論」ではなく、「今日より実に行ふこと」である。次に「一」とは、すなわち一つのことに打ち込み、「此の事のみに専一にして、造次顛沛も是れに於てし、他事を交へざる」ことである。第三は「久」、つまりなすべき行動は「一朝一夕に成就すべき」ことではないから、「実と一とを作輟なく幾久しく行ふ」べきである[122]。要するに「誠」の情はまず、実行への踏み切りから始まり、しかもそれに集中しなければならないとし、またその実行への集中を続かなければならないとする。こうした論理は幕末の社会情勢のもとで、国家や藩の危機から抜け出す具体的な行動として現れる。相良亨氏が指摘したように、「国・君を思う已むをえざる情は、その危急を救う具体的な方策を思わしめる。国・君を思う已むを得ざるの情は、一個の利害・身命をこえ、この具体策の断乎とした実行をおし出さないではおかない。誠をつくすということは、ただに心に切に君・国を思うことではなく、断乎としてこの実行にうつること、実行のなかにこの已むをえざる情を実現してゆくことであった。」[123]

こうした「已むをえざる情」、すなわち「誠」の論理は、主君の非を正すための不断の努力が要請される近世の諫諍の論理と相まって、実践行動による諫諍の思想的根源となったのである。具体的に言えば、「毛利家恩古の臣」と心得る高杉晋作の例があげられる。

元治元年(1864年)七月、幕府は第一次長州征討の勅命を下し、諸藩の兵を率いて長州へ進軍した。また八月には、英仏米蘭の連合艦隊が下関を砲撃した。長州藩は幕府の圧力と外国の攻撃を同時に受け、絶体絶命の窮地に陥ったのである。この時期において、藩内の俗論党が台頭し、十月には高杉が福岡へ逃亡したが、やがて機を見て下関に帰り、十二月奇兵隊等諸隊を率いて功山寺で挙兵した。この功山寺決起の直前に、高杉が親友大庭伝七に出した手紙で、必死の覚悟を述べ、自分の墓碑銘まで記している。すなわち、

> 「…偸生家之讒言にて府公にも弟等之事色々と被思召候由残念至極に御座候、乍爾人生之事蓋棺定、今日以言語弁解仕候も愚なる事に御座候なり、洞春公御正統之府公之事故、たとひ追討被仰付候とも露程も御恨は不申上候、成事ならば弟等心事生前之中、府公へ明白相成かしと所祈に御座候、夫故追々嘆願書も差出し

[122] 吉田松陰『将及私言』「至誠」の項(『吉田松陰全集第一巻』、岩波書店、1934年、pp. 305－310)を参照。

[123] 相良亨『近世の儒教思想』(塙書房、1966年)pp. 228。

候覚悟に御座候間…我等府城を離れ候も必竟府公を深く奉思候て之事に御座候処、裏腹に相成讒言を請候段千万遺憾之至に御座候、兎手も死後ならては不明白と落着仕候心事御推察所願いに御座候…」[124]

主君は讒言により自分のことをいろいろと悪く思っているが、自分はあれこれと弁解するつもりがなかった。たとえ追討されようとも、ちっとも恨んでいない。とはいえ、できれば自分の思いを自分が生きているうちに、主君に理解していただきたい、という心情を告白した。福岡へ逃亡し、功山寺で挙兵する行動が藩に対する「反逆」行為であるとは、高杉本人はまったく考えていなかった。むしろそうした行為は忠義のためであると確信していた。ここで吉田松陰の言う「已むこと能わず」情が思い出される。長州藩が破局的な危機に陥ったという絶体絶命な時において、国や主君を思う已むをえざる情は、「赤間関の鬼と相成り討死致す」[125]という決死の覚悟になったのである。さらに一国の運命を自分で担いきろうとする決心のもとで、高杉は直接行動の形で「諫諍」しようとする。「たとえ余困窮の極、黄泉底国に陥るとも、天下の賊名を蒙るとも、毛利氏の忠臣とならんと欲す」[126]高杉の行動に、「主君の御用に立つ」ために、「地獄にも落ちよ、神罰にもあたれ」(『葉隠』二の六五)という強烈的な心情倫理を唱える『葉隠』の論理が想起される。しかし、目前にある主君への排他的な忠誠奉公だけが行動の目標とされる『葉隠』において、それを超えた日本や世界がまったく問題にされない。それに対して、列強の外圧を目の前にして、幕末志士は藩の存在を超えた「国」と「天下」の観念が生まれ、藩主への忠誠と天下の大義と不可分に捉えている。丸山真男氏によれば、幕末における諫諍の実践は、「藩主への忠誠と対外的危機意識との間に引き裂かれた志士が自分の行動動機を反省する場合に、はからずも現れてくる」[127]。それは已むをえざる情から発したものであり、諫諍の論理の必然的な帰結でもあった。

3.3 諫諍論理の限界

以上見てきたとおり、徳川時代における諫諍論理の秩序的、秘密的な性格は幕末という激動の時代において、より自主的、実践的な性格に取って代わる。志士たちの尊王運動などの実践行動はまさにこういう特徴の持つ諫諍論理によって裏打ちされたのである。ところが、こういう実践的な諫諍にも大きな限界がある。

まず挙げられるのは諫諍する側の主体性の限界である。已むをえざる「情」による諫諍は、諫諍する家臣側にとって強烈な実践性を持っているが、その実践的行動を通じてなしうるのは、主君がその諫めを聞き入れ、決断の責任を引き受けることを強く要請するまでである。つまり、いくら主体性の持つ諫諍であっても、最終的な決断はあくまでも上位の人に委ねるしかないわけである。

---

[124] 高杉晋作「大庭伝七宛遺書」(寺尾五郎編『倒幕の思想＝草莽の維新』、社会評論社、1990年)pp. 134。
[125] 同書、pp. 134。
[126] 高杉晋作「回復私儀(狂夫の言)」同書、pp. 136。
[127] 丸山真男「武士のエートスとその展開」(『丸山真男講義録第五冊』、東京大学出版会、1999年)pp. 244。

具体的な例として、吉田松陰における諫諍の構造を見てみよう。周知のように、松陰は生涯の大半において、「倒幕」ではなく、「諫幕」を主張したのである。それは文字通りに幕府の体制を転覆するのではなく、過激な行動をしてまで、実践的諫争を繰り返したのである。しかし幕府の通商条約の違例調印は、松陰を幕府に絶望させ、諫幕論から倒幕論へ転じた。松陰における諫幕論から倒幕論への転換はその思想の飛躍的な発展とみなされる。その主張の変遷の実態について、松陰研究者の間でもさまざまな見解がある。この問題は専門的であって、本論では立ち入らないことにするが、諫諍の論理との関連でひとつ指摘しておきたいのは李秀石氏の論説である。李秀石氏によれば、松陰の諫幕思想にしろ、倒幕思想にしろ、自分の主張を諫諍の形で藩主または天皇などの主権者に伝達し、諫諍の内容を主権者の承諾を得て、また命令として発せられてからはじめて実行に移すことができる、という論理構造をとっている[128]。したがって、松陰の倒幕論は日本の形式上の最高権威である天皇がより下位の幕府に制裁を加えるという構造を取っている。もちろん松陰のような下級武士はただ黙って天皇からの勅命を持つだけでよいというわけではない。志士たちの実践的な諫諍活動は「忠義の逆焔」となり、天皇に決断を迫ったとも言える。しかし、最終的な決断は上位者に委ねるという点から見れば、やはり諫める家臣側の主体性に大きな限界があったと思われる。

また、諫諍は垂直的方向に結ばれる主従関係の中に生まれた規範的倫理であるため、君臣主従という具体的な人間関係を基本軸としている。それは「タテ」の社会構造の中の主従という具体的・特殊的な関係を捉える倫理であり、「ヨコ」のつながりは問題にならない。

しかし、外圧による危機感から、従来の藩を超えた「天下」、「国家」の観念が意識された幕末において、志士たちの活動はむしろしばしば幕藩体制の「タテ」の拘束を乗り越えて、「ヨコ」の結合を求めたのである。たとえば、長州志士久坂玄瑞が武市瑞山に送った書状に、「竟に諸侯恃むに足らず、公卿恃むに足らず、草莽志士糾合義挙の外には、迚も策これ無きことと、私ども同志中申し合はせ居り候ことに御座候。失敬ながら尊藩も弊藩も滅亡しても、大義なれば苦しからず。」[129]と言い、「諸侯」も「公卿」も頼りにならないとされ、草莽の志士の「ヨコ」の結合をつくることによって、尊王攘夷の義挙を実現しようと考えている。藤田省三により、「維新の精神」がまさにこうした水平的なコミュニケーションにあったのである[130]。藩を超えた「天下」の論理は従来の幕藩体制に反逆する側面を持っているから、「タテ」の幕藩体制ではなく、個々の志士の「ヨコ」のつながりを求めるのは当然の帰結と思われる。しかしながら、「天下」のために奔走する草莽の志士といえども、実際は自藩意識から完全に脱却することができなかったのである。むしろ「ヨコ」の結合の力によって、主君たる支配者を諫めようとするのは、「忠臣」

---

(128) 李秀石「日本主義儒学の奉公倫理道徳と論理」(『日本歴史』第二三号)を参照。

(129) 久坂玄瑞「武市瑞山宛書簡」、文久二年正月二十一日(『坂本竜馬関係文書 一』、日本史籍協会叢書、東京大学出版会、1926年)pp. 58。

(130) 藤田省三『維新の精神』(みすず書房、1997年)を参照。

たるもののなすべきことだと信じていた。丸山真男氏によれば、「戦闘における運命共同体というところから、横の、水平的な連帯性の契機は出ていても、そこでは主従の縦の関係があくまで枢軸である」[131]。前に挙げた脱藩しても藩や藩主を思って決起する高杉晋作の例がこのことを端的に表している。ここで高杉晋作の師である吉田松陰の言説をもう一つの例として取り上げて見てみよう。

松陰は「草莽崛起、豈に他人の力を仮らんや。恐れながら、天朝も幕府、吾が藩もいらぬ、只六尺の微躯が入用」[132]と言っているように、テロリズムの性格が強い。しかしそれはむしろ「血性ある者」の奮起を促す情熱的な言説で、松陰自身は天朝や自藩を否定したわけではない。そのあと、松陰はまた、

> 「本藩の恩と天朝の徳とは如何にして忘れるに方なし。草莽崛起の力を以て近くは本藩を維持し、遠くは天朝の中興を補佐し奉れば、匹夫の諒に背くが如くなれど、神洲に大功ある人というべし。」[133]

と述べている。ここに端的に示されたように、「草莽崛起」という「ヨコ」の力は、最終的には「本藩」や「天朝」という「タテ」の統治の維持を目的とする。

また、安政三年八月十八日、黙霖宛の手紙に、松陰がこう述べている。

> 「…僕は毛利家の臣なり、故に日夜毛利家に奉公することを練磨するなり。毛利家は天子の臣なり、故に日夜天子に奉公するなり。吾ら等国主に忠勤するは即ち天子に忠勤するなり…」[134]

「僕は毛利家の臣なり」という一語に、自ら尊王を志しながら、不尊王の藩を奉戴しなければならない松陰の精神的葛藤が凝縮している。藩主に対する奉公を使命としているので、自由に国事のために奔走することができない。このことは、多くの幕末武士がぶつかる難題であった。こうした自藩や藩主への忠誠と「天下為公」との間に引き裂かれた志士たちの精神的葛藤は、幕末変革期の時代精神をよく表している。

要するに、諫諍の論理によって、松陰などの志士たちは自分の勤王行為を正当化しようとしていた。しかし、諫諍の論理は「タテ」社会の主従関係を規制する論理であるので、「天下」のために奔走し、「ヨコ」のつながりを求める志士たちにとってまた桎梏にもなったのである。

---

[131] 丸山真男「武士のエートスとその展開」(『丸山真男講義録第五冊』、東京大学出版会、1999年)pp. 253。

[132] 吉田松陰「安政六年四月某日野村和作宛」(寺尾五郎編『倒幕の思想＝草莽の維新』、社会評論社、1990年)pp. 92。

[133] 吉田松陰「安政六年四月七日、北山安世宛」同書、pp. 84。

[134] 吉田松陰「黙霖との往復」(『吉田松陰全集』第八巻、岩波書店、1962年)pp. 518。

おわりに

諫諍の論理は、日本思想史において、武士階級の君臣関係を規制する重要な指標であった。本論文は、主として武士における諫諍論理の歴史的展開過程に着目し、諫諍の各時代の特徴、役割及びその限界などの論点を提示することによって、諫諍の系譜の一端を明らかにしようとしたものである。

諫諍の概念は早くも武士階級が形成する前に日本に受け入れられたが、当時の諫諍論はほとんど事実の描写にとどまり、あるいは中国の諫諍論理をそのまま援用するばかりであり、そこに論理的な解釈を見出すことは難しい。武士階級が形成された頃において、武士社会に普遍的規範性を持つ「道理」の広まりは、初期武士社会における「諫諍」の思想を受け入れる契機となった。というのは、道理の規範性は、既成の権威に優越するものであり、道理による権威への諫諍は「忠誠」の表れだと思われたからである。しかし、南北朝から戦国時代までの戦乱の時代において、「道理」の意識が廃れ、献身の道徳も下剋上の現象に押し流されていた。こうした背景のもとで、諫諍の論理は主として主君のリアリズムの心得論として展開し、臣下を規制する基準にはならなかった。幕藩体制が整えられた近世になってから、諫諍の論理はこうした主君の心得論の流れを受け継ぎつつ、近世特有の「明君論」や「職分論」の中に展開した。儒教の影響を強く受けている近世において、諫諍の論理には豊かな可能性をはらむが、現実において諫諍の条件が厳しく限定された。具体的な表現として、諫諍の主体は家老などの重臣に限られ、またその方法は一般的に密談で行うことが挙げられる。こうした制約は幕末という激動の時代によって打ち破られた。「百論沸騰」の状況が生まれ、積極的な実践行動を通じて主君を諫めようとすることはこの時代の諫諍のもっとも顕著な特徴となった。このような実践的な諫諍は幕末維新に重要な役割を果たした。

以上は武士階級における諫諍の論理のおおむねの展開過程であるが、われわれは目を付けなければならないのは、その歴史的、連続的性格である。

第一に、初期武士社会における諫諍の思想を受け入れる契機は「道理」の観念である。しかし「道理」は武士階級の生活領域の慣習的規範であり、原理的に統一されていなかった。その詳細の判断は難しいため、道理による諫諍は「道理」そのものの体系的原理への関心に基づくものではなく、もっぱら「私」の否定や「正直」の重視として現れるということになる。つまり、諫諍の基準は道理そのものよりも、私のない正直の心をもって判断することが重視される。そしてこうした「私」の否定や「正直」の重視は武士の社会的基盤の変動を超えて伝承され、下剋上の戦国時代に至っていったん「道理」の頽廃や主従関係の変質によって底流にまで押し下げられたのち、近世において「理」によらず誠の「情」による諫諍の論理に流れ込み、さらに幕末維新期に「至誠」の精神として強烈なエネルギーを噴出したのである。

第二に、南北朝から戦国時代の戦乱時代において、諫諍の論理は主として大将たるものの経験的心構えとして展開された。近世において、こうした心得論は儒者たちが唱えた「言路洞開」論と相まって、明君論の体系に組み込まれている。また、「武威」の国家の中で、主君に諫言を納めるという心得を保持させるため、儒者たちは「事大小となく」、「臣大小内外」にかかわらず、広く諫言を求めることを主君に要請した。こうした論説はこの段階において単なる抽象的な心得論に過ぎないが、諫言の主体を藩内ないし日本全体まで拡大するという可能性が含まれている。そしてこうした可能性は幕末の危機において現実化になったのである。

また、諫諍の論理から大きな能動的主体性が生まれたが、その主体性にも限界一がある。というのは、いくら主体性の持つ諫諍であっても、最終的な決断はあくまでも上位の人に委ねるしかないからである。それだけではなく、従来の藩を超えた「天下」、「国家」の観念が意識された幕末において、「タテ」の主従関係を基軸とする諫諍の論理は、むしろ「ヨコ」のコミュニケーションを求める志士たちにとって、一種の桎梏になったのである。

以上のように、本論文は武士の諫諍論理について検討してきた。しかし、本論文の使用している史料があくまで武士の精神や武将、大名ないし家臣としてのあり方といった理念を書いたものである。理念的なものと現実の諫諍、諫言にはずれがあることは、言うまでもないであろう。諫諍の実態を明らかにするために、論理的なものだけではなく、諫諍の行動が実際的にどう行なわれたのか、ということも明らかにしなければならない。そのため、歴史上の可視的な諫言書や具体的な諫言の例などを材料に、現実の諫諍と理念上の諫諍論理とのずれなどについての検討は、今後の課題として残されている。

参考文献

一次資料：

黒板勝美、国史大系編修会編(1967)『国史大系第一巻下・日本書紀後編』吉川弘文館

多田一臣校注(1998)『日本霊異記』筑摩書房

空海著、弘法大師空海全集編集委員会編集(2000)『弘法大師空海全集』筑摩書房

国史大系編修会編(1992)『国史大系<普及版>・吾妻鏡第一』吉川弘文館

国史大系編修会編(1988)『国史大系<普及版>・吾妻鏡第三』吉川弘文館

桑田忠親(1944)『武将の家訓』創元社

佐藤正英校訂・訳(2006)『甲陽軍鑑』筑摩書房

石井紫郎編(1974)『日本思想大系 27・近世武家思想』岩波書店

湯浅常山・栗原柳庵著、国民文庫刊行会編(1925)『常山紀談・武林名誉録』国民文庫刊行会

佐伯有義など編集(1942～1944)『武士道全集』(1－13 巻、別巻)時代社

荒木見悟、井上忠校注(1970)『日本思想大系 34・貝原益軒 室鳩巣』岩波書店

山鹿素行著、広瀬豊編(1940)『山鹿素行全集』岩波書店

斎藤拙堂著、斎藤正和注(1989)『士道要論』菰野町(三重県)

山本常朝著、和辻哲郎・古川哲史校訂(1941)『日本思想大系 26・葉隠』岩波書店

奈良本辰也校注(1976)『日本思想大系 38・近世政道論』岩波書店

後藤陽一、友枝龍太郎校注(1971)『日本思想大系 30・熊沢蕃山』岩波書店

小沢富夫編集・校訂(1998)『武家家訓・遺訓集成』ぺりかん社

有馬祐政、秋山梧菴編(1906)『武士道家訓集』博文館

貝原 益軒著、益軒会編(1973)『益軒全集巻三』国書刊行会
後藤陽一、友枝龍太郎校注(1971)『日本思想大系 30・熊沢蕃山』岩波書店
山井湧など校注(1974)『日本思想大系 29・中江藤樹』岩波書店
伊藤仁斎著(1980)『童子問』岩波書店
吉川幸次郎・丸山真男ほか校注(1973)『日本思想大系 36・荻生徂徠』岩波書店
大野晋、大久保正編集校訂(1972)『本居宣長全集第十四巻』筑摩書房
相良亨、溝口雄三、福永光司校注(1980)『日本思想大系 46・佐藤一斎大塩中斎』岩波書店
安積艮斎(1886)『艮斎間話』信濃出版会社
吉田松陰著、山口県教育会編(1914)『吉田松陰全集』岩波書店
寺尾五郎編(1990)『倒幕の思想草莽の維新』NHK 出版部
日本史籍協会叢書(1926)『坂本竜馬関係文書 一』東京大学出版会

論文：

石井紫郎(1974)「近世の国制における『武家』と『武士』」『近世武家思想』岩波書店
古川哲史(1975)「近世武家の思想」『日本思想史講座 5 近世の思想 2』雄山閣
前田勉(2008)「諫言の近世日本思想史」『公家と武家 IV　官僚制と封建制の比較文明的考察』思文閣
丸山真男(1988)「忠誠と反逆」『忠誠と反逆-転形期日本の精神史的位相』ちくま学芸文庫
丸山真男(1965)「武士のエートスとその展開」『丸山真男講義録 第 5 冊』岩波書店
玉懸博之(1976)「武家政権と政治思想」『日本思想史講座』2 雄山閣
相良亨(1983)「日本人の道理観」『秩序』東京大学出版会
笠谷和比古(2007)「武士道概念の史的展開」『日本研究　第 35 集』角川学芸出版
笠谷和比古(2003)「武士道に見る個人の存在形態」『「個人」の探求：日本文化のなかで』日本放送出版協会
笠谷和比古(1993)「近世武家社会における集団と個」『近世武家社会の政治構造』吉川弘文館
竹村英二(2005)「武家社会と幕末武士/構造と行為」『日本研究　第 31 集』角川学芸出版
園田英弘(1993)「郡県の武士——武士身分解体に関する一考察」『西洋化の構造 黒船・武士・国家』思文閣出版
小池喜明(1985)「幕末転換期の士道」『攘夷と伝統：その思想史的考察』ぺりかん社
唐利国(2004)「吉田松陰における『忠誠』」『現代社会文化研究』No. 30
李秀石(1991)「日本主義儒学の奉公倫理道徳と論理——吉田松陰の尊皇討幕論と忠諫思想」『日本歴史』第二三号　吉川弘文館

著作：

笠谷和比古(1988)『主君「押込」の構造：近世大名と家臣団』平凡社
市川本太郎(1989～1995)『日本儒教史』東亜学術研究会
石井進など編(1994)『中世政治社会思想〈上〉』岩波書店
和辻哲郎(1952)『日本倫理思想史』岩波書店
笠谷和比古(1993)『士の思想』岩波書店
笠谷和比古(2001)『武士道その名誉の掟』教育出版
佐伯真一(2004)『戦場の精神史：武士道という幻影』日本放送出版協会
葦津珍彦(2002)『武士道：戦闘者の精神』神社新報社
小澤富夫(2005)『歴史としての武士道』ぺりかん社

古川哲史(1957)『武士道の思想とその周辺』福村書店
海原峻(2005)『武士道：日本文化論』梨の木舎
相良亨(1984)『武士の思想』ぺりかん社
藤田省三(1967)『維新の精神』みすず書房
相良亨(1993)『武士の倫理　近世から近代へ』ぺりかん社
井上勲編(2004)『開国と幕末の動乱』吉川弘文館
田中彰(1994)『日本の近世 18・近代国家への志向』中央公論社
石田雄(1983)『日本の政治文化　同調と競争』東京大学出版会
相良亨(1966)『近世の儒教思想』塙書房
桜井庄太郎(1971)『名誉と恥辱：日本の封建社会意識』法政大学出版局
木村礎(1997)『明治維新と下級武士』名著出版
芳賀登(2004)『幕末志士の世界』雄山閣
福地源一郎(1978)『幕府衰亡論』(復刻　続日本史籍協会叢書)東京大学出版会

2010年『中国日本学研究「カシオ杯」修士論文コンテスト』入賞者

一等賞				
部門	作者	論文タイトル	所属	指導教官
言語	陈燕青	トコロヲの文法化	福建师范大学外国语学院	林璋
文学	简中昊	大鹿卓の蕃地文学研究	辅仁大学日本语文学系硕士班	黄翠娥
社会文化	张炜	西田幾多郎の自己論およびその形成——『善の研究』を中心に	北京外国语大学日语系	徐滔
二等賞				
部門	作者	論文タイトル	所属	指導教官
言語	叶栩邑	中日翻訳における対等不能に関する一考察——受容言語による喚起力の分析を中心に	天津外国语大学日语学院	修刚
言語	王秋霞	構文理論から見る日本語の動詞の項構造——使役・受動構文の関連性を中心に	宁波大学外语学院日语系	杨洪鉴
文学	田琳	魯迅と周作人の翻訳の比較——『現代日本小説集』を中心に	北京师范大学外国语言文学学院日语系	林涛
文学	王胜群	田村俊子文学に見る〈個〉と〈女〉のジレンマ——「生血」・「木乃伊の口紅」・「女作者」三作を中心に	南京大学外国语学院日语系	叶琳
社会文化	刘峰	北一輝におけるアジア主義及びその変遷	湖南大学外国语与国际教育学院	熊沛彪
社会文化	李斌瑛	武士の「諫諍」に関する一考察	北京外国语大学北京日本学研究中心	郭连友
三等賞				
部門	作者	論文タイトル	所属	指導教官
言語	叶秉杰	日本語動詞由来複合語の語形成——認知意味論の観点から	台湾政治大学	苏文郎
言語	李国磊	五感を表す形容詞の意味拡張における共感覚比喩について——認知的視点から	中国海洋大学外语学院日语系	李庆祥
言語	姚希	親族間の他称に関する一考察——『大家族』の高倉家を中心に	洛阳外国语学院第四系	孙成岗
言語	任秀英	中国人日本語学習者に対する授受表現の指導	佳木斯大学外国语学院	曹美兰

三等賞

部 門	作 者	論文タイトル	所 属	指導教官
文 学	安 娜	虎関師錬の詩学思想に関する一考察 ——『済北詩話』を中心に	天津外国语大学 日语学院	张晓希
文 学	姜海燕	自我と他者の狭間での柳美里文学 ——『石に泳ぐ魚』、『家族シネマ』、『女学生の友』を中心に	北京第二外国语学院 日语学院	邱 鸣 张文颖
文 学	徐 蕾	岡本かの子の小説における女性像 ——「花は勁し」と「老妓抄」を中心に	辽宁师范大学 外国语学院	张晓宁
社会文化	徐 臻	西周の啓蒙思想における「三観」の研究 —— 明治初期の儒学批判と洋学伝来を中心に	广东外语外贸大学 东方语言文化学院	刘小珊
社会文化	王梦雪	天目茶碗に関する研究	同济大学 外国语学院日语系	蔡敦达
社会文化	闫世欣	『阿Q正伝』の文化関連用語翻訳における同化と異化 —— 五つの訳本を対象に	北京语言大学 外国语学院日语系	吴 珺

佳作賞

作 者	論文タイトル	所 属	指導教官
杜 夏	日本の広告におけるメタファーに関する研究 ——ラジオ広告の考察を中心に	北京大学外国语学院 日语语言文学系	郭胜华
王 伟	日本在住中国人の敬語使用実態についての一考察 —— 敬語意識と誤用を中心に	北京第二外国语学院 日语学院	潘寿君
倪锦丹	『竹取物語』の物語性 ——「月」「不死薬」「罪」をめぐって	北京外国语大学 北京日本学研究中心	张龙妹
王明鸣	対訳から見た日中受身文の対照研究 —— 日本語直接受身文を中心に	大连理工大学 外国语学院	孟庆荣
张 雷	日本中小企业融资体系研究	对外经济贸易大学 外语学院日语系	李爱文
陈 娴	「天平の甍」における歴史と虚構について	广东外语外贸大学 东方语言文化学院	陈多友
吴婉惠	幕末の長崎とマカオ貿易における生糸について —— 日本イエズス会の貿易活動をめぐって	广东外语外贸大学 东方语言文化学院	刘小珊
张 源	賢治童話のモチーフへの探索 ——「兄妹の物語」を中心に	国际关系学院 日法语系	竺家荣
佟 庆	認知意味論から「打つ」の多義性を見る	哈尔滨师范大学 东语学院日语系	李淑芝
张富军	非言語行為的視点から見た「那美さん」の人物像	河南科技大学 外国语学院	张卫娣
李 慧	『万葉集』におけるホトトギスのイメージに対する考察	河南师范大学 外国语学院	刘德润
杜静波	日语修辞格句群研究	黑龙江大学东语学院	陈百海

佳作賞			
作　者	論文タイトル	所　属	指導教官
金菁琳	教育的視点から見る日中同形語	湖南大学外国语与国际教育学院	李妲莉
钟　勇	自律学習における主体的意識を高める試み —— 日本語初級レベル学習者向けのゲーム教育を通じて	华中科技大学外国语学院日语系	陈俊森
柴　波	芥川龍之介 —— 登場人物構成における「試す」パターンを中心に	华中师范大学外国语学院日语系	李俄宪
郑伟华	諺による人間性とコミュニケーション能力の育成 —— 中国と日本の諺を着眼点にして	佳木斯大学外国语学院	张凤杰
章　明	『砂の女』における人間存在について	辽宁大学外国语学院日语系	王　晶
李　敏	『古事記』における結婚観の現代伝承	南开大学外国语学院日语系	韩立红
时阳阳	中江藤樹の孝思想について	山东大学外国语学院	邢永凤
宋　睿	日本語の文体における述語の特殊な表現形式 —— 格助詞と名詞止めを中心に	山东师范大学外国语学院日语系	胡以南
何芳芝	「王冕死了父亲」と「太郎が/は父に死なれた」との対照研究 —— 構文文法からのアプローチ	上海对外贸易学院	徐　曙
方　帆	現代日本語モダリティ体系をめぐって —— 文のパターンから見る	上海外国语大学日本文化经济学院	吴大纲
刘　丹	隠元渡日原因考 —— 渡日の原因と背景をめぐって	首都师范大学外国语学院日语系	孔繁志
何　荷	「鼻」 —— 近代人の自我不確実感がはらむ悲喜劇	四川外语学院东方语学院日语系	杨　伟
杨雅婷	夏目漱石「虞美人草」論	苏州大学外国语学院	高鹏飞
周　琳	翻訳者の位置づけ —— ベンヤミン、欧陽楨の翻訳理論を媒介に	厦门大学外文学院	吴光辉
胡婧婧	吉本ばななの初期作品における登場人物の心の成長過程	湘潭大学外国语学院	邹菊云
唐振威	明治时期日本对华军事侦察之研究	浙江工商大学日本语言文化学院	王宝平

2010 年『中国日本学研究「カシオ杯」修士論文コンテスト』審査員

言語部門	
修　刚	天津外国语大学
徐一平	北京日本学研究中心
王建宜	南开大学
赵华敏	北京大学
许宗华	洛阳外国语学院
潘寿君	北京第二外国语学院
许慈惠	上海外国语大学
张　威	清华大学
翟东娜	北京师范大学
俞晓明	北京语言大学
陶振孝	北京外国语大学
文学部門	
谭晶华	上海外国语大学
宿久高	吉林大学
顾也力	广东外语外贸大学
刘利国	大连外国语学院
董炳月	中国社会科学院
王志松	北京师范大学
马　骏	对外经济贸易大学
王　成	首都师范大学
社会文化部門	
竹内信夫	北京日本学研究中心
卞崇道	中国社会科学院
徐　冰	东北师范大学
李爱文	对外经济贸易大学
邵建国	北京外国语大学
李　卓	南开大学
尚会鹏	北京大学
于乃明	台湾政治大学

注：以上所属机构以担任评委时为准。